Yves Lachance, Anne Mathieu
et Richard Guay

Gestion de l'équipe de vente

Analyse, planification et stratégies

CHENELIÈRE ÉDUCATION

Gestion de l'équipe de vente
Analyse, planification et stratégies

Yves Lachance, Anne Mathieu et Richard Guay

© 2008 Les Éditions de la Chenelière inc.

Édition : Valérie Cottier
Coordination : François Boutin
Révision linguistique : Diane Robertson
Correction d'épreuves : Odile Dallaserra
Conception graphique : Josée Bégin
Infographie : Interscript
Impression : Imprimeries Transcontinental

**Catalogage avant publication
de Bibliothèque et Archives nationales du Québec
et Bibliothèque et Archives Canada**

Lachance, Yves, 1961-

   Gestion de l'équipe de vente : analyse, planification et stratégies

   Comprend des réf. bibliogr. et un index.

   ISBN 978-2-89632-014-1

   1. Ventes – Gestion. 2. Vendeurs. 3. Ventes – Gestion – Problèmes et exercices. I. Mathieu, Anne. II. Guay, Richard, 1958- . III. Titre.

HF5438.4.L32 2008   658.8'1   C2008-940628-1

**gaëtan morin
éditeur**

CHENELIÈRE ÉDUCATION

7001, boul. Saint-Laurent
Montréal (Québec)
Canada H2S 3E3
Téléphone : 514 273-1066
Télécopieur : 514 276-0324
info@cheneliere.ca

Tous droits réservés.

Toute reproduction, en tout ou en partie, sous quelque forme et par quelque procédé que ce soit, est interdite sans l'autorisation écrite préalable de l'Éditeur.

ISBN 978-2-89632-014-1

Dépôt légal : 2ᵉ trimestre 2008
Bibliothèque et Archives nationales du Québec
Bibliothèque et Archives Canada

Imprimé au Canada

3 4 5 6 7 ITG 15 14 13 12 11

Nous reconnaissons l'aide financière du gouvernement du Canada par l'entremise du Programme d'aide au développement de l'industrie de l'édition (PADIÉ) pour nos activités d'édition.

Gouvernement du Québec – Programme de crédit d'impôt pour l'édition de livres – Gestion SODEC.

Tableau de la couverture :
Sans titre
Œuvre de **Nicole Payette**

Nicole Payette est née en 1953 à Saint-Jean-d'Iberville. Après avoir étudié et œuvré dans la haute couture, elle se consacre presque exclusivement à la peinture depuis 1988. Peintre autodidacte, elle travaille l'encre et l'acrylique.

Depuis 1987, l'artiste participe à plusieurs expositions à travers le Québec et en France. On trouve ses œuvres à la Galerie Michel-Ange, à Montréal.

Sources iconographiques

p. 1 : GGS/Shutterstock ; **p. 95 :** Krausfoto/istockPhoto ; **p. 197 :** Mashe/Shutterstock ; **p. 357 :** Nicholas Moore/Shutterstock ; **p. 433 :** Magicinfoto/Shutterstock.

Dans cet ouvrage, le masculin est utilisé comme représentant des deux sexes, sans discrimination à l'égard des hommes et des femmes, et dans le seul but d'alléger le texte.

PRÉFACE

Voici la nouvelle édition du premier manuel québécois de niveau universitaire en gestion de l'équipe de vente !

Les trois auteurs, Yves Lachance, Anne Mathieu et Richard Guay, connaissent très bien la gestion de l'équipe de vente : ils réunissent des compétences d'enseignants de cette matière au niveau universitaire, de praticiens gestionnaires, de conseillers auprès des entreprises, de chercheurs et d'auteurs d'articles scientifiques.

Dans cette troisième édition, madame Mathieu et messieurs Lachance et Guay peuvent donc, encore une fois, livrer un manuel pertinent, en s'appuyant sur une solide base théorique, une expérience concrète du milieu et une connaissance personnelle des besoins des étudiants, des entreprises et des directeurs des ventes.

Gestion de l'équipe de vente nous donne accès à une compréhension globale et intégrée du domaine. C'est là un des grands mérites de cet ouvrage, quand on considère que la gestion de l'équipe de vente représente, encore aujourd'hui, des réalités particulières pour différents experts et gestionnaires. Ainsi, pour certains, gérer l'équipe de vente consiste essentiellement à motiver les vendeurs pour qu'ils fournissent le maximum d'efforts. Pour d'autres, cela se résume à embaucher les meilleurs candidats et à bien les former. Pour d'autres encore, il s'agit avant tout d'une composante du marketing synonyme d'analyse du marché, de mise en œuvre de la stratégie de marketing par les vendeurs et d'articulation du message de vente. D'autres, enfin, privilégient l'aspect gestion en mettant l'accent sur la planification, l'organisation et le contrôle du travail d'un groupe de vendeurs.

Dans ce livre, les auteurs adoptent une vision large de la gestion de l'équipe de vente et conçoivent celle-ci comme un domaine complexe qui ne se résume à aucun des sous-ensembles d'activités énumérés précédemment, mais qui les comprend tous, un secteur d'activité qui se situe au confluent du marketing, de la stratégie de l'entreprise, du management et de la gestion des ressources humaines.

Grâce à cet ouvrage, les étudiants se familiariseront avec les multiples facettes de la gestion de l'équipe de vente. Ils comprendront mieux la richesse et la polyvalence du rôle des gestionnaires des ventes et l'importance de leur contribution au succès de l'entreprise.

Gestion de l'équipe de vente est un livre intéressant et utile, non seulement pour les étudiants et les professeurs, mais aussi pour les gestionnaires, qui pourront y découvrir de nouveaux outils, concepts et méthodes ; pour les vendeurs, qui y saisiront mieux le contexte dans lequel leur travail se situe ; pour les autres professionnels du marketing, qui amélioreront leur compréhension de ce secteur représentant très souvent une partie importante du budget de marketing de l'entreprise.

Bienvenue, donc, à cette nouvelle édition d'un livre à succès, qui demeure encore aujourd'hui le seul ouvrage québécois original dans le domaine !

Robert Desormeaux, Ph.D.
Professeur de marketing
Directeur du Service de l'enseignement du marketing
HEC Montréal

AVANT-PROPOS

Après les éditions de 1993 et de 1999, accueillies avec enthousiasme sur le marché universitaire québécois, voici la nouvelle édition totalement remaniée de ***Gestion de l'équipe de vente***. Il est vrai que les connaissances en gestion évoluent sans cesse et que nos façons de gérer les organisations comme les représentants changent tout autant. Nous avons donc reconduit cet ouvrage afin qu'il traduise encore plus la réalité des gestionnaires des ventes, qui sont au cœur des batailles concurrentielles, de la quête de profit et de la recherche d'efficacité.

Devant des objectifs de plus en plus difficiles à atteindre, les directeurs des ventes doivent relever des défis importants, mais sans nécessairement posséder plus de ressources. Ils sont donc appelés à exercer leur travail dans des conditions très difficiles, coincés entre les exigences des organisations, des clients et des consommateurs et la réalité bien concrète de leur équipe de vente.

C'est dans cette optique que nous avons revisité cette troisième édition. Nous avons eu pour souci d'aborder la gestion des ventes en la plaçant au cœur des actions et des préoccupations des organisations. Nous avons donc basé notre approche sur la stratégie orientée vers les marchés (SOM), une philosophie organisationnelle qui permet aux entreprises d'acquérir un avantage très significatif sur les concurrents.

Afin de rendre le travail de la gestion des ventes plus efficace et de faciliter la compréhension des chapitres de cet ouvrage, nous avons construit celui-ci sur un plan linéaire, avec la même logique et la même cohérence que le plan marketing stratégique[1]. Vous serez dès lors invité à suivre les étapes que les directeurs des ventes sont appelés à effectuer. Dans la première partie, vous approfondirez vos connaissances sur les fondements en marketing, notamment le concept de SOM. La deuxième partie vous renseignera sur la formation de l'équipe de vente, soit sa structuration par le recrutement et la sélection des candidats. La troisième partie, portant sur la supervision de l'équipe de vente, vous permettra d'acquérir des notions de toute première importance en gestion des territoires, de la rémunération, des conflits, du temps et de la formation. Dans ces chapitres, vous verrez les aspects qui influent sur la performance de vente, aussi bien au niveau des représentants qu'à celui des directeurs des ventes. Finalement, dans la dernière partie, vous vous familiariserez avec l'évaluation de l'équipe de vente en l'abordant sous deux angles : l'analyse de la performance et l'analyse des coûts.

Au fil des chapitres, vous trouverez des applications tirées de la réalité du monde des affaires. À cet égard, des cas fortement inspirés de situations réelles et des exemples pratiques vous aideront à mieux exercer la gestion des ventes.

Nous souhaitons ardemment que cet ouvrage vous fera apprécier la gestion des ventes comme nous l'apprécions nous-mêmes et qu'il vous permettra de devenir un excellent gestionnaire des ventes !

Les auteurs

---

1. Pour plus d'information, consultez Bousquet, Lachance, Laferté et Marticotte. *Marketing stratégique*. Montréal, Chenelière Éducation, 2006.

TABLE DES MATIÈRES

Partie 1
Les concepts en gestion des ventes 1

Chapitre 1
La stratégie orientée vers les marchés et la gestion des ventes 2
Objectifs 2
Introduction 3
1.1 La stratégie orientée vers les marchés dans le contexte organisationnel 3
1.2 La stratégie orientée vers les marchés et la stratégie orientée vers les produits ... 5
1.3 Le concept marketing 6
    1.3.1 Les consommateurs et les clients 6
    1.3.2 La coordination du marketing 7
    1.3.3 La profitabilité 7
1.4 Les composantes de l'approche de la stratégie orientée vers les marchés (SOM) ... 7
    1.4.1 La collecte de l'information commerciale stratégique 7
    1.4.2 La dissémination de l'information commerciale stratégique 8
    1.4.3 La réponse à l'information commerciale stratégique 9
1.5 La création d'une valeur supérieure 9
1.6 La création de valeur par la chaîne de valeur 10
1.7 L'approche de la stratégie orientée vers les marchés (SOM) et les compétences distinctives 11
    1.7.1 Offrir des solutions et des expériences supérieures 12
    1.7.2 Miser sur la valeur supérieure 13
    1.7.3 Transformer la satisfaction en fidélité 13
    1.7.4 Motiver les ressources et les retenir 14
    1.7.5 Anticiper les réactions des concurrents 14
    1.7.6 Considérer le marketing comme un investissement 14
    1.7.7 Utiliser l'image de marque comme un levier 15
    1.7.8 Amalgamer le tout 15
1.8 La stratégie orientée vers les marchés (SOM) et la gestion des communications marketing intégrées (CMI) dans le contexte de la gestion des ventes 15
    1.8.1 La gestion des communications marketing intégrées (CMI) 16
    1.8.2 Le plan marketing, la communication marketing intégrée (CMI) et le programme de gestion des ventes 16
    1.8.3 Le programme de gestion des ventes 16
    1.8.4 Le plan marketing et le programme de gestion des ventes 17
    1.8.5 L'analyse de la situation 18
1.9 La gestion des ventes, ses rôles et ses fonctions 19
    1.9.1 La notion d'efficacité 19
    1.9.2 La notion de motivation 20
Résumé 21
Questions 21
Ateliers 22
Notes 24

Chapitre 2
La compréhension des marchés 27
Objectifs 27
Introduction 28
2.1 La compréhension des marchés 28

2.2	Les facteurs environnementaux		28
	2.2.1 Les conditions technologiques		28
	2.2.2 Les conditions politiques		29
	2.2.3 Les conditions physiques		30
	2.2.4 Les conditions légales		30
	2.2.5 Les conditions économiques		31
	2.2.6 Les conditions sociales et culturelles		31
	2.2.7 L'influence des facteurs environnementaux		32
2.3	Les facteurs organisationnels		32
	2.3.1 La structure de l'entreprise		32
	2.3.2 Les ressources de l'entreprise		33
2.4	Les facteurs situationnels		34
	2.4.1 Le type de produit		34
	2.4.2 L'importance de l'achat		34
	2.4.3 L'incertitude entourant l'achat		34
	2.4.4 La situation d'achat ou la nature de la tâche		35
2.5	Les facteurs liés au groupe décisionnel d'achat		38
	2.5.1 La structure du groupe décisionnel d'achat		38
	2.5.2 Les rôles au sein du groupe décisionnel d'achat		40
	2.5.3 Les agents d'influence		41
	2.5.4 Les implications		42
2.6	Les facteurs individuels		44
	2.6.1 La motivation		44
	2.6.2 La structure cognitive		44
	2.6.3 La personnalité		45
2.7	Le processus décisionnel		45
	2.7.1 La prise de conscience d'un besoin		45
	2.7.2 La recherche d'information		45
	2.7.3 L'évaluation des propositions		46
	2.7.4 La décision d'acquisition		46
	2.7.5 L'utilisation		46
	2.7.6 Le rachat		46
2.8	L'alignement de l'offre et de la demande et le rôle du représentant		47
	2.8.1 Se faire connaître		47
	2.8.2 Communiquer l'offre et convaincre le client		48
	2.8.3 Fidéliser le client		48
Résumé			50
Questions			50
Atelier			51
Notes			52

Chapitre 3
L'analyse des environnements interne et externe, du marché potentiel et de la prévision des ventes **54**

Objectifs			54
Introduction			55
3.1	L'analyse de l'environnement interne		55
	3.1.1 L'analyse des ventes par ligne de produits		55
	3.1.2 L'analyse des ventes par type de marchés		56
	3.1.3 L'analyse des ventes par domaine d'activité		56
	3.1.4 L'analyse des activités et de la productivité de chaque représentant		57
	3.1.5 Les ratios et les indicateurs divers		58
3.2	L'analyse de l'environnement externe		60
	3.2.1 L'analyse de l'environnement externe selon la matrice McKinsey		61
	3.2.2 L'évaluation de la concurrence: la matrice de la profitabilité et de la croissance relatives		61
	3.2.3 La matrice d'analyse de la concurrence		63

3.3	L'estimation du marché potentiel	64
	3.3.1 L'évaluation du marché potentiel de produits existants	65
	3.3.2 L'évaluation du marché potentiel de nouveaux produits	69
3.4	La prévision des ventes	72
	3.4.1 Prévoir en tenant compte de ses contraintes	72
	3.4.2 Prévoir « qualitativement » à partir de jugements	74
	3.4.3 Projeter « aisément » l'avenir à partir du passé	78
	3.4.4 Prévoir l'avenir à l'aide d'outils plus sophistiqués	80
	3.4.5 La popularité des méthodes	86
	3.4.6 Quelle méthode devrait-on sélectionner ?	88
	3.4.7 La prévision est-elle réaliste ?	89
Résumé		90
Questions		90
Notes		93

Partie 2
La formation de l'équipe de vente 95

Chapitre 4
La structuration de l'équipe de vente 96

Objectifs		96
Introduction		97
4.1	Les critères qui déterminent la structure d'une équipe de vente	98
	4.1.1 Les activités de vente	98
	4.1.2 La délégation des responsabilités et de l'autorité	98
	4.1.3 La coordination des activités de vente	99
	4.1.4 L'équilibre entre les activités de vente	99
	4.1.5 La stabilité de l'équipe de vente	99
	4.1.6 La flexibilité de l'équipe de vente	99
	4.1.7 La taille de la supervision de l'équipe de vente	99
	4.1.8 L'adaptation de l'équipe de vente au marché	100
4.2	Les bases de structuration d'une équipe de vente	100
	4.2.1 L'équipe de vente structurée par territoires géographiques	100
	4.2.2 L'équipe de vente structurée par produits	103
	4.2.3 L'équipe de vente structurée par clients et par marchés	105
	4.2.4 L'équipe de vente structurée par fonctions de vente	108
	4.2.5 L'équipe de vente structurée par combinaisons	108
	4.2.6 La structure évolutive de l'équipes de vente	108
4.3	L'établissement de la structure de vente par étapes	109
4.4	La vente en équipe	113
	4.4.1 La composition de la vente en équipe	114
4.5	L'agence de vente	114
	4.5.1 Les avantages reliés au fait de recourir à une agence de vente	115
	4.5.2 Les désavantages reliés au fait de recourir à une agence de vente	116
	4.5.3 La supervision de l'agence de vente	117
4.6	Les facteurs déterminant le choix d'une équipe de vente	117
	4.6.1 Les facteurs économiques	117
	4.6.2 Les facteurs relatifs à la stratégie et au contrôle	119
	4.6.3 Les choix stratégiques	120
4.7	Le télémarketing	120
Résumé		121
Questions		121
Ateliers		122
Notes		123

Chapitre 5
La gestion du recrutement 124

Objectifs		124

Introduction 125
5.1 Les types de représentants.. 125
  5.1.1 Le représentant consultatif 126
  5.1.2 Le développeur d'affaires... 126
  5.1.3 Le représentant missionnaire 126
  5.1.4 Le représentant livreur... 127
  5.1.5 Le preneur de commandes 127
  5.1.6 Le souteneur ou l'accompagnateur... 127
  5.1.7 Le représentant des comptes majeurs.. 127
  5.1.8 Le représentant technique 127
5.2 L'évaluation de la fonction... 128
  5.2.1 Définir le poste à pourvoir 128
  5.2.2 Décrire le sommaire de la fonction 128
  5.2.3 Répertorier les responsabilités à confier 129
  5.2.4 Détailler les responsabilités... 129
5.3 La détermination des critères d'embauche 130
  5.3.1 Définir le profil du candidat: l'approche traditionnelle 130
  5.3.2 Définir le profil du candidat: une approche novatrice 130
5.4 Les modes de recrutement.. 132
  5.4.1 Privilégier l'interne ou l'externe?.. 132
  5.4.2 Chercher seul ou en partenariat?.. 133
5.5 La rédaction et la diffusion d'une annonce 135
  5.5.1 Rédiger une annonce 136
  5.5.2 Diffuser une annonce 139
5.6 Le budget de recrutement 142
Résumé 145
Questions... 145
Ateliers 146
Notes 147

Chapitre 6
La sélection des candidatures 148

Objectifs... 148
Introduction 149
6.1 Les techniques et les critères de sélection 149
6.2 Le premier tri 151
  6.2.1 L'évaluation du curriculum vitæ.. 151
  6.2.2 L'évaluation de la lettre de motivation 152
6.3 Le second tri... 152
  6.3.1 L'entrevue dans le processus de sélection 153
  6.3.2 Les critères d'une entrevue efficace 154
  6.3.3 Les étapes de l'entrevue.. 155
  6.3.4 Les types d'entrevues 156
  6.3.5 Les thèmes abordés en entrevue 158
  6.3.6 L'analyse des réponses à l'entrevue 160
6.4 Les tests en tant qu'outils d'aide à la sélection... 162
  6.4.1 Les tests d'aptitudes 162
  6.4.2 Les tests de personnalité... 166
  6.4.3 Les tests d'habiletés 171
  6.4.4 La graphologie.. 173
  6.4.5 La validité des outils pour prédire la performance........................... 174
  6.4.6 Des outils pour se prémunir contre le roulement de personnel 175
6.5 L'ordonnancement des candidatures.. 176
6.6 La vérification des données fournies par le candidat 183
6.7 La sélection du candidat.. 185
Résumé 186
Questions... 186
Ateliers 187

Notes 188
Cas de la partie 2 .... **190**
Cas 1 La société Bakker 190
Cas 2 La société Matériaux de Toitures Canada 191
Cas 3 ÉCOLUB 192

Partie 3
La supervision de l'équipe de vente 197

Chapitre 7
La gestion des territoires et des quotas de vente **199**
Objectifs 199
Introduction 200
7.1 Les territoires de vente 201
7.2 Les problèmes résultant d'une mauvaise formation des territoires 202
7.3 Le processus de gestion des territoires 204
    7.3.1 La détermination de la référence géographique 204
    7.3.2 La détermination du point central 205
    7.3.3 La détermination de la fréquence des visites 205
    7.3.4 La détermination du nombre de territoires 206
    7.3.5 La détermination de l'emplacement et des frontières
           des territoires 211
    7.3.6 La détermination du nombre de représentants par le modèle
           « mixte » de Darmon 213
    7.3.7 L'affectation des représentants aux territoires 218
    7.3.8 La détermination de la couverture des territoires 218
    7.3.9 La mise en place des calendriers et des itinéraires 219
    7.3.10 Les ajustements à la gestion des territoires 220
7.4 Les quotas et la gestion des ventes 221
    7.4.1 Les buts poursuivis dans l'établissement des quotas 221
    7.4.2 Le processus de fixation des quotas 223
Résumé 228
Questions 228
Ateliers 232
Notes 233

Chapitre 8
La gestion de la rémunération **235**
Objectifs 235
Introduction 236
8.1 Les objectifs de la rémunération 236
8.2 Les étapes du plan de rémunération 237
    8.2.1 Revoir la description de l'emploi 237
    8.2.2 Déterminer les objectifs du plan de rémunération 238
    8.2.3 Établir le montant à octroyer en rémunération 238
    8.2.4 Structurer le plan de rémunération 238
    8.2.5 Arrimer les objectifs aux composantes du plan de rémunération 249
    8.2.6 Prétester et implanter le plan de rémunération 253
Résumé 254
Questions 254
Atelier 255
Notes 256

Chapitre 9
La gestion des problèmes vécus par les représentants **258**
Objectifs 258
Introduction 259
9.1 Les problèmes vécus par les représentants 260

		9.1.1	La satisfaction au travail	261
		9.1.2	La perception du rôle	261
		9.1.3	Les problèmes de perception du rôle	262
	9.2	Les conséquences des problèmes vécus par les représentants		264
	9.3	Les solutions aux problèmes vécus par les représentants		265
	9.4	La gestion de la ressource temps		267
		9.4.1	Première étape : dresser la liste des activités	267
		9.4.2	Deuxième étape : remplir la matrice urgence/importance	268
		9.4.3	Troisième étape : estimer le temps requis pour chaque activité	269
		9.4.4	Quatrième étape : déterminer l'ordre de priorité des activités	269
	Résumé			271
	Questions			272
	Atelier			272
	Notes			273

Chapitre 10
La gestion du programme de formation **275**

	Objectifs			275
	Introduction			276
	10.1	Les grands objectifs de la formation		277
		10.1.1	La formation, l'efficacité et la performance de vente	277
		10.1.2	La formation et le taux de roulement	278
	10.2	Le programme de formation		279
		10.2.1	L'analyse des besoins et la détermination des objectifs	279
		10.2.2	Le choix des participants	280
		10.2.3	La durée et le coût de la formation	281
		10.2.4	Le contenu de la formation	281
		10.2.5	Les lieux de la formation	285
		10.2.6	Les formateurs	286
		10.2.7	Les outils d'apprentissage	287
		10.2.8	L'évaluation du programme de formation	289
	Résumé			290
	Questions			290
	Ateliers			290
	Notes			291

Chapitre 11
La performance des représentants et des vendeurs **293**

	Objectifs			293
	Introduction			294
	11.1	Les fondements des grandes théories de la motivation		295
		11.1.1	La relation entre la motivation, les besoins et les désirs	296
		11.1.2	La motivation et la performance des représentants	296
		11.1.3	La motivation et le comportement des représentants	297
		11.1.4	La théorie de Maslow	298
		11.1.5	La théorie des deux facteurs de Herzberg	300
		11.1.6	La théorie des besoins de McClelland	300
		11.1.7	La théorie des résultats escomptés de Vroom	301
	11.2	Les variables liées à la performance des représentants et des vendeurs		303
		11.2.1	Les facteurs motivationnels des représentants et des vendeurs	304
		11.2.2	Les comportements individuels des représentants et des vendeurs	310
		11.2.3	Les conditions favorisant la performance des représentants et des vendeurs	315
	Résumé			317
	Questions			317
	Ateliers			319
	Notes			320

Chapitre 12
La performance des directeurs des ventes 328
Objectifs 328
Introduction 329
12.1 Le directeur des ventes et le leadership 329
12.2 Quelques grandes théories du leadership 330
    12.2.1 L'approche des traits de caractère 330
    12.2.2 L'approche par la situation 330
    12.2.3 L'approche de Fiedler 331
    12.2.4 L'approche par les comportements des leaders 331
    12.2.5 Les styles de leadership selon le continuum de Tannenbaum et Schmidt 331
12.3 Les fondements de la théorie du leadership de Bass 332
    12.3.1 Le gestionnaire versus le leader 332
    12.3.2 Le leadership selon les dimensions structure et considération 333
    12.3.3 Le leadership selon Blake et Mouton 334
    12.3.4 Le leadership selon Fiedler 334
    12.3.5 Le leadership selon Hersey et Blanchard 334
12.4 La théorie du leadership de Bass 334
    12.4.1 Le leadership transformationnel 335
    12.4.2 Le leadership transactionnel 339
    12.4.3 Le leadership selon Bass et la motivation 341
    12.4.4 Le leadership selon Bass et la satisfaction 342
    12.4.5 Le leadership selon Bass et la performance 343
12.5 Le soutien organisationnel 343
12.6 La communication et la gestion des ventes 344
    12.6.1 Les réunions en gestion des ventes 344
    12.6.2 L'assistance professionnelle en gestion des ventes 345
Résumé 346
Questions 346
Ateliers 347
Notes 348

Cas de la partie 3 355
CHMF (cas sur la restructuration des territoires) 355

Partie 4
L'évaluation de l'équipe de vente 357

Chapitre 13
L'analyse des ventes 358
Objectifs 358
Introduction 359
13.1 L'analyse du marketing (*marketing audit*) 360
13.2 L'analyse de la gestion des ventes (*sales management audit*) 360
13.3 L'analyse du volume des ventes 360
13.4 L'analyse sectorielle du volume des ventes 363
    13.4.1 Le principe du «80-20» 363
    13.4.2 L'analyse du volume des ventes par territoires 363
    13.4.3 L'analyse du volume des ventes par produits 365
    13.4.4 L'analyse du volume des ventes par clients 366
    13.4.5 L'utilisation de l'informatique en analyse des ventes 366
13.5 L'analyse du rendement du représentant 367
    13.5.1 Les objectifs de l'évaluation du rendement 367
    13.5.2 Les difficultés reliées à l'évaluation du rendement 368
    13.5.3 Le processus d'évaluation du rendement 369
    13.5.4 Les bases quantitatives d'évaluation du rendement 373
    13.5.5 Le modèle quantitatif d'évaluation du rendement 375

	13.5.6	Les bases qualitatives d'évaluation du rendement	377
	13.5.7	La méthode BARS	379
13.6	Conclusion		382
Résumé			383
Questions			383
Notes			386

Chapitre 14
L'analyse des coûts et de la rentabilité ... **387**

Objectifs ... 387
Introduction ... 388
14.1 Les coûts comptables et les coûts de marketing ... 389
14.2 Les coûts et les dépenses ... 390
14.3 La méthode des coûts complets et celle de la contribution marginale ... 391
14.4 Le processus d'analyse de la rentabilité ... 395
    14.4.1 Première étape : la détermination des objectifs de l'analyse de la rentabilité ... 395
    14.4.2 Deuxième étape : la détermination des comptes sectoriels ... 396
    14.4.3 Troisième étape : la répartition des coûts des comptes naturels dans les comptes sectoriels ... 396
    14.4.4 Quatrième étape : l'allocation des coûts sectoriels aux segments appropriés ... 396
    14.4.5 Cinquième étape : la sommation des coûts affectés à l'activité ... 398
14.5 Une application de l'analyse de la rentabilité ... 398
    14.5.1 Le choix des comptes sectoriels et la ventilation des comptes naturels ... 398
    14.5.2 L'analyse de la rentabilité par représentant ... 401
    14.5.3 L'allocation des coûts sectoriels aux vendeurs ... 402
    14.5.4 L'analyse de la rentabilité par client ... 405
14.6 L'analyse du rendement de l'actif ... 406
14.7 Conclusion ... 409
Résumé ... 411
Questions ... 411
Notes ... 415

Cas de la partie 4 ... **416**
Cas 1 La société Mac Bull inc. ... 416
Cas 2 Cuisinet inc. ... 421
Cas 3 Durovitre inc. ... 426
Cas 4 CHMF (cas sur l'évaluation des représentants) ... 429

Annexe 1 Instrument de mesure de l'ambiguïté du rôle des représentants ... 433
Annexe 2 Instrument de mesure du conflit lié aux rôles ... 434
Annexe 3 Instrument de mesure de l'estime de soi ... 435
Annexe 4 Instrument de mesure de la satisfaction ... 436
Annexe 5 Instrument de mesure de l'engagement organisationnel ... 438
Notes ... 439

Index ... 440

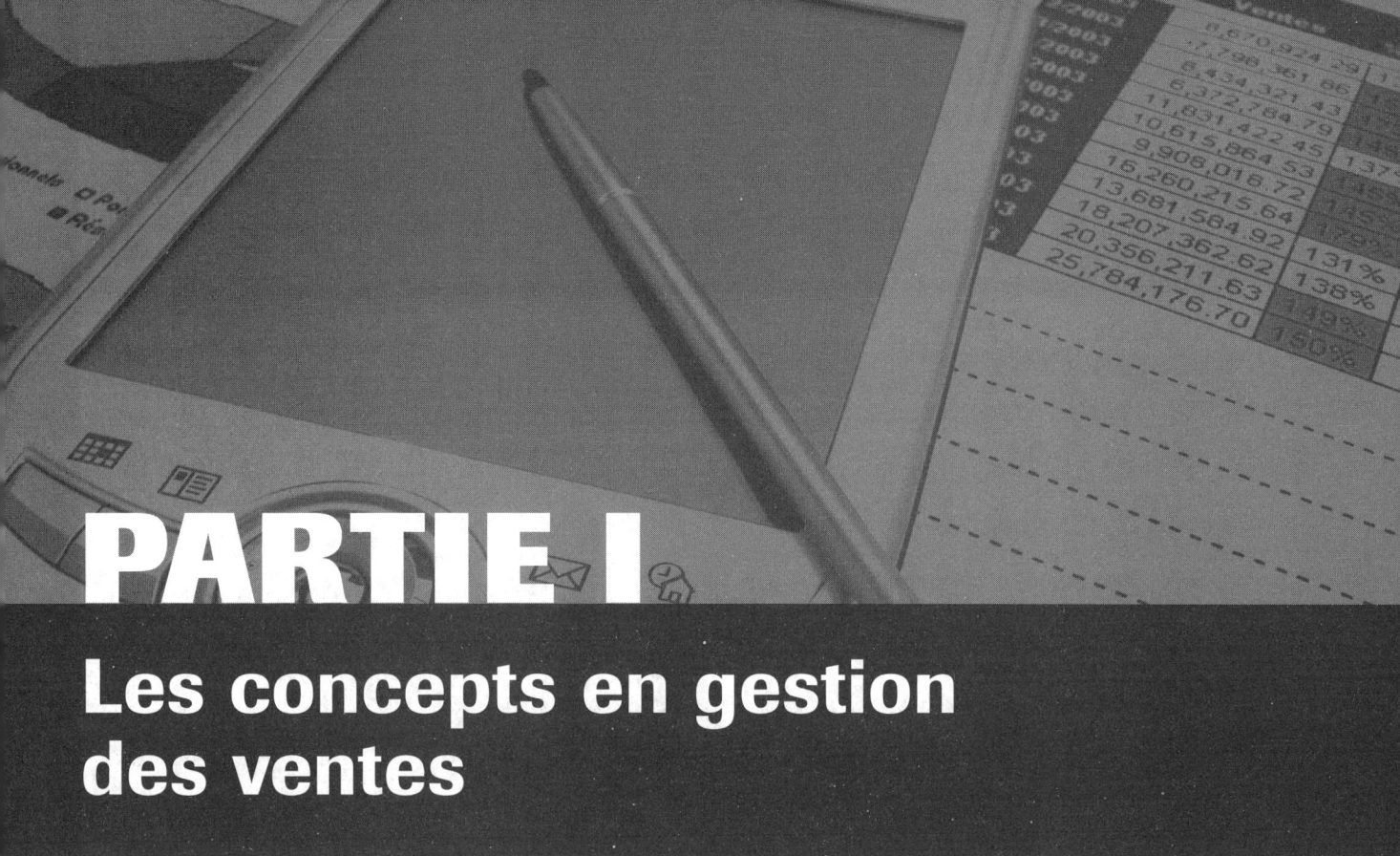

PARTIE I
Les concepts en gestion des ventes

La première partie de ce manuel a pour but de fournir au lecteur les fondements relatifs à la gestion des ventes. Cette base de connaissances le guidera tout au long de la lecture des 14 chapitres qui composent cet ouvrage. La seconde partie traite de la formation de l'équipe de vente en ce qui a trait à la structuration et au recrutement. La supervision de l'équipe de vente constitue le sujet de la troisième partie. On y clarifie les notions de territoire, de rémunération, de formation et de performance. Finalement, la dernière partie se consacre à l'évaluation de l'équipe de vente.

Au premier chapitre, nous nous intéresserons à la stratégie orientée vers les marchés (SOM), qui permet d'affronter une concurrence de plus en plus féroce et de faire croître la performance de toute l'organisation. Nous y approfondirons les notions de valeur supérieure, de concept marketing et de compétences distinctives dans le domaine de la gestion des ventes. Nous aborderons également le concept de chaîne de valeur. Et puisque la vente est avant tout un processus de communication, nous verrons l'importance d'une gestion intégrée des communications (CMI). Finalement, nous établirons la place du programme de gestion des ventes dans le plan marketing de l'entreprise.

La compréhension des marchés constitue le propos du deuxième chapitre. Il est essentiel pour un directeur des ventes de savoir ce qui pousse un client à se procurer un produit. Nous examinerons donc l'ensemble des facteurs conduisant au processus d'achat : l'environnement, la taille et la structure de l'entreprise, le type de produit et l'importance de l'achat, la composition du groupe décisionnel d'achat et la personnalité des différents acteurs. Grâce à une meilleure connaissance du processus d'achat, le directeur des ventes sera plus à même d'améliorer la performance de son équipe de vente.

Finalement, le troisième chapitre s'attardera à l'analyse des environnements interne et externe, du marché potentiel et à la prévision des ventes. Ceux-ci constituent les éléments avec lesquels l'équipe des ventes devra composer : l'organisation elle-même, ses produits, la concurrence et les méthodes prévisionnelles des ventes. C'est ce dernier élément qui servira d'assise à la structuration de l'équipe de vente, comme nous le verrons dans la deuxième partie de ce manuel.

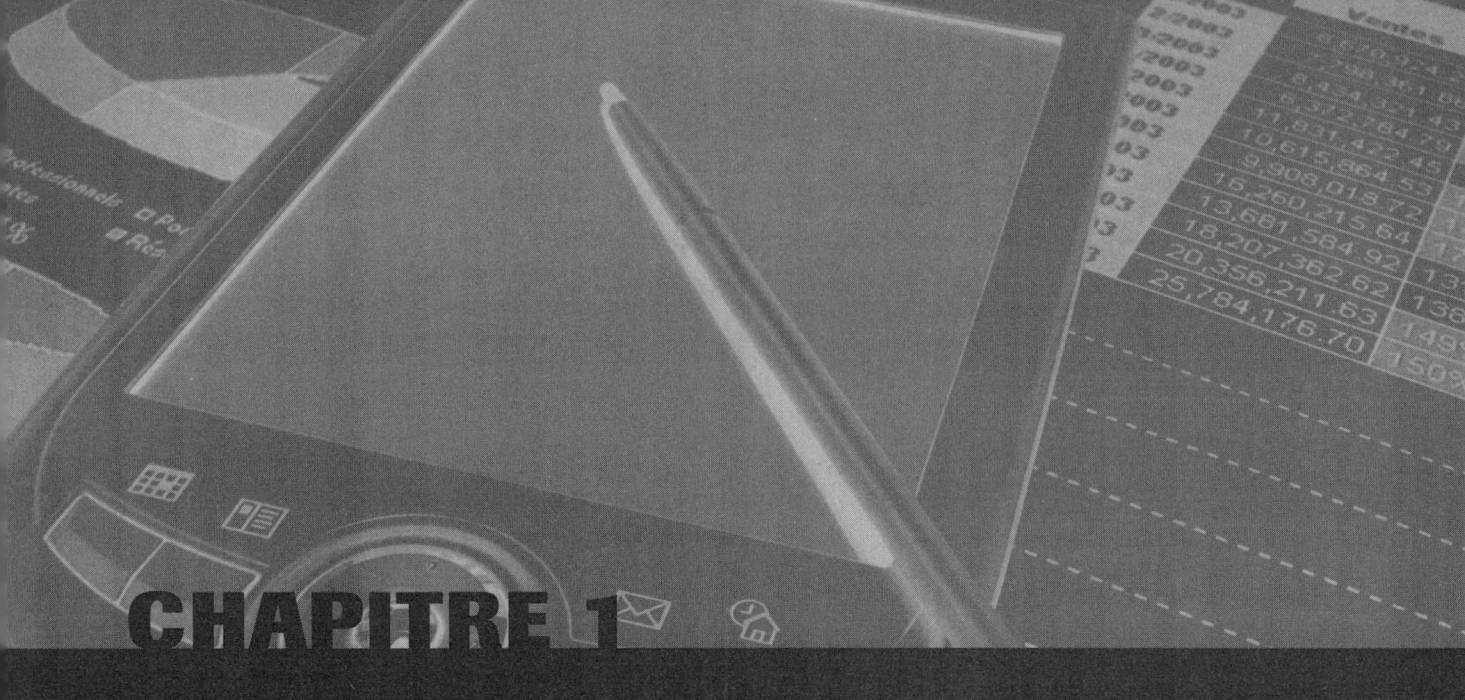

CHAPITRE 1

La stratégie orientée vers les marchés et la gestion des ventes

OBJECTIFS

Après l'étude de ce chapitre, vous devriez pouvoir :

- saisir l'importance de la stratégie orientée vers les marchés (SOM) au niveau organisationnel et au niveau de la gestion de l'équipe de vente ;
- connaître les piliers du concept marketing ;
- identifier les composantes de la stratégie orientée vers les marchés ;
- reconnaître l'importance de la valeur supérieure pour les consommateurs et les clients ;
- saisir le concept de la chaîne de valeur ;
- reconnaître les compétences distinctives dans le domaine de la gestion des ventes ;
- saisir le concept de la gestion des communications marketing intégrées (CMI) ;
- comprendre l'importance du plan marketing et de son intégration au programme de gestion des ventes.

INTRODUCTION

Quels que soient son domaine, sa taille ou sa région, toute entreprise se bat contre des concurrents, des petits comme des géants à l'échelle régionale, provinciale ou mondiale. La guerre est dure ; l'entreprise doit survivre et prospérer. Les règles du jeu changent constamment, la forçant à s'adapter, à faire mieux que les autres, sans quoi elle devra annoncer une restructuration ou une fermeture. Aucune organisation n'est à l'abri. D'une part, des dinosaures tombent ; on en connaît et il y en aura encore. D'autre part, des chiots naissent chaque jour : ils deviendront des chiens féroces et redoutables qui voudront dominer la meute !

La gestion des ventes n'est pas en reste. Comme les autres organisations, elle doit suivre la culture organisationnelle existante[1] et même la devancer. Les entreprises, dans leur souci de réduire les coûts dans la chaîne de valeur (distribution, logistique, des fournisseurs jusqu'aux consommateurs), ont diminué le nombre de fournisseurs, ce qui a poussé plusieurs organisations à passer d'une orientation transactionnelle à une orientation de marché[2]. La gestion des ventes génère des coûts fort importants ; dans la plupart des entreprises, le budget est beaucoup plus important que les autres éléments de la composition promotionnelle comme la publicité, la promotion des ventes ou les relations publiques. La visite d'un vendeur chez le client coûte très cher, soit 242 $ dans le domaine des entreprises de services et 202 $ pour le secteur industriel, selon les données d'une étude de 1999[3] ; on estime que les coûts d'une visite augmentent de 5 % par année, bien que le temps passé avec un client soit très limité, soit environ 15 minutes du processus, tous domaines confondus[4]. De plus, il ne faut pas oublier qu'un contrat de vente ne s'établit pas en une seule rencontre, mais nécessite de multiples visites avec différentes personnes concernées par les achats ou la chaîne de valeur de l'organisation cliente.

Tout un défi à relever, donc, pour la gestion des ventes ! Les coûts des salaires et des déplacements sont constamment à la hausse, les objectifs de vente sont difficiles à atteindre, d'où une marge de manœuvre très serrée pour les directeurs des ventes. Il existe toutefois une solution : il ne s'agit pas d'une recette, ni d'un truc, et sa réalisation demande du temps, des efforts et une très bonne dose d'ouverture… La voie du succès passe par une nouvelle philosophie de gestion, la **stratégie orientée vers les marchés** (SOM). Nous verrons donc dans les pages qui suivent la démarche de cette stratégie dans le contexte organisationnel et au niveau de la gestion des ventes.

1.1 La stratégie orientée vers les marchés dans le contexte organisationnel

L'approche fondée sur la stratégie orientée vers les marchés (SOM) est considérée comme une théorie dominante. Il ne s'agit pas là d'une mode dans les nouvelles gestions, mais de l'implantation et de la mise en œuvre de concepts marketing établis. L'approche de la SOM est reconnue par les universitaires et les gens d'affaires comme étant l'un des éléments qui contribue le plus à des performances organisationnelles supérieures[5] et au succès à long terme[6], et ce, sur tous les plans : en entreprise privée ou publique[7], qu'elle soit petite[8] ou grande, dans le marché industriel ou de consommation[9], dans le domaine manufacturier, des services ou du commerce au détail[10], et dans toutes les régions du monde[11]. L'orientation vers les marchés est la composante centrale du concept marketing, un pilier sur lequel le marketing moderne est fondé[12].

Il faut aborder la SOM comme une philosophie où l'entreprise place les intérêts des clients et des consommateurs au premier plan[13] et au cœur de ses préoccupations. La SOM a à cœur la satisfaction des clients et des consommateurs et va même au-delà, car elle réussit à redéfinir les besoins des clients (domaine de la représentation industrielle, marchés d'entreprises ou d'affaires [« B to B marketing »]) et des consommateurs (marchés des biens de consommation, entreprises à consommateurs [« B to C marketing »]). Cela se traduit par le développement de produits et de services à valeur ajoutée supérieure ainsi que par des relations à long terme avec les clients et les consommateurs. Nous soulevons ici la notion de fidélité à la marque, mais aussi celle de la relation privilégiée avec le client, qui dépasse la simple relation fournisseur-client, s'apparentant davantage à un lien de partenariat durable et valorisant pour les deux parties.

La SOM est également une culture organisationnelle où chaque personne dans l'organisation est sensibilisée au rôle actif qu'elle doit jouer afin de mieux satisfaire les clients que ne le font les concurrents, dans le but de bâtir un avantage concurrentiel dans son entreprise. L'orientation marché n'est pas la responsabilité unique de la fonction marketing ni de la gestion des ventes, mais de l'ensemble des ressources humaines de l'entreprise, soit de toutes les personnes dont les fonctions sont reliées de près ou de loin aux clients, du sommet de l'entreprise jusqu'à sa base.

La SOM est vue comme un processus d'échange d'information concernant les clients, les consommateurs et les concurrents. Cette information orientera les décisions relatives à l'engagement des ressources et à la coordination des diverses fonctions de l'entreprise, afin de satisfaire les besoins des clients et des consommateurs et de leur livrer des produits et des services de valeur supérieure. La **valeur supérieure** se définit comme la relation positive entre les bénéfices recherchés par les clients et les consommateurs et les coûts associés à l'achat du produit ou du service. Les bénéfices recherchés par les consommateurs sont associés à l'expérience d'achat, à la perception à l'égard de la marque, à la qualité des produits et des services, au service après-vente, au prix, aux conditions d'achat, etc. ; les coûts, quant à eux, représentent le prix, mais aussi les efforts pour se procurer le produit, en temps comme en effort physique, et le coût psychologique rattaché à l'achat (risque, stress, etc.). En fin de compte, c'est en bonne partie aux représentants des ventes des entreprises fournisseuses que revient la tâche de satisfaire les besoins des consommateurs.

Mettons en contexte la SOM dans la culture organisationnelle. Elle vise à mettre en place une philosophie où l'on privilégie les occasions d'en apprendre davantage sur les différents marchés, de maximiser la communication à l'interne dans le but de partager l'information et de définir les objectifs communs ainsi que de coordonner les actions à entreprendre[14]. La mise en commun des efforts de chacun et la concertation des employés permettront de donner une valeur ajoutée au profit des clients et des consommateurs. En retour, ceux-ci influenceront et stimuleront la performance de l'entreprise, dont sa profitabilité.

1.2 La stratégie orientée vers les marchés et la stratégie orientée vers les produits

Afin de mieux comprendre l'approche stratégique de la SOM, comparons-la à une stratégie orientée vers les produits. Contrairement à la SOM, la stratégie orientée vers le produit définit sa mission en fonction du produit qu'elle transforme et distribue. Autrement dit, sa mission d'entreprise repose sur sa capacité de production. Dans cette approche stratégique, l'entreprise offre des produits qu'elle est en mesure de produire et passe ensuite à leur commercialisation. Sa préoccupation tourne autour de la gestion de la production : il s'agit d'une approche en amont, où l'entreprise est centrée sur elle-même et non sur les besoins de l'organisation et des consommateurs. La stratégie marketing de ce type d'organisation s'articule généralement autour de politiques de prix « agressives », d'escomptes et de rabais alléchants, d'un programme de promotion des ventes substantiel et de l'utilisation de concours.

Par opposition, la mission de l'entreprise dont la stratégie est orientée vers les marchés est le fruit d'un regard externe, tourné vers les consommateurs. Il s'agit donc d'une approche de gestion en aval : on part des clients et des consommateurs pour revenir à l'entreprise. En d'autres mots, on se base sur l'analyse des besoins des clients et des consommateurs, des marchés et de la concurrence pour déterminer la mission de l'entreprise et la mettre en œuvre au moyen d'un plan marketing. Dorénavant, l'attention est tournée vers les marchés, et l'objectif est d'anticiper les besoins des clients et des consommateurs afin d'être plus efficace que ses concurrents (*voir le tableau 1.1*).

TABLEAU 1.1
Caractéristiques de la stratégie orientée vers les produits et de la stratégie orientée vers les marchés (SOM)

Orientation vers les produits	Orientation vers les marchés (SOM)
Perspective à court terme	Perspective à long terme
Prix le plus bas	Valeur la plus élevée
Rabais, escomptes	Plan de communication
Image de marque peu importante	Image de marque importante
Relations clients-consommateurs	Relation chaîne de valeur

Il est bien certain que chaque fonction de l'entreprise est importante et que la participation de chacune de ces fonctions contribue à la performance de l'entreprise. Il vaut donc mieux qu'elle soit positive. Ainsi, le secteur de la recherche et développement a tout intérêt à faire un bon travail, celui de la production doit fabriquer des produits de qualité au meilleur coût possible et dans les meilleurs délais, le service des achats doit obtenir le meilleur prix, et ainsi de suite.

Kohli et Jaworski (1993) définissent la **SOM** comme le développement de l'information commerciale stratégique à travers toute l'entreprise dans le but de satisfaire les besoins présents et futurs des consommateurs, la dissémination de l'information commerciale stratégique des marchés, horizontalement et verticalement, dans toute l'entreprise et la prise de décision quant aux actions à mener sur la base des renseignements fournis par l'information commerciale stratégique. L'**information commerciale stratégique** correspond à toutes les informations relatives aux marchés, que ce soit au niveau des concurrents, des consommateurs ou de toute autre source pouvant contribuer à mieux satisfaire les besoins des clients et des consommateurs. L'interprétation des informations est fondamentale au succès de la SOM.

Pour résumer le concept de la SOM, on peut dire qu'elle doit être vue comme une culture organisationnelle, où chaque personne dans l'organisation est sensibilisée et prête à jouer un rôle actif afin de mieux satisfaire les clients et les consommateurs que ne le font les concurrents, dans le but de bâtir un avantage concurrentiel enviable dans son entreprise. En somme, l'orientation marché n'est pas la responsabilité unique du secteur marketing ou de l'équipe de vente, bien qu'ils y tiennent tout de même un rôle prépondérant, mais bien de l'ensemble de l'entreprise, soit de tous les secteurs qui sont reliés de près ou de loin aux clients, du sommet de l'entreprise jusqu'à sa base.

1.3 Le concept marketing

Les organisations orientées vers les marchés épousent la philosophie du concept marketing. Le **concept marketing**, selon Kohli et Jaworski (1990), se définit comme une façon de penser qui guide l'allocation des ressources et l'identification des stratégies de l'entreprise pour l'organisation. Ce concept repose sur trois « **piliers** » : les consommateurs et les clients, la coordination du marketing et la profitabilité[15].

1.3.1 Les consommateurs et les clients

Les clients et les consommateurs constituent le premier pilier. Cela se traduit par une philosophie de gestion qui place la satisfaction des besoins des clients et des consommateurs au premier rang des préoccupations de l'entreprise, qui est en fait sa mission (Levitt, 1960)[16]. Pour mettre en place ce premier pilier, il faut connaître leurs valeurs, leurs motivations, leurs comportements ainsi que leurs besoins présents et latents. Il faut anticiper leurs besoins, aller au-delà de leurs attentes et le faire plus efficacement que la concurrence. On ne doit surtout pas se contenter de répondre aux besoins immédiats des consommateurs et des clients à l'aide d'informations les concernant.

Au lieu de considérer la gestion de la production comme l'élément de départ de sa stratégie marketing, l'entreprise oriente cette dernière vers la satisfaction des besoins des clients et des consommateurs dans le but de créer une valeur supérieure. Les actions marketing reposent alors sur l'information au sujet des clients et des consommateurs, de la concurrence et des analyses des grands environnements. Les outils dans le domaine de la vente sont avant tout les rencontres avec les clients, mais aussi les entrevues, les observations, les groupes de discussion entre les membres de la chaîne de valeur. Ajoutons à ces éléments les sondages d'opinion, les recherches, les analyses et même les congrès ainsi que les colloques, riches en information formelle et informelle.

Selon Kotler (1988), placer les clients et les consommateurs au centre des activités marketing de l'entreprise est l'élément fondamental du concept marketing. Cela signifie que le consommateur est l'objet premier des préoccupations des organisations. Dans les faits, la mission, les buts et les objectifs de l'entreprise sont tous orientés vers la satisfaction des clients et des consommateurs.

L'entreprise qui a à cœur la satisfaction de ses clients et qui en fait son leitmotiv ne peut y arriver sans connaître les besoins des clients et des consommateurs. Dans le cadre du concept marketing, cette notion est désignée par le terme « information commerciale stratégique ».

1.3.2 La coordination du marketing

Le second pilier consiste en la coordination du marketing. Elle représente l'interrelation entre tous les secteurs et les ressources de l'entreprise afin de créer de la valeur pour les clients et ultimement pour les consommateurs. Autrement dit, en plus des secteurs vente et marketing, l'entreprise dans son ensemble travaille dans le même sens et vers le même objectif: la satisfaction des clients. Cet objectif commande que tous les membres de l'entreprise partagent les connaissances et les informations relatives aux clients et aux consommateurs. Ainsi, la coordination des activités facilite l'opérationnalisation, que ce soit sur le plan de la rapidité de réalisation, de la qualité, mais surtout de l'amélioration de la valeur perçue.

1.3.3 La profitabilité

Le troisième pilier est la profitabilité. L'essence du concept marketing repose sur les notions de bénéfice, de gain, de retour sur investissement (ROI), etc. Les organisations doivent considérer cet aspect chaque fois qu'elles ont à faire des choix ou à entreprendre des actions.

1.4 Les composantes de l'approche de la stratégie orientée vers les marchés (SOM)

L'orientation de marché, selon Kohli et Jaworski (1990), fait référence au fait de générer de l'information concernant les besoins présents et à venir, de la communiquer dans toutes les strates et à travers toutes les fonctions de l'organisation, tant horizontalement que verticalement, et finalement de répondre à cette information ou de la traduire en actions comme le développement de nouveaux produits et services.

Le cœur de la SOM est l'information commerciale stratégique, qui va bien au-delà de l'identification des besoins et des préférences. Les facteurs exogènes et non contrôlables tels que les grands environnements doivent être pris en considération, comme nous le verrons au chapitre 3. Dans le présent comme dans l'avenir, ils peuvent influencer les consommateurs. L'information commerciale stratégique comprend trois étapes: la collecte de l'information commerciale stratégique, la dissémination de cette information et la réponse à celle-ci. On pourrait les résumer ainsi: 1) la collecte; 2) l'analyse; 3) l'action.

1.4.1 La collecte de l'information commerciale stratégique

La collecte de l'information commerciale stratégique correspond au fait de rassembler toutes les informations, autant formelles qu'informelles, au sujet des clients et des consommateurs, et même sur les clients de ses clients. Il peut s'agir d'analyses de marché, de tests de marché, de données primaires ou secondaires, que ce soit à l'échelle régionale, provinciale ou mondiale. La collecte peut aussi se faire par le biais d'études qualitatives (*focus groups,* rencontres avec les consommateurs), auprès des distributeurs ou d'autres intervenants du marché, les acheteurs auprès des grandes chaînes dans le secteur de la distribution alimentaire, par exemple. Parallèlement à cette approche terrain, on ne doit pas négliger les études et les articles scientifiques en marketing ainsi que les chaires de recherche commanditées par les entreprises auprès des universités. Toutes ces informations deviennent pertinentes si elles se greffent à celles qui sont recueillies sur la concurrence, que l'on examine à la loupe.

L'**information commerciale stratégique** représente toutes les informations et la connaissance des consommateurs, des marchés et, par ricochet, de la concurrence. Ces informations vont au-delà des résultats d'études de marché, c'est-à-dire que l'on s'attarde aux éléments qui peuvent influer sur les besoins des consommateurs à court, à moyen, mais aussi à long terme. Pour mieux comprendre la dynamique des marchés, l'entreprise analyse les grands environnements, en ce qui concerne leurs aspects légal, culturel, social et économique. L'identification des besoins amène l'entreprise à développer des produits à valeur supérieure pour les consommateurs, meilleurs et plus profitables que ceux de la concurrence, ce qui est le but ultime de l'opération.

1.4.2 La dissémination de l'information commerciale stratégique

Dans une organisation de type SOM, les informations pertinentes doivent circuler à l'interne ainsi qu'auprès des clients. La communication efficace de ces informations joue un rôle stratégique au sein de l'entreprise. Dans ce type d'organisation, il faut développer une culture du partage de l'information, particulièrement dans les secteurs du marketing et de la gestion des ventes, qui, en raison de leurs fonctions, sont les principales sources d'information, mais pas les seules. Prenons comme exemple la visite de clients en usine. À cette occasion, le directeur d'usine et de production en apprend souvent beaucoup plus sur les besoins des clients que l'on serait porté à le croire. Dans un cas comme celui-là, il faut saisir l'occasion que procure cette source d'information pour améliorer le produit ou la qualité du service après-vente.

Ainsi, chaque individu, chaque service comprend l'importance de générer le plus d'information commerciale stratégique possible pour qu'elle soit communiquée et intégrée dans toutes les strates de l'entreprise. À ce propos, le **système d'information marketing** (SIM) permet aux entreprises d'obtenir en tout temps des informations concernant les clients, les consommateurs, les concurrents, le marché, etc.

Les entreprises qui passent d'une approche orientée vers les produits à une approche orientée vers les marchés peuvent éprouver bien des difficultés; toutefois, une part de la réussite peut être assurée par la participation de chaque individu et par la circulation formelle et informelle (bulletin d'information, infolettre, journal interne, discussions à la cantine, échos, etc.) de l'information. Bien faire circuler l'information est donc un élément fondamental de la SOM, et la traduire en actions concrètes et palpables contribuera à mieux satisfaire les clients et les consommateurs.

1.4.3 La réponse à l'information commerciale stratégique

Le dernier élément de l'information commerciale stratégique est le passage des informations obtenues et partagées à la mise en œuvre des actions. Ce passage contribuera à augmenter la valeur des produits et des services. Encore une fois, toute l'organisation doit être mobilisée et ouverte aux changements. Le développement de nouveaux produits et les modifications aux produits existants doivent être orchestrés non seulement par les secteurs du marketing et des ventes, mais aussi avec la collaboration de tous et par des actions concertées. Cela implique donc une structure organisationnelle décentralisée. L'embauche de personnel et l'attribution de ressources financières sont des facteurs clés de succès. Dans cette optique, il faudra mettre l'accent sur la sensibilisation, la formation auprès des intervenants et des représentants (*voir le chapitre 10*), mais aussi sur de nouvelles façons de gérer. La recherche de Hult *et al.* (2005)[17] démontre que l'information sur les marchés améliore la capacité de l'entreprise à passer à l'action et que le fait de passer à l'action augmente la performance de l'entreprise. Les entreprises optant pour une SOM démontrent qu'elles sont plus proactives concernant le développement des marchés et qu'elles se différencient des concurrents[18].

1.5 La création d'une valeur supérieure

La **valeur** est une évaluation personnelle et perceptuelle basée sur les perceptions, donc une mesure qu'établissent les consommateurs quant aux bénéfices recherchés et aux coûts associés afin de se procurer un produit ou un service offert sur le marché. En d'autres mots, la valeur correspond à l'évaluation, de la part des consommateurs, des efforts qu'ils doivent fournir en fonction du produit qu'ils désirent se procurer (un montant d'argent par rapport à des capacités financières limitées). Dans le langage courant, on pourrait dire que la valeur équivaut à la somme que les consommateurs sont disposés à sacrifier s'ils considèrent qu'ils en ont assez pour leur argent.

L'identification de la valeur par les organisations dépend alors de leur capacité à bien comprendre les critères de valeur des consommateurs et à tabler sur ce qui influe le plus sur la valeur. Ainsi, l'achat d'un produit ne concerne pas uniquement son prix, mais également les autres biens ou services auxquels on doit renoncer pour acquérir ce produit. Les critères de valeur varient selon les groupes de consommateurs; l'information commerciale stratégique permet de bien les identifier et d'offrir aux consommateurs des produits et des services qui représentent le plus de valeur à leurs yeux.

En conclusion, on peut dire de la valeur qu'il s'agit d'une évaluation personnelle en vertu de laquelle les consommateurs éprouvent le sentiment d'en avoir pour leur argent ; les biens ou les services acquis représentent davantage pour eux que la somme qu'ils ont eu à débourser, par rapport aux produits comparables sur le marché. L'élément concurrentiel est donc important à considérer.

Holbrook (2005)[19] définit la valeur comme étant de nature **interactive**, car elle met en relation un sujet, soit un consommateur ou une entreprise, et un objet, soit un produit ou un service. La valeur est aussi de nature **réaliste**, car, d'une part, elle est le reflet d'une comparaison entre un objet par rapport à un autre (par rapport à des produits concurrents) et, d'autre part, elle diffère selon les individus (les besoins et les désirs diffèrent selon les personnes). La valeur dépend également du contexte dans lequel est faite l'évaluation (la valeur d'un parapluie augmente lorsqu'il vous pleut sur la tête ou encore l'effet de rareté tend à augmenter la valeur des produits ; à titre d'exemples, il peut s'agir d'un nombre limité de places à un concert, d'une série limitée d'une œuvre artistique, etc.). La valeur implique aussi la notion de **préférence**, donc une évaluation entre «j'aime» ou «je n'aime pas», bon ou mauvais, pour ou contre (il peut s'agir de choix de produits, de marques, de détaillants, etc.).

Donc, la valeur est davantage liée à l'expérience qu'au produit en lui-même. La notion d'expérience fait référence aux émotions, au plaisir ou à tout autre aspect contribuant à la satisfaction des consommateurs (une gâterie pour fêter une occasion spéciale, par exemple).

1.6 La création de valeur par la chaîne de valeur

La notion de création de valeur tient un rôle particulièrement important en gestion des ventes. La **chaîne de valeur** représente la gestion de la distribution, c'est-à-dire la prise de possession de biens et de services par les consommateurs, et la logistique qui concerne la gestion des stocks et le transport. À la gestion de la distribution et à la logistique on doit ajouter la promotion et le service après-vente, mais aussi l'approvisionnement, c'est-à-dire la relation entre le fournisseur, les manufacturiers et les consommateurs (*voir la figure 1.1*).

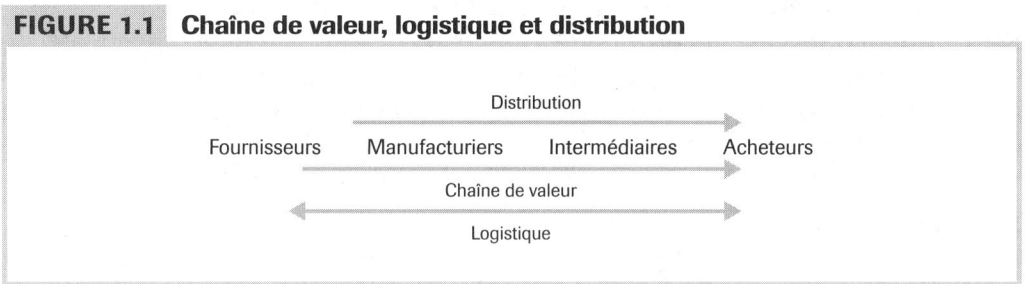

FIGURE 1.1 Chaîne de valeur, logistique et distribution

L'**orientation client**[20] se définit comme l'adoption d'une SOM par l'équipe de vente ; on parle alors d'une vente de type consultatif[21]. L'orientation client correspond à l'orientation de l'entreprise, à savoir que l'information commerciale stratégique doit être non seulement disséminée à travers l'entreprise et auprès des membres de l'équipe de vente, mais aussi transmise à l'organisation du client. Comme nous l'avons vu pour l'entreprise, le but premier de l'orientation client en ce qui regarde l'équipe de vente est de satisfaire les clients et ainsi assurer leur loyauté à long terme avec leurs fournisseurs, alors considérés comme des partenaires[22].

La gestion des ventes doit donc connaître les rouages de la chaîne de valeur de ses clients[23]. Elle s'engage ainsi à comprendre leurs besoins présents et futurs et à partager les informations pertinentes au sein de l'entreprise aussi bien qu'avec ses clients de façon continue. Dans ce cadre, une gestion des ventes orientée vers ses clients est plus en mesure de démontrer qu'elle offre les meilleurs produits et services, et ce, à travers toute la chaîne de valeur. L'équipe de vente, par le biais de ses représentants, agit alors dans le meilleur intérêt de tous parce qu'elle crée de la valeur, qu'elle satisfait les besoins des consommateurs autant que ceux de ses propres clients et qu'elle est moins encline à afficher des comportements opportunistes[24], basant plutôt ses relations sur la confiance et les échanges réciproquement profitables à long terme. C'est sur ce plan que la création de la valeur est bénéfique autant pour le manufacturier que pour les clients et les consommateurs. Plusieurs organisations désignent un représentant pour un client spécifique, mais certaines vont jusqu'à affecter un représentant sur place, dans les bureaux du client, pour justement maximiser la relation client et ainsi maintenir, voire augmenter le taux de satisfaction du client.

À cet égard, certaines études démontrent la relation de confiance qui se développe entre les parties concernées dans le cadre d'une SOM. C'est le cas des recherches de Sanzo *et al.* (2002)[25], de Zhao et Cavusgil (2005)[26] et de Blesa et Bigné (2005)[27]. Elles démontrent que la SOM influe positivement sur la relation de confiance entre les fournisseurs et les manufacturiers et qu'en principe elle devrait déboucher sur des relations à long terme privilégiées, mais cette hypothèse n'a pas encore été démontrée empiriquement.

1.7 L'approche de la stratégie orientée vers les marchés (SOM) et les compétences distinctives

Dans le cadre de la SOM, les compétences distinctives permettent à l'organisation d'obtenir un avantage concurrentiel par rapport à ses concurrents de plusieurs façons: 1) en contribuant à la performance de l'organisation; 2) en offrant une valeur supérieure aux consommateurs; 3) en permettant de développer de nouveaux marchés; 4) en devançant ou en prévenant les assauts de la concurrence. Les compétences distinctives sont orientées vers l'extérieur de l'entreprise, soit au niveau des consommateurs, des marchés et de la concurrence.

Les **compétences distinctives**[28] sont un ensemble complexe d'aptitudes collectives d'apprentissage opérant dans une organisation afin d'assurer une coordination supérieure des activités fonctionnelles. Parmi les compétences générales, on trouve la gestion des ressources financières, la gestion des ressources humaines, la gestion des ressources technologiques, le développement de technologies, de produits et de services. Cependant, une compétence est particulièrement importante dans le cadre d'une SOM: le *market sensing*. Il s'agit de la capacité de l'entreprise à être au fait des changements au niveau des marchés et à prévoir adéquatement les solutions marketing[29].

Le *market sensing* consiste à rassembler de l'information de différentes sources, à la traiter, à la distribuer dans toute l'organisation et à entreprendre des actions concrètes. Elle vise, entre autres, à mieux comprendre les marchés et la concurrence et à développer par rapport à ceux-ci une meilleure vision à long terme[30], ce qui, en retour, améliore la performance de l'entreprise. Le *market sensing* et l'information commerciale stratégique sont des notions similaires. Dans les faits, le *market sensing* est la compétence reliée à l'information commerciale stratégique.

Une seconde compétence fondamentale dans l'approche stratégique orientée vers les marchés est l'**orientation client** (*customer oriented*). La relation client se situe davantage dans un contexte de relations d'entreprises à entreprises (*B to B*), soit de fournisseurs à entreprises clientes. Il va de soi qu'avoir des rencontres fréquentes avec les clients et les membres du réseau de distribution favorise la communication et les relations. La qualité de relation et la synergie entre les parties en cause touchent ultimement les consommateurs du fait que ceux-ci bénéficieront de produits à valeur supérieure. L'orientation client intéresse davantage la gestion des ventes que le reste de l'entreprise, car elle suppose, dans la plupart des cas, des rencontres entre les représentants et les personnes travaillant pour les organisations des clients. La relation client implique des relations de personne à personne. Les visites après-vente seront plus ou moins fréquentes selon l'importance des clients. Dans certains cas, des représentants seront en poste en permanence sur les lieux d'affaires des clients.

En plus de maintenir des relations favorables aux affaires, la multiplicité des contacts, formels et informels, entre les différents membres et intervenants améliore la qualité des informations et renseigne sur les signes avant-coureurs qui menacent les ventes. Il peut s'agir d'une insatisfaction ou d'irritants concernant des services comme la livraison, les paiements, etc. L'insatisfaction conduit à des changements de la part du client. Aussi, faire la sourde oreille aux plaintes ne fait pas partie d'une SOM. Encore une fois, l'information auprès des clients doit circuler dans l'entreprise et les mesures correctives doivent être prises en compte, tout comme il est important de maintenir la bonne qualité du travail et d'encourager ceux qui le font bien.

Dans le cadre d'une orientation client, les échanges, qui se font librement entre les deux parties, s'apparentent à des liens de collaboration de partenariat, où les parties ont tout intérêt à partager pour croître et prospérer mutuellement. Dans ce type de relation, on ne voit pas le client comme un ennemi qui tente de profiter de la situation ; on comprend que ce que les clients souhaitent, ce n'est pas nécessairement le prix le plus bas, mais la qualité des échanges et des services qui permettent de participer à des projets communs ou d'en élaborer de nouveaux, projets qui deviennent à leur tour des vecteurs de valeur profitables aux deux parties.

Day (1998)[31] présente huit compétences distinctives qui permettent de dépasser ses concurrents. Ce sont les suivantes : 1) offrir des solutions et des expériences supérieures ; 2) miser sur la valeur supérieure ; 3) transformer la satisfaction en fidélité ; 4) motiver les ressources et les retenir ; 5) anticiper les réactions des concurrents ; 6) considérer le marketing comme un investissement ; 7) utiliser l'image de marque comme un levier ; 8) amalgamer le tout. Nous allons maintenant examiner chacune de ces compétences plus en détail.

1.7.1 Offrir des solutions et des expériences supérieures

Il s'agit d'offrir aux consommateurs comme à ses clients des solutions à leurs problèmes, et cela, peu importe leur source et leur cause. On doit répondre efficacement à des éléments identifiés par les clients et les consommateurs, résoudre leurs problèmes de façon remarquable.

Offrir une expérience au consommateur relève des émotions. Il ne suffit pas qu'il soit satisfait ; il doit plutôt être transporté de joie ou de bonheur. Nous pourrions rapprocher cette notion aux arts, comme ce que l'on ressent lors d'un spectacle, par exemple lors d'une représentation époustouflante du Cirque du Soleil. L'expérience supérieure, c'est aussi de bien conseiller le client lors d'un achat important (comme celui d'une automobile). L'achat doit représenter une belle expérience de vie et non une série de frustrations. L'expérience commerciale, c'est de viser le bonheur des clients et des consommateurs et d'éviter les irritants et les mauvaises expériences. La gestion des ventes, par son rôle dans la chaîne de valeur, peut agir en ce sens et faire une différence notable.

1.7.2 Miser sur la valeur supérieure

Lorsqu'elle met l'accent sur les éléments que les consommateurs valorisent le plus, l'entreprise mise sur la valeur supérieure. Pour les clients, la valeur peut correspondre à la qualité, à la performance, à l'efficacité, aux délais de livraison, à la rapidité de réalisation, au service à la clientèle, etc.

Il est primordial que l'organisation et la gestion des ventes s'interrogent et se remettent en question constamment: que pouvons-nous faire de plus ou de différent afin de mieux satisfaire nos clients? Les entreprises qui ont du succès sur le marché proposent une valeur supérieure sur trois plans: le meilleur prix, les meilleurs produits et le meilleur service.

1.7.3 Transformer la satisfaction en fidélité

La satisfaction des clients et des consommateurs doit être au cœur de la mission de l'entreprise, voire constituer sa priorité. C'est la clé du succès dans une SOM. L'orientation client va au-delà de la simple satisfaction du client; elle doit anticiper ses désirs.

L'adoption d'une SOM oblige l'entreprise à la concrétisation d'un programme de satisfaction, d'assurance qualité ou de service qualité. L'entreprise doit alors mettre en opération des mécanismes de résolution des plaintes. On peut comprendre qu'une organisation qui opte pour une SOM doit laisser beaucoup d'autonomie aux employés et, notamment, aux représentants et aux vendeurs.

Prenons comme exemple les concessionnaires automobiles. Ils s'assurent de la qualité de leurs services auprès de leurs clients au moyen de sondages. Les questions portent sur la qualité de l'accueil jusqu'aux impressions générales. Cependant, ce qui importe, ce n'est pas d'afficher un palmarès «meilleure bannière», mais d'apporter les correctifs nécessaires. Chaque client est important. Malheureusement, de façon générale, le consommateur n'a pas toujours l'impression qu'il est considéré et respecté.

Aussi, la priorité des entreprises doit être la rétention des consommateurs par une attitude de fidélité envers ceux-ci. La fidélité envers le consommateur, c'est de le considérer comme une personne qui répètera ses achats à moyen et à long terme et non comme une personne qui effectue une simple transaction en achetant une voiture, un frigo, un billet d'avion. Dans cette optique, garder ses clients est plus efficace et moins coûteux que d'essayer d'attirer ceux de ses concurrents. Dans le cadre des programmes de la stratégie marketing orientée vers les marchés, on fait de la rétention du client la principale préoccupation de l'ensemble de l'organisation[32]. Cette vision influe autant sur la valeur perçue que sur la part de marché et la profitabilité. À ce titre, Reichheld et Sasser (1990)[33] avancent qu'une augmentation du taux de fidélité de 5% peut faire varier les profits nets de 40% à 50%. Une autre étude plus approfondie de Reichheld (1994)[34] démontre qu'une variation de 5% du taux de fidélité peut entraîner une augmentation de 25% à 100% du profit net. Les consommateurs et les clients sont fidèles dans la mesure où les entreprises leur offrent une valeur supérieure; dans le cas contraire, ils passeront aux mains des concurrents.

1.7.4 Motiver les ressources et les retenir

Une SOM valorise la satisfaction des ressources humaines autant que celle des clients. En ce sens, une étude de Schmit et Allscheid (1995)[35] avance qu'il est impossible que les consommateurs soient satisfaits et fidèles si les employés ne le sont pas également. Pour leur part, Hensket *et al.* (1997) démontrent que la satisfaction des employés, leur engagement et leur fidélité influent sur la perception de la valeur et des services, lesquels en retour influent sur la satisfaction sur des consommateurs. Dans les faits, la satisfaction des employés influe grandement sur la satisfaction des clients, la qualité des services[36] et la profitabilité[37] des organisations, ce qui est également observable du côté des entreprises de services. À cet égard, la recherche de Brooks (2000)[38] soutient que la relation consommateur-employé détermine la satisfaction et la fidélité des consommateurs à un degré variant de 40 % à 80 %, selon le marché et les segments de marché. Ajoutons que le fait de travailler dans une organisation où l'on ressent l'insatisfaction des consommateurs peut avoir des répercussions négatives dans le milieu de travail. Dans un tel cas, s'installe un cercle vicieux où règne la frustration.

Prenons le cas d'une entreprise où la stabilité des ressources est menacée. Dans une telle entreprise, le taux de roulement élevé est très coûteux (recrutement, sélection et formation)[39]. Or, il est justement démontré qu'une orientation vers les marchés contribue à augmenter le sentiment d'appartenance et d'engagement des employés envers l'entreprise[40]. Nous pouvons aussi ajouter que les consommateurs apprécient les relations à long terme, notamment dans le domaine des services financiers et bancaires.

1.7.5 Anticiper les réactions des concurrents

Si elle place les consommateurs au cœur de ses préoccupations, l'entreprise orientée vers les marchés se doit toutefois de garder un œil vigilant sur la concurrence afin d'observer ses mouvements, ses actions, ses développements. Avoir une bonne connaissance de son environnement externe (ses concurrents, leurs réactions vis-à-vis le marché, etc.) amènera l'entreprise à établir des points de référence, à poser des balises qui lui permettront de se comparer et éventuellement de surpasser la concurrence. C'est ce qu'on appelle le *benchmarking*. Il ne s'agit surtout pas de copie, d'imitation ou d'espionnage industriel.

1.7.6 Considérer le marketing comme un investissement

Dans une SOM, le marketing ne doit pas être considéré comme une dépense, mais comme un investissement. Cela vaut pour chaque projet, contrairement à ce qui se passe dans les entreprises qui ont une orientation de produit. On considère les répercussions comme un retour sur investissement ou une plus-value pour les actionnaires.

Les entreprises doivent alors considérer les stratégies marketing dans une perspective à moyen et à long terme. Les pressions financières sont énormes: mieux vaut bien les gérer. Redisons-le encore une fois, ce sont les consommateurs qui ont le pouvoir de déterminer la valeur la plus avantageuse en rapport avec leurs besoins, leurs désirs et leurs préférences. Viser juste est la clé du succès dans un milieu où les erreurs sont souvent fatales.

En ce qui a trait à l'investissement, mentionnons à nouveau l'importance de l'information, sans laquelle les investissements relèvent plus du hasard que de la stratégie de marché. L'information commerciale stratégique réduit les risques d'investissement et maximise les succès financiers.

1.7.7 Utiliser l'image de marque comme un levier

L'image de marque est un capital important pour l'entreprise. Elle représente le caractère, la notoriété, la renommée, le prestige et aussi la qualité des produits et des services auprès des clients et des consommateurs.

La marque est souvent un critère d'achat pour les consommateurs. Une image de marque forte suggère une fidélité plus importante et une disposition des consommateurs à accepter de payer un prix plus élevé. L'image de marque représente parfois pour les consommateurs un moyen d'identification plus ou moins élevé et elle symbolise aussi le niveau de désirabilité qu'ils lui accordent. Une image de marque forte va donc contribuer à diminuer les risques perçus par les consommateurs lors du lancement de produits nouveaux. Elle devrait être la résultante naturelle d'une approche orientée vers les marchés.

1.7.8 Amalgamer le tout

Selon Day (1998), quatre dimensions interreliées contribuent à la réalisation d'une SOM. La première dimension fait référence à une culture basée sur des valeurs, des croyances et des comportements, à une philosophie où l'entreprise est tournée vers l'extérieur et où chaque personne de l'organisation, représentants et vendeurs, a pour objectif la satisfaction des clients et des consommateurs afin de leur offrir une valeur supérieure à celle des concurrents. La deuxième dimension concerne la capacité de l'entreprise à développer les compétences que sont le *market sensing* et l'orientation client. Le troisième élément représente le processus stratégique qui consiste à bâtir un haut niveau d'engagement de la part des ressources humaines, lequel stimule leur capacité à développer des produits et des services à valeur supérieure. Finalement, la quatrième dimension fait appel à la capacité de l'organisation de fournir une structure organisationnelle et des incitatifs (bonis, primes et reconnaissance) facilitant la relation entre les activités de gestion et les marchés qu'elle dessert.

1.8 La stratégie orientée vers les marchés (SOM) et la gestion des communications marketing intégrées (CMI) dans le contexte de la gestion des ventes

Le rôle de la communication marketing dans une organisation est avant tout de stimuler la vente des produits et des services offerts à ses marchés cibles, et ce, le plus efficacement possible. La communication a pour but premier d'informer, c'est-à-dire de faire connaître les produits et les services de l'organisation aux clients et aux consommateurs, car un secret bien gardé se vend très difficilement. Le second rôle est de vendre ; il convient alors de persuader les clients et les consommateurs d'acheter et de racheter le produit le plus fréquemment possible. Le troisième rôle de la communication, et non le moindre, est de créer de la valeur, c'est-à-dire de stimuler le capital de la marque par la perception des consommateurs envers les produits ; on évoque ici l'image de la marque. Voyons maintenant plus à fond en quoi consiste la gestion des communications marketing intégrées (CMI).

1.8.1 La gestion des communications marketing intégrées (CMI)

La communication marketing traditionnelle, associée à la consommation de masse et orientée vers les produits, est axée tout particulièrement sur la publicité. Dans cette approche, chacun des éléments du *mix* promotionnel (publicité, promotion, marketing direct, relations publiques, lien virtuel, commandites et gestion des ventes) est géré indépendamment des autres.

En quête d'efficacité, les organisations s'orientent maintenant vers une gestion des **communications marketing intégrées** (CMI) (*Integrated Marketing Communications – IMC*), dont la philosophie s'apparente à celle des organisations orientées vers les marchés[41].

Le point commun entre la CMI et la SOM se situe sur le plan de la coordination des fonctions internes de l'organisation, qui doit être cohérente avec la fonction marketing interne[42]. En gros, la gestion des CMI est un processus de gestion qui intègre tous les modes de communication, y compris la gestion des ventes de façon complémentaire, laquelle est orientée vers un objectif commun de communication, selon le portfolio de produits et de services de l'organisation.

1.8.2 Le plan marketing, la communication marketing intégrée (CMI) et le programme de gestion des ventes

Il va sans dire que la planification marketing et la CMI vont de pair avec le programme de gestion des ventes, cette dernière formant un sous-ensemble cohérent de la CMI. Justement, la planification intégrée des éléments du *mix* promotionnel est considérée comme l'un des facteurs qui influent sur la performance de la CMI. La planification des éléments de communication, dont fait partie la gestion des ventes, permet une meilleure coordination pour mieux couvrir les segments de marché, éviter les redondances et bénéficier des effets synergiques. La planification marketing et la CMI engendrent des stratégies de communication stimulant l'efficacité et la performance de la communication et de la vente. Dans ce contexte, le plan de communication prend le nom de **plan de communication marketing intégrée** (PCMI).

1.8.3 Le programme de gestion des ventes

La **gestion des ventes**, c'est avant tout un ensemble de représentants (ou équipe de vente) qui ont pour but de stimuler la vente des produits d'une organisation à d'autres organisations membres du réseau de distribution. Dans certaines organisations, l'équipe de vente est en contact avec les consommateurs, comme dans le domaine des assurances, des services financiers ou du commerce de détail ; il s'agit alors de vente directe, c'est-à-dire de contact direct entre le vendeur et les consommateurs.

Dans le programme de la gestion des ventes, on ne parle plus de communication de masse, comme la publicité, mais de communication de personne à personne, ce qui en fait un mode de communication fort coûteux. La gestion ne joue pas seulement un rôle sur le plan de la vente, mais également sur le plan de la valorisation de la promotion des ventes. La gestion des ventes met en place un processus de gestion par lequel est constitué, implanté et évalué un groupe de représentants dans le but d'atteindre les objectifs de vente. Dans certains cas, les investissements au niveau de la vente personnelle dépassent de 15 % l'investissement en publicité[43] ; quant au coût d'une visite chez un client, il varie entre 50 $ et 370 $[44], selon une recherche canadienne. Bien que l'on reconnaisse de plus en plus l'importance de la CMI et de la gestion des ventes personnelles, la gestion des ventes est souvent ignorée, sinon négligée. Elle est pourtant fort importante, puisque ce sont les représentants qui sont sur la ligne de feu. C'est pourquoi il est indispensable que la gestion des ventes fasse partie intégrante du PCMI[45].

1.8.4 Le plan marketing et le programme de gestion des ventes

Toutes ces considérations sur la SOM, sa composante en gestion des ventes et l'orientation client prennent leur sens lors de leur application. La réalisation d'une approche orientée vers les marchés ne peut se réaliser sans le processus de la planification marketing. L'approche se traduit par le plan marketing et le programme de gestion des ventes qui en découle.

Le plan marketing est un texte conçu à partir des informations recueillies sur la situation interne, la situation externe et la concurrence. Il permet de définir la mission, les buts et les objectifs de l'entreprise relativement à la satisfaction des besoins des consommateurs. Cela se traduit, dans le cadre d'une SOM, par l'élaboration de stratégies et de tactiques en fonction des ressources disponibles et pour une période déterminée. La boîte à outils du marketing se compose des *4P's* (*mix marketing*), soit les stratégies de **produits**, de **prix**, de **distribution** et de **communication**, où se situe la gestion des ventes.

Le présent ouvrage vous présente le plan marketing et le programme de gestion des ventes. Le plan marketing est la mise en œuvre programmée des ressources marketing et de gestion des ventes pour atteindre des objectifs. Le **plan marketing** est élaboré, implanté, évalué et corrigé au besoin. Il s'étend ordinairement sur une période de trois ans, mais il est orchestré une année à la fois et modifié avec le temps. Dans certaines industries, la période sera plus longue, notamment dans l'industrie aérospatiale; dans d'autres milieux, où la turbulence est plus fréquente, les plans auront tendance à s'échelonner sur des périodes plus courtes. Par exemple, dans le secteur des communications, où les développements technologiques sont fréquents et où les répercussions peuvent être énormes, autant auprès des consommateurs que de la concurrence, le plan marketing sera conçu sur une période assez courte et sera révisé plus fréquemment. Même si le plan marketing est élaboré sur un horizon de trois ans, il n'en reste pas moins que les budgets sont fixés annuellement. En somme, l'essentiel est que le plan marketing soit revu et corrigé régulièrement.

Le plan marketing est un texte écrit, servant de guide sur **qui** fera **quoi**, et **comment**. Un plan marketing écrit permet d'éviter les ambiguïtés, les malentendus et il a le mérite d'être un soutien communicationnel fort important. La mission doit être comprise et partagée, les buts fixés et les objectifs atteints. Le plan marketing est un plan d'action, de mise en œuvre et non pas un exercice de style qu'on oubliera quelques semaines plus tard. On doit prévoir des révisions, des correctifs et un mécanisme de contrôle, car il s'agit d'un processus évolutif de gestion et non pas d'une prédiction. Sa valeur n'a d'égale que la valeur du papier sur lequel il est rédigé s'il ne contient pas les éléments nécessaires à son implantation.

Le succès d'une entreprise ne résulte pas du hasard. La réalisation de son plan marketing lui permettra de croître et de développer ses avantages concurrentiels.

Le plan marketing est en quelque sorte un guide de gestion qui sert à planifier, à organiser, à diriger et à contrôler. Grâce à cet outil, l'entreprise pourra :
- comprendre les environnements et les changements qui s'y opèrent ;
- mieux analyser ses forces et ses faiblesses, les occasions et les menaces du marché ainsi que les manœuvres des concurrents ;
- prévoir plus précisément les besoins des clients et des consommateurs, ce qui est un élément essentiel à toute démarche stratégique ;
- élaborer des stratégies pour atteindre les objectifs visés ;
- contrôler et évaluer plus rigoureusement l'implantation de ses stratégies ainsi que la gestion de ses territoires ;
- maximiser son chiffre d'affaires, ses profits, son retour sur investissement ;
- minimiser ses coûts ;
- mieux se préparer dans un monde en changement ;
- mieux réagir aux occasions de marché ;
- offrir une valeur supérieure aux clients et aux consommateurs ;
- réfléchir aux stratégies de vente à entreprendre ;
- organiser ses actions efficacement pour une meilleure prise de décision ;
- faire preuve d'innovation et de créativité dans le déroulement de ses actions ;
- être plus productive ;
- économiser du temps, ce qui est un avantage concurrentiel certain.

En somme, le plan marketing, malgré son aspect théorique, joue avant tout un rôle pratique pour l'organisation, et plus particulièrement pour la gestion des ventes. À la fois un guide et une philosophie, il permet de prendre de meilleures décisions en évitant les réactions, les décisions prises sur le vif. Il inculque aux entreprises les notions de réflexion, de rigueur et leur fait voir l'importance de soupeser chacune des solutions. Notons enfin que, pour être efficace, il doit être maintenu à jour afin de refléter les modifications dans les environnements interne et externe de l'entreprise.

1.8.5 L'analyse de la situation

Dans un plan marketing, l'analyse de la situation se fait en deux étapes. La première étape est l'analyse de la situation interne, de la situation externe et de la concurrence. Elle vise à situer l'entreprise dans son passé, son présent, mais avant tout son avenir. Elle cherche, entre autres, à déterminer les voies de l'avenir et les tendances dans le but de mieux satisfaire les besoins des consommateurs. Il s'agit là d'informations précieuses que la SOM doit analyser, partager et à partir desquelles elle doit prendre des mesures, et cela, au sein de l'entreprise entière.

Le but de l'**analyse interne** est de faire l'état de la situation. Elle comprend l'étude de ses ressources, de ses forces et de ses faiblesses par rapport à la gamme de produits et aux autres ressources de l'entreprise. C'est ce que nous verrons plus en profondeur au chapitre 3. L'**analyse externe**, quant à elle, se penche sur les éléments extérieurs à l'entreprise. On y étudie notamment les grands environnements. Finalement, l'**analyse de la concurrence**, comme son nom l'indique, mesure la position relative de la situation de l'entreprise par rapport à ses concurrents.

Une fois que nous savons ce que nous en sommes, où nous en sommes par rapport aux concurrents et où nous situer dans le temps, nous pouvons passer à la seconde étape : l'**analyse du marché** et l'**estimation de la demande**. Il s'agit ici d'une étape qui permet de mieux comprendre les occasions (et éviter les menaces) de marchés et de les quantifier. C'est à partir de ces informations que l'entreprise déterminera sa mission, ses buts et ses objectifs. Cela se traduit par la sélection des marchés et par la manière de concevoir la stratégie d'implantation. Par souci d'efficacité, on établit alors une stratégie de segmentation de positionnement et de ciblage des marchés, ce qui se répercute sur la structuration des territoires de vente, comme nous le verrons au chapitre 4.

Le plan marketing n'est pas qu'une question de gestion de ce qui a été envisagé et planifié. Nous vivons dans un monde en perpétuel changement ; le contrôle de la réalisation des objectifs est déterminant, mais ne vaut rien si les modifications ou les changements ne sont pas apportés. Adapter le plan marketing au programme de gestion des ventes lors de sa réalisation est un processus nécessaire et aussi important que l'élaboration du plan lui-même.

1.9 La gestion des ventes, ses rôles et ses fonctions

Les directeurs des ventes sont des acteurs qui ont comme rôle d'influer sur le niveau de performance et d'efficacité des équipes de vente, des commerciaux. C'est à eux qu'incombe la responsabilité de tirer le maximum d'efforts des commerciaux et des ressources qui sont mises à leur disposition, c'est-à-dire de les diriger de façon à améliorer la quantité et la qualité des visites faites auprès de la clientèle. Il leur revient de mettre en place des activités de gestion efficaces stimulant le développement de l'équipe qu'ils dirigent. Ils sont aussi chargés d'établir et d'entretenir les liens entre les représentants, le marché, la direction de l'entreprise et les membres de la chaîne de valeur. Le directeur d'une équipe de vente joue donc un rôle de gestionnaire devant allouer les ressources dont il dispose de façon à atteindre le plus efficacement possible les objectifs de vente qui sont inscrits dans le plan marketing.

Les objectifs de vente sont rarement à la baisse. Pour les directeurs des ventes, atteindre des objectifs à la hausse n'est pas facile. Imaginez que l'on demande à un directeur des ventes d'accroître la performance de vente de 5 % à 15 % par rapport aux ventes de l'année précédente, sans qu'il puisse pour autant compter sur une augmentation de la demande, sur le lancement de nouveaux produits ou sur l'ajout de nouveaux commerciaux ! Sa planche de salut est son équipe de vente. Selon ce scénario, un directeur des ventes doit donc faire plus avec ce qu'il a, son équipe de représentants. L'amélioration de la performance repose sur deux éléments principaux : l'efficacité et la motivation.

1.9.1 La notion d'efficacité

Compte tenu du fait que le nombre de visites aux clients et les heures de travail sont limités, il faut maximiser son temps ! Dans bien des domaines, un représentant réalisera une dizaine de visites par jour. Cependant, lorsqu'il s'agit de clients importants, de projets d'envergure ou pour d'autres considérations, il se limitera à deux à trois rencontres par jour. Ces rencontres sont alors fort importantes et leurs coûts très élevés, si bien qu'elles doivent engendrer un retour sur investissement. Les directeurs des ventes prêteront alors une attention particulière à la gestion de leurs équipes. En termes plus clairs, l'efficacité passe par la compétence des membres de l'équipe, qui elle-même est principalement fonction de sa composition.

Avant toute chose, on ne se lance pas dans l'action à l'aveuglette. On doit d'abord faire le point afin de pouvoir formuler un plan de gestion stratégique des ventes ; c'est ce que nous verrons au chapitre 3. L'analyse de l'environnement interne de l'organisation a pour but de déterminer les forces et les faiblesses de l'entreprise. L'analyse externe, quant à elle, permet de déterminer les menaces et les occasions d'affaires ainsi que les tendances des marchés. Finalement, on ne peut absolument pas ignorer l'analyse de la concurrence, avec laquelle on doit évoluer et contre laquelle on doit livrer bataille. La somme du travail de chacun des représentants constitue la performance de vente de l'équipe et par le fait même de l'organisation. C'est pourquoi le processus de recrutement et de sélection est très important, comme nous le verrons aux chapitre 5 et 6. L'efficacité se répercute sur l'organisation du travail et notamment sur la gestion du temps, notion présentée au chapitre 9. Dans ce manuel, l'atteinte des objectifs sera abordée dans une perspective d'une équipe de vente orientée vers les marchés et par le biais de la planification marketing et de sa composante, le PCMI, qui sous-tend le programme de gestion des ventes.

1.9.2 La notion de motivation

L'efficacité est une clé du succès, mais la motivation en est une autre. La capacité à motiver les représentants est fondamentale. L'un des rôles des directeurs des ventes est d'amener les représentants à travailler plus fort, plus ardemment. Plus que cela, il faut aussi les encourager à travailler plus efficacement et à accepter de nouvelles façons de faire. Il sera donc important de les convaincre en ce sens, tout comme de les inciter à maintenir les bonnes habitudes acquises. La formation joue un rôle de premier plan à cet égard ; nous l'aborderons au chapitre 10. En ce qui concerne les éléments motivationnels, nous les verrons plus en profondeur au chapitre 8, qui porte sur la rémunération, et au chapitre 13, qui traite spécifiquement de la motivation et de son influence sur la performance de vente. Au chapitre 11, nous verrons également les éléments de contrôle et d'évaluation aptes à apporter des améliorations et des changements constructifs et déterminants. Pour terminer, nous consacrerons le chapitre 12 aux éléments qui concourent à la performance des directeurs de personnes, en considérant les directeurs des ventes comme des éléments influant sur leurs propres performances, et nous toucherons aussi à la notion de leadership.

Nous venons d'aborder la notion de SOM de même que sa composante, l'orientation client, en ce qui regarde la gestion des ventes. Dans les prochains chapitres, nous endosserons le rôle d'un gestionnaire des ventes. Nous avons réalisé l'ouvrage en tentant de reproduire, de la façon la plus réaliste possible, le monde de la gestion des ventes. Ce manuel s'adresse à de futurs gestionnaires des ventes, et c'est dans cette optique que nous l'avons écrit, c'est-à-dire en abordant les aspects concrets du métier, plutôt que de nous en tenir à des concepts théoriques, mais sans toutefois en faire un guide : le cheminement d'un chapitre à l'autre reflète ce souci. Finalement, nous avons veillé à ce que nos propos conviennent à tous les types de marché. C'est pourquoi vous trouverez des éléments sur le marché des entreprises à entreprises (*B to B*), le marché des entreprises aux consommateurs (*B to C*) et le commerce de détail.

RÉSUMÉ

Dans ce chapitre, nous avons jeté les bases des concepts reliés à la stratégie orientée vers les marchés (SOM) et la gestion des ventes. Nous avons, entre autres, abordé le concept marketing et les composantes de la SOM, soit la collecte de l'information commerciale stratégique, la dissémination de l'information et la réponse à l'information. Puis nous avons traité de la création de valeur supérieure par le biais de la chaîne de valeur. Nous avons aussi expliqué en quoi consistent les compétences distinctives relatives à l'approche orientée vers les marchés. À cet égard, nous avons touché aux notions d'expérience supérieure, de valeur, de fidélité, de rétention des ressources humaines, de concurrence, du retour sur investissement et d'image de marque.

Par la suite, nous avons associé la SOM et la gestion des communications marketing intégrées (CMI) dans le contexte de gestion des ventes. Nous avons vu, entre autres, les éléments de la planification marketing en y associant le programme de gestion des ventes.

Finalement, nous nous sommes attardés sur la gestion des ventes, les rôles qu'elle joue et les fonctions qu'elle occupe dans les organisations. Nous avons terminé ce premier tour d'horizon en abordant deux éléments primordiaux en gestion des ventes, sur lesquels nous reviendrons tout au long de ce manuel : l'efficacité et la motivation.

QUESTIONS

1. Quel est l'essentiel de l'approche de la stratégie orientée vers les marchés ?

2. Pourquoi les entreprises qui optent pour une orientation vers les marchés réalisent-elles de meilleures performances ?

3. Quelles sont les différences entre une orientation vers les produits et une orientation vers les marchés ?

4. Pourquoi doit-on mettre davantage l'accent sur les consommateurs et moins sur la concurrence ?

5. Expliquez le lien qui existe entre la gestion des ventes et son influence sur la chaîne de valeur, dans le cadre d'une stratégie orientée vers les marchés.

6. Dans le cadre du concept marketing, comment peut-on définir l'information commerciale stratégique ?

7. Quel est le rôle de l'information commerciale stratégique et quel bénéfice apporte-t-elle dans la chaîne de valeur ?

8. Quels sont les trois piliers du concept marketing et comment les associe-t-on à la stratégie marketing orientée vers les marchés ?

9. Pourquoi l'information commerciale stratégique est-elle au cœur de la stratégie orientée vers les marchés ?

10. Comment peut-on définir les compétences distinctives ?

11. Comment peut-on améliorer la valeur pour les clients et les consommateurs ?

12. Qu'est-ce que le *market sensing* ?

13. Quelle serait la compétence distinctive la plus importante en gestion des ventes ?

14. Quels sont les rôles des représentants au niveau de la coordination marketing, l'un des piliers du concept marketing ?

15. Quel lien peut-on établir entre la satisfaction des clients et la fidélité envers l'organisation ?

16. Pourquoi la fidélité des clients et des consommateurs influe-t-elle sur la profitabilité des organisations ?

17. Pourquoi la satisfaction des employés influe-t-elle sur la satisfaction des clients ?

18. Expliquez le concept de la gestion des communications marketing intégrées (CMI) dans un contexte de gestion des ventes.

19. Quels rapprochements peut-on faire entre le plan de communication marketing intégrée (PCMI) et le programme de gestion des ventes ?

20. Quels sont les avantages à retirer de l'élaboration d'un plan marketing et d'un programme de gestion des ventes ?

21. Quelles sont les étapes d'un plan marketing et du programme de gestion des ventes ?

22. Lors de l'évolution d'un plan marketing, quelle est l'étape récurrente ?

23. Comment les directeurs des ventes peuvent-ils influer sur l'efficacité des vendeurs ou des représentants ?

24. Quels sont les grands moyens que les directeurs des ventes peuvent utiliser comme éléments motivationnels ?

ATELIERS

1. Identifiez une organisation qui semble orientée vers les marchés (SOM), puis contactez son directeur des ventes pour recueillir son opinion à ce sujet. Rédigez un résumé et formulez votre critique.

2. Effectuez une entrevue à un dirigeant d'entreprise afin qu'il vous entretienne de la mission de l'entreprise et de la stratégie marketing de son organisation. Puis, demandez-lui comment s'effectue la transition entre la stratégie organisationnelle et la stratégie de l'équipe de vente. À partir de ses propos, formulez votre réflexion et vos recommandations.

3. Contactez deux organisations, l'une dans le secteur du commerce de détail et l'autre dans le secteur de la vente industrielle, et recueillez des informations sur chacun de leurs plans marketing respectifs. Puis, demandez-leur comment leur plan marketing s'inscrit dans la gestion courante de l'organisation et, plus spécifiquement, dans la gestion de l'équipe de vente.

4. Passez une journée avec un représentant pour observer son travail. Résumez votre journée et formulez vos opinions sur ce qui semble influer sur sa performance de vente.

NOTES

1. SIGUAW, J.A., G. BROWN et R.E. II WIDING. «The influence of the market orientation of the firm on sales force behavior and attitudes». *Journal of marketing research,* vol. 31, n° 1 (février 1994), p. 106-116.

2. HOMBURG, C., J.P. WORKMAN Jr et O. JENSEN. «A configurational perspective of key account management». *Journal of marketing,* vol. 66, n° 2, 2002, p. 38-60.

3. MARCHETTI, M. «The cost of doing business». *Sales and Marketing Management,* vol. 151, n° 9 (septembre 1999), p. 56-58.

4. *Sales and Marketing Management,* mars 1998, p. 96.

5. KIRCA, A., J. SATISH et B. WILLIAM. «Market orientation: a meta-analytic review and assessment of its antecedents and impact on performance». *Journal of Marketing,* vol. 69, n° 2 (avril 2005), p. 24-41.

    GREEN Jr, K.W. *et al.* «Market orientation: relation to structure and performance». *The Journal of Business & Industrial Marketing,* vol. 20, n° 6, 2005, p. 276-285.

    RAJSHEKHAR, R. *et al.* «Market orientation, strategic flexibility, and performance: implication for services providers». *The Journal of Services Marketing,* vol. 19, n° 4, 2005, p. 212-222.

    PULENDRAN, S., R. SPEED et R.E. WIDING II. «Marketing planning, market orientation and business performance». *European Journal of Marketing,* vol. 37, n° 3/4, 2003, p. 476-501.

    SHOHAM, A., G.M. ROSE et F. KROPP. «Market orientation and performance: a meta-analysis». *Marketing Intelligence and Planning,* vol. 23, n° 5, 2005, p. 435-454.

6. DESPANDÉ, R. et J.U. FARLEY. «Executive insights: corporate culture and market orientation: comparing indian and japanese firms». *Journal of International Marketing,* vol. 7, n° 4, 1999, p. 111-127.

7. KARA, A., J.E. SPILLAN et O.W. DeSHIELDS. «An empirical investigation of the link between market orientation and business performance in non-profit service providers». *Journal of Marketing Theory and Practice,* vol. 12, n° 43, 2004, p. 59-73.

8. PELHAM, A.M. «Influence of environment, strategy, and market orientation on performance of small manufacturing firms». *Journal of Business Research,* vol. 45, 2000, p. 33-46.

9. KAYNAK, E. et A. KARA. «Market orientation and organizational performance: a comparison of industrial versus consumer companies in mainland China using market orientation scale (MARKOR)». *Industrial Marketing Management,* vol. 33, n° 8 (novembre 2004), p. 743-753.

10. NAVER, J.K. et S.F. SLATER. «The effect of a market orientation on business profitability». *Journal of Marketing,* vol. 54 (octobre 1990), p. 20-35.

11. DESPANDÉ et FARLEY. 1999. *Ibid*.

    RODRIGUEZ, C.C., F.A. CARRILLAT et F. JARAMILLO. «A meta-analysis of the relationship between market orientation and business performance: evidence from five continents». *International Journal of Research in Marketing,* vol. 21, n° 2 (juin 2004), p. 179-200.

    HORNG, S.C. «Market orientation of small and medium-sized firms in Taiwan». *Journal of Small Business Management,* vol. 36, n° 3, 1998, p. 79-85.

12. DESPANDÉ, R. et J.U. FARLEY. «Measuring market orientation: generalization and synthesis». *Journal of Market Focused Management,* vol. 2, 1998, p. 213-232.

13. DESPANDÉ et FARLEY. 1998. *Ibid*.

14. SLATER, S.F. et J.K. NAVER. «Does competitive environment moderate the market orientation-performance relationship?». *Journal of Marketing,* vol. 58 (janvier 1994), p. 46-55.

15. KOHLI, A. K. et B. J. JAWORSKI. « Market orientation : the construct, research propositions, and managerial implications ». *Journal of Marketing,* vol. 54, nº 2 (avril 1990), p. 23.

16. LEVITT, T. « Marketing myopia ». *Harvard Business Review,* juillet-août 1960, p. 45-56.

17. HULT, T.M., D.J. KETCHEN Jr et S.F. SLATER. « Market orientation and performance : an integration of disparate approaches ». *Strategic Management Journal,* vol. 26, 2005, p. 1173-1181.

18. SLATER, S.F. et J.K. NAVER. « Product-market strategy and perfomance : an analysis of the Miles and Snow strategy types ». *European Journal of Marketing,* vol. 27, nº 10, 1993, p. 33-51.

19. HOLBROOK, M.B. « Customer value and autoethnography : subjective personal introspection and the meanings of a photograph collection ». *Journal of Business Research,* vol. 58, nº 1 (janvier 2005), p. 45-61.

20. JONES, E., P. BUSH et P. DACIN. « Firm market orientation and salesperson customer orientation : interpersonal and intrapersonal influences on customer service and retention in business to business buyer-seller relationship ». *Journal of Business Research,* vol. 56, nº 4 (avril 2003), p. 323-340.

21. PELHAM, A. « Do consulting-oriented sales management programs impact salesforce performance and profit ». *Santa Barbara,* vol. 21, nº 3, 2006, p. 175-190.

22. SMITH, B.J. et D.W. BARCLAY. « Selling partner relationships : the role of interdependance and relative influence ». *Journal of Personal Selling and Sales Management,* vol. 19, nº 4 (automne1999), p. 21-40.

23. GRUNERT, K.G. et al. « Market orientation at industry and value chain levels : concepts, determinants and consequences ». *Journal of Consumer Behavior,* vol. 1 nº 2, 2002, p. 167-194.

24. JOSHI, A., W. et S. RANDALL. « The indirect effects of organizational controls on salesperson performance and customer orientation ». *Journal of Business Research,* vol. 54, nº 1, 2001, p. 1-19.

25. SANZO, M.J., M.L. SANTOS VAZQUEZ et L.I. ALVAREZ. « The effect of market orientation on buyer-seller relationship satisfaction ». *Industrial Marketing Management,* vol. 32, nº 4 (mai 2002), p. 327-345.

26. ZHAO, Y. et T.S. CAVUSGIL. « The effect of supplier's market orientation on manufacturer's trust ». *Industrial Marketing Management,* vol. 35, nº 4 (mai 2006), p. 405-414.

27. BLESA, A. et E. BIGNÉ. « The effect of market orientation on dependence and satisfaction in dyadic relationships ». *Marketing Intelligence & Planning,* vol. 23, nº 2/3, 2005, p. 249-266.

28. DAY, G.S. « The capabilities of market-driven organizations ». *Journal of Marketing,* vol. 58, nº 4 (octobre 1994), p. 37-53.

29. DAY. 1994. *Ibid*.

30. CRAVENS, D.W., N.F. PIERCY et A. PRENTICE. « Developping market-driven products strategies ». *The Journal of Product and Brand Management,* vol. 9, nº 6, 2000, p. 389.

31. DAY, G.S. « What does it mean to be market-driven ». *Business Strategy Review,* vol. 9, nº 1 (printemps 1998), p. 14.

32. DAY, G.S. « Creating a superior customer-relation capability ». *Mit Sloan Management Review,* vol. 44, nº 3 (printemps 2003), p. 77-82.

33. REICHHELD, F.F. et W.E. SASSER Jr. « Zero defections : quality comes to services ». *Harvard Business Review,* septembre-octobre 1990, p. 105-111.

34. REICHHELD, F.F. « Loyalty and the renaissance of marketing ». *Marketing Management,* vol. 2. nº 4, 1994, p. 10-20.

35. SCHMIT, M.S. et S.P. ALLSCHEID. «Employee attitudes and customer satisfaction: making theorical and empirical connections». *Personnel Psychology,* vol. 48, 1995, p. 521-536.

36. SNIPES, R.L. et al. «The effects of specific job satisfaction facets on customer perceptions of service quality: an employee-level analysis». *Journal of Business Research,* vol. 58, n° 10 (octobre 2005), p. 1330-1339.

    LESLIE, D.R.., C.M. HOLZHALB et T.P. HOLLAND. «Measuring staff empowerment: development of a worker empowerment scale». *Research on Social Work Practice,* mars 1998, p. 212-222.

    HARTLINE, M.D. et O.C. FERRELL. «The management of customer-contact service employees: an empirical investigation». *Journal of Marketing,* vol. 60, n° 4, 1996, p. 52-70.

    VILARES, J.M. et S.P. COELHO. «The employee-customer satisfaction chain in the ECSI model». *European Journal of Marketing,* vol. 37, n° 11/12, 2003, p. 1703-1725.

    SCHNEIDER, B. et D.E. BOWEN. «Employee and customer perceptions of service in banks: replica and extension». *Journal of Applied Psychology,* vol. 70, 1958, p. 423-433.

    YOON, M.H., S.E. BEATTY et J. SUH. «The effect of work climate on critical employee and customer outcomes: an employee-level analysis». *International Journal of Service Industry Management,* vol. 12, n° 5, 2001, p. 500-521.

37. ANDERSON, E.W., C. FORNEL et D.R. LEHMANN. «Customer satisfaction, market share and profitability: finding from Sweden», *Journal of Marketing,* vol. 56, 1994, p. 53-66.

    REICHHELD et SASSER Jr. 1990. *Ibid*.

    FEUSS, W.J. et al. «Linking employees, customes, an financial performance in organizations». *Cost Management,* vol. 18, n° 1 (janvier-février 2004), p. 12-33.

38. BROOKS, R. «Why loyal employees and customers improve the bottom line». *The Journal for Quality and Participation,* vol. 2000, n° 2 (mars-avril 2000), p. 40-45.

39. SIGUAW, GROWN et WIDING II. 1994. *Ibid*.

40. JAWORSKI, B.J. et A.A. KOHLI. «Market orientation: antecedents and consequences». *Journal of Marketing,* vol. 57, n° 3, 1993, p. 53-70.

41. GRAY, B.J. et al. «Developing a better measure of market orientation». *European Journal of Marketing*, vol. 32, n° 9/10, 1998, p. 884-903.

42. LINGS, I.N. «Internal market orientation: construct and consequences». *Journal of Business Research*, vol. 57, n° 4, 2004, p. 405-414.

43. O'CONNELL, W. et W. KEENAN Jr. «Shape of things to come». *Sales and Marketing Management*, vol. 142, n° 1, 1990, p. 36-41.

44. BARKER, T.A. et E. LEVANONI. «Antecedents and outcomes of organizational commitment among Canadian sales forces». *Journal of Global Business*, vol. 10, n° 17, 1998, p. 5-12.

45. Pour plus d'informations sur la gestion des ventes, nous vous suggérons de consulter GUAY, R. et Y. LACHANCE. *La gestion de l'équipe de vente.* Boucherville, Gaëtan Morin Éditeur, 1999, 520 p.

CHAPITRE 2

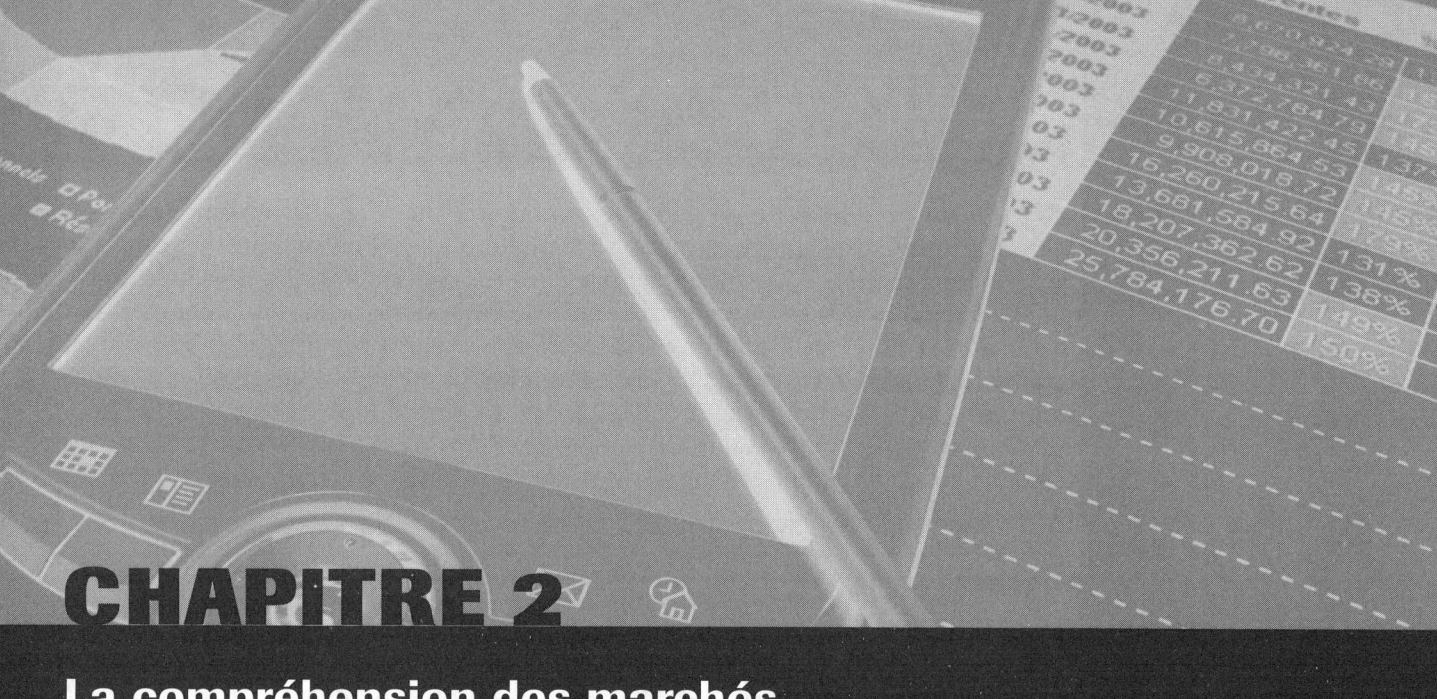

La compréhension des marchés

OBJECTIFS

Après l'étude de ce chapitre, vous devriez pouvoir :

- connaître les facteurs qui agissent sur le processus décisionnel ;
- connaître les conditions environnementales qui influent sur le processus décisionnel ;
- comprendre les facteurs organisationnels que le représentant doit prendre en compte ;
- déterminer les facteurs situationnels susceptibles de modifier la décision d'acquisition ;
- comprendre les facteurs propres au groupe décisionnel d'achat et les aspects individuels à considérer lors d'un processus d'acquisition ;
- connaître les étapes du processus décisionnel.

INTRODUCTION

On sait que, dans le domaine du commerce au détail, la réussite réside en grande part dans la localisation du commerce. Il en va autrement dans le domaine des ventes d'entreprise à entreprise, où l'accent doit plutôt être mis sur la **relation**. Dans le contexte actuel de mondialisation, où la compétition est féroce, la force des relations entretenues avec les preneurs de décisions est garante de la prospérité de l'entreprise vendeuse. Pour établir des relations solides avec ses clients, l'entreprise doit décider de la façon dont elle va s'organiser à l'interne pour promouvoir efficacement auprès de ses clients les produits et les services de son portefeuille. Pour y arriver, elle devra d'abord comprendre les marchés qu'elle entend desservir.

2.1 La compréhension des marchés

Pour une entreprise, **comprendre ses marchés** signifie comprendre la façon dont ses clients potentiels ou actuels fonctionnent afin de leur offrir le service ou le produit le plus adapté à leurs attentes. Contrairement à la vente d'entreprise à consommateur, où une seule personne est concernée par l'acquisition du produit ou du service offert, la vente d'entreprise à entreprise dans le secteur industriel constitue un défi de taille du fait qu'elle implique un nombre important d'acteurs qui interagissent dans le processus décisionnel[1, 2, 3]. Le processus décisionnel est lui-même complexe, car il résulte de la coexistence de conditions environnementales, organisationnelles, interpersonnelles, sociales, individuelles et situationnelles. Le schéma intégrateur de la figure 2.1 présente les différents aspects qu'il faut considérer pour comprendre adéquatement les marchés[4]. Nous allons les examiner plus à fond dans les sections qui suivent.

2.2 Les facteurs environnementaux

Les facteurs environnementaux jouent un rôle important dans la prise de décision. On fait ici référence aux nouvelles technologies, qui modifient le fonctionnement des entreprises, aux décisions politiques, qui influent sur leur orientation, aux conditions géographiques, climatiques et écologiques d'une région donnée, aux diverses lois encadrant leurs activités et, enfin, aux conditions économiques et culturelles avec lesquelles elles doivent composer.

2.2.1 Les conditions technologiques

La technologie fournit aux entreprises des occasions d'affaires, mais constitue dans certains cas des menaces à leur survie. Par exemple, le domaine de l'édition a été très touché par les avancées technologiques rapides qui ont bouleversé ses modes de fonctionnement. Dans les années 1990, toute entreprise qui avait besoin de faire imprimer des emballages pour ses produits, des affiches publicitaires, des cahiers ou d'autres documents confiait la tâche à des entreprises spécialisées dans la photocomposition et le montage

FIGURE 2.1   Modèle de compréhension du processus d'achat

Facteurs environnementaux	Facteurs organisationnels	Facteurs situationnels	Facteurs liés à la centrale	Facteurs individuels
• Technologie • Politique • Environnement physique • Lois • Économie • Culture	• Structure • Buts • Ressources • Orientation marché	• Type de produit • Importance • Risque • Nature de la tâche	• Structure • Rôles • Attentes • Agents d'influence • Implications	• Motivation • Structure cognitive • Personnalité

Processus décisionnel
- Étapes
- Choix

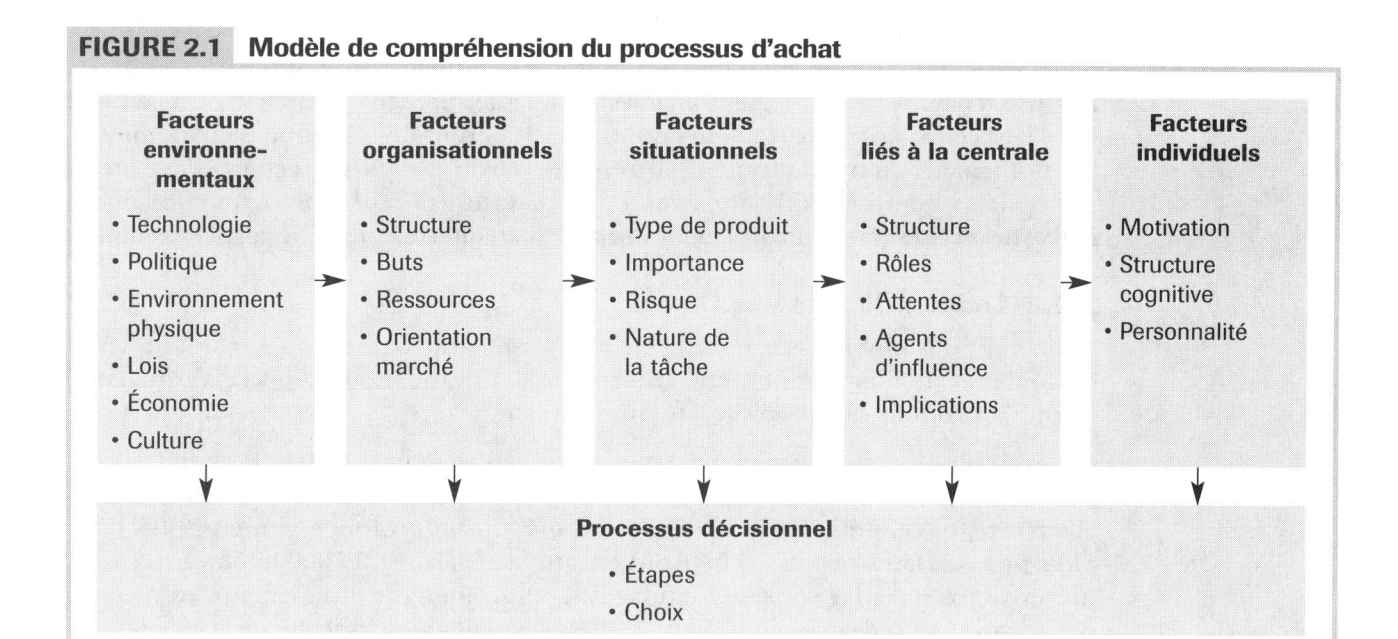

Source : Adapté du modèle de Lau, G.-T., M. Goh et S.L. Phua. « Purchased-related factors and buying center structure ». *Industrial Marketing Management*, vol. 28, 1999, p. 575.

de films. Ces dernières produisaient les films dont les imprimeurs se servaient pour réaliser les emballages requis dans la quantité désirée. Ces entreprises ont vu leur marché fondre comme neige au soleil avec l'apparition de logiciels de montage. Ces outils sophistiqués ont rapidement supprimé le besoin d'une expertise en photocomposition. Toute entreprise de montage qui n'a pas prévu cette évolution et n'a pas su s'ajuster à cette nouvelle réalité du marché n'a pu survivre, car ses services sont devenus trop onéreux pour les clients en quête d'efficacité et de productivité.

Chaque avancée technologique modifie petit à petit la structure du marché. Au fil du temps, le marché vit des mutations profondes, obligeant les entreprises à suivre le courant pour demeurer compétitives. Ces changements technologiques constituent des occasions ou des menaces pour les acteurs en présence. Pensons au développement de l'informatique, aux cartes à puce, au sans-fil, à la robotique, qui s'impose dans tous les domaines, et à la biométrie, dont les applications touchent divers secteurs, notamment les systèmes de sécurité aux frontières. Ils transforment le monde dans lequel les entreprises évoluent. À titre d'exemple, prenons le cas du bar Baja Beach Club de Rotterdam, qui se distingue de ses concurrents en offrant la possibilité à ses clients réguliers d'insérer à même leur corps une carte à puce, laquelle leur permet de payer leurs consommations. Grâce à cette carte « intégrée » et rechargeable, la personne n'a pas le souci de prendre avec elle ses cartes bancaires ou son portefeuille. Cet élément « différentiateur » permet au bar de rejoindre et de fidéliser une clientèle en quête de nouveautés inusitées.

2.2.2 Les conditions politiques

Les politiques en vigueur sont souvent à l'origine de décisions d'investissement importantes de la part des entreprises. À titre d'exemple récent, on constate que l'entente entre le premier ministre Harper et le président Bush sur l'approvisionnement énergétique entre le Canada et les États-Unis est un catalyseur pour les entreprises pétrolières qui désirent investir en Alberta. Des milliards de dollars provenant de nombreux pays du monde entier sont injectés en installations, en acquisition de machines, etc. Dans ce cas précis, les facteurs politiques génèrent des retombées économiques phénoménales pour une foule d'entreprises œuvrant dans ce secteur d'activité et susceptibles de tirer profit de la vente de matériel (pompes, par exemple) ou de l'offre de services (création d'oléoducs, service d'architecte, d'ingénierie, par exemple).

2.2.3 Les conditions physiques

Les conditions physiques font référence aux aspects géographiques, climatiques et écologiques de l'environnement. Interreliées, elles touchent le processus d'acquisition de produits de façon directe ou indirecte.

Par exemple, du 5 au 9 janvier 1998, une pluie verglaçante s'abat sur l'est du Canada. Au cours de cette période, plus d'un million de personnes se retrouvent sans électricité, et ce, pour un temps indéterminé, qui se prolonge pendant plus d'un mois pour certains résidants. Le froid envahit les maisons, 17 000 kilomètres carrés du territoire forestier sont endommagés, compromettant directement les revenus des acériculteurs de ces régions. Plus de 12 000 exploitations agricoles de la Montérégie subissent des dommages. Le pays est en crise ! Les magasins ont épuisé leurs stocks de génératrices, et l'importation de ces produits va bon train. Des lits de fortune sont acquis par le gouvernement, des gîtes s'organisent. L'impact de cet événement climatique aura donc eu des effets directs sur le processus d'acquisition de produits tels que les couvertures, les génératrices et les autres produits liés à la gestion de la crise occasionnée par le verglas.

Bien que les facteurs physiques soient le plus souvent incontrôlables et imprévisibles, les citoyens sont de plus en plus conscients des torts que le comportement humain cause à l'environnement. De ce fait, ils exercent des pressions importantes sur les divers paliers de gouvernement afin que ceux-ci adoptent des « plans verts » qui s'inscrivent dans une politique de « développement durable ». Ces pressions génèrent des occasions de vente pour bon nombre d'entreprises : bacs verts, sacs d'épicerie réutilisables, éoliennes, etc.

Le cas de la ville de Montréal illustre bien notre propos. Au début de 2007, la Ville a fait l'objet de sévères critiques de la part du président-directeur général de Tourisme Montréal quant à la propreté et à la beauté de la ville. Selon le p.-d.g., 75 % des touristes prennent le temps de se renseigner sur Internet avant de choisir une destination de voyage. S'ils avaient pensé à Montréal comme lieu de destination, ils risquent de modifier leur choix en découvrant sur divers sites Internet certains aspects peu reluisants de la ville : routes défoncées, déchets et mégots jonchant le sol, bancs non repeints dans les aires publiques, ampoules non remplacées dans les lampadaires, graffitis sur les murs, etc. L'environnement physique imputable à l'activité humaine est donc un facteur qui, dans ce contexte, risque d'avoir une incidence économique désastreuse pour toute l'industrie touristique de la région.

2.2.4 Les conditions légales

Les entreprises évoluent à l'intérieur d'un cadre juridique. Les conditions légales ont donc des répercussions positives ou négatives sur les décisions d'acquisition de produits et sur les occasions d'affaires. Ainsi, la politique du médicament soumise le 1er février 2007 par le ministre québécois de la Santé, Philippe Couillard, en faveur du dégel des prix des médicaments, tant pour les produits génériques que les marques nationales, va inciter les compagnies pharmaceutiques à investir en recherche et développement. Comme il nécessite l'acquisition de matériel très sophistiqué qui évolue rapidement, ce type de recherche stimulera à son tour les entreprises vendant ces produits afin qu'elles offrent des solutions adaptées aux besoins de leurs clients.

La réglementation en matière d'interdiction de fumer dans les établissements publics, y compris les bars et les restaurants, a eu un effet négatif pour bien des institutions, notamment en ce qui a trait à la participation aux soirées de bingo organisées par Loto-Québec. Les retombées de ces décisions se font également sentir sur l'acquisition de produits dérivés de la cigarette tels que les cendriers par les organisations publiques.

2.2.5 Les conditions économiques

Une entreprise très active et chevronnée peut échouer dans sa démarche si les marchés avec lesquels elle transige sont localisés sur un territoire qui subit une dépression majeure. Ainsi, une récession économique peut entraîner la décision de retarder ou d'abandonner l'acquisition d'un produit coûteux comme une maison. Par exemple, Windsor, en Estrie, a connu une importante désertion de sa population lorsque le produit sur lequel était basée son économie, l'amiante, a perdu la cote sur les marchés. À l'inverse, si le marché est favorable (nombreuses possibilités d'emploi, faibles taux d'intérêt, inflation contrôlée), les acquisitions de maisons neuves enregistrent un essor important, entraînant avec lui des retombées positives pour un grand nombre d'entreprises reliées directement ou indirectement à ce marché (matériaux de construction, produits de décoration, services professionnels divers, etc.). Il n'est donc pas surprenant de voir que, à l'annonce des appels d'offres qu'Hydro-Québec a lancés en mai 2007 pour l'achat de 2 000 mégawatts d'énergie à compter de 2009, TransCanada Energy, de Saint-Robert-Bellarmin, dans la MRC du Granit, et 3Ci, d'Asbestos Windsor, aient soumissionné, espérant ainsi redynamiser les activités économiques de la région.

2.2.6 Les conditions sociales et culturelles

La diversité culturelle canadienne est à l'origine de la demande pour une foule de produits répondant aux besoins les plus variés. Plus de 40 000 Africains, Asiatiques et Européens émigrent au Québec chaque année, apportant leurs habitudes de consommation, leurs coutumes et leur savoir-faire. Ces mouvements humains causent des mutations observées dans l'offre des produits et des services offerts aux consommateurs. Par exemple, en 1982, en dépit des conditions climatiques difficiles, deux Français convainquent un partenaire québécois de se lancer dans une aventure prometteuse. Ils s'installent dans le petit village de Dunham et y plantent 14 hectares de vigne. Défiant les conditions climatiques difficiles en appliquant une méthode de culture des pays du nord de l'Europe et de l'URSS, ils réussissent, trois ans plus tard, à produire 15 000 bouteilles de vin blanc nommé *L'Orpailleur*. Vingt-cinq ans plus tard, le Vignoble de l'Orpailleur, un pionnier dans son domaine, a établi son réseau de distribution et a élargi sa gamme de produits. Cet exemple n'est pas unique. Les minorités culturelles initient les consommateurs aux produits de leur pays d'origine, ce qui crée une demande pour ces produits.

2.2.7 L'influence des facteurs environnementaux

En conclusion, rappelons l'importance des facteurs environnementaux dans le processus d'achat. Ils influent sur la disponibilité de produits et de services, comme on l'a vu lors de la crise du verglas. Ils déterminent les conditions économiques, favorables ou défavorables, avec lesquelles l'acheteur doit composer, pour l'acquisition d'une maison, par exemple. Ils définissent également le contexte dans lequel les entreprises acheteuses et vendeuses évoluent. Enfin, ils influent sur les normes et les valeurs sociales qui guident les relations entre les acteurs concernés par le processus d'achat.

2.3 Les facteurs organisationnels

Nous avons vu que les conditions environnementales déterminent le contexte dans lequel les entreprises fonctionnent. Les facteurs organisationnels, quant à eux, balisent la nature du processus d'achat qui régit les échanges. Les facteurs organisationnels font référence à la structure de l'entreprise, à ses ressources et à son orientation. Ces facteurs ont une incidence directe sur la constitution des groupes d'achat qui définissent les produits à acquérir et sélectionnent les fournisseurs.

2.3.1 La structure de l'entreprise

Chaque entreprise est unique, dans le sens où elle possède des caractéristiques internes qui lui sont propres. Un représentant voulant comprendre son fonctionnement doit être en mesure de décrire les paramètres qui la caractérisent[5] : sa **taille** ainsi que son degré de **formalisation**, de **centralisation** et de **complexité**.

La taille

La taille d'une entreprise fournit de l'information sur son pouvoir d'achat et ses besoins. La taille se définit selon des critères objectifs d'ordre quantitatif, que ce soit le nombre d'employés, son chiffre d'affaires ou tout autre critère qui permet de la caractériser sur le plan « physique ». Ainsi, plus les employés sont nombreux dans une organisation, plus ils sont également nombreux au Service des achats[6]. La taille d'une entreprise permet aussi au représentant d'évaluer son potentiel de développement. Par exemple, l'annonce faite par Michæl Roach, en janvier 2007, sur les objectifs de croissance de CGI (spécialisée dans les technologies de l'information) quant au nombre d'employés qu'elle compte avoir à son service (passant de 40 000 à 55 000 sur une période de trois à cinq ans) constitue pour ses fournisseurs actuels et potentiels de l'information sur sa santé financière, sur son pouvoir d'achat futur et sur son intérêt à accroître ses acquisitions de produits liés à ses activités.

Le degré de formalisation

Le degré de **formalisation**[7] d'une entreprise ou d'un groupe d'achat détermine dans quelle mesure une activité tenue au sein de cette entité (tel un processus d'acquisition de produit) est balisée par des **règles**, des **politiques** et des **procédures**. Plus ces dernières sont nombreuses et spécifiques, plus le degré de formalisation de l'entité est fort. La marge de manœuvre des intervenants qui doivent décider du produit à acquérir s'en trouve donc réduite. Leur décision doit respecter les règles internes. Certaines études tendent à démontrer que plus une acquisition est importante, plus le degré de formalisation adopté par les groupes d'achat est élevé[8]. Par ailleurs, d'autres études ont trouvé que plus le produit à acquérir est nouveau, moins la cellule d'achat aura tendance à intégrer de normes et de procédures. En fait, comme nous le verrons plus loin, il est fort probable que le degré de formalisation adopté par un groupe décisionnel d'achat dépendra de celui qui existe dans l'organisation en général. Enfin, il semble que plus l'incertitude liée à l'achat augmente, plus le degré de formalisation adopté par le groupe d'achat s'amoindrit.

Le degré de centralisation

Le degré de **centralisation** indique qui détient l'**autorité**, la **responsabilité** et le **pouvoir décisionnel** dans une entreprise. Si le pouvoir décisionnel ne relève que d'une personne, il est concentré à l'extrême. À l'inverse, lorsque les responsabilités et le pouvoir relèvent de personnes différentes ou de groupes distincts selon les situations d'acquisition, on peut qualifier l'organisation de décentralisée. Dans ce contexte, le pouvoir décisionnel est diffus.

On constate que les décisions d'acquisition sont davantage centralisées lorsqu'elles concernent des produits nouveaux ou complexes ou lorsque ces produits sont une source d'incertitude quant à la tâche à réaliser; il en va de même lorsque des pressions de temps se font sentir[9]. La responsabilité du choix final est alors confiée aux responsables de l'entreprise, comparativement aux décisions reliées à des produits moins complexes[10].

Le degré de complexité

Le degré de **complexité** d'une organisation ou d'un groupe décisionnel d'achat se mesure par la **façon dont il est compartimenté**. Plus il comprend de divisions internes et plus le degré de spécialisation des différentes entités est élevé, plus la structure est complexe. Dans un tel cas, chaque unité met de l'avant ses priorités dans le processus décisionnel. La complexité est aussi déterminée par la nature des tâches confiées. Ainsi, plus le nombre et la diversité des secteurs de l'entreprise augmentent (marketing, recherche et développement, production, ressources humaines, finances, etc.), plus elle se complexifie, ce qui alourdit le processus décisionnel.

2.3.2 Les ressources de l'entreprise

Les entreprises orientent leurs décisions d'acquisition en tenant compte des ressources humaines, financières, technologiques et temporelles dont elles disposent. Ces ressources influent sur la nature et le nombre des options qu'elles vont considérer comme potentiellement intéressantes. Une entreprise ne voudra pas faire l'acquisition de produits incompatibles avec sa propre technologie; une entreprise qui dispose de peu de temps pour prendre une décision ne s'engagera pas dans le même processus qu'une autre qui ne vit pas cette contrainte; une entreprise aux ressources humaines limitées sollicitera plus souvent les mêmes individus dans le processus d'acquisition qu'une entreprise disposant d'un plus grand nombre d'employés. La compétence des ressources humaines au service de l'entreprise va aussi conditionner le processus d'acquisition et la nature de ses achats. Ainsi, sans ressources humaines adéquates (professeurs, médecins), l'hôpital Maisonneuve-Rosemont n'aurait pu justifier, en 1997, la création d'un pavillon en radio-oncologie ainsi que l'acquisition de matériel ultrasophistiqué. Il lui fallait aussi disposer de ressources financières suffisantes. Ces dernières, tout comme l'orientation marché de l'entreprise, conditionnent le processus d'achat.

2.4 Les facteurs situationnels

Si les facteurs environnementaux et organisationnels peuvent aider à comprendre le contexte dans lequel les échanges ont lieu, les caractéristiques propres à la situation rencontrée vont aussi conditionner le processus d'acquisition. Ainsi, le type de produit qu'une entreprise désire acheter, l'importance qu'elle accorde à cette acquisition, l'incertitude entourant l'achat et la nature de la tâche confiée vont tous influer sur la prise de décision.

2.4.1 Le type de produit

Le type de produit est un facteur important à considérer dans une situation d'achat. Certaines fournitures courantes nécessaires au fonctionnement de l'entreprise ne constituent pas des acquisitions fondamentales pour elle. Par contre, l'achat d'équipements majeurs, de matériaux de base ou de composantes essentielles à son fonctionnement représente des décisions plus lourdes sur les plans des finances et des conséquences à long terme. Pour ces raisons, il semble que le type de produit va avoir une incidence sur l'implication des différents acteurs au sein du groupe décisionnel d'achat. Plus le produit tombe dans une catégorie « impliquante » pour l'entreprise, plus le nombre de personnes concernées par le processus d'acquisition s'accroît. Leur influence se fait sentir également à un stade précis. Les utilisateurs et les ingénieurs sont davantage sollicités au début du processus décisionnel pour déterminer le type de produit et ses caractéristiques techniques, alors que les agents d'achat et les gestionnaires interviennent à la fin du processus, pour sélectionner les fournisseurs et décider du montant à débourser pour l'acquisition du produit[11].

2.4.2 L'importance de l'achat

L'achat d'un produit peut s'avérer fondamental pour l'entreprise si son activité économique en dépend. Ses objectifs financiers et sa rentabilité à long terme peuvent dans certains cas être compromis si l'acquisition ne répond pas à ses attentes. En ce sens, l'achat d'un produit devient un enjeu stratégique ayant une incidence sur le processus d'acquisition, sa durée et le nombre de personnes qui y prennent part.

2.4.3 L'incertitude entourant l'achat

Certains achats sont difficiles à réaliser en raison de leur degré d'incertitude. L'incertitude peut être ressentie à différentes étapes du processus : au moment de définir le besoin, au moment de déterminer et de comparer les options offertes sur le marché ou encore au moment de négocier avec le client.

L'incertitude quant aux caractéristiques du produit (définition du besoin)

Le comité responsable du choix du produit peut être incertain quant aux caractéristiques à retenir pour sélectionner celui qui répondra le mieux à ses attentes. S'il manque de connaissances techniques, il s'interrogera sur les fonctionnalités à rechercher dans l'appareil convoité. Le représentant a alors un rôle important à jouer, celui de formateur. Il doit également fournir de la documentation qui permettra aux membres du comité d'avoir une meilleure connaissance des aspects techniques du produit.

L'incertitude quant aux options offertes (marché)

Dans d'autres circonstances, le comité est tout à fait à l'aise pour déterminer les caractéristiques du produit désiré, mais n'a qu'une connaissance limitée des options offertes sur le marché qui seraient susceptibles de satisfaire ses attentes. Le représentant doit alors l'informer des options possibles, de leurs avantages et de leurs inconvénients, afin de faciliter le processus.

L'incertitude quant à la transaction (sélection d'un fournisseur)

Finalement, les membres d'un groupe décisionnel d'achat peuvent avoir défini avec précision le produit dont leur entreprise a besoin et avoir une parfaite connaissance des options offertes sur le marché. Cependant, ils hésitent entre deux ou trois fournisseurs en ce qui concerne les conditions relatives à la transaction. Ainsi, même si un produit semble parfaitement adapté à leurs besoins, ils peuvent craindre que le fournisseur de ce produit ne soit pas apte à le livrer dans les délais prescrits et à assurer un service après-vente de qualité. Il devient donc essentiel pour le représentant de persuader les membres du comité d'achat quant aux capacités de son organisation à offrir le produit convoité selon leurs attentes et à les inviter à contacter d'autres clients qui ont fait une telle acquisition afin qu'ils puissent évaluer le degré de satisfaction de ces clients.

2.4.4 La situation d'achat ou la nature de la tâche[12, 13, 14]

Les situations d'achat du domaine industriel sont généralement classées en trois grandes catégories. Lorsque la tâche est totalement **nouvelle**, comme dans le cas où l'entreprise veut se munir de nouveaux équipements avec lesquels elle est peu familiarisée, le processus d'acquisition sera long et complexe. À l'inverse, dans le cas où l'entreprise cherche simplement à éviter une rupture de stock, qu'elle connaît bien les choix offerts sur le marché, elle réalise une tâche dite **routinière**. Enfin, lorsque l'entreprise est relativement habituée à un produit ou à une catégorie de produits, qu'elle a eu l'occasion d'évaluer la performance de ce produit, mais qu'elle considère malgré tout différentes options du fait qu'elle aimerait se procurer un produit différent de celui qu'elle possède déjà, la tâche effectuée s'appelle le **rachat modifié**.

Cette classification générale en trois catégories a été subdivisée à son tour en six situations d'achat[15, 16]. Ces situations d'achat appliquées à une entreprise concernent l'intensité d'utilisation des activités d'achat ainsi que la présence ou non de contraintes internes ou externes. Parmi les contraintes internes qui permettent de mieux saisir le type d'achat dont il est question, on répertorie le **degré d'importance** accordé à l'achat[17] et le degré de nouveauté et de complexité lié à la décision d'achat (ou l'**incertitude liée à la tâche**[18]). L'**étendue des options** offertes, soit le nombre d'options offertes sur le marché, et l'impression d'être en position de force et de pouvoir négocier avantageusement avec ses fournisseurs (ou **pouvoir de l'acheteur**) caractérisent également le type d'achat dont il est question. Le tableau 2.1, à la page suivante, résume les particularités de chaque type d'achat, que nous allons maintenant examiner plus en détail.

L'achat de type occasionnel

On a déterminé que 11 % des situations d'achat sont de type **occasionnel**. Dans de tels cas, le produit est d'une importance stratégique mineure pour l'entreprise et l'incertitude liée à son acquisition est faible, car les options offertes sont nombreuses. Comme il n'en fait qu'un usage occasionnel, l'acheteur ne dispose pas d'un pouvoir important de négociation. La recherche occasionnée pour l'acquisition de ce type de produit est minime, voire nulle, et celui-ci est commandé sans faire l'objet d'un examen approfondi en termes de vérification des normes et des procédures internes d'acquisition.

L'achat de type routinier

L'achat **routinier** représente 24 % des décisions d'achat. L'entreprise le juge plus important que l'achat occasionnel parce qu'il engendre des frais récurrents. Même si elle ne considère pas que ce type d'achat constitue une décision stratégique pour elle, l'entreprise peut tout de même exercer un certain pouvoir d'achat auprès de ses fournisseurs en raison du fait qu'il existe de nombreuses options sur le marché. L'entreprise fait cependant peu de recherche d'informations quant aux options offertes et les analyse assez rapidement. Finalement, les produits sélectionnés sont assujettis à des procédures internes.

TABLEAU 2.1
Taxonomie des situations d'achat

Type d'achat	Occasionnel	Routinier, faible priorité	Rachat modifié simple	Nouvelle tâche de jugement	Rachat modifié complexe	Nouvelle tâche stratégique
Activités d'achat						
Recherche d'informations	Aucune	Faible	Modérée	Modérée	Élevée	Élevée
Utilisation de techniques d'analyse	Aucune	Modérée	Modérée	Modérée	Élevée	Élevée
Focus proactif	Aucun	Superficiel	Élevé	Modéré	Élevé	Dominant
Contrôle procédural	Peu ou pas de respect des procédures	Respect des procédures	Respect des procédures	Peu de respect des procédures	Respect des procédures	Peu de respect des procédures
Variables situationnelles						
Importance de l'achat	Mineure	Modérée	Élevée	Élevée	Élevée	Extrêmement élevée
Incertitude de la tâche	Faible	Modérée	Faible	Élevée	Faible	Modérée
Étendue des options	Élevée	Élevée	Limitée	Limitée	Élevée	Limitée
Pouvoir de l'acheteur	Faible ou nul	Modéré	Modéré	Modéré	Fort	Fort
Pourcentage des décisions d'achat	11 %	24 %	17 %	17 %	18 %	14 %

Source : Bunn, M.D. « Taxonomy of buying decision approaches ». *Journal of Marketing*, vol. 57 (janvier 1993), p. 47.

L'achat de type rachat modifié

Le **rachat modifié**, comptant pour 17 % des décisions d'acquisition, revêt une importance stratégique plus élevée pour l'entreprise que l'achat occasionnel ou routinier. L'entreprise désire alors modifier le produit afin qu'il corresponde davantage à ses besoins spécifiques et cadre mieux avec ses enjeux stratégiques à long terme. Dans un tel cas, cependant, les options offertes de produits sur le marché se restreignent. L'acheteur ne jouit plus d'un fort pouvoir de négociation auprès de ses fournisseurs, car il dépend de leur volonté d'adapter le produit pour qu'il réponde à ses exigences. La recherche d'informations est plus intensive, mais relativement limitée en raison des options offertes. Une fois le choix effectué, les procédures internes de contrôle d'acquisition s'appliquent.

L'achat de type nouvelle tâche liée au jugement

On appelle **nouvelle tâche liée au jugement** la situation d'achat dans laquelle l'entreprise doit prendre une décision importante, mais éprouve beaucoup d'incertitude parce qu'elle connaît peu le produit. De plus, les choix offerts sur le marché sont limités, entraînant un pouvoir d'achat modéré face aux fournisseurs potentiels. Dans ce contexte, qui représente 17 % des types d'achat, l'acheteur ne peut s'en remettre aux procédures d'acquisition traditionnelles. Il s'engage dans une recherche d'informations modérée en fonction des options offertes et se limite à l'analyse de celles qui lui sont proposées.

L'achat de type rachat modifié complexe

Environ 18 % des situations d'achat sont qualifiées de **rachat modifié complexe** : la décision est importante pour un acheteur, celui-ci éprouve peu d'incertitude quant aux choix offerts, les options offertes sont nombreuses et l'acheteur jouit d'un fort pouvoir d'achat. L'enjeu stratégique du choix étant élevé pour l'entreprise acheteuse, les activités entourant l'achat sont plus nombreuses. Elles incluent notamment une recherche intense d'informations et l'analyse des options offertes afin de déterminer laquelle est la plus avantageuse pour elle. Une fois l'option sélectionnée, les procédures internes de contrôle d'acquisition sont suivies.

L'achat de type nouvelle tâche stratégique

Lors de décisions d'**achat complexe** de nature **stratégique** (14 % des situations d'achat), l'entreprise évalue l'acquisition comme étant extrêmement importante pour elle, son avenir pouvant même en dépendre. Bien que ses options soient relativement limitées et qu'elle bénéficie d'un fort pouvoir de négociation auprès des fournisseurs potentiels, elle s'engage dans une recherche d'informations importante afin de s'assurer qu'elle investit dans l'option qui cadre le mieux avec ses objectifs et ses stratégies. Par exemple, lorsqu'elle veut étendre ses activités dans un autre pays[19], une entreprise effectue une recherche d'informations intense auprès de sources de toute nature (commerciales ou non, impersonnelles ou personnelles). Alors qu'elles tendent à utiliser les sources impersonnelles de nature non commerciale comme sources complémentaires lors de l'étape de présélection d'un site, les entreprises accordent beaucoup plus d'importance aux sources personnelles qu'aux sources impersonnelles, ces dernières étant surtout utilisées au début du processus décisionnel. Parmi les sources personnelles, les sources d'information internes de l'entreprise sont privilégiées. Les compagnies valorisent également l'information qui émane d'un consultant externe, car elles estiment qu'il est en mesure d'offrir l'expertise et la neutralité dans la décision recherchée. Elles consacrent beaucoup d'énergie à l'analyse des options proposées et mettent de côté les procédures de contrôle liées à l'acquisition traditionnelle de produits.

En comparant les types d'achat, de l'achat routinier à celui qui est totalement nouveau, on a déterminé que plus une tâche s'avère nouvelle pour l'entreprise acheteuse :

- plus le nombre d'individus impliqués dans le groupe décisionnel d'achat sera élevé ;
- plus il y aura d'**implication verticale**, c'est-à-dire des échanges entre la haute direction et les membres du groupe et vice-versa ;
- plus il y aura d'**implication latérale**, c'est-à-dire de la communication entre les différents services de l'entreprise ;
- plus l'influence des participants au sein de ce groupe se fera sentir[20].

2.5 Les facteurs liés au groupe décisionnel d'achat

Pour bien comprendre le processus d'achat, il est nécessaire de se pencher sur les facteurs qui influent sur le groupe décisionnel d'achat, là où se prennent les décisions d'acquisition. Ces facteurs sont les suivants : la structure du groupe (*voir le chapitre 4*), les rôles assumés par les membres de ce groupe, le type de pouvoir qu'ils exercent et les types de stratégies qu'ils mettent en place.

2.5.1 La structure du groupe décisionnel d'achat

La taille du groupe décisionnel d'achat d'une entreprise est proportionnelle au nombre total d'employés de cette entreprise[21]. De plus, les degrés de formalisation et de centralisation d'une firme conditionnent la structure du groupe décisionnel d'achat[22] (*voir le tableau 2.2*). Cela implique qu'un représentant qui ne connaît rien du mode de fonctionnement du groupe décisionnel d'achat d'une entreprise est en mesure d'anticiper ce à quoi il doit s'attendre en évaluant les degrés de formalisation et de centralisation qui existent dans cette organisation.

Le style entrepreneur

Les organisations qui ne désirent pas formaliser leurs modes de fonctionnement et leurs procédures, mais qui préfèrent nommer un responsable en particulier sont

TABLEAU 2.2

Styles du groupe décisionnel d'achat basés sur la structure de l'organisation

		Formalisation	
		Faible	Élevée
Centralisation	Élevée	Entrepreneur N = 3	Bureaucratique N = 6
	Faible	Adhocratique N = 4	Professionnel N = 9

Source : Wood, J.A. «Organizational configuration as an antecedent to buying centers' size and structure». *The Journal of Business & Industrial Marketing,* vol. 20, n° 6, 2005, p. 270.

du style **entrepreneur**. Ces organisations présentent un nombre restreint de participants dans leur groupe d'achat (environ trois) et ne délèguent pour ainsi dire pas leur pouvoir décisionnel. Le processus de prise de décision devrait être relativement court du fait qu'il existe peu de formalisation interne. Pour servir efficacement ces entreprises, le représentant devrait adopter la stratégie suivante : 1) identifier les quelques personnes influentes, particulièrement celle qui décide de l'acquisition du produit proposé et 2) bien cerner les besoins de l'entreprise de façon à répondre adéquatement aux questions soulevées par les membres du groupe décisionnel d'achat. Le représentant ne devrait pas allouer trop de temps pour servir ce type de groupe, mais plutôt conserver son énergie pour d'autres types de clientèles.

Le style bureaucratique

Les entreprises dont le degré de formalisation est très élevé et qui centralisent l'autorité adoptent un style **bureaucratique**. On trouvera le même type de gestion dans leur groupe décisionnel d'achat. Servir ces entreprises est compliqué, car s'il est vrai que la prise de décision est centralisée et ne relève que d'un nombre restreint de personnes, celles-ci doivent tenir compte des procédures et des normes internes, ce qui limite passablement leur marge de manœuvre. Le représentant desservant ce type de groupe décisionnel d'achat doit donc être au fait du pouvoir « limité » des acteurs. Pour maximiser ses chances de vente, il peut 1) offrir de la documentation à tous les employés concernés par le processus d'achat et 2) tenter de convaincre les quelques membres du groupe décisionnel d'achat au moyen de propositions conformes aux politiques internes avec lesquelles le client doit composer. Le représentant a donc tout intérêt à bien connaître les procédures et les normes de ce type d'entreprise.

Le style adhocratique

À l'inverse du style bureaucratique, le style **adhocratique** caractérise les organisations très décentralisées et peu formelles dans leurs procédures (firmes en recherche et développement, par exemple). Dans ces entreprises, le fonctionnement du groupe décisionnel d'achat est le reflet du fonctionnement général à grande échelle. Elles confient la prise de décision à un groupe de quatre personnes environ. En raison de la décentralisation de la décision d'achat, le représentant devra fournir de la documentation et des informations à l'ensemble des personnes avec lesquelles il interagira, car il ne saura pas nécessairement par quel moyen la décision se prendra, les normes et les procédures en place étant pour ainsi dire inexistantes. Il cherchera à déterminer les préoccupations communes des acteurs en présence afin d'y répondre au mieux et bâtira son argumentaire en fonction des demandes qui lui seront faites. Il devra s'ajuster au fur et à mesure que le processus évoluera afin de maximiser ses chances de concrétiser la vente.

Le style professionnel

Les entreprises du style **professionnel** présentent un pouvoir décisionnel décentralisé dans une structure très formalisée (universités, hôpitaux, par exemple). C'est également dans ce genre d'organisation qu'on trouve le plus grand nombre de personnes au niveau du processus décisionnel (jusqu'à neuf, dans certains cas), ce qui contribue à le rendre complexe. De plus, l'application des normes et des procédures tout au long du processus fait intervenir beaucoup d'acteurs. De ce fait, le représentant qui aborde ce type de groupe décisionnel d'achat se doit d'y consacrer des ressources importantes, sachant que l'issue de sa démarche dépend de l'interaction de nombreuses personnes aux préoccupations et aux pouvoirs variés. Il doit également saisir les règles internes de l'organisation, car elles détermineront si une offre est jugée acceptable ou non. Enfin, il doit identifier correctement le ou les rôles de chaque membre du groupe.

2.5.2 Les rôles au sein du groupe décisionnel d'achat

Chaque entreprise a son mode de fonctionnement propre, et les acteurs qui interviennent dans les prises de décision peuvent différer selon les produits et les services à acquérir[23, 24]. Le processus décisionnel est d'autant plus complexe qu'il présente un nombre important d'intervenants, des étapes différenciées et un bon dynamisme, c'est-à-dire qu'il évolue dans le temps. Les intervenants étant multiples, il faut les identifier correctement, car ils ont, chacun à leur niveau, un rôle à jouer dans la prise de décision. Leur influence se fait sentir de façon plus ou moins marquée selon l'étape du processus décisionnel[25, 26]. Six profils d'intervenants sont répertoriés dans un groupe décisionnel d'achat :

- L'**instigateur** est la personne qui remarque qu'on peut résoudre un problème en se procurant un produit. C'est lui qui détermine le besoin à combler dans une entreprise. L'importance et la complexité du processus dépendront de la nature des problèmes vécus par l'entreprise. L'instigateur peut, en raison d'un grave problème, formuler une demande pressante auprès du Service des achats. De cette façon, il pourra exiger qu'on trouve un nouveau fournisseur qui vend le même produit, mais d'une meilleure qualité. Dans cette situation, le représentant appelé sur place agira dans le contexte particulier où se situe l'organisation.

- L'**utilisateur** est la personne qui va se servir du produit ou du service dans le cadre de ses fonctions.

- L'**influenceur** est le membre de l'organisation qui contribue à définir les spécificités du produit et à évaluer les choix offerts. Endossant le rôle d'**expert**, il va influer sur la décision par les connaissances qu'il possède dans le domaine.

- Le **décideur** est la personne ou le groupe de personnes qui, en dernier ressort, arrêtera une décision quant aux spécificités du produit ou au choix des fournisseurs. Il peut s'agir du directeur de l'organisation, du responsable de la cellule d'achat ou de toute autre personne possédant l'autorité adéquate. Lors d'acquisitions nouvelles qui revêtent un caractère complexe, il semble que les membres du groupe décisionnel d'achat requièrent davantage l'avis de leur supérieur que dans les situations moins complexes et préfèrent qu'il prenne la décision finale afin de ne pas être tenus pour responsables d'un achat inapproprié[27]. Cela signifie qu'un représentant chargé de la vente de produits complexes doit identifier adéquatement cet acteur clé et répondre avec précision à ses interrogations.

- L'**acheteur** est le membre de l'entreprise qui a pour rôle de sélectionner les fournisseurs et de définir les termes de la transaction. Il peut aussi contribuer à la formalisation de la spécificité du produit. Il sera un exécuteur d'ordres ou un preneur de décisions, selon le cas. Certains estiment qu'il constitue l'agent qui exerce le plus d'influence après le patron[28], mais que son pouvoir tend à s'estomper lorsqu'il s'agit d'acquérir des produits hautement novateurs[29].

- Le « **filtre** » agit en tant qu'expert dans le processus d'achat, en raison de ses compétences dans le domaine technique ou en tant que représentant des utilisateurs. À ce titre, le gestionnaire en approvisionnement (l'acheteur) peut s'associer à un groupe-conseil ou à divers groupes ou conseillers, afin de s'assurer que la charge qui lui incombe puisse satisfaire l'entreprise dans la mesure du possible.

Une personne peut endosser plusieurs rôles simultanément (par exemple décideur, acheteur et utilisateur) tout comme un rôle peut être tenu par plusieurs membres au sein d'un groupe décisionnel d'achat (différents experts, par exemple). Le représentant doit donc connaître le ou les rôles tenus par les intervenants du processus décisionnel ainsi que leurs attentes afin de comprendre leur influence quant à l'issue de la transaction.

2.5.3 Les agents d'influence

Chacun des acteurs impliqués dans le processus d'achat y exerce un certain pouvoir. Le **pouvoir** réfère au fait que les décisions stratégiques et opérationnelles sont contrôlées par les membres concernés[30]. Il se définit comme l'**habileté d'une personne (la source) à influer sur les opinions ou les comportements d'autres personnes ou groupes (la cible)**[31]. Il existe différentes façons d'exercer son influence. Les six sources de pouvoir les plus couramment rencontrées sont les suivantes[32] :

- Si un membre d'un groupe est perçu comme ayant la capacité de punir et d'être menaçant, c'est qu'on lui attribue un **pouvoir cœrcitif**.
- Lorsqu'un groupe ou une personne estime qu'un membre est autorisé à imposer sa décision ou à faire adopter un comportement spécifique, c'est qu'on lui attribue un **pouvoir légitime**. C'est le cas, par exemple, d'un groupe décisionnel d'achat qui, en fin de parcours, décide de confier la décision finale au supérieur immédiat.
- Si un membre du groupe détient une connaissance approfondie d'un domaine d'intérêt reconnue par les autres membres de l'équipe, il peut exercer son influence à titre d'**expert**.
- Dans le cas où un membre est perçu comme ayant la capacité de gratifier ou de récompenser un autre membre, c'est qu'il possède un **pouvoir de gratification**.
- Une personne qui est perçue comme pouvant être détentrice d'informations importantes mais méconnues des autres membres d'une équipe est dotée d'un **pouvoir informationnel**.
- Finalement, lorsqu'un ou des membres d'une équipe cherchent à s'identifier à une personne dotée de caractéristiques enviables, parce qu'on lui reconnaît un bon jugement, par exemple, c'est qu'elle exerce un **pouvoir de référencement**. En servant de point de référence, cette personne influe sur le cours des discussions et des décisions.

Le pouvoir attribué à une personne dépend des sources de pouvoir dont elle est dotée. Ainsi, un directeur d'entreprise admiré par ses employés pourrait être perçu comme ayant beaucoup de pouvoir du fait qu'il possède plusieurs formes de pouvoir : de référencement, légitime et informationnel.

Bien qu'elle puisse être perçue comme dotée d'un pouvoir très important, une personne n'influera pas sur le processus décisionnel si elle décide de ne pas utiliser son pouvoir. En effet, dans les stratégies d'influence, seule la matérialisation du pouvoir est susceptible d'influer sur le processus décisionnel. Ainsi, avant d'exercer son pouvoir, la personne évaluera les forces en présence. Elle se questionnera sur le pouvoir détenu par les parties afin d'estimer l'impact de l'utilisation du sien. Elle se demandera aussi quelles seront les conséquences stratégiques et opérationnelles reliées à la manifestation de son pouvoir. Si, à l'issue de sa réflexion, elle estime que l'enjeu n'en vaut pas la peine, elle évitera tout jeu d'influence rattaché à son pouvoir. À l'inverse, si la personne pense qu'elle gagnerait à s'en servir du fait que les bénéfices attendus excèdent les coûts associés à son utilisation, elle va s'engager dans cette voie.

Il est donc essentiel pour un représentant de bien cerner chacun des acteurs concernés par le processus de décision. Il doit être en mesure, comme l'indique le tableau 2.3, de spécifier la fonction de chacun des membres du groupe, son ou ses rôles, les bases de son pouvoir, ses priorités et les bénéfices qu'il recherche. Ces aspects, s'ils sont assimilés par le représentant, lui permettront de mieux saisir les implications d'une réponse adéquate ou non aux demandes et aux inquiétudes de chacun des membres.

TABLEAU 2.3
Compréhension des acteurs impliqués dans un groupe décisionnel d'achat

Nom du membre du groupe, sa fonction	Rôle(s)	Bases du pouvoir	Priorités	Bénéfices spécifiques recherchés

2.5.4 Les implications

Nous venons de voir qu'un représentant a tout intérêt à savoir qui détient le pouvoir. Cependant, lorsqu'il doit rencontrer les membres d'un groupe décisionnel d'achat, il est encore plus important pour lui de savoir dans quelles circonstances les personnes dotées d'un pouvoir vont en faire usage et sous quelle forme ce pouvoir se manifestera.

Les formes de stratégies

La manifestation du pouvoir peut prendre diverses formes. D'un côté, la personne peut exercer son pouvoir en adoptant des **stratégies menaçantes**, dites « **médiées** » ou « **coercitives** », ou des **stratégies non menaçantes**, dites « **non médiées** » ou « **non coercitives** »[33]. Une stratégie médiée est utilisée lorsque le membre explique clairement quels sont les comportements attendus et les conséquences (positives ou négatives) qui en découlent. Les stratégies médiées ont un caractère menaçant. Les stratégies non médiées, quant à elles, n'ont pas ce caractère menaçant. Aucune conséquence négative ne va toucher la personne qui ne désire pas se conformer aux demandes qui lui sont faites.

Six stratégies médiées et non médiées peuvent être utilisées[34]. Les stratégies **médiées** ou coercitives incluent les **promesses**, les **menaces** et les **poursuites judiciaires**. Elles visent à faire changer le comportement de la personne cible. Les stratégies non médiées ou non coercitives que sont les **demandes**, les **échanges d'information** et les **recommandations** cherchent, quant à elles, à modifier la perception d'une personne ou d'un groupe de personnes quant à un sujet particulier.

Le type de stratégies utilisées par un groupe d'achat peut se prédire à partir du degré de centralisation et de formalisation de l'entreprise dans lequel il opère[35]. Lorsqu'elle est **centralisée**, donc que son pouvoir décisionnel ne relève que de quelques personnes de l'organisation, la firme utilise davantage de **stratégies cœrcitives** (promesses, requêtes légales, menaces) que de stratégies non cœrcitives lors de ses échanges avec ses fournisseurs, bien que l'utilisation de stratégies cœrcitives influe négativement sur la performance de la relation entre les deux parties.

Lorsque la firme présente un **degré de formalisation élevé**, son choix de **stratégies** sera davantage **mixte**. Elle se tournera à la fois vers des stratégies de recommandation, d'échange d'information (des stratégies non cœrcitives) et des stratégies de requêtes et de plaintes légales (des stratégies cœrcitives).

C'est donc dire que s'il sait que l'entreprise où il se présente est très centralisée, le représentant risque de devoir davantage faire face à des stratégies « menaçantes » que dans le cas où le degré de centralisation est moindre. Par ailleurs, il s'expose à une gamme de stratégies plus variée dans le cas où l'entreprise qu'il aborde est fortement formalisée. Cette analyse effectuée, il doit maintenant savoir si ces stratégies seront utilisées de façon répétée ou non et dans quelle mesure elles seront efficaces.

L'utilisation des stratégies

L'utilisation des stratégies par les clients industriels varie en intensité selon les catégories de produits achetées et les situations d'achat rencontrées[36]. En général, on note que le recours aux recommandations et à l'échange d'information y est plus fréquent que le recours aux demandes, aux plaintes légales, aux promesses ou aux menaces[37]. De façon plus précise, une étude indique que lorsqu'une relation avantage un fournisseur au détriment d'un distributeur, le fournisseur utilise son pouvoir en privilégiant non pas les stratégies cœrcitives (poursuites judiciaires, menaces), mais plutôt des stratégies non cœrcitives, incluant le partage d'information[38]. Le fournisseur agit probablement de la sorte parce qu'il sait que les stratégies non cœrcitives, dont la formulation de recommandations, sont les plus efficaces[39] pour atteindre son objectif à court terme (s'entendre sur le prix d'un produit, sur la quantité, sur le délai de livraison, par exemple) tout en préservant la relation avec son client à long terme. Même si certaines stratégies cœrcitives peuvent aussi s'avérer efficaces à court terme (par exemple les menaces entraînant un mouvement dans la direction souhaitée)[40], elles risquent de nuire à la qualité des relations à long terme avec un partenaire et, en ce sens, sont moins souhaitables.

C'est pourquoi, dans leurs relations avec leurs fournisseurs, les **clients industriels privilégient** d'abord et avant tout les stratégies qui sont associées au pouvoir de **référencement** et d'**expertise**. Ils souhaitent en fait que le fournisseur s'identifie à eux et comprenne leur réalité afin qu'ils puissent commercer longtemps ensemble. Ils sont sensibles, dans une moindre mesure et en ordre décroissant, à d'autres stratégies : les stratégies légales, les récompenses, les stratégies cœrcitives et les stratégies informationnelles. On remarque aussi que les stratégies des clients industriels vont différer selon la nature des achats à réaliser. Les stratégies de référencement sont davantage retenues dans les négociations de rachat de produits (le client jouit d'une réputation dans le secteur, il y occupe une position de force) que pour un rachat modifié ou l'acquisition d'un nouveau produit. Ils font un usage plus fréquent de ce genre de stratégie probablement parce qu'ils ne peuvent prétendre qu'ils ont des particularités qui leur sont propres face à des fournisseurs qui connaissent toutes les caractéristiques du marché.

L'utilisation de **plaintes légales** est retenue dans les cas de **rachats simples** auprès de fournisseurs qui ne remplissent pas leurs obligations. Cette stratégie, retenue par le ou les membres d'un groupe qui ont le pouvoir légitime de le faire[41], est peu utilisée malgré tout et n'est appliquée qu'en dernier ressort, lorsque les autres stratégies n'ont pas eu l'effet escompté auprès de leur fournisseur. C'est une stratégie peu efficace, puisqu'elle incite la partie menacée à rester campée sur ses positions, voire à les raffermir[42].

Outre ces considérations, le représentant ne doit pas oublier que les facteurs personnels des individus concernés par le processus décisionnel jouent un rôle important dans l'emploi des diverses stratégies et dans l'issue de la décision d'achat.

2.6 Les facteurs individuels

Les facteurs individuels sont ceux qui vont polir les relations et la nature des échanges entre les personnes concernées par un processus d'acquisition. La motivation de ces personnes, la structure cognitive qui les caractérise ainsi que leur personnalité sont à même de faire évoluer le processus dans une direction ou une autre.

2.6.1 La motivation

Le degré d'implication peut varier entre les membres d'une équipe devant contribuer à faire l'acquisition d'un produit. Une personne peut démontrer un intérêt marqué à faire évoluer le processus dans une direction, alors qu'une autre s'en désintéresse presque. Le sujet la laisse froide, et elle ne semble nullement intéressée par la tâche à accomplir. Et, tout à coup, sans préavis, elle devient volubile. Elle désire maintenant que le fournisseur sélectionné ne soit pas le candidat potentiel qui semble intéressant pour l'équipe, mais un fournisseur connu. Les raisons invoquées sont multiples, dont certaines sont d'ordre personnel.

Ainsi, la motivation de chaque membre siégeant au comité peut influer sur les divers aspects du processus. Certains tiennent à trouver des caractéristiques précises dans le produit à acquérir, car ils désirent régler un problème soulevé par les utilisateurs de l'appareil. D'autres veulent plutôt maintenir le coût d'acquisition au plus bas, car, dans un tel cas, leur rémunération en sera rehaussée en raison de la politique de l'entreprise. L'achat peut constituer un enjeu personnel pour certains ou un enjeu organisationnel pour d'autres. La motivation des membres du goupe décisionnel d'achat peut donc prendre différentes formes et s'exprimer à des moments divers du processus d'acquisition.

2.6.2 La structure cognitive

Toute personne possède sa propre structure cognitive. Certains aiment s'engager dans la recherche d'informations et interpréter la diversité des stimuli auxquels ils sont soumis. D'autres, au contraire, détestent la complexité qui les entoure et sont mal à l'aise dans les situations nouvelles dont les résultats sont incertains[43]. Ces éléments font en sorte que certaines personnes vont privilégier le changement alors que d'autres vont préférer, par confort et conformisme, s'ancrer dans leurs habitudes de consommation sans les remettre en question. C'est donc dire que, dans un groupe décisionnel d'achat, des membres se montrent ouverts au changement et prêts à prendre les risques qui s'y rattachent, alors que d'autres résistent à tout changement qui pourrait modifier le mode de fonctionnement interne.

2.6.3 La personnalité

Au même titre que la structure cognitive, la personnalité est un élément propre à chacun. Certaines personnes estiment exercer un contrôle important sur les événements de leur vie, dont elles sont les instigatrices. Elles considèrent donc que les décisions d'acquisition prises par l'organisation révèlent la direction qu'elle doit prendre pour atteindre ses objectifs et remplir sa mission. D'autres personnes, à l'inverse, pensent qu'elles ne font que subir les événements qui se présentent à elles. Plus ou moins fatalistes, elles sont d'avis que l'organisation s'adapte par nécessité aux changements qui surviennent dans l'environnement. Elles appréhendent le processus d'acquisition, car elles croient qu'il peut modifier le niveau d'équilibre de l'entreprise. Leurs objections aux solutions nouvelles risquent donc d'être nombreuses du fait qu'elles craignent que l'acquisition ne mène l'entreprise dans une direction qui n'est pas forcément souhaitable pour sa pérennité.

Ainsi, la curiosité naturelle plus ou moins prononcée des acteurs en présence, leur susceptibilité aux influences interpersonnelles, leur engagement envers certaines catégories de produits, leur croyance en leur pouvoir de diriger leur vie dans un sens ou un autre sont tous des aspects de la personnalité qui vont influer sur le cours du processus d'acquisition à une étape ou à une autre.

2.7 Le processus décisionnel

Comme nous l'avons compris au fil des sections précédentes, le processus décisionnel ne se déroule pas en un seul moment. Il est constitué de six étapes distinctes : la prise de conscience du besoin, la recherche d'informations, l'évaluation des propositions, la décision d'acquisition, l'utilisation du produit et le rachat. Voyons maintenant chacune de ces étapes plus en détail.

2.7.1 La prise de conscience d'un besoin

La **prise de conscience d'un besoin** est nécessaire avant que l'entreprise engage un processus d'achat[44]. Cette prise de conscience peut résulter de concours de circonstances variés : bris de machine, désuétude du matériel, changements de production, examen de matériel novateur lors d'une visite à une exposition commerciale, informations de la part d'un représentant quant à la performance de certains produits, prise de conscience interne de pertes de rendement en raison de bris fréquents ou tout simplement rupture de stock qu'il est nécessaire de combler avant que la fabrication de produits cesse. Une fois le besoin identifié, il doit être reconnu par les autorités compétentes internes, qui donneront le feu vert au processus d'acquisition. Cette opération sera plus ou moins complexe selon la nature du produit à acquérir.

2.7.2 La recherche d'information

Une fois la première étape franchie, l'entreprise entreprend la **recherche d'information**. Pour ce faire, elle va « scruter les environnements interne et externe afin d'identifier et de gérer les sources d'information utiles à la décision d'achat[45] ». Cette étape peut se scinder en quatre sous-étapes :

- L'entreprise cherche à spécifier les caractéristiques techniques recherchées dans le produit à acquérir. Ce sont autant les utilisateurs que les ingénieurs qui la renseigneront à ce sujet.
- Elle estime les quantités requises du produit. Par exemple, si l'achat concerne un composant d'un de ses produits, elle doit déterminer la quantité dont elle a besoin pour une période déterminée (par mois, par année, etc.).
- Elle analyse l'environnement externe afin de déterminer quels fournisseurs pourront la servir adéquatement.
- Une fois le repérage des différentes options réalisé, l'entreprise acheteuse sollicite ces fournisseurs et leur demande de présenter une soumission.

2.7.3 L'évaluation des propositions

Les soumissions que l'entreprise acheteuse reçoit sont autant de propositions qui lui sont faites. Elle doit maintenant **évaluer ces propositions**. Pour ce faire, elle se sert de techniques d'analyse qui l'aident à comparer les options offertes de façon objective. Elle doit aussi évaluer si la décision d'acquisition du produit tient compte des objectifs à long terme et des objectifs stratégiques de l'entreprise (*focus* proactif). Finalement, avant d'arrêter son choix sur une option, l'entreprise juge dans quelle mesure la décision à prendre s'inscrit dans ses procédures et ses politiques d'acquisition. Toutes ces actions la mènent au choix d'un fournisseur.

2.7.4 La décision d'acquisition

La **décision d'acquisition** se concrétise par la sélection d'un fournisseur. Le contrat de vente est alors préparé et signé par les parties concernées. Ce document précise la nature et les conditions de la transaction : nature du produit vendu, prix payé, conditions de paiement, délai de livraison, formation des utilisateurs, si nécessaire, service après-vente lorsqu'il est requis, etc.

2.7.5 L'utilisation

L'achat réalisé, l'entreprise procède à l'**utilisation** du produit afin d'évaluer son niveau de performance et de vérifier s'il répond aux attentes, selon ce qui a été convenu dans le contrat. La facilité d'utilisation du produit, sa performance, ses applications possibles, sa résistance et tout autre critère jugé pertinent par l'utilisateur servent de moyens de contrôle pour l'acheteur. Si le produit répond au attentes de l'utilisateur, ou dépasse celles-ci, le représentant saura qu'il a satisfait à ses exigences. Comme l'utilisateur joue un rôle crucial dans la détermination des caractéristiques des produits à acquérir, le représentant doit prendre note de ses commentaires et de ses réactions avec attention afin de répondre à ses attentes.

2.7.6 Le rachat

La dernière étape du processus d'acquisition est le **rachat**. Une fois que le produit acquis a subi un cycle complet d'évaluation, l'entreprise acheteuse est en mesure de porter un jugement éclairé sur la qualité du produit et le bien-fondé de sa décision. Elle est maintenant apte à décider si le rachat du produit se fera auprès de son fournisseur initial.

C'est donc dire qu'au fil de l'évolution du processus, selon le type d'achat et le profil de l'entreprise, le représentant doit continuellement s'aligner sur les exigences de son client. Le responsable de l'équipe de vente doit alors aider le représentant à s'ajuster aux conditions du marché et à hiérarchiser les objectifs requis à chacune des étapes du processus décisionnel.

2.8 L'alignement de l'offre et de la demande et le rôle du représentant

Il est essentiel que l'entreprise vendeuse ait une bonne compréhension du marché, car c'est ainsi qu'elle saura se faire valoir auprès d'un acheteur potentiel. Elle doit alors ajuster ses activités marketing en conséquence. Comme on peut le constater à la figure 2.2, le rôle et les objectifs du représentant diffèrent en fonction des étapes du processus d'acquisition. Il aura à se faire connaître sur le marché, à communiquer son offre au client et à le convaincre d'acheter le produit et, finalement, à s'assurer de sa fidélité.

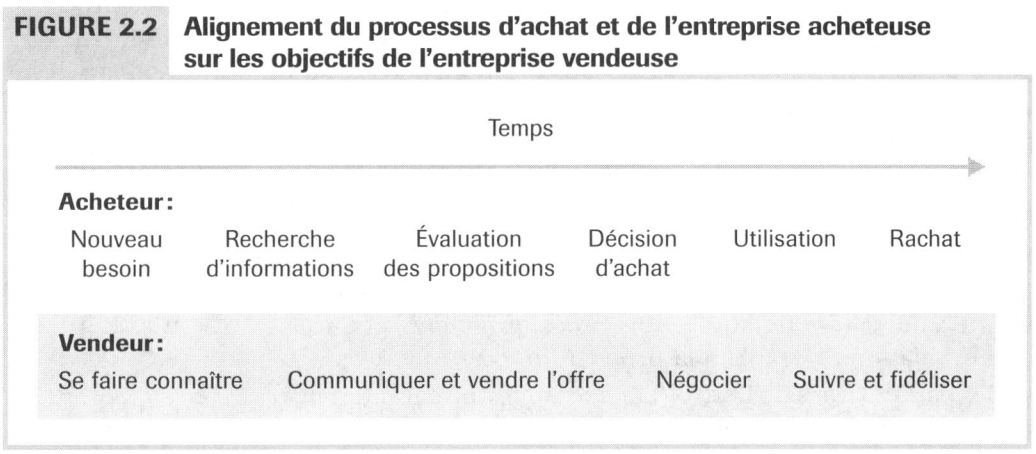

FIGURE 2.2 Alignement du processus d'achat et de l'entreprise acheteuse sur les objectifs de l'entreprise vendeuse

Temps →					
Acheteur:					
Nouveau besoin	Recherche d'informations	Évaluation des propositions	Décision d'achat	Utilisation	Rachat
Vendeur:					
Se faire connaître	Communiquer et vendre l'offre		Négocier	Suivre et fidéliser	

Source: Adapté de Zeyl et Dayan, 2003.

2.8.1 Se faire connaître

Lorsqu'elle ressent un nouveau besoin, qu'elle a fait approuver à l'interne l'intérêt qui réside dans l'acquisition du produit, l'entreprise acheteuse se lance dans une recherche d'informations afin d'identifier les options offertes sur le marché. Il est donc essentiel qu'à ce moment l'entreprise vendeuse assure sa présence sur le territoire afin d'être **visible** et **facilement repérable** par le client potentiel. Pour qu'on la remarque, elle doit se faire **connaître** et **reconnaître** dans un domaine. Elle suscitera l'intérêt de l'acheteur en mettant de l'avant son ou ses domaines d'expertise au moyen des médias de masse (publicité télévisée ou postale, site Internet, par exemple) ou au moyen de techniques personnalisées (représentants sur le terrain). À cette étape, le rôle du représentant consiste à faire connaître l'offre auprès des clients potentiels. C'est ici qu'entre en jeu le représentant «missionnaire» (*voir la section 5.1*), qui prêche la bonne parole en faisant valoir les particularités et les avantages des produits qu'il représente. Lorsque le vendeur détecte un besoin dans une firme potentiellement acheteuse, sa tâche consiste à faire remonter l'information dans sa propre organisation afin qu'elle puisse appuyer sa démarche, notamment en acheminant au client potentiel de la documentation additionnelle quant aux services et aux produits offerts (brochures, etc.).

L'acheteur n'étant pas nécessairement intéressé à se lancer dans une recherche exhaustive d'informations, il devient important pour l'entreprise vendeuse d'être parmi les premières à fournir de la documentation pertinente au client potentiel (le *prospect*) et à lui soumettre des pistes de solutions. Cette démarche augmente ses chances de réussir l'épreuve de présélection auprès de l'entreprise acheteuse. Le fournisseur ne doit jamais oublier que les efforts marketing déployés au début du processus décisionnel sont plus porteurs que ceux qui sont déployés ultérieurement[46].

2.8.2 Communiquer l'offre et convaincre le client

Lorsque le processus décisionnel évolue et que les caractéristiques du produit se dessinent avec davantage de précision, le rôle du représentant devient alors crucial. Il est responsable de **convaincre le client en communiquant efficacement** l'offre de l'entreprise qu'il représente. Cela présuppose qu'il se soit présenté au client et en ait profité pour saisir les motifs de l'achat, qu'il ait repéré les acteurs clés du processus décisionnel, qu'il ait évalué l'environnement du client, etc. Le représentant doit avoir suffisamment bien cerné la question pour être apte à répondre aux besoins du client, c'est-à-dire pour pouvoir adapter son offre afin qu'elle cadre avec ce qui est recherché. Il doit présenter son offre de façon qu'elle comporte une valeur accrue aux yeux du client potentiel, et ce, en regard de ce que la concurrence est en mesure d'offrir. Cette plus-value peut se présenter sous divers aspects :

- une proposition de solution audacieuse, unique et originale mise à la disposition du client ;
- une valorisation de la solution émise qui incite la construction d'un référentiel d'évaluation favorable à la proposition du vendeur ;
- des particularités de l'offre (par exemple, une garantie spécifique liée au produit), qui font état d'une compréhension complète de la structure organisationnelle de l'entreprise acheteuse ;
- le contact avec le client et le suivi de celui-ci.

Ainsi, un représentant qui sait relancer le processus, montrer de l'intérêt pour le client et ses besoins spécifiques, rester à l'écoute de ses inquiétudes, le rassurer et le conseiller donnera de la crédibilité à l'entreprise vendeuse et de la plus-value à l'offre qui en émane. L'objectif de cette étape est donc de communiquer l'offre et de la faire accepter par la partie acheteuse afin que la transaction puisse se concrétiser.

2.8.3 Fidéliser le client

L'entreprise vendeuse a conclu la transaction avec le client. Cependant, son travail n'est pas terminé pour autant. Elle doit maintenant s'engager dans un processus de suivi afin de s'assurer de la satisfaction de son nouveau client en vue de le **fidéliser**, c'est-à-dire de le **conserver**. Le représentant doit alors rester en contact étroit avec le client et assurer un service après-vente pour tout problème qui pourrait survenir. Cette façon d'agir prouve au client que la solution qu'il a adoptée satisfait toujours à ses exigences dans le temps, tout en permettant au représentant d'être présent si une nouvelle occasion d'affaires se présente. Donc, pour atteindre son objectif de fidélisation, le représentant doit raffermir ses relations avec le client et faire en sorte qu'il soit toujours satisfait du produit acquis.

Ainsi, le représentant doit réaliser que les objectifs qu'il poursuit se transforment et s'ajustent au fil de l'évolution de la relation établie avec son client dans le processus décisionnel. Alors qu'au début aucune relation spécifique ne lie l'entreprise acheteuse et le représentant qui cherche à faire valoir son produit, le client potentiel se transforme en client ferme dès qu'une première commande se concrétise. Puis de nouvelles transactions ont lieu entre les parties et la relation se raffermit, si bien que le client devient un partenaire d'affaires. La fidélisation et la pérennité deviennent alors les enjeux majeurs du représentant voulant faire croître 1) son portefeuille clients et 2) ses activités commerciales. Le supérieur immédiat du représentant, quant à lui, doit l'aider à identifier clairement l'étape où se situe la relation avec un client afin qu'il ne perde pas de vue les objectifs prioritaires qui y sont associés. La figure 2.3 résume la démarche du représentant en présentant une synthèse des objectifs qu'il doit poursuivre en fonction des étapes du processus décisionnel.

FIGURE 2.3 Objectifs poursuivis par le représentant en fonction des étapes du processus décisionnel

Être repéré	Convaincre	Conserver
• Renseigner le client potentiel sur les problèmes qu'il est susceptible d'avoir	• Se qualifier	• Atteindre les buts du client par le biais de l'offre de produits et de services
• L'aider à comprendre l'importance d'agir	• Reconnaître les coûts et les bénéfices	• Lui faire reconnaître la valeur qu'il reçoit
• Apprendre ce qu'il a besoin de savoir pour résoudre son problème	• Évaluer et hiérarchiser les choix	• Maximiser son investissement
• Comprendre sa propre valeur potentielle	• Gagner la confiance	• Le faire profiter de services additionnels
• Être facilement repérable	• Obtenir un engagement	

RÉSUMÉ

Dans ce chapitre, nous avons vu qu'il est fondamental pour une entreprise de comprendre les marchés qu'elle dessert si elle veut augmenter ses chances de joindre les entreprises qui y évoluent et les convaincre de la plus-value de son offre. Comprendre ses marchés signifie comprendre les contraintes environnementales, organisationnelles et situationnelles avec lesquelles le client potentiel doit composer. Cela suppose également que le fournisseur de produits ou de services cerne la dynamique de groupe qui existe au sein du groupe décisionnel d'achat de l'entreprise acheteuse. On fait ici référence à sa structure, aux rôles de ses membres, à leurs attentes, à leur influence et à l'impact de l'utilisation de leur pouvoir sur l'issue du processus. Il devra aussi tenir compte de facteurs individuels tels que la personnalité ou la motivation des membres du groupe.

Chacun de ces aspects contribue à orienter le processus décisionnel dans une certaine direction et à faire en sorte qu'une option soit privilégiée plutôt qu'une autre. Pour maximiser ses chances de transaction avec chacun de ses clients potentiels ou actuels, le représentant doit ajuster ses tâches aux attentes de ses clients selon l'étape où se situe sa relation avec chacun eux. Cette attitude lui permettra de développer et de fidéliser sa clientèle. Pour le seconder dans sa démarche, il peut compter sur son superviseur, son allié, lequel l'aide notamment à saisir les enjeux des clients et lui prodigue des conseils sur la façon de répondre à leurs attentes.

QUESTIONS

1. Quels sont les facteurs qu'un représentant doit connaître pour comprendre la réalité d'un client?

2. Dressez la liste des facteurs organisationnels qui entrent en ligne de compte dans la prise de décision au sein d'un groupe décisionnel d'achat et précisez l'effet que ces facteurs exercent sur le mode de fonctionnement de ce groupe.

3. Répertoriez les facteurs situationnels relatifs à l'achat et précisez dans quelle mesure ces facteurs sont importants à considérer.

4. Nommez trois types de situation d'achat et indiquez leurs particularités.

5. Si, en tant que représentant, vous faites affaire avec un client dont la tâche est nouvelle et de nature stratégique, quelles actions entreprendrez-vous en vue de saisir cette occasion?

6. Nommez deux structures distinctes qui peuvent exister au sein d'un groupe décisionnel d'achat et indiquez ce que cela signifie pour vous en tant que représentant désirant servir ce groupe.

7. Quels agents d'influence sont susceptibles d'être utilisés par un client? En tant que représentant, comment réagiriez-vous quant à l'utilisation de chacun d'eux par votre client?

8. Quelles sont les grandes étapes du processus décisionnel ? Quelles sont les principales actions que le représentant doit entreprendre en vue de répondre aux besoins d'un client potentiel ?

ATELIER

Pensez à la façon dont une entreprise pour laquelle vous avez travaillé réalise ses achats «courants». Dressez la liste les acteurs qui interviennent dans le processus d'acquisition de ce type de produits, établissez leur profil et déterminez les facteurs sur lesquels vous auriez pu intervenir, à titre de représentant, pour les inciter à se procurer votre produit plutôt que celui d'un concurrent.

Pensez à cette même entreprise alors qu'elle fait l'acquisition d'un produit plus «stratégique». Répétez l'exercice ci-dessus. Quelles sont vos conclusions ?

NOTES

1. WEBSTER Jr, F.E. et Y. WIND. « A general model for understanding organizational buying behavior ». *Journal of Marketing,* vol. 36, 1972, p. 12-19.

2. LAU, G.-T., M. GOH et S.L. PHUA. « Purchase-related factors and buying center structure ». *Industrial Marketing Management,* vol. 28, 1999, p. 573-587.

3. JOHNSON, W.J. et J.E. LEWIN. « Organizational buying behavior : toward an integrative framework ». *Journal of Business Research,* vol. 35, 1996, p. 1-15.

4. WEBSTER Jr et WIND. 1972. *Ibid.*

5. JOHNSON, W.J. et T.V. BONOMA. « The buying center : structure and interaction patterns ». *Journal of Marketing,* vol. 45, n° 3, 1981, p. 143-157.

6. WOOD, J.A. « Organizational configuration as an antecedent to buying centers' size and structure ». *The Journal of Business & Industrial Marketing,* vol. 20, n° 6, 2005, p. 263-275.

7. JOHNSTON et BONOMA. 1981. *Op. cit.,* p. 149.

8. LAU, GOH et PHUA. 1999. *Ibid.*

9. LAU, GOH et PHUA. 1999. *Op. cit.,* p. 584.

10. MCCABE, D.L. « Buying group structure : constriction at the top ». *Journal of Marketing,* vol. 51, n° 4 (octobre 1987), p. 89-98.

11. LILIEN, G.L. et A.M. WONG. « An exploratory investigation of the structure of the buying center in the metalworking industry ». *Journal of Marketing Research,* vol. 21, n° 1 (février 1984), p. 1-11.

12. ROBINSON, P.J., C.W. FARIS et Y. WIND. *Industrial Buying and Creative Marketing.* Boston, Allyn & Bacon, 1967.

13. SHETH, J.N. « A model of industrial buyer behavior ». *Journal of Marketing,* vol. 37 (octobre 1973) p. 50-56.

14. JOHNSON et LEWIN. 1996. *Ibid.*

15. BUNN, M.D. « Taxonomy of buying decision approaches ». *Journal of Marketing,* vol. 57 (janvier 1993), p. 38-56.

16. ANDERSON, E., W. CHU et B. WEITZ. « Industrial purchasing : an empirical exploration of the buyclass framework ». *Journal of Marketing,* vol. 51 (juillet 1987), p. 71-86.

17. ANDERSON, CHU ET WEITZ. 1987. *Op. cit.,* p. 71-86.

18. MCQUISTON, D.H. « Novelty, complexity, and importance as causal determinants of industrial buyer behavior », *Journal of Marketing,* vol. 53 (avril 1989), p. 66-79.

19. BROSSARD, H.L. « Information sources used by an organization during a complex decision process ». *Industrial Marketing Management,* vol. 27, 1998, p. 41-50.

20. LEWIN, J.E. et N. DONTHU. « The influence of purchase situation on buying center structure and involvement : a select meta-analysis of organizational buying behavior research ». *Journal of Business Research,* vol. 58, 2005, p. 1381-1390.

21. WOOD. 2005. *Ibid.*

22. WOOD. 2005. *Op. cit.,* p. 269.

23. DAWES, P.L., G.R. DOWLING et P.G. PATTERSON. « Factors affecting the structure of buying centers for the purchase of professional business advisory services ». *International Journal of Research in Marketing,* vol. 9, 1992, p. 269-279.

24. JOHNSTON et BONOMA. 1981. *Ibid.*

25. JENNINGS, R.G. et R.E. PLANK. «When the purchasing agent is a committee: implications for industrial marketing». *Industrial Marketing Management,* vol. 24 (novembre 1995), p. 411-419.

26. WEBSTER Jr et WIND. 1972. *Ibid.*

27. LAU, GOH et PHUA. 1999. *Ibid.*

28. CROW, L.E. et J.D. LINGQUIST. «Impact of organisational buyer characteristics on the buying center». Industrial Marketing Management, vol. 14, 1985, p. 49-58.

29. ZALTMAN, G. et T.V. BONOMA. «Organisational buying behaviour: hypotheses and directions». Industrial Marketing Management, vol. 6, 1977, p. 53-60.

30. EL-ANSARY, A.I. et L.W. STERN. «Power measurement in the distribution channel». *Journal of Marketing Research,* vol. 21 (février 1972), p. 75-88.

31. VENKATESH, R., A.K. KOHLI et G. ZALTMAN. «Influence strategies in buying centers». *Journal of Marketing,* vol. 59 (octobre 1995), p. 71-82.

32. FRENCH, J.R.P. et B.H. RAVEN. «The bases of social power», dans *Studies in Social Power,* Dorwin Cartwright (dir.). Ann Arbor, MI, University of Michigan Press, 1959, p. 150-167.

33. FRAZIER, G.L. et J.O. SUMMERS. «Interfirm influence strategies and their adaptation within distribution strategies». *Journal of Marketing,* vol. 48 (été 1984), p. 43-55.

34. FRAZIER, G.L. et J.O. SUMMERS. «Perceptions of interfirm power and its use within a franchise channel of distribution». *Journal of Marketing Research,* vol. 23 (mai 1986), p. 169-176.

35. BOYLE, B.A. et F.R. DWYER. «Power, bureaucracy, influence, and performance: their relationships in industrial distribution channels». *Journal of Business Research,* vol. 32, 1995, p. 189-200.

36. LEONIDOU, L.C. «Industrial buyer's influence strategies: buying situation differences». *Journal of Business & Industrial Marketing,* vol. 20, n° 1, 2005, p. 33-42.

37. VENKATESH *et al.* 1995. *Op. cit.*, p. 78.

38. BOYLE et DWYER. 1995. *Ibid.*

39. VENKATESH, KOHLI et ZALTMAN. 1995. *Op. cit.,* p. 78-79.

40. VENKATESH, KOHLI et ZALTMAN. 1995. *Ibid.*

41. VENKATESH, KOHLI et ZALTMAN. 1995. *Ibid.*

42. VENKATESH, KOHLI et ZALTMAN. 1995. *Ibid.*

43. STANTON, A.D. et W.W. STANTON. «The link between personality, innovativeness predisposition, and adoption: a model of internet purchasing». *Proceedings of the American Marketing Association Winter Educators' Conference,* février 2002, p. 13, 42 et suivantes.

44. GHINGOLD, M. et D.T. WILSON. «Buying center research and business marketing practice: meeting the challenge of dynamic marketing». *Journal of Business and Industrial Marketing,* vol. 13, n° 2, 1998, p. 96-108.

45. BUNN. 1993. *Op. cit.,* p. 47.

46. GHINGOLD et WILSON. 1998. *Ibid.*

CHAPITRE 3
L'analyse des environnements interne et externe, du marché potentiel et de la prévision des ventes

OBJECTIFS

Après l'étude de ce chapitre, vous devriez pouvoir:

- connaître et appliquer les méthodes d'analyse de vente interne;
- réaliser une analyse externe;
- connaître les moyens d'évaluer la concurrence et appliquer les outils proposés;
- maîtriser la terminologie propre à l'estimation du marché potentiel et à la prévision des ventes;
- décrire les principales méthodes d'estimation du marché potentiel et de prévision des ventes;
- sélectionner les outils requis pour estimer le marché potentiel et établir des prévisions de vente;
- appliquer les méthodes d'estimation de marché potentiel et de prévision des ventes et juger des résultats produits par ces méthodes.

INTRODUCTION

Parmi les fonctions qui lui sont attribuées, le responsable d'une équipe de vente est chargé de fournir des estimations du ou des marchés potentiels où l'entreprise compte s'implanter. À partir de ces données, il pourra établir des prévisions de vente et finalement fixer des objectifs aux représentants dont il est responsable.

Estimer le marché potentiel signifie évaluer adéquatement les attentes de clients intéressés par une ligne de produits ou par l'ensemble des produits de l'entreprise. Cette estimation n'est pas unique à une entreprise, mais vaut pour toutes les entreprises concurrentes qui convoitent les mêmes marchés. À l'inverse, **les prévisions de vente** d'une organisation lui sont propres. Elles sont établies par et pour l'entreprise et tiennent compte des ressources (humaines, matérielles, etc.) que la firme compte utiliser pour atteindre ses objectifs. Pour établir ces valeurs, le responsable doit d'abord faire le point sur la situation interne de l'entreprise, c'est-à-dire analyser ses réalisations selon des paramètres précis.

3.1 L'analyse de l'environnement interne

L'analyse des réalisations internes peut se faire à partir de plusieurs éléments tous aussi importants les uns que les autres : une ligne de produits, un type de clients, un domaine d'activité (soit un couple produit-marché) et également le bilan d'activités d'un représentant. Chaque analyse renferme une part d'informations qui, réunies, permettent de dresser un portrait relativement global de la situation.

3.1.1 L'analyse des ventes par ligne de produits

L'analyse des réalisations par **ligne de produits** permet de savoir si les objectifs de vente pour chaque ligne sont atteints et de calculer l'écart qui sépare les objectifs des réalisations. Le bilan des ventes est ainsi établi à partir d'éléments comme la rentabilité, le chiffre d'affaires dégagé ou le nombre d'unités vendues. Le tableau 3.1 permet de se prononcer sur les écarts qui séparent les objectifs de ce qui s'est concrétisé au cours d'une période donnée.

TABLEAU 3.1

Analyse des ventes par ligne de produits (1er janvier 2007 – 30 juin 2007)

	Produit 1		Produit 2		Produit 3		Produit 4	
	Attendu	Réalisé	Attendu	Réalisé	Attendu	Réalisé	Attendu	Réalisé
CA réalisé ($) Marge dégagée ($) Volume (unités)								

3.1.2 L'analyse des ventes par type de marchés

La seconde analyse se réalise par **type de marchés (clients)** ou par **segment**. Pour chacun des segments desservis, une entreprise peut chercher à savoir si elle a atteint ses objectifs selon les critères qu'elle s'est donnés (chiffre d'affaires, marge dégagée, volume d'unités vendues) (*voir le tableau 3.2*).

TABLEAU 3.2

Analyse des ventes par type de marchés desservis (1er janvier 2007 – 30 juin 2007)

	Segment 1		Segment 2		Segment 3		Segment 4	
	Attendu	Réalisé	Attendu	Réalisé	Attendu	Réalisé	Attendu	Réalisé
CA réalisé ($) Marge dégagée ($) Volume (unités)								

3.1.3 L'analyse des ventes par domaine d'activité

En jumelant les deux informations préalables, l'entreprise est en mesure de dériver une matrice servant à analyser l'origine des écarts (positifs ou négatifs) observés par **domaine d'activité** (c'est-à-dire selon chaque **couple produit-marché** desservi). Les résultats conduiront l'entreprise à un examen approfondi des actions menées par son équipe commerciale dans le but de comprendre quels éléments l'ont empêchée d'atteindre les objectifs ou, au contraire, lui ont permis de les dépasser. Cette analyse est importante, puisqu'elle permet de miser sur les forces de l'équipe commerciale tout en remédiant aux lacunes observées (*voir le tableau 3.3*).

TABLEAU 3.3

Analyse des ventes par couple produit-marché (1er janvier 2007 – 30 juin 2007)

	Segment 1		Segment 2		Segment 3		Segment 4		Total	
	Attendu	Réalisé	Attendu	Réalisé	Attendu	Réalisé	Attendu	Réalisé	Attendu	Réalisé
Produit 1 CA Marge Volume										
Produit 2 CA Marge Volume										
Produit 3 CA Marge Volume										
Total CA Marge Volume										

3.1.4 L'analyse des activités et de la productivité de chaque représentant

De même qu'il est essentiel d'avoir une vue synthétique des activités générées par l'équipe commerciale, il est tout aussi important d'établir un bilan pour chaque représentant, lequel donne une vue d'ensemble de ses réalisations pour une période donnée. Le **bilan individuel** permet de porter un jugement sur les résultats obtenus par le représentant ainsi que sur ses actions, qu'elles se soient avérées bénéfiques ou non. Il dresse un état de la situation non seulement sur les objectifs quantitatifs liés à la production d'un représentant (marge, chiffre d'affaires, nombre d'unités vendues, par exemple), mais précise également sa performance par rapport à d'autres critères propres à son activité (par exemple le nombre de visites) et également par rapport à des critères d'ordre qualitatif (taux de satisfaction de la clientèle, nombre de retards de règlements envers des clients, nombre de retours sur commande, par exemple) ou à d'autres aspects qui peuvent contribuer ou nuire à l'atteinte des objectifs. De ce bilan se dégagent les faiblesses et les forces du représentant (*voir le tableau 3.4*). Ce faisant, sa contribution relative dans l'équipe est mise en valeur.

TABLEAU 3.4

Analyse des activités et de la productivité de chaque représentant

Nom du représentant : Arthur Médoc
Période couverte : 1er janvier 2007 – 30 juin 2007

	Prévu	Réel	Écarts Réel – Prévu (+ ou −)	Taux de réalisation des objectifs (Réel/Prévu × 100)
Chiffre d'affaires total				
Produit A				
Produit B				
Nombre total de clients				
Particuliers				
Professionnels				
Grossistes				
Taux moyen de remise par type de clients (en %)				
Particuliers				
Professionnels				
Grossistes				
Nombre de visites				
Prospection Particuliers				
Prospection Professionnels				
Prospection Grossistes				
Prise de commande Particuliers				
Prise de commande Professionnels				
Prise de commande Grossistes				
Indice de satisfaction (% réclamations)				
Particuliers				
Professionnels				
Grossistes				

TABLEAU 3.4 (suite)

	Prévu	Réel	Écarts Réel – Prévu (+ ou −)	Taux de réalisation des objectifs (Réel/Prévu × 100)

Retours/commande
    Particuliers
    Professionnels
    Grossistes
Retards de règlements
    Particuliers
    Professionnels
    Grossistes				

Cette analyse individuelle facilite le repérage des actions inefficaces et permet au directeur de l'équipe de vente de s'entendre avec son représentant sur les moyens à retenir pour atteindre les objectifs fixés pour la période suivante.

3.1.5 Les ratios et les indicateurs divers

Outre les analyses de résultats financiers dégagés par segment et catégorie de produits, un ratio global de réalisation des objectifs peut aussi être calculé pour chaque dimension évaluée.

Ratio de réalisation des objectifs = Réel/Prévu × 100

Par exemple, si un représentant a réalisé un chiffre d'affaires de 125 000 $ pour une période donnée alors que le rendement prévu était de 150 000 $ pour cette période, le ratio de réalisation de son objectif est de 125 000/150 000 × 100, soit de 83,33 %.

Dans le cas du chiffre d'affaires dégagé, du nombre de clients visités ou du nombre de visites réalisées, une valeur supérieure à 100 % indique que le candidat a dépassé les objectifs qui lui avaient été assignés. Sa performance dépasse les attentes. Un score inférieur à 100 % signifie qu'il n'a pu atteindre son quota. Plus le ratio indique une valeur proche de 0, moins ce représentant a été performant par rapport à ces aspects.

Dans le cas de l'indice de satisfaction de la clientèle, l'interprétation du score obtenu est inverse. Plus le pourcentage de réclamations est inférieur à ce qui était anticipé, plus le représentant s'est montré performant dans le suivi de ses clients. La même remarque s'applique pour les retours sur commande, les retards de règlements et les remises que le représentant consent à ses clients. Plus il aura fait « économiser » l'entreprise par une remise moindre que la remise maximale ou par le règlement de différends (ce qui fait en sorte que le client ne retournera pas la marchandise), plus le ratio de réalisation de cet objectif s'approchera de 0. Par exemple, si le représentant a consenti 2 % de remise alors qu'un taux de 5 % était acceptable, il dégage un taux de réalisation de cet objectif de 40 %, ce qui est nettement inférieur à ce qu'il aurait atteint s'il avait octroyé le total des remises possibles (soit un taux de réalisation de 100 %). À l'inverse, si un représentant octroie davantage de remises que ce qui était initialement prévu, son taux de réalisation excède 100 %, ce qui signifie qu'il a « dépassé la limite permise » et a donc été moins performant que son collègue mentionné précédemment en ce qui a trait à ce critère.

D'autres ratios servent d'indicateurs de performance sur divers aspects d'intérêt pour l'entreprise (*voir l'encadré 3.1*). Ainsi, à l'examen des ratios liés au développement des affaires, le responsable de l'équipe de vente analysera les moyens retenus par le représentant pour atteindre ses objectifs : met-il à profit ses clients actuels en développant des relations privilégiées avec eux ? – ce qui se traduit par un faible ratio de perte de clientèle – ou est-il davantage enclin à rechercher de nouveaux clients ? – ce qui se traduit par un ratio de rotation de clientèle relativement élevé ainsi qu'un ratio d'augmentation de clientèle par territoire plus important que le ratio moyen des représentants de l'équipe.

Les ratios d'activité servent à juger si les actions entreprises par le représentant, donc l'effort qu'il a investi pour atteindre les résultats présentés, ont été suffisantes et bien orientées. Le ratio d'appels réalisés par jour est susceptible de révéler le degré de combativité du représentant et le suivi qu'il aura su offrir à ses clients. Les ratios d'appels et de visites par clientèle permettent de savoir si le représentant a mis son énergie au bon endroit et de le réorienter si nécessaire en l'incitant à répartir ses efforts différemment selon les objectifs à atteindre.

Les ratios des dépenses permettent à l'employeur de s'assurer que le représentant obtient un bilan positif en utilisant judicieusement les ressources qui lui sont octroyées pour desservir un marché donné. En d'autres termes, ces ratios permettent de calculer la rentabilité d'un représentant et de s'assurer qu'il rapporte à l'entreprise davantage qu'il ne coûte.

Tous ces ratios (et d'autres qui pourraient répondre à des exigences spécifiques de contrôle) sont utiles notamment pour fixer aux représentants des objectifs réalistes et quantifiables dans la poursuite des objectifs généraux (par exemple accroître la fidélité de la clientèle existante de 2 %, générer une nouvelle clientèle de professionnels à raison de trois clients additionnels, etc.).

ENCADRÉ 3.1

Indicateurs et ratios divers

Indicateurs financiers et ratios divers

CA, volume et marge dégagée par catégorie de produits et type de clients

Ratio de rendement d'appels sur une période donnée :

$$\frac{\text{Chiffre d'affaires dégagé des commandes obtenues via appels sur période fixe}}{\text{Coûts totaux des appels enregistrés sur la même période}} \times 100$$

Ratios liés au développement des affaires

Ratio de rotation de clientèle :

$$\frac{\text{Nombre de clients perdus} + \text{Nombre de nouveaux clients}}{\text{Nombre total de clients à la fin de la période}} \times 100$$

Par exemple, s'il s'avère qu'un représentant a perdu 30 clients et qu'il en a gagné 10 et qu'à la fin de la période considérée il cumule un total de 200 clients dans son portefeuille, le ratio de rotation de clientèle s'établirait à $(30 + 10)/200 \times 100 = 20\%$, ce qui signifie que, sur la période considérée, ce représentant a remplacé 20 % de son portefeuille de clients.

ENCADRÉ 3.1 (suite)

Ratio d'augmentation de clientèle par territoire :

$$\frac{\text{Nombre de nouveaux clients}}{\text{Nombre total de clients sur la période considérée}} \times 100 \qquad \text{soit } 10/200 \times 100 = 5\%$$

Ratio de perte de clientèle :

$$\frac{\text{Nombre de clients perdus}}{\text{Nombre total de clients sur la période considérée}} \times 100 \qquad \text{soit } 30/200 \times 100 = 15\%$$

Contribution du représentant à l'atteinte des objectifs globaux de vente (chiffre d'affaires ou marge) de l'équipe commerciale sur une même période :

$$\frac{\text{Chiffre d'affaires du représentant}}{\text{Chiffre d'affaires total dégagé par l'équipe de vente}} \times 100 \quad \text{ou} \quad \frac{\text{Marge totale du représentant}}{\text{Marge totale de l'équipe}} \times 100$$

Ratios d'activité

Ratio d'appels réalisés par jour :

$$\frac{\text{Nombre d'appels}}{\text{Nombre de jours travaillés}}$$

Ratio d'appels par type de clientèles :

$$\frac{\text{Nombre d'appels par type de clientèles}}{\text{Nombre total d'appels réalisés pour l'ensemble des clientèles desservies}}$$

Ratio de visites par type de clientèles :

$$\frac{\text{Nombre de visites par type de clientèles}}{\text{Nombre total de visites réalisées pour l'ensemble des clientèles visées}}$$

Ratios des dépenses

Ratio des dépenses de vente :

$$\frac{\text{Dépenses occasionnées sur une période}}{\text{Ventes générées sur cette même période}}$$

Ratio du coût par appel :

$$\frac{\text{Coûts d'appels totaux enregistrés sur une période}}{\text{Nombre d'appels enregistrés sur la même période}}$$

Ratio du coût par visite :

$$\frac{\text{Coûts totaux des visites enregistrés sur une période}}{\text{Nombre de visites effectuées sur cette même période}}$$

3.2 L'analyse de l'environnement externe

Si elle est utile au gestionnaire, l'analyse interne des activités et des résultats de l'entreprise ne le renseigne pas sur la situation qui existe à l'extérieur de l'entreprise. La demande pour un produit a-t-elle connu une hausse ou une baisse ? Comment évolue le marché desservi : est-il en expansion, en phase de maturité, en déclin ? Le nombre de concurrents a-t-il augmenté, enregistré une baisse substantielle ou est-il resté stable ? Quelles sont les régions où les concurrents sont les plus actifs ? Comment se positionne l'entreprise par rapport à la concurrence sur les marchés desservis ? L'analyse de l'environnement externe permet de répondre à ces questions.

3.2.1 L'analyse de l'environnement externe selon la matrice McKinsey

L'analyse de l'environnement externe consiste à évaluer la position concurrentielle occupée par l'entreprise dans un secteur donné. Plusieurs outils permettent au gestionnaire d'analyser son avantage concurrentiel et de déterminer les produits ayant un potentiel de vente intéressant. Parmi les outils disponibles, la matrice General Electric de McKinsey lui fournit des lignes directrices simples quant aux actions qu'il doit entreprendre pour une gestion efficace des produits qui relèvent de sa responsabilité. Cette matrice permet de catégoriser les produits commercialisés ou à commercialiser selon deux critères distincts: le degré d'attractivité d'un marché et la position concurrentielle de l'entreprise (*voir la figure 3.1*). Au moyen de cet outil, le gestionnaire peut procéder à l'évaluation complète du portefeuille de produits de l'entreprise afin de départager les produits pour lesquels des investissements sont requis de ceux pour lesquels ils doivent être réalisés avec prudence. Pour ce faire, il inscrit chaque produit dans le quadrant de la matrice qui le dépeint le mieux selon la position concurrentielle occupée par l'entreprise (faible, moyenne ou forte) et l'intérêt que revêt le secteur pour elle. Les directives à suivre pour un produit sont alors fonction du quadrant dans lequel il est placé.

FIGURE 3.1 Matrice McKinsey

		Intérêt du secteur pour l'entreprise		
		Faible	Moyen	Fort
Position concurrentielle de l'entreprise	Faible	*Diriger*	*Niche*	Investir prudemment
	Moyenne	*Désinvestir ou récolter*	Contrôler	**Bâtir sa part**
	Forte	Récolter	**Défendre sa part de marché**	**Déployer ses meilleures ressources**

Décision à prendre: gras = y aller; souligné = procéder avec précaution; italique = s'arrêter.

Source: Tiré de Peters, J. «On product and service management». *Management Decision*, vol. 31, n° 6, 1993, p. 49-51.

Implicitement, cette matrice révèle les domaines d'activité où le potentiel de développement est le plus intéressant pour l'entreprise.

3.2.2 L'évaluation de la concurrence: la matrice de la profitabilité et de la croissance relatives

La faiblesse de la matrice McKinsey réside dans le fait que les informations qu'elle renferme ne tiennent pas compte de l'évolution des concurrents dans les secteurs concernés et de leur importance relative. Elle ne renseigne donc pas sur la position relative de l'entreprise par rapport à celle des principaux concurrents. Or, évaluer son portefeuille de produits de façon isolée, sans tenir compte de la croissance des acteurs qui évoluent dans ces secteurs d'activité, ne fournit pas une information complète de la situation. Le gestionnaire pourra donc compléter son analyse au moyen de la **matrice de profitabilité et de croissance relatives** (*voir la figure 3.2*).

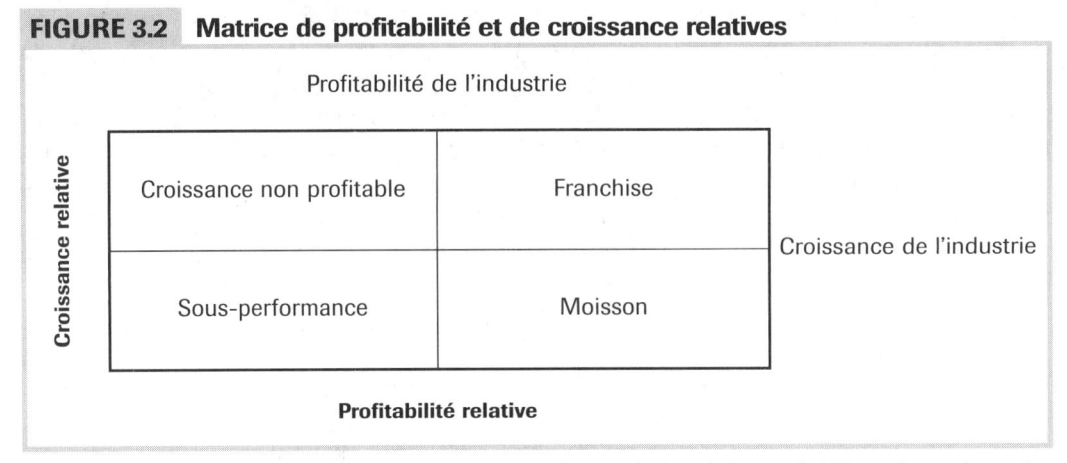

FIGURE 3.2 Matrice de profitabilité et de croissance relatives

	Profitabilité de l'industrie	
Croissance relative	Croissance non profitable	Franchise
	Sous-performance	Moisson
	Profitabilité relative	

Croissance de l'industrie

Source : Calandro Jr, J. et S. Lane. «A new competitive analysis tool: the relative profitability and growth matrix». *Strategy & Leadership*, vol. 35, n° 2, 2007, p. 30-38.

Cette matrice se bâtit à partir d'informations disponibles notamment dans les journaux financiers (par exemple wallstreetjournal.com). Le gestionnaire recueille donc des données financières sur les entreprises concurrentes et les traite selon les étapes suivantes :

- Pour chacun des concurrents, il calcule le retour sur capital (ROE en %) représentant le ratio de son revenu net sur son capital moyen aux livres.
- Il calcule également le ROE moyen (en %) enregistré par cette industrie.
- En soustrayant le ROE moyen de l'industrie du ROE dégagé pour l'entreprise, il dérive la performance relative moyenne de chaque entreprise d'intérêt.
- De façon similaire, il établit la croissance relative enregistrée par chaque entreprise concurrente à partir du taux de croissance enregistré par l'entreprise (en %), duquel le taux de croissance moyen dégagé pour l'industrie (en %) est déduit. Lorsque le taux de croissance d'une entreprise est supérieur à celui de l'industrie dans laquelle elle évolue, cela signifie que l'entreprise a crû plus vite que son industrie. Dans le cas inverse, cela signifie qu'elle n'a pas su profiter aussi bien des opportunités de marché que la moyenne des entreprises concurrentes.
- Les coordonnées obtenues pour chaque entreprise (profitabilité et croissance relatives) lui permettent d'inscrire l'entreprise évaluée dans l'un des quadrants de la matrice.

Le **taux de croissance** de l'industrie et la **profitabilité** moyenne de l'industrie servent de points de référence à partir desquels les coordonnées dégagées pour chaque entreprise sont évaluées. L'inscription d'un concurrent dans un quadrant s'établit selon sa performance dans les deux dimensions considérées. Par exemple, si ce concurrent a dégagé une profitabilité relative supérieure à celle qui existe dans l'industrie, il sera inscrit dans l'un des quadrants de droite de la matrice : le quadrant supérieur si son taux de croissance relatif enregistré est supérieur à celui de l'industrie ; le quadrant inférieur dans le cas inverse. Une fois l'ensemble des concurrents répartis dans les quadrants de la matrice, l'analyse débute. La signification de chaque quadrant est la suivante :

1. **Franchise :** entreprises dont la croissance et la profitabilité sont supérieures à la moyenne de leur industrie.
2. **Moisson :** entreprises dont la profitabilité est supérieure à la moyenne de leur industrie, mais dont la croissance est inférieure à celle de leur industrie.
3. **Croissance non profitable :** entreprises moins profitables en moyenne que leur industrie, mais qui enregistrent tout de même une croissance supérieure à celle de leur industrie.
4. **Sous-performance :** entreprises à la fois moins profitables et à la croissance moins rapide que leur industrie.

La matrice de profitabilité et de croissance relatives permet au gestionnaire d'avoir une vue d'ensemble quant à l'évolution des acteurs dans un secteur donné et d'évaluer sa position concurrentielle. Elle facilite le repérage de ses concurrents les plus dangereux et, si l'analyse est reproduite plusieurs années de suite, lui permet de dégager leur évolution et de se questionner quant à la stratégie qu'ils ont adoptée. Bref, la matrice fournit une information globale, mais ne révèle pas nécessairement les raisons qui placent un concurrent dans une position de force sur le marché. Une analyse plus fine est alors requise.

3.2.3 La matrice d'analyse de la concurrence[1]

La **matrice d'analyse de la concurrence** permet d'examiner plus en détail les raisons qui ont pu amener une entreprise à occuper une position concurrentielle précise. Cette matrice repose sur le principe que le succès ou l'échec d'une compagnie découle de la façon dont elle traite ses clients. Des clients bien traités achètent plus et contribuent à la réussite financière de l'entreprise qui les dessert. Détecter les aspects de l'offre qui ont su plaire aux clients est à la base de la compréhension des marchés, laquelle est à même d'influer sur la place concurrentielle d'une entreprise sur le marché.

Pour déterminer les causes de la réussite de certains concurrents qui ont enregistré une croissance ou une profitabilité relatives supérieures à la moyenne de l'industrie, le gestionnaire analyse l'ensemble de leurs activités et des éléments de leur stratégie (*voir la figure 3.3, à la page suivante*). Cet examen facilite le repérage des éléments distinctifs d'un concurrent à l'origine de sa réussite. Il permet au gestionnaire d'évaluer avec plus de précision la position qu'il occupe lui-même et de dresser la liste des forces et des faiblesses qui le caractérisent, en lien avec ce que ses concurrents font. Il lui permet également de déterminer la valeur des stratégies adoptées par les concurrents et de se positionner adéquatement pour être en mesure de profiter des opportunités d'affaires. Ces occasions sont d'autant plus intéressantes à considérer que le marché potentiel est important et lucratif.

Une fois l'analyse externe terminée, l'entreprise doit estimer la taille du marché potentiel en vue d'établir ses prévisions de vente en tenant compte du potentiel de marché, de sa position concurrentielle et des ressources qu'elle compte déployer pour atteindre ses objectifs.

FIGURE 3.3 Matrice d'analyse de la concurrence

	Concurrent A	**Concurrent B**	**Concurrent C**
Ventes totales Clients principaux			

Aménagements production
   Capacité
   Localisation			

Stratégie de prix du produit
   Produit A
   Produit B
   Produit C			

Capacité financière
   Dette/Capital (moyenne 5 ans)
   Liquidités/Actifs totaux (%)
   ROE % ROA % (moyenne 5 ans)			

Qualité
   Prix et distinctions
   Buts			

Affaire
   Société en participation
   (*joint venture*)
   Récentes acquisitions (5 ans)
   Accord de brevets			

3.3 L'estimation du marché potentiel

L'entreprise qui évolue sur un marché sait pertinemment que les actions qu'elle accomplit pour la commercialisation d'un produit et les ressources marketing qu'elle y consacre influent sur la demande globale dans un secteur d'activité. En d'autres mots, le niveau des ventes d'un produit sera conditionné par les investissements marketing réalisés par les entreprises évoluant dans ce domaine d'activité. La demande globale pour un produit équivaut au **marché potentiel maximal actuel**, lequel représente les ventes maximales qui pourraient se concrétiser dans un secteur spécifique si les ressources octroyées par l'ensemble de la concurrence pour la commercialisation de ce produit étaient infinies. Bien évidemment, l'entreprise ne pourra à elle seule desservir le marché convoité, car 1) elle n'évolue pas seule sur le territoire donné et 2) ses ressources ne sont pas infinies. Elle ne satisfera donc qu'une fraction du marché potentiel maximal. Néanmoins, il est important pour elle d'estimer ce marché, car cette information lui indiquera quelle position elle y occupe et quelles sont les opportunités d'affaires qu'elle est en mesure de saisir, compte tenu de sa position concurrentielle sur ce marché.

Pour estimer un marché potentiel, l'entreprise dispose de méthodes très variées. La sélection d'une méthode dépendra de la nature du produit à évaluer, à savoir s'il s'agit d'un produit existant ou d'un nouveau produit, pour lequel aucune donnée historique n'est disponible. Elle dépendra également de la nature du marché, c'est-à-dire de son degré de stabilité.

3.3.1 L'évaluation du marché potentiel de produits existants

L'entreprise qui cherche à estimer le marché potentiel de produits déjà commercialisés peut entreprendre sa démarche de trois façons. Elle peut se baser sur des données statistiques émanant de la production des entreprises (SCIAN), utiliser les dépenses de consommation (indice de pouvoir d'achat) ou combiner des données de diverses sources (emploi de ratios successifs). Voyons maintenant chacune de ces méthodes plus à fond.

Le système de classification des industries de l'Amérique du Nord (SCIAN)

Le système de classification des industries de l'Amérique du Nord (SCIAN) est un système de classement mis au point en 1997 conjointement par le Canada, les États-Unis et le Mexique afin de fournir une plateforme qui favorise les comparaisons statistiques entre les produits ou les services offerts en Amérique du Nord. Il fait l'objet de révisions constantes. Le SCIAN fournit une classification orientée vers l'offre (c'est-à-dire ce qui est produit par les entreprises de ces pays). Il regroupe les acteurs d'une même catégorie de produits sous la même rubrique selon leur processus de production. Il classifie ainsi les activités économiques en 20 secteurs industriels et regroupe 928 industries canadiennes.

Le SCIAN permet au gestionnaire d'obtenir des données quantitatives sur le produit qu'il désire commercialiser, afin d'en estimer le marché potentiel. Prenons un exemple pour illustrer notre propos. Un fabricant de matériel minier vient de mettre au point un appareil capable de distinguer l'or véritable de l'« or des dupes » (métal sans valeur), produit qu'il espère vendre 10 000 $ pièce. Ce fabricant doit évaluer la demande par province ou territoire. Il décide d'affecter un représentant des ventes dans chaque province ou territoire dont le marché potentiel est supérieur à 300 unités. Le tableau 3.5, bâti à partir de la codification SCIAN (codification 3279), présente le volume d'or extrait par province ou territoire en 2006. À l'examen de ce tableau, le gestionnaire sera d'avis d'affecter un représentant dans chaque province ou territoire à l'exception des provinces de l'Atlantique et des Territoires du Nord-Ouest.

TABLEAU 3.5
Production d'or par province ou par territoire (2006)

Province ou territoire	Nombre d'onces d'or extraites	Nombre de ventes potentielles d'appareils (1 pour 1 000 onces)
Provinces de l'Atlantique	254 918	254
Québec	23 514 601	23 514
Ontario	57 758 124	57 758
Provinces des Prairies	5 047 568	5 047
Colombie-Britannique	15 590 081	15 590
Yukon	1 725 116	1 725
Territoires du Nord-Ouest	–	

Source: Tiré de Ressources naturelles Canada. « Production of Canada's Leading Minerals Monthly Publication », Tableau 5 (Décembre 2005), [en ligne], [http://mmsd1.mms.nrcan.gc.ca/mmsd/data/default_e.asp] (11 janvier 2008).

Actuellement, un autre répertoire complémentaire au SCIAN est en préparation. Il s'agit du système de classification des produits d'Amérique du Nord (SCPAN). Il vise à établir une classification des produits et des services finaux produits par l'ensemble des entreprises du Canada, du Mexique et des États-Unis, mais dans une perspective axée sur la demande. Ainsi, lorsqu'il sera réalisé, l'arrimage entre le SCIAN (l'offre) et le SCPAN (la demande) permettra aux entreprises d'avoir une vue complète des acteurs, de leur production, de la taille des marchés et de leur évolution.

L'indice du pouvoir d'achat

Le *Canadian Demographics 2007*[2] est un répertoire élaboré conjointement avec le *Financial Post*, donnant accès à des statistiques canadiennes, par province et par marché urbain. Il fournit de l'information de nature démographique et économique en lien avec la distribution de biens et de services offerts à la population. À partir de cette information, on calcule des indicateurs permettant d'établir l'ordre des localités les plus prometteuses, dans le but de s'y établir et d'y distribuer ses produits. L'intégration des différents indicateurs génère l'**indice du pouvoir d'achat**, lequel mesure le potentiel de marché pour un secteur donné. Il tient compte des données sur la taille du marché (le nombre relatif de personnes ou de ménages susceptibles d'être intéressés par un produit), sur leurs revenus (leur capacité à dépenser) et leur envie d'investir dans un produit, laquelle se manifeste par la répartition des dépenses engagées dans divers secteurs de la vente au détail.

Le répertoire est riche en informations sur les caractéristiques démographiques des marchés. Celles-ci sont disponibles par province, par région urbaine et même par localité. Elles permettent de calculer divers ratios. Ainsi, on calcule la taille d'un marché en divisant la taille de la population d'une région donnée par la population totale canadienne. Plus le pourcentage obtenu est élevé, plus cette région compte d'habitants et s'avère prometteuse.

Il est également utile de calculer le pourcentage du revenu disponible pour une région donnée, lequel sera intégré dans l'indicateur de pouvoir d'achat. Ce pourcentage est basé sur le revenu annuel par ménage, par personne. Ces données permettent alors d'estimer le revenu moyen par personne au Canada. Enfin, on calcule le revenu moyen par personne, par région ou par province en divisant le revenu par personne de la région par le revenu moyen par personne au Canada. Ce ratio établit le niveau de richesse moyen de la population, selon sa situation géographique. Par exemple, en 2007, le revenu canadien par personne s'établissait à 28 800 $ et le revenu par personne au Québec était de 26 100 $. Le ratio pour le Québec était donc de 0,91 (26 100 $/28 800 $). Le fait que la valeur dérivée de ce calcul soit inférieure à 1 indique que le marché québécois présente un revenu par personne inférieur à celui de la moyenne nationale. Une valeur supérieure à 1, telle que celle qui est obtenue pour la région de Gatineau/Ottawa (1,20), indique pour sa part que le revenu par personne de cette région est nettement supérieur à celui de la moyenne canadienne. On peut donc présumer que le Gatinois moyen dispose de plus de ressources à dépenser que le Québécois moyen.

Le troisième facteur à considérer pour établir l'indice de pouvoir d'achat touche aux habitudes de consommation des habitants. On calcule le total des ventes au détail (en millions de dollars) à partir du recensement des dépenses qu'ils ont engagées pour se procurer divers biens et services. Cette information permet d'établir un ratio qui indique la propension des consommateurs à dépenser, selon les régions. Cet indice permet de déterminer rapidement quelles sont les provinces ou les localités d'intérêt où les ventes au détail se sont avérées les plus importantes et où le potentiel est le plus marqué.

Bien que ces informations soient riches en soi, le gestionnaire des ventes doit les adapter à sa réalité d'affaires. Prenons l'exemple d'une entreprise qui veut distribuer un logiciel sur l'environnement. Après examen de l'ensemble des provinces canadiennes, elle retient le Québec, le Labrador et la Nouvelle-Écosse pour la diffusion de son logiciel. Pour arriver à établir un indice du pouvoir d'achat pour ces provinces, elle va devoir intégrer de l'information sur les facteurs démographique (X), économique (Y) et sur les habitudes de consommation des habitants ou des ménages évalués (Z) (*voir l'encadré 3.2, à la page suivante*).

Pour établir le facteur démographique (X), l'entreprise devra d'abord définir l'unité de consommation qui s'applique à sa situation (individu, ménage, etc.). Elle retiendra donc le ménage à titre d'unité d'analyse puisqu'elle suppose que deux personnes d'un même ménage ne feront pas l'acquisition du même logiciel. De là, elle va calculer le premier ratio, soit le facteur démographique, en divisant le nombre de ménages de chaque province par le nombre de ménages canadiens.

L'entreprise passe maintenant au calcul du facteur économique (Y). Comme elle tient pour acquis que son produit (le logiciel) est relativement peu coûteux, elle présume que tous les ménages sont aptes à se le procurer. Elle calcule donc l'indice économique en divisant les revenus disponibles de chaque province par les revenus disponibles canadiens. Cet indice, rappelons-le, indique la richesse relative des ménages d'une province donnée. Il traduit en quelque sorte la capacité de dépenser des ménages de chacune de ces provinces.

Finalement, on calcule le facteur relié aux habitudes de consommation (Z) en évaluant le prorata du volume des ventes (en dollars) enregistré pour une catégorie de produits dans une province donnée par rapport à l'ensemble des dépenses réalisées par l'ensemble des ménages canadiens, toutes catégories de produits confondues.

Avant qu'elle n'intègre les trois ratios calculés, l'entreprise procède à une dernière étape, qui consiste à les pondérer selon l'importance respective qu'elle leur accorde. Pour le produit considéré, elle pourrait attribuer les valeurs suivantes :

Le nombre de ménages : 30 %

Les revenus disponibles : 60 %

Les dépenses en logiciels et en ordinateurs : 10 %

Il ne reste plus à l'entreprise qu'à additionner les résultats de ces pondérations afin de dégager l'indice de pouvoir d'achat. Elle est maintenant en mesure de prévoir quelle province sera la plus prometteuse pour la vente de son produit. Elle pourra également calculer les ventes qu'elle est susceptible d'enregistrer pour chacune des provinces ciblées. Si elle considère réaliser des ventes de 100 000 $ grâce à son produit à l'échelle nationale, le Québec devrait lui permettre de réaliser 20,33 % de ce potentiel, soit 20 330 $. Une entreprise qui veut dériver ces ratios pour les États-Unis peut exécuter les mêmes calculs en se servant des données publiées une fois l'an par la revue *Sales & Marketing Management*.

ENCADRÉ 3.2

Calcul de l'indice du pouvoir d'achat

X = facteur démographique; Y = facteur économique; Y = facteur des habitudes de consommation

$$X = \frac{\text{Nombre de ménages zone}_i}{\text{Nombre de ménages canadiens}}$$

$X_{\text{Québec}}$: 3 296,4/13 128,5[3] = 0,2511[4]
X_{Labrador} : 0,0153
$X_{\text{Nouvelle-Écosse}}$: 0,0297

Y = capacité de dépenser représentée par la proportion du revenu disponible de la zone$_i$ comparativement à l'échelle nationale[5]

$$Y = \frac{\text{Revenus disponibles (en millions de dollars) de la zone}_i}{\text{Revenus disponibles canadiens (en millions de dollars)}}$$

$Y_{\text{Québec}}$: 201 415,8 \$[6]/945 454,1 \$ = 0,2130
Y_{Labrador} : 12 222,4 \$/945 454,1 \$ = 0,0129
$Y_{\text{Nouvelle-Écosse}}$: 23 471,4 \$/945 454,1 \$ = 0,0248

Z = habitudes de consommation telles qu'elles sont reflétées par la proportion des dépenses engagées dans une zone *i* pour une catégorie de produits comparativement à l'ensemble des dépenses réalisées à l'échelle nationale, toutes catégories de produits confondues

$$Z = \frac{\text{Ventes réalisées dans la zone}_i \text{ dans la catégorie considérée}}{\text{Ventes de l'ensemble des produits à l'échelle nationale}}$$

$Z_{\text{Québec}}$: 558,3/404 301,6[7] = 0,0014
Z_{Labrador} : 33,5/404 301,6 = 0,0008
$Z_{\text{Nouvelle-Écosse}}$: 33,3/404 301,6 = 0,0008

Importance relative des facteurs :
X : 30 %; Y = 60 %; Z = 10 %
PA = Indice du pouvoir d'achat; PA : (X × 0,30) + (Y × 0,60) + (Z × 0,10)

$PA_{\text{Québec}}$: (0,2511 × 0,30) + (0,2130 × 0,60) + (0,0014 × 0,10) = 0,2033
PA_{Labrador} : 0,1324
$PA_{\text{Nouvelle-Écosse}}$: 0,0239

Cela signifie que 20,33 % du marché canadien pour le produit de la compagnie se situera au Québec. Si le marché national était estimé à 50 millions de dollars, cela signifie que le marché potentiel du Québec serait de l'ordre de (0,2033 × 50 millions de dollars) = 10,165 millions de dollars.

La méthode des ratios successifs

On calcule la **demande en unités** (soit la quantité d'unités requises pour desservir un marché) en estimant le nombre d'entreprises ou de clients qui seront amenés à faire usage d'un produit sur une période donnée, en tenant compte du nombre de consommations qu'elles en feront au cours de cette période ainsi que de leur consommation moyenne par usage. À partir de ces informations, il est possible d'estimer le marché potentiel pour un produit industriel en appliquant de façon successive des ratios aux données prélevées de diverses sources (Statistique Canada, Bureau de la statistique du Québec, associations d'industries diverses ou études de marché).

Par exemple, une étude de marché[8] qui visait à déterminer le potentiel de marché d'un adoucisseur d'eau pour chaudières industrielles a comptabilisé le nombre d'entreprises équipées de chaudières à usage industriel dans un secteur donné ainsi que la capacité des chaudières. À partir du taux de consommation moyen d'eau requis par chaudière, il a été possible de calculer le volume d'eau à traiter par année pour l'ensemble des chaudières de ce secteur. En sachant combien un litre d'adoucisseur peut traiter de litres d'eau, il est alors possible de dériver la demande totale d'adoucisseur. Par exemple, si 100 000 litres d'eau doivent être traités annuellement et qu'il faut un litre d'adoucisseur par 100 litres d'eau :
100 000/100 (volume d'eau traitable par litre d'adoucisseur) = 1 000 litres d'adoucisseur.

3.3.2 L'évaluation du marché potentiel de nouveaux produits

Évaluer le marché potentiel pour de nouveaux produits est une tâche qui peut s'avérer complexe. Son degré de complexité dépend 1) de l'accessibilité aux données secondaires dont l'entreprise a besoin pour bâtir sa prévision, 2) de la structure du marché (fragmenté ou homogène), 3) du degré de nouveauté du produit et 4) du degré de précision recherché. L'exercice sera d'autant plus complexe que l'accès aux données secondaires est limité, que le marché est disparate, que le produit est nouveau et que le besoin de précision est élevé. Le gestionnaire dispose de plusieurs méthodes pour procéder à cette estimation. Celles-ci incluent notamment la méthode d'utilisation potentielle, la méthode du taux d'utilisation, la méthode de substitution et la corrélation.

La méthode d'utilisation potentielle[9]

La **méthode d'utilisation potentielle** part du principe que, si on peut obtenir des données sur l'utilisation d'un produit ou d'un service auprès des clients, il est possible, au moyen d'un processus d'agrégation, de déterminer la taille du marché potentiel pour un nouveau produit. L'information sur l'utilisation potentielle étant généralement non disponible, on l'obtient en effectuant un sondage auprès de clients potentiels. Par exemple, un sondage cherche à déterminer si une usine peut utiliser un certain produit à titre de composant ou dans son processus de production et, si oui, dans quelle proportion. La somme des informations colligées quant à l'usage possible du produit proposé selon les différents circuits de production permet d'avoir une idée assez précise de la taille du marché. Facile à appliquer, cette méthode est efficace lorsque le nombre de clients est restreint et que ceux-ci répondent de façon constructive aux besoins d'information du fournisseur.

La méthode du taux d'utilisation

La première étape de la **méthode du taux d'utilisation** consiste à déterminer les situations d'usage possibles pour le produit à commercialiser. À partir de ces situations, on identifie les segments de marché potentiels. On évalue ensuite le niveau d'activité économique de ces segments en comptabilisant le nombre d'entreprises qui en font partie et en estimant leur production (c'est-à-dire le nombre d'unités du produit d'intérêt à l'intérieur duquel le fournisseur est en mesure d'offrir un produit à intégrer). On détermine alors pour chaque segment un taux d'utilisation selon l'usage qu'il ferait du composant que le fournisseur désire commercialiser, ce qui permet de comptabiliser le volume du composant que chacun des segments serait en mesure de commander. La somme des estimations réalisées pour chaque segment constitue le marché potentiel total.

La méthode de substitution ou d'analogie

La **méthode de substitution ou d'analogie** repose sur le principe qu'une estimation peut se concrétiser si on établit un parallèle entre une situation passée pour laquelle des données sont disponibles et une situation récente pour laquelle l'estimation est requise. On tient pour acquis que le marché devrait réagir comme par le passé si les caractéristiques du marché ciblé et les conditions du lancement du nouveau produit sont similaires à ce qu'elles étaient pour le lancement de référence. On établit ainsi un parallèle entre le marché potentiel de l'ancien produit et le marché potentiel du nouveau produit.

Pour estimer le marché potentiel du nouveau produit, on transpose simplement les données dégagées du cas historique à la situation présente. Cependant, cette méthode fournit des indications assez grossières sur la taille du marché potentiel. En ce sens, elle s'avère peu utile aux gestionnaires en quête d'estimations précises. Elle sert surtout au tout début du processus de développement d'un produit, lorsqu'ils s'interrogent quant à l'intérêt de pousser plus avant leur investigation dans une direction plutôt qu'une autre.

La méthode de corrélation

La **méthode statistique de corrélation** permet d'estimer le marché potentiel dans les cas où il existe une certaine relation entre la demande et une autre variable observable de l'industrie. Cette variable peut être de n'importe quelle nature pourvu qu'elle soit susceptible d'influer sur la demande. L'aspect le plus important à considérer dans la variable est la qualité de sa relation avec la demande. Cette qualité sera déterminée par le **coefficient de corrélation** (*voir le tableau 3.6*). Plus celui-ci se rapproche de +1, plus la variable explicative choisie a des chances d'être significative lors de l'établissement du marché potentiel. Notons qu'on peut obtenir une corrélation négative. Cela signifie simplement que la relation entre la variable explicative et la demande est inversement proportionnelle.

TABLEAU 3.6
Développement statistique servant à calculer le coefficient de corrélation

Client	X	Y	XY	Y^2	X^2
A	300	50	15 000	2 500	90 000
I	400	100	40 000	10 000	160 000
D	400	125	50 000	15 625	160 000
G	500	150	75 000	22 500	250 000
B	600	150	90 000	22 500	360 000
C	600	200	120 000	40 000	360 000
J	700	175	122 500	30 625	490 000
E	700	225	157 500	50 625	490 000
F	700	250	17 500	62 500	490 000
H	800	250	200 000	62 500	640 000
Total	5 700	1 675	1 045 000	319 375	3 490 000

Source : R.M. Hill *et al. Industrial Marketing.* Homewoog (Ill.), R.D. Irwin, 1975, p. 151.

Supposons qu'on observe une relation entre la demande de blocs-moteurs et le nombre d'employés travaillant dans ce secteur industriel. Autrement dit, on soupçonne que le nombre d'employés est relié proportionnellement au nombre de blocs-moteurs vendus. On peut visualiser cette relation à la figure 3.4. On remarque dans ce graphique que le nombre d'unités de blocs-moteurs vendues est directement proportionnel au nombre d'employés des entreprises clientes, soit la relation entre le nombre correspondant de blocs-moteurs vendus à chacun des clients de l'entreprise (y) et le nombre d'employés de chacune de ces entreprises (x). L'entreprise de notre exemple a donc 10 clients employant chacun de 50 à 250 personnes. Plus le client possède d'employés, plus il est gros et, conséquemment, plus il achètera de blocs-moteurs.

Soit C, le coefficient de corrélation :

$$C = \frac{N\sum(XY) - (\sum X)(\sum Y)}{\sqrt{N\sum X^2 - (\sum X)^2}\sqrt{N\sum Y^2 - (\sum Y)^2}}$$

$$C = \frac{10(1\,045\,000) - (5\,700)(1\,675)}{\sqrt{10(3\,490\,000) - (5\,700)^2}\sqrt{10(319\,375) - (1\,675)^2}}$$

$$C = \frac{902\,500}{965\,902,99}$$

$$C = 0,93$$

où
- N = nombre de clients de l'entreprise
- X = nombre d'employés des entreprises clientes
- Y = estimation du nombre de blocs-moteurs

FIGURE 3.4 Diagramme de disposition montrant la relation entre le nombre d'employés des entreprises clientes et la demande de blocs-moteurs

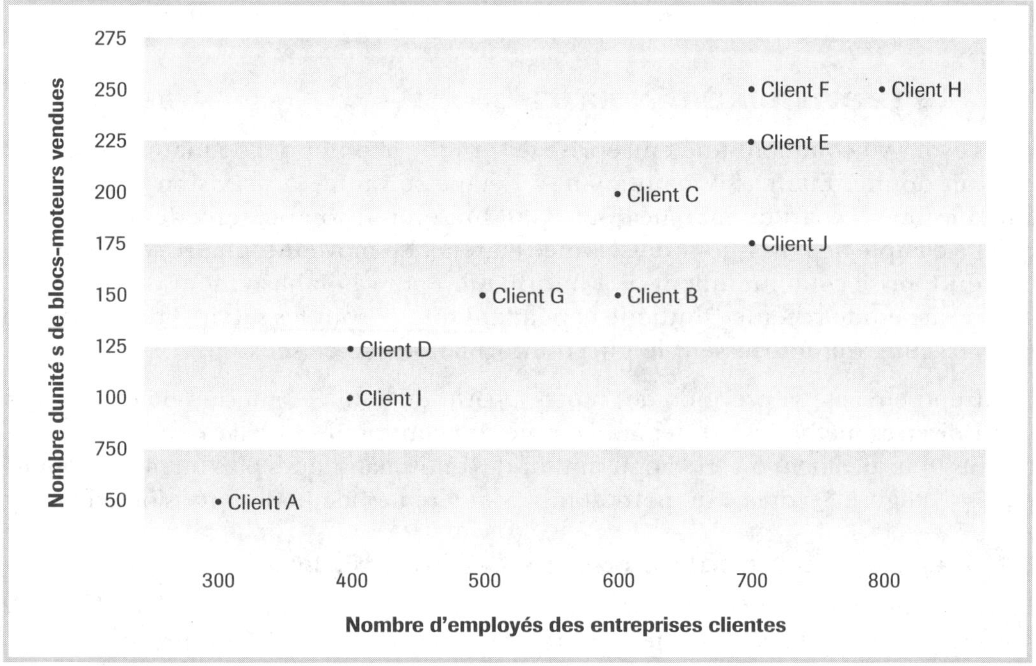

Source : R.M. Hill *et al. Industrial Marketing*. Homewoog (Ill.), R.D. Irwin, 1975, p. 151.

Le taux de corrélation peut facilement être calculé à partir de logiciels statistiques. Ainsi, en effectuant une analyse de corrélation entre les variables x et y à partir du logiciel SPSS, on obtient le résultat qui apparaît à la figure 3.5, présentant le taux de corrélation qui existe entre ces variables.

FIGURE 3.5 Corrélation entre le nombre d'employés et la demande de blocs-moteurs

		x	y
x	Corrélation de Pearson	1	0,933**
	Sig. (bilatéral)		0,000
	N	10	10
y	Corrélation de Pearson	**0,933****	1
	Sig. (bilatéral)	0,000	
	N	10	10

** La corrélation est significative au seuil de 0,01 (test bilatéral).

Le taux de corrélation entre les deux variables est statistiquement significatif (comme le représentent les astérisques) et très élevé (0,93). Il existe un lien étroit entre le nombre d'employés et la demande de blocs-moteurs.

Étant donné que le taux de corrélation est très élevé (0,93), comme l'indique le calcul des données présentées au tableau 3.6, le nombre d'employés par client constitue donc un excellent prédicteur. Si, l'an dernier, l'entreprise a vendu en tout 1 675 blocs-moteurs à 10 clients, pour un total de 5 700 employés, et que le nombre d'employés de cette industrie est de 50 000, selon Statistique Canada, elle pourra appliquer son propre ratio à celui de l'industrie :

5 700 employés d'entreprises clientes ⟶ 1 675 blocs-moteurs
50 000 employés de l'industrie ⟶ 14 693 blocs-moteurs

Le marché potentiel devrait donc être d'environ 15 000 blocs-moteurs.

3.4 La prévision des ventes

Nous avons vu comment une entreprise détermine le potentiel de marché pour un produit donné. Elle passe maintenant à l'étape suivante, la **prévision des ventes**, afin d'estimer la part du marché qui devrait lui revenir, compte tenu des ressources qu'elle compte déployer pour desservir ce marché. En moyenne, quatre services dans une entreprise communiquent de l'information pour l'établissement de ces prévisions ; une étude récente[10] indique cependant que ce sont les services des ventes et de marketing qui fournissent le plus d'informations en ce sens.

L'entreprise réalise sa prévision des ventes à partir de données internes ou externes et selon diverses méthodes : en tenant compte des contraintes qu'elle rencontre, en se basant sur le jugement ou en s'appuyant sur des outils statistiques plus ou moins sophistiqués. La figure 3.6 dresse un portrait de ces différentes méthodes prévisionnelles.

3.4.1 Prévoir en tenant compte de ses contraintes

Une entreprise peut calculer sa prévision des ventes en fonction du chiffre d'affaires ou des unités vendues, selon les contraintes liées à sa capacité de production ou selon les contraintes financières qu'elle rencontre.

FIGURE 3.6 Méthodes prévisionnelles de ventes

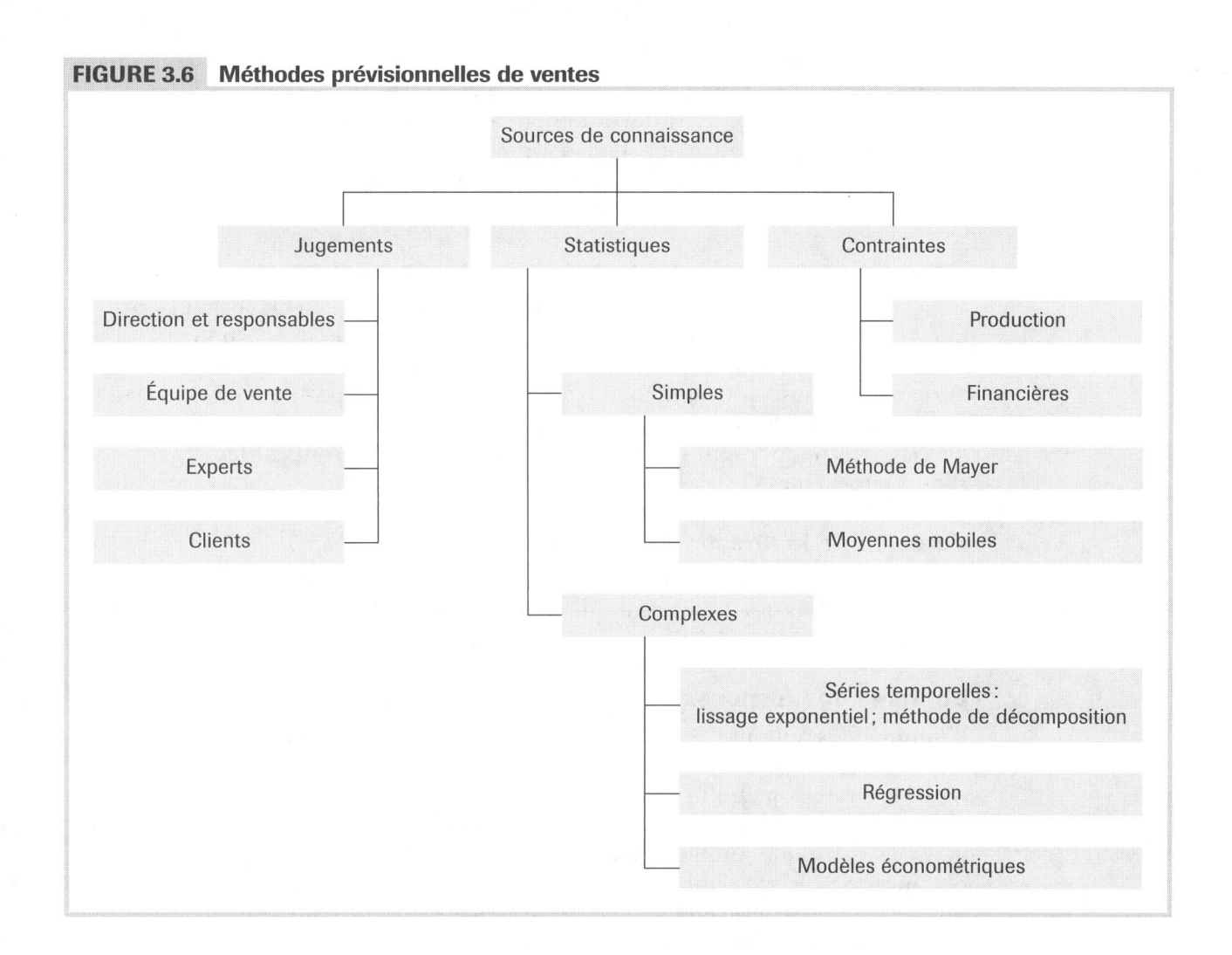

```
                         Sources de connaissance
                                  |
         ┌────────────────────────┼────────────────────────┐
     Jugements                Statistiques             Contraintes
         |                        |                        |
  ├─ Direction et responsables    |                  ├─ Production
  ├─ Équipe de vente              ├─ Simples         └─ Financières
  ├─ Experts                      |    ├─ Méthode de Mayer
  └─ Clients                      |    └─ Moyennes mobiles
                                  |
                                  └─ Complexes
                                       ├─ Séries temporelles :
                                       |  lissage exponentiel ; méthode de décomposition
                                       ├─ Régression
                                       └─ Modèles économétriques
```

La méthode prévisionnelle associée à la capacité de production

Dans certaines circonstances, les prévisions ne s'établissent non pas en fonction de la demande, mais selon les capacités de production de l'offre. Prenons le cas d'une entreprise pharmaceutique dont la capacité maximale de production d'un vaccin ne peut excéder 20 000 doses par mois. Si elle est incapable d'accroître sa capacité de production à court terme, ses ventes maximales annuelles seront de $20\,000 \times 12 = 240\,000$ doses. Dans le cas d'une pandémie qui nécessiterait que toute la population se fasse vacciner, sa capacité de production, même maximale, ne pourrait satisfaire à la demande. C'est un peu la situation qu'anticipait le Québec en cas de pandémie d'influenza en 2006. La demande de vaccins aurait excédé l'offre et, dans ce sens, la capacité de production aurait servi de méthode prévisionnelle pour les fournisseurs de ce vaccin.

La méthode prévisionnelle liée à la contrainte économique

Certains entrepreneurs se fixent parfois des objectifs financiers minimums à respecter afin 1) de couvrir les dépenses occasionnées pour la mise en marché d'un produit et 2) de dégager un profit qui réponde à leurs attentes. Les prévisions sont alors établies non pas en regard des attentes du marché, mais du rendement attendu du produit, lequel doit répondre à des exigences financières. Par exemple, si un jeune entrepreneur calcule qu'il devra débourser 75 000 $ lors de sa première année d'exploitation pour offrir un service à des institutions financières et qu'il désire enregistrer un profit de 60 000 $ pour cette même période, il estime donc que ses ventes devront se chiffrer à 135 000 $.

3.4.2 Prévoir « qualitativement » à partir de jugements

Les prévisions des ventes peuvent s'établir à partir de jugements formulés par des intervenants ayant tous un degré de connaissance particulier des clients et par divers acteurs du domaine d'activité dans lequel l'entreprise évolue. Les publics internes à l'organisation susceptibles d'être invités à faire valoir leur position incluent la direction, les responsables de l'entreprise et les représentants de l'équipe de vente. Les publics externes qui sont sujets à se faire questionner regroupent les experts et les clients eux-mêmes.

L'opinion de la direction

La direction, à titre personnel ou au nom de l'entreprise, est amenée à se prononcer quant aux ventes que l'organisation sera en mesure de réaliser à court, à moyen ou à long terme.

L'opinion des responsables

L'opinion des responsables (souvent la tête dirigeante de l'organisation) est importante, car ce sont eux qui décident des orientations de l'entreprise. En raison de la position stratégique qu'ils occupent, ils ont une vue d'ensemble de l'entreprise et des acteurs qui interagissent dans les secteurs qu'elle couvre. Ils consultent les données statistiques publiées par les gouvernements, les associations ou tout autre organisme fiable susceptible de procurer des informations d'intérêt sur les opportunités et les menaces qui touchent les secteurs d'activité dans lesquels œuvre leur organisation. Ils lisent aussi tout ce qui concerne les tendances actuelles et futures dans leur domaine, ce qui leur permet de se forger une opinion sur les forces et les faiblesses de l'organisation et sur sa capacité à atteindre certains objectifs. Ainsi informés, ils se prononcent, individuellement ou en groupe, sur ce que devraient être les ventes totales de leur entreprise au cours d'une période donnée. Comme l'opinion des têtes dirigeantes provient d'un groupe de personnes pouvant s'influencer l'une l'autre, il est possible que leur estimation de la prévision des ventes de l'entreprise soit biaisée à la hausse ou à la baisse.

L'opinion des représentants

Comme les représentants sont en contact direct avec les clientèles visées, leur opinion sur la prévision des ventes est très précieuse pour l'entreprise. À l'opposé des dirigeants, qui établissent leurs prédictions à partir d'une perspective macroscopique, les représentants bâtissent leurs estimations en les appuyant sur des données microscopiques. L'examen détaillé de la constitution de leur portefeuille de clients et de leurs clients potentiels leur donne un moyen efficace de produire des estimations assez proches de la réalité. Ils sont d'ailleurs mandatés pour établir ces prévisions dans 84 % des cas[11]. Celles-ci sont très utiles pour l'entreprise qui, en les utilisant, mise autant sur la capacité et la volonté de son équipe de vente d'augmenter ses ventes sur un territoire donné que sur la capacité du marché à absorber ces volumes additionnels de production.

L'opinion d'experts

L'opinion des experts est sollicitée lorsque l'entreprise doit établir des prévisions des ventes pour des produits totalement nouveaux ou pour lesquels peu de données existent. Ne disposant d'aucun historique sur lequel s'appuyer, elle cherche à prévoir ses ventes en se basant sur des opinions le moins « subjectives » possible et qui refléteront correctement une réalité « latente ». La **méthode Delphi** est utilisée dans de telles circonstances. Cette méthode consiste à identifier des experts dans un domaine particulier puis à les interroger sur la quantité d'un produit nouveau susceptible d'être vendue. Elle s'avère particulièrement utile lorsque le nombre de participants qui peuvent être interrogés est trop important pour que des rencontres individuelles soient possibles. Il s'agit alors d'acheminer des questionnaires à ces répondants afin qu'ils réagissent selon leurs connaissances et leurs opinions dans leur domaine d'expertise (*voir la figure 3.7*).

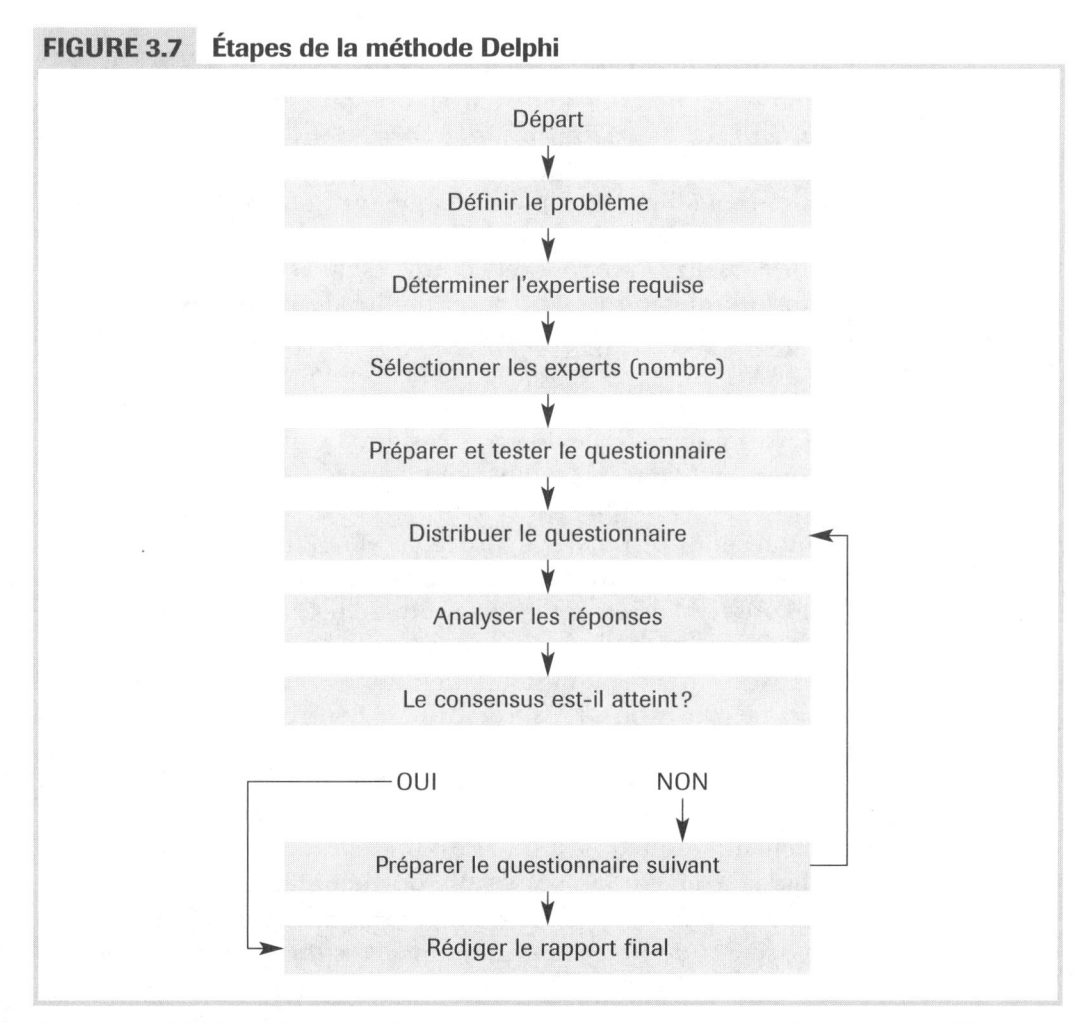

FIGURE 3.7 Étapes de la méthode Delphi

```
                        Départ
                          ↓
                  Définir le problème
                          ↓
              Déterminer l'expertise requise
                          ↓
              Sélectionner les experts (nombre)
                          ↓
            Préparer et tester le questionnaire
                          ↓
              Distribuer le questionnaire  ←──┐
                          ↓                   │
                 Analyser les réponses        │
                          ↓                   │
               Le consensus est-il atteint?   │
                    ↓            ↓            │
                  OUI           NON           │
                    ↓            ↓            │
                        Préparer le questionnaire suivant ──┘
                          ↓
                 Rédiger le rapport final
```

Source : Adapté de Riggs. « The Delphi technique : an experimental evaluation ». *Technological Forecasting and Social Change*, vol. 23, 1983, p. 89-94.

Par exemple, des experts se sont prononcés sur ce que serait la part de marché de lait organique liquide, de yaourt, de fromage et de beurre pour une année donnée et ont été mandatés afin d'extrapoler ce que deviendraient ces parts de marché trois ans plus tard à partir des parts de marché actuelles de ces produits[12]. Les prévisions établies par ces experts, accompagnées de leur justification, ont ensuite été analysées et synthétisées à l'aide d'outils statistiques. L'objectif de l'analyse était de repérer le point médian ainsi que les points extrêmes des prévisions fournies. Le résultat de l'analyse statistique a dès lors été communiqué aux mêmes experts afin qu'ils ajustent leur point de vue ou maintiennent leur position.

Le processus subit le nombre d'itérations nécessaires pour qu'une tendance commune se dégage des estimations faites par les répondants interrogés. Pour que la méthode soit appliquée avec succès, quatre conditions doivent être respectées : 1) les réponses sont anonymes ; 2) le processus est itératif ; 3) la rétroaction est contrôlée ; 4) les réponses du groupe interrogé subissent une agrégation statistique.

Si la méthode est utile pour des prévisions à long terme ou dans le cas d'un produit totalement nouveau, pour lequel aucune ou peu de données empiriques ne sont encore disponibles, elle est limitée par les contraintes suivantes[13] :

- Les experts sélectionnés peuvent œuvrer dans des secteurs très différents les uns des autres, ce qui cause de l'hétérogénéité dans les réponses fournies. Si certains d'entre eux sont davantage aptes à fournir des informations plus précises sur des aspects spécifiques du questionnaire, ils ne sont pas forcément en mesure de donner des estimations aussi précises pour chaque produit sur lequel porte le questionnaire. La vérification de l'expertise du répondant sur le sujet traité à l'aide d'une question pour laquelle la réponse est connue est généralement en mesure de donner une bonne indication quant à la qualité de l'information qu'un répondant produit sur le thème abordé. Plus sa connaissance du marché est précise – comme le révèle sa réponse à la question de vérification –, plus ses prévisions seront justes et précises.
- Chaque ronde de questionnement ne doit pas excéder 30 minutes. Au-delà de ce temps, les réponses risquent d'être de moins bonne qualité. Il est donc nécessaire de ne poser que les questions requises.
- Le nombre d'itérations pour compléter le processus doit être limité. Deux itérations semblent suffisantes pour atteindre un consensus, et ce, sans nuire à la qualité des données. Au-delà de ce nombre, le gain de précision est moindre et, dans certains cas, la précision diminue.
- La méthode peut s'avérer longue (plusieurs itérations) et complexe (perte de répondants en cours de processus) à réaliser. Afin de contrer ces obstacles, il est recommandé d'organiser une rencontre individuelle initiale avec chaque expert afin de s'assurer de son adhésion et de sa participation au projet, de le rassurer quant aux objectifs poursuivis et de peaufiner la première version du questionnaire qui lui sera acheminée ; par la suite, il est bon de rétablir le contact avec les répondants à chaque étape du processus afin de maintenir leur engagement.
- Comme l'intérêt du répondant risque de s'effriter rapidement, il est important de le réactiver en insérant de nouvelles questions dans les versions ultérieures du questionnaire.

L'opinion des clients industriels

L'opinion des clients industriels est souvent mise à contribution lorsque vient le temps d'estimer combien d'unités l'entreprise peut espérer vendre au cours du trimestre ou de l'année suivant sa prévision. Au moyen d'enquêtes auprès des groupes cibles, on demande aux clients de faire connaître leur **intention** d'acquérir un produit au cours d'une période donnée, de spécifier le volume moyen de chacune de leurs commandes et la récurrence de leurs commandes au cours de la période ciblée. À partir de ces simples informations, l'entreprise extrapole ses ventes. Par exemple, si les 200 entreprises interrogées mentionnent vouloir s'approvisionner une fois par mois auprès du fournisseur à raison de 50 unités du produit par commande, l'entreprise pourra estimer qu'elle vendra 50 unités × 12 mois × nombre de clients de cette catégorie (200), soit un total de 50 × 12 × 200 = 120 000 unités de ce produit dans l'année à venir.

Cette technique simple présente cependant certaines limites. Pour s'avérer efficace, elle nécessite des informations justes de la part des clients, ce qui n'est pas toujours facile à obtenir, car les conditions dans lesquelles ils évoluent sont sujettes à changer rapidement, ce qui tend à modifier leurs habitudes de consommation. Cette méthode néglige également de considérer l'apport de nouveaux clients, seuls les clients actuels étant invités à se prononcer.

Par contre, cette méthode a l'avantage de fournir des prévisions précises dans le cas où le marché ne compte que quelques clients. Par exemple[14], le département de rayons X de la compagnie General Electric a retenu cette approche afin d'anticiper les ventes de jauges de radiation. Après avoir constaté qu'il n'existait que 10 transformateurs d'acier aux États-Unis, la compagnie a décidé d'interroger chacun d'eux. Ces entreprises se sont montrées ouvertes à divulguer le nombre de salles de radiation qu'elles avaient complétées et pour lesquelles elles avaient obtenu les contrats de construction, ce qui a permis à GE d'établir des prévisions annuelles de ventes fiables de jauges de radiation. Ce faisant, GE a eu accès à une information de qualité, très précise.

Lorsque les informations fournies par un responsable sont sujettes à être biaisées à la hausse ou à la baisse du fait qu'il n'a jamais été exposé à ce type de questionnement, qu'il n'est pas responsable des commandes ou de la production à venir, il faut envisager de corriger les données recueillies en tentant d'en éliminer le biais. Pour être en mesure d'intégrer les biais potentiels à l'estimation, il faut bénéficier d'au moins deux séries de données. On applique alors l'équation suivante[15] :

Comportement (t) = Intentions moyennes $(t-1)$ + Biais $(t-1, t)$
Avec Biais $(t-1, t)$ = Comportement (t) − Intentions moyennes $(t-1)$

Cette méthode doit donc être retenue dans les cas suivants :
- Le répondant est apte à fournir des informations de qualité.
- L'information ne risque pas d'évoluer rapidement.
- La planification en cours est un bon présage de ce qui sera concrétisé dans la période pour laquelle l'estimation est dérivée.
- Le preneur de décision accepte de fournir les réponses aux questions soulevées.

3.4.3 Projeter «aisément» l'avenir à partir du passé

À l'inverse des jugements d'opinion, qui font partie des méthodes qualitatives et présentent donc un certain degré de subjectivité, certaines méthodes prévisionnelles se basent sur des données historiques pour anticiper ce à quoi ressemblera l'avenir. À partir des données passées, des tendances sont dégagées et des projections sont établies. Si certaines méthodes sont complexes, d'autres sont faciles à appliquer. Nous allons examiner deux d'entre elles: la méthode de Mayer et la méthode des moyennes mobiles.

La méthode de Mayer

La **méthode de Mayer** ne nécessite aucunement d'être familiarisé avec les statistiques, d'où son intérêt. Pour être appliquée, elle requiert que les gestionnaires recueillent des données de vente des années antérieures. Par exemple, si le chiffre d'affaires des cinq dernières années est disponible, l'entreprise va d'abord établir les coordonnées moyennes de ces informations en ordre chronologique (*voir le tableau 3.7*).

TABLEAU 3.7
Encodage des informations nécessaires à l'application de la méthode de Mayer

	2002	2003	2004	2005	2006	Moyenne
Rang année x_i	1	2	3	4	5	3
Ventes y_i	1 000 000	800 000	900 000	1 200 000	1 400 000	1 060 000

Les coordonnées moyennes obtenues pour cette série de données sont (3 ; 1 060 000), lesquelles sont représentées à la figure 3.8.

Grâce à l'établissement de ces coordonnées moyennes, nous pouvons dès lors savoir par où le tracé de la droite passera. Nous n'avons par contre aucune idée de la forme de la pente de la droite qui passera par ce point. Pour établir la pente, on refait l'exercice précédent en scindant les données en deux groupes (*voir le tableau 3.8*). Dans le cas d'un nombre impair de données, le premier groupe inclut une donnée de moins que le second groupe afin que la tendance des données les plus récentes soit privilégiée.

Une fois cet exercice complété, nous obtenons les coordonnées des données du groupe 1 (1,5 ; 900 000) et du groupe 2 (4 ; 1 166 667).

La droite (G1G2) a une équation de la forme :
$Y = ax + b$, dans laquelle les valeurs de a et de b émanent de la solution du système :

$$\begin{cases} 900\,000 = 1{,}5\,a + b \\ 1\,166\,667 = 4\,a + b \end{cases}$$ → En résolvant ce système d'équation à deux inconnues, on trouve

$a = 106\,666{,}80$ et $b = 739\,999{,}80$
d'où $y = 106\,666{,}80\,x + 739\,999{,}80$.

En transposant l'année pour laquelle la prévision est établie à même l'équation, on obtient la prévision. Par exemple, si la prévision est établie pour l'année suivante,

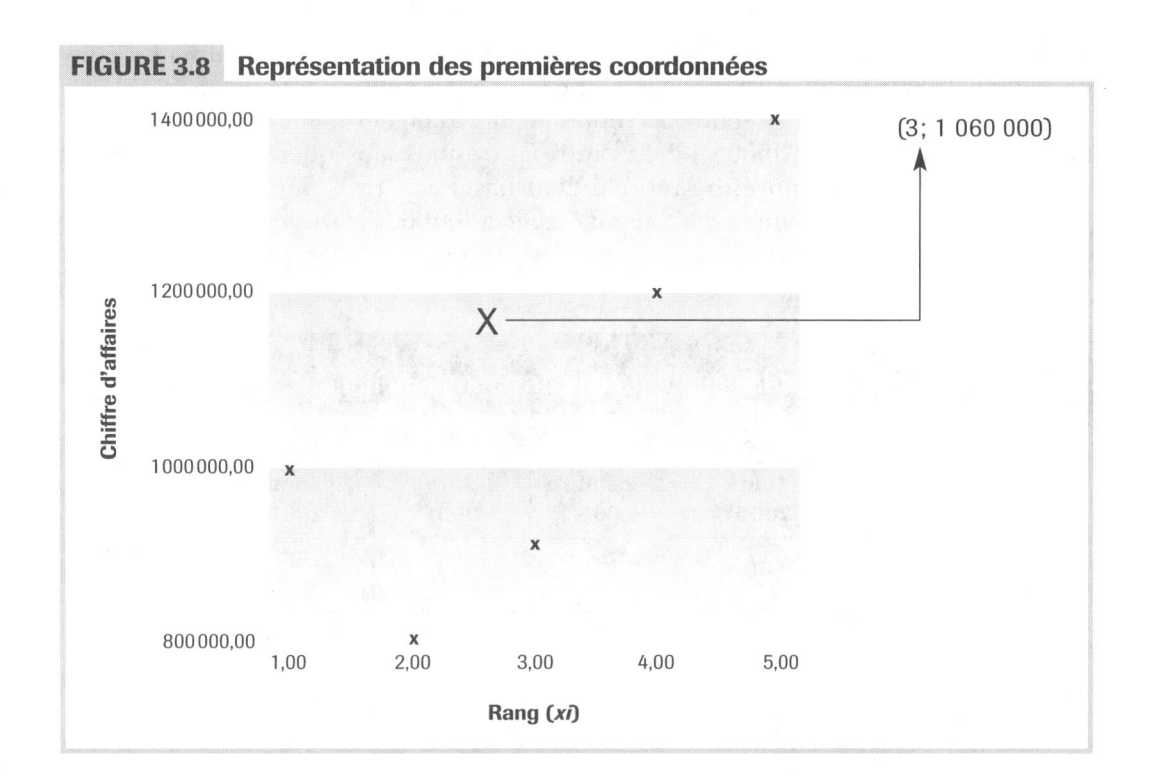

FIGURE 3.8 Représentation des premières coordonnées

TABLEAU 3.8
Établissement des coordonnées moyennes pour l'échantillon scindé

	2002	2003	Moyenne
Rang année (x)	1	2	1,5
Chiffre d'affaires (y)	1 000 000	800 000	900 000

	2004	2005	2006	Moyenne
Rang année (x)	3	4	5	4
Chiffre d'affaires (y)	900 000	1 200 000	1 400 000	1 166 667

le volume de chiffre d'affaires devrait équivaloir à $y = 106\,666,80 \times 6 + 739\,999,80$, soit 1 380 000,60 $.

Cette méthode a le mérite d'être facile à comprendre et à appliquer. Par contre, sa limite principale réside dans le manque de précision des projections à long terme.

La méthode basée sur les moyennes mobiles

La **méthode basée sur les moyennes mobiles** est **simple** à appliquer tout en étant **précise** dans le cas de produits bénéficiant d'un **historique de ventes très stable**. Elle consiste à prévoir ce que seront les ventes futures à partir de la moyenne des ventes réalisées au cours des deux ou trois périodes précédentes, selon le critère sélectionné (*voir le tableau 3.9, à la page suivante*). Dans l'exemple ci-après, nous observons que les ventes sont enregistrées par semestre, soit au cours des mois de juin et de décembre de chaque année. Les ventes réalisées de janvier à juin 2005 totalisent 60 000 $, alors qu'elles atteignent 70 000 $ en décembre de la même année. La moyenne de ces deux valeurs fournit une indication à l'effet que les ventes de juin 2006 devraient être de l'ordre de 65 000 $, soit (60 000 $ + 70 000 $)/2. Les autres prévisions subséquentes sont bâties sur le même modèle. Si la moyenne mobile était basée sur trois périodes plutôt que deux, la prévision de décembre 2006 serait établie à (60 000 $ + 70 000 $ + 66 000 $)/3, soit 65 333 $.

TABLEAU 3.9

Exemple d'application de la méthode des moyennes mobiles

	Semestre/Année				
	Juin 2005	Décembre 2005	Juin 2006	Décembre 2006	Juin 2007
Ventes en milliers de dollars	60	70	66	68	70
Prévisions sur moyenne mobile des deux périodes précédentes			65 = (60 + 70)/2	(70 + 66)/2 = 68	69

La principale faiblesse de cette méthode est qu'elle ne tient pas compte des événements externes qui se seraient produits au cours d'une période (telle l'arrivée d'un concurrent sur le marché), lesquels événements pourraient moduler les résultats et influer sur la précision des prévisions. Par exemple, la disparition d'un concurrent automobile sur le marché canadien au cours d'une période aurait comme effet d'entraîner des ventes inattendues chez les autres fabricants de voitures. À l'inverse, l'arrivée d'un concurrent tel que Kia en 1999 sur le marché québécois a occasionné une réduction des ventes chez les autres fabricants, réduction qu'il aurait été impossible d'anticiper à partir de la méthode prévisionnelle basée sur la moyenne mobile.

3.4.4 Prévoir l'avenir à l'aide d'outils plus sophistiqués

Le lissage exponentiel

Le **lissage exponentiel** est une méthode prévisionnelle quasi similaire à celle des moyennes mobiles. Si la méthode des moyennes mobiles octroie la même pondération à chaque donnée utilisée dans le calcul, le lissage exponentiel permet que l'on pondère différemment les données à partir desquelles la prévision est dérivée.

Reprenons l'exemple précédent (*voir le tableau 3.9*). Cette fois, le gestionnaire estime que les données les plus récentes sont un meilleur reflet de ce qui risque de se produire au cours du prochain exercice financier. À ce moment, une pondération de la donnée la plus récente (soit 70 de décembre 2005) serait considérée comme plus marquée que celle du semestre précédent (60 de juin 2005). Si l'importance relative associée à la dernière valeur était de 60 % versus 40 % pour la valeur précédente, la prévision établie par la méthode du lissage exponentiel serait de $(70 \times 0{,}60) + (60 \times 0{,}40) = 42 + 24 = 66$ et non 65 tel que la méthode des moyennes mobiles le prédirait. Si la pondération est plus marquée pour les données les plus actuelles, cela signifie que l'on cherche à mettre l'accent sur les effets des événements récents susceptibles d'influer sur les ventes dans un avenir rapproché. Si par contre on accorde davantage de pondération aux données les plus anciennes, c'est que l'on estime qu'elles sont un reflet plus adéquat de la réalité sur laquelle on devrait se baser afin d'établir une prévision. Par exemple, cela peut se produire si, au cours du dernier semestre, un événement externe a perturbé les ventes, mais que cet événement a disparu depuis.

La difficulté de cette méthode est de savoir quelle pondération on doit accorder à chaque donnée intégrée dans le calcul. Le gestionnaire dispose cependant d'outils statistiques qui l'aident à prévenir les risques de valeurs « aléatoires » ou arbitraires. Ces outils lui permettent de pondérer les données soumises à l'analyse à l'aide d'un indicateur alpha (α) dont la valeur fluctue entre 0 et 1. Plus la valeur alpha est élevée, plus les données récentes sont valorisées au détriment des données plus anciennes. Pour éviter qu'elle ne soit déterminée de façon « subjective », la valeur alpha est calculée à partir des données historiques sur un mode itératif, à partir de la formule suivante :

$$\overline{V}_t = \alpha V_t + (1-\alpha) \overline{V}_{t-1}$$

où

$\overline{V}_t$ = prévision des ventes à calculer pour la période $t + 1$

α = poids accordé à la dernière observation (ventes de la dernière période)

V_t = ventes actuelles de la période t

$\overline{V}_{t-1}$ = ventes estimées de la période $t - 1$
(période précédant celle qui nous intéresse)

La valeur alpha proposée par le logiciel et qui est retenue est celle qui fournit la meilleure performance prévisionnelle des données à partir desquelles elle est établie. Lorsque le secteur pour lequel la prévision est établie tend à fluctuer énormément, une valeur alpha élevée générera les meilleures prévisions alors qu'une valeur faible (c'est-à-dire qui s'approche de 0) sera privilégiée lorsque les données fluctuent peu dans le temps, en raison de la stabilité du marché.

La régression

La **régression simple** est une technique statistique qui permet d'estimer une droite dont la pente dépend de l'écart des données à partir desquelles la droite est tracée. Prenons l'exemple fictif de l'entreprise Cabouche. Cette entreprise possède des informations sur ses ventes des sept dernières années (de 2000 à 2006) (*voir le tableau 3.10, à la page suivante*). Ces données lui serviront à établir un pronostic prévisionnel pour l'année 2007. Pour ce faire, elle reporte sur un schéma les valeurs qui constituent sa base de données (*voir la figure 3.9, à la page suivante*).

Ce graphique, fort intéressant, permet de constater que l'entreprise a enregistré une croissance importante au cours des dernières années. À part une chute en 2002 (arrivée d'un concurrent qui a disparu la même année), ses ventes augmentent chaque année depuis ce temps. Pour prédire les ventes de l'année suivante, l'entreprise peut décider d'intégrer toutes les données, y compris celles de 2002, dans le

TABLEAU 3.10
Ventes annuelles de l'entreprise Cabouche

Année	Ventes (en millions de dollars)
2000	476,5
2001	503,9
2002	488,1
2003	547,8
2004	570,9
2005	580,8
2006	594,4

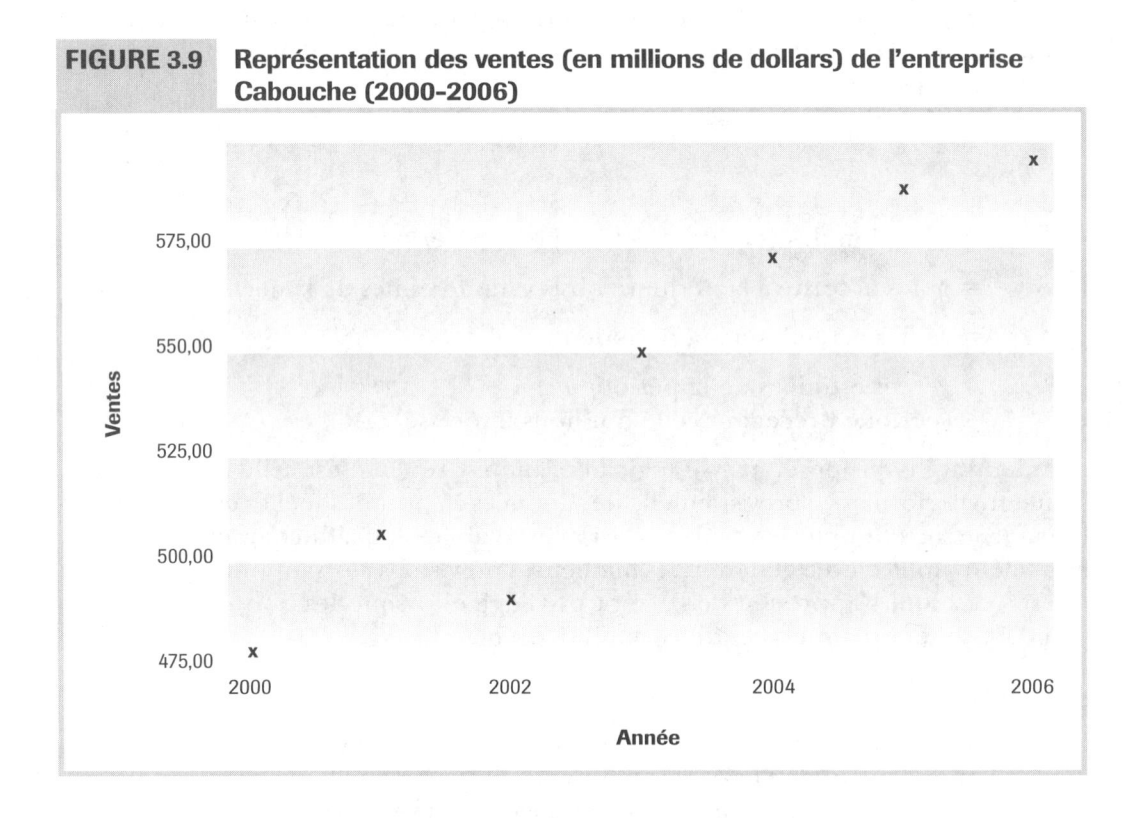

FIGURE 3.9 Représentation des ventes (en millions de dollars) de l'entreprise Cabouche (2000-2006)

modèle de régression. Dans ce modèle, les ventes servent de variable dépendante (y) et l'année au cours de laquelle les ventes ont été enregistrées représente la variable indépendante (x). L'analyse à partir des moindres carrés produit les résultats inscrits à la figure 3.10.

Les coefficients dérivés de cette équation sont :

$$Y = a + b\,x; \quad y = -42\,690{,}546 + 21{,}582\,x$$

Où a = constante ; b = coefficient de régression (variation du chiffre d'affaires par année fiscale) ; y = estimation des ventes ; x = année d'intérêt.

FIGURE 3.10 Sommaire des résultats de l'analyse de régression simple

Modèle	R	R carré	R carré ajusté	Erreur standardisée de l'estimé
1	0,956[a]	0,914	**0,897**	15,68936

a. Variables explicatives : (constante), année.

> L'année arrive, à elle seule, à expliquer près de 90 % des ventes enregistrées. Cela implique que l'année est une variable prédictive intéressante des ventes.

Analyse de variance[b]

Source de variation	Somme des carrés	Degrés de liberté	Moyenne des carrés	Rapport F	Valeur p
Régression	13042,089	1	13042,089	52,983	**0,001**[a]
Résidus	1230,780	5	246,156		
Totale corrigée	14272,869	6			

a. Variables prédictives : (constante), année.
b. Variable dépendante : ventes en $.

> $p < 0,001$ signifie que le modèle est adéquat. Une valeur inférieure à 0,05 indique que la ou les variables indépendantes retenues pour expliquer les ventes expliquent une partie non nulle du phénomène observé (les ventes).

Coefficients[a]

Modèle	Coefficients non standardisés		Coefficients standardisés	t	Sig.
	B	Erreur type	Beta		
1 (Constant)	−42690,546	5938,918		−7,188	0,001
Année	21,582	2,965	0,956	7,279	**0,001**

a. Variable dépendante : ventes en $.

> Il y a moins de 1 % de risque de se tromper en avançant que la variable « année » explique les ventes obtenues.

Si on cherche à estimer la valeur des ventes (en millions de dollars) que l'entreprise devrait réaliser en 2007, on remplace x par 2007 dans l'équation et on obtient :

$$y = -42\,690{,}546 + (2007 \times 21{,}582) = 624{,}53$$

Les ventes de 2007, calculées selon cette méthode, avoisineraient 624,53 millions de dollars.

La méthode de décomposition : l'indice saisonnier

Le gestionnaire cherche parfois à savoir comment ses ventes évolueront par mois ou par trimestre de l'année à venir, lorsque de fortes variations saisonnières sont prévues. Il pourra alors se tourner vers la **méthode de décomposition**. Comme son nom l'indique, cette méthode permet de décomposer les ventes pour en déterminer l'origine. Elle isole de la tendance générale les fluctuations cycliques, saisonnières et d'origine inconnue. Pour mieux comprendre ce concept, définissons d'abord quelques termes.

- Une **tendance** dans les ventes se manifeste par une croissance ou un déclin à long terme relativement stable.
- Les **fluctuations cycliques** génèrent des changements à la hausse ou à la baisse dans les ventes, lesquels se manifestent à intervalles réguliers (par exemple tous les 2 ans ou tous les 10 ans). Les produits assujettis à la mode sont touchés par ces fluctuations cycliques. À titre d'illustration, pensons au cas du design des chaussures pour femmes, qui évolue selon la mode en vigueur. Cela se traduit notamment par la hauteur des talons qui « croît » ou « décroît » d'année en année. Ces variations cycliques surviennent régulièrement et sont prévisibles.
- Les **variations saisonnières**, quant à elles, influent sur les ventes au cours d'une même année. La consommation de bière sera plus marquée lors de la période estivale qu'à l'automne ou au printemps. Bien d'autres produits sont sujets aux variations saisonnières. C'est le cas des maillots de bain, des piscines, des patios, des tracteurs, etc.
- Les **variations aléatoires** sont celles qui fluctuent sans que l'on puisse en déterminer l'origine.

L'entreprise qui commercialise des produits touchés par des variations saisonnières désire planifier sa production pour l'année à venir. Pour ce faire, elle veut savoir à combien s'élèveront ses ventes pour l'année entière, mais également par mois, par trimestre ou par semestre. Pour être en mesure de faire cette prédiction, le gestionnaire doit tout d'abord constituer une banque de données des ventes selon l'**unité d'analyse** désirée (mois, trimestre, etc.). Si elles ont été compilées selon une unité d'analyse très petite (par journée ou par semaine), les données disponibles seront ramenées à l'unité d'analyse retenue. Par exemple, l'addition des données de 12 semaines fournit une donnée par trimestre, unité d'analyse retenue dans le tableau 3.11. L'analyse qui suit porte sur les ventes totales et moyennes enregistrées par année et par trimestre. L'indice saisonnier moyen de chaque trimestre est calculé ainsi :

$$\frac{\text{Moyenne des ventes du trimestre considéré}}{\text{Moyenne des ventes pour l'ensemble des trimestres}} \times 100$$

Pour le premier trimestre, on obtient un indice de 79,9 (soit 107,5/134,6 × 100). Cet indice indique que les ventes de ce trimestre sont inférieures à la moyenne (100). Par contre, l'indice du quatrième trimestre révèle qu'il faut prévoir des ventes de 26,1 % supérieures à ce qu'elles seraient si elles étaient étalées uniformément sur l'année.

L'indice saisonnier permet d'anticiper ce que seront les ventes enregistrées par l'entreprise au cours d'un trimestre donné. Ainsi, si l'entreprise prévoit que son chiffre d'affaires va croître de 1 % par rapport à l'année 2006, son chiffre d'affaires pour l'exercice 2007 devrait atteindre 600,3 millions de dollars. Si ces 600,3 millions étaient répartis équitablement sur chaque trimestre, l'entreprise enregistrerait des ventes de 150,1 millions par trimestre. Les effets de saisonnalité anticipés se traduiront par des ventes de 119,9 millions pour le premier trimestre (soit 150,1 × 0,799), de 139,9 millions pour le second trimestre (soit 150,1 × 0,932), de 151,1 millions pour le troisième trimestre (soit 150,1 × 1,007) et de 189,3 millions pour le dernier trimestre (soit 150,1 × 1,261).

TABLEAU 3.11
Calcul d'un indice saisonnier à partir de ventes trimestrielles

Année	Trimestre 1	2	3	4	Total	Moyenne trimestre
2000	85,4	110,4	120,2	160,5	476,5	119,1
2001	99,6	115,8	124,3	164,2	503,9	126,0
2002	87,4	112,3	121,1	167,3	488,1	122,0
2003	110,4	127,9	139,4	170,1	547,8	136,9
2004	120,8	133,5	145,1	171,5	570,9	142,7
2005	123,4	138,6	149,2	176,6	587,8	146,9
2006	125,8	140,2	150,1	178,3	594,4	148,6
Moyenne 7 ans	107,5	125,5	135,6	169,8	538,5	134,6
Indice saisonnier	0,799*	0,932	1,007	1,261	4,001	
Prévisions 2007	119,9**	139,9	151,1	189,3	600,3	150,1
Ventes désaisonnalisées, année 2000	106,9	118,5	119,3	127,3	119,1	

* L'indice saisonnier d'un trimestre est égal au prorata des ventes moyennes trimestrielles enregistrées dans ce trimestre au cours des années considérées (ici 7 ans) par la moyenne des ventes enregistrées, tous trimestres confondus (soit 107,5/134,6 = 0,799).

** On calcule la prévision du trimestre 1 en appliquant l'indice saisonnier de ce trimestre à la moyenne des ventes enregistrées, tous trimestres confondus (soit 150,1 × 0,799 = 119,9).

L'entreprise peut aussi désirer comparer objectivement les résultats qu'elle a réalisés en ignorant la dimension saisonnière intégrée à ces derniers. Pour être en mesure de désaisonnaliser les données de vente, elle doit retirer de ses ventes celles qui sont imputables au facteur saisonnier. Pour procéder à cette opération, elle divise le résultat trimestriel obtenu pour chaque année par l'indice saisonnier du trimestre correspondant. Par exemple, les ventes désaisonnalisées du trimestre 1 de l'année 2000 sont égales à 85,4/0,799 = 106,9 millions alors que celles du trimestre 4 de la même année sont de 160,5/1,261 = 127,28 millions. En pratiquant cet exercice, l'entreprise est plus apte à porter un regard objectif sur les ventes qu'elle aurait enregistrées par trimestre et par année si elles n'avaient pas été soumises aux variations saisonnières.

Les modèles économétriques

Les **modèles économétriques** sont surtout utiles pour estimer le potentiel de ventes de produits totalement nouveaux pour lesquels aucune information n'est disponible. Ils reposent sur des fondements théoriques inspirés des travaux de Bass[16] sur la diffusion d'innovations technologiques. Leur application nécessite certaines données de base.

Le **modèle de Bass**, dans sa forme originale, postule que les **innovateurs**, sans influence d'aucune nature, sont les premiers à se montrer intéressés par une innovation technologique et à s'en porter acquéreurs. Ils sont suivis des **imitateurs**, lesquels sont influencés tant par le bouche à oreille que par les publicités et les autres facteurs d'influence externes auxquels ils sont soumis.

La contrainte de ce modèle, ainsi que de la série de modèles qui l'ont suivi en le raffinant, est liée aux informations initiales qu'il est nécessaire d'avoir pour le calibrer. En l'absence de ces données de base, il est bâti à partir d'estimations ou de jugements et est actualisé au fur et à mesure que des informations sont connues de l'entreprise. Par exemple, ce modèle ou l'un de ses dérivés pourrait être utile à l'entreprise BRP pour son nouveau produit Spyder, véhicule à trois roues à mi-chemin entre la moto et la voiture. Se basant sur les premières commandes enregistrées par son réseau actuel de distribution, l'entreprise a préféré adopter une stratégie de prévente de ses nouveaux véhicules (objectif de 2 500 unités pour septembre 2007)[17] avant de lancer la production de masse. C'est donc dire qu'à partir des commandes déjà enregistrées à ce jour, elle est en mesure d'établir le taux de diffusion de son nouveau produit et d'estimer la taille du marché potentiel qu'elle pourra desservir.

3.4.5 La popularité des méthodes

Les méthodes prévisionnelles ne sont pas toutes aussi populaires. L'examen du tableau 3.12 révèle que la popularité des méthodes dans le temps n'a pas tellement évolué. Les méthodes dites subjectives volent la vedette lorsqu'il s'agit notamment de prédire les ventes à l'exportation[18]. Que ce soit pour prédire des ventes au niveau d'un produit, d'une ligne de produits, d'une région ou d'un pays, les entreprises ont tendance à valoriser les opinions des représentants et à se fier à leurs estimations.

Le sondage auprès des clients est une méthode qui présente un certain intérêt auprès des entreprises, puisqu'elle est souvent classée parmi les premières à être mises à contribution. Par ailleurs, les modèles économétriques sont rarement retenus

TABLEAU 3.12
Popularité des méthodes prévisionnelles dans le temps

	Dalrymple, 1975	Sparke & McHugh, 1984	Dalrymple, 1987	Mahmoud, 1988	West, 1997	Diamantopoulos & Winklhofer, 2003
	% (rang)	% (rang)	% (rang)	% (rang)	% (rang)	% (rang)
Jugement						
Opinion équipe de vente	63 (2)	–	45 (1)	91 (2)	74 (1)	85 (1)
Système expert	68 (1)	11	37 (2)	90 (3)	63 (2)	51 (4)
Jugement direction	–	76 (1)	–	93 (1)	61 (3)	56 (3)
Sondage consommateur	32	59 (3)	16 (5)	60 (5)	38 (4)	63 (2)
Sondage industriel	42 (4)	59 (4)	15	60 (5)	20	–
Statistiques						
Moyennes mobiles	39 (5)	58 (5)	21 (4)	42	32 (5)	–
Tendance	44 (3)	63 (2)	31 (3)	27	25	–
Analyse régression	30	12	06	61 (4)	10	–
Décomposition	–	–	–	15	09	–
Modèle économétrique	08	25	12	63	08	04
Lissage exponentiel	26	13	11	25	05	–
Cycle de vie	19	–	05	–	02	–
Séries temporelles	–	–	04	22	01	20 (5)

Source : Tableau élaboré à partir des résultats des études qui y sont référencées.

à titre de méthodes prévisionnelles. Les raisons pour ce manque d'engouement sont multiples : 1) les méthodes statistiques complexes sont difficiles à comprendre et à implanter. Il n'est pas donné à tous d'en apprécier la teneur et d'en évaluer les limites ; 2) elles sont coûteuses du fait qu'elles requièrent des ressources qualifiées pour les appliquer, si bien que seules quelques grosses entreprises y ont recours[19] ; 3) elles nécessitent des connaissances statistiques solides de la part de leurs usagers ; 4) enfin, leur fiabilité n'est pas toujours démontrée, ce qui remet en question l'intérêt de les retenir pour des produits qui ne sont pas vraiment nouveaux.

Bref, les personnes chargées d'établir des prévisions sont réticentes à utiliser des méthodes quantitatives complexes, se limitant à l'occasion à l'emploi de la méthode des moyennes mobiles, de la régression ou des séries temporelles. Ce manque de constance dans l'emploi des méthodes quantitatives indique que leur usage n'est pas systématique, mais conditionnel à la situation rencontrée.

Le tableau 3.13 indique en effet que la popularité d'une méthode, outre le recours aux opinions des représentants, qui est pour ainsi dire « automatique », quelle que soit la situation rencontrée, dépend de l'horizon temporel pour lequel l'évaluation est requise ainsi que du niveau d'agrégation recherché par la prévision.

TABLEAU 3.13
Méthodes les plus populaires selon l'horizon temporel, le niveau d'agrégation de l'estimation et le niveau de satisfaction manifesté (toutes considérations confondues)

	Horizon temporel			Niveau d'agrégation de la prévision				Sat.
	< 3 mois	4 mois – 2 ans	> 2 ans	I.	E.	L.P.	SKU	
Jugements direction		✓	✓	✓	✓		✓	
Sondages clients	✓							
Opinions représentants	✓	✓	✓	✓	✓	✓	✓	✓
Lissage exponentiel	✓	✓						
Régression	✓		✓	✓	✓	✓	✓	
Moyennes mobiles								✓

I. : industrie ; E. : entreprise ; L.P. : ligne de produits ; SKU : produit ; Sat. : niveau de satisfaction le plus élevé, toutes conditions d'utilisation confondues.

Source : Constitué à partir de McCarthy, T.M. *et al.* « The evolution of sales forecasting management : a 20-year longitudinal study of forecasting practices ». *Journal of Forecasting*, vol. 25, 2006, p. 303-324.

Lorsque la prévision est établie pour un horizon temporel restreint, c'est-à-dire de moins de trois mois, les opinions des vendeurs et les sondages auprès des clients sont privilégiés tout comme la régression et le lissage exponentiel. Lorsque l'horizon temporel est établi pour une période qui va de quatre mois à deux ans, le jugement de la direction s'ajoute à cette liste. Si la prévision est établie pour une période qui excède deux ans, la régression est retenue plus souvent que ne l'est le lissage exponentiel à titre de méthode quantitative de choix.

Il est curieux d'observer que le niveau d'agrégation où se situe la prévision (au niveau de l'industrie, de l'entreprise, de la ligne de produits et du produit lui-même) ne semble pas avoir une incidence quant au choix des méthodes retenues : les opinions des représentants et la régression sont mises constamment à contribution alors que les jugements de la direction sont souvent sollicités, même à un niveau tactique comme celui qui existe pour la gestion d'un produit spécifique. Le lissage exponentiel sert aussi d'outil prévisionnel pour la gestion de produits.

Par ailleurs, les méthodes privilégiées ne sont pas nécessairement satisfaisantes pour les utilisateurs. En effet, seules les estimations produites par les représentants, la méthode du lissage exponentiel et la méthode des moyennes mobiles (pourtant peu populaire) génèrent un taux de satisfaction supérieur aux autres méthodes. C'est donc dire que même si certaines méthodes sont retenues pour des raisons autres que leur précision, elles n'assurent pas au gestionnaire des estimations « de qualité ». Il est donc nécessaire de se demander quelle méthode il faut privilégier.

3.4.6 Quelle méthode devrait-on sélectionner ?

Le choix d'une méthode dépend de l'horizon temporel sur lequel l'estimation est faite et de la nature du produit. S'il s'agit d'une prévision à court terme (moins d'un an), on devrait privilégier les outils quantitatifs et plus spécifiquement les séries temporelles qui requièrent peu de données, surtout pour l'estimation des ventes de composants ou de matériaux (éléments incorporés dans les produits finaux). Pour autant que les données sur lesquelles la prévision est établie sont précises et fiables, ces méthodes fourniront les prévisions les plus justes, c'est-à-dire ayant le degré de précision le plus élevé. Le lissage exponentiel est à privilégier lorsque les prévisions des ventes sont établies pour des fournitures (produits utilisés pour la production d'autres produits)[20].

Lorsque la prévision est établie pour un horizon temporel plus lointain, le choix s'avère plus complexe, car le degré de précision des estimations diminue[21]. Il tend aussi à décroître lorsque l'estimation des ventes passe d'un niveau agrégé (estimation pour l'industrie ou pour l'entreprise) à un niveau plus tactique ou opérationnel de l'entreprise (estimation des ventes pour une ligne de produits ou un produit)[22]. Certes, les approches quantitatives, incluant le développement de modèles économétriques, peuvent s'avérer utiles pour établir des estimations, surtout dans le cas de nouveaux produits tels que des équipements lourds. Par contre, l'expertise est nécessaire au développement et à l'utilisation de ces méthodes, ce qui en limite l'usage. Leur degré de précision peut varier selon l'environnement dans lequel est situé le produit ciblé. Si l'environnement est très instable, la prédiction risque d'être moins précise que dans le cas où l'environnement est stable, car ces méthodes peuvent difficilement prévoir quelle sera l'évolution d'un produit dans son cycle de vie[23]. Inversement, l'approche qualitative permet d'intégrer des éléments peu quantifiables, accroît la précision des estimations des prévisions à long terme[24] et est également recommandée pour des niveaux d'agrégation élevés (prévision pour l'industrie et au niveau de l'entreprise)[25], bien qu'elle soit sujette à des biais d'évaluation.

Attendu qu'aucune technique en soi ne s'avère performante pour tous les cas rencontrés, que chacune a ses forces et ses faiblesses, certains recommandent d'utiliser **plusieurs méthodes en parallèle**[26]. Bien sûr, on peut alors se retrouver avec des résultats divergents, qu'il faut par la suite arrimer, avec toute la complexité inhérente à l'opération[27]. Une autre solution consiste à retenir une **approche mixte** qui met à profit tant les méthodes quantitatives que qualitatives. C'est le choix que font près de 60 % des entreprises qui établissent des prévisions. Celles-ci s'appuient simultanément sur des données qualitatives et des données « objectives ». Ainsi, elles reconnaissent l'importance des estimations fournies par les représentants commerciaux, qui se basent sur leur historique de vente et leurs opinions quant à son potentiel de réalisation. Les prévisions de ces entreprises intègrent également le jugement des responsables de l'entreprise, lequel est davantage de nature qualitative que quantitative. L'intégration des données de ces différents acteurs à l'intérieur d'un processus prévisionnel fournit des estimations souvent plus précises que ne peut le faire un modèle isolé, car elles tiennent compte des perspectives microscopique et macroscopique du marché. Lorsque l'on sait que près de 40 % des entreprises produisent plus de 1 000 prévisions au niveau du produit, que 8 % en génèrent entre 10 001 et 100 000 et que 5 % en établissent plus de 100 000[28], il n'est pas surprenant de constater que le choix et la précision d'une méthode prévisionnelle restent des sujets d'actualité.

3.4.7 La prévision est-elle réaliste ?

Une fois que les prévisions des ventes ont été établies à l'échelle d'un produit, d'une ligne de produits ou d'un ensemble de produits, il devient important de s'assurer que l'estimation établie cadre avec les réalités du marché ainsi qu'avec les objectifs poursuivis par la direction. En d'autres termes, le gestionnaire de vente à qui l'on remet des objectifs à atteindre et à qui l'on confie la responsabilité de les matérialiser doit s'assurer qu'ils sont réalistes. Il comparera ces informations avec les estimations des ventes qu'il aura pu obtenir de son côté ainsi qu'avec la capacité de son équipe de vente à les concrétiser.

Pour ce faire, le gestionnaire de vente comparera les objectifs assignés par la direction en ce qui concerne le volume de marché, le chiffre d'affaires ou tout autre élément de vente (par exemple la fidélisation accrue de clients d'un secteur donné) avec ce que l'équipe a réussi à faire jusqu'alors (soit ses réalisations les plus récentes). La somme des performances dégagées par représentant pour l'élément considéré (par exemple le chiffre d'affaires du produit x) constituera le point de référence qu'il pourra comparer aux objectifs qu'on lui a donnés à atteindre pour ce même produit. Si l'écart est trop important entre les deux informations en présence, le gestionnaire de vente refusera de s'acquitter de la tâche qui lui est assignée, car il saura qu'elle est irréaliste et qu'il ne pourra la mener à terme de façon satisfaisante. À l'opposé, si l'écart est faible, le gestionnaire se sentira apte à répondre aux objectifs et s'engagera alors dans l'activité suivante, qui consiste à établir des quotas de vente pour chacun des membres de son équipe de vente.

RÉSUMÉ

Dans ce chapitre, nous avons vu que, pour être en mesure de s'investir dans l'avenir, l'entreprise doit d'abord dresser un bilan des opérations qu'elle a menées au cours d'une période donnée. Elle réalise ensuite une analyse externe qui lui permet d'évaluer sa position concurrentielle sur le marché. Enfin, elle effectue une estimation du marché potentiel dans le but d'établir ses prévisions des ventes dans chacun de ses secteurs d'activité.

Le bilan interne se concrétise par la comparaison des résultats dégagés avec ceux qui étaient attendus. Cette comparaison peut se faire par ligne de produits, par type de marchés, par domaine d'activité, par les réalisations de chacun des représentants ou encore par l'analyse de ratios et d'indicateurs divers. Quant à l'analyse externe, elle permet à l'entreprise de se questionner sur sa position concurrentielle, sa profitabilité et sa croissance relatives ainsi que d'évaluer la concurrence. Cette analyse s'effectue au moyen de diverses matrices.

Une fois ces étapes franchies, l'entreprise est en mesure de détecter ses forces, ses faiblesses, les opportunités qui se présentent à elle et d'évaluer le marché potentiel. Pour les produits existants, elle utilise des outils comme le SCIAN, l'indice du pouvoir d'achat ou la méthode des ratios successifs; pour les nouveaux produits, elle dispose de plusieurs méthodes: utilisation potentielle, taux d'utilisation, substitution ou corrélation.

Finalement, l'entreprise cherche à estimer quelles seront ses ventes sur les marchés ciblés. Elle pourra procéder à cette évaluation à partir des contraintes avec lesquelles elle doit composer ou au moyen de jugements qualitatifs recueillis dans son environnement. Elle peut aussi s'appuyer sur des méthodes quantitatives simples (méthode de Mayer, moyennes mobiles) ou plus complexes (lissage exponentiel, régression, indice saisonnier, modèles économétriques). Elle retiendra certaines méthodes selon l'horizon temporel sur lequel la prévision est établie et selon la nature du produit à commercialiser, tout en tenant compte du degré de réalisme des solutions que ces méthodes ont générées.

QUESTIONS

1. De quelle façon estimeriez-vous le marché potentiel pour chacun des produits suivants ?

a) Une montre en or.

b) Un nouvel engrais.

c) Un territoire pour la chasse au faisan.

d) Une résidence pour personnes âgées.

e) Un projet d'appartements de luxe en copropriété.

f) Un nouvel antibiotique pour des infections oculaires.

g) Un fromage de chèvre.

h) Un nouveau logiciel graphique.

i) Un exerciseur pour parfaire l'élan au golf.

j) Un photocopieur couleur.

2. Expliquez sommairement comment vous vous y prendriez pour estimer votre part de marché en ce qui concerne les produits cités à la question 1.

3. Une technique de prévision objective facile et pratique consiste en le lissage exponentiel, dont la formule est la suivante :

$\overline{X}_{t+1} = \alpha X_t + (1-\alpha) X_t$

$\overline{X}_{t+1}$ = ventes à estimer pour la prochaine période

$\overline{X}_t$ = ventes estimées de la période actuelle

X_t = ventes réelles de la période actuelle

a) Pourquoi utilise-t-on un poids α ?

b) Comment détermine-t-on la valeur de α ?

c) De quelle façon obtient-on $\overline{X}_t$?

4. On vous soumet les chiffres des ventes trimestrielles de l'entreprise Dubeau Électronique (en milliers de dollars) :

	\multicolumn{5}{c}{Année}
Trimestre	1	2	3	4	5
1	228	232	253	313	?
2	236	244	264	306	?
3	189	252	211	263	?
4	165	222	199	276	?

Vous êtes choisi pour faire les prévisions trimestrielles pour la cinquième année. Le propriétaire de l'entreprise vous demande par surcroît de lui suggérer la méthode qui convient le mieux à sa situation (celle qui engendre le MAPE le plus bas). Après avoir calculé les indices saisonniers et procédé aux ajustements nécessaires des données, essayez la méthode naïve et celle des moyennes mobiles.

Quels sont les avantages à désaisonnaliser les données temporelles ?

5. Quels sont les principaux avantages et inconvénients de la méthode Delphi ? Comment appliqueriez-vous cette méthode pour prédire les ventes de beurre ?

6. Il y a plusieurs tendances quant aux prévisions des ventes. Certains gestionnaires ne jurent que par les méthodes quantitatives tandis que d'autres croient que le jugement est la seule source d'information crédible en ce domaine. Quels sont les avantages et les inconvénients des méthodes quantitatives et des méthodes qualitatives ? Quand doit-on utiliser chacun de ces deux types de méthodes ? Quelles lignes directrices pourrait-on donner à un propriétaire de PME en cette matière ? Est-ce que des méthodes de prévision sophistiquées (la modélisation, la régression simple, la régression multiple, etc.) peuvent être accessibles ?

7. Quelles sont les méthodes prévisionnelles les plus satisfaisantes ? Lesquelles sont les plus utilisées lorsque la prévision est établie pour a) une ligne de produits ; b) un produit ?

NOTES

1. KULPINSKI, M.E. « The planning process-continuous improvement ». *The Journal of Business and Industrial Marketing*, vol. 7, n° 2 (printemps 1992), p. 71-76.

2. *FP Markets Canadian Demographics 2007*, 80ᵉ éd. *Financial Post*, Canwest MediaWorks Publications Inc.

3. Valeurs en milliers.

4. Données tirées de *FP Markets Canadian Demographics*, 2007.

5. Données tirées de *FP Markets Canadian Demographics*, 2007, p. 18.

6. Valeurs en millions de dollars.

7. Données tirées de « Computer & softwares », Retail Sales Estimates, 2007, *FP Markets*, op. cit., p. 34.

8. Exemple adapté de LAMBIN, J.-J. *Le marketing stratégique. Fondements, méthodes et applications*, 2ᵉ éd. Paris, Montréal, McGraw-Hill, 1989, p. 177.

9. Section inspirée de COX Jr, W.E. *Industrial Marketing Research,* New York, John Wiley & Sons, 1979.

10. McCARTHY, T.M. et al. « The evolution of sales forecasting management : a 20-year longitudinal study of forecasting practices ». *Journal of Forecasting*, vol. 25, 2006, p. 303-324.

11. *Ibid.*

12. GRAITH, D.N., C. COWAN et A. DALY. « The market potential for organic dairy products in Ireland ». *Irish Marketing Review*, vol. 16, n° 2, 2003, p. 41-51.

13. MITCHELL, V.-W. « Using Delphi to forecast in new technology industries ». *Marketing, Intelligence & Planning*, vol. 10, n° 2, 1992, p. 4-9.

14. PHELPS, D.M. et J.H. WESTING. *Marketing Management*, 3ᵉ éd. Homewood, Ill, Irwin, 1968, p. 477-479.

15. MORWITZ, V.G. « Methods for forecasting from intentions data », dans *Principles of Forecasting A Handbook for Researchers and Practitioners,* J. Scott Armstrong (éd.). Norwell, Mass, Kluwer Academic Publishers, 2001, p. 41.

16. BASS, F. « A new product growth model for consumer durables ». *Management Science,* vol. 15 (janvier 1969), p. 215-227.

17. BOMBARDIER, D. « Ni moto, ni auto ». *La Tribune,* 14 août 2007, p. 3.

18. DIAMANTOPOULOS, A. et H. WINKLHOFER. « Export sales forecasting by UK firms technique utilization and impact on forecast accuracy ». *Journal of Business Research,* vol. 56, n° 1 (janvier 2003), p. 45-54.

19. SANDERS, N.R. et K.B. MANRODT. « Forecasting practices in US corporations : survey results ». *Interfaces,* vol. 24, n° 2, 1994, p. 92-100.

20. COX. 1979. *Ibid.*

21. JAIN, C.L. « Forecasting practices in corporate America ». *Journal of Business Forecasting Methods and Systems,* vol. 29, n° 2, 2001, p. 2-3.

    MENTZER, J.T. et J.E. COX. « Familiarity, application, and performance of sales forecasting techniques ». *Journal of Forecasting,* vol. 3, n° 1, 1984, p. 27-36.

    MENTZER, J.T. et K.B. KAHN. « Forecasting technique familiarity, satisfaction, usage, and application ». *Journal of Forecasting,* vol. 14, 1995, p. 465-476.

22. JAIN. 2001. *Ibid.*; MENTZER et KAHN. 1995. *Ibid.*; MENTZER et COX. 1984. *Ibid.*; McCARTHY et al. 2006. *Ibid.*

23. MULLICK, S.K. «Life cycle forecasting» et PAGE, W. «Long-term forecasting and why you will probably get it wrong», dans *The Handbook of Forecasting,* S. Makridadis et S.C. Wheelwright (éd.). New York, Wiley, 1982. 602 p.

24. KLASSEN, R.D. et B.E. FLORES. «Forecasting practices of canadian firms : survey results and comparisons». *International Journal of Production Economics,* vol. 70, n° 2, 2001, p. 163-174.

25. MENTZER et KAHN. 1995, *Ibid.*

26. WEST. 1997. *Ibid.*

27. ROGGEVEEN, A.L. et G.V. JOHAR. «Integration of discrepant sales forecasts : the influence of plausibility inferences based on an evoked range». *Journal of Marketing Research,* vol. 41 (février 2004), p. 19-30.

28. McCARTHY *et al.* 2006. *Ibid.*

PARTIE 2

La formation de l'équipe de vente

La formation de l'équipe de vente constitue le sujet de la deuxième partie de ce manuel. Quand on sait que l'équipe de vente représente la force vive des organisations, on comprend que le gestionnaire doit apporter beaucoup de soin à cette démarche. Le chapitre 4 traitera d'abord des critères qui déterminent la structure d'une équipe de vente. Ceux-ci sont dictés par la mission de l'entreprise et la recherche d'un juste équilibre entre la stabilité et la flexibilité de l'équipe. Nous verrons par la suite que la structure d'une équipe peut être déterminée en fonction des territoires, des produits, des clients ou des fonctions de vente. Nous examinerons également les caractéristiques de la vente en équipe et l'utilisation des services d'une agence de vente externe.

Les chapitres 5 et 6 s'attardent à la gestion du recrutement. Nous y présenterons les étapes que doit suivre le directeur des ventes pour attirer et sélectionner le meilleur candidat possible : l'évaluation du poste à pourvoir, la détermination des critères d'embauche, la publication d'une annonce, la sélection des candidatures à l'aide du curriculum vitæ, de tests et d'entrevues et le choix final du candidat.

CHAPITRE 4

La structuration de l'équipe de vente

OBJECTIFS

Après l'étude de ce chapitre, vous devriez pouvoir :

- reconnaître l'importance de la structuration en gestion des ventes ;
- utiliser les critères qui déterminent la structure d'une équipe de vente ;
- comprendre les bases de structuration d'une équipe de vente ;
- établir une structure d'équipe de vente ;
- comprendre la gestion d'une équipe de vente ;
- évaluer les avantages et les désavantages du choix entre une équipe de vente interne et une équipe de vente externe.

INTRODUCTION

Comme nous l'avons déjà souligné dans les chapitres précédents, l'efficacité de la gestion des ventes est avant tout liée à la planification de ses activités, soit l'établissement du plan marketing. Afin de répondre aux objectifs fixés par ce plan, nous passons à une étape fort importante, la structuration de l'équipe de vente.

Le gestionnaire des ventes est responsable de la mise en œuvre du processus d'échange entre son entreprise, les clients et les consommateurs. Il doit atteindre les objectifs le plus efficacement possible. Cependant, l'équipe de vente coûte cher, et les budgets doivent être respectés ou réduits même si les objectifs sont à la hausse. C'est ici que l'organisation de l'équipe de vente prend tout son sens : faire mieux et plus au moindre coût.

L'organisation de l'équipe de vente consiste en un ensemble d'arrangements pris entre des représentants et un gestionnaire des ventes dans le cadre d'une structure qui rassemble les individus vers l'atteinte d'objectifs marketing, où l'efficacité collective l'emporte sur l'efficacité individuelle. La structure organisationnelle en gestion des ventes permet de coordonner les activités des représentants, de les agencer et de les intégrer en fonction des objectifs organisationnels, des clients, des consommateurs et des rigueurs du marché et de la concurrence.

Du point de vue des clients, l'équipe de vente représente un ensemble de représentants qui les rencontrent de façon périodique afin de satisfaire leurs besoins. Du point de vue de l'organisation, l'équipe de vente a comme fonction de présenter à ses clients les produits qu'elle désire vendre et de recueillir les profits de cet échange. Ces deux perspectives, présentées ici de façon très simplifiée, sont-elles conciliables ? D'une part, la satisfaction des désirs des clients implique un nombre suffisant de rencontres pour assurer la qualité du service, ce qui se répercute directement sur le nombre de représentants nécessaires pour remplir la tâche ; d'autre part, l'organisation fait face à des considérations de rentabilité économique qui supposent une rationalisation des ressources et des activités de vente. Jusqu'où doit-elle aller pour ses clients ? La réponse à cette question se trouve inévitablement dans la structure de l'équipe de vente.

Nous vivons dans un monde en perpétuel changement. Les entreprises sont maintenant soumises aux perturbations économiques et à la concurrence à l'échelle mondiale. Dans un tel contexte, l'organisation de l'équipe de vente doit être vivante, malléable et évolutive. On constate aussi que les produits sont de plus en plus complexes, ce qui exige des niveaux supérieurs de connaissances et de compétences de la part des représentants. Un autre phénomène en émergence est la concentration des achats, ce qui entraîne l'augmentation de la qualité du service offert par l'équipe de vente et son implication à tous les niveaux de la chaîne de valeur. Dans le même esprit, on assiste à la rationalisation du nombre de fournisseurs, alors que la recherche du meilleur prix possible cède le pas aux relations privilégiées de partenariat à moyen et à long terme reposant sur la création de la valeur mutuelle[1]. L'organisation de l'équipe de vente doit alors être dynamique, c'est-à-dire qu'elle doit être capable de réagir rapidement aux changements des besoins et des préférences des clients comme des consommateurs.

Il existe un lien entre les stratégies marketing et la structure organisationnelle. Ainsi, les organisations orientées vers les marchés présentent un organigramme plat, structure favorisant la flexibilité et la coordination des activités marketing. Il revient alors au gestionnaire des ventes de structurer une équipe de vente qui permettra la réalisation de la stratégie marketing de son entreprise. Cette stratégie exercera également une influence importante sur la sélection des représentants, le programme de formation, la rémunération et le type de contrôle, comme nous le verrons dans les chapitres subséquents.

4.1 Les critères qui déterminent la structure d'une équipe de vente

Afin de bâtir efficacement la structure d'une équipe de vente, le gestionnaire doit considérer un ensemble de critères. Il s'agit des activités de vente, de la délégation des responsabilités et de l'autorité, de la coordination des activités de vente, de l'équilibre entre les activités de vente, de la stabilité de l'équipe de vente, de sa flexibilité, de la taille de sa supervision et de son adaptation au marché. Examinons maintenant chacun de ces critères plus à fond.

4.1.1 Les activités de vente

Afin d'établir son équipe de vente, le gestionnaire doit avant toute chose s'appuyer sur la mission de l'entreprise, ses buts et ses objectifs organisationnels, de marketing et de vente. Il doit aussi prendre en considération le marché, les clients et les consommateurs ainsi que l'orientation de l'entreprise, que ce soit vers les produits ou vers les marchés.

Le gestionnaire doit en principe structurer son équipe de vente avec pragmatisme, c'est-à-dire en considérant les différentes activités qui devront être accomplies selon les objectifs fixés. Par la suite, il affectera ses représentants en fonction des activités de vente nécessaires au bon fonctionnement de l'équipe de vente.

4.1.2 La délégation des responsabilités et de l'autorité

Dans une équipe de vente en expansion, le gestionnaire doit attribuer des responsabilités à des subordonnés et leur déléguer l'autorité nécessaire. Ainsi, un directeur de territoire qui dirige une équipe de représentants doit détenir l'autorité qui lui permettra d'accomplir sa tâche. Le recours au concept d'« équilibre » permet alors d'harmoniser les responsabilités d'un représentant en lui fournissant l'autorité nécessaire pour commander et allouer adéquatement les ressources disponibles afin d'atteindre les objectifs fixés.

En d'autres termes, un membre de l'équipe de vente à qui on ne confie aucune responsabilité ne pourra pas contribuer au succès de l'organisation. Également, le responsable d'une unité de vente, tel un directeur de produits, qui ne possède aucune autorité ne pourra disposer des ressources qui lui sont nécessaires pour effectuer sa tâche.

4.1.3 La coordination des activités de vente

Le gestionnaire de l'équipe de vente doit accorder de l'importance à la coordination des activités de vente lors de l'établissement de sa structure. La **coordination** permet en effet d'harmoniser les activités et les fonctions, et de les répartir, d'une part, entre les différents membres de l'équipe de vente et, d'autre part, dans l'unité administrative de marketing. L'unité administrative des ventes et les autres unités administratives de l'entreprise (en production, en recherche et développement, etc.) jouent un rôle particulièrement important dans le cadre d'une stratégie orientée vers les marchés (SOM).

4.1.4 L'équilibre entre les activités de vente

Lors de la mise sur pied d'une équipe de vente, le gestionnaire recherche l'équilibre entre les diverses activités quant au nombre d'unités nécessaires à leur bon déroulement et à la charge de travail exigée par chacune d'entre elles.

Le concept d'**équilibre** se rapporte au fait de favoriser un flux d'activités optimal à l'intérieur de l'entreprise et de l'unité administrative de l'équipe de vente. Concrètement, il s'agit d'établir le nombre d'unités nécessaires pour chaque division géographique, pour chaque produit, etc.

4.1.5 La stabilité de l'équipe de vente

L'organisation de l'équipe de vente doit s'appuyer sur des conditions de **stabilité** afin de faire face à certains changements provoqués par les soubresauts de son environnement tels que la concurrence et les variations des facteurs économiques. Elle doit donc pouvoir résister à diverses réactions, souvent imprévisibles, sans que l'équipe de vente soit remaniée en profondeur.

4.1.6 La flexibilité de l'équipe de vente

En contrepartie du facteur stabilité, l'équipe de vente doit aussi être en mesure de subir certains changements sans qu'il y ait de modifications importantes dans la structure; elle doit donc faire preuve d'une certaine **flexibilité**. Celle-ci constitue sa capacité d'intégrer adéquatement des changements de tâches et d'activités.

Par exemple, l'organisation de l'équipe de vente doit être assez flexible pour s'adapter aux diverses activités entre les saisons, pour permettre le lancement d'un nouveau service ou produit, etc. Une structure flexible aide l'équipe de vente à se plier aux exigences des changements qui peuvent survenir durant de courtes et de moyennes périodes.

4.1.7 La taille de la supervision de l'équipe de vente

La **taille de la supervision** se définit comme étant le nombre de subalternes placés sous l'autorité directe d'un supérieur. Elle doit permettre une supervision adéquate de l'équipe de vente. Le supérieur de cette équipe doit alors déterminer le nombre de représentants qui seront supervisés par un directeur des ventes. Ce nombre peut varier selon plusieurs considérations telles que les objectifs de vente, le domaine d'activité et les activités accomplies, les bases de regroupement, l'expérience et les connaissances des membres de l'équipe. Ordinairement, un directeur des ventes supervisera de 8 à 10 représentants.

4.1.8 L'adaptation de l'équipe de vente au marché

Le gestionnaire de l'équipe de vente doit structurer celle-ci de manière qu'elle puisse satisfaire à la mission de l'entreprise et aux objectifs fixés. Selon le plan d'action envisagé, il devra aussi considérer 1) le domaine d'activité dans lequel il opère, soit le marché qu'il dessert, 2) l'évolution des changements dans les environnements (économique, culturel ou concurrentiel, pour ne nommer que ceux-là), 3) les projets de l'entreprise, par exemple le lancement de nouveaux produits ou encore sa fusion avec une autre entreprise.

4.2 Les bases de structuration d'une équipe de vente

Après avoir analysé les critères permettant d'établir une structure efficace, le gestionnaire des ventes peut alors concevoir ou modifier celle-ci selon certaines bases de structuration. L'organisation de l'équipe de vente est l'une des décisions les plus importantes des directeurs des ventes parce qu'elle influe directement sur son efficacité dans l'atteinte des objectifs.

Tout comme les environnements sont en perpétuel changement, la structure organisationnelle est appelée à se transformer et à évoluer. C'est d'ailleurs le principal rôle du gestionnaire des ventes : être à l'affût de cette évolution et adapter la structure au changement. Mais ce n'est pas tout ! Pour être performant, il doit devancer les changements, les prévoir, être proactif et non réactif, être un pas en avance et non un pas en arrière sur la concurrence quant à la satisfaction des clients. C'est là son gage de succès.

Nous vous présentons dans les pages qui suivent les bases de structuration d'une équipe de vente. Elle peut être établie selon les territoires géographiques, les produits, les clients et les marchés, les fonctions de vente ou une combinaison de ces structures de façon simultanée ou évolutive.

4.2.1 L'équipe de vente structurée par territoires géographiques

L'unité administrative **géographique** ou **territoriale** s'applique particulièrement bien aux entreprises de petite et de moyenne taille. Ainsi, la gestion de l'équipe de vente s'applique à un territoire qui peut à son tour être subdivisé en secteurs et en sous-secteurs. La figure 4.1 présente un exemple d'une structure basée selon les territoires, les secteurs et les sous-secteurs, où chaque représentant a la responsabilité de couvrir son propre territoire de vente selon des délimitations territoriales strictes. En général, les territoires sont délimités par provinces, par régions et par quartiers. Par exemple, on trouvera l'ouest ou le nord du grand Montréal, la région de la Beauce ou celle du Saguenay–Lac-Saint-Jean, etc. Au chapitre 6, nous verrons comment établir les territoires et les quotas.

La répartition géographique est la structure la plus simple et la plus populaire. Elle subdivise l'ensemble d'un marché cible en plusieurs parties et débouche sur l'établissement d'un territoire pour chacun des représentants. L'équipe de vente est donc structurée de telle sorte que le représentant est responsable de la vente de tous les produits offerts par le fabricant à tous les clients potentiels dans son territoire exclusif.

FIGURE 4.1 Équipe de vente structurée par territoires

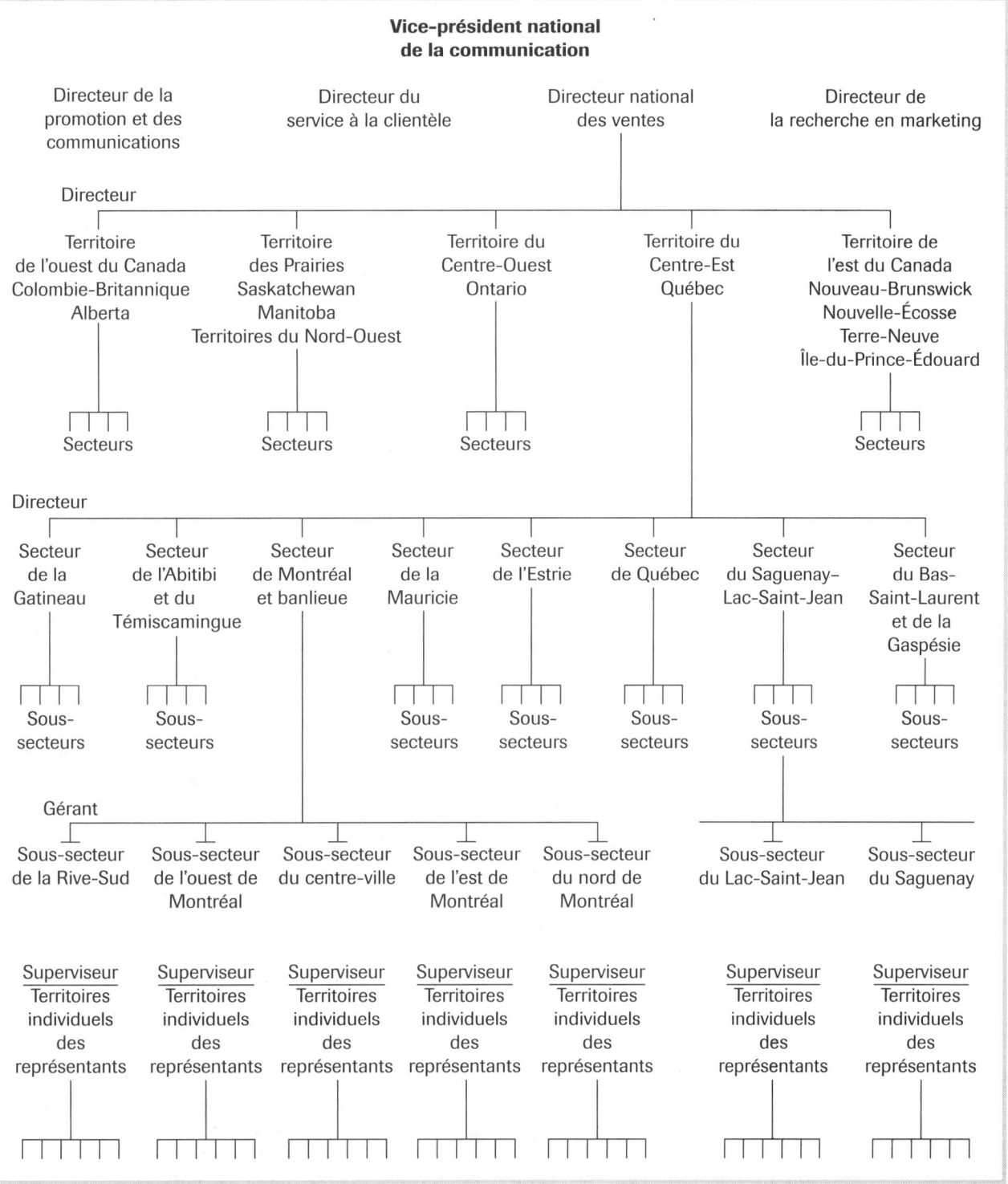

Vice-président national de la communication

- Directeur de la promotion et des communications
- Directeur du service à la clientèle
- Directeur national des ventes
- Directeur de la recherche en marketing

Directeur
- Territoire de l'ouest du Canada
  Colombie-Britannique
  Alberta
  — Secteurs
- Territoire des Prairies
  Saskatchewan
  Manitoba
  Territoires du Nord-Ouest
  — Secteurs
- Territoire du Centre-Ouest
  Ontario
  — Secteurs
- Territoire du Centre-Est
  Québec
- Territoire de l'est du Canada
  Nouveau-Brunswick
  Nouvelle-Écosse
  Terre-Neuve
  Île-du-Prince-Édouard
  — Secteurs

Directeur
- Secteur de la Gatineau
- Secteur de l'Abitibi et du Témiscamingue
- Secteur de Montréal et banlieue
- Secteur de la Mauricie
- Secteur de l'Estrie
- Secteur de Québec
- Secteur du Saguenay–Lac-Saint-Jean
- Secteur du Bas-Saint-Laurent et de la Gaspésie

Sous-secteurs (pour chaque secteur)

Gérant
- Sous-secteur de la Rive-Sud
- Sous-secteur de l'ouest de Montréal
- Sous-secteur du centre-ville
- Sous-secteur de l'est de Montréal
- Sous-secteur du nord de Montréal
- Sous-secteur du Lac-Saint-Jean
- Sous-secteur du Saguenay

Superviseur
Territoires individuels des représentants (pour chaque sous-secteur)

La structuration de l'équipe de vente **Chapitre 4** 101

Plusieurs avantages sont reliés à la structure géographique :

- Les territoires sont souvent assez petits, de telle sorte que le représentant est plus en mesure de connaître ses clients et leurs besoins que dans un territoire plus vaste, ce qui n'est pas négligeable. De plus, comme il voit de près à son marché, il peut mieux réagir aux assauts de la concurrence. Dans un tel cas, la structure interne flexible lui permet de modifier sa stratégie et ses tactiques de façon rapide et efficace.
- Étant l'unique intervenant dans son territoire, le représentant est alors le seul responsable de la réalisation de ses objectifs. Cela lui permet, dans une certaine mesure, d'acquérir un plus grand sens des responsabilités et ainsi d'accroître sa motivation au travail. Son territoire devient en quelque sorte « sa maison de commerce ». Le succès ou l'échec dépend de lui, et non des autres, et les efforts qu'il y accomplit se répercuteront sur l'atteinte de ses objectifs et des quotas de vente.
- La taille plutôt restreinte du territoire fait en sorte que le représentant n'a pas à parcourir de grandes distances, ce qui contribue à diminuer les coûts de déplacement et le temps qui lui est alloué.
- Dans son territoire, le représentant vend ordinairement toute la gamme des produits offerts par le fabricant. On parle ainsi d'une **approche généraliste**, où le représentant connaît assez bien l'ensemble des produits, à l'opposé d'une **approche de spécialisation**, où le représentant connaît parfaitement quelques produits seulement. L'approche généraliste a pour avantage qu'elle permet d'éviter les dédoublements d'activités : il n'y a donc pas de risques que plus d'un représentant rencontre le même client.

Cependant, l'approche généraliste ne comporte pas que des avantages. Il est possible que la diversité des connaissances que doit maîtriser le vendeur nuise à sa performance de vente. En effet, il ne peut être un expert dans tous les domaines. De plus, en raison de la liberté d'action dont certains représentants jouissent dans leur territoire, quelques-uns seront alors tentés de promouvoir les produits les plus faciles à vendre auprès des clients avec qui ils se sentent le plus à l'aise. Ces territoires risquent alors de connaître un réel déséquilibre : quelques clients choyés et de nombreux autres négligés ; une répartition des ventes limitée à quelques produits, souvent les plus vieillissants, au détriment de produits récemment lancés sur le marché.

Dans la gestion par territoires, étant donné l'étendue de la gamme de produits à couvrir, les directeurs des ventes agissent eux aussi comme des généralistes. Ils partagent leur temps entre plusieurs activités de vente, auxquelles ils ne peuvent s'adonner en profondeur. Le gestionnaire d'un territoire doit effectivement accomplir diverses tâches telles que la gérance de plusieurs produits, la diffusion de la publicité dans les médias, de même que la promotion, le recrutement, la formation, etc.

Somme toute, la répartition de l'équipe de vente par territoires convient bien à un fabricant dont la clientèle est relativement homogène et dont la gamme de produits est restreinte ou peu diversifiée. Dans de tels cas, le représentant peut mieux assimiler les connaissances sur les produits tout en s'adressant à des clients qui ont des comportements similaires. De ce fait, il pourra percevoir plus adéquatement les besoins et réagir promptement aux offensives de la concurrence et aux modifications des environnements. Du fait qu'il travaille dans un secteur plus petit, les coûts de déplacement sont alors inférieurs à ceux d'autres types d'unités administratives, ce qui en fait un avantage de taille pour certaines entreprises.

La structure par territoires perd toutefois une grande partie de son efficacité lorsque la gamme de produits est diversifiée et que les marchés sont très spécialisés. Ces conditions imposent des limites aux représentants et aux directeurs des ventes. Dans ces cas, il vaudra mieux opter pour une autre forme d'unité administrative, soit la structuration par produits.

4.2.2 L'équipe de vente structurée par produits

Plusieurs entreprises choisissent de répartir leur équipe de vente par produits, car elles jugent qu'une excellente connaissance des produits et des marchés est essentielle pour atteindre les objectifs de marketing et de vente. En vertu de ce type de répartition, l'équipe de vente se spécialise alors par produits ou par catégories de produits. Cette approche est justifiée lorsque les produits sont technologiquement avancés, très complexes, relativement variés, ou encore qu'il existe très peu de similitudes entre les produits et les différents marchés cibles. Un exemple de répartition par produits est illustré à la figure 4.2, à la page suivante.

Il existe certains avantages à structurer l'équipe de vente par produits :

- Le principal avantage est que cette structuration permet à l'équipe de vente de se spécialiser en développant son expertise et en raffinant ses connaissances. Le représentant a alors la possibilité de bien connaître le produit qu'il présente (son usage, son rendement, etc.), ce qui se répercute sur ses stratégies de vente et sur sa maîtrise de la connaissance des marchés.

- Un autre avantage est que chaque vendeur concentre son attention sur une seule gamme de produits, sans avoir à disperser ses énergies. Il en va de même pour le cadre, pour qui la gestion d'une seule gamme de produits devient plus efficace, notamment sur les plans de la sélection et de la formation des représentants.

- La spécialisation du représentant augmente aussi la qualité des relations entre les clients et les fonctions administratives de l'organisation (la coordination interne), que ce soit en recherche et développement ou en recherche et communication marketing. Ainsi, dans les cas où les produits sont fabriqués selon les directives techniques du client, les représentants spécialisés pourront bénéficier d'échanges plus fructueux avec leurs clients et les membres de la chaîne de valeur que certains de leurs concurrents.

- La spécialisation permet aussi de mieux ajuster la coordination entre les clients et la coordination interne selon les cycles de vie des produits ; nous faisons ici référence aux modifications d'un produit par rapport au lancement d'un nouveau produit, alors que les activités et les stratégies sont très différentes.

Le principal désavantage de la répartition par produits est qu'il existe un dédoublement d'activités des ventes, dans le sens où plusieurs représentants d'une même entreprise entretiennent des relations de vente avec le même client. Cette situation implique des frais de déplacement et de représentation plus élevés. Les multiples visites de plusieurs représentants de la même entreprise peuvent causer de la confusion, des malentendus et même certains conflits chez les clients comme entre les vendeurs.

Les directeurs des ventes doivent donc exercer un contrôle rigoureux sur les activités des représentants. Ils ont également tout intérêt à instaurer une excellente collaboration avec les autres directions de gammes de produits ainsi qu'avec tous les

FIGURE 4.2 Équipe de vente répartie par produits

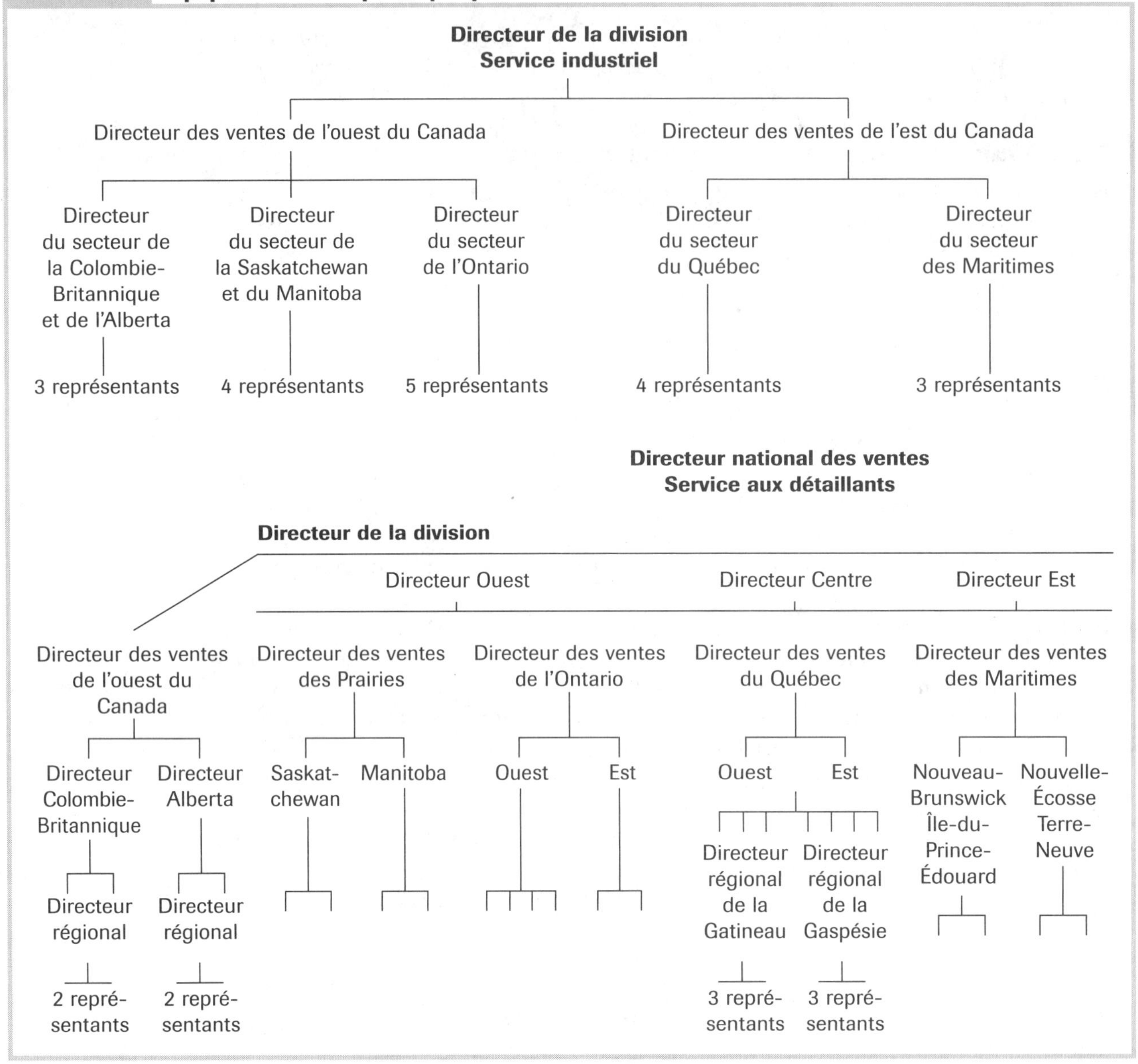

```
                        Directeur de la division
                           Service industriel
            ┌──────────────────┴──────────────────┐
  Directeur des ventes de l'ouest du Canada   Directeur des ventes de l'est du Canada
       ┌──────────┼──────────┐              ┌──────────┴──────────┐
  Directeur   Directeur   Directeur      Directeur            Directeur
  du secteur  du secteur  du secteur    du secteur           du secteur
  de la       de la       de l'Ontario  du Québec            des Maritimes
  Colombie-   Saskatchewan
  Britannique et du
  et de       Manitoba
  l'Alberta

  3           4           5              4                    3
  représentants représentants représentants  représentants     représentants
```

```
                    Directeur national des ventes
                       Service aux détaillants

                    Directeur de la division
        ┌──────────────┬──────────────┬──────────────┐
                  Directeur Ouest  Directeur Centre  Directeur Est
  Directeur des   Directeur des   Directeur des   Directeur des   Directeur des
  ventes de       ventes des      ventes de       ventes du       ventes des
  l'ouest du      Prairies        l'Ontario       Québec          Maritimes
  Canada
    ┌────┐        ┌────┐          ┌────┐          ┌────┐          ┌────┐
  Directeur Directeur Saskat- Manitoba Ouest  Est  Ouest  Est  Nouveau-  Nouvelle-
  Colombie- Alberta  chewan                                    Brunswick Écosse
  Britannique                                                  Île-du-   Terre-
                                                               Prince-   Neuve
                                                               Édouard
  Directeur Directeur                              Directeur Directeur
  régional  régional                               régional  régional
                                                   de la     de la
                                                   Gatineau  Gaspésie

  2 repré-  2 repré-                                3 repré-  3 repré-
  sentants  sentants                                sentants  sentants
```

gestionnaires d'équipes de vente. Il est important de ne pas transformer les avantages relatifs d'une organisation spécialisée en contre-performance. Dans un tel cas, il serait alors judicieux d'organiser une équipe de vente structurée selon les clients et les marchés, ce qui évite les inconvénients et les risques de confusion et de conflits.

Pour clore le sujet sur la structure par produits, il convient de dire que, malgré le fait qu'il engendre des coûts plus élevés, ce type d'unité administrative est efficace dans le cas où la gamme de produits nécessite de la part des représentants la compétence et l'expertise qui conduisent à l'utilisation d'une stratégie de vente adaptée aux produits et aux marchés.

4.2.3 L'équipe de vente structurée par clients et par marchés

De plus en plus d'entreprises choisissent de structurer leur équipe de vente en orientant leurs efforts et leurs ressources vers les marchés cibles plutôt que vers les territoires ou les gammes de produits. Les représentants se spécialisent alors dans la vente de produits qui sont destinés à des clients spécifiques. Cette approche est en lien direct avec la SOM. Dans le cadre de la gestion des ventes, il s'agit de l'**orientation client**. Une preuve de plus que la stratégie marketing et la structure organisationnelle se conjuguent pour donner de meilleurs résultats, ce qui convient très bien à des marchés hautement concurrentiels.

Cette approche fait aussi référence à une gestion des ventes reposant sur l'approche par segments de marché. Il s'agit alors de regrouper les clients selon certains critères, en l'occurrence les segments, et de développer des stratégies spécifiques afin de servir plus efficacement les clients par un meilleur déploiement des activités rattachées à la gestion des ventes[2]. Par la suite, le directeur établira son équipe de vente en fonction des entreprises correspondant à divers segments[3]. Les spécialistes selon le type de clients sauront mieux répondre aux besoins du client et de son marché. Comme ils ont l'avantage de recevoir l'information commerciale stratégique, la composante principale de la SOM, les représentants sont en meilleure position pour comprendre la composition et les intérêts de la chaîne de valeur des clients[4], et comme ils partagent cette information, ils sont mieux placés pour réagir et pour stimuler la valeur[5] de leurs clients, et, réciproquement, de leur propre organisation. On forme alors non pas une relation de vente, mais plutôt une relation de partenariat[6]. La création de valeur supérieure passe notamment par le développement de produits innovateurs.

Pour ce qui est de la gestion des ventes, les directeurs des ventes connaissent mieux les clients et les marchés, ce qui entraîne des approches stratégiques de vente spécifiques à l'égard des clients et des marchés[7], lesquelles produisent à leur tour un plus haut taux de satisfaction du client[8]. Une telle philosophie permet, entre autres, d'entreprendre des actions marketing rapides et partagées, car elles sont empreintes de confiance mutuelle[9].

Ainsi, les vendeurs sont mieux placés pour établir des contacts féconds avec les clients et pour répondre adéquatement aux exigences et aux besoins du marché. Cela permet de mieux définir les besoins ainsi que les relations entre les différents segments de marché. Le représentant vend alors tous les produits du fabricant aux marchés cibles qui ont été déterminés. La figure 4.3, à la page suivante, illustre un exemple du mode de regroupement par marchés. On peut aussi concevoir des regroupements selon 1) la taille des clients (petites, moyennes et grandes entreprises), 2) les probabilités de croissance des marchés (de faible à forte croissance), 3) les types de marchés (de restauration rapide à grands hôtels, de maisons de retraite à hôpitaux), etc. Nous convenons que le choix des segments est complexe, demande beaucoup d'attention et comporte des risques d'erreurs, mais les gains peuvent être fort importants.

La répartition selon les marchés présente divers avantages:
- Le principal avantage est que le représentant acquiert des expertises, des connaissances et des compétences par rapport à ses clients, ce qui le place en meilleure position que ses concurrents. Il peut alors mieux satisfaire les besoins des clients comme des consommateurs.

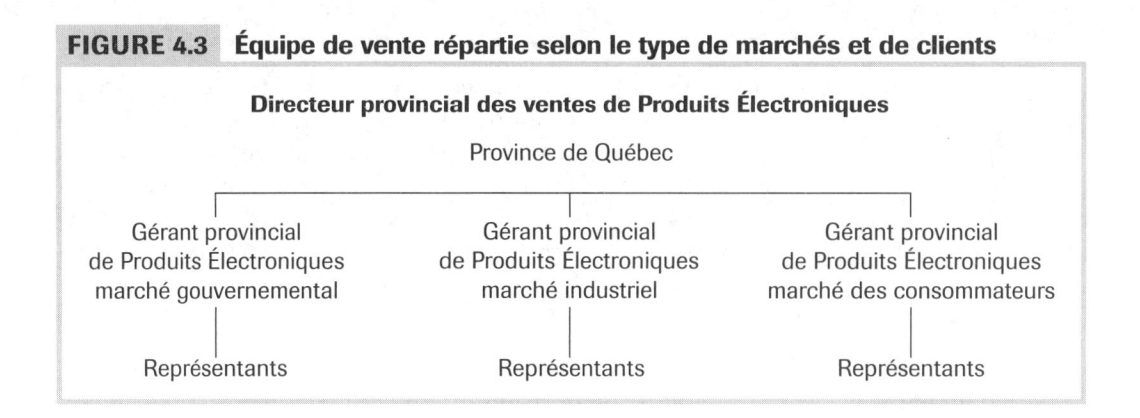

FIGURE 4.3   Équipe de vente répartie selon le type de marchés et de clients

```
Directeur provincial des ventes de Produits Électroniques
                  Province de Québec
    │                      │                        │
Gérant provincial   Gérant provincial      Gérant provincial
de Produits Électroniques  de Produits Électroniques  de Produits Électroniques
marché gouvernemental  marché industriel   marché des consommateurs
    │                      │                        │
Représentants       Représentants          Représentants
```

- Comme il est bien placé pour recueillir l'information sur le marché, le représentant a la possibilité d'orienter plus efficacement les stratégies de vente et d'atteindre l'objectif de vente.
- Une bonne connaissance du marché et de la chaîne de valeur permet de mieux percevoir les tendances et, par conséquent, de saisir plus rapidement les occasions et de riposter plus adéquatement aux actions de la concurrence.
- En outre, une structure orientée vers les marchés peut allouer différemment ses ressources en raison d'exigences stratégiques ou de la dimension des marchés.
- Finalement, les représentants bien renseignés peuvent jouer un rôle très important au sein de l'entreprise en participant à l'élaboration des objectifs et des stratégies qui en découlent.

Une structure stratégique orientée vers les marchés (SOM) est appropriée lorsque le fabricant opère sur des marchés très différents. Il convient alors de faire des efforts de marketing qui seront propres à chacun des segments de marché. La répartition par marchés permet, en effet, d'aborder chaque marché selon ses besoins et le travail qu'il faut y faire. L'équipe de vente tient ainsi compte des particularités des divers marchés.

Une structure orientée vers les clients et les marchés implique cependant des coûts importants. Ces derniers doivent donc être motivés et comblés par la création de valeur supérieure et la fidélisation des clients. Dans une telle structure, il est possible que plusieurs représentants entretiennent des relations avec plusieurs clients dans le même territoire, d'où la multiplication des dépenses. Les choses peuvent se compliquer lorsqu'un client occupe plusieurs marchés. On court alors le risque que plusieurs représentants de la même organisation visitent le même client. Comme pour la structure par produits, cette situation peut amener de la confusion et des conflits. Un bon contrôle des activités marketing et la collaboration des directeurs des ventes sont alors essentiels. L'une des solutions est aussi de structurer l'équipe de représentants par ce qu'on appelle les « clients majeurs » ou les « clients nationaux » ou les « clients clés ». Nous utiliserons cette dernière désignation dans les paragraphes qui suivent.

L'importance de l'approche par clients clés

Tôt ou tard, un fabricant se doit de modifier sa structure afin de consacrer plus d'énergie pour fidéliser ou conquérir les clients les plus importants[10]. Ces clients constituent en fait des segments cruciaux pour l'entreprise et ils méritent par conséquent qu'on leur prête une attention particulière. La tendance semble claire ; les clients industriels réduisent radicalement le nombre de fournisseurs, d'où l'importance de tirer le meilleur parti de la collaboration mutuelle. Cela exige de former des équipes de vente indépendantes des structures de l'organisation, se consacrant exclusivement aux **clients clés**.

Dans le cadre d'une SOM, les clients clés sont considérés comme des partenaires d'affaires avec lesquels on établit une relation de collaboration et on partage l'information commerciale stratégique mutuellement et librement. Il convient de souligner que la relation d'affaires avec les clients clés n'est envisageable qu'à long terme. La figure 4.4 présente une telle structure.

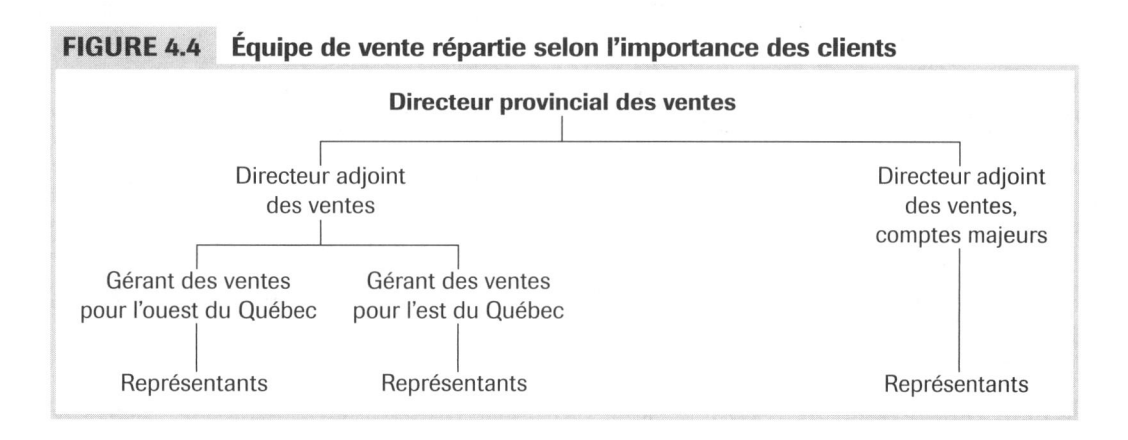

FIGURE 4.4 Équipe de vente répartie selon l'importance des clients

```
                    Directeur provincial des ventes
                    ┌──────────────┴──────────────┐
              Directeur adjoint              Directeur adjoint
                des ventes                     des ventes,
           ┌────────┴────────┐               comptes majeurs
     Gérant des ventes   Gérant des ventes
     pour l'ouest du     pour l'est du
        Québec              Québec
           │                   │                     │
     Représentants       Représentants         Représentants
```

Le rôle du représentant dans l'approche par clients clés

La représentation des clients clés nécessite des compétences spéciales. Les représentants responsables des comptes clients clés se voient attribuer l'autorité et la responsabilité de la gestion de budgets considérables, qu'il s'agisse d'investissement pour des projets de développement de produits, des budgets de commandite et d'évènements spéciaux, etc. Il a également la charge de conclure des ententes avec les différents intervenants dans la chaîne de valeur, mais aussi à l'intérieur de sa propre entreprise. Il doit alors voir à la coordination des projets et les rendre à terme selon le temps et les budgets alloués, tout en assurant un retour sur investissement (ROI) selon les objectifs fixés. Son rôle relève beaucoup plus de la consultation que de la vente proprement dite. En raison d'une concurrence féroce, la compétence des représentants est un facteur essentiel pour mener avec succès les stratégies marketing qui pourront satisfaire à des objectifs communs entre le fournisseur et le client. Ce type de représentation, qui requiert des qualités particulières et des capacités hors du commun, est confié aux représentants les plus expérimentés de l'entreprise.

Les avantages et les désavantages de l'approche par clients clés

Le principal avantage pour les fabricants de diriger une partie de leur équipe de vente vers des clients clés est que cette structure permet une meilleure coordination et un meilleur contrôle de la gestion des ventes. Cette approche spécialisée suppose donc la **délégation de responsabilités et de l'autorité** à des personnes qui sont en mesure, par leur position, de bien connaître les besoins des clients afin d'y répondre adéquatement. Cette structure permet également d'intervenir avec plus de flexibilité ; ainsi, selon les exigences et l'évolution du processus de vente, il est plus facile d'amener les cadres supérieurs et les autres ressources jugées pertinentes à participer.

Parmi les désavantages de cette structure, on peut mentionner encore une fois le dédoublement des activités de vente, lequel entraîne des coûts plus élevés.

4.2.4 L'équipe de vente structurée par fonctions de vente

Certaines organisations répartissent une partie de leur équipe de vente par fonctions. Ordinairement, cette structure comprend deux activités : le maintien de la clientèle existante et le développement de la clientèle par la recherche de nouveaux clients. Pour atteindre efficacement ces deux objectifs, il est logique d'appliquer les stratégies de vente qui y correspondent le mieux.

Ainsi, le gestionnaire sélectionnera parmi son équipe de vente les représentants les plus aptes à accomplir l'une ou l'autre de ces deux fonctions. Par conséquent, lorsqu'il veut élaborer une stratégie d'expansion du marché, il peut mettre en place une structure regroupant les représentants spécialisés dans l'ouverture de comptes, structure pouvant être fort viable surtout sur le plan des habiletés de vente[11]. Le gestionnaire confiera alors à ses meilleurs vendeurs la fonction consistant à donner de l'information au client, à établir avec lui une relation de confiance et à déterminer ses besoins.

L'autre fonction consiste à charger certains représentants de conserver la clientèle actuelle. Les notions de **fidélité** et de **loyauté** s'avèrent alors très importantes. C'est pourquoi la stratégie adoptée doit considérer l'ensemble des achats effectués par le client, et non pas les achats sporadiques.

4.2.5 L'équipe de vente structurée par combinaisons

Certaines entreprises, surtout les plus grandes, associent plusieurs types de répartition. L'objectif d'un tel choix consiste à maximiser les avantages de chaque structure et d'en minimiser les inconvénients. Cependant, il peut en résulter une certaine complexité de nature à nuire à l'entreprise (*voir la figure 4.4*).

4.2.6 La structure évolutive de l'équipe de vente

L'examen des différentes formes de structures nous fait réaliser que chacune a ses particularités, ses faiblesses et ses forces. Aussi l'organisation de l'équipe de vente doit-elle faire l'objet d'une réévaluation tous les deux ou trois ans par les gestionnaires supérieurs de l'organisation, selon les changements qui surviennent dans la nature de l'offre et de la demande (*voir le tableau 4.1*).

L'analyse du tableau 4.1 indique que le choix d'une forme d'organisation de l'équipe de vente d'une entreprise devrait être conditionné aussi bien par la nature de son offre que par celle de la demande qu'elle cherche à combler.

Dans le cas où l'entreprise a une offre limitée (peu de produits) très homogène et qu'elle dessert un marché également homogène, une organisation géographique convient bien. Cette structure assure une présence marquée de l'entreprise dans un territoire donné. Généralement, ce type de structure favorise l'assignation de

TABLEAU 4.1
Organisation selon la nature de l'offre et de la demande

Nature de l'offre	Nature de la demande	
	Hétérogène	**Homogène**
Homogène	Organisation par clients	Organisation géographique
Hétérogène	Organisation par réseaux – par activités	Organisation par produits

petits territoires de vente aux représentants, lesquels n'ont d'autre choix que de les couvrir intensivement (ce qui suppose un grand nombre de rencontres et d'appels) s'ils veulent en tirer le maximum de profit.

Dans le cas où l'offre de l'entreprise est homogène, mais qu'elle cherche à joindre des clients dont les attentes diffèrent, il semble plus adéquat qu'elle adopte une structure par clients.

Si l'offre de l'entreprise est très disparate, mais que les marchés ciblés sont homogènes, c'est-à-dire qu'ils ont des particularités qui leur sont propres, l'organisation par produits semble la meilleure option.

Par contre, dans le cas où l'offre est très hétérogène (présentant beaucoup de disparité dans les produits offerts, presque du sur-mesure) et que les marchés visés sont également hétérogènes, une organisation par réseaux ou par activités semble mieux répondre aux conditions en vigueur.

En se guidant sur ces grandes lignes de conduite, une entreprise peut évoluer d'une structure à une autre, à chacune de ses étapes de développement, ou adopter une certaine mixité.

4.3 L'établissement de la structure de vente par étapes

Avant même qu'il procède à l'assignation des territoires parmi les membres de l'équipe de vente, le gestionnaire doit connaître la façon d'établir une structure. Les sept étapes suivantes l'aideront à définir la structure la plus appropriée.

Étape 1 : Dresser une liste de tous les produits à promouvoir du portefeuille.

Exemple :
Produit 1 : Antidépresseur
Produit 2 : Anovulant
Produit 3 : Analgésique oral

On doit se poser les questions suivantes :
- Chaque membre de l'équipe de vente est-il apte à représenter la gamme complète de produits du portefeuille de l'entreprise ?
- Peut-on réaliser des gains en spécialisant l'équipe de vente par produits ?

S'ils sont très homogènes, les produits de la gamme ne nécessitent pas de connaissances particulières de la part du représentant. On a alors le choix entre une organisation géographique ou une organisation par clients, selon ce qui caractérise le mieux les marchés.

À l'inverse, si le nombre de produits est très important, on doit considérer que l'offre est hétérogène. On a alors le choix de retenir une organisation par réseaux, par activités ou par produits, selon les caractéristiques des marchés. On doit donc déterminer ces caractéristiques.

Étape 2 : Dresser une liste de tous les marchés desservis (marchés actuels) ou qu'on aimerait desservir (marchés potentiels).

Par exemple, pour une entreprise pharmaceutique, cela peut prendre la forme suivante. Marchés potentiels : généralistes, allergologues, pédiatres, psychiatres, cardiologues.

À ce stade, le gestionnaire doit se poser les questions suivantes :
- Outre la segmentation déjà réalisée, puis-je segmenter davantage le marché ?
- Si oui, les segments identifiés sont-ils hétérogènes ou homogènes ?
- Les segments ont-ils des potentiels de marché équivalents ?
- Certains marchés lucratifs risquent-ils d'être négligés si je retiens uniquement une équipe de vente de type généraliste, c'est-à-dire à structure géographique ?

Les réponses peuvent être multiples et complexes. Par exemple, une entreprise pharmaceutique peut considérer que le marché des cardiologues réagit sur la base des mêmes critères que celui des généralistes quant au produit 1, donc qu'ils ont des attentes similaires par rapport à ce produit. Ces marchés pourraient aussi avoir des attentes très différentes de celles des allergologues ou des pédiatres par rapport à ce même produit. Cela signifierait que certains marchés sont homogènes (cardiologues et généralistes) quant au produit 1, mais qu'ils sont hétérogènes toujours par rapport au même produit (cardiologues et généralistes versus pédiatres et allergologues). Les processus de vente requis par couple produit-marché pourraient donc différer de marché en marché.

Il devient donc utile à cette étape d'analyser l'ensemble des possibilités. Cela se fait à l'aide d'une **matrice de couverture**.

Étape 3 : Élaborer une matrice de couverture.

À partir des informations répertoriées aux étapes 1 et 2, on peut tracer une matrice de couverture. Pour ce faire, il faut placer, sur l'axe horizontal, les marchés potentiels de l'entreprise dans un territoire donné et, sur l'axe vertical, les produits offerts par l'entreprise (*voir le tableau 4.2*).

TABLEAU 4.2
Matrice de couverture pour une équipe de vente du domaine pharmaceutique

Produits	Marchés potentiels				
	Généralistes	Allergologues	Pédiatres	Psychiatres	Cardiologues
Antidépresseur					
Anovulant					
Analgésique oral					

Pour savoir comment organiser son équipe de vente, le gestionnaire va analyser chaque cellule de la matrice, laquelle cellule représente un couple produit-marché.

Étape 4 : Repérer les cellules où aucune ressource de l'équipe de vente ne sera utilisée.

Toute cellule qui ne nécessite pas d'interventions de la part de représentants médicaux est « éliminée », c'est-à-dire non considérée dans l'organisation de l'équipe de vente. Par exemple, un antidépresseur (produit 1) peut ne revêtir qu'un intérêt faible ou nul pour le marché des cardiologues. Dans un tel cas, il n'est pas nécessaire d'allouer de ressources pour présenter l'antidépresseur au marché des cardiologues. De l'information sur le site Internet de l'entreprise pharmaceutique, une communication écrite ou une brochure suffiront à alimenter ce marché au cas où il chercherait à en savoir plus sur le produit.

Chaque cellule est scrutée tour à tour et un X est inséré dans toute cellule ne nécessitant pas de ressources émanant de l'équipe de vente active. Le résultat de cette étape apparaît au tableau 4.3.

TABLEAU 4.3

Matrice de couverture pour une équipe de vente du domaine pharmaceutique (à l'étape 4)

Produits	Marchés potentiels				
	Généralistes	Allergologues	Pédiatres	Psychiatres	Cardiologues
Antidépresseur		x			x
Anovulant		x	x		x
Analgésique oral					

Étape 5 : Évaluer chaque cellule restante.

Le gestionnaire doit alors allouer son équipe de vente selon les particularités des couples produit-marché restants en maximisant les retombées d'une telle assignation pour le vendeur, pour le représentant au service de l'entreprise et pour la firme elle-même. Il doit donc se demander si différentes cellules présentent les couples produit-marché de l'entreprise peuvent tirer profit des mêmes processus de vente. Toutes les cellules de la matrice dont les processus de vente présentent de grandes similarités sont groupées ensemble. Chaque groupe constitue une sous-partie de l'organisation de l'équipe de vente. Les couples produit-marché faisant partie d'un groupe sont homogènes et différenciés des couples produit-marché associés à un autre groupe.

Par exemple, le gestionnaire estime que la gamme complète de produits revêt de l'intérêt pour tous les généralistes et que le processus de vente est similaire. L'ensemble des couples produit-marché (ici, couple produit-marché des généralistes) devient donc le groupe « I ». Il constate que les besoins et les attentes des allergologues en lien avec l'analgésique oral sont en tout point similaires à ceux exprimés par les pédiatres pour le même produit et l'antidépresseur. Ces trois cellules sont donc regroupées dans le groupe « II ». Et ainsi de suite. Chaque groupe ainsi constitué doit montrer de la consistance interne et des différences marquées par rapport aux autres groupes. De plus, les cellules dont les besoins en communication et en coordination sont identiques doivent être classées dans le même groupe. Différents scénarios sont ainsi élaborés et évalués quant à leur pertinence pour les acteurs en présence (*voir le tableau 4.4*).

TABLEAU 4.4

Matrice de couverture pour une équipe de vente du domaine pharmaceutique (à l'étape 5)

Produits	Marchés potentiels				
	Généralistes	Allergologues	Pédiatres	Psychiatres	Cardiologues
Antidépresseur	I	x	II	III	x
Anovulant	I	x	x	III	x
Analgésique oral	I	II	II	III	III

Étape 6: Organiser les équipes par groupes.

Une fois l'étape 5 réalisée, le gestionnaire sait maintenant qu'il a besoin de trois équipes de vente distinctes (*voir le tableau 4.4*). Dans notre exemple, le profil de la clientèle semble être ce qui différencie le plus les groupes. Ainsi, la première équipe de vente sera dirigée vers le marché des généralistes et présentera l'ensemble des produits de l'entreprise. La seconde équipe desservira les allergologues et les pédiatres et ne présentera que les produits d'intérêt. Enfin, la troisième équipe desservira le reste des clientèles. Il s'agit donc d'une organisation par clients.

Étape 7: Évaluer chaque solution possible.

Bien que l'exercice précédent ait pu conduire à une solution, il arrive que d'autres scénarios émergent à la suite de l'analyse et de l'assignation des cellules à un groupe. On doit donc comparer les diverses possibilités de solutions avant de retenir l'une d'entre elles. La meilleure solution est celle qui satisfait le mieux les marchés visés, atteint les objectifs prioritaires de l'entreprise et offre aux représentants de l'équipe de vente un défi stimulant dans leur carrière.

À titre d'exemple, voici quelques questions qui peuvent aider le gestionnaire à se prononcer quant à la valeur d'une solution pour chacun des marchés visés:
- En quoi la structure considérée serait-elle avantageuse pour ces clientèles?
- Faciliterait-elle le développement de relations avec un type ou plusieurs types de clientèles? Si oui, lesquels? S'agit-il des clientèles ciblées en priorité par l'entreprise?
- Favoriserait-elle un rapprochement entre l'entreprise et la clientèle ciblée?
- Inciterait-elle à l'atteinte d'objectifs tels que l'augmentation du taux de pénétration de certains produits?
- Permettrait-elle une meilleure perception des besoins de la clientèle?

D'autres questions permettent aussi au gestionnaire d'évaluer la pertinence d'une solution du point de vue de l'entreprise. Par exemple:
- Cette solution serait-elle financièrement avantageuse sur le plan des retombées économiques?
- Permettrait-elle des gains de productivité?

- Est-elle facile à implanter ?
- Est-elle en adéquation avec les ressources disponibles (financières, humaines ou autres) ?
- Sera-t-elle facilement contrôlable et, sinon, est-ce important ?
- Quels objectifs de l'entreprise cette structure permet-elle d'atteindre mieux que celle en place ? S'agit-il des objectifs établis en priorité par l'entreprise ?

Finalement, le gestionnaire peut se demander quel impact la nouvelle structure aura sur le travail des représentants :

- La mise en place de la structure risque-t-elle de modifier la nature des tâches associées aux représentants ?
- Si oui, leur fournira-t-elle des occasions de croissance en ce qui a trait à leur carrière et à leur rémunération ?
- Nécessite-t-elle une réorganisation des tâches et des responsabilités au sein de la structure actuelle ? Le changement nécessaire risque-t-il de démoraliser certains représentants ? Quel effet un changement dans la structure pourrait-il engendrer sur l'esprit d'équipe et l'ambiance de travail dans l'équipe de vente ? Comment puis-je effectuer ces changements de façon efficace ?

Ces questions et bien d'autres permettent d'analyser les possibilités de solutions et d'arrêter une décision quant à la structure à retenir, et ce, en ayant conscience des points forts et des lacunes associés à la solution retenue. Cette pluralité des structures envisageables quant à l'organisation de leur équipe de vente permet aux entreprises d'être plus performantes et de conserver la flexibilité dont elles ont besoin pour s'adapter aux mutations du ou des marchés qu'elles desservent.

Bien qu'un examen périodique complet de l'organisation de l'équipe de vente soit nécessaire, tous les deux ou trois ans ou chaque fois que les conditions du marché l'imposent, il faut comprendre que le remaniement d'une structure peut être délicat et complexe en raison des changements qu'il entraîne (révision de l'assignation des territoires de vente, définition des nouvelles fonctions de vente, révision du système de rémunération, etc.). C'est pourquoi il est très important de bien comprendre ses marchés avant de s'engager sur une telle voie afin d'ajuster l'allocation de ses ressources en conséquence.

4.4 La vente en équipe

Peu importe la situation d'achat, les premières questions que le représentant doit se poser sont les suivantes : « À qui dois-je vendre et comment puis-je adapter ma stratégie de vente ? » En effet, dans un domaine comme celui de la vente industrielle, la réponse à cette question n'est pas aussi simple qu'il y paraît. L'acheteur, soit le gestionnaire responsable des achats, n'est pas l'unique décideur dans le processus d'achat. À ce titre, plusieurs participants au processus d'achat peuvent intervenir et influer sur le déroulement de la vente. Ils ont des intérêts différents et parfois divergents, ils n'ont pas non plus les mêmes connaissances ni la même expérience. Le représentant ne doit pas transmettre la même information à chacun des membres du groupe concerné par l'achat. Sa stratégie de communication différera selon le type d'achat et selon la personnalité du décideur. Pour un représentant seul, la tâche est quelquefois insurmontable. La **vente en équipe** constitue alors la solution adoptée par plusieurs organisations. Elle permet à une équipe de représentants de répondre adéquatement au **groupe décisionnel d'achat** (*voir la section 2.5.2*), en dépit des difficultés liées à la multiplicité de personnes et à la complexité de la tâche.

4.4.1 La composition de la vente en équipe

La vente en équipe représente un groupe d'individus formé de membres de l'équipe de vente, mais aussi de représentants des autres fonctions de l'organisation comme le marketing (lancement de produits), la production (qualité des produits et délais de livraison), la recherche et développement (évolution des produits), les finances (montage et conditions financières). Dans certains cas, l'équipe de vente est composée de représentants du gouvernement, de banques, de consortiums et d'alliances, de partenaires, de fournisseurs et d'investisseurs, ainsi que de tout autre membre ou entreprise dont la présence permet à l'équipe d'offrir un meilleur service et une meilleure valeur ajoutée au client et de décrocher le contrat.

La vente en équipe est une forme d'organisation très flexible s'adaptant aux situations, aux clients, selon l'importance de la relation d'affaires en cours. Elle est particulièrement utilisée lorsqu'il s'agit de gros contrats, car elle est très coûteuse. Elle s'applique à la vente de systèmes complexes comme les systèmes de transport (métro, train, etc.), mais aussi à des services de gestion informatique, à des franchises nationales et internationales, etc. Ainsi, les forces de vente en équipe se font et se défont, présentant des compositions différentes selon la situation. Elles ne sont pas des structures formelles et permanentes, mais plutôt des structures de gestion sous forme matricielle.

Chacun des membres du processus décisionnel d'achat a ses propres intérêts, ses préoccupations, son expertise et aussi son langage. L'ingénieur en informatique n'a pas les mêmes intérêts ni les mêmes préoccupations que le contrôleur financier, mais ces deux spécialistes attendent du vendeur des réponses selon leur niveau de compétence, ce qu'un représentant seul peut difficilement fournir. D'où la nécessité d'organiser la vente en équipe, selon laquelle les membres de l'équipe de vente correspondent aux membres du processus décisionnel d'achat, sur le plan des compétences comme sur le plan hiérarchique.

Certaines entreprises vont plus loin que la vente en équipe : elles forment une entité permanente que l'on nomme **groupe de vente** (*selling center*). Celui-ci correspond au groupe décisionnel d'achat (*buying center*). Ce groupe agit à titre de consultant auprès des membres concernés par le processus de vente en équipe.

4.5 L'agence de vente

Dans les organisations, les gestionnaires doivent choisir entre deux types de structures pour remplir la fonction de la vente. En effet, ils peuvent bâtir une équipe de vendeurs qui relèvera de l'autorité d'un directeur des ventes au sein de l'organisation, ou encore ils peuvent avoir recours à une **agence de vente**, soit une équipe de vente contractuelle à l'extérieur de l'entreprise.

Bien entendu, les deux options comportent des avantages et des désavantages pour le fabricant. Même si le fait de recourir à des services externes implique une certaine perte de contrôle pour l'entreprise, les agents de vente sont de plus en plus actifs dans l'économie canadienne et québécoise. En Amérique du Nord, environ 50 % des entreprises utilisent les services d'agences de vente en totalité ou en partie, pour la gestion d'une gamme de produits, par exemple[12].

Les agences de vente reçoivent par contrat la responsabilité de vendre en tout ou en partie la production d'un fabricant qui ne désire pas s'engager dans la vente. Elles sont donc les **mandataires** qui effectuent la vente au nom du fabricant. À cet égard, on leur confie la vente d'un produit ou d'une gamme de produits ainsi que les activités de gestion qui s'y rattachent. Ordinairement, les agences de vente ne prennent pas possession des biens qu'ils doivent vendre ; elles se consacrent plutôt à la vente, aux moyens à mettre en œuvre pour assurer le bon fonctionnement de la distribution, lesquels incluent dans certains cas la gestion des inventaires territoriaux, la coordination et la transmission des différents flux d'information.

Le traitement de l'information permet surtout d'organiser efficacement le processus de distribution de façon à acheminer les commandes des clients, des fabricants et des diverses parties qui travaillent dans la distribution, tels les transporteurs. Sous ce rapport, les agences prévoient une équipe de vente et de gérance pour un certain nombre de fabricants, habituellement entre trois et six. En réalité, les clients des agences sont des fabricants qui ne se font pas directement concurrence ; autrement dit, malgré certaines similitudes quant à la marchandise, la vente de leurs produits ne provoque pas entre eux de situations conflictuelles. En principe, l'agence doit fournir un effort de vente équitable pour tous les produits ; elle ne doit pas favoriser un fabricant au détriment d'un autre pour des considérations de marque, par exemple.

La plupart des agences se spécialisent dans un secteur ou un domaine précis ; ainsi, elles regroupent certains fabricants qui s'adressent à des marchés cibles semblables. Lors de la visite d'un vendeur chez un client, elles peuvent de cette manière représenter plusieurs produits et fabricants en même temps. Les clients d'une agence de vente partagent entre eux l'ensemble des frais reliés à la vente, ce qui peut constituer pour eux une économie et leur procurer d'autres avantages.

Lorsqu'on charge un intermédiaire d'effectuer la vente des produits, on renonce à un certain contrôle, à moins de conclure des ententes afin de délimiter l'autorité de chacune des parties. En général, l'agence n'a pas le pouvoir de changer les prix ni les conditions de paiement ou de livraison.

4.5.1 Les avantages reliés au fait de recourir à une agence de vente[13]

Des contacts déjà établis avec des clients

Un des avantages qu'offrent les agences est le fait qu'elles possèdent déjà une liste de clients, ce qui représente un marché potentiel intéressant pour les fabricants qui y font appel. Les agences entretiennent ordinairement de très bonnes relations avec de nombreux clients dans un territoire de même qu'avec des clients majeurs. Cet avantage accroît les chances de l'entreprise d'atteindre ses objectifs de vente, et dans certains cas plus rapidement, car certaines étapes du processus de vente deviennent superflues.

Il est particulièrement important qu'il y ait complémentarité entre les clients de l'agence et ceux de l'entreprise, ce qui favorise une synergie entre l'agence et l'entreprise et un meilleur service pour les clients[14]. Soulignons que ce ne sont pas toutes les agences qui ont des relations privilégiées avec des clients majeurs. À titre d'exemple, dans le marché de l'alimentation, le fait d'opter pour une agence plutôt que pour une autre augmentera les chances de succès chez un client majeur en particulier, et non chez les autres. Le choix d'une agence est alors une tâche qui peut influer grandement sur la stratégie de vente, car il peut déterminer la composition de la liste des clients majeurs ciblés.

Le recours à l'expertise et à l'expérience

L'agence est souvent considérée comme un expert dans le domaine où elle est spécialisée. Son premier atout consiste en l'équipe de vente elle-même, qui est familiarisée avec les applications des produits, par exemple les boissons alcoolisées, les aliments surgelés, les appareils électroménagers ou les articles de sport. Le deuxième atout de l'agence est qu'elle constitue pour le fabricant une source d'information crédible et efficace.

De plus, en tant qu'expert dans un domaine précis qui connaît bien son marché, l'agence peut surpasser la capacité de vente d'une équipe de vente interne. Cet avantage sera encore plus significatif si on considère que le fabricant n'est pas expérimenté.

Enfin, lorsqu'il utilise les services d'une agence de vente, le fabricant peut tirer profit de l'expérience d'un gestionnaire; il n'a alors pas besoin de mettre sur pied des programmes de recrutement et de formation ou de s'occuper d'autres tâches inhérentes à la gestion des ventes. Dans ce cas également, cet avantage sera plus marqué si le fabricant n'est pas expérimenté. Le gestionnaire de l'entreprise productrice pourra ainsi se consacrer à d'autres tâches.

La diminution et la visibilité des coûts

Le choix de faire appel à une agence de vente plutôt qu'à sa propre équipe de vente est souvent lié à l'économie engendrée par la répartition des coûts fixes entre plusieurs fabricants.

Il est également avantageux pour le fabricant que les coûts variables soient apparents, du fait que l'agence est généralement payée sous forme de commission consistant en un pourcentage perçu sur les ventes effectuées. Par conséquent, les frais varient en proportion des ventes.

4.5.2 Les désavantages reliés au fait de recourir à une agence de vente

Lorsqu'il recourt aux services d'une agence de vente, le fabricant perd la maîtrise du processus de la vente. Ce faisant, il lui lègue le pouvoir de gérer la vente de ses produits. Naturellement, s'il choisit de gérer sa propre équipe de vente, le fabricant conservera toute sa latitude, mais cette option est plus contraignante pour lui.

Dans le cas où il choisit une excellente agence, compte tenu de ses objectifs, et dont les résultats sont très satisfaisants, le gestionnaire en ressort gagnant. D'un autre côté, s'il choisit la pire agence et que la mise en œuvre ne correspond pas aux objectifs fixés, l'expérience risquera alors d'être douloureuse, et l'entreprise sera perdante.

La répartition du temps des représentants entre différents produits

Le fabricant qui utilise les services d'une agence de vente peut se plaindre, à tort ou à raison, du fait que ses produits ne bénéficient pas de toute l'attention qu'ils méritent. Évidemment, il est souvent plus facile de motiver sa propre équipe de vente que celle des autres; en outre, les représentants de l'équipe de vente interne ont l'avantage de passer tout leur temps à vendre la gamme de produits du fabricant. Cependant, il est possible pour un fabricant d'attirer l'attention des représentants de l'agence par le biais de concours ou de promotions de toutes sortes. Ces moyens peuvent en effet augmenter d'une façon significative le volume des ventes.

La sélection de la bonne agence de vente

Choisir une agence qui convient au fabricant n'est pas une mince tâche : d'une part, il n'est pas toujours facile de mesurer la valeur des agences et, d'autre part, les agences ont beaucoup de clients. Le fabricant est alors placé devant la difficulté de trouver la meilleure agence qui acceptera de promouvoir ses produits, sachant qu'il ne peut considérer les agences qui représentent un concurrent. Dans certains cas, il doit faire des compromis, comme le fait de confier ses produits à une agence peu expérimentée. Finalement, même si une agence est libre, cela ne signifie pas qu'elle consentira à faire la promotion des produits de l'entreprise, puisque les produits doivent impérativement être compatibles. Autrement dit, il est nécessaire qu'ils soient complémentaires en non en concurrence avec les autres.

L'importance du fabricant aux yeux de l'agence

Outre la sélection de l'agence, il faut considérer l'importance que revêt le fabricant pour l'agence, par rapport à ses autres clients. En effet, certaines agences avantagent des fabricants pour des raisons financières, étant donné que leurs gammes de produits sont plus payantes ou plus faciles à vendre. L'agence a aussi tendance à mieux traiter ses gros clients. Ainsi, le traitement qu'un fabricant reçoit peut varier considérablement selon l'agence et selon le degré de complémentarité entre les produits et les clients.

4.5.3 La supervision de l'agence de vente

Si l'on considère tous les avantages et les désavantages énumérés précédemment, il reste que le choix d'une agence peut être fort intéressant même s'il implique une perte de maîtrise, puisqu'elle est en partie compensée par le fait que le fabricant peut exercer un suivi. Cette activité lui permet d'ailleurs d'entretenir de bonnes relations avec les divers membres de l'agence. Certaines entreprises nomment donc un responsable qui a l'autorité, au nom du fabricant, de superviser l'agence.

L'agence ne souhaite pas toujours que le fabricant lui impose un superviseur. Par contre, elle reçoit ainsi une ressource supplémentaire, étant donné que cette personne consacre une partie de son temps à la vente, contribuant ainsi à l'augmentation du volume des ventes. Par ailleurs, ce superviseur pourra effectuer des tâches telles que le suivi des grosses commandes, le règlement des problèmes importants comme la distribution de même que la formation des représentants en ce qui concerne les produits de l'entreprise.

4.6 Les facteurs déterminant le choix d'une équipe de vente

Il y a deux ensembles de facteurs déterminants dans le choix d'une équipe de vente interne ou externe : les facteurs économiques et les facteurs stratégiques et de contrôle[15].

4.6.1 Les facteurs économiques

Parmi les facteurs à considérer dans le choix d'une équipe de vente interne ou externe, le critère économique est l'un des plus utiles, car il permet de mesurer de façon tangible les coûts et les bénéfices reliés à chacune des options. Les agences de vente tirent leurs revenus de commissions sur les ventes. Néanmoins, la commission versée à l'agence peut varier, à la hausse comme à la baisse, selon divers facteurs comme la valeur du produit et le volume des ventes envisagé.

Étant donné que les frais de vente sont répartis entre divers fabricants, les coûts engendrés par le recours à une agence de vente peuvent être dans certains cas inférieurs à ceux engendrés par une équipe de vente formée par l'entreprise. Les coûts fixes de l'agence sont souvent moindres, en raison de la diminution des frais d'administration. À cet égard, l'agence prend en charge les divers frais de représentation, tels que les frais de déplacement, qui sont considérables.

Par contre, les coûts rattachés aux services d'une agence croissent proportionnellement aux ventes. Les frais totaux peuvent alors être nettement supérieurs à ceux découlant de l'utilisation d'une équipe de vente interne. Le niveau des frais d'une équipe de vente est relativement stable. Sur ce point, une hausse du volume des ventes pourrait favoriser l'équipe de vente interne, car elle est de nature à absorber les coûts de certaines activités sans que les frais augmentent de façon importante.

Le gestionnaire qui doit choisir entre une équipe de vente interne et une agence de vente peut analyser les coûts reliés à ces deux options en considérant les objectifs de vente. Comme l'illustre la figure 4.5, il peut, à l'aide de deux droites qui représentent chacune des options, fixer un point d'équilibre. Ce point indique l'équilibre existant entre le volume des ventes en argent et les dépenses reliées à la vente des produits.

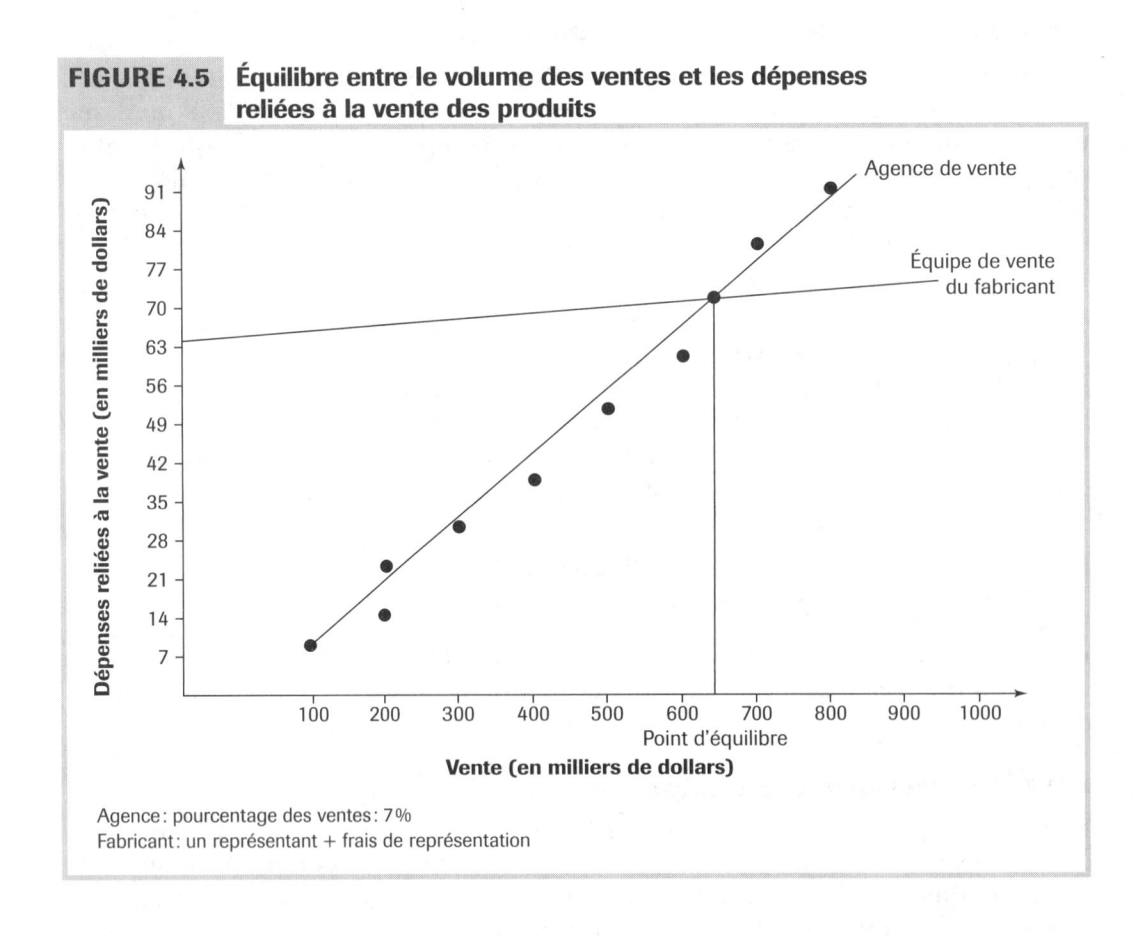

FIGURE 4.5 Équilibre entre le volume des ventes et les dépenses reliées à la vente des produits

Agence: pourcentage des ventes: 7%
Fabricant: un représentant + frais de représentation

Ce graphique permet au décideur d'observer les niveaux de vente et les coûts et de prendre ainsi une décision plus éclairée. Un autre avantage de ce graphique est qu'il peut aider le gestionnaire à établir un plan. Grâce à celui-ci, le fabricant décidera du moment où il est souhaitable de passer d'une agence de vente à une équipe de vente interne.

Le recours aux services d'une agence de vente peut être approprié quand le marché semble incertain ou trop petit, c'est-à-dire quand les coûts d'une équipe de vente sont en deçà du point d'équilibre et ne permettent pas, par conséquent, de la rentabiliser. Si, par contre, les frais sont supérieurs au point d'équilibre, il sera alors opportun, du moins sur le plan financier, d'utiliser les services d'une équipe de vente interne. Dans cette situation, en effet, les coûts d'une agence augmentent beaucoup plus rapidement que ceux d'une équipe de vente interne.

Un gestionnaire peut adopter la stratégie qui consiste à combiner les deux formules, soit utiliser les services d'une agence dans les nouveaux territoires, ou dans les territoires plus petits, là où les risques sont plus élevés, et se servir de sa propre équipe dans les territoires où les ventes sont suffisantes ; le choix est donc rentable dans les deux cas. Par exemple, le gestionnaire peut faire appel aux services d'une agence afin d'introduire ses produits dans un pays étranger et ensuite, si les ventes sont concluantes, constituer sa propre équipe de vente.

4.6.2 Les facteurs relatifs à la stratégie et au contrôle

Outre les considérations financières, le gestionnaire doit examiner les facteurs reliés à la stratégie et au contrôle lors du choix entre une équipe de vente interne et une agence de vente.

L'aspect stratégique

L'équipe de vente interne et l'agence de vente ne présentent pas la même flexibilité. Chaque structure comporte des particularités qui la rendent intéressante. S'il opte pour une structure interne, le gestionnaire jouira d'une organisation qui résistera très bien aux changements susceptibles de survenir. L'avantage pour un gestionnaire de travailler avec une agence est qu'il peut changer d'agence assez rapidement et sans trop de problèmes. Une équipe de vente interne est stable, mais peu flexible.

Un fabricant qui œuvre dans un environnement concurrentiel incertain, où les changements se précipitent et où les caractéristiques du marché se modifient constamment en raison des progrès technologiques, qui influent grandement sur le cycle de vie du produit, devrait songer à utiliser les services d'une agence de vente afin de se garantir la flexibilité nécessaire à la gestion du réseau de distribution.

L'aspect contrôle de gestion

Le contrôle du rendement est un autre facteur à considérer. Bien qu'une agence de vente puisse être remplacée rapidement, il s'avère parfois difficile de juger adéquatement de son rendement. Effectivement, l'agence effectue des tâches de gérance qui échappent au contrôle du fabricant. Pour cette raison, il est souvent ardu d'analyser son rendement et de suggérer les correctifs qui s'imposent.

Dans de telles conditions, un fabricant perd une partie du contrôle qu'il exerçait sur sa propre structure, étant donné qu'il ne peut influer sur la façon dont l'agence administre son personnel ni sur les fonctions qui en découlent.

4.6.3 Les choix stratégiques

Lorsqu'il gère sa propre équipe de vente, le gestionnaire peut contrôler plus efficacement les ventes ainsi que les stratégies à mettre en œuvre. À long terme, sa décision d'utiliser sa propre équipe de vente peut être bénéfique.

Le fait de choisir une agence de vente semble plus approprié lorsque le fabricant ou le marché est relativement petit, car sur le plan financier, les avantages sont importants et doivent être considérés avec attention. Ceux-ci peuvent même compenser largement les désagréments comme la perte de contrôle.

Il est également souhaitable que le fabricant opte pour une équipe de vente directe lorsqu'il peut en supporter les frais d'exploitation.

Finalement, l'agence de vente constitue une bonne option pour les entreprises de petite et de moyenne taille en phase de démarrage ou encore en voie de lancer de nouveaux produits et d'accéder à de nouveaux marchés, d'exportation en l'occurrence. Mais il n'est pas nécessaire d'en faire un choix exclusif : beaucoup d'organisations possèdent leur équipe de vente à l'interne tout en ayant recours aux services d'une agence de vente pour les raisons que nous avons abordées plus haut.

4.7 Le télémarketing

Le **télémarketing** fait référence à une organisation qui réalise des activités de vente à distance entre entreprises, c'est-à-dire sans l'intervention d'un représentant auprès de ses clients. La vente se fera dans la plupart des cas par téléphone, par courriel, par webcaméra ou au moyen d'un site Internet.

L'équipe de vente se servira du télémarketing principalement parce qu'il permet de réaliser des ventes à très faibles coûts, mais aussi parce que certains clients n'aiment pas beaucoup les visites des vendeurs, surtout lorsqu'elles sont fréquentes et n'ont souvent d'autre but que la prise de commandes. Une relation à distance est donc profitable pour les deux parties.

Plusieurs entreprises se servent des « téléreprésentants » en soutien à la vente pour couvrir des marchés dispersés, éloignés ou secondaires, par exemple de petits clients ou des clients situés en région ou dans le Grand Nord. Le télémarketing peut être aussi intéressant pour prospecter de nouveaux clients, assurer un service après-vente comme le soutien technique ou encore informer les clients d'un nouveau produit, de rabais ou de nouveaux services.

Enfin, le télémarketing permet aux représentants de se consacrer aux clients à plus fort potentiel. Il est avant tout un complément et un soutien qui les aide à servir efficacement certains segments de marché, en ce qui a trait au volume des ventes et au contrôle des coûts, et à établir une meilleure communication entre l'entreprise et ses clients.

RÉSUMÉ

Il ressort de la lecture de ce chapitre que la structuration de l'équipe de vente est un facteur primordial en gestion des ventes. C'est au gestionnaire qu'il revient d'analyser les critères qui guideront son choix dans l'établissement de la structure de vente. Il pourra alors décider de mettre sur pied une équipe de vente interne ou de faire appel aux services d'une agence externe.

Dans le cas où il adopte une structure interne, il est alors nécessaire que le gestionnaire répartisse son équipe de vente adéquatement selon ses besoins et ceux du marché. Il existe cinq bases de répartition qui répondent aux objectifs de la majorité des entreprises : 1) par territoires, 2) par produits, 3) par marchés, par clients et selon l'importance des clients, 4) par fonctions et 5) par combinaisons. L'équipe de vente interne est parfois très développée, comme c'est le cas dans la vente en équipe.

S'il adopte une structure externe, soit l'agence de vente, le gestionnaire doit en connaître les avantages et les inconvénients, particulièrement au point de vue des coûts et du contrôle des ventes, afin de faire le choix le plus stratégique pour son organisation.

Enfin, le télémarketing permet de réaliser des ventes à distance et de joindre des marchés éloignés, dispersés ou secondaires. Toutes ces approches permettent au gestionnaire de favoriser l'utilisation maximale des ressources humaines en vue d'atteindre les objectifs de vente de son organisation selon les stratégies retenues.

QUESTIONS

1. Quels sont les éléments qui amènent les équipes de vente à modifier leur structure ?
2. Expliquez quels critères influent sur la détermination de la structure des équipes de vente.
3. Quels sont les avantages et les désavantages reliés à la structure selon les territoires géographiques ?
4. Quels sont les avantages et les désavantages reliés à la structure selon les types de produits ?
5. Quels sont les avantages et les désavantages reliés à la structure selon les clients et les marchés ?
6. Expliquez les raisons qui amènent les entreprises à opter pour une structure selon les clients clés.
7. Quels sont les avantages et les désavantages reliés à la structure selon les fonctions de vente ?
8. Dans quel cas devrait-on répartir une équipe de vente par produits plutôt que par territoires géographiques ?
9. Expliquez la nature de la structure évolutive et indiquez ses principaux avantages.

10. Comment doit-on établir une structure d'équipe de vente ?

11. Dans quelles conditions est-il souhaitable d'utiliser la vente en équipe ?

12. Quelles sont les conditions dans lesquelles une organisation devrait utiliser les services d'une agence de vente ?

13. Quelles sont les principales difficultés reliées aux services d'une agence de vente et comment une organisation peut-elle tirer le meilleur profit de celle-ci ?

14. Quelle est l'utilité principale du télémarketing dans une équipe de vente et pourquoi ?

ATELIERS

1. Contactez deux entreprises, une dans le domaine du commerce de détail (vente aux consommateurs) et l'autre dans le domaine industriel (vente aux entreprises). Dessinez alors la structuration de l'équipe de vente de chacune d'entre elles et comparez-les de manière globale et par secteurs d'activité.

2. Rencontrez un directeur des ventes dans le domaine de la vente au détail et un autre dans le domaine industriel. À partir de leur structure organisationnelle actuelle, trouvez des suggestions de modifications qui pourraient améliorer leur performance de vente. Présentez-leur vos recommandations et recueillez leurs commentaires. Puis formulez vos recommandations finales.

3. Obtenez auprès d'un directeur des ventes ses commentaires concernant sa stratégie de gestion des ventes relative aux clients clés et aux clients nationaux. Formulez par la suite vos critiques et vos opinions personnelles.

4. Identifiez cinq agences de vente et contactez-en une. Renseignez-vous alors sur les services qu'elle offre et sur les avantages qu'une entreprise peut retirer à les utiliser, comparativement à une équipe de vente interne.

NOTES

1. GRUNERT, K.G. *et al.* «Market orientation of value chains : a conceptual framework based on four case studies from the food industry». *European Journal of Marketing*, vol. 39, n° 5/6, 2005, p. 428-455.

2. WAASER, E. *et al.* «How you slice : smarter segmentation for your sales force». *Harvard Business Review*, vol. 82, n° 3 (mars 2004), p. 8.

3. BERNENE, C. «Jump start for sales». *Best's Review*, vol. 105, n° 4 (août 2004), p. 77-80.

4. GROSSMAN, S.H. et R.D. COTTON. «Roche group's sales organization long-term sales force effectiveness». *Journal of Organizational Excellence*, vol. 24, n° 1 (hiver 2004), p. 39-45.

5. HARMSEN, H. et B. JENSEN. «Identifying the determinants of value creation in the market : a competence-based approach». *Journal of Business Research*, vol. 57, n° 5 (mai 2004), p. 533-547.

6. BARRY, T. et J. DICKIE. «Understanding what your sales manager is up against». *Harvard Business Review*, vol. 84, n° 7/8 (juillet/août 2006), p. 8.

7. IRVING, M. III. «Next : smaller, more specialized sales forces». *Medical Marketing and Media*, vol. 26, n° 3, 1991, p. 18-26.

8. SANZO, M.J. *et al.* «The effect of market orientation on buyer-seller relationship». *Industrial Marketing Management*, vol. 32, n° 4 (mai 2003), p. 327-345.

    BLESA, A. et E. BIGNÉ. «The effect of market orientation on dependence and satisfaction in dyadic relationships». *Marketing Intelligence and Planning*, vol. 23, n° 2/3, 2005, p. 249-266.

    CASTRO, C.B., E.M. ARMARIO et M.E. SANCHEZ DEL RIO. «Consequences of market orientation for customers and employees». *European Journal of Marketing*, vol. 39, n° 5/6, 2005, p. 646-679.

9. ZHAO, Y. et T. CAVUSGIL. «The effect of supplier's market orientation on manufacturer's trust». *Industrial Marketing Management*, vol. 35, n° 4 (mai 2006), p. 405-414.

10. SANGIT, S., R.E. KRAPFEL et M.A. PUSATERI. «An empirical investigation of key account salesperson effectiveness». *Journal of Personal Selling and Sales Management*, vol. 20, n° 4 (automne 2000), p. 259-264.

11. RAVIPEET, S., D. SMITH et N. FORD. «How does sharing a sales force between multiple divisions affect salespeople». *Journal of Academy of Marketing Science*, vol. 24, n° 3 (été 1996), p. 195-207.

12. *Agency sales*, vol. 32, n° 5 (mai 2002), Irvine, CA, p. 20-24.

13. JOHNSTON, M.W. et G.W. MARSHALL. *Churchill/Ford/Walker Sales Force Management*, 8ᵉ éd., Boston, McGraw-Hill Irwin, 2006, p. 113-114.

14. JOHNSTON et MARSHALL. 2006. *Ibid*.

15. STERNE, L.W. et A.I. ANSARY. *Marketing Channels*. Englewood Cliffs, N.J., Prentice Hall, 1992.

CHAPITRE 5

La gestion du recrutement

OBJECTIFS

Après l'étude de ce chapitre, vous devriez pouvoir :

- connaître les types de représentants susceptibles de constituer votre équipe de vente ;
- comprendre les étapes du processus de recrutement ;
- définir le poste à pourvoir et le profil recherché ;
- connaître les avantages et les inconvénients associés aux modes de recrutement ;
- rédiger adéquatement une annonce ;
- sélectionner les médias appropriés pour diffuser votre annonce.

INTRODUCTION

Les coûts reliés au recrutement de l'équipe de vente sont nombreux et importants. Il en coûtait 9 000 $ en 1990[1] pour recruter un représentant devant occuper un poste dont le salaire annuel était de 30 000 $. Ajoutons à cela le temps de formation de la recrue, estimé entre 4 000 $ et 22 237 $[2], le coût d'un appel téléphonique, fluctuant entre 91 $ dans le secteur au détail et 218 $ dans l'industrie manufacturière, pour un coût moyen de 157 $[3]; nous constatons très vite que recruter coûte cher. On doit également tenir compte du coût d'une erreur de recrutement. Il peut s'agir du désengagement de l'employé ou d'une démission qui survient alors que les frais du recrutement et de la formation du candidat ne sont pas tous couverts[4]. De plus, l'erreur de recrutement occasionne des coûts additionnels reliés au fait que pendant que le recrutement se concrétise, le territoire subit un manque à gagner important qui peut nécessiter jusqu'à quatre ans d'occupation par une nouvelle recrue avant d'être récupéré. Toutes ces considérations nous font saisir l'enjeu associé au recrutement dans une équipe de vente et l'importance de le réaliser avec succès.

5.1 Les types de représentants

Le vendeur de produits tangibles tels que des photocopieurs n'a pas les mêmes tâches et responsabilités qu'un représentant commercial chargé de constituer un portefeuille de clientèle en assurance vie. Chaque type de représentant est particulier et, selon le secteur dans lequel il évolue, il se voit assigner des tâches spécifiques adaptées à son secteur d'activité. Ces tâches doivent également tenir compte de la nature de la clientèle qui lui est confiée (grossistes, détaillants, clientèle institutionnelle, clientèle commerciale, etc.), de l'orientation de l'entreprise, soit ses valeurs propres, et d'autres critères. Bien que l'on puisse penser que le travail d'un représentant soit standard et n'ait pas tellement évolué dans le temps, des changements survenus dans l'environnement de vente ont eu pour effet de transformer la nature et le champ du travail qu'il a à accomplir, générant une gamme variée de tâches et de responsabilités de vente[5, 6]. On peut affirmer que la nature actuelle du travail confié à un représentant diffère de celle qui existait il y a une quinzaine d'années[7], en raison notamment de l'avènement de la technologie. Afin de savoir qui recruter, il nous faut d'abord comprendre quels sont les types de représentants et quelles sont les activités qui leur sont confiées. Cela nous permettra par la suite d'associer le bon profil à une fonction précise.

Plusieurs ont tenté, au fil des ans, de dresser une taxonomie des activités du représentant, selon la nature de son emploi. McMurray (1961)[8] a été le premier à établir cette catégorisation. Son travail a permis de mettre en relief l'existence de cinq types de représentants: les représentants techniques, les générateurs de demande, les représentants missionnaires, les livreurs et les preneurs de commandes. Quelques années plus tard, Newton (1973)[9] ajoute à cette liste un sixième type de représentant: le représentant de service. Puis, c'est au tour de Moncrief (1986)[10] de mettre en lumière les deux catégories nouvelles de représentants que sont les représentants institutionnels et les autres (catégorie résiduelle). En 2006, Moncrief a réactualisé cette taxonomie et l'a enrichie de quatre profils additionnels : le représentant consultatif, le développeur d'affaires, le gestionnaire de comptes majeurs et le représentant fournissant du soutien aux ventes (*voir le tableau 5.1*). Chacun de ces profils est défini plus avant.

TABLEAU 5.1
Comparaison des profils de représentants au fil du temps

Moncrief et coll. (2006)	Moncrief (1986)	Newton (1973)	McMurray (1961)
Consultatif	Institutionnel	Technique	Technique
Développeur d'affaires	Service	Service	—
—	—	Nouvelles affaires	Créateur de demande
Missionnaire	Missionnaire	Missionnaire	Missionnaire
Livreur	—	—	Livreur
—	Preneur de commandes	—	Preneur de commandes
Soutien aux ventes	Résiduel	—	—
Gestionnaire de comptes majeurs	—	—	—

Source : Moncrief, W.C., G.W. Marshall et F.G. Laask. « A contemporary taxonomy of sales positions ». *Journal of Personal Selling & Sales Management*, vol. 26, n° 1 (hiver 2006), p. 55-65.

5.1.1 Le représentant consultatif

Le représentant consultatif doit un fort pourcentage de ses ventes à la qualité des relations qu'il entretient avec ses clients. Se reposant sur une foule d'activités promotionnelles, il offre un bon service après-vente. Il passe peu de temps à convoiter de nouveaux clients, mais en consacre énormément à satisfaire ses clients actuels. Contrairement au représentant institutionnel qui ne dessert que les institutions, ce représentant travaille également avec des distributeurs.

5.1.2 Le développeur d'affaires

Le développeur d'affaires consacre une grande part de son temps à prospecter, à former, à recruter, à organiser des activités éducationnelles et à raffermir ses relations d'affaires par voie électronique. Il offre beaucoup de soutien au réseau qu'il dessert. Bien qu'il s'occupe des clients de son portefeuille, il investit beaucoup de temps à faire fructifier celui-ci en y intégrant de nouveaux clients.

5.1.3 Le représentant missionnaire

Le représentant missionnaire, comme son nom l'indique, prêche la bonne parole, mais ne prend pas de commandes du client. Ses activités principales incluent la formation personnalisée et l'organisation d'activités éducatives auprès d'une clientèle ciblée. Il travaille dans le domaine industriel, notamment dans le secteur pharmaceutique. Sa tâche première est d'informer le prescripteur, médecin spécialiste ou généraliste, des caractéristiques du produit représenté. Ce dernier, connaissant les bienfaits du produit, pourra par la suite le recommander à ses patients. Le représentant missionnaire doit être apte à instaurer un climat de confiance auprès de son client, le prescripteur, de sorte qu'il adopte son produit. Pour ce faire, il lui laisse de nombreux échantillons afin qu'il se familiarise avec le produit et puisse en évaluer les effets. Son travail exige beaucoup de déplacements pour rencontrer une clientèle dispersée sur un territoire plus ou moins étendu. Il s'agit de la catégorie de représentants la mieux rémunérée, soit sur une base salariale fixe ou exclusivement à commission.

5.1.4 Le représentant livreur

Le représentant livreur a comme tâche principale de livrer le produit au bon endroit, dans les quantités désirées et au moment voulu, de sorte qu'il soit toujours mis en valeur dans les points de vente desservis. Il doit veiller à mettre sur les tablettes les produits dont il est responsable, vérifier l'inventaire du détaillant et passer des commandes pour assurer un ravitaillement adéquat. Implicitement, il fait également de la prospection en s'enquérant de l'intérêt pour un détaillant d'accorder davantage d'espace sur ses tablettes à de nouveaux produits. Le représentant livreur est le moins bien payé de la profession, et ce poste est souvent attribué à des jeunes de moins de 25 ans qui ne possèdent pas de formation universitaire.

5.1.5 Le preneur de commandes

Le preneur de commandes, répertorié par McMurray (1961) comme un type spécifique de représentant, a plus ou moins disparu avec le temps. Deux raisons peuvent expliquer cette évolution : tout d'abord, la prise de commandes est souvent jumelée aux activités de livraison confiées au représentant livreur. De plus, l'avènement de la technologie permet aussi de passer des commandes « en direct » par Internet, télécopieur ou téléphone.

5.1.6 Le souteneur ou l'accompagnateur

Le représentant souteneur ou accompagnateur fait peu de représentation auprès de la clientèle. Son rôle vise plutôt à soutenir les représentants qui relèvent de sa responsabilité et à recruter de nouveaux talents dans son équipe. Il supervise ses représentants afin de les aider à améliorer leurs aptitudes en vente et offre le soutien requis à chacun d'entre eux. Peu sur la route, ce type de représentant met toute son énergie à améliorer la performance de son équipe de vente en la formant et en restant toujours à l'affût de nouvelles recrues.

5.1.7 Le représentant des comptes majeurs

Le représentant des comptes majeurs passe beaucoup de temps à fournir du service après-vente à ses clients, c'est-à-dire l'installation et le maintien de son produit. Il veille également à raffermir le réseau qui unit les partenaires d'affaires. Très expérimenté, il se consacre à une vingtaine de comptes majeurs ou moins qui lui sont confiés et qui relèvent de sa responsabilité. Passant peu de temps au téléphone, il partage son temps entre la route et le bureau, à offrir le soutien requis à ses clients. Le représentant de comptes majeurs est rémunéré sur une base fixe et, la plupart du temps, est détenteur d'une formation supérieure.

5.1.8 Le représentant technique

Tout comme le preneur de commandes, il semble que le représentant technique tende à disparaître. Ce représentant doit être à la fine pointe de la technologie afin de pouvoir répondre à un client préoccupé par les possibilités d'utilisation du produit représenté par ce vendeur. Ses tâches consistent à démontrer l'avantage technique du produit et à régler les problèmes de compatibilité avec les appareils du client. Actuellement, ce type d'emploi est confié à une équipe de soutien aux ventes. Cette équipe, composée de personnes très qualifiées dans des domaines très pointus, est là pour accompagner le représentant et prendre le relais sur les questions trop techniques.

5.2 L'évaluation de la fonction

Nous venons de voir qu'il existe plusieurs types de représentants. Le gestionnaire qui désire pourvoir à un poste ne peut donc choisir le candidat au hasard. Un premier exercice s'impose : évaluer la fonction du futur employé en définissant précisément le poste à pourvoir, en décrivant la raison d'être de la fonction, en répertoriant les responsabilités reliées à cette fonction et en les détaillant.

5.2.1 Définir le poste à pourvoir

Définir le poste à pourvoir constitue la première étape de l'évaluation de la fonction dans le processus de recrutement. Pour ce faire, il faut d'abord déterminer le titre de la fonction. Il faut ensuite préciser d'où émane la demande et de quelle autorité le poste relèvera, afin de convenir de sa place dans l'organigramme de l'organisation (*voir l'encadré 5.1*). Il peut arriver que le demandeur de création ou de remplacement de poste soit une personne d'autorité, mais envers qui le nouveau représentant n'aura pas à rendre des comptes «directement». Par exemple, un vice-président aux ventes peut demander à ce que soient ouverts trois nouveaux postes de représentants afin que l'entreprise s'attaque à un nouveau territoire jusqu'alors inoccupé, et ce, en confiant la responsabilité de la nouvelle équipe de vente à une personne nommée à cet effet.

ENCADRÉ 5.1

Précision de la fonction du poste à pourvoir

1. **Identification**
   - Titre de la fonction :
   - Direction, secteur ou service :
   Nom :
   Titre :
   - Poste sous la direction de la fonction :
   Titre du poste :

5.2.2 Décrire le sommaire de la fonction

Une fois que le poste est précisé en termes de fonction, la deuxième étape consiste à indiquer quelle est la raison d'être du poste à pourvoir. L'objectif ici est d'expliquer la raison pour laquelle le poste est requis (*voir l'encadré 5.2*). S'agit-il d'un remplacement? S'agit-il d'un besoin additionnel suscité par la croissance vécue ou recherchée de l'entreprise? Quel rôle global devra être assumé par le titulaire de cette fonction?

ENCADRÉ 5.2

Sommaire de la fonction

> 2. **Sommaire de la fonction**
> Raison d'être du poste:
>
> Rôle de la personne qui occupera cette fonction:

5.2.3 Répertorier les responsabilités à confier

Lorsque la création ou le remplacement du poste a été justifié, il faut établir quelles sont les responsabilités associées à ce poste. Au cours de cette troisième étape, on doit définir les domaines ou les secteurs où des résultats sont attendus et estimer le temps qui doit être consacré à chaque élément (*voir l'encadré 5.3*). Cet exercice permet de dégager les priorités parmi les tâches et les responsabilités confiées au candidat. La description de poste déjà établie par l'entreprise doit être adaptée afin de permettre l'atteinte des objectifs actuels et futurs du poste. La liste des responsabilités n'est donc pas figée: elle doit évoluer dans le temps au fur et à mesure que les objectifs sont modifiés, de sorte qu'il y ait une adéquation entre les objectifs poursuivis par l'entreprise, la stratégie utilisée pour les atteindre et les tâches à confier au nouveau membre de l'équipe.

ENCADRÉ 5.3

Impartition du temps selon les objectifs poursuivis

> 3. **Responsabilités principales**
> Domaines ou secteurs où des résultats sont attendus   % temps consacré
> 1. Développer un portefeuille de clients   40%

5.2.4 Détailler les responsabilités

Après avoir déterminé les principales responsabilités du poste à pourvoir, il faut préciser, de façon détaillée, les tâches qui sont rattachées à celles-ci. Au cours de cette quatrième étape, on veille à circonscrire la nature du travail que devra réaliser ce candidat pour atteindre son ou ses objectifs et on s'assure qu'il aura suffisamment de temps pour accomplir les tâches inhérentes au poste. Pour ce faire, on détermine le nombre d'actions à réaliser pour chacune des tâches et l'importance que revêt chaque aspect d'une tâche, afin que le candidat puisse établir sa liste de priorités (*voir l'encadré 5.4, à la page suivante*).

Pour établir une liste d'activités de la façon la plus réaliste possible, on peut demander à un ou à des employés qui occupent un poste semblable de spécifier de quelles activités est constituée une journée type de travail. Chacun d'eux note alors les activités quotidiennes obligatoires, puis les activités moins régulières et enfin les activités occasionnelles ou exceptionnelles qui font partie de ses fonctions. On dresse ainsi le portrait-robot des tâches à réaliser en tentant d'éviter les oublis. Les points majeurs pourront être dégagés et la répartition en temps de chacune d'elles établie de façon assez rigoureuse.

> **ENCADRÉ 5.4**

Répertoire des activités à réaliser pour atteindre les objectifs fixés

4. Détail des responsabilités
1. Développer la clientèle.
   1.1. Effectuer cinq appels téléphoniques par jour auprès de clients potentiels dans le secteur *xy*.
   1.2. Contacter cinq clients potentiels dans le secteur *yz* par voie téléphonique.
   1.3. Fixer un rendez-vous auprès des clients contactés lors de la journée.
   1.4. Envoyer de la documentation auprès de 15 clients potentiels du secteur *zz* par semaine.
   1.5. Etc.
2. Assurer le maintien du portefeuille actuel.
   2.1. Visiter trois clients actuels par jour.
   2.2. Etc.

5.3 La détermination des critères d'embauche

Dans la section précédente, nous avons vu tout ce qui touchait à l'évaluation de la fonction. Le gestionnaire doit maintenant se questionner sur les atouts recherchés chez un candidat afin qu'il puisse assumer cette fonction avec succès. Il lui faut déterminer les critères d'embauche, c'est-à-dire le profil du candidat idéal. Pour ce faire, deux approches s'offrent à lui : l'approche traditionnelle ou une approche novatrice.

5.3.1 Définir le profil du candidat : l'approche traditionnelle

On trace le profil du candidat recherché en établissant les critères essentiels ou souhaitables auxquels il devrait répondre selon le poste à pourvoir. Pour dresser cette liste, on peut adopter une première stratégie qui consiste à déterminer quels sont les attributs, tangibles et intangibles, que possèdent les représentants de l'entreprise qui occupent un tel poste et qui se classent au-dessus de la moyenne. Les caractéristiques tangibles font référence à la formation requise, aux connaissances, aux expériences passées ainsi qu'au réseau de contacts du candidat. Les caractéristiques intangibles touchent à la personnalité, aux aptitudes, aux habiletés requises pour assumer la tâche ainsi qu'à l'attitude, aux comportements recherchés et à la motivation au travail. On doit alors déterminer, pour chacun des éléments de la liste, son degré l'importance par rapport au profil idéal recherché chez un candidat. On est alors en mesure de concevoir une grille d'évaluation qui servira de base pour jauger les candidatures d'intérêt (*voir l'encadré 5.5*).

5.3.2 Définir le profil du candidat : une approche novatrice

Comme nous venons de le voir, la méthode traditionnelle présume que l'historique de l'entreprise est gage de sa future réussite et qu'en conséquence on peut tirer des enseignements de l'observation des vendeurs performants occupant des postes similaires à celui à pourvoir. En analysant les caractéristiques des représentants exceptionnels qui servent de modèles, les responsables du recrutement dressent la liste des critères à retenir selon un niveau de performance spécifique et en tirent une grille servant par la suite à évaluer les candidatures potentielles.

Malheureusement, cette approche « traditionnelle » ne garantit nullement 1) que les critères retenus par les responsables de l'entreprise sont ceux qui prédiront adéquatement le niveau de performance et, 2) dans le cas où ils ont été identifiés

> **ENCADRÉ 5.5**
>
> **Identification des critères recherchés chez un candidat**
>
> **Critères tangibles recherchés**
> 1. Formation scolaire
> 2. Autres formations
> 3. Langues parlées et écrites
> 4. Expérience
>   - 4.1. D'une industrie ou d'un secteur d'activité
>   - 4.2. D'une fonction technique ou professionnelle
>   - 4.3. De gestion
> 5. Réseaux de contacts, associations, etc.
>
> **Critères intangibles recherchés**
> 1. Manuels
> 2. Intellectuels
>   - 2.1. QI
> 3. Aptitudes
>   - 3.1. Relationnelles ou de communication
>   - 3.2. Gestion du stress
>   - 3.3. Etc.
> 4. Personnalité
> 5. Attitudes ou comportements recherchés
> 6. Motivation au travail

adéquatement, que la capacité prédictive des critères retenus suivra la même tendance que celle observée par le passé. Ce déphasage est possible pour une raison fort simple: les clientèles évoluent; leurs exigences et leurs attentes sont susceptibles de se transformer dans le temps. C'est pourquoi ce qui avait cours par le passé n'est pas forcément garant d'une réussite dans l'avenir.

Une compréhension des attentes de la clientèle est donc de mise pour quiconque cherche à recruter des candidats dont le profil cadre avec les attentes de ses clients. Se basant sur cette prémisse, une étude récente a permis de déterminer des critères de sélection d'un représentant, non pas à partir des critères présumés de performance d'un candidat, mais à partir de ce que les clients visés recherchent et apprécient lorsqu'ils sont en contact avec un représentant[11]. On a demandé à une centaine de clients d'une entreprise pharmaceutique de décrire le représentant idéal en ce qui a trait à sa personnalité, à son degré d'autorité, à sa connaissance du domaine pharmaceutique et de l'industrie, etc. D'après les réponses fournies par les clients, les responsables de l'embauche ont conçu une grille de recrutement beaucoup plus proche de ce que désirent les clients du secteur. Ils ont alors procédé au recrutement de candidats, dont certains avaient un profil qui cadrait parfaitement avec le profil idéal tel qu'il était décrit par les clients. Par la suite, l'auteur de l'étude a évalué les retombées du recrutement. Il a trouvé que lorsque les candidats avaient un profil qui correspondait quasiment au modèle de la clientèle (c'est-à-dire dont l'écart était inférieur à 3 % du profil dérivé), les ventes réalisées par ces candidats étaient de 375 % supérieures à la moyenne (*voir la figure 5.1, à la page suivante*). À l'inverse, plus le profil des recrues s'éloignait du profil recherché par les clients, plus les ventes réalisées par ces candidats diminuaient.

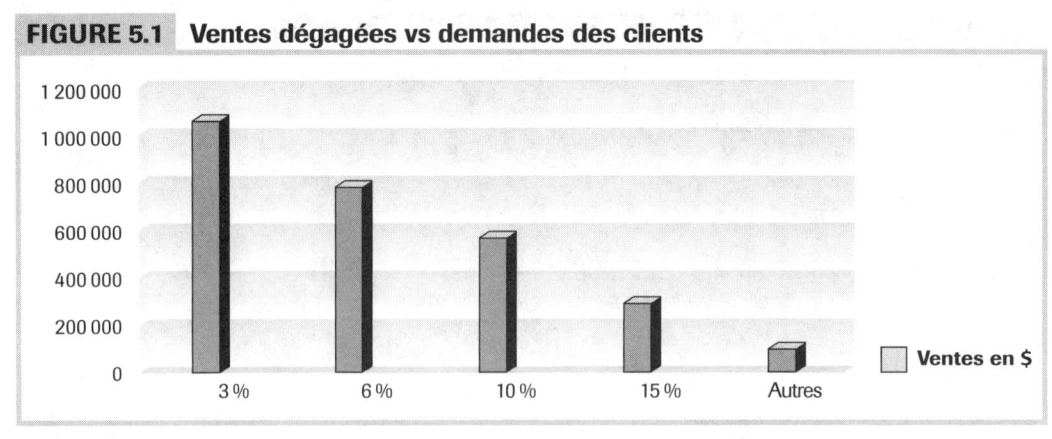

FIGURE 5.1 Ventes dégagées vs demandes des clients

Source: Adapté de Santo, M. «Sales success can now be predicted». *Agency Sales Magazine*, août 1997, p. 13-15.

C'est donc dire que, pour dresser un profil adéquat des candidats à rechercher, il est parfois intéressant – si les ressources le permettent – de s'interroger sur ce que veulent les clientèles avant de procéder à l'élaboration de la grille de recrutement. On s'assure ainsi d'établir une grille qui colle davantage aux attentes des clientèles visées et on évite de s'éloigner du profil requis (*voir l'exemple du tableau 5.2*).

TABLEAU 5.2
Exemple d'établissement de critères de sélection et de leur importance relative

Critères de sélection	Importance du critère*
Communication verbale	3
Communication écrite	2
Créativité	1
Etc.	

* 3 = compétence indispensable ; 2 = compétence importante ; 1 = atout

5.4 Les modes de recrutement

Trouver une personne dont le profil cadre avec le «portrait-robot» établi par l'entreprise n'est pas toujours simple. C'est pourquoi l'entreprise qui s'engage dans le processus de recrutement doit s'interroger sur les moyens de la joindre : doit-elle privilégier les candidats internes ou externes ? Doit-elle la chercher seule et risquer d'échouer dans sa démarche ou valoriser le partenariat, plus coûteux ? Chaque option présente des avantages et des inconvénients, qu'il faut soupeser avant d'arrêter une décision.

5.4.1 Privilégier l'interne ou l'externe ?

Une entreprise ayant un poste à pourvoir dispose de deux façons pour trouver le candidat idéal : examiner ses ressources internes ou favoriser le dépôt de candidatures de ressources externes (non affiliées à l'entreprise). Comme nous pouvons le voir au tableau 5.3, certains avantages se rattachent au recrutement interne : les coûts de recrutement sont réduits et l'intégration au milieu est accélérée, puisque les candidats sont déjà au fait des façons de fonctionner de l'organisation, ce qui devrait réduire leur temps d'acclimatation dans leur nouvel environnement. De plus, la formation du candidat se limite à ses nouvelles fonctions puisqu'il n'a pas besoin de se familiariser avec l'ensemble de la structure organisationnelle. Autre avantage de taille, l'entreprise connaît déjà le candidat, ce qui la rassure sur certains aspects de sa personnalité ou de ses aptitudes, attitudes et comportements. Les coûts associés au risque de se tromper sont donc réduits.

Cependant, il n'y a pas que des avantages au recrutement à l'interne: il tend à restreindre le nombre de candidatures. Par ailleurs, en puisant dans son bassin interne, l'entreprise se prive potentiellement d'un certain nombre de candidats dont les expériences riches et variées pourraient s'avérer bénéfiques dans d'autres secteurs ou filiales de l'entreprise. De plus, certains transferts ou mutations peuvent générer de la jalousie au sein d'équipes de travail lorsqu'un candidat est sélectionné à l'avantage d'un autre qui aurait convoité le même poste. Finalement, recruter à l'interne «sclérose» la dynamique interne, puisque les candidats, connaissant les us et coutumes de l'entreprise, sont peu enclins à proposer des façons de faire novatrices qui contribueraient à son développement.

À l'inverse, ouvrir le poste à des candidats externes entraîne des coûts plus élevés, imputables non seulement à l'affichage de l'annonce dans certaines tribunes spécifiques, mais également au fait que l'entreprise veut minimiser son risque d'erreur, c'est-à-dire éviter d'investir dans un candidat qui ne donnera pas les résultats attendus. Les coûts liés au recrutement afin de tenter de minimiser le risque de se tromper sur le candidat qui répondra le plus adéquatement aux exigences du poste sont nettement plus élevés lorsqu'on recrute à l'externe. Cependant, dans certaines circonstances, l'entreprise n'a d'autre choix que de se tourner vers l'externe, car ses ressources internes ne sont pas adaptées ou ne répondent pas au profil requis pour occuper le poste.

TABLEAU 5.3

Avantages et inconvénients rattachés au recrutement interne versus externe

Recrutement \ Critères	Coûts de recrutement et de formation	Nombre et variété de candidatures	Intégration	Innovation
Interne	−	−	+++	−
Externe	+++	+++	−	+++

Lorsqu'elle a choisi sa ou ses sources de recrutement (à l'interne, à l'externe ou les deux), l'entreprise doit maintenant décider si elle fait cavalier seul pour entamer sa recherche ou si elle confie une partie ou la totalité du travail à un intervenant externe.

5.4.2 Chercher seul ou en partenariat?

Dans le processus de recrutement, l'entreprise peut toujours miser sur son expertise interne en divisant le processus de sélection en étapes, dont elle confie la responsabilité à une ou plusieurs personnes telles qu'un superviseur, un comité de sélection, un responsable de la dotation (service des ressources humaines) (*voir la figure 5.2, à la page suivante*). Elle peut aussi décider de confier une partie ou la totalité du travail à une ressource externe.

FIGURE 5.2 Exemple de répartition des responsabilités en matière de sélection

Poste à combler : _____ Service : _____ R = responsable ; S = soutien au responsable

	Directeur de l'entreprise	Superviseur du poste	Responsable de la dotation/ Service des RH	Comité de sélection*	Consultant/ Ressource externe
1. Présélection					
Réception des CV			R		
Rédaction de la grille de présélection		S	R		
Choix des CV pertinents		S	R		
Convocation aux entrevues ou aux tests			R		
2. Entrevues et tests de sélection					
Choix des outils de sélection		S	R		
Choix du comité de sélection		S	R		
Rédaction des grilles d'entrevue		S	R		
Rédaction des grilles d'évaluation		S	R		
Formation du comité de sélection		S	R		
Accueil des candidats		S	R	S	
Réalisation des entrevues		R	S	R	
Réalisation des tests de performance		R	S	R	
Réalisation des tests psychométriques		R	S	R ou	R
Évaluation globale des candidats		R	S	R	
Suivi auprès des candidats		S	R	S	
3. Vérification des antécédents					
Obtention du consentement écrit			R		
Rédaction de la grille de vérification			R		
Examen des références		S	R		
Vérification des autres antécédents					R
4. Prise de décision finale et offre					
Choix final	S	R			
Rédaction d'une offre	S	S	R		
Présentation et négociation de l'offre	S		R		
Rédaction de la lettre d'engagement			R		

* Le superviseur immédiat du poste fait habituellement partie du comité de sélection.

Source : Pharand, F. 2001. « Le recrutement et la sélection », dans Bourhis, A. *Recrutement et sélection du personnel*. Montréal, Gaëtan Morin Éditeur, 2007, p. 222.

Plusieurs avantages sont associés au recours à l'expertise externe :
- Elle permet aux entreprises peu familiarisées avec le processus de recrutement de sélectionner des candidats dont les aptitudes à évaluer sont de nature autres que techniques.
- Elle permet également de réduire les erreurs de recrutement, surtout lorsque le poste à pourvoir est important et que les risques associés à un piètre recrutement sont élevés (coûts reliés à la formation de la recrue, à son désistement, à sa mauvaise gestion auprès de la clientèle qu'on lui aurait confiée, etc.). Se tromper sur une recrue est quelquefois dramatique pour l'entreprise et peut la mener à sa perte. Prendre tous les moyens pour minimiser ce risque devient alors essentiel pour l'employeur.
- Finalement, un employeur peut décider de confier le recrutement à une agence spécialisée ou à un cabinet dans le cas où il existe peu de candidats potentiels sur le marché qui ont les compétences et les aptitudes requises pour occuper le poste. Ceux-ci sont donc difficiles à dénicher. Comme il doit proposer des candidatures pour être rémunéré, le cabinet devra être très actif dans sa quête, quitte à solliciter des candidats au service d'entreprises concurrentes. Ce recrutement « agressif » assure à l'entreprise qui embauche des candidatures plus nombreuses et plus intéressantes.

Il existe deux formes d'expertise externe : l'**agence de placement** et le **consultant en recrutement**. Lorsque la candidature recherchée n'est pas rare sur le marché, on privilégie l'agence de placement, qui puise dans l'importante banque de CV qu'elle a constituée pour y dénicher les candidats d'intérêt. Dans certains cas, l'agence n'aura d'autres tâches que de fournir une liste de candidats à l'employeur afin qu'il effectue son propre recrutement. On la qualifie alors de ressource d'identification de profils. Si une candidature soumise est retenue, l'agence est alors rémunérée pour ses services. L'agence de placement peut également renoncer au contrat d'exclusivité, dans lequel cas elle acceptera d'être mise en compétition avec d'autres agences.

À l'inverse de l'agence de placement, le consultant en recrutement, communément appelé « chasseur de têtes », travaille souvent en exclusivité. Il refuse que le contrat soit confié à d'autres bureaux que le sien. Il facture des honoraires à l'entreprise qui requiert ses services, quel que soit le résultat atteint. Il fournit cependant un service plus complet d'accompagnement envers l'employeur que ne le fait l'agence. En effet, il procède à une préévaluation des candidatures proposées et fait subir une batterie de tests aux candidats potentiels afin de minimiser les risques associés à une proposition de candidature qui ne cadrerait pas avec la demande émise par l'employeur. Dans le cas où le candidat proposé est retenu, le consultant facture à l'employeur des honoraires allant de 10 % à 35 % du salaire annuel brut du candidat retenu. Si le candidat, dans les mois qui suivent son embauche, se comporte de façon inadéquate et que des erreurs d'évaluation des qualifications ou de motivation sont décelées par l'employeur, le consultant en recrutement se doit alors de respecter la garantie qu'il fournit à son client, à savoir le remboursement total ou partiel des honoraires que ce dernier lui a versés.

5.5 La rédaction et la diffusion d'une annonce

Attirer une perle rare est un art qui nécessite des actions précises et bien organisées. Celles-ci touchent notamment à la rédaction et à la diffusion d'une annonce efficace dans les médias appropriés.

5.5.1 Rédiger une annonce

Rédiger une annonce percutante et efficace ne veut pas dire vanter l'entreprise en lui attribuant des caractéristiques qu'elle n'a pas, dans l'espoir d'attirer davantage de candidatures. En fait, les annonces mal rédigées (insuffisamment précises ou décrivant une fausse réalité) risquent de produire des effets contraires à ceux escomptés chez des candidats. D'une part, beaucoup de candidats indésirables, en voyant une annonce trop générale, vont présumer qu'ils ont les attributs et les caractéristiques recherchés par l'employeur. D'autre part, les candidats de qualité, en constatant les imprécisions de l'annonce, risquent de ne pas postuler pour l'emploi décrit, jugeant que l'entreprise annonceuse manque de sérieux et de professionnalisme. Les candidats auront également une attitude négative s'ils trouvent que l'annonce n'est pas le reflet de la réalité, à la lumière des renseignements qu'ils ont recueillis sur l'entreprise. On doit donc apporter beaucoup de soin à la rédaction d'une annonce afin de limiter le nombre de candidatures et le travail de traitement qui en découle, et afin que celles-ci répondent aux critères de qualité souhaités.

Pour être efficace, une annonce doit être courte, percutante et intégrer un certain nombre d'éléments porteurs. Elle doit présenter l'entreprise, le poste à pourvoir, définir le profil du poste et fournir les directives précises qui doivent être suivies par le candidat potentiel pour répondre à l'offre.

La présentation de l'entreprise

La présentation de l'entreprise peut différer selon les circonstances. Parfois, l'entreprise choisit de se présenter de façon très ouverte et précise, ce qui donne un avantage au candidat, qui pourra alors se renseigner sur elle et sur sa façon de fonctionner. Il arrive cependant que l'entreprise désire conserver un certain anonymat, notamment si elle confie son processus de recrutement à une agence. Les raisons peuvent être multiples : elle refuse d'être assaillie de demandes directes de candidats potentiels ; elle ne veut pas avoir à gérer le processus et préfère que le tri s'effectue par l'intermédiaire de professionnels ; elle ne tient pas à ce que les entreprises concurrentes sachent qu'elle cherche à recruter, etc.

Dans les deux cas, il faut cependant que l'entreprise qui embauche soit apte à se présenter pour que le candidat sache s'il désire ou non poser sa candidature. En effet, certains candidats, par conviction personnelle, refusent de travailler dans certains secteurs d'activité. Par exemple, ils pourraient estimer qu'il ne faut pas encourager les fabricants de tabac parce que leurs produits nuisent à la santé des individus. Cela signifie qu'une entreprise doit communiquer suffisamment d'information pour que le candidat puisse évaluer son intérêt à postuler pour l'emploi. Si elle ne veut pas diffuser son nom, de crainte de révéler son secteur d'activité, l'entreprise a toujours le loisir de préciser quelles sont les valeurs qui la caractérisent. Si le candidat partage ces valeurs, sa propension à appliquer au poste affiché augmentera. Inversement, s'il est en désaccord avec elles, il saura qu'il risque de se sentir mal à l'aise au sein de cette organisation. Il est alors probable qu'il cherchera ailleurs un emploi qui cadre mieux avec ses aspirations. Le candidat aussi bien que l'entreprise éviteront ainsi bien des pertes de temps et d'argent inutiles. Donc, en étant explicite dès le départ quant à ses valeurs, l'entreprise envoie un message dissuasif pour certains candidats ou attrayant pour d'autres et maximise ses chances de recevoir des candidatures en adéquation avec les exigences du poste.

Dans le cas où l'entreprise se présente ouvertement, le candidat a alors le loisir de se renseigner sur elle, notamment en visitant son site Internet. Au fil de sa navigation, il découvrira ses valeurs intrinsèques, quelquefois explicites mais souvent implicites.

La présentation du poste à pourvoir

L'examen réalisé à l'interne quant aux aspects du poste à pourvoir sert de base pour établir les éléments à inclure dans l'annonce. Ceux-ci comprennent :
- le titre de la fonction ;
- la clientèle à visiter, le territoire à couvrir ;
- une description succincte mais précise des tâches à accomplir ;
- le lieu de travail ;
- le secteur d'activité.

Du fait que, de plus en plus, les emplois à pourvoir sont diffusés sur Internet, le concepteur d'une annonce qui retient ce média doit remplir des sections préétablies du site où l'annonce paraîtra. Les sites sont organisés de telle sorte que l'accès à l'information est efficace et homogène. Le site de Jobboom (www.jobboom.com) en est un bon exemple. L'onglet « recherche avancée » donne accès à une série de fenêtres, allant du plus général au plus particulier.

- La première fenêtre permet de choisir rapidement le secteur d'emploi dans lequel l'annonce sera affichée (ventes et service à la clientèle, par exemple).
- La seconde fenêtre invite à sélectionner une ou plusieurs fonctions reliées au secteur des ventes ou au secteur du service à la clientèle (chef de service, ventes ; chef de secteur, ventes ; directeur de comptes ; conseiller ; etc.). L'entreprise doit choisir quelle fonction sera insérée sous cette rubrique. Comme plusieurs options peuvent être sélectionnées simultanément par un candidat potentiel, la fonction peut être spécifique ou au contraire très globale, selon ce qui semble le plus stratégique à l'entreprise. Une fonction générale permettra de joindre un nombre important de candidats tandis qu'une fonction spécifique conviendra mieux lorsqu'un profil très particulier est requis.
- La troisième fenêtre permet de préciser les domaines d'activité en lien avec les fonctions sélectionnées. Dans l'exemple qui nous intéresse, quatre grandes catégories sont proposées (service ; commerce et distribution ; transformation et fabrication ; autres), auxquelles sont associées des sous-catégories (par exemple transformation et fabrication pharmaceutique ; transformation et fabrication métaux et métallurgie, etc.).
- Les quatrième et cinquième fenêtres permettent d'indiquer la localisation de l'entreprise afin de faire connaître au candidat où se trouve le poste à pourvoir (province et région).
- Finalement, l'entreprise doit ajouter des caractéristiques spécifiques aux annonces telles que la date de diffusion, le statut de l'emploi (temps plein, contractuel, emploi d'été ou stage) ainsi que les langues dans lesquelles le poste est affiché (anglais ou français).

Grâce à ces différents éléments d'information, les candidats potentiels sont en mesure d'évaluer leur intérêt à poser leur candidature au poste défini.

La présentation du profil recherché

Pour le poste qu'il a à pourvoir, l'employeur peut rechercher un candidat qui présente des qualités bien précises : capacité d'adaptation, efficacité, empathie, goût de travailler en équipe, etc. L'identification des qualifications requises pour satisfaire aux exigences du poste est essentielle car, si elle est réalisée avec soin, c'est elle qui permettra de faire le tri parmi les candidatures soumises. Selon les fonctions à assumer et les valeurs qui animent l'entreprise qui recrute, la liste des aspects recherchés peut être plus ou moins longue et précise. L'annonce doit toutefois présenter les éléments essentiels recherchés dans une candidature.

Souvent, les critères et les qualités requis pour occuper le poste incluent des années d'expérience en vente et une connaissance d'un secteur d'activité précis ; de plus, des habiletés de communication sont indispensables. Parfois, l'annonce ne précise pas la langue de communication, mais si le poste est situé dans une région anglophone, on peut présumer qu'il s'agit de l'anglais. L'autonomie, l'initiative et la motivation sont également des valeurs recherchées. L'ajout des contraintes liées au poste peut orienter la décision de certains candidats de ne pas poser leur candidature. Finalement, on trouve les exigences quant à la formation scolaire. Dans certaines annonces, on note que la détention d'un diplôme d'études supérieures n'est pas considérée comme essentielle par l'employeur, car elle peut être compensée par une expérience jugée équivalente alors que dans d'autres c'est un élément indispensable pour postuler.

Éviter toute discrimination

Dans toute annonce, il faut conserver à l'esprit qu'aucune discrimination ne doit être exercée, comme le précise l'article 15 de la Charte canadienne des droits et libertés (*voir l'encadré 5.6*).

ENCADRÉ 5.6

Extrait de la Charte canadienne des droits et libertés

(1) La loi ne fait acception de personne et s'applique également à tous, et tous ont droit à la même protection et au même bénéfice de la loi, indépendamment de toute discrimination, notamment des discriminations fondées sur la race, l'origine nationale ou ethnique, la couleur, la religion, le sexe, l'âge ou les déficiences mentales ou physiques.

(2) Le paragraphe (1) n'a pas pour effet d'interdire les lois, programmes ou activités destinés à améliorer la situation d'individus ou de groupes défavorisés, notamment du fait de leur race, de leur origine nationale ou ethnique, de leur couleur, de leur religion, de leur sexe, de leur âge ou de leurs déficiences mentales ou physiques.

De plus, l'article 311-4 du Code du travail interdit de mentionner un âge maximal pour occuper un poste. La grossesse d'une femme n'a pas le droit d'être prise en considération ni le sexe d'un répondant. Sa religion, l'ethnie à laquelle il se rattache, sa situation familiale, son apparence physique, son état de santé, ses opinions politiques, ses mœurs, son orientation sexuelle, un handicap quelconque tout comme son origine ne doivent pas être considérés comme discriminants.

En fait, lorsqu'un poste est affiché, tous les candidats ayant les qualités et les qualifications requises pour occuper ce poste devraient être considérés sur la même base, en toute équité. C'est pourquoi la rémunération qui sera proposée devra également être juste et équitable, nonobstant le sexe du candidat, sa situation personnelle ou toute autre considération. Bref, seuls des critères « objectifs » et rattachés à l'expérience, à la formation et à des qualités personnelles doivent être considérés dans le choix du candidat.

Les modalités de réponse

L'annonce doit spécifier quelles sont les modalités de réponse que devra retenir un candidat pour faire savoir qu'il est intéressé par le poste affiché. Elle doit aussi indiquer la date limite des mises en candidature. Parfois, les annonces sont muettes à ce sujet. Il peut s'agir d'un oubli de l'employeur; il peut aussi s'agir d'un mode de fonctionnement, alors qu'au-delà d'une date spécifique, les CV sont mis dans une banque et conservés pour les besoins futurs de l'entreprise. Cette lacune entraîne un désavantage pour le candidat, qui ne sait pas quand l'analyse de son dossier aura lieu. De plus, il n'est pas en mesure d'estimer le temps au-delà duquel il pourrait, de façon légitime, recontacter l'employeur potentiel afin de savoir ce qu'il advient de sa candidature. L'entreprise se prive ainsi d'un moyen d'évaluation d'un comportement très important en matière de vente : l'aptitude d'un candidat à assurer le suivi de sa demande.

Les coordonnées complètes

L'annonce doit fournir les coordonnées complètes de l'organisme auquel le CV et la lettre de motivation doivent être acheminés. Il peut s'agir d'une adresse postale ou d'une adresse électronique; dans certains cas, le nom de la personne responsable est précisé. Bref, si les modalités diffèrent, la voie électronique est de plus en plus retenue, car elle accélère le processus d'acheminement de l'information, et ce, à un coût moindre que celui occasionné par d'autres supports (poste, télécopie, etc.).

Les qualités de l'annonce

Une annonce efficace doit réunir certaines qualités. Elle doit être concise et précise, lisible et accrocheuse. Elle doit mettre en évidence les points importants du poste à pourvoir et du profil recherché. Elle doit de plus respecter le budget prévu à sa diffusion.

Son graphisme doit être clair et agréable. Sa typographie et sa forme de présentation doivent être adaptées aux médias retenus pour sa diffusion. Par exemple, sur une affiche, on choisira un gros caractère lisible de loin. Le texte doit être aéré, facile à lire et attrayant. En somme, une annonce doit être simple, claire et suffisamment structurée pour que les candidats d'intérêt aient le goût d'y donner suite tout en décourageant les candidats dont le profil serait inadéquat.

5.5.2 Diffuser une annonce

L'offre d'emploi est convenablement rédigée : il est maintenant temps de la diffuser. Dans la sous-section précédente, nous avons vu qu'avant même de rédiger une annonce le comité responsable du recrutement a décidé quels médias et supports il choisirait pour diffuser celle-ci. Cette décision permet de rédiger une annonce dans le format approprié aux médias et aux supports retenus. Plusieurs options s'offrent à l'employeur, lesquelles comportent toutes des avantages et des inconvénients. Nous allons maintenant examiner les médias les plus couramment utilisés pour diffuser une annonce.

Le service de placement d'Emploi-Québec

Le gouvernement provincial met à la disposition des entreprises un site gratuit[12] sur lequel les annonces d'emploi peuvent être consultées par les personnes en quête d'un premier emploi, ou en processus d'évolution ou de réorientation de carrière.

Le site Web de l'entreprise

Les grandes entreprises qui œuvrent sur le marché québécois ou canadien ont généralement conçu leur site Web dans le but de promouvoir leur image de marque, leurs produits et, par la même occasion, de faire connaître leurs besoins en personnel. Si certaines n'offrent pas un accès direct à leur banque de postes à pourvoir, elles offrent un lien avec une banque de candidatures, où il est possible de consulter les offres disponibles et de poser sa candidature.

Le site Web d'entreprise présente une architecture qui correspond à la structure de l'entreprise et à ses besoins en personnel. Il permet à l'employeur de diffuser une annonce de façon rapide et efficace auprès de tout candidat susceptible d'être intéressé par un emploi spécifique. Il donne aussi beaucoup de latitude dans le choix du format et du contenu de l'annonce. Très peu coûteuse (si ce n'est une mise à jour régulière des postes), cette pratique se développe rapidement et constitue un moyen intéressant de recruter.

Les associations professionnelles

Les associations professionnelles offrent une vitrine intéressante aux entreprises en quête de profils de représentants d'expérience, spécialisés dans des secteurs particuliers. L'entreprise peut toujours y avoir recours, car l'association va diffuser l'annonce à paraître auprès de ses membres. C'est un moyen très efficace de joindre ce type de candidats possiblement intéressés à postuler mais qui n'ont pu, faute de temps, prendre connaissance de l'offre accessible sur le site Web de la compagnie. Une fois informés, ils sont susceptibles de se renseigner davantage sur l'offre en visitant le site de l'employeur.

Les revues spécialisées

Les revues spécialisées intéressent les professionnels à l'affût des nouvelles tendances dans leur domaine. Une annonce précisant une offre dans ces revues est à même de toucher un lectorat directement concerné par le sujet. Si l'abonné n'est pas intéressé par le poste à pourvoir, il pourra en parler à des collègues dont le profil semble cadrer avec le poste, lesquels sont susceptibles de poser leur candidature.

Les relations avec les universités

Certaines entreprises ont bien saisi que leur proximité avec les institutions d'enseignement leur permet de bénéficier d'avantages certains quant au recrutement de candidats dont le profil correspond à celui recherché. Outre les contacts personnels avec des professeurs, certaines entreprises établissent même des ententes avec des universités qui proposent des programmes de formation de représentants. Elles viennent directement s'alimenter dans les bassins universitaires pour pourvoir à leurs postes. Cette pratique, qui n'est pas encore implantée au Canada, l'est cependant dans plusieurs universités américaines. La Toledo University, la Middle Tennessee State University et la Northern Illinois University, par exemple, offrent un baccalauréat en administration au sein duquel un candidat peut se spécialiser en représentation. Ces programmes sont encouragés par des partenaires d'affaires avec lesquels elles tissent des liens privilégiés. Les entreprises, à l'affût de candidats déjà formés, affichent leurs offres d'emploi directement à l'institution d'enseignement, ce qui leur permet de rencontrer rapidement des candidats potentiels intéressants. Ces relations avec les universités sont surtout utiles pour les entreprises en quête de jeunes recrues qui occuperaient des postes pour lesquels l'expérience dans un secteur d'activité n'est pas jugée essentielle.

Les candidatures spontanées

Certaines entreprises, grâce notamment à leur site Web, invitent les candidats à déposer leur *curriculum vitæ* en tout temps, même si aucun poste n'est disponible au moment du dépôt. Les CV déposés sont généralement conservés dans une banque pour une période qui peut varier de quelques mois à un an. Lorsqu'un poste est à pourvoir, cette banque est une source intéressante à consulter; elle peut même s'avérer suffisante, dans certains cas, pour dénicher la perle rare. Elle présente comme avantages d'être peu coûteuse et de donner accès à des candidats qui désirent travailler pour une organisation spécifique et qui, *a priori*, partagent ses valeurs. Certains candidats posent leur candidature tout en continuant à œuvrer dans leur secteur d'activité en espérant qu'un jour on sollicite leurs services pour occuper le poste auquel ils aspirent. Le seul désavantage associé à la banque de candidats est que la liste disponible peut s'avérer désuète et que les candidats intéressants ont pu se diriger vers d'autres entreprises.

Les agences de placement et les consultants en recrutement

Comme nous l'avons vu à la section 5.4.2, l'entreprise a toujours la possibilité de confier son annonce à des agences de placement ou à des consultants en recrutement. Très coûteuses, ces options ont cependant l'avantage de soulager l'entreprise de tâches qui exigeraient d'elle beaucoup d'énergie: définir les caractéristiques du poste à pourvoir, spécifier le profil du candidat et présélectionner les candidatures. Un second avantage rattaché à l'utilisation de ces services externes est la garantie d'un travail professionnel, réalisé dans les règles de l'art, lesquelles peuvent échapper notamment aux petites organisations.

Les salons et les foires

Certaines entreprises à la recherche de recrues participent à des salons et à des foires spécialisés, principalement lorsque le nombre de candidatures recherchées et la diversité des postes à occuper sont importants. On peut être sûr d'y trouver les grandes entreprises en croissance, dont les besoins sont en évolution constante[13].

Les journaux

L'entreprise peut choisir de diffuser son annonce dans les quotidiens régionaux ou les hebdomadaires locaux lorsque le poste à pourvoir touche une région spécifique et que les qualifications requises pour occuper ce poste ne sont pas très nombreuses, ou encore lorsqu'elle recherche des profils variés de candidats. Peu coûteux, ce moyen de diffusion est parfois suffisamment efficace pour lui permettre d'atteindre des objectifs de recrutement définis. Il intéresse particulièrement les petites entreprises peu familiarisées avec l'utilisation d'Internet ou qui n'ont pas les ressources pour élaborer un site Web. Les annonces parues dans des quotidiens jouissent d'une grande diffusion grâce au fait que ceux-ci les publient sur leur site Internet. De plus, les journaux peuvent toucher des clientèles encore réticentes à consulter des annonces sur Internet telles que les personnes d'âge mûr.

Internet

Différents sites Internet sont maintenant accessibles[14], qui facilitent la diffusion des offres d'emploi et la mise en relation entre les employeurs et les chercheurs d'emploi. Relativement peu coûteux, Internet permet d'accéder à un nombre important de candidats. Il permet aussi que l'annonce soit diffusée rapidement et parfois gratuitement, comme c'est le cas sur le site d'Emploi-Québec.

5.6 Le budget de recrutement

Le processus de recrutement coûte cher à l'entreprise (*voir la figure 5.3*). Parmi les postes budgétaires qui le concernent, mentionnons d'abord les ressources internes responsables du recrutement, qui voient à définir le type d'emploi requis et à déterminer les exigences et les responsabilités qui lui sont rattachées. D'autres ressources décident du budget global à octroyer au recrutement, de la part de ce budget qui sera consacrée à la diffusion de l'offre d'emploi et du meilleur média à retenir pour diffuser l'annonce. On doit ajouter les coûts reliés aux tests de qualifications et aux entretiens à réaliser.

L'entreprise doit donc prévoir une enveloppe budgétaire raisonnable afin de mener le processus de façon efficace et rentable. Pour ce faire, elle doit tout d'abord évaluer les ressources requises pour l'ensemble du processus de recrutement, lesquelles lui permettront d'atteindre ses objectifs dans les délais fixés. Elle doit ensuite déterminer chacune des étapes du processus de recrutement. Elle peut enfin estimer les coûts reliés à chacune de ces étapes et dresser un plan budgétaire global, et ce, avant même que le processus ne s'amorce. Ce plan d'action est nécessaire pour servir 1) de carte directrice des actions à entreprendre et des étapes à suivre et 2) de balise à respecter lors du déroulement du processus. Si les étapes et les coûts en lien avec les objectifs à atteindre ont été correctement prévus avant le début du processus, l'enveloppe budgétaire allouée au recrutement sera réaliste et devrait éviter les dépassements, qui ne contribuent pas à améliorer la qualité ou la quantité de candidatures.

FIGURE 5.3 Exemple d'un tableau de planification du budget alloué au recrutement

Poste à combler : _____   Service : _____

	Dépenses						
		Frais de déplacement					
	Appels inter-urbains	Candidats	Comité de sélection	Frais de location de salle	Hono-raires	Autres frais	Temps consacré par les ressources internes
1. Présélection							
Réception des CV							
Rédaction de la grille de présélection							
Choix des CV pertinents							
Convocation aux entrevues ou aux tests							
2. Entrevues et tests de sélection							
Choix des outils de sélection							
Choix du comité de sélection							
Rédaction des grilles d'entrevue							
Rédaction des grilles d'évaluation							
Formation du comité de sélection							
Accueil des candidats							
Réalisation des entrevues							
Réalisation des tests de performance							
Réalisation des tests psychométriques							
Évaluation globale des candidats							
Suivi auprès des candidats							

FIGURE 5.3 (*suite*)

	Dépenses						
	Frais de déplacement						
	Appels inter-urbains	Candidats	Comité de sélection	Frais de location de salle	Hono-raires	Autres frais	Temps consacré par les ressources internes
3. Vérification des antécédents							
Obtention du consentement écrit							
Rédaction de la grille de vérification							
Examen des références							
Vérification des autres antécédents							
4. Prise de décision finale et offre							
Choix final							
Rédaction d'une offre							
Présentation et négociation de l'offre							
Rédaction de la lettre d'engagement							

Source : Pharand, F. 2001. « Le recrutement et la sélection », dans Bourhis, A. *Recrutement et sélection du personnel*. Montréal, Gaëtan Morin Éditeur, 2007, p. 220.

RÉSUMÉ

Dans ce chapitre, nous avons vu que le recrutement est une activité complexe qui amène le gestionnaire à prendre de nombreuses décisions. Dans le secteur de la vente, il existe plusieurs types de représentants : le représentant consultatif, le représentant missionnaire, le représentant livreur, le preneur de commandes, le souteneur, le représentant de comptes majeurs et le représentant technique.

Avant d'effectuer son choix, le gestionnaire doit d'abord se questionner sur le besoin à satisfaire dans son entreprise, ce qui l'amène à définir le poste à pourvoir, à décrire la raison d'être de la fonction, à répertorier les responsabilités qu'il désire confier au futur employé et à les détailler. Puis, compte tenu des tâches à réaliser, il doit aussi s'interroger sur le profil du candidat idéal. La description du profil se fait selon une approche traditionnelle (par rapport à des critères internes) ou selon une approche novatrice (en requérant l'avis de la clientèle).

Le gestionnaire décide alors du mode de recrutement le plus adapté pour dénicher la perle rare et cherche à l'attirer au moyen d'une annonce. Cette dernière présente l'entreprise et le poste à pourvoir, définit le profil recherché et spécifie les modalités de réponse, le tout dans un style efficace. Finalement, le gestionnaire sélectionne le ou les médias qui joindront les candidats d'intérêt. Il doit toujours tenir compte de l'enveloppe budgétaire prévue pour chacune des activités du processus de recrutement.

QUESTIONS

1. Quels sont les différents types de représentants que vous êtes susceptibles de recruter ? Quelles sont leurs particularités ?

2. Quelles sont les étapes à suivre dans le processus de recrutement ?

3. Répertoriez trois médias dans lesquels vous pourriez publier une annonce. Faites la liste des avantages et des inconvénients liés à chacun d'eux.

4. Quels sont les avantages et les inconvénients associés au recrutement interne et au recrutement externe ?

5. Quelles raisons évoqueriez-vous pour confier le recrutement à une agence externe ? Nommez la ou les étapes que vous pourriez lui confier.

ATELIERS

1. Trouvez trois annonces sur un site d'emploi qui vise à recruter des représentants en vente. Examinez chacune d'elles et déterminez ses points forts et ses points faibles. Si vous deviez choisir un emploi à partir de ces trois annonces, quel serait-il et pourquoi ?

2. Comment rédigeriez-vous votre CV et votre lettre de motivation ?

3. Trouvez une annonce de représentant commercial et imprimez-la. Évaluez cette annonce : selon les critères de la section 5 du présent chapitre, cette annonce est-elle complète et bien rédigée ? Justifiez votre réponse.

4. Si vous étiez l'annonceur de l'offre d'emploi que vous avez imprimée, où l'auriez-vous publiée, mis à part le site d'où elle provient ? Dressez la liste des endroits où vous auriez diffusé l'annonce et vérifiez si c'est la stratégie qu'a retenue l'entreprise.

NOTES

1. SAGER, J.K. «How to retain salespeople». *Industrial Marketing Management*, vol. 19, 1990, p. 155-166.

2. INGRAM, T.N. et al. *Sales Management: Analysis and Decision Making*, 4e éd. New York, Harcourt College Publishers, 2001.

3. RANDALL, E.J. et C.H. RANDALL. «A current review of hiring techniques for sales personnel: The first step in the sales management process». *Journal of Marketing Theory and Practice*, printemps 2001, p. 70-80.

4. RICHARDSON, R. «Measuring the impact of turnover on sales». *Journal of Personal Selling & Sales Management*, vol. 19, n° 4 (automne 1999), p. 53-66.

5. CRAVENS, D.W. «The changing role of the sales force». *Marketing Management*, vol. 4 (automne 1995), p. 49-57.

6. INGRAM, T.N., R.W. LAFORGE et T.W. LEIGH. «Selling in the new millenium: a joint agenda». *Industrial Marketing Management*, vol. 31 (octobre 2002), p. 559-567.

7. MARSHALL, G.W., C. MONCRIEF et F.G. LAASK. «The current state of sales force activities». *Industrial Marketing Management*, vol. 28 (janvier 1999), p. 87-98.

8. McMURRAY, R.N. «The mystique of super-salesmanship». *Harvard Business Review*, vol. 39, n° 2 (mars-avril 1961), p. 113-122.

9. NEWTON, D.A. *Sales Force Performance and Turnover*. Cambridge MA, Marketing Science Institute of Cambridge, 1973.

10. MONCRIEF, W. «Selling activity and sales position taxonomies for industrial salesforce». *Journal of Marketing Research*, août 1986, p. 261-270.

11. SANTO, M. «Sales success can now be predicted». *Agency Sales Magazine*, août 1997, p. 13-15.

12. EMPLOI-QUÉBEC. *Placement en ligne*, [en ligne], [http://www.emploiquebec.net/francais/entreprises/recrutement/placement/index.htm] (6 février 2008).

13. Au Québec, de l'information sur ces salons et foires est disponible à l'adresse suivante: [http://emploiquebec.net/francais/entreprises/recrutement/moyens/foires.htm] (6 février 2008)

14. Quelques sites intéressants dans le domaine de l'emploi:

    [http://placement.emploiquebec.net/mbe/login/portail/portcherc.asp] (6 février 2008)

    [http://www.jobauquebec.com/offres-emploi.html] (6 février 2008)

    [http://www.salesrep.ca] (6 février 2008): site spécialisé pour annoncer des offres d'emploi en représentation commerciale au Canada.

    [http://www.workopolis.com] (6 février 2008)

    [http://www.monster.ca] (6 février 2008): offres de grosses entreprises canadiennes.

CHAPITRE 6

La sélection des candidatures

OBJECTIFS

Après l'étude de ce chapitre, vous devriez pouvoir :

- connaître les étapes du processus de sélection et être apte à les appliquer ;
- être familiarisé avec les différents types d'entrevues applicables à un candidat ;
- élaborer un guide d'entrevue adéquat ;
- connaître les outils d'aide à la sélection ;
- sélectionner les outils pertinents selon le critère de performance recherché ;
- être apte à sélectionner la candidature la plus prometteuse.

INTRODUCTION

Dénicher, parmi l'ensemble des candidatures reçues, « la » perle rare ressemble davantage à un parcours du combattant qu'à une activité de tout repos. Pour y arriver, le gestionnaire doit d'abord savoir ce qu'il cherche (critères de sélection) et par quelles techniques de sélection il sera en mesure d'obtenir ces données. Il réalisera ensuite un premier tri à partir des dossiers présentés et un second tri parmi les candidatures restantes en les soumettant à une entrevue. Il pourra compléter son évaluation en s'appuyant sur les résultats dérivés de tests présélectionnés qu'il fait passer aux candidats. Finalement, une fois ces étapes réalisées, le gestionnaire aura la tâche de déterminer le rang des candidats afin de retenir le plus prometteur et de l'accueillir dans son équipe de vente. Étant relativement complexes, ces étapes sont tour à tour abordées et détaillées dans les sections suivantes.

6.1 Les techniques et les critères de sélection

Les techniques auxquelles un recruteur est susceptible d'avoir recours font référence aux entrevues, aux tests, aux données biographiques, aux centres de tests, aux références, aux recommandations et à la graphologie (*voir le tableau 6.1, à la page suivante*). Les entrevues servent à acquérir de l'information sur des critères en lien avec les caractéristiques démographiques et physiques du répondant telles que son genre ou son âge. Les tests visent à fournir des données objectives qui ne sont pas livrées par les entrevues, par exemple l'aptitude du représentant à la vente. Les données biographiques permettent d'établir le statut actuel et le style de vie du représentant. Les centres de tests sont des endroits où des techniques multiples peuvent être déployées, notamment au moyen de simulations, afin de connaître les façons de réagir d'un représentant. Les références et les lettres de recommandation sont des techniques de sélection qui apportent des indices uniques sur le profil d'un candidat. Finalement, la graphologie est une technique d'analyse de l'écriture du représentant, laquelle permet notamment de se prononcer sur le profil de ce dernier et son degré d'adéquation avec les exigences du poste.

Dans le tableau 6.1, on observe que les critères de sélection les plus couramment utilisés s'inscrivent sous six rubriques. Des données propres aux caractéristiques démographiques et physiques du candidat permettent d'établir le profil d'un candidat (âge, sexe et apparence physique, par exemple). D'autres informations portent sur son historique et son expérience antérieure. Des renseignements tels que la connaissance des activités pratiquées par un candidat donnent une idée de son statut actuel et de son style de vie. Si des éléments d'information associés à ces rubriques sont souvent fournis par le curriculum vitæ et les entrevues, des tests additionnels sur les aptitudes, la personnalité et les habiletés d'un candidat permettent de compléter son profil.

TABLEAU 6.1

Comparaison des techniques et des critères de sélection

	Entrevues	Tests	Données biogr.	Centres de tests	Vér. réf.	Recomm.	Graphologie
Caractéristiques démographiques et physiques							
Âge	✓		✓				
Sexe	✓		✓				
Apparence physique	✓			✓			
Type sanguin	✓		✓				
Historique et expérience							
Histoire personnelle et historique familial	✓		✓		✓		
Formation – éducation	✓		✓		✓		
Expérience de vente	✓		✓		✓	✓	
Expériences autres qu'en vente	✓		✓		✓	✓	
Statut actuel et style de vie							
Situation de famille	✓		✓				
Statut financier	✓		✓		✓		
Activités – style de vie	✓		✓				
Aptitudes							
Intelligence		✓					
Aptitudes cognitives		✓					
Intelligence verbale		✓					
Aptitudes mathématiques		✓					
Aptitudes à la vente		✓					
Personnalité							
Responsabilité		✓			✓		✓
Dominance		✓		✓	✓		
Conformisme		✓		✓			
Dynamisme		✓		✓	✓		
Sociabilité	✓	✓		✓	✓		
Estime de soi		✓					✓
Créativité – flexibilité		✓					✓
Besoin de pouvoir – rétributions extrinsèques	✓						✓
Degré de confiance en soi	✓	✓		✓			✓

TABLEAU 6.1 (suite)

	Entrevues	Tests	Données biogr.	Centres de tests	Vér. réf.	Recomm.	Graphologie
Capacité décisionnelle	✓	✓		✓	✓		✓
Honnêteté		✓			✓		✓
Fidélité		✓			✓		✓
Habiletés							
Habiletés liées à la vocation	✓			✓			
Présentation de vente	✓	✓		✓			
Habileté à conclure une vente	✓	✓		✓			
Gestion des objections	✓	✓		✓			
Habiletés interpersonnelles	✓	✓		✓			
Gestion		✓		✓			
Estime envers la vocation	✓	✓		✓			
Communication	✓	✓		✓			

Source: Randall, E.J. et C.H. Randall. «A current review of hiring techniques for sales personnel: the first step in the sales management process». *Journal of Marketing Theory and Practice*, printemps 2001, p. 70-83.

6.2 Le premier tri

Les dossiers soumis par les candidats contiennent généralement deux documents: le curriculum vitæ, qui détaille le parcours du candidat, et la lettre de motivation qui l'accompagne. On évalue tour à tour ces deux documents afin d'effectuer le premier tri.

6.2.1 L'évaluation du curriculum vitæ

Le **curriculum vitæ** (CV) est riche en données de toutes sortes, et il appartient à l'entreprise de l'analyser pour en tirer les renseignements opportuns. Tout d'abord, les coordonnées du candidat sont précisées: le candidat a-t-il inclus son adresse électronique personnelle ou professionnelle? Il est toujours préférable que le candidat ait indiqué ses coordonnées personnelles et non pas professionnelles. La raison est simple. Si le candidat utilise à des fins personnelles des ressources professionnelles d'un concurrent, il y a un fort risque qu'il agisse de la même façon chez son futur employeur. Un respect de l'employeur actuel est donc de mise, qui se manifeste notamment par l'absence de coordonnées au travail. De même, si le candidat a indiqué son adresse professionnelle sur son envoi, cela reflète un manque d'éthique à l'égard de son employeur actuel. On doit alors se demander si une personne présentant ce profil devrait être embauchée.

L'organisation du CV et son contenu doivent être examinés avec attention. Le CV est un reflet du candidat et sa façon de le présenter, un indicateur de sa personnalité. Deux aspects doivent être examinés lors de la réception du CV: son contenu et sa forme.

Le contenu inclut le parcours de l'individu, ses expériences passées, son cursus, ses périodes creuses, sa formation initiale et ses passe-temps. Il fournit un nombre important de renseignements. Certains CV sont brefs mais très percutants, mettant en relief les expériences pertinentes en lien avec le poste convoité. D'autres ressemblent davantage à des documents passe-partout ou encore à de vrais fourre-tout. L'employeur potentiel doit se poser plusieurs questions à l'examen du CV: le candidat indique-t-il ses objectifs de carrière? En quoi ses expériences passées constituent-elles un tracé dans sa carrière? Existe-t-il un fil conducteur dans son parcours ou celui-ci semble-t-il improvisé? Y a-t-il des trous dans le CV soumis? Le candidat change-t-il souvent d'employeur? Quelles sont les fonctions qu'il a occupées tout au long de son parcours? Toutes ces questions permettront notamment de comprendre la trajectoire suivie par le candidat et de saisir son intérêt pour le poste offert. L'employeur doit également trier l'information soumise afin de déterminer si le candidat présente les qualifications et l'expérience requises pour occuper le poste.

La forme du CV fait référence à sa présentation. Certains sont chargés, d'autres aérés. Certains ont l'air désordonnés, désorganisés; d'autres au contraire sont très détaillés et structurés. Bref, chacun d'eux révèle un peu de la personne qui postule pour l'emploi. Un examen attentif du CV permet au recruteur de se forger une idée préalable du candidat, avant même de l'avoir rencontré. Dans certains cas, l'examen du CV constitue un moyen de présélectionner des candidatures en se basant sur des critères précis que l'entreprise s'est fixés.

6.2.2 L'évaluation de la lettre de motivation

Le CV est souvent accompagné d'une lettre de motivation. Là encore, cette lettre révèle des aptitudes et des capacités du candidat. Le texte est-il bien construit? Le vocabulaire choisi est-il adéquat? Le français est-il de qualité? Le texte est-il exempt de fautes de syntaxe et d'orthographe ou, au contraire, est-il ponctué de nombreuses coquilles? Les motivations du candidat s'expriment-elles avec conviction? L'expression est-elle claire et les arguments convaincants? Le texte est-il fluide? Est-il rédigé avec soin et de manière personnalisée ou superficiellement et sans recherche? La lettre incite-t-elle à connaître davantage le candidat ou, au contraire, décourage-t-elle d'aller plus avant? Pourquoi?

La lettre de motivation, tout comme le CV qui l'accompagne, traduit des habiletés du candidat à s'exprimer par écrit, à se montrer convaincant et persuasif. Ces aspects ont tous leur importance en représentation, et un manque de professionnalisme évident sur ces plans ne peut que dévoiler une tendance du candidat, qui se manifestera lors de ses interactions avec ses clients.

6.3 Le second tri

Après l'analyse des CV et des lettres de motivation, il se peut qu'un nombre encore important de candidatures potentiellement intéressantes restent en lice. Un second tri s'avère alors essentiel. Dans certaines circonstances, avant de convoquer chacun de ces candidats à une entrevue, l'entreprise peut décider de faire une présélection en se servant d'outils qui lui donneront un meilleur aperçu des personnes convoitant le poste. Par exemple, elle peut établir un premier contact électronique ou téléphonique, ou encore organiser une entrevue à distance au moyen d'une webcaméra.

Chaque médium facilite la détection d'aspects potentiellement recherchés chez un candidat. Une entrevue téléphonique permet d'évaluer l'élocution du candidat et son aptitude à communiquer. Le choix de son vocabulaire, sa facilité à s'exprimer et son aisance constituent autant d'indicateurs sur sa propension à établir et à entretenir de bonnes relations avec un acheteur potentiel. Un candidat coincé, qui ne répond que par oui ou par non aux questions posées, qui n'est pas curieux et qui est peu volubile sera difficilement pressenti pour occuper un poste où les échanges téléphoniques sont nombreux et cruciaux pour la conclusion de ventes ou le suivi d'affaires.

La capacité de synthèse d'un candidat peut également être évaluée lors d'un entretien téléphonique. Demandez simplement au candidat de préciser en quelques mots quelles sont les compétences et les expériences qui lui ont été utiles et qui l'aideraient à réaliser les tâches du poste auquel il aspire. S'il se perd dans les détails, qu'il est inapte à fournir une réponse simple et cohérente, où ressortent les points clés, c'est que sa capacité de synthèse laisse à désirer. Si, à l'inverse, en deux ou trois phrases, il décrit une expérience passée, précise la compétence qu'il y a acquise et établit le lien avec le poste convoité, il démontre une capacité de synthèse très intéressante.

Les échanges électroniques écrits avec un postulant (courriel, clavardage) permettent d'estimer son temps de réaction ainsi que sa spontanéité. Son expression écrite (vocabulaire, syntaxe, enchaînement des idées, etc.) sera aussi analysée par l'évaluateur. Ce dernier pourra également considérer la perspicacité du candidat et sa façon d'interagir à distance. Ses aptitudes communicationnelles au moyen de l'écrit seront donc évaluées « globalement », à l'intérieur du processus de vente.

Finalement, l'entrevue à distance, notamment par l'utilisation d'une webcaméra, sera utile dans le cas d'un candidat intéressant, mais pour lequel les coûts de déplacement pour le faire venir à une entrevue seraient trop élevés. Cet entretien permet, outre les aspects précédents, de regarder le candidat interagir comme dans un échange avec un client. L'aspect non-verbal peut alors être très révélateur.

6.3.1 L'entrevue dans le processus de sélection[1]

L'entrevue constitue la troisième étape du processus de sélection. Comme on le constate à la figure 6.1, à la page suivante, l'analyse du CV et de la lettre de motivation ainsi qu'un premier contact rapide permettent d'effectuer un premier tri parmi les candidatures qui ont été soumises. Une fois cette étape complétée, la suivante consiste à organiser une entrevue. Si l'employeur a décrété qu'il confiait la tâche du recrutement à un cabinet externe, c'est ce dernier qui prendra l'initiative d'organiser cette entrevue avec le ou les candidats d'intérêt. À l'issue de cette étape, le ou les candidats potentiels sont présentés à l'employeur et, plus précisément, au responsable des ressources humaines. Cette étape est généralement suivie d'une entrevue additionnelle avec le responsable hiérarchique qui supervisera la nouvelle recrue. Finalement, les conditions matérielles rattachées au poste sont expliquées, et si les différents intervenants s'entendent quant à la candidature à retenir, ils lui proposent une période d'essai.

Pour minimiser les risques d'erreur de sélection, les différents intervenants concernés par le processus peuvent avoir recours à des outils d'aide à la décision, soit des tests d'aptitudes, de personnalité ou d'habiletés. Ces tests sont censés fournir un éclairage

FIGURE 6.1 Étapes du processus de sélection

```
                              Curriculum vitæ
                                    ↓
                              Premier tri
                                    ↓
Tests : des outils          Entretien cabinet recrutement externe
d'aide à la décision                ↓
Aptitudes              ←    Direction ressources humaines
Personnalité                        ↓
Habiletés                   Responsable hiérarchique
                                    ↓
                            Conditions matérielles  →  Essai
```

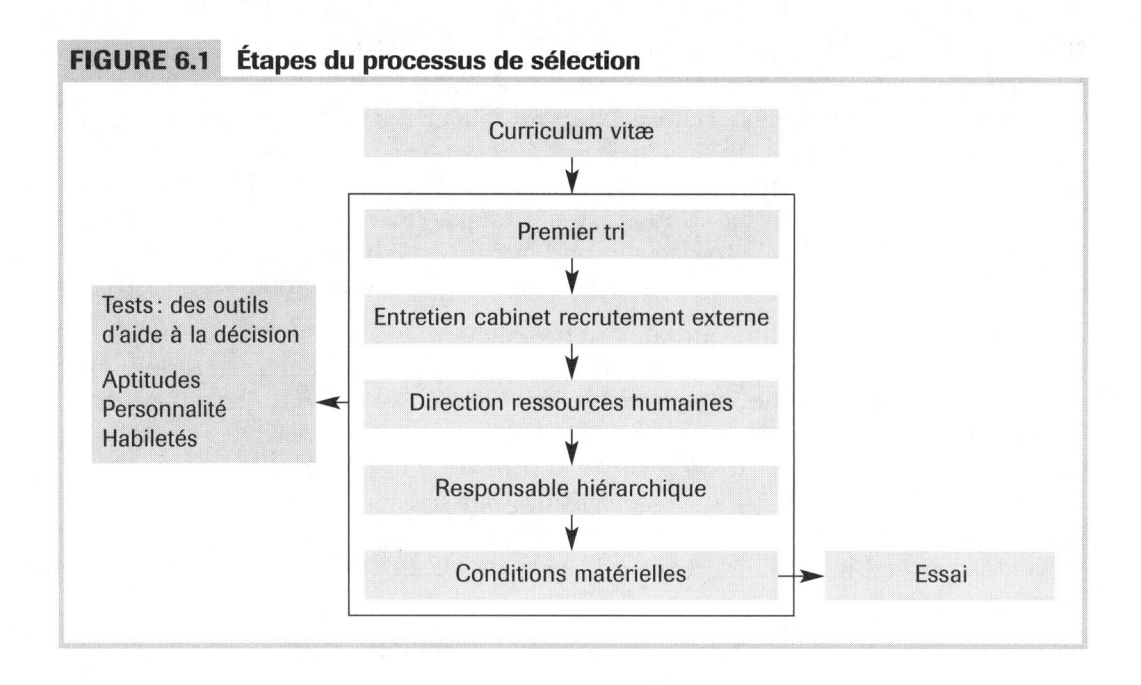

plus complet sur les candidats d'intérêt et aider les responsables du recrutement à sélectionner la personne la plus adaptée au profil du poste.

6.3.2 Les critères d'une entrevue efficace

Une entrevue est une activité complexe. Certains pensent qu'elle est très facile à organiser. Pour eux, il s'agit d'une simple conversation à bâtons rompus qui se déroule entre deux ou plusieurs acteurs. Elle a pour but l'établissement d'un contact entre deux parties afin qu'elles estiment leur intérêt à travailler ensemble. Pour d'autres, il s'agit d'un moyen d'en savoir plus sur un candidat et se déroule sur un mode interrogatoire. Selon cette approche, le candidat est bombardé de questions et doit y répondre le plus adéquatement possible sans qu'on lui laisse la possibilité d'en savoir plus sur le poste ou l'entreprise en quête d'un partenaire. La première approche est qualifiée de bidirectionnelle dans le sens où elle facilite les échanges entre les parties, tandis que la seconde est unidirectionnelle, car elle ne laisse pas de place aux questions que le candidat pourrait avoir à formuler. Pour cette raison, notamment, l'entrevue « interrogatoire » est inefficace. L'entrevue « conversation » est tout aussi inopérante, car elle incite les acteurs à s'engager dans des discussions stériles pouvant n'avoir aucun rapport avec l'objectif de la rencontre, qui vise notamment à valider si le candidat détient les aptitudes et l'intérêt requis pour le poste à pourvoir. Cette approche non structurée ne permet pas aux parties de couvrir l'ensemble des points importants à aborder.

Pour qu'elle soit productive, une entrevue doit certes comporter une dimension relationnelle importante, mais elle doit également comporter des modalités et poursuivre un objectif précis. Les modalités globales du déroulement de l'entretien (ordre de parole, temps limite, etc.) sont précisées dès le départ de façon que le candidat soit avisé de la tournure que prendra la rencontre et des périodes au cours desquelles il aura le loisir de poser des questions de clarification ou autres.

Il s'agit d'un processus dynamique, où les intervenants se découvrent mutuellement dans un cadre constructif et structuré. Il est établi que le responsable doit consacrer 20 % de l'entrevue en prise de parole et 80 % en écoute active.

6.3.3 Les étapes de l'entrevue

Une entrevue se déroule selon un plan préétabli. Sa durée est variable. Certaines entrevues durent une demi-heure, d'autres sont étalées sur une journée complète, voire plusieurs journées. La nature de l'emploi ainsi que les tests que l'on fait passer pendant les rencontres prévues ou en parallèle avec celles-ci ont une incidence sur cette durée. Néanmoins, il est raisonnable de planifier des entrevues d'une heure trente. Une entrevue se déroule en quatre grandes étapes : la mise en contexte, la présentation du candidat, la présentation de l'entreprise et la conclusion.

La mise en contexte

Les cinq premières minutes de l'entrevue sont retenues pour établir le contexte. Durant cette période, l'animateur accueille le candidat, le met à l'aise et en profite pour se présenter : nom, fonction, rôle dans le processus de recrutement. Il rappelle le poste ou la fonction pour lequel le candidat a postulé et évoque les modalités de fonctionnement de la rencontre et le plan prévu de celle-ci. Enfin, il précise le temps réservé à l'entrevue et les volets qui y seront abordés.

La présentation du candidat

L'étape suivante est consacrée à la présentation du candidat. Cette période constitue une étape centrale du processus puisqu'elle vise à cerner davantage le candidat, ses aspirations, son parcours... C'est à ce moment que les thématiques d'intérêt pour le responsable de l'entretien sont abordées et que les questions sont posées. Elle peut durer de 10 minutes à une heure, environ.

La présentation de l'entreprise

Si l'étape précédente a comme objectif de découvrir le candidat potentiel, la troisième étape, d'une durée moins importante (de 10 à 15 minutes), est quant à elle destinée à présenter l'entreprise au candidat. Le responsable expose tout d'abord l'origine et l'évolution de l'entreprise, sa mission et d'autres aspects importants. Après quoi, le candidat est invité à poser des questions sur des éléments liés à l'entreprise qui n'auraient pas été abordés ou sur lesquels il souhaiterait un complément d'information. À l'issue du processus, le responsable du recrutement peut s'assurer de l'écoute active du candidat et de sa compréhension de ce qui a été mentionné en lui demandant de restituer les points importants qu'il retient de la rencontre. Enfin, le responsable présente le poste à pourvoir au candidat et s'assure de son intérêt pour ce poste. Ce dernier a alors la possibilité de poser des questions sur les particularités de l'emploi.

La conclusion

Finalement, la dernière étape sert à conclure l'entrevue et se réalise en quelques minutes. Après avoir expliqué au candidat que tous les volets ont été couverts, le responsable lui fait part des étapes ultérieures à son entrevue (date à laquelle la décision sera prise et communiquée, modalités de la communication de la réponse, etc.) et le remercie de sa collaboration.

6.3.4 Les types d'entrevues

Les entrevues se présentent sous diverses formes selon les objectifs poursuivis. Examinons quelques-unes d'entre elles.

L'entrevue de groupe ou collective

Dans une entrevue de groupe, les candidats ayant postulé pour un emploi et dont le CV répond aux attentes de l'employeur sont invités à se présenter simultanément à un lieu déterminé. Au cours de cette rencontre, les candidats sont accueillis par deux ou trois personnes responsables du recrutement. Celles-ci les invitent à participer à une activité de groupe. Cette activité peut prendre la forme d'une mise en situation ludique au cours de laquelle les différents acteurs auront à interagir. La forme d'activité à laquelle les participants sont conviés pourrait se présenter ainsi :

« Imaginez que votre croisière vient de se terminer abruptement par le naufrage du paquebot sur lequel vous vous trouviez. Seules les personnes autour de vous ont réussi à échapper au naufrage en nageant jusqu'à l'île déserte sur laquelle vous vous êtes retrouvés. Les vivres diminuant, vous avez décidé de mandater une personne parmi vous à la recherche de secours. Comme la température se gâte rapidement, il devient impératif que la personne désignée parte avec l'unique canot de sauvetage dans les plus brefs délais et que les vivres restants soient mis à sa disposition afin qu'elle ait une chance d'atteindre l'objectif poursuivi. Vous devez, d'ici 30 minutes, désigner la personne qui prendra la mer. »

Bien qu'il permette difficilement une exploitation des données aussi efficace que lors d'une rencontre individuelle, ce type d'entrevue est intéressant à retenir pour évaluer notamment l'esprit d'équipe des candidats, leur leadership, leur combativité ou encore leur capacité à travailler en groupe.

L'entrevue « stressante »

Parfois, certaines entreprises cherchent à évaluer la capacité d'un candidat potentiel à conserver son calme et à gérer efficacement son stress. L'entrevue est alors structurée de façon à « agresser » et à déstabiliser le candidat. Sans même inviter le candidat à s'asseoir, le ou les responsables de l'entrevue le provoquent volontairement. Ils déprécient ce qu'il a fait, le dénigrent ou l'attaquent sur sa tenue vestimentaire ou sur une réponse qu'il fournit. L'objectif est de voir la façon dont le candidat se comportera, s'il sera déstabilisé ou, au contraire, s'il conservera son sang-froid. Un candidat qui réagit avec humour, en adéquation avec la situation, sera apte à s'adapter à toute situation provocatrice susceptible de se produire dans le cadre de ses fonctions. Peu utilisé, ce type d'entretien n'est pas recommandé, car s'il est retenu, le candidat conservera une image négative marquante de cette rencontre, et cette première impression risque de perdurer longtemps après son embauche.

L'entrevue test ou situationnelle

L'objectif de l'entrevue situationnelle est de placer le candidat dans des situations professionnelles susceptibles de se manifester dans l'exercice de ses fonctions et d'évaluer sa réaction. Le candidat se prononce sur ce qu'il ferait dans des cas réels ou inventés. Il répond librement ou procède au classement des options qui lui sont proposées, selon sa préférence. La « bonne » réponse étant connue à l'avance, les réponses générées par le candidat sont analysées selon la norme établie. Le classement des options permet aussi d'établir une cote de « réaction » adéquate pour le candidat et de comparer les candidats entre eux quant à leur propension à réagir de façon appropriée dans des situations professionnelles.

L'entrevue multiple

Dans un processus de recrutement, si un candidat est amené à rencontrer plusieurs responsables et à passer plusieurs entrevues successives, on parle alors d'entrevue multiple. Dans ce type d'entrevue, les divers intervenants concernés par le processus rencontrent rarement le candidat tous ensemble. Généralement, ils le voient à tour de rôle. Ces rencontres successives ont des visées distinctes et complémentaires. L'intervention de plusieurs responsables au cours du processus de sélection permet à l'employeur de s'assurer que s'il existe plusieurs candidatures d'intérêt, chacune d'elles sera examinée sous toutes ses facettes, selon le domaine d'intérêt de chaque intervenant. Qui plus est, cette procédure a l'avantage de réduire des biais potentiels liés à la subjectivité d'une personne qui serait seule mandatée pour compléter le processus de sélection.

L'entrevue à deux interviewers

À l'occasion, certaines entrevues font intervenir deux interviewers plutôt qu'un. Avant de rencontrer le candidat, ces évaluateurs se concertent afin de décider de la distribution des rôles de chacun lors de l'entrevue. S'il est convenu que l'un d'eux sera responsable de mener l'entrevue et de poser les questions, l'autre se verra confier la responsabilité de prendre des notes et d'observer le candidat avec attention. Les rôles peuvent aussi être alternés au cours de la rencontre, de sorte que chaque interviewer ait l'occasion d'évaluer le candidat selon une perspective différente. Cette façon de faire a l'avantage de permettre aux interviewers de confronter leurs observations et leurs perceptions du candidat après l'entretien, ce qui devrait favoriser l'établissement d'un portrait plus complet de la candidature et conduire à un choix plus judicieux.

L'entrevue informelle

L'entrevue informelle a comme objectif d'augmenter la spontanéité du candidat. Plus simple à organiser que l'entrevue formelle, elle prend souvent la forme d'une communication entre un candidat et un responsable. Le problème de ce type d'entrevue non structurée réside dans le fait que certaines questions importantes risquent de ne pas être posées et que des éléments essentiels d'information ne soient pas abordés.

L'entrevue structurée

L'entrevue structurée consiste à préciser, avant même que la rencontre ait lieu, la place qui sera réservée à chacun des éléments liés à son déroulement ainsi qu'à préparer les questions à soumettre au candidat et pour lesquelles des éclaircissements sont nécessaires pour avoir une vue complète du profil du candidat.

Si la séquence des diverses étapes du processus ainsi que le temps accordé à celles-ci sont établis, cela ne veut pas dire pour autant que l'entrevue sera unidirectionnelle et que des questions seront posées sans que le candidat ait la chance de s'exprimer et d'approfondir sa pensée. En fait, un animateur chevronné saura faire parler le candidat et lui fera savoir que des périodes de l'entretien lui sont réservées et qu'il pourra alors poser les questions sur lesquelles des précisions sont requises. Cet animateur se sera préalablement préparé à l'entretien, ce qui veut dire entre autres qu'il se sera familiarisé avec le CV présenté. Il aura, à l'issue de cet examen, préparé sa liste de questions. Au cours de l'entrevue, il saura mettre de l'avant son expertise en formulant des questions ouvertes, qui aideront le candidat à se dévoiler et à préciser sa pensée au fur et à mesure que l'entrevue se déroulera. En voici quelques exemples:

- Pouvez-vous développer ce dernier point?
- Pouvez-vous expliquer…?
- Avez-vous des détails à ajouter sur ce point?
- Qu'est-ce qui vous a amené à…?
- Qu'entendez-vous au juste par…?
- Pouvez-vous donner un exemple de ce que vous avancez?
- Avez-vous autre chose à ajouter sur ce point?

Mais si ces questions sont utiles pour clarifier ou approfondir un sujet, l'animateur se servira en premier lieu d'une liste de questions directement reliées au CV du candidat et qui auront pour but de combler les lacunes quant aux renseignements qu'il contient.

6.3.5 Les thèmes abordés en entrevue

Les thèmes abordés en entrevue touchent notamment la formation générale de la personne, son parcours professionnel, sa personnalité, ses attentes quant à l'emploi et ses objectifs de carrière. Ils touchent également sa connaissance de l'entreprise à laquelle elle offre ses services et des caractéristiques du poste.

La formation générale

La formation générale est le premier point qui est mentionné dans un CV. Selon la nature du poste à pourvoir, la liste des questions qui sera dressée pour mieux cerner le candidat sera plus ou moins longue. Ainsi, l'interviewer aura tendance à poser davantage de questions touchant la formation scolaire à un jeune finissant n'ayant pas d'expérience professionnelle, puisque c'est ce à quoi il est le plus apte à répondre. Voici le type de questions qu'il pourra lui adresser:

- Pourquoi avez-vous choisi un tel cursus?
- Avez-vous des regrets?
- Quels cours avez-vous préférés? le moins aimés? Pourquoi?
- Quelles sont les matières où vous avez le mieux réussi? le moins bien réussi?
- Quelles étaient vos méthodes de travail?
- Si vous deviez refaire vos études, quel serait votre cheminement?
- Quels sont les enseignements les plus utiles que vous avez tirés de votre formation?
- Quel est l'élément le plus important que vous ayez appris et pourquoi est-ce le plus important?

- Quelles sont les aptitudes que vous avez acquises et qui, selon vous, seront nécessaires au poste pour lequel vous postulez ?

L'expérience professionnelle

En ce qui concerne l'expérience professionnelle, de nombreuses questions peuvent être soulevées :
- À quelle date êtes-vous entré en fonction dans telle entreprise ?
- Quelle fonction y avez-vous occupée ? Jusqu'à quelle date êtes-vous resté au service de cette entreprise ?
- Quelles étaient les responsabilités les plus importantes que vous aviez à assumer ?
- De quelles compétences aviez-vous besoin pour exercer cet emploi et assumer les responsabilités qui lui étaient associées ?
- Avez-vous déjà eu à faire face à un problème difficile à résoudre ? Si oui, lequel ? Comment l'avez-vous réglé ?
- Votre fonction vous amenait-elle à établir des échanges avec d'autres services ? Si oui, étaient-ils importants ? Les rapports avec ces services étaient-ils faciles ? difficiles ?
- Quel était votre emploi du temps d'une journée moyenne (standard) à telle entreprise ?
- Quels aspects de votre travail vous convenaient le mieux ?
- Qu'avez-vous appris en général ? Qu'avez-vous appris qui serait utile au poste pour lequel vous postulez ?
- Pourquoi désirez-vous changer d'emploi ?
- Quelle a été votre expérience préférée jusqu'à présent et pourquoi ?
- Avez-vous subi un échec ? Si oui, à quelle occasion ? Quelle leçon avez-vous tirée de cette expérience ?
- En quoi vos expériences antérieures vous aideront-elles à réussir dans vos nouvelles fonctions ?
- Quels aspects du poste vous ont incité à postuler ?
- Quelles sont les capacités que vous n'avez pu, jusqu'à présent, exprimer dans votre travail ?

La personnalité

Pour avoir un aperçu de la personnalité du candidat sans avoir recours à des tests complémentaires, l'intervieweur pourra lui poser différentes questions telles que les suivantes :
- Comment vos collègues vous dépeignent-ils ?
- Aimez-vous travailler en équipe ? Pourquoi ?
- Quel est le type de personne avec qui vous aimez travailler ? Pourquoi ?
- Quel est le profil de personne avec qui vous avez du mal à travailler ? Pourquoi ?
- Dressez le portrait du patron idéal.
- Décrivez l'entreprise idéale pour vous.
- Comment vos amis vous décriraient-ils ?
- Comment vos ennemis vous dépeignent-ils ?
- Quels sont les points marquants de votre vie ?

- Quels sont vos points forts ? vos points faibles ? Quels points devez-vous améliorer ? Pourquoi ?
- Selon vous, quels défis aurez-vous à relever si vous êtes embauché ? En quoi votre profil va-t-il cadrer avec les besoins du poste ?

Bien qu'elles fournissent un portrait incomplet de la personnalité d'un candidat, les réponses à ces questions livrent tout de même de l'information sur ses valeurs et ses préférences. Si elles sont en adéquation avec les valeurs de l'entreprise, les chances sont bonnes que le candidat s'intègre bien dans ses nouvelles fonctions. À l'inverse, si le portrait qu'il dresse du patron idéal, par exemple, est aux antipodes de la philosophie de l'entreprise, il se peut qu'il se sente mal à l'aise à la suite de son intégration dans l'équipe de vente de cette entreprise.

Les attentes et les objectifs de carrière

Connaître ce que recherche et ce qu'attend un candidat en voulant occuper un poste est tout aussi important que d'avoir une vue précise de sa personnalité. Certaines questions facilitent cette connaissance :

- Quelle image vous faites-vous du poste pour lequel vous postulez ? Quel type d'activité aurez-vous à y faire ? Dépeignez-moi, selon votre vision, une journée type de la personne qui sera affectée à cet emploi.
- Que faut-il, selon vous, pour réussir dans cette fonction ?
- Comment vous voyez-vous dans cinq ans ? dans 10 ans ? En quoi le poste pour lequel vous postulez vous sera-t-il utile à l'atteinte de votre objectif ?

La connaissance de l'entreprise et du poste

Le candidat, au fil de ses entretiens avec différents intervenants, a la possibilité de poser des questions sur les aspects du travail à accomplir, si bien qu'il est possible et même souhaitable de s'assurer qu'il a assimilé l'information qui lui a été transmise. Le responsable de l'entrevue vérifie ainsi que le candidat est avisé des conditions qui auront cours dans le cadre de son travail, tout en s'assurant que les aspects qui lui plaisent ou lui déplaisent ne constituent pas une entrave sérieuse à son fonctionnement au sein du service ou de l'équipe qu'il intégrera possiblement. Les questions qui seront posées sont de la nature suivante :

- Vous avez rencontré M. X et Mme Y de notre entreprise. Que savez-vous de l'entreprise et du service que vous aimeriez intégrer ?
- Avez-vous des questions concernant l'entreprise et le poste ?
- Si nous retenions vos services, quelles pourraient être les causes d'un échec ou d'une mauvaise performance de votre part ?
- Quels sont les aspects de l'offre qui vous intéressent le plus ? le moins ? Pourquoi ?
- Y a-t-il des aspects du poste pour lesquels vous souhaiteriez obtenir davantage d'information ?

6.3.6 L'analyse des réponses à l'entrevue

Autant les questions peuvent être nombreuses et précises, autant les réponses fournies seront inutiles si le responsable du recrutement ne sait comment analyser l'information recueillie.

Bien qu'un complément d'information au CV soit utile dans certaines circonstances pour mieux comprendre le parcours et les motivations d'un individu, d'autres aspects sont tout aussi importants à examiner avec attention :

- Le candidat s'exprime-t-il de façon logique ? S'il n'est pas capable de communiquer logiquement, sa performance dans la représentation, alors qu'il doit convaincre des clients, risque d'en être affectée.
- Est-il capable d'exprimer ses idées de façon claire et précise ? Si oui, cela est rassurant puisqu'il saura faire de même lors de la présentation de produits ou de services à la clientèle.
- Réussit-il à déceler, à formuler et à résoudre un problème ?
- Décode-t-il facilement une situation dans un contexte donné ?
- Est-il capable de faire la part des choses entre l'essentiel et le superflu d'une réponse ?
- Ses réponses sont-elles empreintes d'humour, de créativité et de curiosité ou sont-elles plutôt ternes et peu imaginatives ?

Les réponses peuvent également être examinées par rapport à des aspects plus spécifiques :

- S'il évite d'utiliser des superlatifs tels que « toujours », « les gens », « tous », qu'il énonce des faits plutôt que des opinions, qu'il s'assure d'étayer sa réponse en étant non pas évasif mais précis, notamment en citant des noms, des dates, en avançant des chiffres pour faire valoir une argumentation, le candidat démontre un bon esprit d'analyse.
- Si ces éléments factuels sont retenus pour étoffer une généralité invoquée précédemment, telle que la présentation d'une compétence, l'évaluateur peut présumer que le candidat organise sa pensée de façon structurée et qu'il a à la fois un bon esprit d'analyse (faits précis et spécifiques) et de synthèse (vision globale d'un phénomène). Si, par contre, il ne répond aux questions qu'en invoquant des généralités sans fournir de précisions, son esprit de synthèse est intéressant, mais sa capacité d'analyse, déficiente.
- S'il est prompt à répondre et ne semble pas hésitant, il démontre une certaine assurance.
- Si, à la suite d'une question, il répond à côté du sujet sans qu'un lien puisse être établi avec la question, et que cela se produit plusieurs fois au cours de la rencontre, il est légitime de penser que le candidat ne comprend pas rapidement et de façon adéquate les questions qui lui sont adressées, ce qui peut s'avérer problématique auprès de la clientèle.
- Enfin, s'il illustre sa pensée en utilisant des images, des métaphores et des comparaisons, le candidat dénote une certaine forme d'imagination.

Finalement, des éléments connexes, liés à la façon dont l'entrevue se déroule, sont importants à considérer, car ils sont à même de révéler un candidat à problème :

- Le candidat répond-il systématiquement de façon vague aux questions ? S'il est évasif, est-ce lié à une question particulière ? Si c'est le cas, en quoi la question a-t-elle pu le perturber ? Aurait-il quelque chose à cacher qu'il serait important de considérer ?
- S'il pose peu de questions, qu'il ne semble pas vouloir obtenir de précisions additionnelles sur le travail, qu'il n'écoute pas les réponses qu'on lui donne ou les questions

qu'on lui pose, qu'il fuit le regard de son interlocuteur, qu'il semble ignorer les membres de l'auditoire lors des échanges, qu'il critique ses employeurs passés, qu'il démontre un excès de confiance, qu'il semble davantage rechercher la sécurité rattachée à un emploi que de relever un défi intéressant, le candidat a un profil inadéquat pour occuper un poste de représentant.

Si l'entrevue facilite la décision relative à la sélection d'un représentant, certaines organisations, voulant mettre toutes les chances de leur côté, privilégient l'utilisation d'outils complémentaires à la sélection.

6.4 Les tests en tant qu'outils d'aide à la sélection

L'utilisation des outils d'aide à la sélection de représentants a pour objectif de minimiser les risques d'embaucher une personne qui ne donnera pas les résultats escomptés. Ainsi, le gestionnaire qui désire prendre une décision la plus éclairée possible se fie aux résultats de différentes sources d'information. Parmi celles-ci, de nombreux tests mesurent un ou des aspects spécifiques d'un profil. Le gestionnaire les fait passer dans un centre spécialisé ou les confie à un centre de recrutement, qui s'occupe également d'interpréter les résultats et de déterminer quels candidats sont les plus aptes à entrer au service d'un employeur. Les tests ont cependant le désavantage d'engendrer des coûts additionnels par rapport aux méthodes plus traditionnelles de tri. Trois familles de tests permettent à l'employeur d'évaluer différents aspects d'une candidature : les tests d'aptitudes, de personnalité et d'habiletés[2, 3].

6.4.1 Les tests d'aptitudes

Les **tests d'aptitudes** sont destinés à évaluer le mode de fonctionnement global d'un candidat et à estimer son potentiel. Ils incluent les tests qui évaluent l'intelligence générale d'un candidat, ses aptitudes cognitives, le raisonnement numérique, le raisonnement verbal et l'aptitude à la vente.

Les tests d'intelligence

Les **tests d'intelligence** évaluent certaines aptitudes du candidat telles que la capacité d'apprentissage ou la mémoire. Ils mesurent également la culture générale. Le plus commun de ces tests est celui qui mesure le quotient intellectuel (QI). Ce test normé permet d'établir si un candidat est doté d'une intelligence normale ou moyenne (score de 100), supérieure ou inférieure à celle-ci. Il semble en fait qu'en représentation plus le degré d'intelligence d'un représentant est élevé, ce qui se reflète dans un degré élevé de culture, d'imagination et de contrôle personnel, plus celui-ci est performant et réalise de ventes[4].

Cependant, beaucoup de questions demeurent quant à la qualité prédictive de ces tests. Par exemple, en ce qui concerne la culture générale d'un candidat, les questions sont rattachées à l'environnement socioculturel dans lequel le test est conçu, ce qui désavantage un nouvel arrivant et a comme effet de produire un score ne rendant pas justice au potentiel de ce candidat. D'autres tests, plus spécifiques, contournent cette difficulté en se concentrant uniquement sur certains aspects des aptitudes du candidat.

Les aptitudes cognitives

Les aptitudes cognitives incluent deux formes d'intelligence plus spécifiques, à savoir l'intelligence pratique et l'intelligence émotionnelle. L'**intelligence pratique** réfère à l'aptitude d'un individu à s'adapter à la situation qu'il rencontre. Il parvient à cette adaptation en se changeant lui-même, en modulant certains aspects de son environnement ou en sélectionnant les environnements dans lesquels il se sent le mieux. Certaines recherches avancent que cette aptitude prédit la performance des représentants[5]. En conséquence, c'est une aptitude intéressante à mesurer.

L'**intelligence émotionnelle** réfère à l'habileté d'un candidat à déceler adéquatement l'émotion qu'un autre ressent et la réponse émotionnelle qu'elle générera chez lui.

Les tests de raisonnement numérique

Les **tests de raisonnement numérique** ont comme objectif d'évaluer la façon dont le candidat traite l'information qui lui est soumise pour prendre une décision. Les exercices présentés sont souvent des représentations de situations professionnelles auxquelles un candidat doit faire face dans le cadre de ses fonctions. Le niveau des tests de raisonnement numérique est adapté aux exigences du poste à pourvoir. La figure 6.2 en fournit un exemple.

FIGURE 6.2 Test de raisonnement numérique

Dans ce test, vous devez utiliser les données et les chiffres présentés dans le tableau. Il n'existe qu'une seule bonne réponse dans chaque cas. Encerclez la réponse qui, parmi les cinq proposées, est celle qui vous semble appropriée.

Une calculatrice et du papier brouillon vous seront fournis pour réaliser ce test.

Évolution du chiffre d'affaires par client dans le secteur des produits de luxe

	2003	2004	2005	2006
Client A	20 000	22 000	24 000	26 000
Client B	200 000	220 000	240 000	260 000
Client C	150 000	160 000	170 000	180 000
Client D	450 000	430 000	420 000	600 000
Client E	10 000	15 000	20 000	25 000

Questions

1. Quel client a connu le taux de croissance moyen le plus rapide dans le secteur des produits de luxe au cours des quatre dernières années ?

   A.   B.   C.   D.   E.

2. Si vous savez que ce secteur dégage une marge nette de 20 % sur le prix de vente, quel est le client que vous desservirez le premier au cours de la prochaine année ?

   A.   B.   C.   D.   E.

Les tests de raisonnement verbal

Les tests de raisonnement verbal se présentent sous la forme de petits textes remis aux candidats, qui doivent préciser l'option qu'ils privilégieraient parmi les choix présentés. L'objectif est d'évaluer la façon dont les candidats interprètent l'information écrite et y répondent (*voir l'exemple proposé par SHL à la figure 6.3*).

FIGURE 6.3 Test de raisonnement verbal

Instructions

Ce test présente un texte, suivi de quatre propositions. Votre tâche va consister à évaluer la logique de chacune des quatre propositions, compte tenu du texte qui la précède, et à choisir l'option adéquate.

Option A : si l'énoncé de la proposition vous paraît manifestement exact ou découler logiquement des informations ou des opinions contenues dans le texte, noircissez la case A sur votre feuille de réponses.

Option B : si l'énoncé de la proposition vous paraît manifestement inexact ou contraire à la logique des informations ou des opinions contenues dans le texte, noircissez la case B.

Option C : si l'énoncé de la proposition ne vous paraît ni manifestement exact, ni manifestement inexact par rapport à la logique des informations ou des opinions contenues dans le texte ou si vous manquez d'éléments pour conclure, noircissez la case C.

Situation
Après avoir posé quelques questions au client, l'agent d'assurances lui présente deux ou trois polices d'assurance. Bien que l'agent essaye d'orienter le choix du client vers une police particulière, la décision finale est laissée au client. Une fois la décision prise, l'agent ne reprend généralement pas la discussion sur les avantages et les inconvénients des diverses options possibles.

Propositions
1. C'est l'agent qui fait le choix final concernant la police qui devrait être adoptée.
2. On présente plus d'une police au client.
3. Quand le client a accepté la police, l'agent lui demande de répondre à quelques dernières questions.
4. L'agent peut recommander une police plus qu'une autre.

Source : Engelhard, J.-M. *Réussir les tests de sélection*. Paris, L'Express, 2005, p. 85.

Les tests d'aptitude à la vente

On peut évaluer si un candidat sera performant en matière de vente à l'aide de méthodes distinctes. La première consiste à demander à un candidat de jouer le rôle d'un représentant et d'évaluer sa prestation. Différents éléments, dès lors, pourront faire l'objet d'une évaluation de la part du responsable du recrutement. Par exemple, le responsable qui estime que la vente est importante pourra se prononcer sur les faits suivants :

- Le représentant a établi des contacts avec des clients.
- Il a transmis et recueilli de l'information au cours des échanges qu'il a eus avec ses clients.
- Il a été capable de déterminer clairement les besoins de ses clients.

- Il a su présenter les produits aux consommateurs, expliquer en quoi ils étaient uniques et faire connaître leur plus-value.
- Il a su convaincre.
- Etc.

La difficulté liée à ce test est qu'il est parfois difficile, voire impossible de voir évoluer le candidat dans toutes les facettes de son travail dans le cadre d'une mise en situation. Des inventaires basés sur l'analyse des aspects d'un emploi ont alors été établis et ont permis d'élaborer des tests qui visent à évaluer la propension d'un candidat à être un habile négociateur[6] ou à démontrer de bonnes habiletés à la vente[7, 8]. Ces inventaires sont construits à partir d'une liste d'énoncés générés à la suite de l'examen d'une fonction spécifique. Par exemple, l'inventaire de négociation inclut 11 énoncés qui évoquent des mises en situation professionnelles susceptibles d'être rencontrées par un représentant de service téléphonique. Comme on sait qu'il existe différentes façons de réagir dans une situation donnée, une liste de plusieurs réactions est établie par des experts, qui se prononcent également sur l'option la plus adéquate à adopter dans la situation énoncée. On soumet alors un candidat à ces situations en lui demandant de spécifier la réaction qu'il adopterait parmi la liste préétablie de réactions; il cumule des points selon la qualité de ses réponses. Plus le score du candidat est élevé, plus il démontre d'habiletés en négociation.

Ce type d'inventaire, où un score total est établi, semble avoir une validité intéressante; en effet, il prédit plus efficacement la performance que des évaluations produites par des responsables qui se prononcent sur les aptitudes d'un candidat en l'évaluant sur des aspects tels que sa capacité d'écoute à l'aide d'une échelle de Likert en sept points (où 1 signifie que le candidat a beaucoup d'amélioration à apporter quant à cet aspect tandis que 7 signifie que le candidat démontre une performance supérieure).

D'autres tests, sous forme de questionnaires autoadministrés, sont destinés à déterminer l'aversion ou au contraire l'inclination d'un candidat à faire une prospection active. Le SPQ*GOLD, par exemple, a été conçu en vue de déterminer si un candidat démontre ou non de l'aversion à réaliser des « appels à froid ». Les individus qui réussissent le mieux ce test démontrent peu d'aversion à faire des appels. Il s'agit de candidats dont les résultats scolaires sont relativement faibles. Remplis d'assurance, ils ont toujours l'impression d'en savoir plus que les autres. Malgré cette inclination à faire des appels, ils ne s'avèrent pas de bons représentants, car ils ont du mal à écouter et n'assument jamais le blâme pour ce qui leur arrive. Inversement, ceux dont le score est faible en raison de leur aversion à réaliser des appels ont peu confiance en leurs aptitudes, ce qui n'est pas le signe d'une carrière prometteuse. Un score moyen à ce test est un indicateur qu'il s'agit d'un candidat qui deviendra un représentant chevronné.

Une batterie de tests adaptés aux vendeurs permettent d'évaluer leurs habiletés générales (Sales Aptitude Test, 2003), leur personnalité ou leur intérêt et leur motivation en ce qui a trait au travail rattaché au domaine de la vente (le SMI de Bruce, Martin M., 2005). Ces tests peu coûteux sont généralement fournis par des organismes qui proposeront vraisemblablement leurs services d'administration et d'analyse de l'information.

6.4.2 Les tests de personnalité

Les **tests de personnalité** incluent les tests généraux et les tests spécifiques. Alors que les tests **spécifiques** s'intéressent à des aspects particuliers de la personnalité, les tests **généraux** visent à dresser un portrait global de la personne. Ils cherchent à mesurer les dispositions stables d'une personne, lesquelles se manifestent par la production de réactions identiques lorsque celle-ci fait face à des situations similaires. Examinons tout d'abord quelques tests généraux.

Le Big Five

Le **Big Five** est un test général de la personnalité. Il repose sur le principe que la personnalité d'une personne comporte cinq traits centraux : la stabilité émotionnelle, l'extraversion, le caractère agréable, le caractère consciencieux et l'ouverture à l'expérience. Un questionnaire standard permet de les mesurer.

La **stabilité émotionnelle** fait référence au fait que la personne est dotée d'un tempérament optimiste. L'optimisme semble aussi avoir un effet positif sur la performance[9]. Selon une étude[10], les représentants qui sont optimistes de nature tendent à attribuer les défaites qu'ils connaissent aux événements extérieurs davantage qu'à leur faible performance. Inversement, les représentants qui sont de nature pessimiste tendent à s'estimer moins bons lorsqu'ils font face à un refus de la part d'un client. Les ventes des représentants optimistes sont de 37 % supérieures à celles de leurs collègues pessimistes. Il semble aussi que les représentants ayant un style optimiste restent au service de leur employeur deux fois plus longtemps que ceux qui sont de nature pessimiste. Enfin, les représentants optimistes sont plus enclins à adopter des comportements actifs coopératifs[11] que les pessimistes.

L'**extraversion** mesure le degré de sociabilité, la propension à parler en public et l'assurance d'un représentant. Sa sociabilité ainsi que le fait qu'il s'exprime avec aisance, qu'il soit persuasif et actif prédisent sa performance même si la corrélation entre ces concepts reste relativement faible (moins de 0,20)[12]. Certains prétendent même que le degré d'extraversion d'un représentant ne prédit nullement quelle sera sa performance[13]. Selon d'autres recherches, le besoin d'affiliation ne prédit pas la performance alors que le potentiel de persuasion d'un représentant est un gage de performance dans certaines situations, notamment lorsque le représentant est rémunéré à commission[14].

Le **caractère agréable** réfère à l'esprit de tolérance du représentant, au fait qu'on puisse lui faire confiance et qu'il soit plaisant[15]. Cela inclut également l'empathie que le représentant est en mesure de manifester au client, sa modestie et son côté participatif. De plus, ayant du plaisir à travailler, le représentant au caractère agréable sera plus enclin à adapter son style de vente. Par contre, le fait qu'un représentant soit agréable à côtoyer n'a pas d'incidence directe quant à sa performance future[16]. Dans certaines situations, c'est même l'inverse qui se produit, notamment lorsqu'il s'agit d'un représentant frivole[17] ou lorsque la rémunération du représentant est directement rattachée à ses réalisations. En effet, plus un représentant démontre de l'empathie envers un client, plus ses résultats en souffrent. En conséquence, il semble que pour les représentants payés à commission, le degré d'empathie qu'ils démontrent nuit à leur performance[18].

Le **caractère consciencieux** est attribuable à une personne responsable, fiable et qui a besoin de réalisations. Un représentant qui possède ce trait sera considéré comme énergique, structuré, compétitif, consciencieux, attentif aux détails et en quête de résultats. Alors que certains avançaient que ce trait prédisait la performance en matière de vente, et ce, quelle que soit l'organisation pour laquelle un représentant était amené à travailler[19], des études récentes ont nuancé ces conclusions. Elles révèlent en effet que le caractère consciencieux a un effet bénéfique sur la performance perçue par les représentants, mais pas nécessairement sur l'atteinte de résultats objectifs[20]. Il semble en fait que la fiabilité du représentant ne permet pas de prédire sa performance alors que son besoin d'obtenir des résultats, quant à lui, a une incidence positive sur sa performance objective[21]. L'esprit de compétition qui anime le représentant exerce un effet positif marqué sur les ventes réalisées par ce dernier, mais lorsque le représentant aime travailler en groupe, ses résultats en sont amoindris. En d'autres termes, les représentants combatifs qui sont plus indépendants et préfèrent travailler seuls ont des performances accrues comparativement à leurs collègues tout aussi combatifs, mais qui privilégient le travail d'équipe et la collaboration[22].

L'**ouverture à l'expérience** est la propension d'un candidat à se montrer curieux et non conventionnel. Ouvert aux expériences qui lui sont offertes, le candidat qui possède ce trait est prompt à répondre aux requêtes de ses clients et en mesure d'ajuster ses réponses à leurs questions.

Le D5D

Les cinq traits de la personnalité que nous avons évoqués dans le Big Five peuvent également être testés au moyen du **D5D** (description en cinq dimensions). Cet instrument est construit à partir des énoncés présentés dans l'encadré 6.1, à la page suivante. Il requiert du candidat qu'il sélectionne, pour chaque série d'affirmations, celle qui lui correspond le mieux et celle qui lui correspond le moins. Une fois son premier choix réalisé, il doit ensuite faire un second choix en précisant parmi les affirmations qui restent celles qui le représentent le mieux et le moins. Une autre série de 5 énoncés est ensuite soumise au candidat, qui réitère le processus, et ce, à 11 reprises. Rapide, ce test permet à l'évaluateur de dégager les cinq facettes de la personnalité du candidat et de se prononcer sur le profil d'un candidat relativement à ses attentes.

L'alter ego

L'**alter ego** est un autre test général visant à mesurer les grandes facettes de la personnalité. Il est notamment utile pour déceler les représentants qui tentent de donner d'eux-mêmes une image erronée. Il compte 132 énoncés tels que « Aider un ami qui déménage est important pour vous » ou « Dans la vie, vous êtes du genre à persister ». Les candidats doivent indiquer leur degré d'accord ou de désaccord quant à la capacité de l'affirmation de bien les représenter en utilisant cinq choix de réponse allant de a) (tout à fait vrai) à e) (tout à fait faux). En comparant les réponses à ce test avec celles qu'il obtiendra dans une entrevue ultérieure avec le candidat, l'évaluateur sera en mesure d'en vérifier la cohérence et de repérer les candidats qui tentent de dissimuler leur véritable profil.

> **ENCADRÉ 6.1**
>
> **Énoncés du D5D**
>
> **Extraversion vs introversion (Vous êtes…) :**
> 1. Communicatif
> 2. Expansif
> 3. Sociable
> 4. Réservé
> 5. Calme
> 6. Pondéré
>
> **Le côté agréable :**
> 7. Direct
> 8. Intransigeant
> 9. Vous exprimez votre désaccord.
> 10. Vous exprimez vos critiques.
>
> **La conscience (Vous êtes…) :**
> 11. Rigoureux
> 12. Méthodique
> 13. Vous avez besoin d'ordre.
> 14. Vous avez besoin de structure.
> 15. Vous êtes peu préoccupé d'organisation.
> 16. Vous êtes peu préoccupé de méthode.
> 17. Vous êtes plutôt enclin à l'improvisation.
>
> **L'ouverture (Vous êtes…)**
> 18. Conventionnel
> 19. Résistant à la nouveauté
> 20. Ouvert
> 21. Curieux
> 22. Imaginatif
> 23. Conformiste
>
> **La stabilité émotionnelle :**
> 24. Vous êtes vulnérable au stress.
> 25. Vous êtes sensible à la critique.
> 26. Quelle est votre sensibilité à l'échec ?
> 27. Comment résistez-vous au stress ?
> 28. Êtes-vous d'humeur égale ?

Source : Engelhard, J.-M. *Réussir les tests de sélection.* Paris, L'Express, 2005 p. 52.

Le Myers-Briggs Type Indicator (MBTI)

Un autre test général très utilisé est le **Meyers-Briggs Type Indicator (MBTI)**. S'inspirant des travaux de Carl Jung du début des années 1920, Myers et Briggs ont conçu un indicateur qui permet de caractériser le profil d'une personne à partir de ses préférences dans divers aspects de sa vie. Le candidat est alors classé selon quatre dimensions à double pôle : introverti/extraverti, intuitif/concret, analytique/affectif, ordonné/bohème. Ces 4 dimensions génèrent 16 profils distincts aux particularités propres. Voyons chacun des aspects de la personnalité utilisés par le MBTI.

L'introverti

L'introverti ne parle pas beaucoup ; il n'aime pas s'afficher et semble avoir peu de choses à raconter. Il déteste attirer l'attention sur lui et se fait discret en présence d'étrangers. Il tend à tirer son énergie de son for intérieur, contrairement à l'extraverti qui, lui, se régénère au contact d'autrui. Doté d'un tempérament indépendant, il est apte à travailler seul. Il réfléchit beaucoup et agit prudemment. C'est un individu qui apprécie le calme pour travailler et qui n'aime pas être dérangé. Il est plutôt secret et il tend à éviter les autres. En raison de sa lenteur à réfléchir et de sa crainte de se tromper dans une prise de décision, il perd certaines occasions d'agir.

L'extraverti

L'extraverti amorce souvent la conversation et parle à beaucoup de personnes dans les rencontres publiques. Il aime bien que l'attention soit centrée sur lui. Bref, il privilégie le contact avec autrui et se sent à l'aise lorsqu'il est entouré. Ses grandes forces résident dans sa capacité d'interagir avec les autres, de se faire comprendre, dans son ouverture. Il est audacieux et se lance dans l'action, ce qui lui confère un atout lorsque vient le temps d'établir des contacts avec des clients. Par contre, étant moins indépendant que l'introverti, il ne sait pas travailler seul. Il apprécie la variété et le changement et se montre souvent impulsif. Le fait qu'il n'aime pas la routine peut constituer un inconvénient dans le cadre de certaines fonctions.

L'intuitif

L'intuitif bénéficie d'une imagination fertile, possède un vocabulaire riche et bouillonne d'idées. Il est rapide à saisir les choses et prend peu le temps de réfléchir aux événements. Il démontre généralement des aptitudes à développer de nouvelles idées, à mener à terme des projets où la résolution de problèmes est importante. Voyant « naturellement » les possibilités liées à une problématique, il sait lire entre les lignes, proposer de nouvelles avenues, travailler avec des éléments compliqués et résoudre des problèmes inédits. Indifférent aux détails, il se préoccupe peu des aspects pratiques associés à une solution. Impatient envers ce qui est contraignant, il a tendance à sauter rapidement aux conclusions en faisant abstraction d'aspects logiques à considérer.

Le concret

Le concret, de son côté, est de nature réaliste, pratique et observatrice. Il a du mal à comprendre les idées abstraites, trop théoriques. Il n'a pas une imagination débordante. Il préfère généralement s'en remettre à ses sens plutôt qu'à son intuition. Il sera plus à l'aise de travailler à partir d'une base concrète que de créer à partir de rien. À l'inverse de l'intuitif, il est patient, travaille de façon précise et méthodique et tient compte des détails. Par contre, il a tendance à se perdre dans des détails au détriment de la vue d'ensemble. Se méfiant de ses intuitions, il n'aime pas travailler dans des contextes qui ne lui sont pas familiers. Il se sent frustré lorsqu'il doit gérer des aspects compliqués d'une tâche et préfère appréhender les événements dans le temps présent, sans considération pour l'avenir.

L'analytique

Le cognitif ou l'analytique s'en remet principalement à l'analyse qu'il a faite d'une situation avant d'arrêter une décision. Sa décision, froide et impersonnelle, repose sur des faits. Il est objectif et soupèse l'ensemble des éléments – tant positifs que négatifs – avant de prendre une décision. Cette dernière est logique et prévisible. Il ne se préoccupe pas trop des autres ; il n'est pas toujours gentil avec autrui et ne s'intéresse pas particulièrement à ce que font les individus qui l'entourent. Il traite les faits sans s'inquiéter du reste et, de ce fait, possède un bon sens critique. Il appuie ses décisions uniquement sur des faits, sans aucune considération pour d'autres aspects, plus humains, reliés à la situation. Ses défauts sont rattachés à sa froideur, qui l'empêche d'être sensible aux autres, à leurs sentiments et à leurs valeurs. Peu sentimental, il ne cherche pas à persuader, mais à s'affirmer en établissant une position ferme.

L'affectif

L'affectif est un être sensible au cœur tendre. Il sympathise avec les autres, leur consacre du temps et s'intéresse à eux. Il ressent les émotions des autres et cherche à mettre les gens à l'aise, si bien qu'il prend des décisions en se fiant davantage à ce que lui dicte son cœur plutôt que sa raison. Plus subjectif que l'analytique, il est doué dans ses interactions avec les autres, ce qui fait qu'on le trouve sympathique et qu'on l'apprécie. Son tact naturel l'incite à accorder beaucoup de place aux valeurs personnelles, incluant celles d'autrui, dans sa prise de décision. Il cherche donc tout naturellement à persuader, mais en restant à l'écoute des autres. Ses faiblesses résident dans le fait qu'il n'est pas toujours très objectif et qu'il tend à être peu critique, voire trop conciliant.

L'ordonné

L'ordonné est une personne qui, dans sa vie, accorde beaucoup d'attention aux détails. Elle est toujours préparée et aime voir régner l'ordre autour d'elle. Elle respecte son horaire et termine une activité avant d'en entreprendre une autre. C'est une personne très organisée, qui s'assure que les activités prévues sont faites dans le temps imparti. Elle est précise dans son travail. L'ordonné a tendance à décider, à planifier ses actions. Il aime contrôler ce qui l'entoure et prend des décisions rapides sans toujours soupeser le pour et le contre. Ses défauts sont l'envers de ses qualités : en décidant vite, il néglige d'intégrer l'ensemble des données qui lui sont fournies. Il porte des jugements hâtifs, se concentre sur sa tâche au point de ne plus arriver à interrompre son travail. Il va même jusqu'à se braquer à l'occasion, démontrant un tempérament peu flexible.

Le bohème

Le bohème laisse traîner régulièrement ses affaires, oublie de les ranger là où il les a prises, est désordonné et se débarrasse des tâches qui lui sont confiées afin de goûter le moment présent. Ses points forts résident dans son ouverture au changement, sa volonté de saisir l'ensemble des aspects d'une problématique. Il est flexible et a une bonne capacité d'adaptation. Ses défauts relèvent de son manque d'ordre, de son absence de plan détaillé, de son inaptitude à contrôler les événements de sa vie. Il est facilement distrait de certaines tâches qu'il doit accomplir et il ne va pas toujours au bout de ses projets.

Outre ces traits généraux, une foule de traits spécifiques sont parfois mesurés afin d'améliorer la qualité du recrutement de représentants.

Les tests spécifiques de la personnalité

Il existe des tests pour mesurer des aspects plus spécifiques de la personnalité. Parmi ces aspects, on trouve notamment le **besoin d'affiliation** d'un candidat, sa **créativité**, sa **flexibilité**, son **assurance** et son **honnêteté**. Par exemple, une étude[23] a révélé que plus le désir d'affiliation d'un représentant était élevé, plus l'énergie qu'il consacre à son travail est grande, et plus son désir de réussite et sa stabilité émotionnelle sont élevés. Étant un préalable nécessaire au représentant qui sera rémunéré à commission, le désir de réussite constitue un ingrédient de base du succès.

Il semble également que les représentants qui démontrent de la flexibilité sociale et une bonne dose de créativité adaptent plus facilement leur discours en fonction de leur clientèle[24]. Ils sont capables de faire abstraction de ce qu'ils pensent pour s'en remettre au désir du client ; ils sont accommodants et réussissent à ajuster leurs comportements selon la situation. Ce trait est par le fait même souhaitable pour tout représentant qui est amené à rencontrer sur une base fréquente des clients dont les personnalités sont très diversifiées.

Dans certains cas, s'assurer de l'honnêteté d'un candidat est essentiel, surtout lorsque ses fonctions l'exposeront à se faire soudoyer par des clients en quête d'un avantage spécifique tel que l'accès à du matériel très coûteux. Il est requis également de s'assurer qu'il ne tentera pas de flouer des clients pour bénéficier de primes ou autres. L'honnêteté est même considérée comme la caractéristique la plus importante d'un candidat par la compagnie d'assurances Canada Life lorsqu'elle recrute de jeunes représentants. Bien que les tests d'honnêteté, sous forme de questionnaires autoadministrés, sont peu fiables et permettent difficilement de prédire ce que le candidat fera ultérieurement, les résultats qu'ils produisent semblent encore plus efficaces que le recours à d'autres méthodes[25].

Des tests de personnalité ont aussi été conçus pour évaluer la façon dont un candidat se comporte en situation professionnelle. Parmi les tests couramment utilisés, on trouve le PAPI (Perception and Preference Inventory), qui évalue la sociabilité, le tempérament, l'ascendance sur les autres et la conscience professionnelle d'un candidat. Il existe deux versions du PAPI. La première, le PAPI I, est destinée à évaluer le mode de comportement professionnel des candidats. La seconde, le PAPI N, est destinée à comparer les candidats entre eux selon une norme établie. Le PAPI I comporte 90 paires d'affirmations, toutes positives, ce qui oblige le candidat à établir des priorités. Le PAPI N, de son côté, consiste en un questionnaire de 126 énoncés sur lesquels le candidat doit se prononcer en mentionnant son niveau d'accord à l'aide d'une échelle de Likert en sept points (1 = tout à fait en désaccord; 7 = tout à fait d'accord).

6.4.3 Les tests d'habiletés

Les **tests d'habiletés** permettent d'évaluer la capacité d'une personne à satisfaire aux exigences requises pour accomplir des tâches ou assumer des fonctions spécifiques. Contrairement aux aspects de la personnalité, qui sont considérés comme des prédispositions relativement stables, innées et propres à une personne, les habiletés s'acquièrent et se développent dans le temps grâce à la formation et à l'expérience.

Les habiletés sont multiples : elles incluent des aspects tels que l'habileté à négocier, à clôturer une vente ou à communiquer. Il est légitime de s'attendre à ce qu'un vendeur qui œuvre dans son domaine depuis 15 ans ait acquis des habiletés propres à son métier. Par exemple, il devrait être passé maître dans l'art de réaliser une présentation, de gérer efficacement des objections et de conclure une vente. Ainsi, pour mesurer chacune de ces habiletés, des tests ont été conçus, chacun d'eux ayant un objectif précis. Certaines mises en situation ou des jeux de rôles permettent également d'évaluer ces habiletés.

L'évaluation des habiletés interpersonnelles

Un des problèmes des tests de personnalité ou des questionnaires est que le candidat peut « tricher » en présentant une fausse image de lui-même. Aussi, pour s'assurer que le candidat correspond réellement à ce qu'il prétend et qu'il sera performant dans ses nouvelles fonctions, le responsable du recrutement peut recourir à l'analyse des premières impressions ou de « courtes tranches de discours d'une personne », ce qui peut le guider dans sa prise de décision[26].

Tenant pour acquis que la réussite d'un représentant dépend des premières impressions qu'il suscite chez son client, certains chercheurs ont décidé d'analyser des vidéos de conversations de représentants connus pour leur performance et d'autres moins performants afin de déterminer quels aspects de leur personnalité ressortaient de l'observation. Ils ont confié à des personnes ne connaissant rien à l'étude, des « juges naïfs », 19 points à observer dans de courts vidéoclips incluant principalement des habiletés relatives à la tâche (par exemple le sens de l'analyse, le professionnalisme) et des habiletés interpersonnelles (par exemple l'empathie, la chaleur humaine). Lorsqu'ils ont comparé les résultats obtenus par ces juges avec la performance réelle des représentants filmés, les chercheurs ont conclu que les habiletés interpersonnelles prédisaient la performance des représentants, ce qui n'était pas le cas des habiletés orientées vers la tâche.

En conséquence, un gestionnaire voulant maximiser ses chances de recruter le bon représentant devrait aussi se fier à ses impressions premières. S'il doit évaluer plusieurs candidats, il peut, à l'issue de chaque rencontre, établir le score de chacun en ce qui concerne ses qualités interpersonnelles, selon l'exemple présenté au tableau 6.2. Dans cet exemple, on comprend que la décision de recruter le second candidat serait la plus avisée, car c'est cette personne qui possède les qualités interpersonnelles les plus développées, lesquelles semblent avoir une incidence sur la performance.

TABLEAU 6.2
Évaluation première des qualités interpersonnelles de trois candidats

De 1 (pas du tout) à 9 (très)	Candidat 1	Candidat 2	Candidat 3
Qualités interpersonnelles			
Collaborateur	5	6	6
Coopératif	6	7	4
Émotif	3	9	2
Empathique	2	8	3
Enthousiaste	5	5	5
Sensible	4	7	3
Compréhensif	6	8	2
Apporte soutien	5	6	4
Chaleureux	4	8	2
Moyenne qualités interpersonnelles	**4,44**	**7,11**	**3,44**

L'évaluation des habiletés de gestion

Les habiletés de gestion se manifestent par la façon dont le représentant organise son emploi du temps et ses activités ainsi que par l'importance qu'il accorde à certaines activités. Dans l'évolution de sa carrière, un représentant pourra être amené à occuper des fonctions d'encadrement d'une équipe de vente ; il est donc intéressant d'évaluer ses habiletés sur ce plan.

L'un des tests très utilisés à cette fin se nomme « ***in-basket*** ». Au cours de cet exercice, le candidat est invité à prendre connaissance d'une série de mémos pris en note par la secrétaire (par exemple M. X, le client le plus important de l'entreprise, vient d'appeler au sujet de sa dernière commande ; votre femme a téléphoné et demande que vous la rappeliez ; madame Vivace, une nouvelle cliente potentielle, est furieuse, car… ; votre patron, monsieur Exigeant, désire que vous lui fassiez parvenir vos prévisions de vente d'ici demain matin…). Le candidat doit répartir le temps qu'on lui accorde (quatre heure, par exemple) à répondre aux diverses sollicitations émanant de toutes parts. Il est alors invité à préciser par quel moyen il va répondre aux demandes qui lui ont été faites (téléphone, rencontre ou rapport, par exemple), le temps qu'il consacrera à chacune d'elles ainsi que le moment précis (par exemple le jour même, le lendemain) où il le fera.

Ce test permet donc à l'administrateur d'évaluer la capacité d'un individu à gérer efficacement son temps et à s'adapter aux situations.

Les tests de langue

Les tests de langue servent à mesurer le degré de compréhension et d'expression orale ou écrite dans une langue seconde. Par exemple, une entreprise dont une partie de la clientèle est francophone et l'autre partie anglophone doit s'assurer que le représentant qui la desservira sera en mesure de communiquer adéquatement avec ses clients dans leur langue de prédilection.

Il existe plusieurs tests de vérification de la langue anglaise : le TOIEC (Test of English for International Communication), le TOEFL (Test of English as a Foreign Language) et d'autres tests proposés par l'organisme ETS (Educational Testing Service). L'ETS comprend près de 2 500 professeurs, chercheurs et statisticiens, et se dédie à l'élaboration d'outils d'évaluation.

Le TOIEC est un test qui vise à évaluer l'aptitude des non-anglophones à communiquer en anglais dans des situations professionnelles tandis que le TOEFL est plutôt orienté vers la compréhension de l'anglais. Le TOIEC, de plus en plus utilisé (plus de 3,4 millions de personnes en 2004), requiert deux heures trente et se déroule en deux phases. La première partie consiste à évaluer la compréhension orale du candidat et inclut quatre exercices sur support audio. Les énoncés n'étant diffusés qu'une seule fois, il est nécessaire que le candidat soit très concentré pour en saisir la teneur et répondre aux questions qui lui sont présentées. La seconde partie du test, quant à elle, vise à évaluer le degré de compréhension du candidat en matière de lecture. Ce dernier est soumis à une centaine de questions, où il doit compléter des phrases, déceler des erreurs de vocabulaire, repérer les bonnes réponses à des questions portant sur des documents auxquels il a accès (rapports d'activité, publicités, lettres), etc. Très utile, ce test est généralement jumelé à une rencontre où le candidat est amené à interagir avec un anglophone afin que l'examinateur puisse évaluer son niveau général d'expression.

6.4.4 La graphologie

La graphologie est la discipline des sciences humaines qui vise à associer le caractère d'une personne à son écriture. Grâce à leur formation, les graphologues peuvent analyser les points forts et les points faibles d'une personne qui se dégagent de sa production écrite. Certains employeurs estiment que la graphologie permet d'avoir une idée précise du tempérament d'un employé potentiel et révèle de nombreux aspects de sa personnalité et de la façon dont il fonctionnera en équipe ou seul, en interaction avec un client. Elle permettrait de prévoir si le candidat satisfera aux exigences et aux responsabilités associées à un poste. L'analyse de l'écriture est de plus en plus utilisée en Europe, notamment parce qu'il s'agit d'un test rapide qui permettrait de dévoiler des aspects plus secrets d'un candidat, lesquels peuvent s'avérer positifs ou au contraire négatifs, selon le poste à pourvoir. Cette analyse fournit donc une information additionnelle au décideur.

Pour être en mesure d'établir le profil d'une personne, le graphologue a besoin qu'elle lui fournisse un texte manuscrit. Idéalement, il lui faudrait posséder quelques écrits de cette personne, rédigés à différentes périodes de sa vie (par exemple à 16 ans, à 20 ans et actuellement, à 24 ans). Ces textes permettent au spécialiste d'analyser l'évolution de l'écriture de la personne et de se prononcer avec davantage de précision sur son profil. À défaut de cela, une lettre signée accompagnée de notes prises à la va-vite (notes d'épicerie, pense-bête, par exemple), lesquelles véhiculent le tempérament du candidat au quotidien, feront l'affaire. Lorsque toute cette information fait défaut, le CV du candidat accompagné de sa lettre de motivation peuvent servir de matériel au graphologue. Il lui est alors fourni avec la description de la compagnie, les caractéristiques de l'emploi, etc., afin qu'il évalue l'ensemble des paramètres et puisse établir une recommandation, favorable ou non, quant à l'embauche du candidat potentiel.

Très prisée en Europe, cette pratique est contestée aux États-Unis et au Canada. On prétend que ses résultats sont peu fiables et biaisés, car ils seraient trop tributaires de la qualité de l'interprétation du graphologue. On a observé que l'analyse de mêmes documents soumise à différents graphologues pouvait générer des résultats divergents. De plus, certains estiment que le graphologue se laisse trop influencer par les caractéristiques du poste à pourvoir dans son analyse des pièces qui lui ont été soumises, ce qui nuit à son objectivité. Cette méthode est donc peu utile à l'heure actuelle pour aider les gestionnaires à prendre une décision éclairée.

6.4.5 La validité des outils pour prédire la performance

Les contraintes auxquelles un recruteur est soumis sont principalement de deux ordres : il est limité dans son budget et dans le temps. Ces contraintes l'obligent à décider des moyens qu'il retiendra pour mener à bien son opération de recrutement. Il sera donc préoccupé par la validité prédictive des méthodes de sélection mises à sa disposition : CV, entrevues, tests de tous ordres. En d'autres termes, il se demandera quelles sont, parmi l'ensemble des méthodes de sélection, celles qui sont les plus efficaces pour prédire la performance d'un représentant à la suite de son embauche (*voir la figure 6.4*).

Comme on peut le constater à la figure 6.4, seuls l'âge (−0,01) ou le recours à la graphologie (0,02) ne constituent pas des indicateurs précis qui permettront d'anticiper la performance d'un représentant. Les champs d'intérêt d'un candidat et ses années de formation ne prédisent que très peu également sa future performance (0,10). Ses années d'expérience dans un type d'emploi sont un meilleur indicateur (0,18) de ce que sera sa performance, mais moins que ne l'est son degré de conscience professionnelle (0,31). Puis, viennent les tests de personnalité (0,40), les tests d'intégrité (0,41) et les tests de connaissances liées à l'emploi (0,48). Les tests cognitifs,

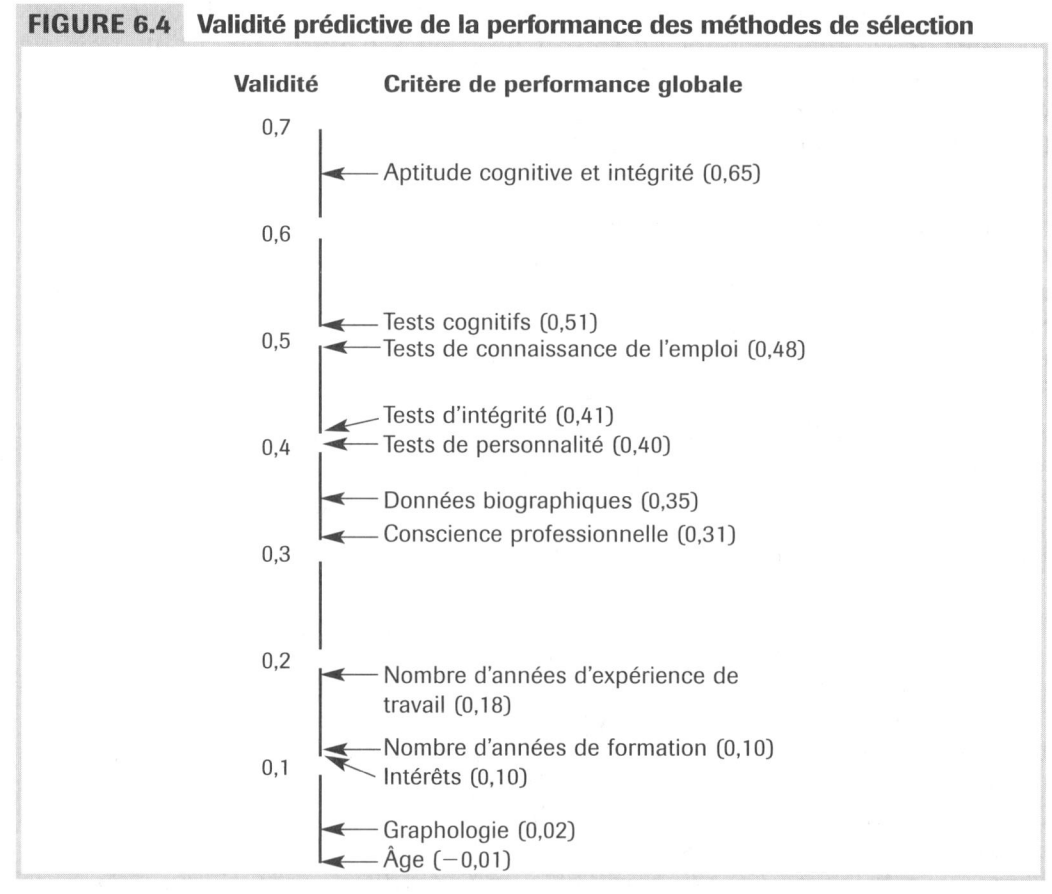

FIGURE 6.4 Validité prédictive de la performance des méthodes de sélection

Validité	Critère de performance globale
0,7	
	← Aptitude cognitive et intégrité (0,65)
0,6	
0,5	← Tests cognitifs (0,51)
	← Tests de connaissance de l'emploi (0,48)
	← Tests d'intégrité (0,41)
0,4	← Tests de personnalité (0,40)
	← Données biographiques (0,35)
	← Conscience professionnelle (0,31)
0,3	
0,2	← Nombre d'années d'expérience de travail (0,18)
	← Nombre d'années de formation (0,10)
0,1	← Intérêts (0,10)
	← Graphologie (0,02)
	← Âge (−0,01)

Source : Adapté de Cron, W.C. et al. «Salesperson selection, training, and development : trends, implications and research opportunities». *Journal of Personal Selling & Sales Management*, vol. 25, n° 2 (printemps 2005), p. 123-136.

principalement les tests d'intelligence généraux, semblent les plus aptes à prédire efficacement la performance d'un candidat (0,51). De plus, lorsqu'un test d'intégrité est jumelé à un test cognitif, la validité prédictive en est accrue de 0,14, passant de 0,51 à 0,65.

Ainsi, on observe un effet bénéfique de l'utilisation de méthodes multiples. Néanmoins, il est difficile à l'heure actuelle de se prononcer quant aux meilleures méthodes à utiliser conjointement, puisqu'elles n'ont pas encore fait l'objet de recherches. Nous savons cependant que si le recruteur a le loisir de sélectionner deux méthodes pour évaluer des candidatures, les tests cognitifs et d'intégrité sont ceux qui prédisent le mieux la performance. S'il doit s'en tenir à un seul test, un test cognitif général est le meilleur choix. Finalement, s'il n'a pas la possibilité de faire passer des tests, il pourra s'en remettre aux données biographiques fournies notamment dans le CV du candidat, car elles offrent une validité prédictive assez intéressante.

6.4.6 Des outils pour se prémunir contre le roulement de personnel

Si l'objectif du recrutement est de trouver le candidat idéal pour un poste donné, il arrive également qu'il vise à prémunir l'entreprise contre le roulement de personnel, phénomène coûteux touchant certains secteurs d'activité de façon importante.

Par exemple, les compagnies d'assurances perdent près de 50 % de leurs recrues au cours de la première année d'embauche et 80 % d'entre elles à l'intérieur de trois ans suivant l'embauche[27]. Il devient impératif pour ces entreprises, outre de trouver les candidats performants, de déceler ceux qui seront enclins à s'investir dans leur travail et à demeurer au service de leur employeur.

À cette fin, il semble que les deux qualités fondamentales que doivent posséder ces recrues sont l'**empathie** et la **motivation intrinsèque**. L'empathie réfère au fait que le représentant est sensible à ce que son client ressent, de sorte que ce dernier estime que le représentant lui fournit une rétroaction valable et constructive, laquelle facilite la conclusion de la vente. La motivation intrinsèque du représentant se manifeste par son inclination naturelle à vouloir conclure la vente, non pas pour l'argent qu'elle lui procurera, mais parce qu'il estime que c'est ce qui doit être fait.

Une autre stratégie utilisée pour se prémunir contre le roulement de personnel avant l'embauche des représentants consiste à analyser la correspondance entre les valeurs de l'entreprise qui recrute et celles du représentant qui postule.

Pour arriver à tirer une conclusion quant au degré d'adéquation entre le profil du candidat et celui de l'entreprise, il faut tout d'abord établir quelles sont les valeurs propres à l'entreprise[28]. Pour ce faire, les responsables de l'entreprise doivent classifier une série de 54 énoncés en ordre d'importance (de 1 à 54), selon leur capacité à bien décrire les valeurs de l'entreprise (*voir l'encadré 6.2*). Une fois cette classification établie, on demande au candidat de procéder au même exercice, en attribuant la valeur 1 à l'énoncé qu'il estime être le plus important et la valeur 54 à celui qu'il juge le moins important. La corrélation entre les deux classifications établit le niveau d'adéquation entre la culture de l'entreprise et les valeurs du représentant. Plus cette valeur est positive et élevée, moins le candidat sera enclin à quitter l'entreprise. Si le cœfficient de corrélation entre ces deux classifications est négatif, c'est donc dire que le représentant ne partage pas les valeurs de l'entreprise et sera plus enclin à démissionner rapidement après son embauche.

La corrélation entre l'adéquation des valeurs de la recrue potentielle avec celles de l'entreprise et le taux de rétention est de 0,36[29]. Elle est de 0,37 pour la satisfaction au travail que les employés manifesteront envers l'entreprise. Cependant, une bonne correspondance entre les valeurs d'un représentant et celles de l'entreprise ne garantit en rien quelle sera sa performance. C'est donc dire qu'une bonne adéquation entre les valeurs des deux parties permet d'anticiper un taux de rétention accru comparativement à une mauvaise adéquation[30, 31], mais que d'autres tests doivent être faits afin d'anticiper la performance d'un candidat.

6.5 L'ordonnancement des candidatures

Parfois, plusieurs candidats d'intérêt pour l'entreprise restent en lice malgré l'ensemble des étapes entreprises depuis le début du processus de sélection. Le gestionnaire doit alors sélectionner celui qui correspond le mieux aux objectifs poursuivis. Le problème vient du fait que plusieurs objectifs sont importants et qu'il faut donc les hiérarchiser. De plus, chaque candidat présente des forces et des faiblesses. Il devient alors compliqué de retenir le candidat qui est le plus adéquat. Il existe une méthode pouvant aider le gestionnaire à classer les candidats potentiels susceptibles d'occuper un poste : le **processus hiérarchique analytique**.

ENCADRÉ 6.2

Quelques énoncés du profil de la culture d'entreprise

1. Est flexible.
2. Démontre une capacité d'adaptation.
3. Est stable.
4. Est prévisible.
5. Est innovatrice.
6. Est prompte à saisir les opportunités qui se présentent.
7. Démontre une volonté d'expérimenter.
8. Est à l'aise avec la prise de risques.
9. Est prudente.
10. Est autonome.
11. Est régie par les règles.
12. Est analytique.
13. Est attentive aux détails.
14. Est précise.
15. Favorise le travail en équipe.
16. Etc.

Pour amorcer le processus, le gestionnaire doit bâtir un « arbre décisionnel » (*voir la figure 6.5*). Pour ce faire, il doit préciser sur quels aspects l'évaluation doit porter pour arriver à sélectionner le candidat le plus adapté à la situation[32].

- Il détermine d'abord l'objectif poursuivi par le recrutement, par exemple recruter le candidat ayant un profil le plus en adéquation avec le poste.
- Il se questionne ensuite sur les aspects importants à retenir pour l'entreprise ; par exemple, il peut estimer que, pour être en mesure de prendre la décision la plus éclairée, il faut tenir compte de l'historique du répondant, de ses qualifications personnelles, de ses habiletés interpersonnelles et de certaines aptitudes requises pour mener à bien ses tâches. Cela constitue le premier niveau de l'arbre décisionnel.

FIGURE 6.5 Niveaux hiérarchiques des aspects à considérer dans une candidature

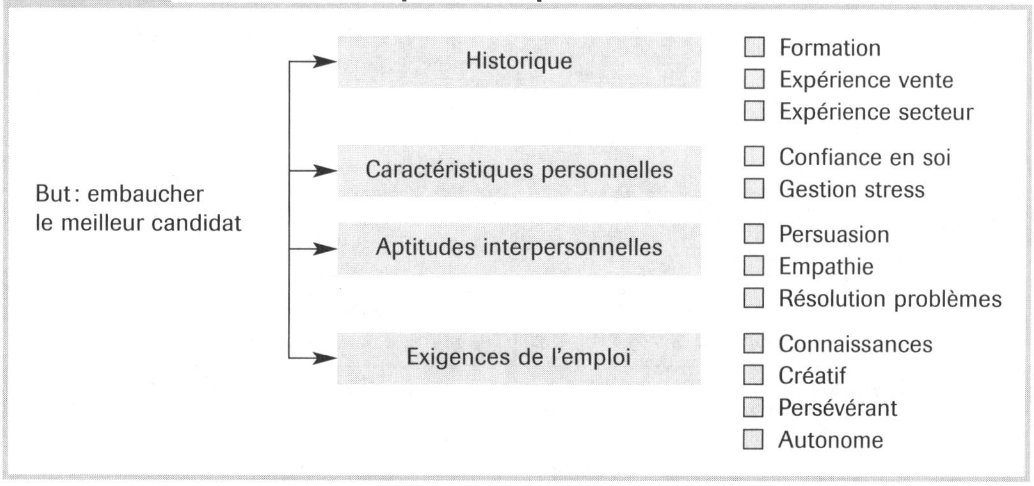

But : embaucher le meilleur candidat

- Historique
  - ☐ Formation
  - ☐ Expérience vente
  - ☐ Expérience secteur
- Caractéristiques personnelles
  - ☐ Confiance en soi
  - ☐ Gestion stress
- Aptitudes interpersonnelles
  - ☐ Persuasion
  - ☐ Empathie
  - ☐ Résolution problèmes
- Exigences de l'emploi
  - ☐ Connaissances
  - ☐ Créatif
  - ☐ Persévérant
  - ☐ Autonome

- Il précise ensuite chaque élément du premier niveau, ce qui établit le second niveau. Par exemple, il doit déterminer quels éléments de l'historique doivent être considérés, tels que le niveau de formation préalable, l'expérience dans la vente, l'expérience dans un secteur d'activité, etc. En ce qui concerne les caractéristiques personnelles, le gestionnaire peut juger que la confiance en soi et la capacité de gérer son stress sont des caractéristiques que doit posséder un candidat voulant occuper une fonction de vente; sur le plan des aptitudes interpersonnelles, la capacité de persuasion du représentant, son empathie et ses habiletés de résolution de problèmes sont jugées essentielles. Finalement, le responsable peut établir que le poste requiert une excellente connaissance du produit ou du secteur d'activité ainsi qu'une bonne dose de créativité, de persévérance et d'autonomie. C'est ce qu'il estime être requis pour satisfaire aux exigences de l'emploi.
- Une fois ces deux niveaux déterminés, le gestionnaire responsable de l'embauche décide de l'importance que l'entreprise accorde à chaque élément afin d'établir leurs niveaux de priorité. Pour préciser cette prépondérance relative, il doit considérer deux à deux chacune des caractéristiques du premier niveau et statuer quant à leur importance relative dans l'atteinte de résultats adéquats. Il répond à la question suivante: ces deux aspects recherchés (par exemple l'historique et les caractéristiques personnelles) contribuent-ils de façon équivalente à l'atteinte de l'objectif poursuivi, c'est-à-dire embaucher le candidat qui répondra le mieux aux attentes de l'entreprise? Il note sa réponse en utilisant une échelle qui va de 1 (égale importance) à 9 (importance manifeste de l'un par rapport à l'autre). L'échelle de l'importance relative est présentée au tableau 6.3[33].

TABLEAU 6.3

Échelle d'évaluation des jugements des activités

Intensité de l'importance	Définition	Explication
1	Importance équivalente	Deux activités contribuent également à l'atteinte de l'objectif.
3	Importance modérée	L'expérience et le jugement favorisent légèrement une activité par rapport à une autre.
5	Grande importance	L'expérience et le jugement favorisent fortement une activité par rapport à une autre.
7	Très forte ou importance démontrée	Une activité est fortement favorisée par rapport à une autre, sa dominance est démontrée en pratique.
9	Importance extrême	L'évidence favorise une activité par rapport à une autre et représente le niveau le plus élevé possible d'affirmation.
2, 4, 6, 8	Valeurs compromis entre les valeurs mentionnées ci-dessus	Lorsqu'un compromis entre les autres énoncés est requis.

Source: Saaty, T.L. «How to make a decision: the analytic hierarchy process». *Interfaces*, vol. 24, n° 6 (novembre-décembre 1994), p. 26.

- À l'aide de cette échelle, le gestionnaire remplit la grille présentée à la figure 6.6, où on évalue chaque paire d'activités du premier niveau en comparant l'énoncé de la colonne de gauche à l'énoncé de la ligne supérieure.

FIGURE 6.6 Grille des priorités

	Historique	Caracté-ristiques personnelles	Aptitudes inter-personnelles	Exigences liées à l'emploi	Total
Historique	1	**1/5**	1/7	1/3	1,6762
Caractéristiques personnelles	**5**	1	1/5	3	9,2000
Aptitudes interpersonnelles	7	5	1	3	16,000
Exigences liées à l'emploi	3	1	1/3	1	5,333

Importance équivalente (historique vs historique [1])

Caractéristiques personnelles estimées comme cinq fois plus importantes que l'historique de la personne (**5**), ce qui implique que l'historique est considéré comme cinq fois moins important que les caractéristiques personnelles (**1/5**).

- Une fois l'ensemble des comparaisons effectuées, le gestionnaire détermine l'importance relative de chaque caractéristique du premier niveau (*voir le tableau 6.4*), et ce, en divisant le total de chaque ligne par le score total de la matrice (soit 32,209 = 1,6762 + 9,20 + 16 + 5,333).

TABLEAU 6.4

Importance relative des caractéristiques du premier niveau d'analyse

Historique	1,6762/32,209 = 0,0520
Caractéristiques personnelles	9,2000/32,209 = 0,2856
Aptitudes interpersonnelles	16,0000/32,209 = 0,4968
Exigences liées à l'emploi	5,3333/32,209 = 0,1656
Total	1,0000

Dans l'exemple du tableau 6.4, l'entreprise estime que les aptitudes interpersonnelles d'un candidat prédisent près de 50 % de ce qui est recherché chez un candidat. Elle estime également que l'historique d'un candidat n'est pas fondamental (soit 5 % d'importance accordée à ce critère) et qu'il devrait être peu considéré lors de la sélection d'un candidat, comparativement aux caractéristiques personnelles (28,56 %) ou aux exigences liées à l'emploi (16,56 %).

- Afin de pousser plus loin l'analyse, le gestionnaire doit maintenant estimer l'importance relative que représente chacun des éléments qui constituent les rubriques historique, caractéristiques personnelles, aptitudes interpersonnelles ou exigences liées à l'emploi. En d'autres termes, le gestionnaire doit réitérer l'exercice précédent mais, cette fois, pour chaque sous-niveau de l'arbre décisionnel. Par exemple, pour l'historique, l'entreprise établit l'ordre de priorité indiqué au tableau 6.5.

TABLEAU 6.5
Ordre de priorité rattaché à l'historique

Historique	Formation	Expérience vente	Expérience secteur	Total	Importance relative
Formation	1	1/3	1/5	1,5333	1,5333/14,866 = 0,1031
Expérience vente	3	1	1/3	4,3333	= 0,2915
Expérience secteur	5	3	1	9,0000	= 0,6054

On dérive les trois autres aspects (soit les caractéristiques personnelles, les aptitudes interpersonnelles et les exigences liées à l'emploi) de façon identique, en contrastant, paire par paire, les aspects inhérents à cette fonction et en se prononçant sur leur importance relative. Le calcul des priorités ou de l'importance relative de chaque facette est établi ensuite selon le même principe.

- L'étape suivante est identique, hormis le fait qu'elle permet de préciser ce que l'on entend par formation, expérience de vente, expérience du secteur à l'aide de critères objectifs ou estimés. Ainsi, pour la formation, l'entreprise peut se prononcer sur l'importance accordée aux différents niveaux d'éducation (doctorat ou maîtrise, baccalauréat, études collégiales, 5e secondaire ou faible scolarité) et dériver des priorités pour chacun d'eux en lien avec leur contribution à la dimension formation (*voir le tableau 6.6*).

TABLEAU 6.6
Importance relative attribuée pour diverses formations

	Doctorat/ Maîtrise	Baccalauréat	Études collégiales	5e secondaire ou moins	Total	Importance relative
Doctorat/ Maîtrise	1	2	3	4	10	0,446
Baccalauréat	1/2	1	2	3	6,5	0,290
Études collégiales	1/3	1/2	1	2	3,83	0,171
5e secondaire	1/4	1/3	1/2	1	2,08	0,093
					22,41	

- Pour les aspects où des évaluations plus subjectives entrent en considération, l'entreprise procède de façon similaire en cotant des énoncés. Par exemple, la matrice suivante peut être élaborée pour tous les aspects où l'évaluation subjective entre en jeu (*voir le tableau 6.7*).

TABLEAU 6.7
Importance relative prévalant pour les évaluations subjectives

	Exceptionnel	Au-dessus de la moyenne	Dans la moyenne	Au-dessous de la moyenne	Insatisfaisant	Priorité ou importance relative
Exceptionnel	1	2	3	4	5	0,419
Au-dessus de la moyenne	1/2	1	2	3	4	0,263
Dans la moyenne	1/3	1/2	1	2	3	0,160
Au-dessous de la moyenne	1/4	1/3	1/2	1	2	0,097
Insatisfaisant	1/5	1/4	1/3	1/2	1	0,062

- Maintenant que toutes ces priorités sont établies, il faut les intégrer dans un tout cohérent. L'importance relative de chaque niveau est reportée dans l'arbre décisionnel présenté à la figure 6.7, à la page suivante.

Dans le tableau 6.4 (*voir la page 179*), nous notons que l'historique est un critère comptant pour 5 % de l'évaluation complète et qu'à l'intérieur de cet aspect (*voir le tableau 6.5*) les critères formation comptent pour 10,31 %, l'expérience en matière de vente pour 29,15 % et l'expérience dans le secteur pour 60,54 %. Sous la rubrique formation (*voir le tableau 6.6*), nous observons que l'entreprise estime que l'importance à accorder à une formation de 5e secondaire est de 9,3 % alors qu'un candidat qui possède une maîtrise ou un doctorat est davantage valorisé, puisqu'on accorde une importance relative équivalente à 44,6 %. Si on sait que l'historique compte pour 5 % de la valeur totale d'une candidature, que la formation contribue pour 10,31 % de l'historique et que le diplôme de 5e secondaire contribue pour 9,3 % de cette formation, l'importance relative à octroyer à un candidat ayant un diplôme de 5e secondaire (selon ce critère) sera de 0,05 (importance relative de l'historique) × 0,1031 (importance relative de la formation au sein du volet historique) × 0,093 (importance relative du diplôme de 5e secondaire pour la formation), soit 0,02. Chaque valeur est dérivée de cette façon.

- Chaque candidat d'intérêt est par la suite évalué selon les critères établis. Si cinq candidats sont en lice (soit J. Belhumeur, C. Adam, Y. Boulet, R. Valet et M. Ravel, selon l'exemple du tableau 6.8, à la page 184), on remplit la grille d'évaluation notamment en se servant de renseignements provenant de leur CV (formation, expérience en matière de vente, expérience du secteur, par exemple). Les caractéristiques personnelles, les aptitudes interpersonnelles ainsi que les aspects requis

FIGURE 6.7 Arbre décisionnel

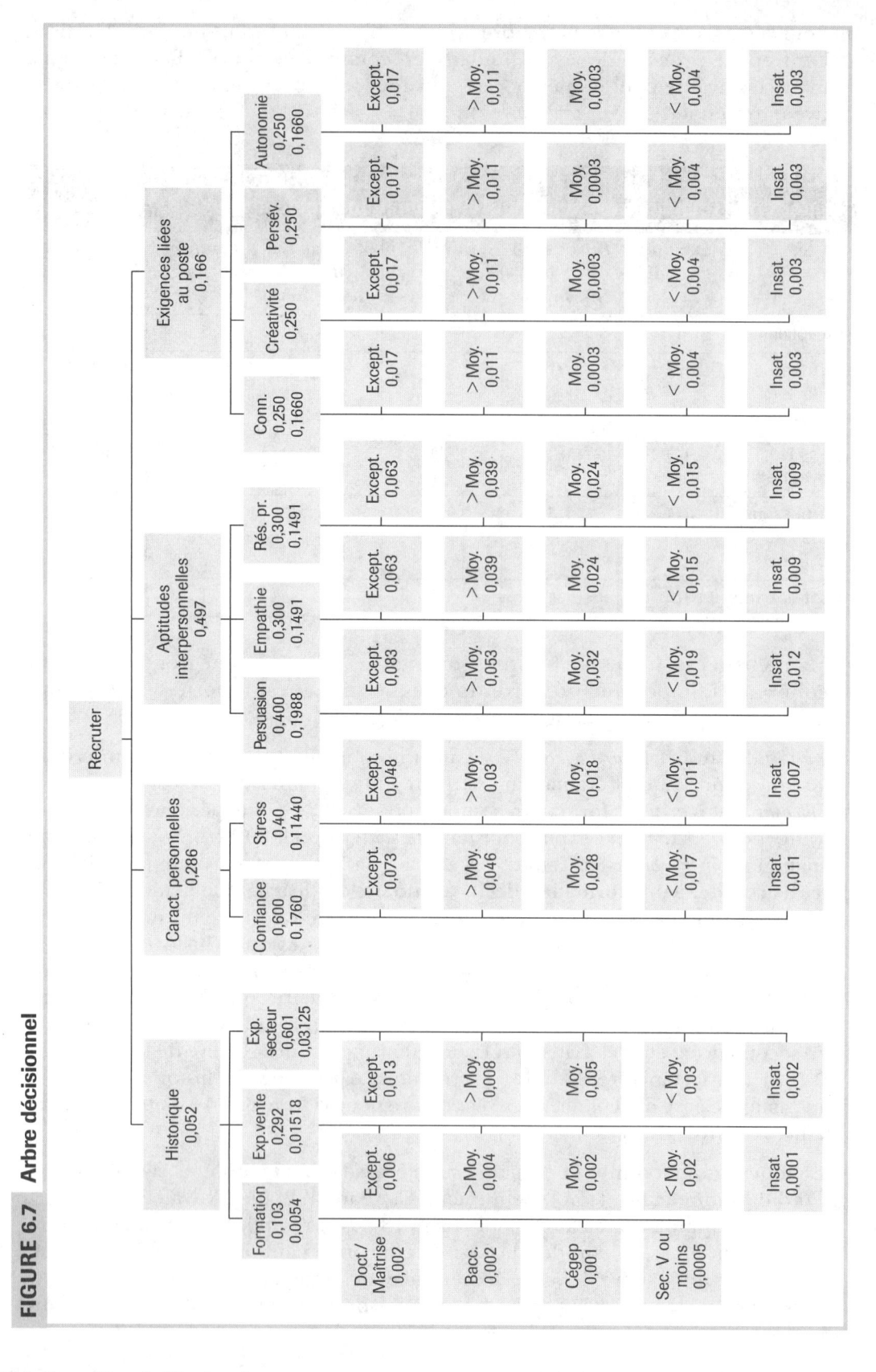

182   PARTIE 2   La formation de l'équipe de vente

pour occuper le poste peuvent être évalués grâce à des entrevues, à des mises en situation, à des jeux de rôles ou autres. Cette évaluation permet de les classer selon les barèmes suivants: supérieur à la moyenne, exceptionnel, moyenne ou inférieur à la moyenne. À partir de ces données, la liste des critères considérés est complétée et les pondérations relatives dérivées de l'importance relative à accorder à chaque critère sont appliquées. C'est ainsi que, selon l'exemple du tableau 6.8, J. Belhumeur obtient un score de 0,2326, comparativement à C. Adam qui, lui, atteint 0,3430, ce qui fait de ce dernier un meilleur candidat. Une classification des candidats selon leur adéquation avec le profil recherché est ainsi établie.

L'analyse révèle que le candidat qui obtient le score le plus élevé est C. Adam, avec un total de 0,3430, suivi de J. Belhumeur, R. Valet, Y. Boulet et M. Ravel, dans cet ordre. Nous notons aussi que le candidat C. Adam est pour ainsi dire deux fois plus attrayant pour cette entreprise que Y. Boulet ou M. Ravel (soit 0,3430/0,1729 = 1,984 pour Boulet et 0,3430/0,1671 = 2,053 pour Ravel).

6.6 La vérification des données fournies par le candidat

Une fois la présélection d'un candidat réalisée, il devient essentiel de vérifier que les données fournies par le candidat sur sa formation, ses emplois et d'autres renseignements pertinents sont véridiques et à jour. À ce sujet, il semble que près de 60 % des chercheurs d'emplois[34] fournissent des données erronées dans leur CV ou en entrevue. Il n'est donc pas inutile de vérifier la véracité de l'information communiquée par le représentant potentiel.

- La vérification du dossier judiciaire. Selon l'entreprise Backcheck, 10,7 % des Canadiens détiennent un casier judiciaire.
- L'enquête de crédit peut s'avérer utile si on cherche à évaluer la capacité du représentant à gérer ses finances personnelles et à être responsable.
- La vérification des diplômes du candidat (en contactant d'anciens professeurs ou l'institution directement). C'est un important critère d'honnêteté.
- La vérification des accréditations lorsque c'est nécessaire.
- Le dossier de conduite du candidat. On doit s'assurer que le nouveau collaborateur n'a pas été impliqué dans un accident causé par des facultés affaiblies, qu'il détient un permis de conduire en règle et qu'il n'a pas la fâcheuse habitude de recevoir des contraventions pour excès de vitesse ou manquement au Code de la route.
- La vérification des références fournies par le candidat, pour s'assurer que le profil du répondant correspond à celui qu'on recherche. Les anciens employeurs et professeurs sont de bonnes sources à consulter. On doit demander au candidat de signer une décharge à cet effet afin de pouvoir faire cette enquête en toute tranquillité.
- La vérification de l'historique d'emploi du candidat, pour s'assurer qu'il détient bien l'expérience dont il a fait part. On doit contacter ses anciens employeurs et poser des questions précises. Il ne faut pas hésiter à leur demander quel est le trait de caractère qui caractérise le mieux cette personne, s'ils la réembaucheraient et pourquoi. On ne doit pas poser des questions trop générales quant à sa performance, car on risque d'obtenir des réponses évasives. Il faut comparer l'information recueillie avec les réponses du candidat et évaluer les disparités ou les similarités

TABLEAU 6.8
Évaluation et classement des candidats potentiels

		Historique		Caractéristiques personnelles		Aptitudes interpersonnelles			Expérience liée au poste				Total (rang)
	Formation	Expérience vente	Expérience secteur	Confiance	Stress	Persuasion	Empathie	Rés. pr.	Conn.	Créativité	Persévérance	Autonomie	
Belhumeur, J.	Bacc. 0,002	Moyenne 0,002	Inf. moy. 0,003	Sup. moy. 0,046	Except. 0,048	Sup. moy. 0,053	Sup. moy. 0,039	Moyenne 0,024	Moyenne 0,0003	Inf. moy. 0,004	Moyenne 0,0003	Sup. moy. 0,011	0,2326 (2)
Adam, C.	Maîtrise 0,002	Inf. moy. 0,002	Insat. 0,002	Except. 0,073	Moyenne 0,018	Except. 0,083	Except. 0,063	Except. 0,063	Inf. moy. 0,004	Sup. moy. 0,011	Sup. moy. 0,011	Sup. moy. 0,011	0,3430 (1)
Boulet, Y.	Cégep 0,001	Sup. moy. 0,004	Sup. moy. 0,008	Except. 0,073	Inf. moy. 0,011	Sup. moy. 0,053	Insat. 0,009	Insat. 0,009	Moyenne 0,0003	Inf. moy. 0,004	Moyenne 0,0003	Moyenne 0,0003	0,1729 (4)
Valet, R.	Bacc. 0,002	Insat. 0,001	Insat. 0,002	Moyenne 0,028	Sup. moy. 0,030	Moyenne 0,032	Except. 0,063	Moyenne 0,024	Inf. moy. 0,004	Moyenne 0,0003	Sup. moy. 0,011	Except. 0,017	0,2143 (3)
Ravel, M.	Sec. V 0,0005	Moyenne 0,002	Except. 0,013	Sup. moy. 0,046	Moyenne 0,018	Moyenne 0,032	Moyenne 0,024	Moyenne 0,024	Moyenne 0,0003	Insat. 0,003	Inf. moy. 0,004	Moyenne 0,0003	0,1671 (5)

entre les deux versions. Cela permettra de valider son impression ou, au contraire, attirera l'attention sur certains détails qui sont passés inaperçus, mais qui pourraient s'avérer importants quant au mode de fonctionnement de la personne à long terme.

S'il s'avérait que le candidat privilégié ne s'est pas montré honnête ou qu'il a caché des aspects importants de son historique qui amènent à croire qu'il ne conviendra pas au poste, on doit passer au second candidat ayant obtenu le meilleur score et valider l'information qu'il a fournie.

6.7 La sélection du candidat

Maintenant que le processus de vérification est terminé, arrive le moment de la décision finale quant au choix de celui qui est jugé le meilleur candidat. La décision peut relever de diverses personnes : le directeur de l'entreprise, le superviseur immédiat, le responsable aux ressources humaines, le comité de sélection ou une agence externe. L'étape suivante consiste en la rédaction de l'offre qui sera faite au candidat et en la présentation de l'offre au candidat. Finalement, l'entreprise rédigera la lettre d'engagement et procédera à la signature du contrat entre les parties. Une nouvelle collaboration commence à ce moment précis entre l'entreprise et le candidat qui vient de se voir confier le poste. Il devra dès lors être accueilli par les différentes autorités pour intégrer ses nouvelles fonctions.

RÉSUMÉ

Le processus associé à la sélection des candidatures est complexe. Il constitue l'étape finale de la gestion du recrutement. Pour réaliser une sélection adéquate, le gestionnaire doit d'abord détenir une connaissance adéquate des méthodes et des critères de sélection. À partir des candidatures reçues, il effectue un premier tri par l'examen approfondi des curriculum vitæ et des lettres de motivation. Le second tri exige une entrevue avec les candidats retenus. Cette entrevue peut revêtir différentes formes (collective, stressante, situationnelle, multiple, informelle ou structurée). Elle permet d'aborder plusieurs questions jugées de première importance par l'entreprise : la formation générale du candidat, certains aspects de sa personnalité, ses attentes, sa connaissance du poste et de l'entreprise. Les réponses fournies sont analysées avec soin. Dans bien des cas, le gestionnaire fait également appel à des tests d'aide à la sélection en vue de valider certains aspects du profil. Ces tests portent principalement sur les aptitudes, la personnalité et les habiletés du candidat. Une fois qu'il a toutes les données pertinentes en main, le gestionnaire procède à l'ordonnancement des candidatures en se servant d'une méthode quantitative pour bâtir l'arbre décisionnel. Cette opération complétée, il ne lui reste plus qu'à vérifier les données fournies par le candidat retenu avant de l'inviter à se joindre à l'équipe de vente. La dernière étape du processus consiste à accueillir le candidat dans ses nouvelles fonctions et à faciliter son intégration au sein de l'équipe.

QUESTIONS

1. Quelles sont les étapes du processus de sélection d'un représentant ?
2. Choisissez trois types d'entrevues que vous seriez susceptible d'organiser, décrivez-les et expliquez l'intérêt qu'ils revêtent à vos yeux.
3. Précisez quels sont les aspects à discuter lors d'une entrevue structurée.
4. Énumérez les différents tests d'aide à la décision dont vous pourriez vous servir pour effectuer une sélection.
5. Quels tests permettent de prédire le mieux la performance générale d'un représentant ?
6. Si, à l'issue de vos rencontres avec certains candidats, trois restent en lice et que vous ne savez lequel sélectionner, que faites-vous ?
7. Présentez un exemple qui vous permettrait d'appliquer la méthode quantitative, laquelle vous aiderait à différencier le potentiel de chacune des candidatures.
8. Quel est l'intérêt de vérifier les données fournies par un candidat ? Quelles questions poseriez-vous si vous aviez à contacter un de ses employeurs antérieurs pour effectuer une vérification ?

ATELIERS

1. Repérez deux annonces diffusées sur le Web concernant un poste de représentant. Établissez les aptitudes et les habiletés ainsi que le profil de personnalité recherchés pour chacun de ces postes. Comparez les résultats des analyses réalisées sur les deux profils.

2. Internet devient un outil de plus en plus utilisé aussi bien pour rechercher des candidatures que pour faire passer des entrevues. Quels sont les avantages et les risques liés à l'utilisation de cet outil pour un recruteur ? pour un représentant en recherche d'emploi ? Est-ce selon vous un moyen indispensable pour le recrutement ?

3. Vous avez décidé de vous engager dans un processus de recrutement. Après réflexion et analyse du poste à pourvoir, vous avez décrété qu'en vue de sélectionner le meilleur candidat il vous faut considérer son historique, ses caractéristiques personnelles et certaines aptitudes. Vous estimez que les aptitudes interpersonnelles doivent être fortement favorisées par rapport à l'historique. Vous jugez également que les aptitudes interpersonnelles revêtent une importance équivalente aux caractéristiques personnelles et que ces dernières revêtent une importance démontrée par rapport à l'historique.

En ce qui concerne les critères rattachés à l'historique, deux d'entre eux sont retenus : la formation du candidat et l'expérience en matière de vente, chacun étant jugé d'importance équivalente. L'entreprise considère qu'un diplôme universitaire (quel que soit son niveau) vaut le double d'un diplôme collégial et le triple d'un diplôme d'études secondaires.

Les caractéristiques personnelles incluent les habiletés cognitives du candidat et son intégrité. Les habiletés se voient octroyer une importance relative de 60 % versus 40 % pour l'intégrité.

Les aptitudes personnelles ont trait à la négociation (30 %), à la clôture de la vente (40 %) et aux aptitudes de communication (30 %).

Les évaluations subjectives des dossiers seront fondées sur ce barème :
   Exceptionnel (E) : 3
   Moyen (M) : 2
   Insuffisant (I) : 1

Après avoir fait passer des tests, organisé des jeux de rôles, analysé les curriculum vitæ et organisé des entrevues avec trois candidats potentiels, vous avez dressé le tableau suivant.

	Historique		Caractéristiques personnelles		Aptitudes		
	Formation	Exp. vente	Habiletés cognitives	Intégrité	Négociation	Clôture	Comm.
Pierre	Primaire	E	I	I	M	M	M
Jean	Doctorat	I	M	M	M	E	E
Jacques	Bacc.	M	E	M	I	M	M

I = insuffisant ; M = moyen ; E = exceptionnel

À partir de ces données, bâtissez un arbre décisionnel et décidez de l'ordre des candidatures à retenir.

NOTES

1. VERNE, E. *Comment conduire un entretien de recrutement. Guide pratique pour les cadres d'entreprise.* Paris, INSEP Consulting éd., 2000.

   BARRIER, N. 2001. *Les entretiens de recrutement qui marchent.* Paris, Éditions Générales First, 2001.

   WOOD, R. et T. PAYNE. *Competency Based Recruitment and Selection. A Practical Guide.* New York, John Wiley & Sons, 1998.

2. RANDALL, E.J. et C.H. RANDALL. «A current review of hiring techniques for sales personnel: the first step in the sales management process». *Journal of Personal Selling & Sales Management,* printemps 2001, p. 70-80.

3. ENGELHARD, J.-M. *Réussir les tests de sélection.* Paris, L'Express, 2005, 127 p.

4. HOUGH, L.M. «Validity of personality constructs for predicting job performance constructs». *6th Annual Conference of the Society for Industrial and Organizational Psychology*, St-Louis, MO, avril 1991.

5. WAGNER, R.K. *et al.* «Tacit knowledge in sales», dans *Tacit Knowledge in Professional Practice: Researcher and Practitioner Perspectives*, Maswah, N.J., Lawrence Erlbaum, p. 155-182.

6. PHILLIPS, J.F. «Predicting negotiation skills». *Journal of Business and Psychology*, vol. 7, n° 4 (été 1993), p. 403-411.

7. GAEL, S. «Development of the sales skills inventory paper and pencil selection instrument». 1981. Manuscrit non publié.

8. PHILLIPS, J.F. «Predicting sales skills». *Journal of Business and Psychology*, vol. 7, n° 2 (hiver 1992), p. 151-160.

9. CRON, W.L. *et al.* «Salesperson selection, training, and development: trends, implications and research opportunities». *Journal of Personal Selling and Sales Management*, vol. 22, n° 2 (printemps 2005), p. 123-136.

10. SELIGMAN, M.E.P. et P. SCHULMAN. «Explanatory style as a predictor of productivity and quitting among life insurance sales agents». *Journal of Personality and Social Psychology*, vol. 50, 1986, p. 832-838.

11. BRISSETTE, I., M.F. SCHEIER et C.S. CARVER. «The role of optimism in social network development, coping, and psychological adjustment during a life transition». *Journal of Personality and Social Psychology*, vol. 82, n° 1, 2002, p. 102-111.

12. BARRICK, M.R. et M.K. MOUNT. «The Big Five personality dimensions and job performance: a meta-analysis». *Personnel Psychology*, vol. 44, n° 1, 1991, p. 1-26.

13. HARRIS, E.G. et J.M. LEE. «Illustrating a hierarchical approach for selecting personality traits in personnel decisions: an application of the 3M model». *Journal of Business and Psychology*, vol. 19, n° 1 (automne 2004), p. 53-67.

14. WARR, P., D. BARTRAM et T. MARTIN. «Personality and sales performance: situational variation and interactions between traits». *International Journal of Selection and Assessment*, vol. 13, n° 1 (mars 2005), p. 87-91.

15. MAXWELL, S. *et al.* «The two faces of playfulness: a new tool to select potentially successful sales reps». *Journal of Personal Selling & Sales Management*, vol. 25, n° 3 (été 2005), p. 215-229.

16. BARRICK et MOUNT. 1991. *Ibid.*

17. MAXWELL *et al.* 2005. *Ibid.*

18. WARR, BARTRAM et MARTIN. 2005. *Ibid.*

19. ADLER, S. «Personality tests of salesforce selection: worth a fresh look». *Review of Business*, vol. 16, n° 1 (été 1994), p. 27-31.

20. HARRIS et LEE. 2004. *Ibid.*

21. WARR, BARTRAM et MARTIN. 2005. *Ibid.*

22. ROBIE, C., D.J. BROWN et W.J. SHEPHERD. «Interdependance as a moderator of the relationship between competitiveness and objective sales performance». *International Journal of Selection and Assessment*, vol. 13, n° 4 (décembre 2005), p. 274-281.

23. HOUGH. 1991. *Ibid.*

24. SPIRO, R.L. et B.A. WEITZ. «Adaptive selling: conceptualization, measurement, and nomological validity». *Journal of Marketing Research*, vol. 27, 1990, p. 61-69.

25. SPAGINS, E.E. «T or F? Honesty tests really work». *Inc.*, vol. 14, n° 2 (février 1992), p. 104.

26. AMBADY, N., M.A. KRABBENHOFT et D. HOGAN. «The 30-sec sale: Using thin-slice judgments to evaluate sales effectiveness». *Journal of Consumer Psychology*, vol. 16, n° 1, 2006, p. 4-13.

27. MAYER, D. et H.M. GREENBERG. «What makes a good salesman». *Harvard Business Review*, vol. 84, n° 7/8 (juillet-août 2006), p. 164-171.

28. McCULLOCH, M.C. et D.B. TURBAN. «Using person-organization fit to select employees for high-turnover jobs». *International Journal of Selection and Assessment*, vol. 15, n° 1 (mars 2007), p. 63-71.

29. McCULLOCH et TURBAN. 2007. *Ibid.*

30. McCULLOCH et TURBAN. 2007. *Ibid.*

31. O'REILLY, C.A., J. CHATMAN et D.F. CALDWELL. «People and organizational culture: a profile comparison approach to assessing person-organization fit». *Academy of Management Journal*, vol. 34, 1991, p. 487-516.

32. TIMOR, M. et V. LALE TÜZÜNER. «Sales representative selection of pharmaceutical firms by analytic hierachy process». *The Journal of American Academy of Business*, vol. 8, n° 1, 2006, p. 287-293.

33. SAATY, T.L. «How to make a decision: the analytic hierarchy process». *Interfaces*, vol. 24, n° 6 (novembre-décembre 1994), p. 19-43.

34. SERVICE CANADA. *Filtration des candidats potentiels*, (en ligne). http://www.gestionrh.gc.ca/gol/hrmanagement/site.nsf/fr/hr11541.html] (14 février 2008)

CAS DE LA PARTIE 2

Cas 1 La société Bakker

La stratégie d'expansion

La société Bakker vient d'achever la construction de ses nouvelles installations de production à Ottawa, où se trouve aussi son siège social. Cette usine permettra à Bakker de tripler, voire de quadrupler sa production.

La décision de construire une usine et de s'engager dans une phase d'expansion provient des conclusions d'une étude de marché recommandée par Bakker. Une firme de consultation en marketing était chargée d'analyser le potentiel des ventes de la pâtisserie surgelée au Canada. Les résultats de l'étude ont confirmé ce que les dirigeants prévoyaient. En effet, les pâtisseries surgelées ont un potentiel de vente fort important et, de plus, on peut pénétrer le marché canadien sans faire trop d'efforts, sauf au Québec, où la concurrence indirecte est la plus forte.

La stratégie

La stratégie de croissance de Bakker se déroulera en trois étapes. La première étape consiste à pénétrer d'une façon dynamique le marché québécois. Au cours de la deuxième étape, la société partira à la conquête du marché des provinces de l'Atlantique. Enfin, à la troisième étape, la croissance se poursuivra dans les provinces de l'Ouest canadien.

La gamme de produits et le marché

La gamme de produits offerts par Bakker comprend principalement des gâteaux et des brioches surgelés de qualité supérieure. En fait, les pâtisseries Bakker se comparent avantageusement, sur le plan du goût comme sur celui de l'apparence, aux meilleures pâtisseries fraîches que l'on trouve dans nos quartiers, et à un prix souvent nettement inférieur. Le marché cible est essentiellement composé des restaurateurs indépendants et des grandes chaînes de restauration.

La concurrence

La concurrence directe dans le domaine de la pâtisserie surgelée n'est pas très vive, mais elle existe. Une maison américaine exploite une unité de production à Toronto, qui fabrique des pâtisseries semblables et travaille dans le même marché cible que Bakker. Cette unité est peu dynamique, mais elle approvisionne la chaîne de restaurants considérée comme la plus importante au Canada.

L'équipe de vente

Bakker a confié l'organisation de la vente à des agences de vente. Elle a fait ce choix à la suite de recommandations émanant des consultants. Le plan de vente prévoit l'utilisation des services d'une agence par province.

Après avoir effectué plusieurs démarches et vérifications, Bakker a décidé de demander à Alimentex, une agence de vente de Montréal, de vendre ses produits au Québec.

Cette agence comprend une vingtaine de représentants répartis partout au Québec. En plus de l'équipe de vendeurs, trois représentants se partagent la responsabilité des ventes aux comptes majeurs. La petite équipe est dirigée par Louise Laporte. Compte tenu de l'importance du nouveau client, elle prend, à titre exceptionnel, la responsabilité de représenter elle-même les produits Bakker auprès de tous les comptes majeurs du Québec.

Questions
1. Que pensez-vous de la décision de Louise Laporte de vendre elle-même les produits Bakker? Quelles sont les conséquences possibles de cette décision?
2. Si vous étiez à la place de Louise Laporte, quel serait votre plan stratégique?

Cas 2   La société Matériaux de Toitures Canada

La société Matériaux de Toitures Canada est l'entreprise manufacturière de bardeaux d'asphalte la plus importante en Amérique du Nord. Elle est implantée à Montréal depuis 1922 et elle distribue ses produits au Canada et dans l'est des États-Unis.

Au Canada seulement, 11 représentants se partagent 11 territoires. La répartition s'effectue comme suit : M. McMillen représente la société en Colombie-Britannique et en Alberta. Mme Elisii est responsable du marché de la Saskatchewan et du Manitoba. En Ontario, il y a trois représentants pour trois territoires. Un quatrième vendeur se joindra à eux prochainement ; il s'occupera plus particulièrement des comptes majeurs en Ontario, qui relèvent du directeur national des ventes, M. Laberge. Le Québec compte quatre représentants ; comme dans la province voisine, un cinquième vendeur s'ajoutera à eux pour les mêmes raisons. Quant à Mme Arsenault, elle vend ses produits au Nouveau-Brunswick. Finalement, M. Becker travaille dans les autres provinces.

Au mois de décembre 1998, la société Matériaux de Toitures Canada a été vendue. L'entreprise a alors changé de nom et réorienté sa mission. Le nouvel acquéreur est une société déjà spécialisée dans le domaine de la quincaillerie, ses activités gravitant autour des produits de plomberie.

La vente des produits de plomberie du nouvel acquéreur était confiée à diverses agences de vente réparties sur l'ensemble du territoire canadien. Cependant, après avoir examiné l'équipe de vente au sein de sa nouvelle acquisition, l'entreprise songe sérieusement à confier la vente de tous les produits, bardeaux d'asphalte et produits de plomberie, à l'équipe de vente de M. Laberge.

Cette proposition provoque évidemment des remous, et des changements s'imposent. M. Laberge s'apprête donc à restructurer son équipe de vente.

Question
En supposant que la nouvelle administration décide de confier ses ventes à l'équipe de M. Laberge, comment restructureriez-vous l'équipe de vente et quels devraient être ses objectifs?

Cas 3   ÉCOLUB

ÉCOLUB est une petite firme d'experts-chimistes qui offre divers services de consultation dans le domaine de la chimie des huiles et des graisses appelé « oléochimie ». L'oléochimie décrit les transformations physico-chimiques appliquées aux huiles et aux graisses animales et végétales. D'abord reliée à la fabrication des savons, l'oléochimie étend maintenant ses applications à une multitude de secteurs de la vie quotidienne : alimentaire, cosmétique, pharmaceutique et industriel (peintures, vernis, résines, plastiques, caoutchoucs, lubrifiants, etc.). De nos jours, l'utilisation des produits de l'oléochimie serait en croissance soutenue, en raison, notamment, des tendances à caractère environnemental qui s'imposent et des lois qui s'ensuivent. Issus de matières premières non fossiles, renouvelables et biodégradables, les produits oléochimiques, souvent appelés « bioproduits », sont déjà bien développés et utilisés à travers le monde.

Ce sont les industries qui consomment les volumes les plus importants de produits oléochimiques, soit dans une proportion de plus de 50 % de la production oléochimique mondiale. Ces mêmes industries font partie des secteurs où les normes environnementales sont en voie de devenir les plus sévères. Le domaine de l'oléochimie industrielle, champ d'activité d'ÉCOLUB, s'inscrit aujourd'hui dans la large tendance du développement durable et s'ouvre sur des perspectives très prometteuses, par exemple les secteurs des biocarburants (éthanol), du cuir (assouplisseurs, conditionneurs), des métaux (huiles de coupe, réfrigérants) ou des minéraux et mines (flottation, forage), pour ne nommer que ceux-là.

ÉCOLUB a commencé ses opérations à Mirabel en 2003 et compte aujourd'hui 10 employés, dont 5 composent l'équipe scientifique et technique. Elle se donne comme mission d'offrir des services de qualité de recherche appliquée, de caractérisation (étude de paramètres : température, conditions chimiques, pression, etc.), de développement de produits (développement d'une voie de synthèse, etc.), d'élaboration de procédés (synthèse chimique, etc.), d'aide technique, de formation et d'information (formation technique spécialisée dans des procédés oléochimiques, etc.). Ces projets visent tantôt la valorisation de matières premières encore inexploitées, tantôt des applications novatrices ou encore l'élaboration de nouveaux procédés. ÉCOLUB œuvre dans divers secteurs tels les fluides mécaniques lubrifiants, les graisses, les revêtements et les adhésifs (peintures, laques, colles, etc.), les matériaux (plastiques, caoutchoucs, etc.), les agents tensioactifs (détergents, savons, etc.), l'imprégnation (cires, encres, etc.), les combustibles (biodiésels, huiles, etc.) et les intermédiaires chimiques (solvants, additifs, etc.). Elle a aussi à son actif plusieurs projets de recherche dans le domaine des biodiésels.

Un diagnostic organisationnel portant sur les cinq fonctions de l'entreprise (administration et pratiques de gestion, ressources humaines, finances, opérations, marketing) a été réalisé de manière à dresser le portrait de ses forces et de ses faiblesses. Bien que l'entreprise possède un niveau d'expertise scientifique et de compétences élevé, certaines lacunes au niveau du marketing freinaient son développement.

Une étude de marché a alors été effectuée afin de guider l'entreprise dans l'identification des segments de marché prometteurs et la détermination de stratégies de marketing efficaces sous forme de plan d'action détaillé.

Il a été décidé, dans ce plan de marketing, de se concentrer, à court terme, sur les secteurs suivants :
- fluides mécaniques, ce qui comprend les lubrifiants, les fluides hydrauliques et les fluides caloporteurs (fluides pour les métiers du froid et de la climatisation) ; on vise particulièrement dans ce domaine l'assistance technique et la recherche pour les PME ;
- biocarburants (carburants issus de l'oléochimie comme le biodiésel).

Le type de clients que dessert ÉCOLUB est composé pour une moitié de responsables de projets issus de milieux institutionnels, universitaires et collégiaux, et pour l'autre, de représentants du secteur privé. L'entreprise doit donc négocier avec une clientèle variée allant de l'entrepreneur peu instruit (pêcheur, propriétaire d'abattoir, propriétaire de PME, etc.) et axé sur les résultats à court terme aux professeurs de cégep et d'université fortement scolarisés et préoccupés par la méthodologie de la recherche et l'avancement des connaissances. Le type de mandat est lui aussi variable ; il consiste aussi bien en une contribution à un projet de recherche institutionnel qu'en le développement d'un nouveau produit, un nouvel écolubrifiant ou biocarburant, par exemple.

Étant donné le peu de ressources humaines dont dispose l'entreprise, ce sont ses cadres qui se sont occupés du marketing jusqu'à présent. Même s'ils sont tous impliqués à divers niveaux dans le marketing et la vente, le directeur du développement des affaires y joue le rôle le plus actif. C'est lui qui approche la clientèle potentielle et tente de vendre divers services de l'entreprise ; il s'agit actuellement de la ressource dont le travail est le plus lié au marketing. L'an dernier, il a visité quelques dizaines de clients potentiels afin de faire connaître son organisation et de prendre connaissance de l'intérêt accordé à certains services qu'elle projetait offrir. Il a compilé systématiquement toutes les données à l'aide d'un questionnaire rempli directement par le client potentiel. Cette personne a cependant été réorientée vers de nouvelles tâches, rendant impérative l'embauche d'une ressource dédiée exclusivement au marketing.

Afin de dénicher la perle rare, ÉCOLUB a publié l'offre d'emploi suivante dans les journaux et les sites Internet de recherche d'emplois :

ÉCOLUB a pour mandat de contribuer au développement de la filière de l'oléochimie industrielle au Québec. À cette fin, l'entreprise est à la recherche d'une personne dynamique pour occuper le poste de DIRECTEUR/DIRECTRICE EN DÉVELOPPEMENT DES AFFAIRES.

Votre défi :
- Entretenir des contacts avec l'industrie chimique du Québec afin de définir ses besoins en services d'innovation et d'orienter l'offre de service d'ÉCOLUB en conséquence.
- Promouvoir l'innovation en entreprise, l'élaboration de solutions techniques en oléochimie industrielle et leur utilisation auprès de la clientèle.
- Être à l'affût des tendances du marché pour déceler les créneaux prometteurs et permettre la commercialisation des produits issus des projets locaux.

Vos principales responsabilités :

Relevant du directeur général, vous aurez les responsabilités suivantes :
- Mettre en œuvre le plan de marketing en cours et effectuer la planification marketing des années à venir en collaboration avec les autres membres de l'équipe ÉCOLUB.
- Concevoir les outils marketing de l'entreprise et assurer leur mise à jour.
- Assurer le suivi des contacts entrants, de la clientèle en cours ou passée et de projets de transfert de technologie afin de maximiser les chances de succès des projets ainsi que leurs retombées pour les entreprises et ÉCOLUB.
- Mettre sur pied et maintenir un réseau d'affaires de qualité avec les entreprises et les utilisateurs potentiels en aval des projets.
- Organiser et effectuer des rencontres avec la clientèle potentielle.
- Participer aux événements, tels que colloques ou congrès, afin d'y représenter l'entreprise.

Votre profil :

Vous êtes une personne reconnue pour sa vision de développement des affaires et possédez une bonne connaissance de l'industrie chimique québécoise. Résolument orienté(e) vers l'atteinte des résultats, vous exercez un leadership mobilisateur. Vous détenez un B. Sc. dans une discipline scientifique ainsi qu'un diplôme de 2e cycle universitaire en administration des affaires couplés à une expérience significative représentant au moins cinq années d'expérience en développement de produits, de marché ou en marketing de produits innovants. Les candidatures présentant une expérience exceptionnelle pouvant être jugée équivalente aux conditions exigées seront aussi considérées. Idéalement, vous maîtrisez les logiciels courants (Word, PowerPoint) ou plus spécialisés (logiciels de graphisme, gestionnaire de page Web). Bilinguisme anglais-français et qualité de la communication écrite.

Questions

1. Une discussion a eu lieu entre les dirigeants d'ÉCOLUB. Certains favorisaient la primauté du profil « marketing » en affirmant que les connaissances scientifiques pourraient être acquises plus tard de toute façon, l'essentiel étant que le nouveau directeur du développement puisse représenter la compagnie et conclure des ventes. D'autres, par contre, désiraient que ce soit le profil « scientifique » qui serve de base à la détermination des qualités essentielles, prétextant que le domaine était trop spécialisé pour qu'une personne dénuée de formation scientifique puisse y évoluer. Quel type de profil ÉCOLUB devrait-elle favoriser ? Pourquoi ? Quelles exigences l'environnement dans lequel elle évolue dicte-t-il ?

2. Commentez le type de profil exigé. Qu'ajouteriez-vous ou que modifieriez-vous en ce qui a trait à ce profil ?

3. Que pensez-vous des responsabilités qui seront attribuées au nouveau directeur du développement ? Exige-t-on trop de lui ? Existe-t-il des fonctions supplémentaires qu'il devrait occuper ?

4. De quelle façon devrait-on rémunérer ce représentant pour qu'il soit le plus efficace possible, compte tenu du profil exigé et des responsabilités qui seront siennes ?

5. Concevez un programme de formation pour la recrue : que devrait-elle faire à court, à moyen et à long terme pour devenir efficace et rentable le plus tôt possible ?

PARTIE 3
La supervision de l'équipe de vente

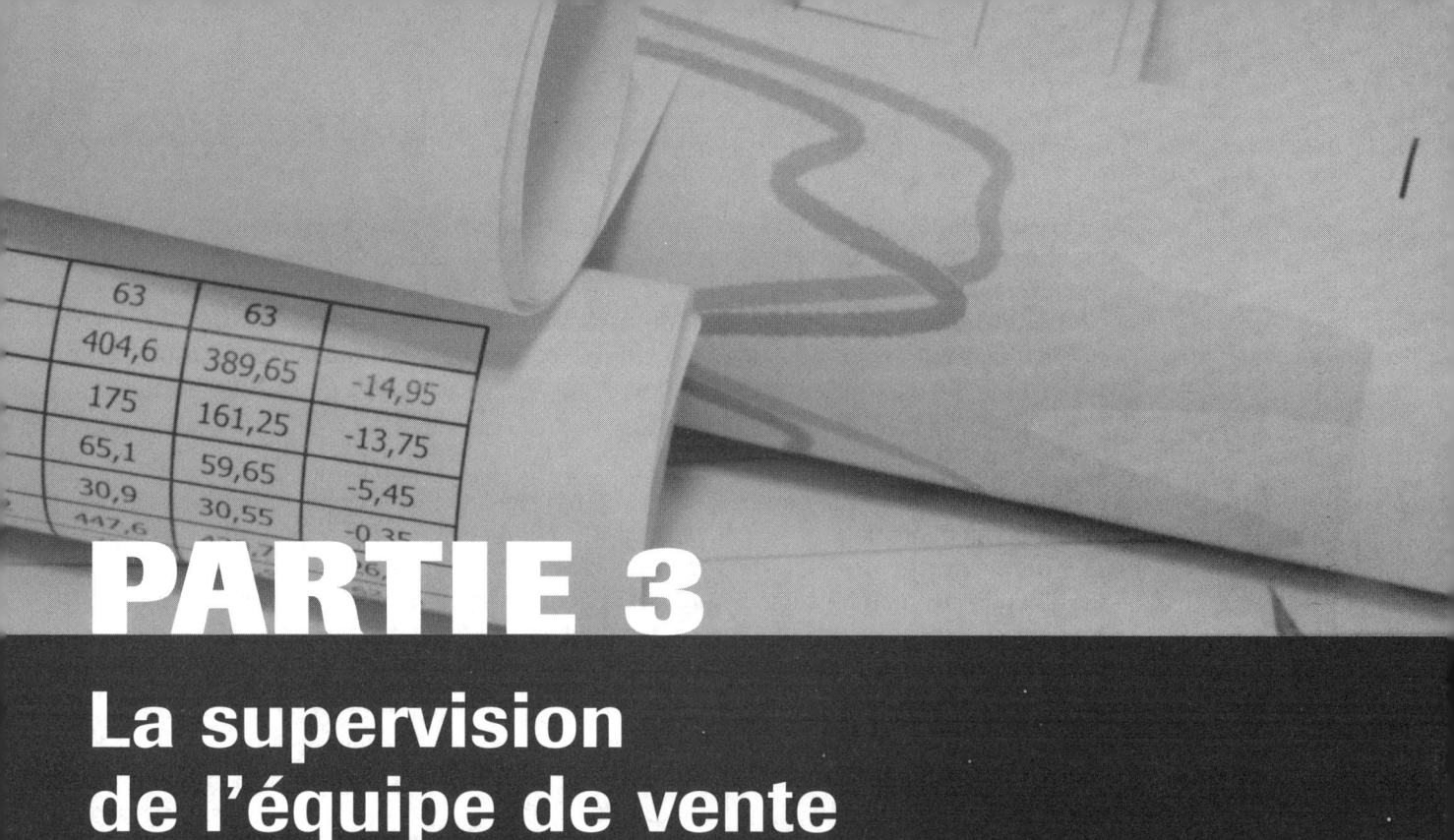

La troisième partie de ce manuel se consacre à la supervision de l'équipe de vente. Nous y aborderons les multiples rôles joués par le gestionnaire dans le domaine de la vente. En effet, ce type de gestion comporte de nombreux domaines d'application, tant humains que matériels. Le gestionnaire doit notamment se pencher sur les problèmes vécus par les membres de son équipe, déterminer leur territoire, établir leur plan de rémunération et voir à leur formation. Y sera aussi examinée la notion de performance, tant pour les représentants que pour les directeurs des ventes.

Le chapitre 7 s'intéresse particulièrement à la gestion des territoires et des quotas de vente, activité directement reliée à l'efficacité et à la productivité des représentants. Nous y mettrons en lumière les notions de référence géographique, de point central et de fréquence des visites. Nous expliquerons ensuite comment déterminer le nombre de territoires ainsi que leur emplacement et de quelle façon doit se faire l'affectation des représentants dans chacun d'eux. Nous terminerons ce chapitre en expliquant les buts poursuivis par l'établissement des quotas de vente et le processus de fixation des quotas.

Le chapitre suivant présente les notions relatives à la gestion de la rémunération des représentants. La rémunération exerce une grande influence sur les représentants et par conséquent sur leur comportement. Nous verrons comment le gestionnaire doit établir un plan de rémunération en lien direct avec le poste à pourvoir, selon six étapes distinctes. Nous y exposerons donc tout ce qui concerne le salaire, les primes au rendement, les concours et autres avantages reliés à l'emploi, notions avec lesquelles le gestionnaire doit savoir jongler.

Le chapitre 9 aborde le côté beaucoup plus humain de la gestion en s'intéressant aux problèmes vécus par les représentants. Le gestionnaire désireux de fidéliser les membres de son équipe ne devra pas négliger cet aspect de son travail. Nous exposerons les notions de satisfaction au travail et de perception des rôles ainsi que les problèmes qu'elles peuvent engendrer. Nous clôturerons ce chapitre en traitant de la gestion du temps et en proposant une méthode pour aider le représentant à gérer cette précieuse ressource dans son travail.

La gestion de la formation des représentants fait l'objet du chapitre 10. Le rôle de la formation est d'offrir aux représentants les moyens les plus efficaces pour se perfectionner et améliorer leur performance de vente. Nous examinerons donc les huit aspects du programme de formation, soit l'analyse des besoins et la détermination des objectifs, le choix des participants, la durée et le coût de la formation, le contenu lui-même, les lieux de formation, les formateurs, les outils d'apprentissage et finalement l'évaluation du programme de formation.

Enfin, les chapitres 11 et 12 traitent de la notion de performance, tant chez les représentants que chez les directeurs des ventes. Nous savons maintenant que la performance des représentants est directement reliée à la motivation. Nous exposerons donc diverses théories de la motivation avant d'aborder les variables liées à la performance, soit les facteurs motivationnels tels que la perception des rôles ou l'estime de soi et les facteurs individuels tels que la motivation au travail ou l'engagement organisationnel. Par ailleurs, nous verrons comment les directeurs des ventes peuvent s'inspirer des grandes théories du leadership. Nous retiendrons plus particulièrement la théorie de Bass en insistant sur les notions de leadership transactionnel et de leadership transformationnel. Finalement, la communication en gestion des ventes servira de conclusion à cette troisième partie.

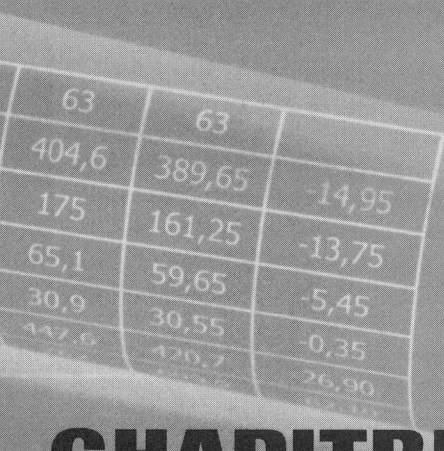

CHAPITRE 7

La gestion des territoires et des quotas de vente

OBJECTIFS

Après l'étude de ce chapitre, vous devriez pouvoir:

- comprendre la nécessité d'établir des territoires de vente;
- améliorer l'efficacité de la gestion des équipes de vente;
- connaître le processus de gestion des territoires de vente;
- maîtriser les différentes techniques permettant de déterminer le nombre approprié de territoires de vente;
- délimiter géographiquement des territoires de vente;
- associer correctement un représentant à un territoire de vente;
- fixer et utiliser adéquatement les quotas de vente.

INTRODUCTION

Dans le cadre d'une stratégie orientée vers les marchés (SOM), le directeur des ventes place les consommateurs et les clients au cœur de ses préoccupations, comme nous l'avons déjà précisé au chapitre 1. Il accorde également une grande importance à l'efficacité et à la profitabilité de son équipe, en raison du fait que les visites coûtent très cher et que le temps alloué à la vente est limité. La gestion des territoires est l'un des éléments essentiels qu'il doit considérer pour atteindre son but.

La gestion des territoires a des répercussions directes sur les coûts d'exploitation et la couverture d'un territoire donné. Elle influe également sur la motivation des représentants[1] en agissant sur la sélection, la formation, la rémunération, la satisfaction au travail[2] et la cohésion de l'équipe, sur les éléments associés à l'évaluation de la performance, autant des représentants que des directeurs des ventes, ainsi que sur la fonction vente comme telle. À cet égard, Sinha et Zoltners (2001)[3] estiment que la gestion des territoires est rarement à un niveau optimal parce qu'une grande proportion d'entre eux (55%) sont soit trop grands (25%), donc impossibles à couvrir par les représentants, ou trop restreints (25%), ce qui signifie que les représentants perdent leur temps avec les clients trop petits. De nombreuses recherches[4, 5, 6, 7] démontrent en outre qu'une bonne gestion des territoires a un impact sur l'efficacité de la gestion des ventes et sur la performance des représentants.

Après avoir évalué le marché potentiel et estimé la demande (*voir le chapitre 3*), le gestionnaire des ventes doit aménager l'ensemble de son marché en districts géographiques que l'on nomme **territoires de vente**. Chaque territoire correspond au rayon d'action d'un représentant. Ce dernier a alors la responsabilité de le développer efficacement, selon des critères de revenus et de dépenses et selon le temps dont il dispose pour faire son travail. La détermination des territoires est basée sur la couverture adéquate d'un territoire par rapport au nombre de consommateurs et de clients qui s'y trouvent et par rapport à la charge de travail attribuée au représentant. La taille et l'envergure d'un territoire dépendent des objectifs et des choix stratégiques de l'entreprise. Par exemple, dans le cadre d'une SOM, les territoires seront en général plus petits, car l'attention accordée aux clients est plus grande. On ne vise pas des relations à court terme, mais des relations de type partenariat, ce qui demande plus d'efforts et de temps[8]. La mission, les objectifs et les stratégies doivent être cohérents avec le découpage des territoires. Il faut bien comprendre que la détermination des territoires n'est pas immuable, mais qu'elle doit évoluer au rythme des changements internes, comme le lancement de nouveaux produits (de 40% à 50% du temps de l'équipe de vente[9]), ou externes, notamment en ce qui a trait aux stratégies des concurrents.

L'un des buts de la gestion de territoires est de déterminer des territoires égaux, c'est-à-dire de potentiel identique. Il est alors possible d'évaluer et de comparer la performance des représentants afin de leur offrir des charges de travail comparables. Des charges de travail inégales font préjudice aux sentiments de justice[10] et d'équité[11] qui règnent entre les représentants. De plus, une bonne gestion des territoires devrait entraîner une meilleure utilisation des ressources, donc une diminution des coûts résultant d'une réduction du temps de déplacement de l'ordre de 10% à 15%[12], et une augmentation des performances de vente résultant d'une meilleure segmentation des marchés (clients et consommateurs). Pour une grande entreprise, la réduction du temps de déplacement accroît le temps de vente de 2,7 %, ce qui se traduit par des économies de près de 1 million de dollars, et une meilleure couverture du territoire représente plus de 15 millions supplémentaires en volume de vente et 3 millions de plus en profits[13].

Dans les pages qui suivent, nous verrons donc comment déterminer le nombre optimal de territoires et comment les délimiter. Quant à la détermination des quotas de vente, elle sera abordée dans la dernière section de ce chapitre, en fonction des différentes méthodes qui sont à la disposition du gestionnaire des ventes.

7.1 Les territoires de vente

L'établissement de territoires de vente constitue une part importante de la gestion des ventes. Exception faite de quelques domaines comme l'assurance vie, où le représentant n'est généralement pas affecté à une région délimitée, les entreprises devant gérer une équipe de vente importante la répartissent par territoires pour des raisons pratiques et logiques. Cette étape demande du savoir-faire de la part des directeurs des ventes, mais aussi une bonne connaissance des marchés, des clients et des consommateurs. On ne peut pas improviser, car les risques d'erreurs sont trop grands et les répercussions sur la performance des ventes peuvent être tout aussi importantes.

Tout d'abord, définissons ce qu'est un **territoire** : il constitue un groupe de consommateurs ou de clients actuels et potentiels associés à une unité de vente et assignés à un représentant, dans un lieu géographique et pour une période donnée.

Contrairement à ce que l'on pourrait penser, le territoire est déterminé davantage par le groupe de clients confiés au représentant que par la région comme telle, car le marché est constitué de clients et de consommateurs et non de quartiers, de régions ou de provinces. Mais on tentera préférablement de regrouper des clients qui sont situés dans la même région afin de faciliter les visites effectuées par l'équipe de vente. Il est important, par ailleurs, que des frontières géographiques existent bel et bien autour de ces groupes de clients. Le territoire incarne le potentiel du marché des consommateurs et les entreprises.

L'établissement de territoires est une décision capitale en gestion des ventes. Elle constitue la base de l'orientation du travail de vente. Un nombre mal ajusté de territoires coûte cher en ventes ratées. La gestion de territoires est une des activités les plus accaparantes : non seulement faut-il déterminer le bon nombre de territoires (et, conséquemment, de représentants) et bien les délimiter, mais encore faut-il être conscient de leur caractère dynamique. Dans chaque territoire, des clients et des concurrents disparaissent alors que d'autres viennent s'y établir. Il est donc nécessaire de remettre régulièrement en question la formation des territoires et l'allocation des ressources. En gros, les territoires existent pour les raisons suivantes.

- **C'est la façon la plus efficace de visiter tout le marché.** L'absence de territoires inciterait les représentants à aller voir les meilleurs clients et à négliger les plus petits. En instaurant des territoires, on est certain que l'équipe de vente parcourra toute l'étendue du marché. Chaque représentant finira par connaître son domaine à fond, prévoira ses besoins et les changements éventuels et sera constamment en contact avec les clients.

- **C'est la façon la plus efficace d'intégrer le travail de vente aux autres aspects du marketing.** La gestion par territoires permet de diriger et de contrôler le travail de marketing. Si, par exemple, une campagne publicitaire est requise pour un territoire particulier, on pourra la faire suivre d'une intervention spéciale de l'équipe de vente auprès des détaillants.
- **C'est la façon la plus efficace de contrôler la performance du système de vente.** En exerçant une surveillance sur chaque territoire, on peut repérer les rendements insatisfaisants, les personnes en cause, ainsi que les raisons possibles de cette situation.
- **Cela favorise une meilleure compréhension des problèmes que connaît chaque territoire.** Le travail de vente et les autres fonctions du marketing peuvent être ajustés d'après les particularités de chaque secteur du marché. Ainsi, les besoins en marketing d'un territoire urbain dans lequel la concurrence (entre les vendeurs de diverses entreprises) est vive sont sans doute différents de ceux d'un territoire rural très vaste et beaucoup moins visité par cette dernière, notamment à cause du volume potentiel des ventes moins élevé et des frais de déplacement plus importants.
- **Cela permet d'exercer un meilleur contrôle des coûts.** En connaissant le secteur du représentant, les clients qu'il doit rencontrer et leur répartition, le gestionnaire est au courant de ses coûts d'exploitation et de ses frais de déplacement, ce qui lui permet d'exercer une meilleure surveillance en cette matière.
- **Finalement, cela permet d'augmenter l'efficacité générale de l'entreprise.**

7.2 Les problèmes résultant d'une mauvaise formation des territoires

De nombreux problèmes peuvent résulter d'une mauvaise formation des territoires. La figure 7.1 nous présente un exemple de quatre situations typiques de mauvaise formation de territoires. Nous reprendrons chacune d'entre elles dans les paragraphes qui suivent.

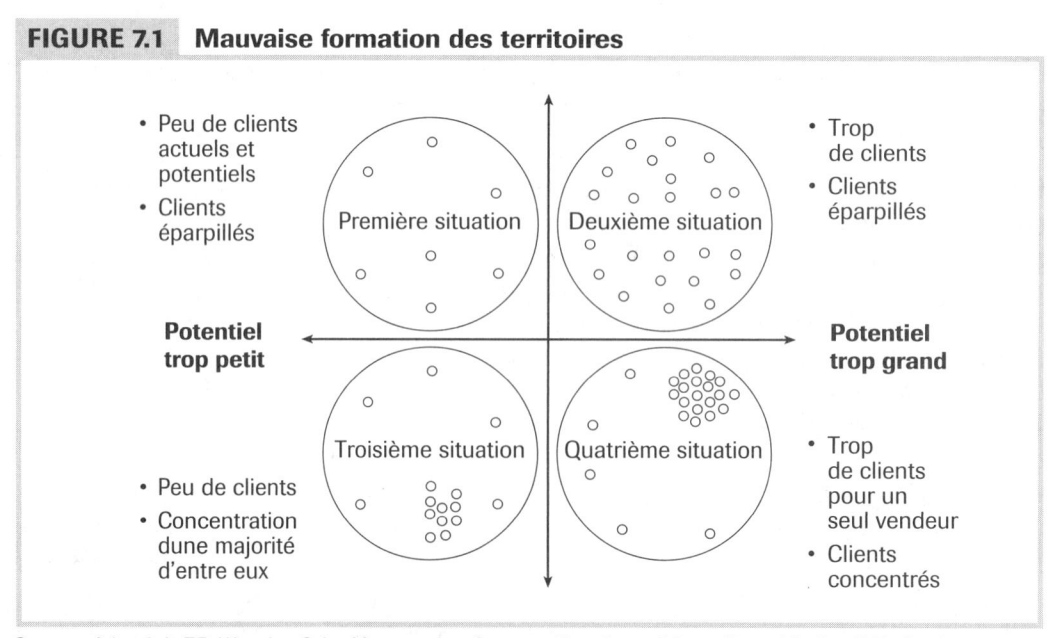

FIGURE 7.1 Mauvaise formation des territoires

- Peu de clients actuels et potentiels
- Clients éparpillés

Première situation

Deuxième situation

- Trop de clients
- Clients éparpillés

Potentiel trop petit

Potentiel trop grand

Troisième situation

Quatrième situation

- Peu de clients
- Concentration dune majorité d'entre eux

- Trop de clients pour un seul vendeur
- Clients concentrés

Source : Adapté de T.R. Wotruba. *Sales Management: Concepts, Practice and Cases*. Santa Monica (CA), Goodyear Publishing Co. Inc., 1981, p. 320.

Première situation : charge de travail trop grande et potentiel trop petit. Cette situation se caractérise par un nombre insuffisant de clients, lesquels sont disséminés sur un vaste territoire. Le représentant placé dans cette situation passera la majeure partie de son temps à voyager, ce qui entraînera des frais de déplacement excessifs. Il lui restera peu de temps pour s'occuper adéquatement des clients. Cette situation est très désagréable, car en plus de recevoir une rémunération insatisfaisante en raison du nombre trop faible de clients, le représentant se voit confiné dans un emploi de commis voyageur. Celui-ci pourrait fort bien être tenté de partir. Une solution possible à cette situation serait que l'entreprise retire son représentant à temps plein de ce territoire, qui est alors confié à une agence de vente.

Deuxième situation : charge de travail trop grande et potentiel trop grand. Ici, le territoire est beaucoup trop grand pour une seule personne : il présente trop de clients éparpillés sur toute son étendue. Le représentant qui fait face à cette situation sera tout simplement incapable de s'acquitter correctement de ses fonctions. Non seulement devra-t-il parcourir un territoire trop vaste, mais de plus, il n'aura pas le temps de s'occuper adéquatement de chaque client. En outre, il devra négliger les activités connexes à la vente comme la tenue des registres et la rédaction de rapports d'activités. Une solution envisageable consiste à découper le territoire en deux ou plusieurs parties et à ajuster le nombre de représentants en conséquence. Par ailleurs, certains gros clients pourraient être confiés au directeur des ventes.

Troisième situation : charge de travail trop petite et potentiel trop petit. Cette situation se produit lorsque le territoire compte un nombre insuffisant de clients et que ceux-ci sont majoritairement groupés. Le représentant n'aura pas à se déplacer beaucoup et disposera de tout son temps pour rencontrer le peu de clients qu'il a. Il pourra être incité à vendre le plus possible à chacun d'eux, par conséquent à favoriser les quantités excédentaires en s'adonnant notamment à la vente sous pression. Il pourra même solliciter des clients insolvables et leur offrir des conditions de crédit trop avantageuses, ce qui serait évité s'il avait suffisamment de clients. De plus, le représentant qui dispose de beaucoup de temps aura tendance à s'attarder chez chacun de ses clients. Enfin, cette situation encourage les activités non productives, telles que de longs repas, et certains représentants pourraient même faire des incursions dans les territoires voisins. La solution qui conviendrait ici serait de combiner deux ou plusieurs de ces territoires en un seul.

Quatrième situation : charge de travail trop petite et potentiel trop grand. Cette dernière situation survient lorsqu'il y a un nombre trop élevé de clients actuels ou potentiels et que ceux-ci sont concentrés majoritairement dans une partie du territoire. Il est peu probable que le représentant qui se trouve dans cette situation s'en plaigne. En effet, celui-ci dispose d'un bassin énorme de clients accessibles sans avoir à effectuer un grand nombre de déplacements. Il pourra être tenté de les visiter trop souvent et de ne choisir que les plus intéressants, au détriment des autres. De plus, il pourrait bénéficier de cette manne en touchant une rémunération excessive en regard de la somme des efforts investis et, conséquemment, se reposer sur ses lauriers. On observe cette situation dans les centres-villes des grandes agglomérations urbaines. La solution pourrait consister à convertir les plus gros comptes clients en comptes maison (l'entreprise s'occupe du client), à affecter dans ce type de territoire plusieurs représentants spécialisés dans un domaine de la vente (par exemple un représentant missionnaire, un prospecteur et un représentant de service) afin d'accroître la compétitivité, ou même à recourir à des vendeurs résidants (vendeurs chargés d'un compte majeur et qui ont un bureau en permanence chez le client).

7.3 Le processus de gestion des territoires

On peut observer à la figure 7.2 le processus généralement suivi lors de l'implantation de territoires. Passons en revue chacune de ces étapes.

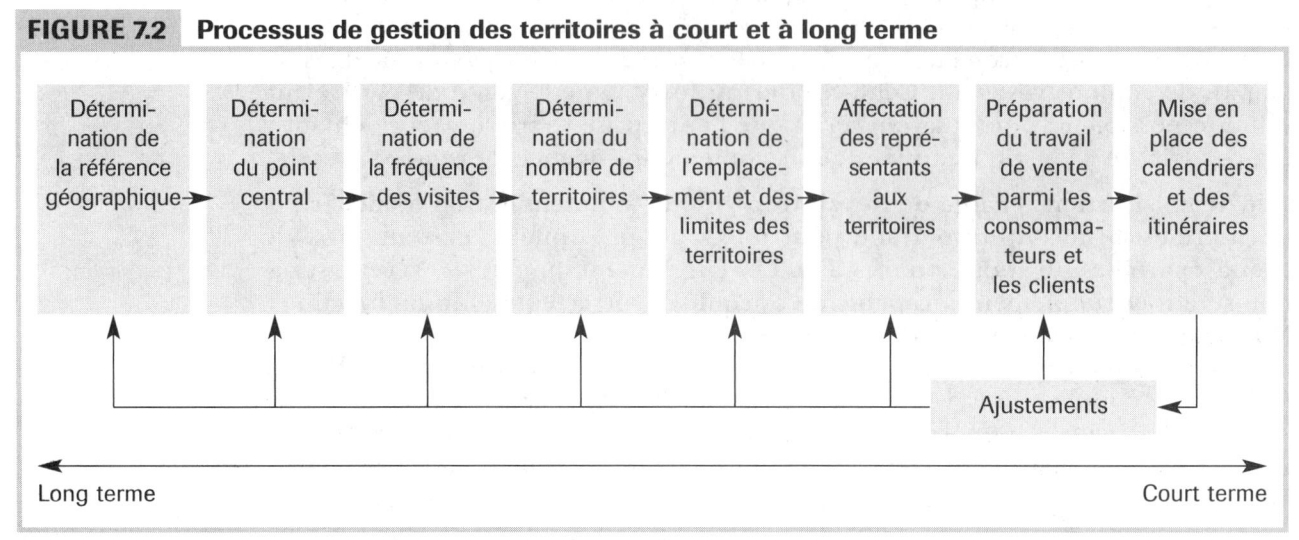

FIGURE 7.2 Processus de gestion des territoires à court et à long terme

Détermination de la référence géographique → Détermination du point central → Détermination de la fréquence des visites → Détermination du nombre de territoires → Détermination de l'emplacement et des limites des territoires → Affectation des représentants aux territoires → Préparation du travail de vente parmi les consommateurs et les clients → Mise en place des calendriers et des itinéraires

Ajustements

Long terme ← → Court terme

Source: Adapté de T.R. Wotruba. *Sales Management : Concepts, Practice and Cases*. Santa Monica (CA). Goodyear Publishing Co. Inc., 1981, p. 103.

7.3.1 La détermination de la référence géographique

La première étape du processus de gestion des territoires consiste à déterminer la **référence géographique**, c'est-à-dire la base sur laquelle seront établis les territoires. Il s'agit d'éléments comme les provinces, les régions, les centres métropolitains, les villes, les agglomérations ou tout autre élément jugé pertinent, par exemple les clients.

Le principal désavantage de la référence géographique est qu'elle ne représente pas nécessairement les comportements d'achat des consommateurs. Par exemple, il est difficile de comparer des villes comme Québec et Montréal en ce qui a trait aux comportements d'achat, la métropole étant plus cosmopolite que la capitale. Et que dire des différences qui existent entre des provinces comme le Québec, l'Ontario ou l'Alberta! Même constat entre les régions ou entre les milieux urbains. Une logique semblable s'applique aux pays : le Canada est très différent des États-Unis et du Mexique, même si les trois pays font partie de l'ALENA. On doit alors être vigilant lors de la détermination des références géographiques.

Autant que possible, les unités territoriales doivent être petites afin de faciliter les changements et les modifications sans bousculer l'ensemble des territoires ; elles doivent donc être des structures flexibles et souples. Des aménagements en dehors des limites territoriales sont toujours possibles. Le second avantage d'une taille réduite consiste en une plus grande facilité à analyser et à comparer les territoires. Ainsi, les territoires sont en général formés de petites unités, telles des agglomérations comme Montréal-Nord, Laval, ou la Rive-Sud de Québec, Lévis et les environs ; ces unités sont ensuite regroupées par région, comme l'Outaouais, les Bois-Francs ou le Saguenay–Lac-Saint-Jean, puis par province et par combinaison de provinces telles que l'ouest du Canada (Colombie-Britannique), le Centre (Alberta, Saskatchewan,

Manitoba), le Nord, (Yukon, Territoires du Nord-Ouest, Nunavut), l'Est (Ontario et Québec) et les Maritimes (Nouveau-Brunswick, Île-du-Prince-Édouard, Nouvelle-Écosse, Terre-Neuve, Labrador). D'autres possibilités seraient également valables, selon le bon jugement du directeur des ventes, lequel repose sur ses connaissances et son expérience. De plus, la langue est un facteur important à considérer. Par exemple, la connaissance de l'anglais s'impose dans certains quartiers de Montréal, mais pas au Saguenay, alors que la maîtrise des deux langues officielles est nécessaire dans les provinces maritimes. Il va sans dire que les contraintes linguistiques ont des répercussions sur la sélection des représentants.

7.3.2 La détermination du point central

La détermination du **point central** correspond à l'identification du lieu où les occasions de marchés et les clients sont considérés comme les plus importants du territoire. Le point central correspond souvent à une ville où est concentré le plus grand nombre de clients et de clients clés. Dans la plupart des cas, dans un souci d'efficacité, il devient le lieu de résidence du représentant, qui occupe l'endroit où les occasions sont les plus propices. Ainsi, au Québec, les points centraux correspondent souvent aux plus grandes villes de chacune des régions : Hull pour l'ouest de la province, Montréal, ville souvent considérée comme le point central pour le Québec dans son entier, Trois-Rivières pour le centre, Sherbrooke pour l'Estrie, Québec pour la région de Québec, la ville de Saguenay pour le Saguenay–Lac-Saint-Jean, Chibougamau et la Côte-Nord et, dans certains cas, Rimouski pour la Gaspésie. Encore une fois, plusieurs variantes sont envisageables.

7.3.3 La détermination de la fréquence des visites

L'une des étapes importantes pour un directeur des ventes est l'établissement de la fréquence des visites parce qu'elle a un impact sur la réalisation des objectifs de vente. Il doit alors déterminer quels sont les clients ainsi que le nombre de fois où ils seront visités. Il s'agit d'une base de référence, et non d'un carcan, qui orientera les stratégies de vente.

La majorité des entreprises utilise une classification basée sur la segmentation de la clientèle, en fonction de l'importance et du potentiel des clients, comme nous le présentons plus bas. Les variantes sont toutefois illimitées, car la répartition aussi bien que la fréquence varient selon le marché ou selon les objectifs, la vision et les choix stratégiques du directeur des ventes. Par exemple, dans le domaine pharmaceutique, on peut regrouper les clients par domaine de spécialisation (psychiatrie, gérontologie, etc.) et selon leur niveau de spécialisation (spécialistes, omnipraticiens et généralistes).

- **Les clients de type AA.** Il s'agit des clients les plus importants et les plus prometteurs pour l'entreprise. On doit en déterminer le nombre, mais aussi la fréquence de visite. Ils peuvent représenter de 10 % à 20 % des clients, et la fréquence des visites s'établit en moyenne toutes les semaines ou toutes les deux semaines.
- **Les clients de type A.** Ils représentent les clients importants et à potentiel élevé. On estime leur proportion de 30 % à 40 % et la fréquence des visites est de l'ordre d'une visite toutes les deux semaines ou tous les mois.
- **Les clients de type B.** Ils forment le groupe des clients moyens et constituent de 20 % à 30 % des clients. Les visites sont alors effectuées chaque mois.

- **Les clients de type C.** Ce sont les petits clients. Ils représentent environ 10 % de l'ensemble des clients et doivent être visités tous les deux mois.
- **Les clients de type D.** Ce sont les très petits clients. Leur proportion est inférieure à 5 %, et des visites tous les quatre mois suffisent. Les visites servent surtout à maintenir le contact et à déceler des occasions émergentes. Par souci d'efficacité, une part du travail de vente se fera par télémarketing (*voir la section 4.7 du chapitre 4*).

Cette classification est présentée à titre indicatif seulement. Les variantes sont toutes intéressantes dans la mesure où l'on peut justifier le choix des types de clients et la fréquence des visites par des motifs tels que l'atteinte des objectifs de vente. Pour mieux illustrer nos propos, nous vous présentons dans les pages qui suivent des exemples portant sur la détermination du nombre de territoires, dans la même logique que les éléments qui ont précédé.

7.3.4 La détermination du nombre de territoires

La détermination du nombre de territoires est une étape cruciale, car celui-ci correspondra au nombre de représentants. Il existe plusieurs méthodes pour établir le nombre optimal de territoires à implanter. Nous examinerons les quatre principales, établies selon la **charge de travail**, le **point mort**, les **ventes potentielles** ou la **valeur ajoutée**.

La méthode de la charge de travail

Cette façon de déterminer le nombre de territoires tient compte de la charge de travail qu'un représentant moyen peut supporter et de la charge de travail totale nécessaire pour répondre adéquatement aux besoins du territoire. Cette méthode compte cinq étapes.

- Première étape : le directeur des ventes établit le temps total dont dispose chaque représentant dans une année. Supposons que le représentant d'une industrie travaille en moyenne 7 heures par jour, 4,5 jours par semaine et 48 semaines par année. Cela signifie : 7 heures/jour × 4,5 jours/semaine × 48 semaines = 1 512 heures par année par représentant.
- Deuxième étape : le directeur des ventes répartit le nombre d'heures nécessaires d'après la tâche du représentant. La répartition du temps de travail du représentant présentée ci-dessous est établie selon les données moyennes accessibles de l'industrie, mais sera modifiée en fonction des objectifs à atteindre. Le temps des visites doit alors être adapté à cette répartition.

Activités de vente	45 %, soit	680 heures (0,45 × 1 512)
Déplacements	30 %, soit	454 heures (0,30 × 1 512)
Activités non reliées à la vente	25 %, soit	378 heures (0,25 × 1 512)
Total	100 %	1 512 heures

On entend par **activités de vente** la prospection, la fixation de rendez-vous, la présentation de vente, la rédaction du contrat et du bon de commande et toute autre activité pertinente comme la formation, le service à la clientèle, etc. Les **déplacements** font référence au temps de travail que le représentant passe dans sa voiture, tandis que les **activités non reliées à la vente** sont diverses : travail de bureau, services, activités de promotion, etc.

- **Troisième étape**: le directeur des ventes procède à la classification de la clientèle. Les clients actuels et potentiels doivent être classifiés selon le travail de vente qu'ils requièrent d'après les objectifs de vente. Il existe plusieurs bases de classification, comme le volume des ventes, la rentabilité ou le temps consacré à chaque client (si l'on a établi des registres). Pour qu'elle soit pertinente, la base de classification doit permettre de déterminer clairement des groupes de clients dont les besoins nécessitent un travail de vente différent. Supposons que la base choisie soit le volume des ventes. On obtient donc :

Premier groupe	Clients très importants	AA	220
Deuxième groupe	Clients importants	A	800
Troisième groupe	Clients moyens	B	640
Quatrième groupe	Petits clients	C	200
Cinquième groupe	Très petits clients	D	200
Total			1 960 clients

- **Quatrième étape**: le directeur des ventes détermine la fréquence et la durée moyenne des visites pour chaque catégorie de clients. Généralement, les visites sont plus longues et plus fréquentes chez les clients les plus importants. L'exemple qui suit est basé sur des visites d'une heure, même si la durée des visites est très variable. Dans le domaine de la représentation pharmaceutique, les visites peuvent durer une dizaine de minutes tandis qu'en ce qui concerne la représentation industrielle, les rencontres sont beaucoup plus longues en raison de la somme de travail à accomplir.

Clients très importants	AA	52 visites /année	× 1 heure/visite = 52 heures/année
Clients importants	A	26 visites /année	× 1 heure/visite = 26 heures/année
Clients moyens	B	12 visites /année	× 1 heure/visite = 12 heures/année
Petits clients	C	6 visites /année	× 1 heure/visite = 6 heures/année
Très petits clients	D	4 visites /année	× 1 heure/visite = 4 heures/année

Le temps nécessaire de visite du marché, par catégorie, sera établi ainsi :

Clients très importants	AA	220 clients	× 52 heures/client =	11 440 heures
Clients importants	A	800 clients	× 26 heures/client =	20 800 heures
Clients moyens	B	600 clients	× 12 heures/client =	7 200 heures
Petits clients	C	200 clients	× 6 heures/client =	1 200 heures
Très petits clients	D	100 clients	× 4 heures/client =	400 heures
Total				41 040 heures

Il faut donc compter 41 040 heures de travail de vente pour répondre adéquatement aux besoins de ce marché.

- Cinquième étape : le directeur des ventes calcule le nombre de représentants requis. Chaque représentant consacre 680 heures à la vente et il faut 41 040 heures pour atteindre les objectifs de vente, ce qui signifie :

    41 040 heures totales ÷ 680 heures/représentant = 58 représentants

    Le marché nécessite donc 58 représentants. Il faut cependant que le directeur des ventes soit prêt à délimiter environ 60 territoires.

Les principaux avantages de cette méthode sont sa grande simplicité, son accessibilité et la fiabilité des résultats qu'elle génère. Cependant, il faut être prudent avant d'établir une relation entre la taille et l'importance du client et le travail de vente qui devra être accompli. Cette relation n'existe pas toujours. De plus, l'établissement de paramètres de durée et de fréquence des visites selon des données temporelles s'avérera hasardeux si ces paramètres risquent d'être modifiés, par exemple lors de l'introduction de produits plus complexes qui nécessitent un temps de visite supérieur.

La méthode du point mort

Cette méthode d'estimation du nombre de territoires tient compte du volume minimum des ventes que doit atteindre chaque représentant afin d'être rentable pour l'entreprise (c'est-à-dire qu'il atteigne au moins son point mort). Dans cette situation, on utilise la relation suivante :

$$\text{Volume des ventes requis par représentant au point mort} = \frac{\text{Coûts directs engendrés par un représentant}}{\text{Marge brute en pourcentage}}$$

Supposons que les coûts directs moyens engendrés par un représentant soient les suivants :

Salaire moyen	55 000 $
Commissions et primes habituelles	15 000 $
Frais divers	35 000 $
Coûts directs d'un représentant	105 000 $

$$\text{Marge brute de l'entreprise en pourcentage} = \frac{(\text{Ventes} - \text{Coût des marchandises vendues})}{\text{Ventes}} = 0{,}25 \text{ ou } 25\%$$

Ainsi, le volume minimum requis des ventes est le suivant :

$$\frac{105\,000\,\$}{0{,}25} = 420\,000\,\$ \text{ par représentant}$$

Autrement dit, si tous les vendeurs produisaient des ventes de l'ordre de 420 000 $, l'entreprise n'enregistrerait ni profits ni pertes.

Supposons que les ventes prévues soient de 10 000 000 $; alors il faudra :

$$\frac{10\,000\,000\,\$}{420\,000\,\$/\text{représentant}} = 23 \text{ représentants, donc 23 territoires.}$$

Pour être fiable, la méthode du point mort nécessite une bonne estimation des frais de la part du directeur des ventes en fonction de ses connaissances et de son expérience. Elle a cependant pour inconvénient de reposer sur le volume des ventes passées, ce qui n'éclaire pas nécessairement sur le niveau optimum des ventes. L'estimation sera plus adéquate si elle est basée sur les objectifs de vente.

La méthode des ventes potentielles

Cette méthode s'avère très pratique dans le cas où les potentiels des ventes des territoires sont inégaux. Plusieurs facteurs expliquent les modifications du potentiel des ventes d'un territoire, dont l'arrivée ou le départ de concurrents, l'acquisition de clients et les changements dans leurs besoins (*voir le chapitre 2*). À ce moment-là, il est possible qu'un réaménagement du territoire soit nécessaire afin de mieux équilibrer les potentiels des ventes et le taux de pénétration du marché.

Supposons qu'une entreprise dispose de cinq territoires de vente. Elle associe à chacun d'eux le volume des ventes générées, le potentiel des ventes et le taux de pénétration (volume/potentiel). On obtient donc le tableau suivant:

Territoire	Volume des ventes (en $)	Potentiel des ventes (en $)	Potentiel des ventes (en %)	Taux de pénétration (en %)
A	200 000	800 000	14[a]	25[b]
B	95 000	270 000	5	35
C	235 000	2 430 000	41	10
D	115 000	360 000	6	32
E	190 000	2 000 000	34	10
	835 000	5 860 000		

a. Potentiel/territoire ÷ potentiel total = 800 000 $ ÷ 5 860 000 $ = 14 %.
b. Volume/territoire ÷ potentiel/territoire = 200 000 $ ÷ 800 000 $ = 25 %.

Comme on peut le constater, plus le potentiel des ventes est grand, plus la pénétration du marché est limitée, et vice versa (territoire C = potentiel de 41 % et pénétration de 10 %; territoire B = potentiel de 5 % et pénétration de 35 %). Ce phénomène peut s'expliquer par le fait qu'un potentiel élevé a davantage tendance à attirer les concurrents. Le territoire dans lequel on constate cette situation risque alors d'être le théâtre d'une concurrence plus vive. Ainsi, en augmentant le nombre de territoires, on pourrait obtenir une meilleure pénétration du marché dans chacun d'eux (particulièrement dans ceux dont le taux de pénétration est faible), car le potentiel de chacun diminuerait. Le représentant, quant à lui, pourrait bénéficier de plus de temps pour sillonner son territoire, ce qui aurait une incidence positive sur la performance de vente, notamment sur le plan des profits.

La meilleure façon de calculer l'effet d'un réaménagement des territoires sur les profits consiste à effectuer une simulation. Supposons qu'on désire connaître l'effet d'un découpage en 3, en 8, en 12 et en 20 territoires (plutôt qu'en 5, comme c'est le cas actuellement):

Découpage (nombre) de territoires	Potentiel relatif idéal (en %)	Territoire actuel dont le potentiel est le plus près	Pénétration actuelle (en %)	Volume des ventes possibles (en $)
3	33,3[a]	E[b]	10[c]	586 000[d]
8	12,5	A	25	1 465 000
12	8,3	D	32	1 875 200
20	5,0	B	35	2 051 000

a. En 3 territoires: 100 % ÷ 33,3 % par territoire.
b. E = potentiel de 34 % = taux le plus près de 33,3 %.
c. Taux de pénétration de E = 10 %.
d. Soit 10 % (taux de pénétration) × 5 860 000 $ (potentiel total) = 586 000 $.

Il est opportun de clarifier certains points de ce tableau. La deuxième colonne indique le potentiel idéal des ventes. Si on découpait le marché en 8 territoires, on essaierait d'obtenir un potentiel égal à 12,5 % (100 ÷ 8), bien qu'il s'agisse là d'un taux idéal et qu'il soit improbable qu'on arrive à un résultat aussi précis sur le terrain. Le potentiel de 12,5 % constitue alors une valeur étalon vers laquelle on devrait tendre si on choisissait ce nombre de territoires. La troisième colonne précise le territoire actuel dont le potentiel des ventes en pourcentage est le plus près du potentiel relatif par territoire propre à chacun des nombres mentionnés pour d'éventuels découpages. La quatrième colonne renvoie au taux de pénétration actuelle de chaque territoire, tandis que la cinquième colonne indique le volume des ventes probable établi selon les données fournies par un territoire ayant un potentiel correspondant. Ainsi, dans un réaménagement en 8 territoires, on devrait observer dans chacun d'eux un potentiel des ventes de 12,5 % et des ventes de 1 465 000 $, toujours d'après l'expérience que nous procure un territoire ayant un potentiel semblable.

Le nombre optimal de territoires sera déterminé selon le niveau de profits générés par chaque type de réaménagement. Supposons que les coûts directs de chaque représentant soient de 50 000 $ et que les coûts variables atteignent 50 % du volume des ventes. Voici ce que nous obtiendrions avec les réaménagements précédents :

	3 territoires	8 territoires	12 territoires	20 territoires
Ventes	586 000	1 465 000	1 875 200	2 051 000
Coûts variables (50 %)	293 000[a]	732 500	937 600	1 025 500
Marge brute	293 000	732 500	937 600	1 025 500
Coûts directs de l'équipe de vente (50 000 × nombre de vendeurs)	150 000[b]	400 000	600 000	1 000 000
Profit	143 000	332 500	337 600	25 500

a. Coûts variables = 50 % × volume des ventes = 0,5 × 586 000 = 293 000.
b. Coûts directs de l'équipe de vente = 50 000 $/vendeur = 3 vendeurs × 50 000 $ = 150 000 $.

On constate que l'on obtient le profit optimal avec un découpage de 12 territoires, dont le potentiel des ventes est de 8,3 %. Avec huit territoires, l'équipe de vente est insuffisante et, conséquemment, l'entreprise ratera plusieurs occasions. Avec 20 territoires, les coûts trop élevés rongent les profits. Dans notre exemple, la solution idéale consiste à découper le marché en 12 territoires. Cependant, il serait opportun de recommencer cette simulation avec des réaménagements proches de 12 territoires (10, 11, 13 ou 14) afin d'affiner l'analyse.

La méthode de la valeur ajoutée

Cette méthode préconise l'embauche de représentants et, en conséquence, l'addition de territoires correspondants tant et aussi longtemps que chaque vendeur supplémentaire apportera plus à l'entreprise que ce qu'il lui aura coûté. La valeur ajoutée de ce dernier obéit aux rendements décroissants; autrement dit, le 50e vendeur devrait générer moins de profits que le 5e. Il restera à déterminer le nombre correspondant au vendeur qui est de trop, soit celui qui coûte plus cher à l'entreprise que ce qu'il lui rapporte. Supposons qu'une entreprise sache qu'elle a besoin d'une soixantaine de représentants et de territoires. Elle en ignore cependant le nombre exact. Elle sait toutefois que le coût des marchandises vendues par un représentant est égal à 60 % du volume des ventes que celui-ci a généré. De plus, ce dernier coûte à l'entreprise 25 000 $ en salaire fixe et 15 % de son volume des ventes en commissions. Le directeur des ventes élabore donc le tableau suivant :

Changement dans l'équipe de vente	Volume des ventes ajouté	Coût ajouté des biens vendus	Marge brute ajoutée	Coûts totaux ajoutés/vendeur	Contribution ajoutée aux profits
40 ou 41	200 000 $[a]	120 000 $[b]	80 000 $[c]	55 000 $[d]	25 000 $[e]
50 ou 51	140 000	84 000	56 000	46 000	10 000
60 ou 61	110 000	66 000	44 000	41 500	2 500
61 ou 62	104 000	62 400	41 600	40 600	1 000
62 ou 63	99 000	59 400	39 600	39 850	−250

a. Le 41[e] vendeur génère des ventes de 200 000 $. Le 51[e] est évidemment moins productif (rendements décroissants) et enregistrera des ventes de 140 000 $ seulement.
b. Coût des biens vendus = 60 % du volume des ventes = 60 % × 200 000 $ = 120 000 $.
c. Marge brute = 200 000 $ − 120 000 $ = 80 000 $.
d. Coûts directs totaux par vendeur = 15 % du volume des ventes en commission + 25 000 $ en salaire et frais divers = 0,15 (200 000 $) + 25 000 $ = 55 000 $.
e. Marge brute ajoutée − coûts totaux ajoutés = contribution ajoutée (ou marginale) = 80 000 $ − 55 000 $ = 25 000 $.

On constate que le 63e représentant est superflu, car il risque d'engendrer une perte de 250 $. Cette méthode, bien qu'elle soit séduisante à cause notamment de sa linéarité, comporte certaines faiblesses. La faiblesse la plus importante réside dans le fait qu'il n'est pas toujours facile de déterminer la courbe des rendements décroissants. Sa construction nécessite en effet des données temporelles. Enfin, si l'entreprise a obtenu par le passé un volume total de 6 237 000 $ avec 63 représentants (63 × 99 000 $) et un volume total de 6 448 000 $ avec 62 représentants (62 × 104 000 $), la qualité variable de l'équipe de vente et de l'environnement pourrait changer passablement les règles du jeu dans l'avenir.

7.3.5 La détermination de l'emplacement et des frontières des territoires

Après avoir fixé le nombre de territoires requis, et donc le nombre optimal de représentants, il faut maintenant les délimiter. Même si, idéalement, tous les territoires doivent avoir une superficie et un potentiel des ventes égaux, on observe rarement cette situation. Sur le marché de la consommation, les consommateurs ou les détaillants sont assez bien répartis. Sur le marché industriel, par contre, les clients peuvent être éparpillés, de sorte qu'il est possible de trouver des territoires scindés en plusieurs parties ou étendus à l'extrême. Quoi qu'il en soit, on essaiera toujours de dessiner des territoires qui permettront de diminuer le temps de déplacement et les coûts qui y sont associés dans le but d'augmenter la productivité du représentant. Deux méthodes de délimitation de territoires peuvent être utiles au gestionnaire des ventes : l'une basée sur la **charge de travail** et l'autre, sur le **potentiel des ventes**.

La détermination des territoires selon la méthode de la charge de travail

Selon la méthode de la charge de travail, on utilise les mêmes données que celles qui ont servi à déterminer le nombre de territoires. Les clients avaient alors été classés par groupes, selon le volume des ventes imputable à chacun d'eux. Si l'on considère que les clients importants et très importants ont besoin de 78 heures de service par année, les clients moyens de 12 heures et les petits et très petits clients de 10 heures, et que le représentant peut consacrer 680 heures par année à la vente, alors on procédera au découpage du marché. Si tous les clients sont de même importance, le découpage devient plus faible, car le nombre de clients par territoire sera la seule variable considérée.

La méthode du potentiel des ventes

La méthode du potentiel des ventes est particulièrement utile quand le nombre de clients potentiels ou actuels est trop élevé et qu'ils ne peuvent être identifiés et localisés précisément. Dans ce cas, le potentiel des ventes est établi non plus selon le nombre et la classification des clients, mais selon la région. Cette méthode s'avère intéressante surtout pour le marché de la consommation, car il est généralement facile d'obtenir des statistiques sur les potentiels des ventes régionaux. On pourra par la suite regrouper autant de régions déterminées (et dont le potentiel des ventes est statistiquement connu) que nécessaire pour occuper un vendeur durant une année. Voici les territoires dont on se sert habituellement au Canada.

- **Les provinces.** Il sera intéressant de recourir à ces entités surtout pour des raisons légales. On trouve en général les divisions suivantes: les provinces de l'Ouest, l'Ontario, le Québec et les Maritimes. Notons cependant que l'étendue de ces territoires est immense et qu'une division par province sera davantage utile à une entreprise industrielle qui ne possède que quelques gros clients. Un territoire possible serait l'est du Canada (l'est de l'Ontario, le Québec et les Maritimes).

- **Les territoires linguistiques.** Certaines entreprises pourraient être tentées, pour des raisons culturelles, de construire un territoire francophone qui regrouperait le nord-est de l'Ontario, le Québec, le nord et une partie de l'est du Nouveau-Brunswick (ou un fragment de ce vaste territoire).

- **Les régions métropolitaines.** Le Québec compte 5 régions métropolitaines (Montréal, Québec, Saguenay, Sherbrooke et Trois-Rivières) et l'Ontario en compte 10. Les autres provinces canadiennes en possèdent deux ou une seule. Notons que plusieurs territoires sont généralement taillés dans les plus grandes régions métropolitaines. Le centre-ville de Montréal pourrait, par exemple, constituer un territoire.

- **Les régions.** Au Québec, les différentes régions sont numérotées. La grande région de Québec est la région 03. Mais cette délimitation s'avère surtout utile à l'administration gouvernementale.

- **Les codes postaux.** Le code postal canadien a été mis au point par la Société canadienne des postes dans les années 1970 et a son équivalent dans presque tous les pays occidentaux. Ce code possède six caractères, trois lettres et trois chiffres, disposés alternativement. Simple et efficace, il permet d'identifier le côté d'une rue entre deux intersections. Il a été implanté pour accélérer le classement du courrier et pour réduire les erreurs de livraison. Bien que ce système ait été initialement destiné à la Société canadienne des postes, plusieurs organismes, dont Statistique Canada, ou entreprises privées, comme Compusearch et Dun & Bradstreet (Dun's Market Identifiers), se le sont approprié à leurs propres fins.

Ainsi, Statistique Canada a des données démographiques exactes sur chaque code postal (ou sur ses parties). L'organisme connaît notamment le revenu moyen des codes H2L (centre-sud de Montréal) et H8S (Lachine). La société ontarienne Compusearch a amassé toutes les données du recensement, ce qui lui permet de divulguer des renseignements intéressants sur la population d'un territoire (peu importe lequel), la structure socio-économique de cette population, ses dépenses de consommation, etc. L'utilisation des données regroupées par code postal constitue une aide précieuse dans la délimitation de territoires. L'équivalent existe aux États-Unis avec SCAN/US et Claritas (PRIZM).

- **Les codes SIC.** Les codes SIC (Standard Industrial Classification) servent à identifier les secteurs d'activité au moyen de quatre chiffres. Ils peuvent s'avérer très utiles à la détermination de territoires dans le marché industriel.
- **Autres unités de mesure.** Le gestionnaire qui éprouve un problème de délimitation de territoires trouvera par le biais de divers organismes publics (Statistique Canada, le Bureau de la statistique du Québec ou le ministère de l'Industrie et du Commerce) ou privés les données nécessaires à une construction adéquate de ses territoires. Nous ne pouvons, dans le cadre de ce manuel, élaborer davantage sur ce sujet. Notons cependant que nous vivons dans un monde de chiffres et de statistiques et que nous sommes fort bien outillés au Canada pour produire les données de base dont a besoin tout gestionnaire. Un modèle complexe appelé GEOLINE[14] peut aussi servir à délimiter les territoires. Celui-ci est utilisé par plusieurs entreprises pharmaceutiques et médicales. Il sert à calculer le nombre souhaitable de territoires à potentiel égal. Il s'agit d'abord de déterminer différents centres de territoires à partir de la localisation des clients; le modèle veillera ensuite à minimiser la distance à parcourir entre le centre et un nombre de clients équivalent au potentiel des ventes recherché. La compagnie américaine ZS Associates propose aux gestionnaires des équipes de vente un logiciel s'inspirant de ce modèle: MAPS (Manpower Assignment Planning System). De plus en plus d'organisations ont recours à ce genre de programme pour les seconder dans l'élaboration des territoires.

7.3.6 La détermination du nombre de représentants par le modèle «mixte» de Darmon[15]

Darmon, misant sur la simplicité de la méthode de la charge de travail et sur la rigueur de celle propre à la fonction de réponse, a dérivé un modèle simple qui, bien que non optimal, s'avère très efficace pour évaluer adéquatement le nombre de représentants que devrait avoir une entreprise à son actif. Le modèle, plus performant pour les entreprises ayant un nombre important de clients dans leur portefeuille, reste opérationnel pour les petites et moyennes structures qui en ont moins. Le modèle est présenté ci-après.

Le modèle «mixte» de Darmon

Ce modèle part du principe qu'il est plus simple de travailler à partir des segments définis par l'entreprise pour évaluer les fonctions de réponse des clients qui en font partie. Normalement, les clients représentant un segment réagissent uniformément en présence d'effets promotionnels. Si l'un d'entre eux réagit très différemment de ses confrères à une promotion, c'est qu'il a été affecté à un groupe auquel il n'appartient pas vraiment. Il devrait donc être réaffecté à un groupe composé de membres qui lui ressemblent davantage. L'organisation des segments formant le portefeuille de clients de l'entreprise, leur taille et leur nombre relèvent du jugement des responsables des ventes. S'ils jugent opportun que chacun des clients de l'entreprise soit traité à titre de segment indépendant, le modèle leur permet de le faire, bien qu'il soit difficile de croire que chaque client d'une entreprise réagit de façon unique et qu'il n'a aucun point en commun avec un autre client desservi par l'entreprise. Si tel était le cas, néanmoins, le nombre de clients élevé ferait en sorte que le temps et les coûts requis pour obtenir une solution du modèle risqueraient d'excéder les gains tirés de sa mise en application.

À l'inverse, si l'entreprise avance que tous ses clients font partie d'un seul et même segment, le modèle pourra lui rendre service. Dans un tel cas, la solution quant au nombre de représentants à adopter découlera des données fournies par les responsables des ventes. S'ils ont mal évalué les disparités de réactions de certains de leurs clients de leur segment unique, ils risquent simplement d'obtenir une solution non optimale. Un équilibre est donc recherché lors de la définition des segments de clients de l'entreprise, c'est-à-dire un nombre restreint de segments assurant une juste représentativité des disparités de la clientèle.

Ces éléments sont importants à considérer, car le modèle prévoit que chaque segment, en raison de ses particularités propres, requiert un nombre de contacts différent. Finalement, le modèle prévoit que tout contact établi avec un client nécessite une visite de la part du représentant.

Basées sur ces postulats, des données sont colligées auprès du Service de la comptabilité de l'entreprise ou des responsables des ventes. Elles servent à dresser un bilan de la situation et sont intégrées par la suite dans le modèle, qui permettra de dériver le nombre optimal de représentants dans l'équipe de vente. Le détail des données requises est fourni dans le tableau 7.1.

Les données requises à l'étape 1 du tableau 7.1 permettent à l'entreprise de dresser le bilan de sa situation actuelle et d'estimer la rentabilité de ses opérations pour chaque segment desservi selon son fonctionnement actuel.

Grâce aux données répertoriées à l'étape 2, l'entreprise est en mesure d'élaborer la fonction de réponse de chacun de ses segments selon la durée des rencontres et selon le nombre maximal de contacts (*voir la figure 7.3*).

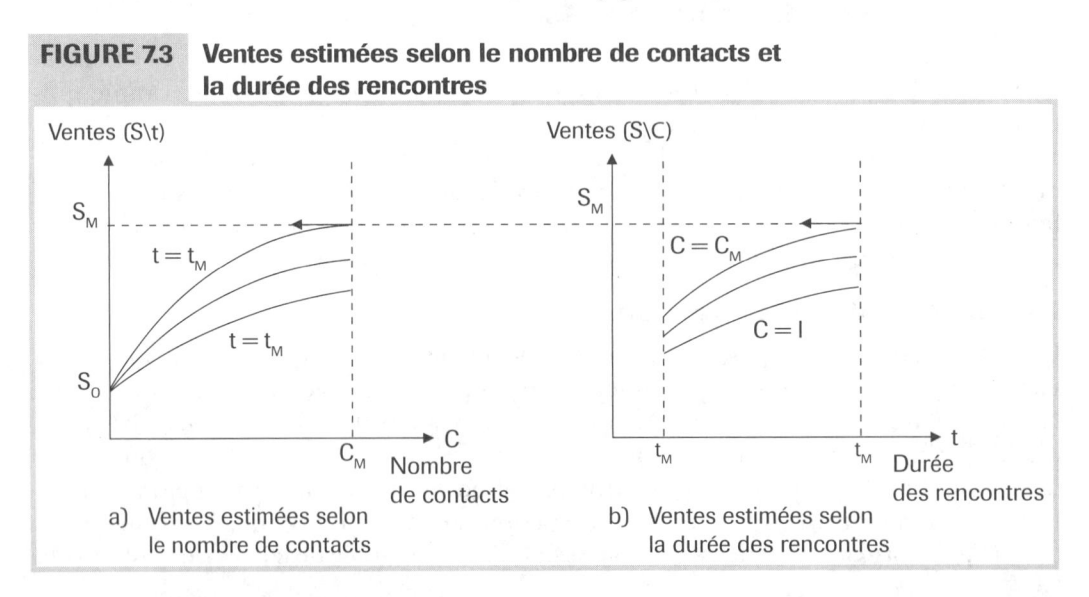

FIGURE 7.3 Ventes estimées selon le nombre de contacts et la durée des rencontres

a) Ventes estimées selon le nombre de contacts

b) Ventes estimées selon la durée des rencontres

TABLEAU 7.1
Étapes et données requises pour déterminer la taille optimale de l'équipe de vente

Étape 1 — Division de la base de clients en segments homogènes

Pour chaque segment, selon les données historiques de l'entreprise, estimer :

1) le nombre moyen de contacts réalisés pendant une année (C_a)
2) la durée typique de ces rencontres en heures (t_a)
3) le volume moyen de ventes attendu pendant une année en $ (S_{ai})
4) le taux de marge brute sur ces comptes (m) en forme décimale
5) le nombre d'heures disponibles d'un représentant pour ses visites à la clientèle (w)
6) le coût d'une heure de rencontre avec un client (kc)
7) le coût d'une visite à un client (kt)

Étape 2 — Jugements de la direction

1) la fréquence maximale d'une visite (C_{Mi})
2) la durée maximale d'une visite en heures (t_{Mi})
3) la durée minimale d'une visite en heures (t_{mi})
4) le niveau des ventes attendu d'un segment sans visite de représentant en $ (S_o)
5) le niveau des ventes attendu pour une fréquence des visites maximale en $ (S_{Mi})

Étape 3 — Calcul des différents indicateurs

$a_o = S_o$

$a_1 = 3 * a_3 * t_M$

$a_2 = a_3 * t_M / C_M$

$a_3 = (S_a - S_o) / C_a t_a (3 t_M - t_M (C_a / C_M) - t_a)$

Dériver le nombre de visites optimal à réaliser par segment (C*)

$C^* = (2(m * a_1 - k_c) - (m * a_1 - k_c)^2 + 12 \, m * a_3 * k_t)^{1/2}) / 3 \, m * a_2$

Et la durée optimale de chacune des rencontres (t*)

$t^* = ((m * a_1 - k_c) + (m * a_1 - k_c)^2 + 12 \, m * a_3 * k_t)^{1/2}) \, 6 \, m * a^3$

Étape 4 — Calcul de la taille de l'équipe de vente optimale (N*) requise

$$N^* = W^*/w = (1/w) \sum_{i=1}^{N} n_i \, C_i^* \, t_i^*$$

Ventes optimales estimées par segment (Si*)

$Si^* = a_0 + a_1 \, t_i^* \, C_i^* - a_2 \, t_i^* \, C_i^{*2} - a_3 \, C_i^* \, t_i^{*2}$

Et rentabilité de chaque segment

$\text{Profit} = m_i * S_i^* - (k_{ti} * C_i^* + k_{ci} * C_i * t_i^*)$

Les données préalables des étapes 1 et 2 sont intégrées dans les étapes 3 et 4, où les indicateurs sont calculés selon les formules énoncées dans le tableau. On détermine ainsi la taille de l'équipe de vente et il est même possible d'estimer le profit que l'entreprise serait susceptible de réaliser si elle comptait le nombre de représentants optimal recommandé par le modèle.

L'application du modèle « mixte » de Darmon

Afin de faciliter la compréhension de la démarche, appliquons-la dans un exemple concret. Voici les données dont nous disposons :

- Après avoir fait une analyse des 170 clients de l'entreprise, les responsables de l'équipe de vente ont convenu qu'ils pourraient regrouper ces clients en trois segments : 30 comptes majeurs, 100 comptes moyens et 40 petits comptes.
- Le taux de marge dégagé des transactions annuelles enregistrées auprès des gros clients est de 10 %, de 15 % pour les clients moyens et de 20 % pour les petits clients.
- Chaque client majeur est visité une fois par mois (12 fois par année), chaque client moyen une fois tous les deux mois (6 fois par année) et chaque petit client tous les quatre mois (3 fois par année).
- La durée moyenne d'une visite fluctue selon les profils : deux heures, une heure trente et une heure respectivement pour les gros, les moyens et les petits clients.
- Le volume des ventes est de 200 000 $ pour les grands comptes, de 120 000 $ pour les comptes moyens et de 15 000 $ pour les petits comptes.
- Le coût de chaque déplacement chez un client est estimé à 35 $ (excluant le salaire du représentant.)
- Chaque représentant dispose de 904 heures pour rencontrer ses clients.
- Le calcul du coût d'une heure de rencontre avec un client est dérivé selon les données historiques de l'entreprise. La rémunération des représentants est intégrée et répartie sur l'ensemble des heures passées avec la clientèle. Dans notre exemple, cela donne un coût de 70 $/heure, quel que soit le client.

Une fois ces données encodées, on recueille auprès des responsables des ventes des renseignements sur la fréquence maximale de rencontres de leurs clients, sur la durée de ces rencontres et sur le volume des ventes dégagé.

- Les gros clients nécessitent une rencontre par semaine, soit 48 rencontres annuelles en excluant les vacances des vendeurs, les clients moyens deux fois moins, soit 24 rencontres annuelles, et les petits clients, environ 10 rencontres annuelles.
- De façon optimale, on préconise une durée maximale de trois heures par rencontre, tant pour les gros clients que les clients moyens, et deux heures par rencontre pour les petits clients. Quant à la durée minimale de rencontre, nécessaire à la concrétisation d'une vente, elle ne devrait pas être inférieure à une heure pour les gros clients et à une demi-heure pour les autres clients.
- Si aucun représentant n'effectuait de travail auprès des groupes ciblés, 5000 $ seraient malgré tout dégagés des grands comptes, 2000 $ des comptes moyens et 500 $ des petits comptes. À l'inverse, un déploiement maximal de l'équipe de vente auprès des groupes ciblés pourrait générer 550 000 $ de la part des comptes majeurs, 150 000 $ des comptes moyens et 32 000 $ des petits comptes.

À partir de cette information, l'application des formules du modèle « mixte » de Darmon permet de trouver les données suivantes (*voir le tableau 7.2*) :

- Il faudrait 13 représentants (12,57) pour maximiser le potentiel des 170 clients considérés.

- Ces représentants auraient comme tâche d'effectuer 90 visites par année auprès des clients majeurs à raison de 1 heure 25 minutes chacune (1,41 heure signifie 1 heure + 0,41 × 60 minutes = 24,6 minutes, soit 25 minutes), le tout devant générer des profits de 20 710 $.
- Les clients moyens devraient être visités 47 fois par année à raison de 1 heure 27 minutes par visite, le tout devant générer des profits de 27 696 $.
- Finalement, les petits clients seraient rencontrés 19 fois par année à raison de 57 minutes chaque fois, pour un profit total de 3 172 $.

TABLEAU 7.2
Exemple d'établissement de critères de sélection et de leur importance relative

Données existantes (Service compt., ventes)	Grands comptes	Comptes moyens	Petits comptes
Nombre de comptes (n)	30	100	40
Taux marge brute sur ventes (m)	0,1	0,15	0,2
Nombre moyen contacts sur une période (C_a)	12	6	3
Durée typique contact en heures (t_a)	2	1,5	1
Volume ventes moyen attendu en $ (S_a)	200 000	120 000	15 000
Coût/heure de rencontre avec un client en $ (k_c)	70	70	70
Coût d'une visite en $ (k_t)	35	35	35
Nombre heures disponible pour visites à la clientèle (w)	904	904	904
Données estimées			
Fréquence max. de contacts (C_M)	48	24	10
Durée max. de chaque contact en heures (t_M)	3	3	2
Durée min. de chaque contact en heures (t_m)	1	0,5	0,5
Ventes estimées sans représentant en $ (S_0)	5 000	2 000	500
Ventes estimées si politique de contacts max. en $ (S_M)	550 000	150 000	32 000
Estimation des paramètres			
a_0	5 000	2 000	500
a_2	81,25	242,80	219,70
a_3	1 300,00	1 942,39	1 098,48
a_1	11 700,00	17 481,48	6 590,91
Nombre optimal de contacts (C*)	90,22	46,71	18,93
Durée optimale de chaque rencontre (t*)	1,41	1,46	0,95
Temps optimal à consacrer par type de client (C*t*)	127,34	68,22	17,94
n C*t*	3 820,27	6 822,06	717,58

TABLEAU 7.2 (suite)

Données existantes (Service compt., ventes)	Grands comptes	Comptes moyens	Petits comptes
N* (nombre représentants requis pour les trois segments confondus)	12,57		
Ventes optimales attendues en (S) par segment en $	327 813,20	227 372,22	25 453,49
Profits bruts sur les ventes par segment en $	20 709,81	27 695,56	3 172,37

Cet outil est extrêmement utile pour le gestionnaire car, en plus de l'aider à calculer le nombre optimal de représentants de son équipe de vente, il lui fournit des indicateurs assez précis quant aux directives à fournir à ces derniers en ce qui concerne le nombre et la durée des visites à effectuer. Il lui permet aussi de diviser équitablement le territoire entre les représentants. Dans notre exemple, où l'entreprise compte 30 gros comptes, 100 comptes moyens et 40 petits comptes, chacun des 13 représentants nécessaires au déploiement maximum de l'entreprise devrait avoir un portefeuille équivalent au treizième de ces comptes. Ainsi, chaque représentant serait responsable d'environ 2 gros comptes (30 ÷ 13 = 2,31), de 8 comptes moyens (100 ÷ 13 = 7,69) et de 3 petits comptes (40 ÷ 13 = 3,07).

7.3.7 L'affectation des représentants aux territoires

L'une des tâches importantes en gestion de la vente consiste à affecter les bonnes ressources aux bons endroits. Après avoir déterminé la taille de l'équipe de vente et dessiné les territoires, on doit maintenant s'intéresser aux ressources humaines qui composent l'équipe de vente. En effet, tous les territoires sont distincts et possèdent des particularités ; les représentants comme les territoires ne sont pas nécessairement égaux. Un représentant peut exceller dans un territoire et connaître un rendement moyen dans un autre. Sur ce point, le gestionnaire des ventes devra exercer son jugement de manière à procéder à l'affectation optimale de ses représentants. Il devra donc faire une évaluation de chacun d'eux et des besoins de chaque territoire afin d'effectuer les meilleurs mariages possible.

Selon la situation et le territoire, le directeur des ventes considérera les habiletés des représentants et prendra en compte leur expérience, leurs connaissances ou tout autre élément jugé pertinent relié à la gestion d'un territoire. Dans bien des entreprises, on assigne aux nouveaux représentants des territoires en région pour ensuite les transférer dans des territoires à potentiel élevé, exigeant plus d'habileté et d'expérience, notamment en ce qui a trait aux comptes clés.

7.3.8 La détermination de la couverture des territoires

Une fois l'appariement représentant-territoire effectué, on doit décider de la répartition du travail de vente parmi les différents clients dans les territoires. La couverture des territoires est intimement liée à la fréquence des visites auprès des clients. C'est pourquoi on s'inspire ici de la méthode selon la charge de travail que nous avons vue à la section 7.3.5.

Le rôle du gestionnaire des ventes est de maximiser l'efficacité des ventes dans une limite d'heures disponibles à la vente par semaine et par année, donc selon une ressource de temps limitée. Dans ce but, il doit d'abord déterminer les clients les plus importants et les plus prometteurs : nous parlons donc de **segmentation des clients**. Une fois qu'il aura regroupé les clients selon leur niveau d'importance, il consultera le représentant pour établir la fréquence des visites, par exemple une fois par semaine, par mois ou par trimestre, en fonction des objectifs de vente. Ensemble, ils procéderont enfin à l'élaboration du calendrier et des itinéraires de visites.

À titre de guide, le modèle CALLPLAN (www.mktgeng.com) détermine les normes relativement à la fréquence des visites pour chaque client de façon à maximiser les ventes (dont on soustrait les frais de déplacement). Il distingue les clients réguliers des clients potentiels ; non seulement répartit-il le temps de visite entre les différents clients réguliers, mais il le fait aussi entre ces derniers et les clients potentiels.

Notons qu'il existe d'autres modèles et logiciels, certains très complexes, dont l'implantation et l'application demandent l'intervention d'experts. Il appartient au service des ventes de chaque entreprise d'adapter ou même d'élaborer ses outils. Ce qui compte, ce n'est pas la complexité des outils, bien que, parfois, cela puisse s'avérer nécessaire, mais bien les résultats qu'ils produisent et leur capacité de s'adapter aux besoins de l'entreprise pour atteindre les objectifs de vente.

7.3.9 La mise en place des calendriers et des itinéraires

Les entreprises encouragent les représentants à établir un itinéraire de visites afin de minimiser le temps de transport et les coûts de déplacement. Il ne serait pas avisé, par exemple, qu'un représentant se rende chez un client à l'autre bout du territoire sans visiter les clients voisins. Il faut cependant comprendre qu'un itinéraire de visites est un guide et non un cadre rigide. En cas de nécessité (une vente urgente, un service exigé, etc.), il va de soi que le représentant doit aller rencontrer le client, peu importe l'itinéraire tracé.

Le représentant est probablement le mieux placé pour mettre au point un itinéraire efficace, car non seulement connaît-il ses clients et le temps qu'il doit consacrer à chacun d'eux en ce qui a trait aux visites et à leur fréquence, mais il a une perception de son espace qui risque d'échapper à une personne qui se trouve à l'extérieur du territoire. Sur le plan opérationnel, dans bien des cas, les directeurs approuvent la planification des visites faite par les représentants ainsi que l'itinéraire qui s'y rapporte.

Pour procéder à ce travail, il existe une méthode simple, dite des **angles obtus**. Après avoir relié entre eux les clients les plus éloignés du territoire, ce qui devrait donner une figure s'approchant du cercle dans les cas extrêmes, on tente de joindre les clients situés au centre de la figure. La façon optimale de relier ces clients à ceux situés sur la bordure de la figure consiste à obtenir les angles les plus grands. À la figure 7.4 (*voir la page suivante*), si on avait relié G à E et E à F, cela aurait donné un angle très aigu et aurait eu pour effet d'allonger la route. En reliant E à F et à D, on obtient un angle très ouvert (plus de 90°), ce qui optimise l'efficacité de l'itinéraire. Cette méthode s'applique particulièrement bien dans le territoire où la rencontre est régulière et fréquente et plus ou moins routinière comme c'est le cas dans le domaine de l'alimentation.

Malgré le fait que cette méthode donne des résultats intéressants, un bon itinéraire prendra aussi en considération les heures d'achalandage, les axes routiers et les sens des artères de circulation les plus efficaces. Le représentant doit aussi prendre en compte les contraintes des visites avec les clients. Il peut toujours proposer une plage horaire, mais cela ne veut pas dire pour autant que le client sera libre au moment souhaité. Il ne faut pas oublier aussi que les clients ont leurs préférences

FIGURE 7.4 Méthode des angles obtus (ou des grands angles)

Première étape — Deuxième étape

Les angles les plus grands qui soient

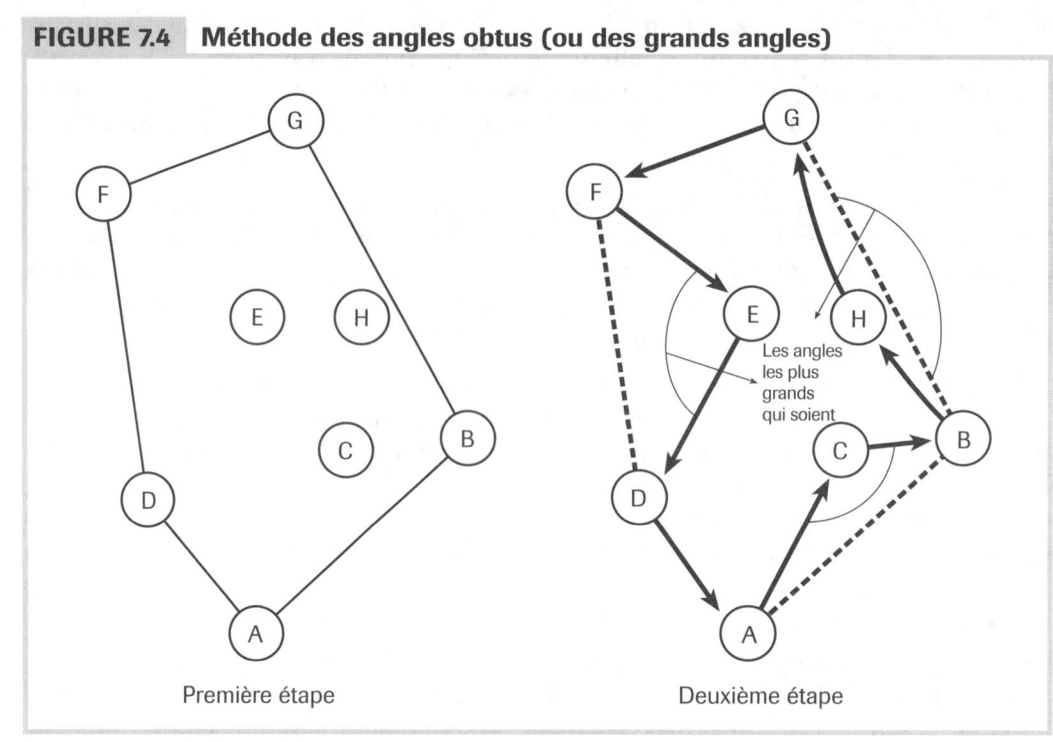

Source : J. Wage. *The Successful sales presentation : Psychology and Technique*. Londres. Leviathan House, 1974, p. 83.

et que ce sont eux dans bien des cas qui déterminent le moment de la rencontre. Il faut donc jongler avec tous ces paramètres et faire preuve de jugement et de logique afin d'établir le meilleur itinéraire possible.

7.3.10 Les ajustements à la gestion des territoires

Nous avons vu, au début de ce chapitre, que les territoires sont des entités dynamiques et non statiques. À partir du moment où l'on comprend que des clients peuvent s'installer dans un territoire ou le quitter, que des concurrents peuvent agir de la sorte, que les besoins changent ou que l'entreprise peut modifier sa stratégie ou son *marketing mix*, on doit accepter le fait que des modifications d'ordre territorial soient toujours possibles. Il peut s'agir de changer de représentant ou de changer les frontières du territoire.

Il n'est pas souhaitable de changer de représentant trop souvent, car le fait de maintenir un représentant dans un territoire pendant une certaine période constitue un investissement pour l'entreprise. Le représentant a besoin d'un certain temps pour s'habituer à son territoire et pour l'exploiter adéquatement. Au fil des mois et des années, il acquerra une expertise considérable de son environnement territorial. Le fait de changer de représentant est un retour à la case départ, qui entraînera une nouvelle période d'adaptation avec les coûts que cela suppose. Mais parfois le gestionnaire n'a pas le choix d'effectuer cette opération. Ce sera le cas lorsqu'un représentant est incapable de s'adapter aux nouveaux produits ou aux techniques récentes ou de satisfaire de nouveaux besoins de sa clientèle.

Nous avons vu qu'il est possible d'ajuster les limites du territoire d'après l'habileté de l'équipe de vente. Cependant, on peut être amené à changer des frontières en raison de variations importantes du potentiel du marché. Dans certains cas, il faudra fragmenter un territoire en plusieurs, et dans d'autres, fusionner certains d'entre eux. Cela provoquera l'embauche ou la mise à pied de représentants, selon le nombre de territoires obtenus. Par ailleurs, la distance est un facteur à considérer lors de la fusion de territoires existants.

7.4 Les quotas et la gestion des ventes

La fixation des quotas est un processus qui suit la délimitation des territoires. Si le directeur des ventes attribue au vendeur X le territoire Y, c'est pour des raisons d'affectation optimale des ressources. On s'attend donc à ce que ce représentant atteigne des résultats établis. Ceux-ci seront quantifiés et porteront le nom de **quotas**.

Les quotas du représentant peuvent s'inscrire dans un processus de gestion par objectifs (GPO ou *MBO, management by objectives*). La GPO s'étend aux diverses activités de l'entreprise et englobe non seulement des objectifs de résultats, mais aussi toute autre forme d'objectifs (des activités, des comportements, etc.) souhaitables. Un des atouts de la GPO réside dans le haut taux de participation qu'elle nécessite. Les employés visés sont consultés et les objectifs sont fixés selon un certain consensus. Mais le quota n'est pas toujours établi à la suite d'une consultation. Ainsi, le nouveau représentant n'a pas la chance de s'exprimer quant aux objectifs qu'il doit atteindre les premières années, ignorance oblige! Toutefois, on comprendra aisément les nombreux avantages qu'il y a à demander au représentant de participer à la fixation de ses quotas. Les quotas deviennent alors un moyen de connaître et de déterminer les objectifs qu'il a à atteindre. Ils permettent entre autres de mieux percevoir les rôles que le représentant doit jouer dans le cadre de son travail[16].

Les quotas, sur lesquels est basée l'évaluation des représentants, tiennent compte de deux facteurs: le représentant lui-même (ses aptitudes, ses habiletés, son expérience et le niveau de rendement qu'il est normal d'attendre de sa part) et le territoire (potentiel). Généralement, les quotas sont une mesure faisant référence aux résultats de ventes (il existe d'autres formes de quotas, comme nous le verrons plus loin) exprimés en dollars ou en unités. On dira qu'il s'agit du niveau de ventes «idéal» devant être atteint par un représentant, un territoire, une succursale ou toute autre unité de référence utile. Si le marché est divisé en territoires, le quota sera rattaché à chacun d'eux et à son potentiel des ventes. Sinon, il sera relié au représentant et à ses aptitudes et habiletés. Autrement dit, c'est le potentiel des ventes qui impose le quota dans le premier cas, et le directeur des ventes devra assigner un territoire au représentant susceptible d'y avoir le meilleur rendement, bien que des ajustements touchant les territoires (comme nous l'avons vu précédemment) ou les quotas puissent être effectués d'après les aptitudes et les habiletés du représentant. Dans le deuxième cas, le quota sera directement relié au rendement normal du représentant, compte tenu de son degré d'expérience, et les ajustements pourront également être faits selon son degré d'habileté. Cette façon de faire permet de conserver un caractère humain et personnel à l'attribution des quotas.

7.4.1 Les buts poursuivis dans l'établissement des quotas

L'établissement des quotas est un facteur déterminant dans le travail de l'équipe de vente. Il poursuit plusieurs buts, dont les principaux sont présentés dans les lignes qui suivent.

- **Les quotas motivent l'équipe de vente**[17]. Ils constituent la cible à atteindre pour le vendeur. Ils lui fournissent une mesure à laquelle il peut se référer. Ils motivent l'équipe de vente aussi bien lorsqu'elle les atteint que lorsqu'elle les dépasse[18]. Le représentant sait qu'il sera évalué d'après son quota ; il subira donc une certaine pression pour l'atteindre[19]. Notons que cette pression peut avoir sur le représentant un effet positif ou négatif. Dans ce dernier cas, il faudra tenter de trouver la cause du problème ainsi que sa solution. Le quota était-il réaliste ? La personnalité du vendeur est-elle compatible avec ce genre de travail ? Enfin, le représentant ne se contentera pas d'atteindre son quota ; il essaiera de le dépasser. Le surplus peut en soi être très gratifiant et valoir beaucoup plus que la prime qui y est rattachée. Aux yeux du représentant, le quota permet de se mesurer à soi-même.

- **Les quotas dirigent et contrôlent le travail de l'équipe de vente.** L'utilisation de quotas permet à la direction des ventes de déceler et de corriger rapidement les problèmes éventuels. Pour ce faire, le gestionnaire peut notamment fixer plusieurs quotas dans différentes activités, lesquels serviront à évaluer le représentant. Si un quota est déterminé pour chaque produit et que l'on constate que les objectifs de vente n'ont pas été atteints pour un produit particulier, on pourra se pencher sur ce cas précis. Ce produit est-il suffisamment populaire dans le territoire ? Le représentant éprouve-t-il des difficultés à en faire la promotion et, dans l'affirmative, pour quelles raisons ? En outre, l'utilisation de plusieurs quotas permet de mieux diriger le représentant vers les activités qu'il doit effectuer ou vers celles sur lesquelles on désire mettre l'accent, par exemple lors du lancement de nouveaux produits. Il faut cependant s'assurer que les autres activités ne seront pas négligées pour autant (comme le service ou le travail de bureau), car il est impossible de fixer un quota sur les moindres tâches.

- **Les quotas permettent d'évaluer le rendement du représentant.** Bien qu'ils ne soient pas les seuls guides à considérer lors de l'évaluation du représentant, ils constituent un point de référence équitable. Les raisons pour lesquelles un représentant n'atteindrait pas son quota sont nombreuses et peuvent même échapper à sa volonté. Cependant, les quotas pourront indiquer clairement aux directeurs des ventes la présence d'un problème potentiel. On peut, par surcroît, se servir des quotas pour évaluer les équipes de vente par territoires. La direction nationale des ventes évaluera la performance des directeurs des ventes à travers le Canada, par provinces, par exemple, ce qui lui permettra de porter un jugement et de mettre en place les correctifs qui s'imposent. Notons que la comparaison des résultats avec les quotas peut avoir une incidence sur la rémunération. Ainsi, la plupart des entreprises donnent des primes pour le dépassement du quota (ou d'un certain pourcentage du quota).

Par ailleurs, pour soutenir efficacement l'évaluation du représentant, les quotas doivent être **réalisables**, **compréhensibles** et **complets**. Voyons chacun de ces attributs.

- **Les quotas doivent être réalisables.** Des quotas irréalistes suscitent une motivation négative[20] due au stress et risquent de provoquer l'effet contraire à celui souhaité. Des quotas réalisables doivent tenir compte des facteurs personnels propres au représentant de même que du potentiel du territoire ; par conséquent, on ne peut s'attendre à ce qu'un débutant ait le même rendement qu'un représentant expérimenté.

- **Les quotas doivent être compréhensibles.** Ils doivent être suffisamment bien définis de manière à être clairs pour tout le monde. Si l'on fixe un quota de 50 nouveaux clients par mois, fait-on référence à des nouveaux clients du représentant ou de l'entreprise ? Ceux-ci se trouvent-ils à l'intérieur du marché actuel ?

S'agit-il d'anciens clients qui reviendraient à l'entreprise ? Un manque de précision peut prêter à confusion et diriger le représentant vers des cibles non souhaitées.
- **Les quotas doivent être complets.** Idéalement, on devrait fixer un quota sur tous les résultats ou activités qui feront l'objet de l'évaluation. Si l'entreprise considère que l'activité de prospection est capitale pour le succès du jeune représentant et a l'intention de l'évaluer sur le nombre de visites hebdomadaires qu'il fait aux clients potentiels, il serait alors naturel qu'elle lui impose un quota, lequel pourrait être, par exemple, une visite de prospection par jour.

7.4.2 Le processus de fixation des quotas

Il existe trois grandes étapes dans le processus de fixation des quotas : la sélection des types de quotas, la détermination de l'importance relative de chaque type de quotas et la détermination du niveau des quotas.

La sélection des types de quotas

En premier lieu, le directeur des ventes doit savoir sur quoi exactement il entendra fixer les quotas. Idéalement, les quotas devraient porter sur des activités ou des résultats qui seront considérés lors de l'évaluation de l'équipe de vente. Il existe plusieurs types de quotas, soit les quotas de volume des ventes, les quotas d'activités, les quotas financiers et les objectifs de perfectionnement professionnel. L'encadré 7.1 donne une liste des principaux quotas utilisés. Il n'est pas nécessaire de tous les employer ; cela dépend de la philosophie de l'entreprise, de la direction qu'elle désire donner à son équipe de vente et de ses objectifs de vente.

ENCADRÉ 7.1

Principaux types de quotas

1. Quotas de volume des ventes
    - en dollars
    - en unités
    - en points
    - par ligne de produits
    - par catégorie de clients

2. Quotas d'activités
    - nouvelles visites
    - nouveaux clients potentiels
    - nouveaux comptes
    - visites d'anciens clients
    - lettre d'introduction aux clients potentiels
    - comptes réactivés
    - entrevues de vente
    - démonstrations
    - temps par visite
    - étalages montés
    - visites de service
    - propositions de prix
    - réunions de détaillants
    - recouvrement des comptes en souffrance
    - enquêtes et études
    - rapports
    - réunions de vente
    - congrès, expositions

3. Quotas financiers
    - dépenses (totales ou segmentées)
    - marge brute (totale ou par catégorie de clients)
    - contribution marginale (totale ou par catégorie de clients)
    - profit net (total ou par catégorie de clients)

4. Objectifs de perfectionnement professionnel
    - habileté à la vente et aptitudes
    - planification
    - attitudes
    - ambition

- **Les quotas de volume de ventes.** Ce sont les plus utilisés. Cela s'explique aisément par le fait qu'ils renvoient aux résultats quantitatifs à atteindre. Cependant, s'ils sont la base de tout plan de quotas, une approche uniquement axée sur les résultats est un peu simpliste, car il faut tout de même considérer la façon dont le représentant s'y est pris pour atteindre ces résultats. Les quotas de volume des ventes revêtent deux formes :
  - Ils s'expriment d'abord en **unités monétaires**. Cette forme de quotas est la plus directe, car elle permet à l'entreprise d'exercer un contrôle sur la productivité et la rentabilité du représentant. Cependant, l'entreprise perd alors le contrôle sur la quantité de chaque produit vendu. Ainsi, un représentant pourrait être tenté de vendre une faible quantité de produits coûteux et de négliger les produits bas de gamme ou les petites ventes.
  - Par ailleurs, les quotas exprimés en **unités physiques** permettent d'orienter le travail de vente vers les différents produits, gammes de produits ou clients. On incite le représentant à vendre un minimum d'unités et à s'intéresser à tous ses clients. Le problème est qu'il pourrait alors désirer augmenter le volume d'unités en diminuant le prix des produits, notamment en donnant toujours le maximum d'escomptes ; conséquemment, il réduirait la marge de profit.

  Une solution aux problèmes engendrés par ces deux types de quotas consiste à fixer parallèlement un quota de volume en unités monétaires et un autre en unités physiques. De cette façon, les deux quotas pourraient être ventilés par segment, pour une meilleure appréciation du travail du représentant.

- **Les quotas d'activités.** Ils permettent d'orienter le représentant vers des activités qui favoriseront la vente. Ils impliquent une vision à long terme, selon laquelle le directeur des ventes sait exactement quelles activités sont en cours et dans quelle mesure on doit les pratiquer pour obtenir des résultats. Ce type de quotas est particulièrement intéressant pour les nouveaux venus, à qui on doit montrer une méthode de travail qui les aidera à obtenir du succès. Les quotas d'activités sont souvent basés sur l'expérience de l'entreprise, de l'industrie ou du directeur. On peut, par exemple, inciter les représentants à effectuer 100 appels téléphoniques par semaine à autant de clients potentiels afin d'obtenir un rendez-vous si on sait par expérience que, sur ces 100 clients, 10 accepteront la rencontre et 1 vente sera réalisée. Un quota de 50 nouveaux clients par année pourrait donc être appuyé par un quota d'activités de 100 appels téléphoniques par semaine à des clients éventuels. On trouve une liste exhaustive des quotas d'activités dans l'encadré 7.1.

- **Les quotas financiers.** Ils permettent au gestionnaire d'exercer un contrôle sur des questions d'ordre financier. En imposant au représentant une marge brute minimale, on le motive à atteindre une certaine rentabilité. De cette façon, il vendra une quantité minimale de produits ayant une marge élevée (plus difficiles à vendre) ou il veillera à accorder des escomptes modérés aux clients. Le gestionnaire amènera aussi le représentant à limiter ses frais de déplacement. Le profit net est un critère intéressant, car il combine le quota de la marge brute avec celui des dépenses. Pour vendre un produit ayant une marge élevée, le représentant peut être tenté d'engager des dépenses excessives en se rendant trop souvent chez le client. Il peut alors être tenu de contribuer à l'obtention du profit net. Pour affiner la gestion, on peut ventiler tous ces quotas par segment.

- **Les objectifs de perfectionnement professionnel.** Ils ne sont pas faciles à établir, car ils mettent en jeu des considérations qualitatives. Le directeur des ventes est en mesure d'exiger du représentant un minimum d'attention au développement de sa carrière. En effet, ce dernier doit avoir une perspective à long terme. Il n'est pas représentant pour un an, mais idéalement pour une bonne partie de sa carrière. Il doit donc partager cette philosophie, et l'entreprise peut l'aider en ce sens. La carrière de représentant exige un engagement personnel, et le directeur des ventes a le devoir, pour l'entreprise et pour le représentant, de veiller à ce que toute l'équipe de vente participe à ce processus.

La détermination de l'importance relative de chaque type de quotas

Une fois qu'elle a arrêté son choix quant aux types de quotas à utiliser, la direction des ventes devra répondre à la question suivante : est-ce que tous les quotas ont la même importance ? La réponse est non. Ainsi, le quota du volume monétaire des ventes est plus important que celui du nombre de clients potentiels auxquels on a envoyé une lettre, car, même si la fin ne justifie pas nécessairement les moyens, on exigera toujours des résultats concluants. Le tableau 7.3 présente une façon d'utiliser plusieurs types de quotas.

TABLEAU 7.3

Comparaison du rendement de deux représentants d'après un plan basé sur plusieurs quotas

F. Marceau	Niveau fixé	Résultats	Pourcentage atteint	Poids	Pourcentage atteint × poids
Volume des ventes (en dollars)	180 000 $	220 000 $	122	5	610
Volume des ventes (en unités)	6 000	7 500	125	1	125
Marge brute	100 000	120 000	120	2	240
Nouveaux clients visités	75	50	67	2	134
Visites de service	100	30	30	1	30
				11	1 139

Rendement de F. Marceau : 1 139 ÷ 11 = 103,5 % du quota général

C. Dupuis	Niveau fixé	Résultats	Pourcentage atteint	Poids	Pourcentage atteint × poids
Volume des ventes (en dollars)	200 000	170 000	85	5	425
Volume des ventes (en unités)	7 000	5 500	79	1	79
Marge brute	130 000	100 000	77	2	154
Nouveaux clients visités	90	155	172	2	344
Visites de service	120	165	137	1	137
				11	1 139

Rendement de C. Dupuis : 1 139 ÷ 11 = 103,5 % du quota général

Comme on le constate, les deux représentants obtiennent des rendements identiques, bien qu'ils s'y soient pris de façon différente pour atteindre ces résultats. La direction des ventes a jugé dans cet exemple que cinq quotas seraient suffisants pour les besoins de l'entreprise ; elle a arrêté son choix sur le volume des ventes (en dollars et en unités), la marge brute, les nouveaux clients visités et les visites de service. Un poids a été attribué à chaque quota. Les raisons de ce choix et de ces poids s'inscrivent dans la philosophie et l'expérience du directeur des ventes. Le quota général est la combinaison de tous les quotas ayant une importance inégale. Faut-il féliciter ces deux représentants pour le dépassement de leur quota général ? Évidemment, mais on doit demander à F. Marceau, qui a obtenu des résultats spectaculaires, de ne pas négliger les activités de prospection et de service. Ce représentant a tendance à travailler à court terme. Quant à C. Dupuis, il devra veiller à accroître les résultats de ses ventes et à diminuer quelque peu ses visites non lucratives. Cette mise au point faite, on peut affirmer que les deux représentants ont servi également les intérêts de l'entreprise.

Soulignons enfin que les poids attribués aux différents quotas peuvent être modifiés selon le nombre d'années d'existence des territoires. Ainsi, dans un territoire nouveau ou qui vient de connaître un afflux exceptionnel de nouveaux clients ou de clients potentiels, on peut accorder une importance relativement supérieure à tous les quotas reliés au développement (le volume des ventes, les visites chez les nouveaux clients, la prospection, etc.). Dans le cas d'un territoire plus vieux dont les besoins sont satisfaits, une importance accrue sera accordée au service et aux dépenses pour le maintien de la clientèle.

La détermination du niveau des quotas

Après avoir déterminé la nature des quotas ainsi que leur importance relative, le gestionnaire doit en fixer le niveau. Cette étape ultime est particulièrement délicate, car on considère le cas de chaque représentant et on lui assigne des objectifs qui lui seront propres. L'encadré 7.2 indique les quatre principales bases de fixation du niveau des quotas ou des objectifs, qui sont reprises dans les paragraphes qui suivent.

- **Le niveau des quotas de volume des ventes.** Il existe plusieurs façons de fixer le niveau des quotas de volume des ventes. Si on dispose de données temporelles, on doit tenter de prévoir les ventes de la prochaine année en s'interrogeant sur leur éventuelle croissance ou décroissance. En se basant sur la prévision des ventes de l'entreprise, on fixe le quota en conséquence. On devra ventiler ce quota par territoires en tenant compte du potentiel des ventes de chacun et de l'indice d'habileté du représentant qui y est affecté. Notons que le quota est rattaché en premier lieu au territoire et que le gestionnaire doit l'assigner au représentant susceptible de réaliser le chiffre d'affaires le plus élevé.

- **Le niveau des quotas d'activités.** Le directeur des ventes doit connaître le travail à accomplir par les représentants pour obtenir un certain niveau de résultats. Ainsi, les rapports sur des activités passées l'informeront sur le nombre d'appels téléphoniques requis pour obtenir un rendez-vous et le nombre d'entrevues de vente nécessaires à la conclusion d'une vente.

ENCADRÉ 7.2

Bases de fixation du niveau des quotas

Bases pour les quotas de volume des ventes
1. Ventes antérieures de l'entreprise et de l'industrie
2. Potentiel des ventes
3. Prévision des ventes

Bases pour les quotas d'activités
1. Objectifs et politiques de l'entreprise et de la gestion des ventes
2. Caractéristiques du territoire, des clients actuels et potentiels et de la concurrence
3. Rapports de ventes
4. Données d'études de marché

Bases pour les quotas financiers
1. Données financières antérieures
2. Budget disponible de la gestion des ventes
3. Profit

Bases pour les objectifs de perfectionnement professionnel
1. Description de tâche
2. Analyses du temps et du travail
3. Buts personnels et professionnels du vendeur ou du gestionnaire

- **Le niveau des quotas financiers.** Ici aussi, l'expérience et le savoir-faire du directeur des ventes entrent en ligne de compte, du fait qu'il connaît les niveaux de marge brute et de profit net idéaux. Il peut être utile de comparer les entreprises de même taille de l'industrie ou encore les différents territoires dans la même organisation. On devra aussi déterminer une assiette de dépenses de déplacement réaliste qui permettra au vendeur de parcourir adéquatement son territoire. D'habitude, c'est lors de l'élaboration des budgets que les objectifs financiers sont déterminés. On pourra fixer les quotas financiers en connaissant le coût des marchandises ainsi que les déplacements que chaque représentant doit effectuer.

- **Le niveau des objectifs de perfectionnement professionnel.** Un représentant doit être motivé pour accomplir efficacement son travail et atteindre les quotas. Le directeur des ventes le secondera en lui imposant certains objectifs de perfectionnement personnel et professionnel. Cela peut se traduire par des cours que le vendeur devra réussir, par un changement d'attitude observable, etc. Ces normes pourront ensuite être considérées lors de l'évaluation.

RÉSUMÉ

Le territoire est l'unité de référence de la gestion des ventes. C'est dans celui-ci qu'on enverra le représentant et c'est en fonction de lui qu'on évaluera le rendement. Le directeur des ventes devra donc s'arrêter sur deux points fondamentaux : déterminer le bon nombre de territoires dotés des bonnes frontières et saisir leur dynamique.

Le potentiel des ventes, la concurrence et les besoins de la clientèle sont des facteurs appelés à varier. Cela peut entraîner des révisions de frontières et des changements d'affectation des représentants. Nous avons donc proposé dans ce chapitre des méthodes rationnelles visant à déterminer le nombre adéquat de territoires et, conséquemment, la taille correspondante de l'équipe de vente. Cette dernière est hétérogène : chaque vendeur a des forces qui lui permettent de produire de meilleurs résultats dans certains territoires ou chez certains clients. Il faut donc s'assurer de l'affectation optimale de l'équipe de vente en assignant à chaque représentant le territoire dans lequel il est susceptible de connaître le meilleur rendement. Nous avons proposé certaines méthodes d'affectation basées sur l'indice d'habileté. Le but de ces démonstrations a surtout été de faire comprendre aux lecteurs l'importance de disposer d'outils adéquats de gestion des territoires.

Les quotas, quant à eux, sont le plus souvent rattachés au territoire, constituant l'ultime mesure du rendement. Toutefois, la gestion des quotas amène elle aussi sa part de problèmes. Outre le choix des quotas les plus pertinents, le gestionnaire devra fixer leur niveau de même que le poids associé à chacun d'eux en tenant compte du territoire, du représentant qui y est affecté et de l'expérience de l'entreprise. De plus, la participation du représentant à l'élaboration de ses quotas est extrêmement importante ; le gestionnaire devrait donc veiller à obtenir cette précieuse collaboration.

QUESTIONS

1. Pourquoi est-il si important de former des territoires ?

2. Quels sont les problèmes associés à un mauvais découpage des territoires ? (Mettez en relation le potentiel des ventes et la charge de travail.)

3. Vous venez d'accéder au poste de directrice ou directeur des ventes de l'entreprise Portes et Fenêtres du Québec inc. On vous demande de mettre en place une équipe de vente par territoires. Le premier problème auquel vous faites face consiste à déterminer le bon nombre de vendeurs que vous répartirez ultérieurement en autant de territoires. Vous obtenez les données suivantes (moyennes) pour cette industrie :

Nombre d'heures travaillées chaque jour	9
Nombre de jours/semaine	5,5
Nombre de semaines de vacances	3
Heures/semaine passées au bureau	12
Heures/semaine de déplacement	20

De plus, la répartition des clients est la suivante pour votre entreprise :

Gros détaillants	54
Détaillants moyens (des entrepreneurs moyens)	178
Petits détaillants (comme les petits entrepreneurs, les quincailleries)	334

Vous savez que le vendeur passe 60 minutes en moyenne chez un gros détaillant, 45 minutes chez un détaillant moyen et 30 minutes chez un petit détaillant. On doit visiter les gros détaillants 20 fois par année, les moyens 10 fois et les petits 2 fois. Quel serait le nombre idéal de vendeurs ?

4. Un gestionnaire des ventes examine la structure des territoires de vente en place depuis plus de cinq ans. Les données suivantes proviennent de l'année en cours :

Territoire	Volume des ventes (en $)	Potentiel des ventes (en $)	Potentiel des ventes (en %)
A	510 000	2 000 000	33,3
B	400 000	1 000 000	16,7
C	410 000	1 200 000	20,0
D	430 000	1 500 000	25,0
E	250 000	300 000	5,0
	2 000 000	6 000 000	100,0

a) Quels devraient être le volume des ventes et la pénétration du marché si ce gestionnaire décide de rediviser le marché en :
   i) 4 territoires ?
   ii) 6 territoires ?
   iii) 20 territoires ?

b) Quelle serait la meilleure solution parmi les trois précédentes si le coût des marchandises vendues était de 50 % du montant des ventes et le coût engendré directement par chaque vendeur (en moyenne), de 50 000 $?

5. Une entreprise a quatre territoires dont le potentiel des ventes, l'indice d'habileté du représentant et ses résultats des ventes sont les suivants :

Territoire	Potentiel des ventes (en $)	Représentant	Indice d'habileté	Ventes obtenues (en $)
A	510 000	1	0,9	459 000
B	500 000	2	1,0	500 000
C	500 000	3	0,7	350 000
D	500 000	4	0,6	300 000

On vous demande de procéder à des ajustements de territoires qui tiendraient compte de l'habileté des représentants et qui seraient susceptibles d'accroître les ventes totales. De combien augmenteraient les ventes ?

6. Une entreprise sert trois catégories de clients (petits, moyens et gros) répartis dans quatre territoires. Le gestionnaire des ventes n'est toutefois pas certain si ses quatre représentants sont affectés aux bons territoires ; il vous demande de procéder à une répartition. On vous soumet l'indice d'habileté par catégorie de clients de chaque représentant et vous décidez de vous baser sur le nombre de clients de chaque catégorie dans chaque territoire pour établir votre analyse. On vous procure l'information suivante :

Territoire	Potentiel des ventes de chaque catégorie de clients			Potentiel des ventes total
	1	2	3	
A	300	0	0	300
B	10	90	25	125
C	30	185	5	220
D	0	5	105	110

Représentant	Indice d'habileté par catégorie de clients			
	1	2	3	
W	0,2	0,7	0,9	
X	0,8	0,6	0,2	
Y	0,7	0,5	0,9	
Z	0,5	0,5	0,5	

7. Après avoir examiné différents rapports de ventes, vous calculez le volume des ventes moyen correspondant au nombre de visites effectuées chez le client moyen (toutes catégories confondues). Vous obtenez la relation suivante :

Nombre de visites	Volume des ventes/client
0	400
1	1 000
2	1 700
3	2 200
4	2 600
5	2 900
6	3 000

Votre représentant moyen sert 50 clients potentiels et peut effectuer 75 visites par mois. Combien de clients le représentant devrait-il visiter mensuellement si on se fie au nombre optimal de visites ? Comment expliquer qu'aucune visite ne rapporte 400 $? Comment expliquer une telle fonction ?

8. Pourquoi les quotas d'activités sont-ils importants ? Devraient-ils l'être autant que les quotas de volume des ventes ? Expliquez.

9. Vous devez, pour la prochaine année, fixer les quotas de vente de vos cinq représentants. Le quota que votre succursale doit atteindre est de 5 000 000 $, ce qui correspond à la prévision des ventes. On vous donne l'information suivante : les ventes passées (par territoire), auxquelles vous attribuez un poids de 0,3, les ventes de cette année (poids de 0,2), le potentiel (poids de 0,5) et l'indice d'habileté de chacun des représentants.

Représentant	Ventes de l'an dernier (en milliers de dollars)	Ventes de cette année (en milliers de dollars)	Potentiel (en milliers de dollars)	Indice d'habileté
A	900	1 200	1 600	1,0
B	450	500	1 900	0,7
C	450	700	1 600	1,2
D	750	1 000	1 900	0,8
E	450	600	1 000	1,3
	3 000	4 000	8 000	

Quels seraient les quotas respectifs des cinq représentants, compte tenu des éléments fournis ci-dessus ? Êtes-vous d'accord avec les poids proposés ? Expliquez.

10. Depuis un an, vous établissez des quotas de trois types par volume des ventes, par visites et par appels téléphoniques afin de mieux superviser vos vendeurs. Toutefois, vous vous rendez vite compte que le quota sur le volume des ventes demeure le plus important et qu'on doit le considérer davantage dans l'évaluation finale. Vous fixez donc les quotas par activités de même que leurs poids respectifs de la façon suivante :

	Quota (en $)	Poids
Volume des ventes	1 000 000	5
Nombre de visites	200	2
Nombre d'appels téléphoniques	1 000	1

Vos deux vendeurs, par ailleurs, présentent les statistiques suivantes pour ces trois activités :

	F. Tremblay	R. Simard
Volume des ventes	1 350 000 $	950 000 $
Nombre de visites	160	300
Nombre d'appels téléphoniques	800	1 400

a) Calculez le dépassement général des quotas de chaque représentant (en pourcentage).
b) Faites une brève analyse de la situation à la lumière de cette information en considérant chaque vendeur individuellement, puis en comparant les vendeurs entre eux.
c) Pourquoi utilise-t-on plusieurs types de quotas ?

ATELIERS

1. Rencontrez un directeur des ventes d'un secteur industriel et demandez-lui de vous présenter sa stratégie de gestion de territoires. Par la suite, déterminez les avantages et les inconvénients de celle-ci et formulez vos recommandations visant l'amélioration de l'efficacité de l'équipe de vente.

2. Contactez deux représentants, l'un au niveau du commerce de détail et l'autre au niveau industriel, et demandez-leur de vous présenter leur programme de quotas. Comparez les deux programmes et formulez vos critiques et vos recommandations visant à améliorer la participation à l'atteinte des quotas de vente dans chacune des organisations.

3. Demandez à un représentant de vous présenter sa couverture de territoires. À partir de ces renseignements, faites un résumé et une analyse critique de celle-ci.

4. Une nouvelle entreprise a vu le jour voilà cinq ans dans le domaine des meubles destinés au secteur des soins de santé. Établissez votre scénario d'entreprise (taille, objectifs, etc.), puis élaborez votre stratégie de gestion de territoires et justifiez-la.

NOTES

1. SMITH, K., E. JONES et E. BLAIR. « Managing salesperson motivation in a territory realignment ». *Journal of Personal Selling and Sales Management*, vol. 20, n° 4 (automne 2000), p. 215-227.

    GRANT, K. *et al.* « The role of satisfaction with design on the motivation, attitudes, and work outcomes on salespeople ». *Academy of Marketing Science Journal*, vol. 29, n° 2 (printemps 2001), p. 165-179.

    BALDAUF, A. et D.W. CRAVENS. « Improving the effectiveness of field sales organizations ». *Industrial Marketing Management*, vol. 28, n° 1 (janvier 1999), p. 63-72.

2. GRANT *et al.* 2001. *Ibid.*

3. SINHA, P. et A. ZOLTNERS. « Sales-force decision models: insights from 25 years of implementation ». *Interfaces*, vol. 31, n° 3 (mai/juin 2001), p. 12.

4. BABAKUS, E. *et al.* « Investigating the relationship among sales management control, sales territory design, salesperson performance and sales organization effectiveness ». *International Journal in Marketing*, vol. 13, n° 4, 1996, p. 345-363.

5. PIERCY, N., D.W. CRAVENS et N.A. MORGAN. « Relationship between sales management control, territory design, salesforce performance and sales organization effectiveness ». *British Journal of Management*, n° 10, 1999, p. 95-111.

6. BALDAUF, A., D.W. CRAVENS et N.F. PIERCY. « Examining business strategy, sales management, and salesperson antecedents of sales organization effectiveness ». *Journal of Personal Selling and Sales Management*, vol. 21, n° 2, 2001, p. 109-123.

7. BARKER, T.A. « Salespeople characteristics, sales manager's activities and territory design as antecedents of sales organization performance ». *Marketing Intelligence and Planning*, vol. 19, n° 1, 2001, p. 12.

8. GRUNERT, K.G. *et al.* « Market orientation of value chains: a conceptual framework based on four case studies from the food industry ». *European Journal of Marketing*, vol. 39, n° 5/6, 2005, p. 428-455.

    ZHAO, Y. et T.S. CAVUSGIL. « The effect of supplier's market orientation on manufacture's trust ». *Industrial Marketing Management*, vol. 35, n° 4 (mai 2006), p. 405-414.

    SANZO, M.J. *et al.* « The effect of market orientation on buyer-seller relationship satisfaction ». *Industrial Marketing Management*, vol. 32, n° 4 (mai 2002), p. 327-345.

    BLESA, A. ET E. BIGNÉ. « The effect of market orientation on dependence and satisfaction in dyadic relationships ». *Marketing Intelligence & Planning*, vol. 23, n° 2/3, 2005, p. 249-266.

9. SINHA et ZOLTNERS. 2001. *Ibid.*

10. SMITH, JONES et BLAIR. 2000. *Ibid.*

    GRANT *et al.* 2001. *Ibid.*

    BALDAUF et CRAVENS. 1999. *Ibid.*

11. DARMON, R.Y. « Optimal salesforce quota plans under salesperson job equity constraints ». *Canadian Journal of Administrative Sciences*, vol. 18, n° 2 (juin 2001), p. 87-101.

12. SINHA et ZOLTNERS. 2001. *Ibid.*

13. ZOLTNERS, A. et S.E. LORIMER. « Sales territory alignment: an overlooked productivity tool ». *Journal of Personal Selling and Sales Management*, vol. 20, n° 3 (été 2000), p. 139-151.

14. HESS, S.W. et S.A. SAMUELS. « Experiences with a sales districting model: Criteria and implementation ». *Management Science*, vol. 18, n° 4, partie II, décembre 1971, p. 54.

15. DARMON, R.Y. « Joint assessment of optimal sales force sizes and sales call guidelines: a management-oriented tool ». *Canadian Journal of Administrative Sciences*, vol. 22, n° 3 (septembre 2005), p. 206-219.

16. DARMON, R.Y. «Selecting appropriate sales quota plan structures and quota-setting procedures». *Journal of Personal Selling and Sales Management*, vol. 17, n° 1 (hiver 1997), p. 1-17.

17. ALLEN, S. «Setting goals to increase productivity and increase your sales». *The American Salesman*, vol. 51, n° 9 (septembre 2006), p. 8-14.

18. CHOWDHURY, J. «The motivational impact of sales quotas on effort». *Journal of Marketing Research*, vol. 30, n° 1, 1993, p. 28-41.

19. SCHWEPKER Jr, C.H. et D.J. GOOD. «The impact of sales quotas on moral judgment in the financial services industry». *The Journal of Services Marketing*, vol. 13, n° 1, 1999, p. 38.

GOOD, D.J. et C.H. SCHWEPKER. «Sales quotas: critical interpretations and implication». *Review of Business*, vol. 22, n° 1/2 (printemps 2001), p. 32-37.

20. SCHWEPKER Jr, C.H. et D.J. GOOD. «Understanding sales quotas: an exploratory investigation of consequences of failure». *Journal of Business and Industrial Marketing*, vol. 19, n° 1, 2004, p. 39.

CHAPITRE 8

La gestion de la rémunération

OBJECTIFS

Après l'étude de ce chapitre, vous devriez pouvoir :

- connaître les objectifs et les enjeux rattachés à la rémunération ;
- connaître les étapes propres à l'élaboration d'un plan de rémunération ;
- savoir élaborer un plan de rémunération ;
- choisir les composantes les plus appropriées d'un plan de rémunération ;
- savoir intégrer les incitatifs d'ordre non financier au plan de rémunération ;
- savoir évaluer la qualité d'un plan de rémunération.

INTRODUCTION

« Chaque année, les représentants régionaux performants de la compagnie Morrison se voient accorder un voyage avec les dirigeants de l'entreprise vers une destination internationale intéressante. La compagnie est reconnue pour offrir un séjour dans un hôtel de luxe aux gagnants et à leurs conjoints ou conjointes et payer l'ensemble des dépenses associées à leur séjour. Cette offre de voyage est un incitatif attrayant lorsque vient le temps pour la compagnie de recruter de nouveaux talents. Le problème est que les conditions imposées par la haute direction pour décrocher le voyage sont très exigeantes, ce qui a pour effet de démotiver les troupes. Les gagnants n'ont le choix ni des dates ni de la destination finale du voyage, et si des priorités liées au travail surgissent au moment où le voyage devrait avoir lieu, il est entendu de façon implicite que l'employé doit les traiter d'abord, au détriment du voyage. Ces éléments font en sorte que seuls 70 % des représentants qui ont gagné le voyage profitent de leur prix.

« Le gestionnaire des ventes régionales, Brian Lawrence, entend souvent des critiques de son équipe de vente selon lesquelles le voyage n'est pas la carotte qu'elle serait censée être. Lawrence comprend ces préoccupations, mais la direction estime que les plaintes n'émanent que d'une minorité de représentants et sont sans intérêt. La compagnie Morrison excède régulièrement ses quotas de vente, si bien qu'elle ne ressent pas le besoin de modifier son programme. Lawrence, par contre, est convaincu que si des changements étaient apportés à son programme actuel, les ventes seraient encore meilleures qu'elles ne le sont déjà […].

« Lawrence devrait-il continuer à chercher à convaincre la direction de changer de programme de rémunération ? Comment peut-il lui démontrer l'importance de modifier la formule en place ? Devrait-il appliquer le programme à un niveau individuel dans son équipe de vente pour conserver une motivation élevée au sein de son équipe ? Y a-t-il une autre solution ? Que devrait faire Lawrence pour attirer l'attention de la direction ?[1] »

Les questions que soulève Lawrence sont importantes, car elles remettent en question la façon de rétribuer les représentants. Ainsi, pour être en mesure de répondre à de telles questions, on doit comprendre l'importance de la rémunération et apprendre à en dresser le plan. Pour ce faire, il faut d'abord saisir quels sont les objectifs liés à la rémunération.

8.1 Les objectifs de la rémunération

Rémunérer son équipe de vente à sa juste valeur et de façon équitable est une activité fondamentale pour l'entreprise qui désire se constituer une équipe motivée, impliquée dans son travail et fidèle à son employeur. Sans rémunération adéquate, les représentants perdront la motivation qui les anime, seront peu enclins à fournir les efforts nécessaires à la vente et seront rapidement tentés de quitter leur employeur pour offrir leurs services auprès d'organisations qui sauront reconnaître leur valeur.

La rémunération de l'employé, quant à son montant et à sa forme, constitue donc un enjeu majeur pour l'entreprise. Cette dernière doit en conséquence adopter un plan de rémunération qui soit **simple**, **équitable** et **efficace**. Un plan simple est facilement compris de tous, communiqué adéquatement et mis en place rapidement. Un plan équitable entraîne l'adhésion des représentants à sa formulation. Enfin, un plan efficace traduit correctement la stratégie de l'entreprise en actions, en ce sens que des représentants bien rémunérés seront davantage productifs. Un plan de rémunération n'est pas le fruit du hasard, mais résulte d'étapes successives propres à sa conception.

8.2 Les étapes du plan de rémunération

Six étapes sont requises pour élaborer un plan de rémunération. Ces étapes, synthétisées dans la figure 8.1, regroupent des activités préliminaires et des activités cruciales. Font partie des activités préliminaires la révision de la description du poste, la détermination des objectifs à atteindre et l'établissement du montant à octroyer pour la rémunération du poste analysé. Les activités cruciales, de leur côté, intègrent la connaissance des composantes du plan, l'arrimage des objectifs poursuivis aux composantes les plus efficaces de la rémunération et l'implantation du plan. Le succès d'un plan dépend notamment du sérieux avec lequel les étapes ont été suivies et du respect de leur ordre séquentiel.

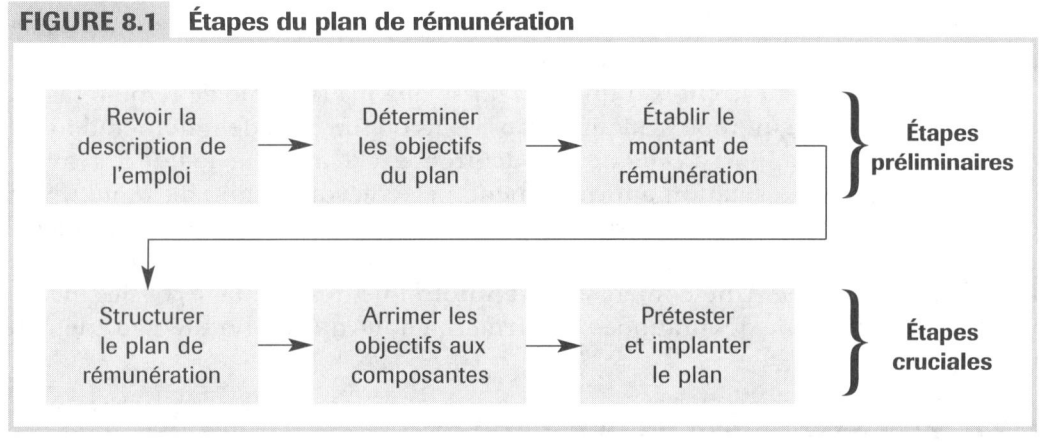

FIGURE 8.1 Étapes du plan de rémunération

Revoir la description de l'emploi → Déterminer les objectifs du plan → Établir le montant de rémunération } **Étapes préliminaires**

Structurer le plan de rémunération → Arrimer les objectifs aux composantes → Prétester et implanter le plan } **Étapes cruciales**

Source: Adapté de Spiro, R.L., W.J. Stanton et G.A. Rich. *Management of a Sales Force*, 8ᵉ éd. Boston, McGraw-Hill/Irwin, 2003, p. 256.

8.2.1 Revoir la description de l'emploi

L'établissement du plan débute par une révision du poste à pourvoir. La description du poste à pourvoir est utile, car elle permet de déterminer les habiletés requises et d'évaluer la difficulté du travail à réaliser. Dans le cas d'un renouvellement de contrat ou d'une réévaluation de poste, on annexera une liste des activités additionnelles ou distinctes à la liste des activités de base afin de les évaluer. Pour chaque activité, il est important de noter son degré de complexité et le temps requis pour la réaliser (*voir la section 5.2 du chapitre 5*).

8.2.2 Déterminer les objectifs du plan de rémunération

Les objectifs du plan de rémunération sont ensuite énumérés. Par exemple, l'entreprise déterminera que le représentant devra :
- maintenir sa présence auprès des clients actuels ;
- augmenter le chiffre d'affaires de 10 % auprès de la clientèle institutionnelle ;
- augmenter de 20 % le démarchage auprès d'une clientèle privée ;
- augmenter de 5 % la vente du produit x ;
- augmenter le taux de satisfaction de la clientèle actuelle.

Ainsi, le découpage des objectifs poursuivis permet de sélectionner la méthode de rémunération la plus appropriée pour le représentant selon le poste qui lui est assigné (*voir la section 5.2 du chapitre 5*).

8.2.3 Établir le montant à octroyer en rémunération

À cette dernière étape préliminaire, l'employeur établit le montant total qu'il prévoit consacrer à ce poste selon les différentes fonctions qui y sont rattachées. Afin de ne pas payer « au-delà » ou « en deçà » de ce que le marché offre, il doit connaître les pratiques de rémunération adoptées par la concurrence. Il peut aussi consulter les études portant sur le salaire moyen ou médian des représentants d'un secteur d'activité ou d'une industrie spécifique. Ces points de repère lui permettent d'offrir une rémunération financière équivalant à ce qui est pratiqué dans le secteur où il évolue.

À partir du moment où le montant total de la rémunération est fixé, le responsable en détermine les composantes. À ce chapitre, les pratiques des concurrents vont directement influer sur le choix d'une entreprise quant à la forme de rémunération qu'elle va proposer à un représentant[2]. Dans le cas où son plan de rémunération est désavantageux par rapport à celui de la concurrence, elle aura vite fait de le réaliser en raison du taux de rotation anormalement élevé de son équipe de vente. Il est donc recommandé au gestionnaire de toujours s'assurer que le plan de rémunération proposé cadre avec les pratiques en usage dans l'industrie concernée pour une fonction donnée. Une connaissance approfondie des avantages et des inconvénients liés à chacune des pratiques lui permettra donc d'élaborer un plan adéquat de rémunération.

8.2.4 Structurer le plan de rémunération

Il a été démontré que plus la rémunération totale des représentants est élevée, plus ils se montrent fidèles envers leur employeur et satisfaits du soutien qu'il offre et de la politique qu'il met de l'avant. Des études indiquent également que plus leurs revenus annuels sont élevés, moins ils estiment vivre de conflits dans leur rôle et moins ils sont enclins à vouloir quitter leur employeur. Ces tendances ne semblent pas dépendre de la formule de leur rémunération (par exemple, salaire fixe versus salaire à commission), mais bien du montant total de rémunération associé à leurs fonctions[3].

Cela constitue une excellente nouvelle pour le gestionnaire, à qui il incombe de décider de la répartition du montant total de rémunération qu'il prévoit octroyer à un poste spécifique selon les composantes de son plan. Pour effectuer cette répartition, il doit tenir compte de l'ensemble des retombées financières et non financières associées à chacune des trois composantes du plan de rémunération : la partie fixe ou « rassurante » du salaire, la partie variable du salaire découlant de divers incitatifs tels que les commissions, les primes au rendement et les concours et, enfin, les avantages distinctifs de l'offre.

Le salaire fixe

Un plan de rémunération qui repose exclusivement sur un salaire fixe signifie qu'un représentant est rémunéré selon un taux horaire prédéfini sur une base horaire, périodique ou mensuelle. Ce type de rémunération est conseillé dans plusieurs contextes (*voir le tableau 8.1*).

TABLEAU 8.1
Facteurs favorables à une base salariale fixe

	Rôle suggéré de salaire dans la littérature
Difficulté d'évaluer la performance	+
✓ Besoins de coordonner les efforts des représentants (équipe de vente)	+
✓ Complexité de la tâche de travail	+
✓ Importance des activités non liées à la tâche	+
✓ Volume de vente «missionnaire»	+
✓ Horizon temporel pour concrétiser une vente	+
Effet de l'effort de vente sur les ventes	−
✓ Besoins en information des clients (importance de la vente personnelle versus publicité)	−
✓ Réputation de la compagnie	+
✓ Degré de supériorité et de différenciation des produits	+
✓ Niveau de développement du territoire	+
Taille de l'équipe de vente	+
Incertitude et risque des représentants	+
✓ Expérience du représentant	−
✓ Maturité des produits	−
✓ Volume de prospection	+
✓ Volatilité des ventes	+
✓ Difficulté de remplacer un représentant	+/−
✓ Aversion au risque des représentants	+
Intérêt à instaurer une orientation à long terme	+

Source : John, G. et B. Weitz. «Salesforce compensation : an empirical investigation of factors related to use of salary versus incentive compensation». *Journal of Marketing Research*, vol. 26 (février 1989), p. 1-14.

Les conditions qui sont favorables à l'octroi d'un plan de rémunération où la partie fixe domine sont les suivantes.

La difficulté d'évaluer la performance

Lorsque le résultat découle d'un travail d'équipe, il devient difficile d'évaluer la contribution de chacun des membres de l'équipe à l'atteinte de la performance globale. Dans un tel contexte, une rémunération basée sur un salaire fixe est privilégiée.

De même, lorsque la tâche de travail est complexe ou que les tâches de la fonction ne sont pas directement rattachées à la représentation comme telle, il est important de prévoir une rémunération incluant une base de salaire fixe importante sinon exclusive. C'est notamment le cas des représentants missionnaires évoluant dans le domaine pharmaceutique, par exemple. Leur fonction principale est de prêcher la bonne parole auprès des médecins, mais ce ne sont pas eux les preneurs de commandes.

Finalement, un salaire fixe est privilégié lorsque les tâches assignées à un représentant n'auront pas de retombées concrètes rapides en raison du long horizon temporel requis pour établir une vente [4]. Par exemple, certains produits industriels complexes tels que les avions présentent un cycle de vente très long. Dans de tels cas, le temps requis et l'effort à investir avant qu'une vente ne se concrétise justifient une rémunération entièrement à base fixe ou à base fixe importante, à laquelle s'ajoute un taux de commission relativement minime.

Inversement, lorsque le produit à commercialiser tend à se vendre sur une base plus régulière et sans qu'un investissement important en temps et en efforts de vente soit nécessaire de la part du représentant, la partie fixe prévue par le plan de rémunération est faible ou nulle. Par contre, la partie variable (c'est-à-dire la commission dégagée d'une vente) est importante. C'est le cas, par exemple, des plans de rémunération qui s'appliquent aux vendeurs de voitures d'occasion.

L'effet de l'effort de vente sur les ventes

Un plan de rémunération ayant une base fixe importante est conseillé lorsque les ventes résultent davantage des efforts de communication réalisés par l'entreprise, de sa réputation ou de la qualité de ses produits que de l'effort de ses représentants. Lorsque les comportements requis pour un type de fonction sont très spécifiques, l'entreprise est en mesure d'évaluer avec exactitude la contribution du représentant, et un salaire fixe permet alors de rémunérer son travail à sa pleine valeur [5].

Inversement, lorsque des efforts importants doivent être déployés par les représentants pour atteindre certains objectifs de vente ou lorsque le territoire est sous-exploité, il est déconseillé d'offrir une rémunération basée exclusivement sur une base fixe, car cela n'encourage pas le représentant à se surpasser et à développer le plein potentiel de son territoire.

La taille de l'équipe de vente

Lorsque le nombre de représentants d'une entreprise est en augmentation, le nombre de supérieurs qui les encadrent tend également à augmenter selon un ratio qui est propre à chaque entreprise. Ces supérieurs exécutant des tâches d'encadrement et de supervision sont rémunérés par un salaire à dominante fixe. Ainsi, la part fixe de la masse salariale du Service des ventes croît proportionnellement à l'augmentation du nombre de représentants de l'équipe de vente.

L'incertitude et le risque du représentant

Plus l'environnement dans lequel évoluent les représentants est incertain, plus un salaire fixe est adapté à la situation. Cela est vrai, notamment, lorsque les représentants font face à un marché très volatil découlant d'un environnement économique instable, qui ne leur assure aucunement d'atteindre leurs objectifs. De même, lorsque le marché est soumis à des effets de saisonnalité, une rémunération à dominante fixe aidera le représentant à composer avec les variations importantes pouvant survenir d'un mois à l'autre.

L'inexpérience du représentant et la méconnaissance des produits ou des marchés

On constate aussi qu'il est préférable d'attribuer un salaire fixe aux représentants peu expérimentés, à ceux qui doivent vendre des produits totalement nouveaux ou à ceux qui doivent s'attaquer à de nouveaux marchés. Ainsi, ils pourront mieux se consacrer à l'acquisition des compétences requises pour réaliser plus efficacement leurs tâches. Les représentants qui n'aiment pas prendre des risques sont également plus à l'aise avec une rémunération basée sur un salaire fixe.

Les désirs des représentants « clés »

Lorsqu'un représentant occupe une position centrale dans l'équipe ou dans l'entreprise, notamment par sa relation privilégiée avec les clients, certains estiment qu'une rémunération fixe est adéquate, car il devient difficile de le remplacer facilement. D'autres, au contraire, pensent que les représentants les plus expérimentés et les plus performants privilégient des plans de rémunération mixte accordant peu de place au salaire fixe. Selon eux, ces représentants ne sont pas lésés par ce mode de rémunération, en raison de leur aptitude à trouver des occasions de marché intéressantes et fortement lucratives. Un plan salarial valorisant une prédominance fixe ne serait pas en mesure de leur procurer d'aussi bons revenus[6]. Le gestionnaire doit donc connaître les attentes des représentants clés de son équipe afin de leur offrir un plan de rémunération qui cadre avec leurs attentes et réduire ainsi le risque qu'ils quittent l'entreprise.

La volonté d'établir des relations à long terme avec les clients

Lorsqu'elle valorise l'instauration d'une relation à long terme avec ses clients, une entreprise a intérêt à privilégier un salaire fixe pour ses représentants. En effet, ce type de rémunération encourage une façon d'agir adéquate, dans le respect des règles de l'éthique et dans le cadre des objectifs de relations de qualité à long terme avec les clients.

Les incitatifs

Le salaire variable résulte d'une série d'incitatifs intégrés au plan de rémunération. Ces incitatifs peuvent prendre différentes formes et ne sont pas nécessairement et systématiquement octroyés par l'employeur. Le représentant y aura droit selon ses résultats. Les incitatifs, qui constituent la partie variable de la rémunération, sont la commission, la prime au rendement et les concours.

La commission

Un plan de rémunération établi uniquement à partir d'une commission prévoit que la rétribution du représentant découlera directement de sa productivité. Sa rémunération sera équivalente à un pourcentage (ou taux de commission) de ce qu'il aura accompli selon la base sur laquelle il aura été évalué. Si le chiffre d'affaires est la base d'évaluation retenue et qu'un taux de commission de 7 % s'applique, le représentant touchera l'équivalent de 7 % des ventes qu'il aura conclues. Les taux de commission appliqués peuvent varier selon les catégories de produits à représenter, les territoires à occuper et le type de clientèle à desservir. Ils sont généralement plus élevés dans les cas suivants :

- un produit est difficile à vendre comparativement à celui qui se vend « tout seul » ;
- une entreprise cherche à « pousser un produit », c'est-à-dire qu'elle désire introduire un produit ou une ligne de produits sur un territoire donné ;
- une entreprise veut inciter les représentants à vendre ses produits les plus lucratifs, c'est-à-dire ceux qui dégagent les marges bénéficiaires les plus importantes.

Le taux établi peut varier selon les situations. Un taux **progressif** signifie qu'un taux prévaudra jusqu'à un certain seuil de ventes, après quoi il augmentera de valeur. Ce type de taux incite le représentant à consacrer de plus en plus d'énergie dans la vente d'un produit, car plus il arrive à augmenter son chiffre d'affaires, plus il s'en trouve récompensé. Inversement, un taux **dégressif** signifie qu'au-delà d'un certain seuil le taux de commission diminuera. Le représentant sera alors à même de savoir qu'un effort accru de représentation de ce produit générera un effet décroissant sur sa rémunération.

Un taux de commission peut donc être fixe ou variable, progressif ou régressif. Il peut aussi s'appliquer par tranches de chiffre d'affaires dégagé ou pour la totalité du chiffre d'affaires qu'un représentant a réalisé sur une période donnée. Dans ce dernier cas, il n'existe pas de plafonnement, la rémunération dégagée étant directement proportionnelle à l'effort déployé.

Une vente se concrétise lorsqu'il y a une entente entre les parties. Cette entente constitue le préalable des règles qui s'appliqueront pour la rémunération des représentants. On comprend dès lors l'importance de fixer des balises claires sur ce qu'il est convenu de traiter comme une vente. Elles permettront d'éviter bien des situations irrégulières, par exemple que le représentant ajoute une commande à venir dans le calcul de ce qu'il a produit sur une période donnée afin de bénéficier d'un taux progressif de commission ; ou à l'inverse qu'il décale une vente et l'assigne à une période subséquente pour profiter pleinement d'un taux de commission dégressif.

De même, les retours de marchandises et les changements dans les volumes des commandes passées doivent être intégrés dans l'établissement du volume de ventes réalisées sur une période donnée afin de ne pas pénaliser ou au contraire avantager le représentant. Ainsi, dans le secteur des ventes d'automobiles usagées, par exemple, une vente ne sera considérée comme conclue qu'à partir du moment où le client ayant besoin d'une approbation de crédit se la verra accordée. Si sa demande de crédit est rejetée, la vente est considérée comme nulle et non avenue, ce qui signifie que le représentant envers qui le client s'est engagé ne sera nullement rémunéré pour le travail réalisé.

La prime au rendement

Une prime au rendement est une « rétribution établie à la discrétion de la direction pour avoir atteint ou dépassé un certain niveau de performance sur des objectifs spécifiques[7] ». Ces objectifs sont soit de nature quantitative (nombre d'appels enregistrés, nombre de nouveaux clients dans le portefeuille, par exemple) ou de nature qualitative (par exemple la qualité des appels passés, la qualité du suivi fait auprès des clients). La prime au rendement est une forme de rémunération qui peut s'ajouter à une commission ou la remplacer. Elle peut prendre différentes formes : matérielle d'ordre pécuniaire (argent), matérielle d'ordre physique (par exemple des bons d'échange pour des produits tangibles) ou immatérielle (voyage, par exemple). Utilisée en complément du plan de rémunération de base, la prime vise à motiver les représentants à dépasser certains seuils de performance établis par les quotas. La valeur de la prime est souvent associée à l'écart qui sépare le quota de son excédent. Plus cet écart est important, plus la prime qui en découle est avantageuse. Les primes sont généralement attribuées aux représentants qui se démarquent.

Une étude récente décrit les pratiques liées à l'utilisation de la prime au rendement dans les entreprises.

La prime au rendement est un incitatif très populaire :
- près de 37 % des entreprises font exclusivement appel à la prime à titre d'incitatif pour valoriser le travail de leurs représentants ;
- d'autres entreprises la retiennent comme incitatif en sus d'un système de rémunération basé sur la commission ;
- au total, près de 72 % des entreprises y ont recours[8].

Les pratiques de versement de la prime au rendement varient selon les entreprises :
- un versement annuel de la prime est de mise dans 43 % des entreprises ;
- 11 % des entreprises préfèrent l'allouer à raison de deux fois l'an ;
- 32 % des entreprises valorisent un versement tous les quatre mois ;
- 15 % des entreprises octroient une prime sur une base mensuelle.

Paradoxalement, les représentants préfèrent recevoir une prime annuelle plutôt qu'une prime mensuelle ou trimestrielle.

La prime au rendement représente un montant substantiel de la rémunération d'un représentant :
- le pourcentage de la rémunération octroyé à cet incitatif peut équivaloir à 2 % à 33 % du revenu total du représentant ;
- la valeur moyenne de la prime fluctue selon la performance des représentants. Elle équivaut à 11 % du salaire des moins performants et à 16 % pour les candidats les plus efficaces.

Les critères retenus pour établir le montant de la prime au rendement sont multiples :
- généralement, les entreprises s'en tiennent à deux ou trois critères pour établir le montant de la prime à octroyer (*voir le tableau 8.2*) ;
- les critères quantitatifs associés à l'atteinte de résultats quantifiés sont souvent privilégiés ;
- un pourcentage non négligeable d'entreprises retient également des critères qui encouragent le développement du portefeuille de clients ;
- certaines entreprises désirent aussi encourager la gestion plus efficace des dépenses engagées par les représentants ;
- certaines entreprises cherchent à s'assurer que leurs représentants fidélisent la clientèle ou mettent l'accent sur la satisfaction des clients.

TABLEAU 8.2

Critères utilisés pour déterminer le montant de la prime au rendement

Critère	Pourcentage des entreprises utilisant ce critère dans la détermination du montant de la prime
Ventes atteintes relativement au quota fixé	76
Profitabilité de la division	38
Ventes à de nouveaux clients	34
Ventes de nouveaux produits	26
Contrôle des dépenses de vente	23
Rétention de comptes	16
Satisfaction de la clientèle	15

Source: Joseph, K. et M.U. Kalwani. «The role of bonus play in salesforce compensation plans». *Industrial Marketing Management*, vol. 27, 1998, p. 151.

Ainsi, si l'unité d'évaluation retenue est la satisfaction des clients, la prime dégagée découle du prorata de satisfaction de la clientèle pour le service qu'elle a reçu de la part du représentant[9].

Les concours

Les concours constituent des incitatifs établis sur des périodes relativement courtes, en vue d'entraîner chez les représentants un effort accru dans l'atteinte d'un objectif spécifique prédéterminé tel que de recruter de nouveaux clients.

Pour susciter suffisamment d'attrait auprès du représentant, l'organisation d'un concours doit tenir compte des aspects suivants[10].

- **Respecter l'autonomie du représentant.** Le gagnant doit être déterminé à l'aide de métriques qui respectent l'autonomie des représentants. En ce sens, les représentants préfèrent les concours qui évaluent les résultats atteints pendant la durée du concours (chiffre d'affaires, volume des ventes ou indicateurs du taux de satisfaction des clients) à ceux qui sont basés sur le jugement de leurs supérieurs quant à leur performance.

- **S'adresser à un nombre moyen de participants.** Le concours doit s'adresser à un nombre moyen de participants. S'il fait intervenir tous les représentants ou, à l'inverse, ne s'adresse qu'à une élite, le concours perd de l'intérêt aux yeux des représentants. Pour qu'il soit stimulant, il faut qu'il fasse intervenir environ 40 % de l'équipe de vente.

- **Sélectionner un prix attrayant.** Le prix associé au concours doit être sélectionné avec soin. Si l'on compare des prix de valeur équivalente, le prix en argent est celui qui est le plus prisé des représentants. Le voyage suscite aussi un certain attrait pour eux[11], moindre cependant que la rétribution pécuniaire[12]. La formule qui consiste à offrir un voyage de groupe en compagnie d'un directeur de vente peut être intéressante si l'ambiance est bonne entre les représentants de l'équipe de vente et leur supérieur. Sinon, ce n'est pas une solution à retenir. Par ailleurs, un prix sous forme de bons pour l'acquisition de biens est à proscrire, car c'est un type de rétribution démotivant pour les représentants.

- **Prévoir une durée adéquate pour le concours.** La durée du concours doit être définie selon le cycle de vente du domaine dans lequel les représentants évoluent. Il faut prévoir un concours échelonné sur une durée plus longue pour les représentants industriels (six mois) que pour les représentants qui interagissent avec les consommateurs (trois mois).

- **Offrir un prix d'une valeur intéressante.** La valeur du prix à gagner est proportionnelle à l'intérêt que les représentants accordent au concours. Certains ont avancé que la valeur associée au prix à gagner devrait représenter entre 2 % et 5 % du revenu annuel[13], mais il est certain que plus la valeur du prix est élevée – pouvant atteindre l'équivalent de trois semaines de rémunération –, plus le concours suscite d'attrait, surtout pour les représentants les plus combatifs[14]. L'importance qui est accordée à la valeur du concours est davantage marquée parmi les représentants les plus jeunes et en début de carrière que parmi ceux qui sont plus expérimentés[15].

Les avantages distinctifs

Plusieurs aspects associés à la rémunération représentent des éléments distinctifs. Ils constituent des avantages non négligeables de l'offre. Ces avantages ont comme objectifs de valoriser l'offre et de la rendre plus attrayante aux yeux des représentants que celle de la concurrence. Ils incluent les avantages sociaux, les avantages liés à la fonction et les avantages indirects.

Les avantages sociaux

Les avantages sociaux regroupent tous les types de programmes auxquels un représentant peut avoir accès et auxquels l'entreprise cotise. Ils prennent de multiples formes[16] :

- les assurances voyages ;
- les assurances collectives de protection médicale et dentaire ainsi que des soins de la vue ;
- le programme de régime de retraite ;
- les congés payés ;
- les régimes d'achat d'actions. Par exemple, Merck Frosst offre à ses employés la possibilité d'acquérir en priorité des actions de la compagnie. En proposant cet avantage, elle présume que les employés seront intéressés par cette offre leur permettant de bénéficier des retombées financières qui y sont associées. L'entreprise cherche ainsi à fidéliser ses représentants et à les inciter à se surpasser ;
- les programmes de formation et de perfectionnement. Ces programmes sont très attrayants pour les représentants qui cherchent à s'améliorer et à réaliser leurs tâches de façon efficiente. Des cours sur les techniques de vente, sur la gestion de la clientèle ou sur tout autre aspect d'intérêt pour le représentant sont à même de l'aider à atteindre son plein potentiel professionnel et personnel ;
- les programmes de reconnaissance. Des gratifications de nature plutôt symbolique sont offertes à un représentant en guise de reconnaissance pour de bons services, pour une performance exceptionnelle, etc. Elles incluent la remise de plaques ou de trophées, une annonce dans un journal, le don d'un vêtement aux couleurs de l'institution ou tout autre geste de reconnaissance. Les rétributions de cette nature peuvent avoir été soit présélectionnées, soit gagnées par l'intermédiaire d'un système

d'accumulation de points. Par exemple, Pharma Science offre à ses employés la possibilité de choisir un cadeau parmi des objets luxueux après qu'ils ont accumulé 5, 10, 15 ou 20 ans de service au sein de la compagnie. Ce programme de reconnaissance est établi selon l'ancienneté et la fidélité de l'employé et vise à valoriser le travail de la personne qui y a accès ;

- des activités de divertissement. D'autres programmes sont établis autour d'activités liées au divertissement et peuvent être associés à des avantages sociaux : voyages, billets pour des événements culturels, repas gratuits, fin de semaine dans un hôtel de luxe ou tournoi de golf sont des activités non imposables qui fournissent au représentant un bien-être équivalent à une valeur monétaire ;
- les programmes d'achats préférentiels. Ils sont mis en place par les entreprises en vue de privilégier l'accès de certains produits à leurs employés, à un tarif préférentiel ou gratuitement. Par exemple, Pharma Science offre gratuitement à ses employés ses produits autres que les médicaments d'ordonnance ;
- les horaires flexibles. Ils constituent un avantage qui permet notamment de concilier le travail et la famille ou de s'ajuster aux réalités du terrain. Par exemple, le fait pour un représentant de commencer sa journée de travail à 10 heures plutôt qu'à 8 heures lui permet de se déplacer en dehors des périodes d'affluence et d'éviter ainsi bien des pertes de temps inutiles.

Les avantages liés à la fonction

Comme ils doivent souvent se déplacer hors de chez eux pour desservir le territoire qu'ils occupent, les représentants se voient offrir divers avantages liés à leur fonction :

- une voiture de fonction et un budget de fonctionnement. Ce dernier prévoit notamment la prise en charge des frais d'entretien du véhicule (immatriculation, vidanges, pneus, essence et autres) ;
- un téléphone portable. Il est fourni au représentant afin qu'il soit accessible en tout temps, quel que soit le lieu où il se trouve ;
- un ordinateur portatif. Cet outil est mis à la disposition du représentant afin qu'il puisse acheminer les commandes « en temps réel », avoir accès à de la documentation, remplir des formulaires d'activités et consulter son courrier électronique en tout temps ;
- un télécopieur et un photocopieur. Ces outils sont régulièrement fournis aux représentants afin de faciliter leur travail, aussi bien à la maison qu'au bureau ;
- l'adhésion à des clubs sélects ou à certaines associations ;
- des plans de remboursement sur présentation de pièces justificatives. Des sommes sont allouées afin de couvrir des dépenses « raisonnables » occasionnées par la fonction ; 85 % des entreprises ont recours à de tels plans [17].

Les avantages indirects

Les avantages indirects sont difficilement quantifiables. Ils incluent les possibilités pour un représentant d'obtenir une promotion ou de faire carrière dans une organisation.

La possibilité d'obtenir une promotion

Si la rémunération associée à un emploi est importante pour le représentant qui pense offrir ses services à une compagnie, d'autres aspects non financiers sont également susceptibles d'influer sur sa décision. En effet, certains d'entre eux examineront avec attention la possibilité d'obtenir une promotion que leur offre le poste. Par exemple, un représentant qui aspire à occuper un poste de superviseur d'une équipe de vente dans le domaine pharmaceutique n'a d'autre choix que de commencer au bas de l'échelle, dans un poste de représentation. Cependant, il ne manquera pas d'évaluer la possibilité d'obtenir une promotion dans l'entreprise qui recrute et arrêtera sa décision en conséquence.

La possibilité de faire carrière

Pour d'autres représentants, la capacité d'une entreprise à leur offrir des promotions ne revêt aucun intérêt à leurs yeux. En effet, ils refusent d'être promus à des postes de supérieur hiérarchique, car ils excellent dans ce qu'ils font et gagnent mieux leur vie ainsi que s'ils avaient à occuper des fonctions différentes. De plus, ils ne se sentent pas nécessairement des aptitudes en lien avec la supervision. Par contre, la possibilité de faire carrière, c'est-à-dire de s'attacher à une entreprise, présente de l'intérêt pour eux. Un représentant qui fait carrière au sein d'une même compagnie devient plus performant en raison de sa connaissance accrue des acteurs internes, des modes de fonctionnement de la compagnie, de ses clients, etc. Cet aspect intangible peut attirer certains représentants à un poste donné.

Les plans de rémunération mixte

Les plans de rémunération qui sont basés uniquement sur un salaire fixe ont l'avantage de sécuriser le représentant en lui offrant un revenu assuré. Ils sont aussi aptes à valoriser les activités de la fonction qui ne sont pas lucratives, qui ne sont pas nécessairement associées à la représentation, mais qui s'avèrent utiles à l'entreprise. Ils stimulent le travail en équipe et amènent le représentant à offrir un service de qualité à la clientèle. Par contre, la rémunération basée exclusivement sur un salaire fixe n'est pas sans failles. Elle n'incite pas le représentant à déployer tous les efforts nécessaires pour conclure une vente; peu motivante, elle ne saura pas attirer les représentants ambitieux qui aspirent à augmenter leurs revenus. De même, elle risque de démotiver les représentants de qualité.

Par ailleurs, les plans de rémunération exclusivement basés sur une commission peuvent s'avérer plus coûteux pour l'entreprise. De plus, ils attirent sans doute des représentants combatifs et autonomes, mais préoccupés avant tout par l'augmentation de leur chiffre d'affaires. Cette attitude pourrait nuire, dans certains cas, à l'établissement de relations à long terme avec les clients ou encore au développement d'affaires lorsque des activités de missionnaire sont requises. Cette forme de plan de rémunération nécessite également de la part du représentant une gestion serrée de son budget en raison de revenus fluctuants. Finalement, le représentant qui est rémunéré exclusivement à commission se sent peu fidèle envers un employeur. Il prend ses décisions au meilleur de ses intérêts, ce qui peut l'amener à offrir ses services à un autre employeur dont les conditions seraient plus avantageuses.

Compte tenu des considérations qui précèdent, une majorité d'entreprises tirent le meilleur parti des deux types de rémunération en offrant des plans mixtes. Ces derniers arriment une base fixe de salaire à une composante «incitative» ou variable. Ils se présentent sous deux formes: salaire et commission ainsi que salaire et concours. Leurs avantages et leurs inconvénients sont présentés au tableau 8.3, à la page suivante.

TABLEAU 8.3
Avantages et inconvénients de plans de rémunération mixte

	Avantages	Inconvénients
Salaire + commission	1. Génère une plus grande attraction. 2. Accroît la sécurité pour le candidat. 3. Bonifie la rémunération de base. 4. Établit un lien entre performance et rémunération.	1. Moins d'élimination naturelle des vendeurs les moins performants. 2. Difficulté d'établir le pourcentage de salaire fixe et le taux de commission. 3. Moins de combativité de la part du représentant pour concrétiser la vente.
Salaire + concours	1. Chaque concours présente des règles adaptées aux priorités de l'entreprise.	1. Le prix doit être attrayant. 2. Les objectifs du concours doivent être partagés.

Source : Adapté de Caruth, D.L. et G.D. Handlogten-Caruth. « The formula for compensating sales personnel ». *The American Salesman*, avril 2006, p. 6-15.

Salaire et commission

Dans un plan de rémunération mixte à salaire et commission, la base fixe de salaire représente généralement de 60 % à 80 % de la rémunération, complétée par une commission. Ce plan est intéressant pour le candidat, car il lui assure un minimum de revenu tout en lui procurant une chance d'améliorer sa condition salariale. Cet arrimage a l'avantage également de ne pas soumettre le représentant aux aléas du marché tout en établissant un lien entre sa performance et sa rétribution. En raison de l'aspect sécurisant associé à la portion fixe de la rémunération, le poste qui offre ce type de plan mixte attirera un plus grand nombre de candidats qu'un poste exclusivement à commission.

Par contre, le plan mixte à salaire et commission présente un certain nombre d'inconvénients. Tout d'abord, il nécessite une bonne connaissance du milieu pour que l'entreprise puisse déterminer la proportion de salaire fixe ainsi que la nature et le taux de commission à intégrer au plan afin qu'il soit équitable et attrayant. De plus, comparativement à un plan basé uniquement sur la commission, où le tri des candidats se fait rapidement selon leur performance, un plan mixte ne permet pas de déceler et d'éliminer un candidat moins performant aussi simplement. En fait, comme il assure un revenu minimum au représentant, le plan exige moins de combativité de sa part, ce qui peut freiner ses efforts pour atteindre des objectifs fixés par l'entreprise.

Salaire et concours

La deuxième forme de plan de rémunération mixte est celle qui associe un salaire fixe à des concours. L'avantage premier de ce plan est que chaque concours présente de nouvelles règles de fonctionnement. Les conditions requises pour obtenir un prix associé à un concours sont révisées chaque fois qu'un concours est lancé, ce qui permet à l'entreprise de canaliser les énergies selon les objectifs qui lui sont prioritaires. Les représentants sont donc amenés à adapter leur comportement aux objectifs du concours s'ils veulent avoir une chance de décrocher un prix. Autre aspect intéressant : le concours peut s'adresser à toute l'équipe de vente, ce qui favorise l'esprit d'équipe.

Par contre, dans un tel plan de rémunération, l'entreprise doit s'assurer que le prix associé au concours est suffisamment attrayant pour motiver les représentants. Elle doit également vérifier que les objectifs poursuivis par le concours sont partagés par les représentants si elle veut qu'ils s'y engagent. Par conséquent, l'atteinte des objectifs poursuivis par le concours dépend directement de l'adhésion de ses participants.

8.2.5 Arrimer les objectifs aux composantes du plan de rémunération

Le choix du plan de rémunération doit être en lien avec les objectifs poursuivis par l'entreprise[18]. Implicitement, il est le reflet des attentes de l'entreprise envers ses représentants. Pour qu'il soit efficace, il faut qu'il soit aligné sur les exigences liées à la fonction. Nous savons que le type d'incitatif a un impact significatif sur la façon dont les représentants agissent avec leurs clients. Lorsque l'incitatif est rattaché à la satisfaction de la clientèle, les représentants sont davantage orientés vers leurs clients. Inversement, lorsque l'incitatif cible uniquement le volume des ventes, la propension du représentant à se préoccuper des intérêts de ses clients s'amoindrit[19]. Il devient important de sélectionner le type d'incitatif adapté à la situation selon l'objectif poursuivi. Par exemple, rémunérer une personne à commission lorsque ses tâches se limitent à des prises de commandes ne serait pas profitable pour l'entreprise, car la rémunération octroyée risquerait d'être trop élevée par rapport à la contribution réelle de l'employé. Inversement, ce même type de rémunération aurait tendance à démoraliser un représentant dont les tâches s'avèrent complexes. Le rôle du gestionnaire consiste donc à évaluer le mode de rémunération le plus adéquat compte tenu des tâches à réaliser, dans le but de produire un plan de rémunération efficace.

Afin de saisir la façon dont le gestionnaire peut réaliser cet exercice, prenons l'exemple d'un emploi offert sur le site les affaires.com (www.lesaffaires.com) qui indiquerait que « le réseau des technologies de l'information (TI) est à la recherche d'un spécialiste en vente de logiciels ». Les responsabilités rattachées au poste sont partiellement reprises ci-dessous.

- **Faire la promotion des produits et des services pouvant être offerts.** Comme cet aspect de la tâche n'a pas de retombées financières immédiates pour le représentant puisqu'il ne génère pas de chiffre d'affaires, il est légitime de prévoir qu'une partie de la rémunération sera fixe.

- **Développer et maintenir les comptes.** Si elle prévoit que le représentant sera apte à valoriser son portefeuille de clients en augmentant le chiffre d'affaires actuel, l'entreprise exploitera la composante motivante de la rémunération. Elle pourrait décréter qu'une prime au rendement s'appliquera sur la partie excédentaire du quota minimum à atteindre (lequel quota serait établi à partir du volume actuel du chiffre d'affaires) en maintenant sa politique actuelle de rémunération pour le maintien du quota (taux de commission spécifique). Elle pourrait aussi miser uniquement sur la commission en lui appliquant un taux progressif.

- **Établir des relations stratégiques avec les clients actuels et de nouveaux clients.** Établir des relations avec de nouveaux clients fait référence à un travail de missionnaire. Une partie fixe de la rémunération est à prévoir, du moins tant que le portefeuille de nouveaux clients n'est pas constitué. Pour ce qui est d'établir des relations avec les clients actuels, si l'objectif poursuivi par l'entreprise est de miser sur la satisfaction de la clientèle dans le but de la fidéliser, elle pourrait alors considérer la prime comme une part intéressante de la rémunération du représentant.

Ainsi, nous retiendrons que, pour élaborer un plan de rémunération efficace, il faut tenir compte d'une série de facteurs qui le rendent plus ou moins complexe. À titre de lignes directrices, le gestionnaire doit se demander: 1) si les efforts à fournir pour réaliser la tâche sont observables ou pas; 2) quel est le degré d'incertitude entourant le processus de vente; 3) quelle est la constitution de son équipe de vente (homogène ou hétérogène); 4) si la vente est la résultante d'un travail d'équipe ou découle d'efforts personnels. Les réponses à ces questions, présentées dans la figure 8.2, constituent les solutions à partir desquelles le gestionnaire pourra élaborer son plan.

FIGURE 8.2 **Composantes de la rémunération selon la complexité du problème éprouvé**

	Complexité du problème éprouvé par le gestionnaire de vente	Solution préconisée
Complexe ↑	Effort du représentant observable (EO)	Salaire fixe ($/heure)
	Effort non observable (EN)	Uniquement à commission
	EN + Incertitude ventes (I) + Dynamique	Salaire + Commission
	EN + I + Hétérogénéité de l'équipe de vente (H)	Salaire + Incitatifs basés sur l'atteinte d'un quota
Simple ↓	Équipe de travail	Plans de rémunération collectifs ou d'équipe

Source: Adapté de Brown *et al.* 2005.

Les autres aspects à considérer lors de l'élaboration d'un plan de rémunération

Outre les lignes directrices que nous venons d'examiner, l'entreprise qui cherche à atteindre ses objectifs de façon efficace devra considérer certains facteurs spécifiques au contexte ou découlant de caractéristiques propres au représentant à embaucher.

- **Un plan de rémunération mixte n'est pas toujours la meilleure solution.** Certains plans mixtes, même *a priori* les mieux adaptés à une combinaison d'objectifs, sont à déconseiller. Par exemple, lorsque l'objectif prioritaire de l'organisation consiste à fournir un service de qualité à ses clients[20], un plan de rémunération basé uniquement sur les évaluations des clients fournit un rendement supérieur à un plan de rémunération basé à la fois sur le volume des ventes et la satisfaction de la clientèle. Par conséquent, les entreprises gagnent à offrir soit un plan de rémunération exclusivement basé sur les évaluations de satisfaction de leur clientèle ou, à défaut, un plan de rémunération basé uniquement sur les ventes car, dans les deux cas, leur efficacité est meilleure qu'une combinaison de ces deux formes d'incitatifs[21]. Elles doivent cependant être conscientes que la mise en place d'un tel système de rémunération ne vient pas sans coûts: s'ils sont rémunérés à partir de la satisfaction de leur clientèle, les représentants vont privilégier les clients qui leur attribuent de bonnes évaluations et vont laisser tomber ceux qui sont moins satisfaits. En conséquence, il est possible que les entreprises qui adoptent ce plan de rémunération observent une chute de leur chiffre d'affaires à court terme imputable à la sélection de la clientèle par les représentants.

- **Un plan doit tenir compte des valeurs de l'organisation.** Les organisations qui valorisent la promotion, la sécurité d'emploi et la reconnaissance sociale devraient adopter un plan de rémunération reflétant ces valeurs alors que les entreprises qui n'adhèrent pas à cette philosophie présenteront plutôt un plan qui mise sur la rémunération pécuniaire à court terme[22]. D'une façon ou d'une autre, le plan de rémunération doit être cohérent avec les valeurs auxquelles adhère l'entreprise.

- **Un plan doit tenir compte des valeurs culturelles auxquelles adhèrent les représentants.** La préférence pour une forme de rétribution est culturelle[23]. Certains représentants de pays étrangers tels que la Chine privilégient la reconnaissance de la performance de l'équipe de vente plutôt que la valorisation de la performance individuelle. En conséquence, dans les régions où la dimension culturelle favorise une valorisation du travail d'équipe, on optera pour une rémunération de groupe. Lorsque c'est l'individualisme qui prédomine, la rétribution basée sur les primes et les incitatifs sera plus efficace.

- **Un plan doit évaluer l'intérêt de retenir des incitatifs pour l'équipe de vente.** Pour certains produits complexes, il n'est pas rare qu'un représentant ait besoin d'une équipe pour l'accompagner et répondre aux questions des clients. On considère alors l'équipe de vente comme une entité, dont chacun des membres contribue à la vente. Ce type d'équipe est différent d'une équipe de représentants couvrant un territoire géographique, mais dont les contributions sont indépendantes les unes des autres. Pour ces derniers, la somme de leurs chiffres d'affaires individuels détermine si oui ou non l'équipe a atteint le quota de vente fixé pour le territoire. Par contre, lorsque les efforts des membres de l'équipe sont complémentaires et que la concrétisation d'une vente dépend de plusieurs individus, il est difficile d'établir des incitatifs qui rétribuent équitablement chaque membre de l'équipe selon sa contribution individuelle. Peu d'études s'avancent sur les modalités à privilégier dans de tels cas. On sait cependant qu'un incitatif dont le montant, à partager entre les membres d'une équipe de vente, est établi selon l'atteinte d'un quota général pour l'équipe, est approprié : 1) lorsque les efforts des membres de l'équipe pour l'atteinte d'un objectif sont complémentaires et non substituables ; 2) que l'entraide entre les membres d'une équipe de vente est réciproque et efficiente ; 3) que les résultats de chaque membre de l'équipe dépendent de la performance de chacun des autres membres de l'équipe[24].

- **Un plan doit tenir compte des attentes différentes entre les hommes et les femmes**[25]. Les représentantes ont des attentes différentes quant à leur plan de rémunération de celle de leurs confrères masculins. Elles préfèrent une rémunération qui valorise davantage la partie fixe de leur salaire que celle associée à la commission. Elles accordent moins d'importance aux occasions de promotion, ce qui tend à suggérer qu'elles sont moins carriéristes que les représentants. Elles privilégient les postes sédentaires, surtout au début de leur carrière. Finalement, elles souhaitent davantage travailler avec des organisations comparativement aux hommes, qui se sentent à l'aise auprès de particuliers. Il est donc conseillé d'offrir un salaire fixe aux femmes qui démarrent dans leur carrière de représentante et de prévoir un plan de rémunération qui change au fur et à mesure qu'elles prennent confiance en elles et qu'elles évoluent dans leur carrière.

- **Un plan doit tenir compte de l'âge et du revenu des représentants**[26].
    1. Bien que les représentants préfèrent généralement une augmentation de leur taux de commission, la seconde forme de rémunération qu'ils apprécient le plus est l'augmentation de la base fixe de la rémunération, comparativement au fait de recevoir des avantages non imposables (tels qu'un dégagement de temps). Cette préférence est plus marquée pour les jeunes que pour les représentants plus expérimentés.
    2. Ceux qui préfèrent une augmentation du taux de commission comparativement à une promotion sont plus âgés et ont des revenus plus élevés.
    3. Ceux qui préfèrent les promotions à des augmentations de taux de commission tendent à avoir des revenus moindres.
    4. Ceux qui préfèrent la reconnaissance à une promotion ont des revenus plus élevés.

- **Un plan doit tenir compte de l'étape de carrière où se situent les représentants.** Nous avons vu que les représentants ne réagissent pas tous de la même façon à la forme de rémunération offerte. Certains sont davantage motivés lorsque la forme de rémunération est basée sur un salaire fixe alors que d'autres sont davantage réceptifs à un incitatif tel que la commission[27]. Cette variabilité est notamment associée à l'étape de carrière où un représentant se situe. Un candidat en début de carrière valorisera davantage un salaire fixe alors qu'un candidat plus chevronné sera davantage motivé par un salaire basé sur une commission. Cela s'explique par le fait que l'aîné a acquis suffisamment d'expérience et de compétence pour être rassuré quant à sa capacité de dégager un chiffre d'affaires important. De plus, il tire profit d'une connaissance accrue du marché et d'un portefeuille de clients bien établi. La jeune recrue, quant à elle, n'a ni l'expérience ni l'expertise requises pour l'atteinte d'un volume des ventes important. Elle doit bâtir sa clientèle, développer son territoire en même temps qu'elle acquiert les habiletés nécessaires à une performance accrue.

- **Un plan doit tenir compte de l'orientation interne ou externe du représentant**[28]. La satisfaction d'un représentant à l'égard de son mode de rémunération est fonction de son orientation envers les gratifications qui y sont associées. Les **gratifications intrinsèques** naissent du sentiment d'avoir bien travaillé, d'avoir accompli sa tâche selon ses convictions et dans le respect des clients. Elles permettent au représentant de s'épanouir tant sur les plans personnel que professionnel. Les **gratifications extrinsèques** proviennent de l'environnement. Elles incluent les rétributions pécuniaires, les promotions et la sécurité liée à l'occupation d'un emploi. Certains représentants valorisent davantage les rétributions intrinsèques qu'extrinsèques. Ils prennent plaisir à s'investir dans leur tâche et à relever les défis de leur travail, pour autant que leurs besoins de base soient satisfaits. Un plan de rémunération à salaire fixe leur permet de se libérer l'esprit et de se consacrer pleinement aux tâches qui leur sont assignées sans se préoccuper du résultat obtenu. Inversement, les candidats qui valorisent la partie extrinsèque de la gratification vont avoir tendance à expédier leur travail le plus rapidement possible afin de toucher la rémunération qui y est associée. Ainsi, il semble qu'un plan de rémunération qui repose sur un salaire fixe soit mieux adapté aux représentants qui valorisent l'orientation intrinsèque de la gratification alors qu'un plan de rémunération à commission soit mieux reçu par les représentants dont l'orientation envers la gratification est extrinsèque, car ils se montrent alors plus motivés à travailler dans ces conditions.

Une fois ces éléments intégrés, reste la sixième et dernière étape du plan de rémunération, qui consiste à le prétester et à le mettre en place.

8.2.6 Prétester et implanter le plan de rémunération

La dernière étape du plan de rémunération consiste à le prétester et à l'implanter. Elle va permettre au gestionnaire de vérifier si la proposition qu'il compte retenir est adéquate, acceptable et efficace. Pour s'assurer que le plan présente les qualités requises, il réalise une simulation quant au coût que le plan sera en mesure de générer à partir de données historiques ou en se basant sur les prévisions des ventes. Bien qu'imparfaite, cette information lui permet d'évaluer si le coût de sa mise en place excède ou non le budget alloué à la rémunération prévue. S'il constate que l'application de la méthode risque d'engendrer des coûts significativement supérieurs au budget prévu à la rémunération, il devra revoir les composantes du plan. À l'inverse, si les simulations suggèrent que la constitution du plan cadre bien avec le montant total de rémunération envisagé, le gestionnaire pourra passer à l'étape finale, c'est-à-dire proposer le plan de rémunération au principal intéressé pour connaître sa réaction. À partir des réactions du représentant, il pourra y apporter des modifications afin que le représentant l'accepte, y adhère et s'engage dans l'atteinte des objectifs de l'entreprise. Le gestionnaire garde à l'esprit que le plan doit être acceptable pour chacune des parties concernées, tout en respectant les contraintes de départ telles que le montant total à prévoir pour la rémunération.

RÉSUMÉ

La contribution d'un représentant est compensée par la rémunération qui lui est octroyée. Pour être adéquat, un plan de rémunération doit être simple, équitable et efficace. Six étapes sont nécessaires à la mise sur pied d'un plan de rémunération. Les trois premières étapes, dites préliminaires, consistent à revoir la description de l'emploi, à s'interroger quant aux objectifs du plan, à les définir et à établir le montant de rémunération nécessaire pour rétribuer l'ensemble des tâches à réaliser. Les trois dernières étapes, dites cruciales, requièrent d'abord de structurer le plan de rémunération, ce qui signifie définir la ou les composantes du plan à retenir : salaire fixe, incitatifs, éléments distinctifs ou rémunération mixte. Il faut ensuite arrimer les objectifs poursuivis aux composantes du plan en tenant compte d'autres aspects, tels que les facteurs culturels ou individuels, pouvant avoir un impact sur la structure du plan. Finalement, la dernière étape consiste à prétester le plan à partir de méthodes de simulation et à le soumettre au candidat afin qu'il se prononce sur sa recevabilité.

QUESTIONS

1. Quelles sont les étapes nécessaires à la mise en place d'un système de rémunération ? Définissez chacune d'entre elles et justifiez en quelques lignes le rôle qu'elles jouent.

2. Quels sont les avantages et les inconvénients liés à un plan de rémunération basé exclusivement sur un salaire fixe comparativement à un plan de rémunération basé sur un taux de commission ?

3. Quelle est la différence entre un taux de commission progressif et un taux dégressif ? Illustrez cette différence par un exemple. Dans quelles circonstances une entreprise a-t-elle intérêt à appliquer l'un plutôt que l'autre ?

4. Déterminez les circonstances dans lesquelles vous auriez avantage à utiliser une prime au rendement dans votre plan de rémunération plutôt qu'un concours. Justifiez votre position.

5. Analysez les avantages et les inconvénients liés aux concours.

6. Selon vous, quel est le meilleur plan de rémunération qui puisse être offert au représentant pharmaceutique ? Au représentant qui vend des balayeuses industrielles ? Au représentant qui aurait comme responsabilité d'informer un nouveau marché cible (les trois quarts de sa tâche) et de vendre des produits et des services adaptés (un quart de sa tâche) ? Au représentant dont les résultats dépendent du travail de ses collègues ? Justifiez vos réponses.

7. Quels sont les effets d'une rémunération insuffisante ?

ATELIER

Téléchargez deux offres d'emploi pour représentants sur un site d'annonces d'emplois (www.workopolis.ca, www.jobauquebec.com, autre site spécialisé pour représentants ou site privé).

À partir du titre de l'emploi et de la liste des responsabilités du poste à pourvoir, déterminez quelles sont les composantes que devrait présenter le plan de rémunération pour être en mesure d'atteindre les objectifs recherchés.

NOTES

1. Traduction libre du cas «What would you do?». *Sales and Marketing*, vol. 159, n° 7 (septembre 2006), p. 65.

   CARUTH, D.L. et G.D. HANDLOGTEN-CARUTH. «The formula for compensating sales personnel». *The American Salesman*, avril 2006, p. 6-15.

2. MOTT, T. «A formula for the future». *Sales and Marketing Management*, vol. 145, n° 6, juin 1993, p. 42-44.

3. AVLONITIS, G.J. et N.G. PANAGOPOULOS. «Exploring the influence of sales management practices on the industrial salesperson: a multi-source hierarchical lineal modeling approach». *Journal of Business Research*, vol. 60, 2007, p. 765-775.

4. CARUTH et HANDLOGTEN-CARUTH. 2006. *Ibid.*

5. TREMBLAY, M., J. CÔTÉ et D.B. BALKIN. «Explaining sales pay strategy using agency, transaction cost and resource dependance theories». *Journal of Management Studies*, vol. 40, n° 7 (novembre 2003), p. 1651-1682.

6. TREMBLAY, CÔTÉ et BALKIN. 2003. *Ibid.*

7. CHURCHILL, G.A., N.M. FORD et O.C. WALKER. *Sales Force Management*. Homewood (Ill.), Irwin, 1993.

8. JOSEPH, K. et M.U. KALWANI. «The role of bonus play in salesforce compensation plans». *Industrial Marketing Management*, vol. 27, 1998, p. 147-159.

9. SHARMA, A. et D. SAREL. «The impact of customer satisfaction based incentive systems on salespeople's customer service response: an empirical study». *Journal of Personal Selling & Sales Management*, vol. 15, n° 3 (été 1995), p. 16-29.

10. MURPHY, W.H., P.A. DACIN et N.M. FORD. «Sales contest effectiveness: an examination of sales contest design preferences of field sales forces». *Journal of the Academy of Marketing Science*, vol. 32, n° 2, 2004, p. 127-143.

11. CABALLERO, M.J. «A comparative study of incentives in a sales force contest». *Journal of Personal Selling & Sales Management*, vol. 8 (mai 1988), p. 55-58.

12. PARKER, R.S., L.S. PETTIJOHN et C.E. PETTIJOHN. «Using trade incentives to promote customer relationships in a retail setting». *Journal of Market-Focused Management*, vol. 5, 2002, p. 135-147.

13. LAFORGE, A., B. BOLGER et T. ENGLANDER. «Bazudgeting and evaluating awards and incentives». *Personnel Journal*, juin 1992, p. 131-135.

14. MURPHY, DACIN et FORD. 2004. *Ibid.*

15. CRON, W.L. «Industrial salespeople development: a career stages perspective». *Journal of Marketing*, vol. 48, n° 4, 1984, p. 41-52.

16. CABALLERO. 1988. *Ibid.*

17. DUBINSKY, A.J. et T.E. BARRY. «A survey of sales management practices». *Industrial Marketing Management*, vol. 11, n° 2 (avril 1982), p. 133-142.

18. MOTT. 1993. *Ibid.*

19. WIDMIER, S. «The effects of incentives and personality on salesperson's customer orientation». *Industrial Marketing Management*, vol. 31, 2002, p. 609-615.

20. SHARMA et SAREL. 1995. *Ibid.*

21. SHARMA, A. «Customer satisfaction-based incentive systems: some managerial and salesperson considerations». *Journal of Personal Selling & Sales Management*, vol. 17, n° 2 (printemps 1997), p. 61-70.

22. APASU, Y. «The importance of value structures in the perception of rewards by industrial salespersons». *Journal of the Academy of Marketing Science*, vol. 15, n° 1, 1987, p. 1-10.

23. LIU, S.S. «Reward perceptions of Hong Kong and Mainland Chinese sales personnel». *Journal of Personal Selling & Sales Management*, vol. 28, n° 3, 1998, p. 47-55.

24. KANDEL, E. et E.P. LAZEAR. «Peer pressure and partnership». *Journal of Political Economy*, vol. 100, n° 4 (août 1992), p. 42-62.

25. DARMON, R.Y., B.P. RIGAUX-BRICMONT et P. BALLOFFET. «Designing sales force satisfying selling positions: a conjoint measurement approach». *Industrial Marketing Management*, vol. 32, 2003, p. 501-515.

26. BURNTHORNE LOPEZ, T., C.D. HOPKINS et M.A. RAYMOND. «Reward preferences of salespeople: how do commission rate?». *Journal of Personal Selling & Sales Management*, vol. 26, n° 4 (automne 2006), p. 381-390.

27. PAPPAS, J.M. et K. FLAHERTY. «The moderating role of individual-difference variables in compensation research». *Journal of Managerial Psychology*, vol. 12, n° 1, 2005, p. 19-35.

28. LEE, D.H. «The moderating effect of salesperson reward orientation on the relative effectiveness of alternative compensation plans». *Journal of Business Research*, vol. 43, 1998, p. 65-77.

CHAPITRE 9

La gestion des problèmes vécus par les représentants

OBJECTIFS

Après l'étude de ce chapitre, vous devriez pouvoir :

- connaître les facteurs à l'origine de problèmes individuels et organisationnels vécus au sein de l'entreprise ;
- connaître les facteurs associés au rôle qui touchent le représentant ;
- saisir en quoi les facteurs associés au rôle touchent le représentant ;
- comprendre le concept de perception de rôle ;
- saisir en quoi les problèmes associés au rôle risquent de nuire à l'entreprise ;
- comprendre en quoi la mauvaise gestion de temps peut constituer un frein à la performance ;
- connaître la démarche à adopter pour aider un représentant à mieux gérer son temps.

INTRODUCTION

« L'origine des départs volontaires : toujours la même histoire ! Le même scénario tend à se reproduire depuis 10 ans au sein de la firme Wayne Technologies. Bob Nelson, directeur des ventes, recrute à l'occasion de jeunes représentants ayant le potentiel de devenir des vendeurs vedettes et les forme à vendre la technologie de pointe pour Wayne, qui fabrique des puces électroniques. Souvent, après qu'elles ont travaillé un an ou deux pour Wayne, ces jeunes recrues quittent leur employeur pour occuper un emploi mieux payé dans une compagnie plus grosse et dont la notoriété est mieux établie. Au cours de la dernière décennie, Nelson a perdu environ une douzaine de ses bons représentants pour ces compétiteurs plus imposants. Pour compliquer les choses, il n'exerce aucun contrôle sur la rémunération, si bien qu'il ne peut ajuster le plan de rémunération de ses jeunes recrues pour les fidéliser – seul le vice-président aux ventes est en mesure de prendre de telles décisions.

« Il y a environ huit mois, Nelson a recruté deux représentants très prometteurs : Katherine Baxter, 27 ans, une recrue avec trois ans d'expérience, et Bill Little, 24 ans, qui vient de suivre un programme de vente prestigieux et qui a passé deux étés à travailler pour une compagnie de ventes directes. Les deux candidats ont reçu chacun une formation en habiletés de vente de base sur l'industrie de la technologie et sur les produits de Wayne Technologies. Ils fonctionnent bien tous deux et dépassent de façon constante le quota qui leur est fixé. En conséquence, Nelson commence à devenir nerveux. Il sait que, selon le modèle de ce qui s'est produit par le passé, ces deux vedettes montantes risquent d'être sollicitées par d'autres firmes et de quitter Wayne, tout comme leurs pairs l'ont fait avant eux. Il cherche à mettre en place une stratégie qui vise à les fidéliser avant que des chasseurs de têtes ne commencent à les solliciter. Comment Nelson peut-il prévenir la perte de ces représentants pour des compétiteurs à l'offre financière plus alléchante[1] ? »

La situation vécue par Nelson n'est pas unique. Beaucoup de superviseurs d'équipes de vente doivent faire face à ce genre de situation. Ainsi, bien que le taux de roulement de personnel ait été de l'ordre de 12 %, toutes catégories d'emploi confondues, en 1996, au Canada, il était de 27 % cette même année pour les métiers reliés à la représentation. Dans certains secteurs, les taux sont même plus élevés. Par exemple, en 1998, l'estimation du taux de roulement des représentants évoluant chez des concessionnaires de véhicules neufs était de l'ordre de 31 % au Canada. Cela signifie que tous les ans les entreprises de ce secteur d'activité sont aux prises avec la problématique de devoir recruter près d'un représentant sur trois de leur équipe de vente. Cet exercice occasionne des coûts substantiels, qui peuvent représenter de 25 % à 200 % de la rémunération annuelle d'un représentant[2]. C'est donc dire que les entreprises désirent trouver des moyens de réduire le taux de roulement enregistré au sein de leurs équipes de vente. Pour être en mesure de prendre les dispositions qui s'imposent et minimiser les coûts liés à la perte de personnel qualifié, les gestionnaires doivent se questionner quant aux facteurs à l'origine de ce comportement par leurs représentants.

9.1 Les problèmes vécus par les représentants

L'entreprise est une entité qui se porte bien lorsque les indicateurs de performance qu'elle s'est fixés sont tous atteints et qu'aucune manifestation de signes annonciateurs de malaise ne surgit. En d'autres termes, l'entreprise est en santé lorsque *a priori* la performance de son équipe de vente est satisfaisante, que le taux d'absentéisme au sein de cette dernière est faible et que son taux de roulement est pour ainsi dire nul. Par contre, dès qu'un de ces aspects montre des signes de défaillance, le gestionnaire d'une équipe de vente doit se questionner quant aux facteurs qui en sont à l'origine.

Comme l'indique le modèle de la figure 9.1, le bien-être organisationnel découle du bien-être individuel. Pour que la performance d'une équipe de vente soit optimale, il faut nécessairement que la performance de chacun de ses membres le soit également. Il est tout d'abord important de fixer un quota individuel adéquat plutôt que d'en assigner un qui soit « unique » pour tous, ce qui démotive les jeunes recrues et entraîne des démissions[3]. Ensuite, pour que chacun des représentants atteigne le quota qui lui est fixé, il lui faut travailler le temps nécessaire à la réalisation des tâches qui lui sont confiées et être pleinement motivé à y arriver. Implicitement, cela signifie que le représentant ne doit pas être absent sur une base régulière, car cela l'empêcherait de déployer les efforts requis pour atteindre l'objectif poursuivi. Or, les facteurs psychologiques (par exemple, l'insatisfaction au travail, la perte de loyauté envers l'employeur) se traduisent souvent en dysfonctionnements comportementaux (par exemple, le roulement de personnel). Il devient alors essentiel pour le responsable d'une équipe de vente de cerner adéquatement ces facteurs afin d'accompagner chacun des membres de son équipe et de maximiser ses chances de le retenir au sein de son équipe[4].

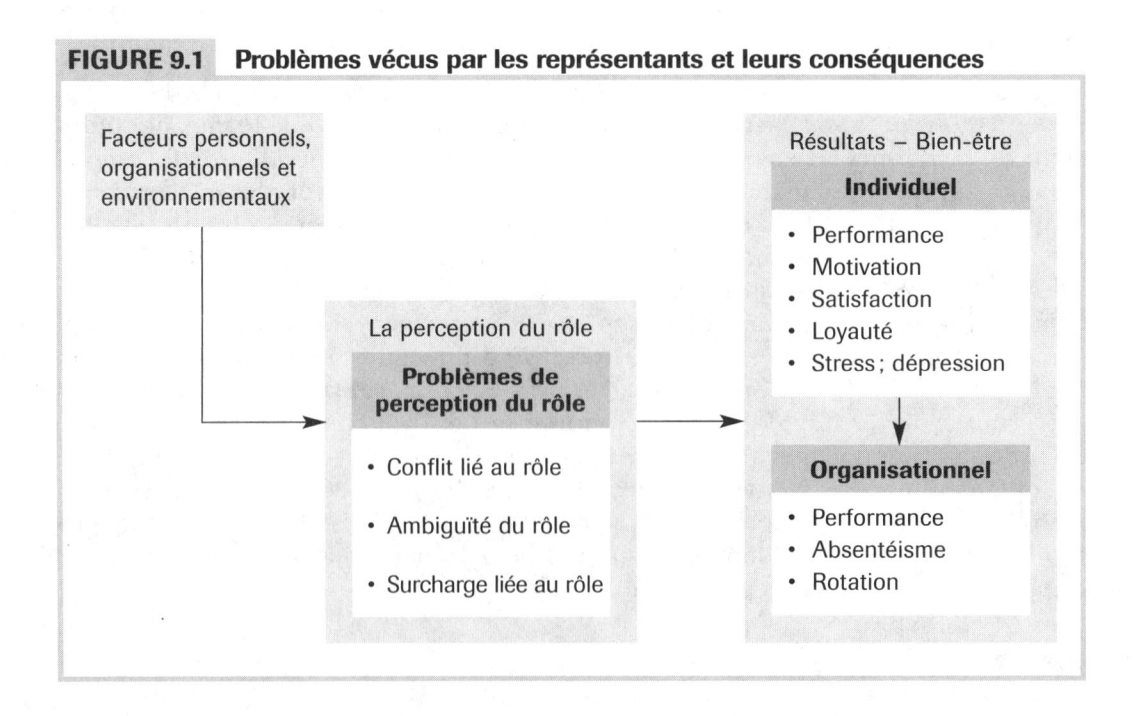

FIGURE 9.1 Problèmes vécus par les représentants et leurs conséquences

Facteurs personnels, organisationnels et environnementaux
→
La perception du rôle
Problèmes de perception du rôle
- Conflit lié au rôle
- Ambiguïté du rôle
- Surcharge liée au rôle

→

Résultats – Bien-être
Individuel
- Performance
- Motivation
- Satisfaction
- Loyauté
- Stress ; dépression

↓

Organisationnel
- Performance
- Absentéisme
- Rotation

9.1.1 La satisfaction au travail

La **satisfaction au travail** est une attitude positive individuelle découlant des expériences professionnelles. Dès lors qu'une situation professionnelle dépasse les attentes d'un représentant, il ressent de la satisfaction. La satisfaction peut être de deux ordres : globale[5] ou par facettes[6]. La satisfaction **globale** se manifeste lorsque le représentant estime que son travail, tous aspects considérés, est à la hauteur de ses attentes ou les dépasse. La satisfaction **par facettes**, de son côté, permet d'évaluer le niveau de satisfaction intrinsèque et extrinsèque ressenti par le représentant en ce qui a trait à certains aspects de son travail. La satisfaction intrinsèque provient de la valorisation perçue associée aux tâches du représentant alors que la satisfaction extrinsèque est imputable à des aspects externes au représentant. Ainsi, la satisfaction par facettes permet d'estimer si le représentant est satisfait de sa relation avec ses clients, ses collègues et son supérieur immédiat, de la nature même de son travail (ses tâches), de sa rémunération, des possibilités de promotion au sein de la compagnie et des politiques en vigueur dans l'entreprise.

La satisfaction au travail ressentie par le représentant est importante à considérer, car elle contribue directement à fidéliser celui-ci envers son employeur[7] ; en outre, elle prédit, de manière directe[8] et indirecte[9], l'intention qu'a un représentant de vouloir quitter l'entreprise pour laquelle il travaille. En d'autres mots, l'employé insatisfait partira immédiatement ou éprouvera divers sentiments négatifs qui finiront par entraîner son départ.

Il devient donc essentiel de comprendre la façon dont cette attitude s'acquiert afin de minimiser les risques associés aux retombées organisationnelles désastreuses générées par l'insatisfaction au travail. Parmi les facteurs qui favorisent la satisfaction ou au contraire lui nuisent, l'un d'eux joue un rôle crucial : la façon dont le représentant voit son rôle au sein de l'entreprise.

9.1.2 La perception du rôle

Les facteurs environnementaux, organisationnels et personnels conditionnent la façon dont un représentant évalue les conditions spécifiques liées à son emploi et l'interprétation du rôle qu'il a à jouer à titre de représentant. Ces éléments peuvent constituer des problèmes perçus par le représentant et l'affecter tant sur le plan physique que psychologique.

Au même titre qu'un acteur de théâtre endosse un rôle lorsqu'il monte sur les planches pour jouer une scène, chaque personne qui assume les fonctions associées à une certaine position dans un contexte social particulier embrasse un rôle. Le rôle de « représentant » n'y fait pas exception. Ainsi, un représentant occupe une place particulière dans la structure sociale, et le comportement qu'il adoptera sera souvent évalué relativement à la fonction qu'il se doit d'assumer. Par exemple, un client s'attend à ce qu'un représentant valorise les produits de l'entreprise qu'il représente plutôt que ceux de la concurrence. L'offre que le représentant lui fera sera évaluée eu égard au rôle qu'il endosse. Néanmoins, la façon dont l'évaluation se fera tiendra compte également des perceptions qu'un client va se faire des différents aspects du rôle du représentant avec lequel il négocie.

La partie individuelle du rôle

L'ensemble des comportements caractéristiques qu'un individu adopte, quelles que soient les circonstances, constitue la partie individuelle de son rôle. Par exemple, s'il a comme philosophie de vie d'adopter un comportement éthique en tout temps et de privilégier l'intérêt d'autrui plutôt que son intérêt personnel, un individu ne change pas de comportement selon les circonstances. Cette façon de faire le caractérise, que ce soit à la maison en tant que « papa » ou au bureau à titre de « représentant ». Si le client est au fait de cet élément, l'évaluation qu'il fera de la proposition de ce représentant va différer considérablement de celle qu'il ferait s'il jugeait que le représentant fait preuve d'un comportement peu éthique.

Les rôles publics ou privés

S'afficher à titre de représentant pour une organisation est d'ordre public alors qu'être père relève du domaine privé. En conséquence, certains rôles qu'un individu peut être amené à jouer sont soit connus de tous (d'ordre public) ou, au contraire, sont peu publicisés (d'ordre privé).

Les attentes communes du rôle

Chaque rôle est joué avec plus ou moins de succès par les employés qui endossent le rôle de représentant dans une équipe de vente. Pour évaluer la performance de chacun des acteurs (les représentants), le superviseur immédiat retiendra les normes partagées au sein de l'équipe de représentants concernés à titre de point de référence. Par exemple, un représentant qui octroie des remises trop importantes à ses clients en regard des règles internes sera évalué par son superviseur comme n'exerçant pas son rôle de façon adéquate. À l'inverse, s'il respecte le taux de remise en vigueur, le représentant sera considéré comme respectant les normes communes de l'équipe de vente.

La variabilité quant à la façon de jouer un rôle

Les conceptions que se font les représentants sur la façon dont les autres et eux-mêmes devraient jouer le rôle dont ils sont investis sont susceptibles de varier considérablement d'un individu à l'autre. Par exemple, certains représentants estiment que leur superviseur immédiat joue bien son rôle s'il est à l'écoute de leurs besoins alors que d'autres estiment que le rôle du superviseur devrait se limiter à évaluer la performance de l'équipe de vente. C'est donc dire que la description du rôle peut différer énormément selon les membres d'une équipe de vente. Il peut exister un écart important d'un représentant à l'autre dans sa compréhension du rôle qu'il juge adéquat. Ces disparités entre les interprétations liées à la compréhension du rôle peuvent mener à des conflits importants.

9.1.3 Les problèmes de perception du rôle

La position occupée par un représentant dans un système social où divers acteurs interviennent est susceptible de le placer dans des situations problématiques. Parfois, il ressent des conflits en raison des différents rôles qu'il doit jouer dans des sphères de vie différentes (soit les sphères professionnelle et personnelle). Il s'agit du **conflit entre les rôles**. Dans d'autres circonstances, il ressent certains conflits liés au rôle qu'il doit endosser dans le cadre de ses fonctions professionnelles. Il s'agit alors du **conflit lié au rôle de représentant**. Il est également possible qu'il vive de l'**ambiguïté dans son rôle**, lorsque certains paramètres ne sont pas bien définis. Enfin, il peut devoir faire face à une **surcharge liée à son rôle**, s'il considère ses tâches comme trop lourdes à assumer. Examinons chacune de ces situations problématiques.

Le conflit entre les rôles

Parfois, une personne ressent un conflit du fait qu'elle endosse des rôles dans les domaines professionnel et personnel qui sont incompatibles sur le plan des exigences associées à chacun d'eux. Ainsi, un représentant qui vient de se marier et qui est souvent absent de son domicile en raison de ses obligations professionnelles peut subir des pressions de la part de sa femme, qui désire établir et renforcer leur relation. Le représentant est alors exposé au conflit travail-famille. À l'inverse, un représentant souvent absent de son travail parce que son enfant est malade risque de ne pas atteindre les objectifs fixés par son employeur, faute de temps octroyé à ses fonctions professionnelles. Il subit alors un conflit famille-travail. Ce faisant, son employeur risque d'être mécontent de sa performance.

Lorsqu'un déséquilibre se crée entre ces deux sphères, le représentant vit un conflit, qui risque d'affecter aussi bien le représentant que son employeur. En effet, le conflit travail-famille peut dégénérer en rupture de couple, laquelle est susceptible d'affecter le bien-être psychologique du représentant et, par conséquent, son rendement. De façon similaire, le conflit famille-travail nuit à l'atteinte des objectifs et risque à terme de se traduire par une baisse de rémunération ou un licenciement.

Le conflit lié au rôle de représentant

Servant d'intermédiaire entre l'entreprise qu'il représente et le client qu'il dessert, le représentant a pour rôle d'atteindre les objectifs poursuivis par chacun de ces acteurs. Il se doit, à titre de représentant, de valoriser des solutions qui accommodent les attentes de chacune des parties concernées par l'échange. Or, il arrive fréquemment que les attentes et les objectifs de l'entreprise et du client soient incompatibles. Par exemple, un client peut exiger du représentant qu'il lui fasse bénéficier d'un prix préférentiel sur un produit donné en prétextant qu'il est un excellent client. Comme le client demande une ristourne plus importante que celle qui est autorisée par son entreprise, le représentant se trouve coincé entre l'arbre et l'écorce ; il doit prendre position et statuer quant à la position à adopter. Tiraillé de toutes parts et ne voulant déplaire à personne, il expérimente le conflit lié à son rôle. Ce conflit se traduit notamment en stress.

L'ambiguïté du rôle

Il existe différentes situations dans lesquelles le représentant peut ressentir de l'ambiguïté dans son rôle :
- lorsque la définition des tâches qu'il doit assumer n'est pas claire ;
- lorsqu'il n'a pas une idée précise des attentes de son superviseur envers lui ;
- lorsqu'il ne sait trop sur quoi il sera évalué ;
- lorsqu'il n'est pas certain quant à la politique qui s'applique dans certaines situations spécifiques et qu'il se doit d'interpréter l'information pour être apte à fonctionner.

Incertain quant aux attentes et aux façons d'assumer « correctement » son rôle de représentant, il est contraint d'interpréter l'information disponible et de l'extrapoler en vue de décider des comportements adéquats à adopter pour atteindre les objectifs fixés.

La surcharge liée au rôle

Lorsqu'il fait face à des pressions qui émanent de toutes parts, qu'il estime manquer de temps pour satisfaire l'ensemble des parties avec lesquelles il transige ou qu'il croit être incapable de concrétiser la totalité des tâches dont il est responsable, le représentant vit une surcharge liée à son rôle. Cette surcharge crée un dysfonctionnement qui est susceptible d'avoir des incidences individuelles et organisationnelles.

9.2 Les conséquences des problèmes vécus par les représentants

On constate que les problèmes vécus par les représentants touchent principalement leur rôle. On pourrait penser que les dysfonctionnements liés au rôle ne surviennent que de façon occasionnelle et que leur effet est minime. Or, des études démontrent justement qu'ils sont souvent de nature chronique, si bien qu'ils finissent par exercer un effet nuisible sur le moral des représentants qui y sont exposés. En effet, plus les représentants sont exposés à des dysfonctions liés au rôle, plus leur niveau de satisfaction à l'égard de leur travail diminue[10, 11].

Le manque de clarté ou l'ambiguïté qu'ils expérimentent dans leur rôle de représentant influe négativement sur leur niveau de satisfaction envers leur emploi[12], et ce, quelle que soit la situation de vente rencontrée[13]. Plus le représentant est incertain quant au rôle qu'il a à endosser ou plus il lui manque d'information pour réaliser ses tâches, plus il se montre insatisfait des conditions reliées à son travail. Il devient moins engagé envers son employeur, plus enclin à subir une dépression, moins performant, et son intention de quitter son poste s'accroît[14]. Étrangement, le fait d'être exposé à l'ambiguïté ne touche pas les représentants féminins et masculins de la même façon. Plus les représentants masculins ressentent d'ambiguïté dans leur rôle, plus ils se montrent insatisfaits envers leur supérieur immédiat. À l'inverse, les femmes qui vivent de l'ambiguïté dans leur rôle se disent davantage satisfaites de leur superviseur. Cette différence s'expliquerait par le fait que les femmes verraient en leur superviseur une source de soutien qui les aide à clarifier l'ambiguïté vécue, alors que les hommes ne considéreraient pas nécessairement leur supérieur comme un allié, mais comme l'instigateur de cette ambiguïté[15].

Les conflits liés au rôle exercent également un effet négatif sur le niveau de satisfaction du représentant envers son travail[16]. Malheureusement, le problème ne s'arrête pas là. Il est clairement établi que l'effet se fait ressentir en cascade : l'insatisfaction du représentant se traduit par une réduction de sa loyauté organisationnelle[17], laquelle laisse présager de sa part l'intention de quitter l'entreprise[18]. Comme l'intention de quitter est un précurseur du roulement de personnel, il est donc essentiel de maîtriser les antécédents du roulement. Par ailleurs, on sait aussi que le conflit lié au rôle influe négativement sur la performance du représentant. On comprend donc l'importance de contrôler ces aspects du rôle de représentant afin de minimiser les coûts associés à la baisse de rendement ou à la perte d'un représentant[19].

Le conflit et l'ambiguïté vécus dans le rôle touchent les représentants sur le plan émotionnel. En effet, plus ils ressentent de conflit et d'ambiguïté dans leur rôle, plus ils manquent d'énergie, ce qui les conduit à l'épuisement de leurs ressources personnelles. Cet épuisement personnel, précurseur de la dépression, amenuise la satisfaction au travail ressentie par le représentant qui y est exposé[20].

Les conflits entre les sphères professionnelle et familiale sont tout aussi nuisibles. Exposé à des interférences entre ses obligations au travail et à la maison, le représentant se montre davantage insatisfait des politiques en vigueur dans son entreprise. Par contre, l'effet de ce dysfonctionnement n'a pas la même incidence pour les hommes et les femmes sur les autres facettes de leur travail. Les femmes exposées à des conflits entre leurs sphères professionnelle et familiale manifestent moins de satisfaction envers leur travail que leurs collègues masculins et sont moins enclines à se montrer satisfaites envers leurs collègues de travail. Les hommes qui subissent le même genre de pression se disent quant à eux moins satisfaits de leurs conditions salariales et des possibilités de promotion internes, et démontrent moins de satisfaction envers leur superviseur immédiat que leurs collègues féminines. C'est donc dire que les représentants et les représentantes ne vivent pas nécessairement les mêmes effets à la suite de leur exposition à des conflits de nature identique.

La surcharge de travail est un autre facteur qui exerce un effet négatif sur la satisfaction et sur la loyauté organisationnelle des représentants. Cependant, elle touche davantage les représentants ayant plus de 25 années d'expérience que les recrues[21]. Par contre, cette surcharge incite davantage les jeunes représentants à envisager de quitter leur emploi que leurs aînés, ce qui signifie que l'effet nuisible est ressenti plus rapidement chez les représentants moins expérimentés.

Ainsi, lorsque l'on sait que les représentants se sentent plus insatisfaits, épuisés émotionnellement et enclins à quitter leur employeur lorsqu'ils croient que leur temps et leurs efforts sont gaspillés ou ne sont pas utilisés adéquatement[22], il devient important de bien comprendre leur réalité afin de les accompagner correctement et de minimiser les risques associés à une exposition accrue à des conditions de travail inadéquates.

9.3 Les solutions aux problèmes vécus par les représentants

Parmi les solutions mises de l'avant pour contrer partiellement les effets nuisibles vécus par les représentants lorsqu'ils sont exposés à l'ambiguïté du rôle, au conflit lié au rôle ou à la surcharge de travail, les plus adéquates seraient de les encadrer, de leur fournir de la rétroaction ou encore d'accroître la variété de leurs tâches. En effet, les représentants qui travaillent dans un environnement très encadré sont davantage satisfaits, sont moins enclins à faire des dépressions et vivent moins de stress lié à leur rôle que ceux qui évoluent dans des environnements où le contrôle est moindre[23]. La variété leur éviterait l'ennui ; la rétroaction leur donnerait la possibilité de clarifier certains aspects de leurs tâches et les aiderait à trouver des solutions aux conflits vécus, ce qui aurait comme effet d'éliminer les questions que se posent les représentants dans la compréhension de leur rôle.

Or, ces stratégies, si elles peuvent s'avérer utiles, apparaissent limitées dans leurs applications. Selon une étude ayant porté sur ce sujet[24], les représentants ressentent moins de conséquences dysfonctionnelles du conflit lié au rôle lorsque la rétroaction qu'ils reçoivent est élevée. Cela signifierait qu'il est utile d'investir dans la rétroaction envers un représentant lorsqu'il vit des conflits importants dans le cadre de son travail.

Par contre, la rétroaction ne produit pas toujours l'effet escompté, puisqu'il semble qu'elle ait tendance à accroître les effets de l'ambiguïté du rôle sur la tension ressentie par les représentants. L'effet négatif de l'ambiguïté du rôle est accru lorsque la rétroaction et le niveau d'ambiguïté sont tous deux élevés. Lorsque le niveau d'ambiguïté est faible, la tension ressentie par les représentants s'accroît si cette ambiguïté est jumelée à un faible niveau de rétroaction. On pourrait expliquer cette situation par le fait que, dans un tel contexte, les représentants s'ennuient, se sentent inutiles et inappréciés étant donné qu'ils ne bénéficient pas d'une attention soutenue de la part de leurs supérieurs.

Diversifier les tâches ne semble pas non plus nécessairement une solution miracle pour amenuiser l'effet négatif d'une exposition importante à l'ambiguïté du rôle. Lorsqu'un représentant se voit attribuer des tâches très diversifiées, l'effet d'être exposé à beaucoup d'ambiguïté dans son rôle ne fait qu'amplifier son intention de quitter l'entreprise. Ce phénomène peut s'expliquer par le fait que la variété des tâches à laquelle est soumis ce représentant ne fait qu'augmenter le malaise qu'il ressent, vraisemblablement parce que cela contribue à accroître l'ambiguïté du rôle avec laquelle il est déjà aux prises.

Par contre, offrir une variété de tâches à un représentant exposé à une surcharge de travail peut avoir une incidence positive sur lui et faire en sorte qu'il ait moins envie de quitter son employeur. Il se pourrait que cela soit dû au fait que le représentant attribue son manque de temps à réaliser l'ensemble des tâches qui lui sont confiées à la diversité des tâches et non nécessairement au volume de celles-ci. À l'inverse, un représentant qui fait face à une surcharge de travail, mais dont les tâches sont monotones, considère davantage l'option de quitter son emploi, car il manque de stimulation et passe plus de temps à estimer sa surcharge de travail.

Bref, pour réduire les perceptions de rôle négatives vécues par un représentant, le supérieur immédiat peut adopter plusieurs tactiques (*voir le tableau 9.1*). Il peut varier ses tâches, rétroagir plus souvent avec ce représentant et s'assurer de la qualité de la communication qu'il entretient avec lui, afin de réduire l'effet négatif du conflit lié au rôle. Par contre, si le représentant éprouve de l'ambiguïté dans son rôle, le superviseur ne doit pas chercher à diversifier les tâches qui lui sont confiées, car cela risque d'augmenter l'effet nuisible de l'ambiguïté ressentie.

TABLEAU 9.1
Pistes de solutions pour réduire les dysfonctionnements liés au rôle du représentant

Solutions à adopter	Conflit lié au rôle	Ambiguïté du rôle	Surcharge liée au rôle

	Varier les tâches
	
	Valoriser la rétroaction
		• Si ambiguïté élevée :
		  - éviter trop de rétroaction avec les hommes
		  - éviter la diversification
		• Si ambiguïté faible :
		  - encourager la rétroaction
			Si la surcharge est importante, valoriser la diversification des tâches

	Valoriser la qualité de la communication	Valoriser la qualité de la communication	Valoriser la qualité de la communication

Source : Lagace, R.R., S.B. Castleberry et R.E. Ridnour. « An exploratory salesforce study of the relationship between leader-member exchange and motivation, role stress and manager evaluation ». *Journal of Applied Business Research*, vol. 9, n° 4 (automne 1993), p. 110-120.

Inversement, si l'ambiguïté est relativement peu élevée, il est bon d'interagir avec ce représentant, surtout s'il s'agit d'une femme, car elle saura se confier et tenter d'obtenir des conseils en vue de régler les difficultés qu'elle éprouve et clarifier les points sur lesquels l'ambiguïté persiste. Finalement, lorsque le représentant semble débordé et qu'il n'a pas assez de temps pour tout réaliser, il peut s'avérer judicieux de diversifier ses tâches.

Quel que soit le cas, le meilleur moyen dont dispose le directeur d'une équipe de vente pour aider son représentant aux prises avec des dysfonctionnements liés au rôle est d'entretenir une relation de qualité avec lui, de sorte que la communication qui existe entre eux favorise les échanges. En incitant le représentant à se confier, il sera davantage en mesure de le conseiller et de l'accompagner afin que celui-ci fournisse un bon rendement. Une fois le contact établi entre les parties, le supérieur immédiat est en mesure d'aider le représentant à gérer ses ressources de façon judicieuse.

Parmi les ressources à gérer, le temps est certainement la ressource qui influe le plus sur le rendement de chacune des parties.

9.4 La gestion de la ressource temps

Le supérieur immédiat qui veut amener un représentant à gérer adéquatement une ressource aussi précieuse et limitée que le temps l'aidera : 1) dresser une liste exhaustive des tâches qu'il doit réaliser dans une journée donnée ; 2) établir des priorités entre les différentes tâches afin qu'il puisse atteindre les objectifs visés.

Si un représentant affirme ne pas avoir le temps de tout faire dans sa journée, le supérieur doit le rencontrer et lui demander de réaliser un exercice relativement simple afin de déterminer si son horaire est effectivement trop chargé ou si la difficulté qu'il éprouve découle d'une mauvaise organisation de son temps. Cette activité comporte quatre étapes, que nous allons décrire dans les sections suivantes.

9.4.1 Première étape : dresser la liste des activités

Pour l'aider dans son analyse, le supérieur immédiat va d'abord demander au représentant de répertorier l'ensemble des activités qu'il doit réaliser au cours d'une journée donnée.

À titre d'exemple, le représentant fournit la liste suivante :
1. Téléphoner à un client, M. Pépère, pour faire un suivi après-vente.
2. Rencontrer M. Corsé, responsable des achats de la compagnie Vorace, afin d'établir un premier contact.
3. Rappeler Mme Courtoisie pour confirmer un rendez-vous le mois prochain.
4. Rencontrer un client, M. Salé, afin de lui faire signer le contrat de vente.
5. Préparer le rapport de dépenses du mois dernier et le transmettre au superviseur immédiat.
6. Assister à une réunion interne sur la gestion des comptes de dépenses.
7. Faire des appels téléphoniques auprès de 10 clients potentiels à partir d'une liste fournie, en vue de décrocher un premier rendez-vous (démarchage).
8. Envoyer de la documentation sur un produit x à Mme Lavoie, de la compagnie Surenchère.
9. Chercher une salle pour organiser une formation auprès des clients potentiels et actuels.
10. Prendre contact avec quelques conférenciers afin de structurer cette rencontre.

11. Discuter avec le supérieur de possibilités de réaffectation de territoire.
12. Se rendre à Québec afin d'être sur place pour la tournée prévue le lendemain.
13. Réserver une chambre d'hôtel à Québec pour la nuit suivante.

9.4.2 Deuxième étape : remplir la matrice urgence / importance

À partir de cette liste d'activités établie par le représentant, le supérieur immédiat lui demandera de réassigner chacune de ces tâches dans l'un des quadrants de la matrice ci-dessous (*voir la figure 9.2*), selon son importance et son urgence relatives. En d'autres termes, le représentant devra décider si la tâche à réaliser est importante ou non à l'atteinte de ses objectifs prioritaires et si elle est urgente ou non à réaliser, toujours en fonction des objectifs à atteindre.

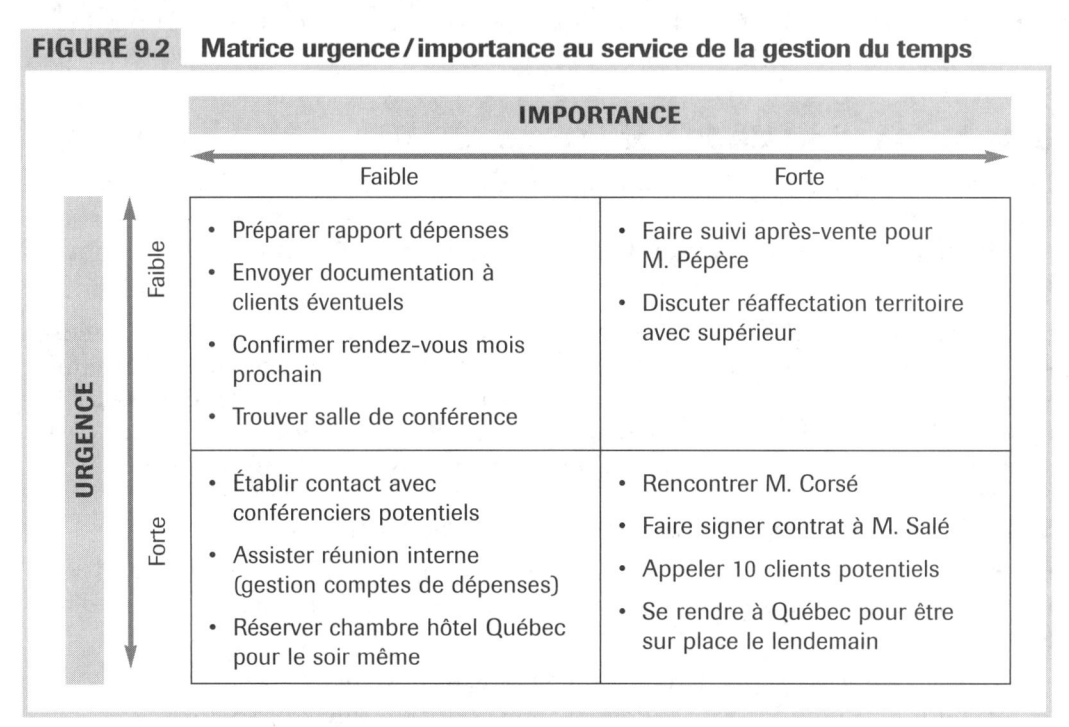

FIGURE 9.2 Matrice urgence / importance au service de la gestion du temps

	IMPORTANCE	
	Faible	**Forte**
URGENCE Faible	• Préparer rapport dépenses • Envoyer documentation à clients éventuels • Confirmer rendez-vous mois prochain • Trouver salle de conférence	• Faire suivi après-vente pour M. Pépère • Discuter réaffectation territoire avec supérieur
URGENCE Forte	• Établir contact avec conférenciers potentiels • Assister réunion interne (gestion comptes de dépenses) • Réserver chambre hôtel Québec pour le soir même	• Rencontrer M. Corsé • Faire signer contrat à M. Salé • Appeler 10 clients potentiels • Se rendre à Québec pour être sur place le lendemain

Source : Adapté de Lézin, P. et A. Toullec. *Force de vente express*, Paris, Dunod, Stedi Imp, 1999.

Le représentant pourra établir ses priorités selon l'emplacement de chacune des activités dans l'un des quadrants.

- Les activités du quadrant « importance forte / urgence forte » sont celles qui doivent être réalisées nécessairement dans le courant de la journée.
- Les activités du quadrant « importance faible / urgence forte » sont celles que le représentant doit assumer lui-même ou déléguer rapidement. Là encore, ces activités doivent être parachevées dans la journée en cours.
- Les activités du quadrant « importance forte / urgence faible » sont généralement des tâches que le représentant doit réaliser lui-même (c'est-à-dire qu'il ne peut les déléguer), mais qui ne sont pas cruciales à l'atteinte de ses objectifs. Elles seront traitées une fois que les activités urgentes auront été complétées.
- Finalement, les activités du quadrant « importance faible / urgence faible » sont celles qui, selon le cas, peuvent être supprimées, réalisées ultérieurement ou

confiées à une autre personne. Dans notre exemple, il apparaît que les activités qui font partie de cette catégorie peuvent facilement être déléguées à une secrétaire ou à une personne de confiance.

9.4.3 Troisième étape : estimer le temps requis pour chaque activité

Pour être en mesure d'évaluer si le représentant a de la difficulté à s'organiser ou plutôt s'il est effectivement surchargé de travail, le supérieur lui demande d'estimer le temps requis pour effectuer chaque activité.

- Par exemple, combien de temps sera requis pour aller rencontrer M. Corsé afin d'établir un premier contact ? Si l'on tient compte du temps de déplacement requis (30 minutes), du temps d'attente dans les locaux de M. Corsé (15 minutes), de la rencontre elle-même (45 minutes) puis du retour au bureau (30 minutes), il faut prévoir 2 heures de la journée de travail du représentant pour accomplir cette tâche.
- Les appels des clients potentiels (à raison de 10 minutes par appel) requièrent 1 h 20 de travail intensif.
- La rencontre avec M. Salé pour lui faire signer son contrat va aussi nécessiter du temps de déplacement (30 minutes) et une période de rencontre (30 minutes).

Bref, chaque activité requiert un certain temps. Un représentant ne pourra consacrer davantage de temps qu'il en a à sa disposition pour assumer sa fonction. Il devient donc impératif d'estimer justement le temps requis par activité et d'organiser la journée de façon à maximiser la ressource temps disponible, et ce, en tenant compte des activités qu'il est susceptible de déléguer. Dans notre exemple, la réservation d'un hôtel, la recherche d'une salle de conférence, l'envoi de documentation, la confirmation du rendez-vous du mois prochain peuvent être délégués à une secrétaire, tout comme la préparation du compte de dépenses. Par contre, même si ces activités sont confiées à une secrétaire, un temps d'explication des tâches à réaliser doit être prévu dans l'horaire du représentant (*voir le tableau 9.2, à la page suivante*).

9.4.4 Quatrième étape : déterminer l'ordre de priorité des activités

À la dernière étape de l'activité, le représentant détermine l'ordre dans lequel les activités seront réalisées et les moyens qu'il retiendra pour ce faire.

- Dans notre exemple, si les deux clients à rencontrer sont situés dans une zone géographique rapprochée, il faut prévoir les rencontrer l'un à la suite de l'autre de façon à minimiser les pertes de temps en déplacement à l'intérieur d'une journée.
- Les appels téléphoniques peuvent faire l'objet d'une plage horaire fixe afin que le représentant s'assure de réaliser cette tâche essentielle.
- Les déplacements dans d'autres villes devront se faire en fin de journée afin de ne pas utiliser les heures « productives » de la journée nécessaires à la réalisation des autres activités.
- Certaines tâches pourront être écourtées à l'occasion, lorsque la situation le permet. Ainsi, dans notre exemple, si la relation entre le représentant et M. Salé est excellente, celui-ci peut prévoir que le contrat sera signé par le client sans que sa présence soit nécessaire. Une entente entre les parties quant aux modalités d'acheminement du contrat signé par le client peut être envisagée. Cela évite ainsi un déplacement du représentant et lui permet de consacrer le temps imparti à cette activité à une autre tâche. Il optimise ainsi ses ressources (temps et frais de déplacement).

TABLEAU 9.2
Organisation de la journée de travail

	Activités	Déléguer (O) ou non (N)	Temps requis	Période de la journée	Séquence des activités
Urgence et importance fortes	Rencontrer M. Corsé	N	2 heures	10:20-12:20	8
	Faire signer le contrat de M. Salé	N	1 heure	13:30-14:30	9
	Appeler 10 clients potentiels	N	1 heure 20 minutes	8:30-9:50	2
	Se rendre à Québec pour le lendemain	N	2 heures 30 minutes	15:45-18:00	12
Urgence forte, importance faible	Établir contact avec conférenciers potentiels	N		15:45-18:00 (voiture)	12
	Assister à la réunion interne	N	30 minutes	8:00-8:30	1
	Réserver chambre hôtel Québec	O	5 minutes	9:50-9:55	3
Urgence faible, importance forte	Suivi après-vente M. Pépère	N	15 minutes	15:30-15:45	11
	Discuter de la réaffectation du territoire avec le superviseur	N	1 heure	14:30-15:30	10
Urgence et importance faibles	Préparer compte de dépenses	O	10 minutes	10:00-10:10	5
	Envoyer documentation à des clients éventuels	O	5 minutes	9:55-10:00	4
	Confirmer le rendez-vous du mois prochain	O	5 minutes	10:10-10:15	6
	Trouver une salle de conférence	O	5 minutes	10:15-10:20	7

Si, en dépit d'une gestion rigoureuse du temps et d'une assignation adéquate des activités, le représentant n'est tout simplement pas en mesure de faire tout ce qu'il « devrait faire » dans sa journée et que cette réalité est la norme plutôt que l'exception, c'est qu'il est temps pour le superviseur de penser à une réaffectation des responsabilités confiées à ce représentant ou à l'ajout d'un autre membre à l'équipe de vente.

RÉSUMÉ

Dans ce chapitre, nous avons vu que, pour atteindre ses objectifs, une organisation doit assurer le bien-être de chacun des membres de l'équipe de vente, sans quoi des problèmes de dysfonctionnement risquent de se manifester. Ces problèmes peuvent prendre de multiples formes : dépression, absentéisme, insatisfaction à l'égard du travail, manque de fidélité envers l'employeur, intention accrue de quitter son emploi et démission. Mais ils peuvent être contrôlés si les précurseurs de ces éléments sont supprimés.

Il est maintenant établi que les perceptions des rôles sont à l'origine de ces effets nuisibles. Il devient dès lors essentiel de les comprendre afin d'aider le représentant qui y fait face à mieux les gérer. Le rôle endossé par un représentant comporte une partie individuelle qui le caractérise. Le rôle comporte aussi une composante publique et une composante privée. Si certaines attentes associées à un rôle sont communes aux représentants d'une équipe de vente, la conception que se fait un représentant de la manière dont il doit endosser son rôle est variable.

Ainsi, lorsque les attentes générées par les sphères personnelle et professionnelle sont incompatibles, le représentant est exposé au conflit entre ses rôles. Lorsque les incompatibilités émanent de disparités vécues au sein de sa fonction de représentant, il subit un conflit lié à son rôle. Il est aux prises avec l'ambiguïté du rôle dans le cas où les responsabilités qu'il doit assumer ne sont pas claires ou qu'il ne sait pas ce qu'on attend de lui. Finalement, s'il se sent débordé, il expérimente une surcharge de travail liée à son rôle.

Pour contrer les effets nuisibles des problèmes liés au rôle, le superviseur pourra varier occasionnellement les tâches confiées au représentant ou valoriser la rétroaction. En tout temps, il mettra l'accent sur la qualité de ses échanges avec chacun des membres de son équipe, de sorte que la communication soit la meilleure possible. En communiquant adéquatement, le responsable de l'équipe de vente sera en mesure de fournir le soutien requis au représentant afin de l'accompagner correctement. Une bonne communication lui permettra d'offrir à son représentant l'éclairage dont il a besoin pour élucider les points nébuleux de sa tâche et réduire l'ambiguïté de son rôle.

Lorsque le conflit vécu par le représentant vient du fait qu'il se sent débordé par ses activités professionnelles, un examen approfondi de sa gestion du temps doit être entrepris. Une fois remplie, la matrice urgence/importance sert de grille d'analyse des activités à réaliser par le représentant. Elle sera très utile pour l'aider à gérer sa ressource temps de la façon la plus efficace possible. S'il s'avère que le représentant sait très bien s'organiser mais qu'effectivement ses activités essentielles sont trop nombreuses pour qu'il puisse toutes les accomplir, il devient nécessaire de revoir les tâches qui lui sont confiées ou de recruter une autre personne.

QUESTIONS

1. Quels facteurs sont à l'origine du roulement au sein d'une équipe de vente ?

2. Expliquez la différence qui existe entre la satisfaction globale et la satisfaction par facettes.

3. À l'aide d'un exemple, expliquez la différence qui existe entre le conflit entre les rôles et le conflit lié au rôle de représentant.

4. Établissez la différence entre les notions suivantes :
   - l'ambiguïté du rôle ;
   - le conflit lié au rôle ;
   - la surcharge de travail liée au rôle.

   À votre avis, lequel de ces problèmes est le plus dommageable pour le représentant ?

ATELIER

Rencontrez un représentant et demandez-lui d'établir la liste de toutes les activités qu'il doit réaliser dans le courant de sa journée. À partir des renseignements fournis, élaborez la matrice urgence/importance et évaluez la situation de ce représentant :
- Est-il exposé à une surcharge de travail ou non ?
- Sait-il s'organiser adéquatement ou non ?
- Quelles seraient vos recommandations en lien avec sa situation ?

NOTES

1. Traduction libre du cas «What would you do» paru dans *Sales & Marketing Management*, octobre 2005, p. 56.

2. KLEWER, E.D., R.W. SHAFFER et B.L. BINNING. «Sales is an investment, attrition an expense». *Journal of Health Care Marketing*, vol. 15 (automne 1995), p. 12-13.

   PINKOVITZ, W.H., J. MOSKAL et G. GREEN. «How much does your employee turnover cost?». *Small Business Forum*, vol. 14 (hiver 1997), p. 70-71.

3. ADIDAM, P.T. «Causes and consequences of high turnover by sales professionals». *The Journal of American Academy of Business*, vol. 10, n° 1 (septembre 2006), p. 137-141.

4. BROWN, S.P. et R.A. PETERSON. «Antecedents and consequences of salesperson job satisfaction: meta-analysis and assessment of causal effects». *Journal of Marketing Research*, vol. 30 (février 1993), p. 63-77.

5. SCARPELLO, V. et J.P. CAMPBELL. «Job satisfaction: are all the parts there». *Personnel Psychology*, vol. 36, n° 3, 1983, p. 577-600.

6. JOHNSTON, M.W. et al. « A longitudinal assessment of selected organizational influences on salespeople's organizational commitment during early employment». *Journal of Marketing Research*, vol. 27 (août 1990), p. 333-344.

7. BROWN et PETERSON. 1993. *Ibid*.

8. FIRTH, L. *et al*. «How can managers reduce employee intention to quit?». *Journal of Managerial Psychology*, vol. 19, n° 2, 2004, p. 170-187.

9. SAGER, Jeffrey. «A structural model depicting salespeople's job stress». *Journal of the Academy of Marketing Science*, vol. 22, n° 1, 1994, p. 74-84.

10. FIRTH et al. 2004. *Ibid*.

11. JOHNSTON *et al*. 1990. *Ibid*.

12. GRANT, K. *et al*. «The role of satisfaction with territory design on the motivation, attitudes and work outcomes of salespeople». *Journal of the Academy of Marketing Science*, vol. 29, n° 2, 2001, p. 165-178.

13. AVLONITIS, G.J. et N.G. PANAGOPOULOS. «Role stress, attitudes, and job outcomes in business-to-business selling: does the type of selling situation matter?». *Journal of Personal Selling & Sales Management*, vol. 26, n° 1 (hiver 2006), p. 67-77.

14. LOW, G.S., D.W. CRAVENS et K. GRANT. «Antecedents and consequences of salesperson burnout». *European Journal of Marketing*, vol. 35, n° 5/6, 2001, p. 587-611.

15. BOLES, J.S., J.A. WOOD et J. JOHNSON. « Interrelationships of role conflict, role ambiguity, work-family conflict with different facets of job satisfaction and the moderating effects of gender». *Journal of Personal Selling & Sales Management*, vol. 23, n° 2 (printemps 2003), p. 99-113.

16. MICHAELS, R.E. et A.L. DIXON. «Sellers and buyers on the boundary: potential moderators of role stress-job outome relationships». *Journal of the Academy of Marketing Science*, vol. 22, n° 1, 1994, p. 62-73.

17. NAUMANN, E., S.M. WIDMIER et D.W. JACKSON Jr. «Examining the relationship between work attitudes and propensity to leave among expatriate salespeople». *Journal of Personal Selling & Sales Management*, vol. 20, n° 4, 2000, p. 227-242.

18. BROWN et PETERSON. 1993. *Ibid*.

19. MACKENZIE, S.B., P.M. PODSAKOFF et M. AHEARNE. «Consequences of in-role and extra-role salesperson performance». *Journal of Marketing*, vol. 62, n° 3 (juillet 1998), p. 87-98.

20. BABAKUS, E. *et al*. « The role of emotional exhaustion in sales force attitude and behavior relationships ». *Journal of the Academy of Marketing Science*, vol. 27, n° 1 (hiver 1999), p. 58-70.

21. JONES, E. *et al*. « The role of overload on job attitudes, turnover intentions and salesperson performance ». *Journal of Business Research*, vol. 60, 2007, p. 663-671.

22. JAMARILLO, F., J. PRASKASH MULKI et W.B. LOCANDER. « The role of time wasted in sales force attitudes and intention to quit ». *The International Journal of Bank Marketing*, vol. 24, n° 1, 2006, p. 24-36.

23. CRAVENS, D.W. *et al*. « Formal and informal management control combinations in sales organizations : the impact on salesperson consequences ». *Journal of Business Research*, vol. 57, 2004, p. 241-248.

24. SINGH, J. « Striking a balance in boundary-spanning positions : an investigation in some unconventional influences of role stressors and job characteristics on job outcomes of sales people ». *Journal of Marketing*, vol. 62, n° 3 (juillet 1998), p. 69-86.

CHAPITRE 10

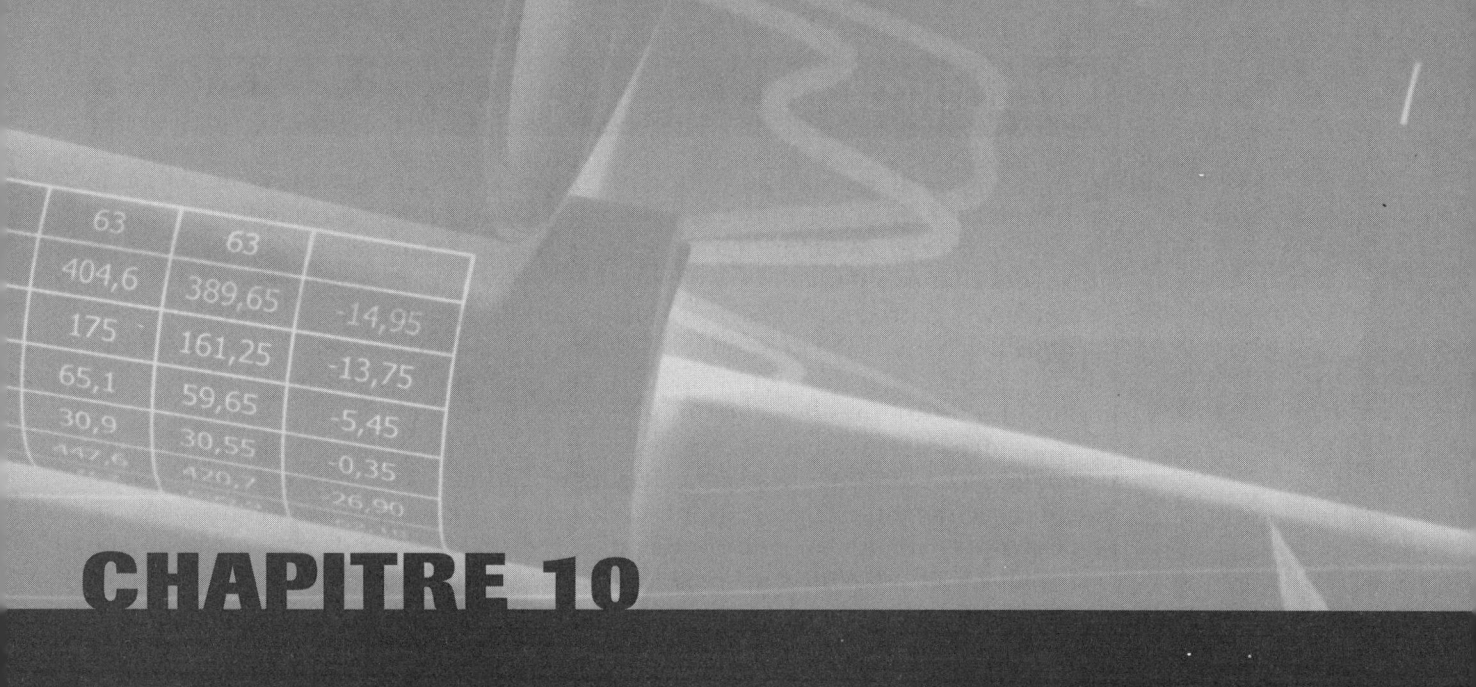

La gestion du programme de formation

OBJECTIFS

Après l'étude de ce chapitre, vous devriez pouvoir :

- reconnaître l'importance de la gestion du programme de formation ;
- élaborer un programme de formation efficace ;
- saisir l'importance des grands objectifs de la formation ;
- analyser les besoins en matière de formation ;
- choisir les participants à la formation ;
- évaluer la durée et les coûts de la formation ;
- établir le contenu de la formation ;
- fixer les lieux de formation ;
- choisir les formateurs ;
- sélectionner les outils d'apprentissage ;
- évaluer le programme de formation.

INTRODUCTION

Les représentants sont au centre de l'organisation. Ils ont la responsabilité de vendre ses produits ou ses services selon ses objectifs et aux meilleures conditions possible. Comme leur titre le signifie, ils « représentent » l'organisation auprès des clients et des consommateurs. Leur travail de vente repose sur la relation de confiance[1] entre les parties. La confiance est liée à la relation personnelle entre les individus, ce qui fait référence à la notion d'empathie[2], mais aussi et surtout aux compétences et aux connaissances des représentants et des vendeurs. Peu importe les techniques de vente utilisées, si les représentants ne maîtrisent pas la connaissance de leur organisation, de leurs produits ou services et de la chaîne de valeur, elles ne serviront pas les deux parties en cause. Il faut bien comprendre aussi que le représentant est bien souvent seul face aux clients et aux consommateurs. Il ne peut alors compter sur personne pour le conseiller. C'est dans ce contexte que la formation prend tout son sens. Le directeur des ventes a donc comme rôle d'acquérir des compétences et des connaissances permettant aux représentants et aux vendeurs d'être efficaces et de stimuler la valeur des produits et des services. Sans formation, comment un représentant pharmaceutique pourrait-il présenter une nouvelle molécule à un médecin et être crédible ? Un représentant ou un vendeur doit donc bien maîtriser tous les aspects touchant son organisation, ses produits et services ainsi que la chaîne de valeur[3] pour « représenter » efficacement son organisation vis-à-vis des clients et des consommateurs, selon les objectifs et les stratégies de vente de l'organisation[4].

Les représentants ne peuvent assurer à eux seuls et de leur propre initiative toute la gestion des connaissances pour leur formation personnelle et professionnelle[5]. Ce processus serait trop ardu et exigerait beaucoup trop de temps. La gestion de la formation est en quelque sorte un agent facilitateur ; elle offre aux représentants et aux vendeurs les moyens les plus efficaces possible pour se perfectionner et atteindre de meilleures performances de vente[6]. La formation a pour rôle d'inculquer la mission de l'organisation aux représentants, de leur faire comprendre les rôles qu'ils ont à jouer et la façon dont ils peuvent les traduire en stratégies de vente. Elle leur apprend aussi à gérer le territoire et les consommateurs ainsi qu'à maîtriser les connaissances essentielles pour être performant.

Il faut également savoir que la formation ne s'adresse pas uniquement aux nouvelles recrues, mais à tous les représentants et vendeurs. À titre d'exemple, la philosophie d'une gestion des ventes orientée vers les marchés (SOM) ne doit pas être comprise que par les nouveaux venus, mais assimilée par tous, même par les représentants en place depuis plusieurs années. De plus, les environnements interne et externe évoluent, la concurrence notamment, ce qui entraîne de nouvelles façons de faire.

10.1 Les grands objectifs de la formation

Le but premier de la formation est de nature économique : elle sert à améliorer la performance des représentants au meilleur de leurs capacités en créant de la valeur pour les clients et les consommateurs. De plus, à l'amélioration de la performance de vente s'ajoute la réduction des coûts de l'équipe de vente, notamment sur le plan de la gestion des territoires (*voir le chapitre 7*).

La formation engendre des coûts, certes, mais la perte de clients également! Et ce n'est qu'un exemple parmi tant d'autres. Combien un manque de formation coûte-t-il à l'entreprise en baisse de profit, en ventes ratées, en ventes sous-optimales, en clients insatisfaits, en contrats perdus aux mains des concurrents, et ainsi de suite? Comme nous l'avons vu, un programme de formation permet à un nouveau représentant d'atteindre ses objectifs avec plus de facilité et d'améliorer le volume des ventes[7]. On considère que chaque dollar investi dans la formation rapporterait 2,63 $ en revenus, selon une étude de cas (Honeycutt *et al.*, 2001)[8]. Il existe toutefois d'autres facteurs pouvant modifier considérablement le niveau de rendement d'un représentant. Le gestionnaire de l'équipe de vente peut mesurer la façon dont la formation influe sur le rendement des représentants. Nous discuterons ce point à la section 10.2.8.

En somme, la formation donnée aux représentants et aux vendeurs rehausse leur degré de motivation et réduit leur taux de roulement, améliore la gestion des territoires et augmente ultimement le degré de satisfaction des clients et des consommateurs.

10.1.1 La formation, l'efficacité et la performance de vente

La formation augmente l'efficacité et la performance de vente sur divers plans. Nous allons examiner les principaux dans les paragraphes qui suivent.

La préparation des recrues

Il est très frustrant pour un acheteur ou un client d'être obligé de traiter avec un représentant ou un vendeur qui ne maîtrise pas son sujet, que ce soit les produits et les services, ou le domaine d'activité. Cela ébranle la confiance que l'on peut ressentir à son égard et compromet le succès du processus de vente. Cette situation est contraire à la philosophie de la SOM, où justement la connaissance du marché et de la chaîne de valeur contribue à la création de valeur pour les clients et les consommateurs[9].

Cette fâcheuse situation peut être nettement améliorée par un programme de formation. Les clients n'ont alors pas à subir la formation d'une recrue. Le fait de lancer un représentant dans un territoire ou sur le terrain sans l'avoir formé constitue un manque de respect à l'égard des acheteurs et des clients. Une formation, même de base, offerte aux nouveaux représentants améliorera le taux de succès en ce qui concerne les ventes et la profitabilité.

Les connaissances sur la gestion des territoires

Comme nous l'avons vu au chapitre 7, la gestion du territoire accroît l'efficacité, les performances et donc la profitabilité. Cependant, les connaissances relatives à la gestion des territoires ne servent absolument à rien si elles sont réservées au directeur des ventes. L'établissement des itinéraires en fonction de la classification des clients et des segments de marché doit impérativement faire partie de la formation des représentants et des vendeurs. L'atteinte des objectifs de vente passe par la formation, alors que l'organisation doit transmettre les objectifs, établir les quotas, mais aussi démontrer comment les atteindre le plus efficacement possible.

La maîtrise des approches de vente

L'efficacité des représentants passe aussi par la maîtrise des approches de vente dans le cadre d'une SOM. La formation permet d'améliorer les techniques de vente et d'acquérir les compétences et les habiletés qui y sont rattachées. Elle contribue alors à rehausser le niveau d'efficacité de vente dans le territoire[10].

L'autonomie des représentants

Les directeurs des ventes ne peuvent être constamment présents auprès des représentants et des clients. Il est alors important que la formation contribue à augmenter le niveau d'autonomie des personnes, qu'elle amène le représentant à prendre des initiatives, à faire des choix éclairés et à utiliser des méthodes de travail appropriées.

Le contrôle de l'activité de vente

Un programme de formation peut aussi améliorer le contrôle de l'activité de vente. En fait, ce programme renseigne les représentants sur la façon dont les différentes tâches doivent être effectuées. Il peut s'agir de la manière de faire les présentations de vente ou de rédiger des rapports de vente.

10.1.2 La formation et le taux de roulement

Lorsqu'elle est bien structurée, la formation pour les nouveaux représentants permet de diminuer le taux de roulement et les risques d'abandon prématuré. En fait, il n'est pas conseillé d'affecter un représentant dans un nouveau territoire s'il ne connaît à peu près pas l'entreprise qui l'embauche ni les produits qu'il doit vendre; autrement, la recrue éprouvera rapidement un sentiment de frustration et d'incompétence. Elle ne réussira sans doute pas à gagner la confiance des clients, ce qui laisse présager un rendement médiocre de sa part. Elle risque donc de se décourager et de quitter l'entreprise à brève échéance.

C'est ainsi qu'une formation adéquate préparera efficacement la recrue au monde de la vente. Les risques de désappointement et, par conséquent, d'abandon seront par le fait même diminués, notamment en début de carrière. Le représentant pourra alors éprouver de la satisfaction à plus long terme.

Une recrue ne doit pas être laissée à elle-même lorsqu'elle arrive au travail pour la première fois, alors que ce moment est particulièrement stressant[11]. Afin de favoriser l'intégration et la socialisation du nouveau représentant[12], il convient tout d'abord de lui présenter l'entreprise à laquelle il vient de se joindre, ses collègues, les produits et les services qu'il devra vendre et la façon dont il devra le faire. Le nouveau représentant devra aussi être en mesure d'appliquer les politiques et les méthodes propres à l'entreprise ainsi que de connaître ses responsabilités et les objectifs à atteindre. En plus de lui apprendre les limites de son territoire, la formation lui permettra de se familiariser avec le domaine d'activité, le marché et, finalement, la clientèle qu'il servira. Sur le plan stratégique, la formation aidera la recrue à saisir l'importance capitale d'une bonne connaissance des produits, des services, des prix et plus encore, comme les tactiques et les stratégies des concurrents. La formation permet aussi à la recrue de mieux saisir la culture organisationnelle de vente[13], les valeurs et le mode de fonctionnement de l'entreprise, ce qui facilite les communications avec la direction, les collègues, mais aussi les clients et les membres de la chaîne de valeur.

On retient donc que si une recrue est laissée à elle-même dans son territoire, il ne faut pas se surprendre qu'elle conçoive des sentiments négatifs à propos de son nouveau travail. La tension et le stress engendrés par la méconnaissance de son travail et des rôles qu'elle doit assumer risquent fort de diminuer son sentiment de satisfaction et sa motivation au travail.

10.2 Le programme de formation

Un programme de formation efficace et performant doit pouvoir répondre aux besoins du directeur des ventes, de l'organisation et du marché. La première étape du programme, l'analyse des besoins et la détermination des objectifs, reflète bien cette préoccupation. Au cours de la seconde étape, le directeur des ventes choisit les participants en tenant compte du contexte et des différences de chacun. La troisième étape consiste pour lui à évaluer la durée de la formation ainsi que le coût qui s'y rattache. Aux quatre étapes suivantes, il doit déterminer le contenu de la formation et les lieux où elle se tiendra, puis choisir les formateurs et les outils d'apprentissage. Finalement, il doit évaluer le programme afin de le modifier ou de le réajuster pour améliorer son efficacité et sa performance (*voir l'encadré 10.1*).

ENCADRÉ 10.1

Contenu du programme de formation

- L'analyse des besoins et la détermination des objectifs.
- Le choix des participants.
- La durée et le coût de la formation.
- Le contenu de la formation.
- Les lieux de la formation.
- Les formateurs.
- Les outils d'apprentissage.
- L'évaluation du programme de formation.

10.2.1 L'analyse des besoins et la détermination des objectifs

L'établissement du programme de vente commence par l'analyse des besoins et la détermination des objectifs de formation. Nous vivons dans un monde en pleine évolution, où la présence de la concurrence se fait de plus en plus sentir. Le directeur des ventes doit donc faire le point et se pencher sur ses besoins. Comment peut-il faire en sorte que les objectifs de vente correspondent aux stratégies et aux tactiques de vente ? La réponse à cette question doit apparaître dans le contenu de la formation. Nous avons déjà abordé la notion de la SOM. Le programme de formation permet au directeur des ventes de l'implanter dans son équipe de vente. Ce programme assure également la transmission d'information sur les changements continuels qui se produisent dans les environnements interne et externe du travail. De plus, il constitue pour le directeur des ventes une façon de communiquer avec ses représentants. Il sert à perfectionner leurs connaissances, leurs habiletés et leurs compétences, tout en étant un moyen privilégié de transmettre la culture et les valeurs organisationnelles aux membres de l'équipe.

Le programme de formation commence donc par une réflexion approfondie de la part du directeur des ventes, en vue de déterminer les objectifs, les problèmes et les solutions, car les coûts peuvent outrepasser les bénéfices. Dans bien des cas, le calcul des retombées se fait par le calcul de l'augmentation des ventes (par exemple de l'ordre de 10 %). Le directeur des ventes s'interroge aussi sur la façon dont le programme de formation peut influer sur le degré de satisfaction des clients et des consommateurs. En fait, une telle mesure doit être envisagée dans une perspective de retour sur investissement (ROI). C'est une dépense qui doit être rentabilisée non à court terme, mais davantage à moyen et à long terme. Les représentants et les vendeurs représentent la force vive des organisations, et c'est la responsabilité des directeurs des ventes de leur offrir la formation qu'ils méritent : c'est une question de respect pour ces personnes très importantes dans l'organisation. De plus, sans formation, il est facile de sous-estimer le potentiel du vendeur, quel que soit son niveau d'expérience et de compétence. La formation permet alors à chacun d'exploiter le meilleur de lui-même.

Le directeur des ventes doit aussi considérer les différences qui existent entre ses représentants. Bien entendu, les recrues n'ont pas les mêmes besoins que les représentants expérimentés, si bien que le contenu du programme de formation doit être adapté aux besoins de chacun. Pour atteindre ses objectifs, un programme de formation doit également intéresser ses participants. La formation coûte cher et elle exige du temps qui n'est pas consacré à la vente. Le directeur des ventes doit donc faire en sorte que ses objectifs et ses retombées soient bien compris des représentants. Ces derniers ne veulent pas avoir l'impression de perdre leur temps ; il faut donc que la formation soit pertinente et évite les recettes toutes faites si on veut qu'elle soit crédible à leurs yeux. Elle doit cibler les objectifs de l'organisation et le contexte du marché dans lequel on se bat. On ne fait pas de la formation uniquement pour se donner bonne conscience. La formation joue un rôle important en influant sur la performance des représentants, et c'est au directeur des ventes qu'incombe la responsabilité d'implanter un programme efficace et performant !

10.2.2 Le choix des participants

Il est très facile de concevoir que la formation d'une recrue et celle d'un représentant d'expérience doivent être différentes. L'un a tout à apprendre tandis que l'autre dispose déjà d'un bon bagage de connaissances, mais cela n'exclut pas forcément ce dernier du programme de formation. En effet, au cours des années, des changements s'opèrent à tous les niveaux de l'environnement de la vente : le marché, les concurrents, les produits et les services, et l'organisation elle-même. Ces changements requièrent possiblement de nouvelles approches, stratégies et tactiques de vente, par exemple la SOM. Toutes ces raisons justifient le besoin de formation pour les représentants et les vendeurs expérimentés.

Les besoins en matière de formation concernent aussi les représentants et les vendeurs qui vont obtenir une promotion, afin de les préparer à de nouvelles fonctions, particulièrement en gestion des ventes. Il ne faut pas non plus oublier la formation des directeurs des ventes, qui se fait en concordance avec celle des représentants et des vendeurs[14].

10.2.3 La durée et le coût de la formation

La formation qu'une entreprise peut offrir aux représentants a pour but de leur donner les moyens d'atteindre les objectifs qui leur sont assignés. La période de formation varie grandement en fonction des besoins et des objectifs, donc en fonction de l'entreprise, du type de vente, de la compétence et de l'expérience des recrues. Dans les faits, elle peut durer de quelques semaines à plusieurs mois, être sporadique ou continue. En moyenne, les recrues obtiennent une formation de 3,9 mois au coût de 7 079 $ tandis qu'elle est de 32,5 heures par année au coût de 4 032 $ pour les représentants d'expérience[15].

Il n'existe cependant pas de règle précise quant à la durée de la formation. Elle doit tout de même permettre à un nouveau représentant d'acquérir les compétences nécessaires afin de remplir adéquatement sa mission. Quant au contenu de la formation, il variera selon les mêmes critères que ceux qui déterminent la durée de la formation. Il est intéressant de noter à ce propos que le coût de la formation influe fortement sur la durée du programme de formation ainsi que sur son contenu.

10.2.4 Le contenu de la formation

Les éléments qui suivent ne font pas obligatoirement partie du programme de formation. On pourra les considérer suivant le type de formation, son coût ou la forme d'intervention requise selon la tâche, mais surtout suivant l'analyse des besoins. Dans cette section, nous prendrons le cas d'une recrue qui ne possède que très peu d'expérience dans la vente ou n'en possède pas du tout.

La connaissance de l'entreprise

Un représentant qui travaille dans une entreprise devrait connaître son histoire, sa mission, ses objectifs ainsi que ses plans stratégiques à court, à moyen et à long terme. Plusieurs entreprises font visiter à leurs recrues les diverses installations de l'organisation, qu'il s'agisse d'usines ou de centres de distribution, etc. Ces visites ont pour but de compléter leur formation au sujet de l'entreprise et du produit. Le fait de mieux connaître les installations de l'organisation, comme les laboratoires de recherche, et de pouvoir observer la qualité de l'assemblage d'un produit représente pour les recrues un élément positif pour mieux comprendre la chaîne de valeur et ainsi offrir à leurs clients des produits et des services à valeur supérieure.

Bien qu'elles soient coûteuses, ces visites favorisent les échanges entre les membres de l'organisation. Les visites de l'entreprise sont aussi appréciées par les clients. Souvent, elles s'avèrent même nécessaires dans le cadre de projets importants. Ainsi, les représentants qui connaissent les installations de l'entreprise deviendront de meilleurs guides et accompagnateurs pour les clients.

La description des tâches, les objectifs de vente et les quotas

En principe, les recrues doivent connaître au début de leur formation ce qu'on attend d'elles et des rôles qu'elles auront à jouer dans l'organisation ainsi qu'auprès des clients et les consommateurs. Ainsi, la description des tâches est un bon outil permettant aux représentants de prendre conscience des tâches et des activités qu'ils auront à accomplir. Elle leur fournira une image claire du travail qu'ils devront effectuer au sein de l'équipe de vente et auprès des clients. De plus, les nouveaux représentants doivent connaître les objectifs et les quotas qu'ils auront à atteindre ainsi que la façon dont ils seront évalués.

La connaissance de la gamme de produits et de services

La formation portant sur la gamme de produits est fondamentale. Un représentant doit être en mesure de résoudre les problèmes des clients et de leur suggérer les produits et les services qui répondent le mieux à leurs besoins. C'est pourquoi il doit connaître non seulement les diverses utilisations des produits, mais aussi les avantages et les désavantages de chacun d'eux. De surcroît, il doit être au fait de tout ce qui concerne le produit et le service. Il s'agit, entre autres, de l'enregistrement de la commande, du temps alloué à la production, des modalités de livraison, de la politique de crédit, des plans de promotion, des échelles de prix, et ainsi de suite. En somme, le représentant doit connaître toute l'information pertinente afin de conclure une vente et de maintenir la satisfaction du client. Cette information est détaillée dans l'encadré 10.2, où on trouve les éléments relatifs aux produits, aux prix, au réseau de distribution, à la chaîne de valeur et au programme de communication (PCMI). Les connaissances sur le produit et l'ensemble du *marketing mix* influent sur la performance de vente et la satisfaction des clients.

La description des politiques de l'organisation

Un programme de formation doit décrire les diverses politiques et méthodes de l'entreprise qui sont reliées directement à la vente. Ainsi, la recrue doit connaître la politique de l'entreprise en cas de plaintes de la part des clients de même que les modalités de retour de la marchandise défectueuse. Il existe également des politiques et des méthodes au sujet des erreurs de livraison, de la marchandise non vendue, de la faillite du client ainsi que du mode de paiement et de recouvrement.

Certains représentants et vendeurs sont responsables de la promotion et de la gestion des budgets par clients. Encore une fois, une connaissance approfondie des politiques et des méthodes s'avère essentielle.

Le processus d'achat et de vente

La formation d'un représentant doit comprendre nécessairement la vente et ses techniques. Certains représentants, au cours de leurs études collégiales ou universitaires, ont déjà suivi une formation plus ou moins approfondie sur les techniques de vente, mais d'autres, pas du tout. C'est souvent le cas dans le domaine de la vente-conseil ou technique pour des ingénieurs, par exemple. Il y a donc des variantes qu'il est nécessaire d'évaluer.

De nombreuses entreprises orientent les techniques de vente en fonction de la culture organisationnelle et des marchés. À ce titre, selon le type de marché, elles mettent au point des stratégies de vente différentes, et font donc appel à différents types de représentants[16]. En fonction des marchés, les organisations offrent ordinairement une formation sur le processus de vente, de la sollicitation jusqu'à la conclusion de la vente[17]. Il est également important pour le représentant de maîtriser le processus d'achat et le comportement des consommateurs selon le domaine d'activité et le secteur du marché, que ce soit au niveau des acheteurs, des consommateurs et des personnes qui influent sur ce processus, comme nous l'avons vu au chapitre 2. Enfin, il doit posséder les connaissances relatives à la chaîne de valeur.

ENCADRÉ 10.2

Connaissance des produits et des services

Le processus de développement des produits et des services.
La durée du processus de développement des produits et des services.
Les composantes des produits et des services (ingrédients, pièces, matériaux, etc.).
Les données techniques des produits et des services.
La provenance des composantes des produits et des services.
Les étapes de production des produits et des services.
Les caractéristiques des produits et des services.
Les conditions d'utilisation des produits et des services.
Les différentes utilisations des produits et des services.
Les inconvénients associés aux produits et aux services (effets secondaires, contre-indications, etc.).
Les liens existant entre les produits et les services et les besoins des clients et des consommateurs.
Le processus d'achat des clients et des consommateurs et de la chaîne de valeur.
Le marché cible et les segments de marché associés aux produits et aux services.
Le positionnement des produits et des services par rapport au marché cible et aux segments de marché.
Les analyses et les études relatives aux produits et aux services (efficacité des produits, efficacité énergétique, etc.).
Les produits et les services en cours de développement.
Le cycle de vie des produits et des services.
Les questions environnementales relatives aux produits et aux services.
Les garanties et les conditions associées aux produits et aux services.
L'emballage et les conditions d'entreposage des produits et des services.
Les réseaux de distribution des produits et des services.
Les procédures d'installation des produits et la mise en place des services.
Le service et le soutien après-vente.
Les divers services associés aux produits et aux services (évaluation, formation, etc.).
Les délais et la logistique d'approvisionnement des produits et des services.
Les politiques de reprise des produits et des services.
Les conditions de paiement et de financement des produits et des services.
Les noms et les noms de code des produits et des services.
Les modes de prises de commandes et l'élaboration de contrats de vente.
Les programmes de communication et de promotion des ventes (PCMI, publicité, commandites, etc.).
L'information relative aux produits et aux services des concurrents.
Etc.

Dans le cadre de la SOM, la gestion des ventes adopte l'approche de l'orientation client et un type de vente basé sur la consultation, que l'on appelle la vente consultative[18].

Une formation sur le processus de vente a pour avantage de maintenir une certaine uniformité et une bonne cohérence entre la culture organisationnelle et l'atteinte des objectifs, tout en tenant compte des disparités entre les représentants.

La description du marché

Un marché, tout comme un domaine d'activité, possède certaines particularités. Un marché a son fonctionnement propre, et même sa culture. Ainsi, la connaissance des caractéristiques du marché est capitale. Elle aidera les recrues à adapter leurs stratégies de vente en fonction du contexte, ce qui conduira à l'amélioration de leur performance.

Les renseignements sur la santé économique du marché font aussi partie du processus de formation. En effet, l'évolution du marché constitue une information fort pertinente. La preuve en est que l'économie influe sur le comportement d'achat, aussi bien en temps de crise qu'en période de croissance. Les stratégies de vente devront donc tenir compte des changements qui peuvent survenir dans le marché.

La description des caractéristiques du territoire

Au cours de la formation, il est évidemment important de fournir aux recrues des renseignements sur les types de clients qui se trouvent dans leurs territoires : petits, moyens et grands clients, clients clés et autres types de segments de marché. À chacun de ces types de clients et de segments de marché on associe les stratégies de vente les plus appropriées. En principe, les éléments relatifs à la clientèle devraient être cohérents avec le choix de détermination des territoires, que nous avons abordé au chapitre 7.

La description des concurrents

Sur le plan de sa stratégie, il est essentiel pour une organisation de connaître les concurrents avec qui elle partage le marché. Il convient alors d'informer les recrues sur les principaux concurrents et sur leurs produits et leurs services. Par ailleurs, il faut procurer aux nouveaux représentants tous les autres renseignements pertinents comme la promotion des ventes et les prix des concurrents, ainsi que les stratégies et les tactiques qu'ils adoptent dans le réseau de distribution. De cette façon, les représentants pourront établir des comparaisons utiles. Cette information leur permettra en outre d'élaborer un plan de vente efficace. Elle servira aussi de référence lors des présentations et dans le traitement des objections.

La gestion des territoires

Nous avons vu au chapitre 7 l'importance de la gestion des territoires en ce qui concerne l'efficacité et la performance des représentants et des ventes. La gestion du temps est déterminante, car le temps alloué à la vente est précieux. Pour qu'une recrue soit efficace et performante, il faut que le programme de formation insiste sur la gestion des territoires.

Le nouveau représentant doit apprendre la gestion des clients selon leur importance respective afin d'établir un calendrier de visites et de tracer ses itinéraires le plus efficacement possible. Rappelons que la gestion du temps des représentants est déterminante quant à l'atteinte des objectifs, notamment des quotas, et à l'amélioration de leur performance générale.

Le travail en équipe et la coordination des activités

Au chapitre 1, nous avons abordé les piliers du concept marketing et de la SOM. Nous avons précisé que l'un d'eux représente la capacité de l'organisation à coordonner les activités marketing dans toute l'organisation.

La coordination marketing permet d'établir des relations entre toutes les fonctions et les ressources (recherche et développement, production, etc.) afin de créer une valeur supérieure pour les clients et les consommateurs.

Dans le cadre d'une SOM, la collecte de l'information commerciale stratégique et sa dissémination de même que la coordination des activités sont, dans la plupart des cas, de la responsabilité des représentants qui, en raison de leurs liens directs et étroits avec les clients, y jouent un rôle très important[19]. Cette orientation exige des habiletés sur le plan du travail en équipe[20]. Les recrues doivent donc être particulièrement sensibilisées à cet aspect.

Les aspects légaux et éthiques

Pour favoriser une bonne gestion, les entreprises doivent respecter les lois, cela est bien évident (mais n'est pas toujours le cas!). De plus, certaines se sont dotées de règles internes de bonne conduite tandis que d'autres appliquent un code de déontologie, soit les normes qui régissent une industrie. À titre d'exemple, on peut mentionner le code de déontologie des Compagnies de recherche pharmaceutique du Canada «Rx&D»[21]. Il va de soi qu'il est difficile de respecter des lois, des règles et des normes si elles ne sont pas connues! La sensibilisation aux aspects légaux et éthiques ainsi que le respect des règles passent par le programme de formation.

Les autres éléments de contenu

La liste des éléments d'un programme de formation que nous avons donnée n'est pas exhaustive. Les lecteurs auront certainement constaté toute l'importance des connaissances qu'il faut transmettre dans un programme de formation. Soulignons que le contenu de la formation variera selon le type de vente, le marché et le domaine d'activité, et selon le niveau de compétence et d'expérience des recrues.

Le programme de formation est aussi un lieu propice pour expliquer un changement organisationnel comme le passage d'une orientation produit à une SOM. C'est également l'occasion de présenter de nouvelles technologies informatiques de gestion des ventes ou encore des programmes spéciaux, qu'il s'agisse de campagnes de promotion ou de lancement de nouveaux produits.

Le contenu d'un programme de formation n'est pas coulé dans le béton. Au contraire, il doit être souple, créatif et répondre le plus efficacement possible tant aux objectifs de l'organisation qu'aux besoins des représentants et des vendeurs.

10.2.5 Les lieux de la formation

Où la formation doit-elle avoir lieu? Il y a en fait deux possibilités: centraliser le programme de formation ou le décentraliser. Chacune des approches mérite une bonne réflexion. La durée du programme de formation, son contenu et les besoins à satisfaire sont les critères qui aideront à choisir la meilleure approche.

La formation centralisée

Le principal avantage de la **formation centralisée**, c'est-à-dire offerte dans un lieu central comme au siège social d'une organisation ou encore dans un centre de formation attitré, est de regrouper plusieurs spécialistes sous le même toit. Ainsi, le matériel de laboratoire, les livres et toutes les autres ressources nécessaires à la formation sont plus facilement accessibles. C'est souvent en raison du grand nombre de représentants et de vendeurs à former qu'on opte pour la formation centralisée. Elle est plutôt l'apanage des très grandes organisations, comme dans le domaine pharmaceutique ou dans le domaine du commerce au détail.

La centralisation a cependant l'inconvénient d'engendrer des coûts d'hébergement et de transport, qui peuvent devenir astronomiques si la période de formation est prolongée.

La formation décentralisée

En rapprochant le représentant de son territoire et de ses clients, la **formation décentralisée** s'avère plus proche de la réalité de son travail. Elle est ordinairement assurée par le directeur des ventes ou ses subordonnés. L'apprentissage est alors de nature expérientielle, axé davantage sur la pratique de la vente et moins sur les aspects reliés aux connaissances en profondeur des produits et des services.

La **formation en milieu de travail** (*on the job training*) est la plus utilisée par les organisations. Les petites organisations la privilégient en raison de son coût très faible et du nombre restreint de représentants à former. La recrue n'a pas besoin de se déplacer, et la formation se fait souvent avec le directeur des ventes ou encore avec un collègue qui agit dans le cadre normal de son travail. Il n'y a donc pas de salaire à payer en surplus comme c'est le cas pour un formateur ou un consultant externe. Cependant, le principal désavantage de ce type de formation tient au fait que le directeur des ventes ou ses subordonnés n'ont pas toujours la capacité ni le temps de former adéquatement une recrue. Par ailleurs, il arrive souvent que les formateurs soient plus préoccupés par leurs tâches journalières que par la formation des recrues. La qualité de cette formation est dans ces cas-là compromise. Il est également possible que la formation diffère d'une recrue à l'autre en raison du grand nombre de formateurs. Cette situation peut favoriser certaines recrues qui ont été formées par des personnes compétentes, mais agir en sens inverse dans le cas où une recrue a été formée par des personnes incompétentes!

Afin d'éviter ces inconvénients, certaines entreprises font appel à des spécialistes qui viennent donner une formation sur le lieu de travail. Cette approche s'apparente alors à une formation centralisée, mais elle est offerte d'une façon décentralisée.

10.2.6 Les formateurs

Il y a deux types de formateurs: ceux qui travaillent de façon permanente dans l'entreprise et ceux qui ne font pas partie de l'entreprise, comme les consultants. Le recours à des formateurs internes ou externes comporte du pour et du contre. Le choix des formateurs doit alors être soigneusement analysé. Pour cela, il faut tenir compte de l'analyse des besoins et de facteurs tels que le degré de complexité de la formation, l'écart entre le niveau de connaissances initiales des recrues et le niveau de connaissances à atteindre, la disponibilité des formateurs, leur compétence en matière de pédagogie et, finalement, les coûts et les dépenses.

Les formateurs internes

Les spécialistes de la formation, les directeurs des ventes et les collègues de travail constituent les **formateurs internes**, c'est-à-dire des personnes qui se consacrent et appartiennent à l'entreprise.

Les spécialistes
Dans plusieurs grandes organisations, comme dans le domaine des produits pharmaceutiques, on trouve des spécialistes de la formation parce que le nombre de recrues justifie les coûts reliés à leur embauche. Certaines entreprises plus petites font aussi appel à des spécialistes lorsque les produits à vendre sont complexes, comme dans les secteurs de la haute technologie (électronique, robotique, télécommunications, etc.).

Les directeurs des ventes
La présence des directeurs des ventes au sein du programme de formation a l'avantage de donner plus de crédibilité à la formation, car ils sont ordinairement perçus comme des gens qui ont réussi dans la vente. Les gestionnaires sont bien placés pour transmettre leur vision quant à la gestion d'une équipe de vente. De plus, en raison de leur place dans l'organisation, ils sont en mesure de donner une rétroaction sur les forces et les faiblesses des représentants. Ce sont aussi des personnes qui donnent l'exemple par leurs attitudes et leurs comportements. Enfin, la relation qu'ils établissent en cours de formation permet d'augmenter le sentiment de confiance et de respect chez le représentant. On ne devrait donc pas hésiter à recourir à leurs services ! Cependant, même s'ils ont eu du succès dans la vente ou dans la gestion, cela ne veut pas dire qu'ils sont de bons pédagogues. De plus, ils ont tendance à se préoccuper davantage de la gestion de l'équipe et des problèmes qui peuvent survenir que de la formation à donner. Enfin, la lourdeur de leur charge de travail les empêche dans certains cas d'accorder beaucoup de temps à la préparation des sessions de formation.

Les collègues
Les collègues dans une équipe de vente agissent souvent comme formateurs. En fait, il n'est pas rare qu'une recrue soit appelée à passer du temps avec un ou plusieurs vendeurs, sur la route, dans différents territoires. Cette approche a l'avantage d'être pratique et de coller à la réalité du travail de tous les jours. La recrue peut alors mieux connaître le travail qu'elle devra effectuer quotidiennement. L'avantage tout autant que l'inconvénient majeurs de la formation par les collègues sont reliés à leur compétence. Il faut alors veiller à ce qu'une recrue ne soit pas formée par un vendeur incompétent, insatisfait ou démotivé, mais plutôt par un représentant exemplaire qui fait partager son expérience. Certains collègues ne souhaitent pas toujours se voir confier une recrue, parce que cela leur occasionne un surcroît de travail ou parce qu'ils ne sont pas prêts à dévoiler la clé de leur succès, mais d'autres y voient au contraire une façon de se réaliser et de se rendre utiles aux autres.

Les formateurs externes

Les entreprises font souvent appel à des **formateurs externes** comme les consultants. Il existe, en effet, plusieurs séminaires et cours donnés par des firmes spécialisées dans le domaine de la vente. La qualité de la formation dépend alors de la compétence des spécialistes. Il importe donc de savoir choisir la bonne firme, mais ce n'est pas une tâche facile. Les maisons d'enseignement, comme les cégeps et les universités, font aussi partie du groupe de formateurs externes.

Compte tenu des particularités de chaque formateur, il peut être très avantageux de confier la formation des recrues à plusieurs types de formateurs, internes et externes.

10.2.7 Les outils d'apprentissage

Il existe plusieurs outils d'apprentissage. Le choix qu'on fera parmi eux dépendra de l'analyse des besoins et des objectifs du programme de formation. Voici les principaux outils dont on peut se servir lors d'un programme de formation. Chacun possède des avantages et des inconvénients, et il revient aux directeurs des ventes de les départager.

La lecture, le visionnement de documents visuels et la formation en ligne

La lecture fait évidemment partie du matériel d'apprentissage, de même que le visionnement de DVD, de CD-Rom et la formation en ligne (*E-Learning*). La formation en ligne correspond à l'apprentissage par Internet ou par intranet. Ce type de formation très dynamique facilite parfois l'apprentissage de certains éléments du programme par le fait qu'il utilise des techniques d'interaction ainsi que des exercices et des évaluations contrôlés à distance ; dans certains cas, les résultats sont instantanés, si bien que la recrue peut alors ajuster ses apprentissages en conséquence et recommencer son étude si l'évaluation de ses connaissances est inférieure à la note de passage. Ces moyens simples et peu coûteux peuvent informer efficacement la recrue sur divers sujets comme l'histoire de l'entreprise, les techniques de vente, etc. Enfin, ce type de support offre la possibilité de donner une partie de la formation à distance. En outre, les brochures, les fiches techniques, les études, etc., peuvent jouer un rôle pédagogique dans la formation en renseignant davantage les nouveaux représentants sur les produits, le marché et la concurrence.

Les séminaires et les cours

Les séminaires et les cours sont des outils d'apprentissage souvent utilisés. Ils permettent en effet de transmettre aux recrues diverses connaissances reliées au vaste domaine de la vente.

Les séminaires et les cours peuvent être offerts par des spécialistes œuvrant dans l'entreprise ou par des consultants, suivant les activités d'enseignement qui font l'objet de la formation. Il ne faut pas oublier les maisons d'enseignement, comme les cégeps et les universités, lesquelles peuvent aussi offrir des cours de formation aux représentants ainsi qu'aux directeurs des ventes.

Les discussions en groupe

La formation peut aussi être donnée au moyen de discussions en groupe basées sur des cas ou des mises en situation. Cet outil a l'avantage de solliciter la participation des recrues. Elles seront donc appelées à exprimer clairement leurs solutions ou leurs points de vue quant à certains problèmes. Devant le groupe, les représentants s'efforceront de trouver des arguments convaincants à l'appui de leurs opinions.

Les jeux de rôles

Les jeux de rôles constituent un bon moyen pour les recrues d'appliquer le processus de vente. En gros, un individu jouera le rôle de l'acheteur tandis qu'un autre jouera celui du vendeur. Selon une mise en scène déterminée, le vendeur devra tenter de vendre un produit à l'acheteur et il aura par la suite la possibilité de visionner sa prestation. Cela lui permettra de s'observer et d'ajuster sa présentation tant sur le plan de son argumentation que sur celui de son langage non verbal. À l'aide d'un formateur, il est alors possible d'améliorer certains points. Un autre avantage de cette méthode est sa crédibilité pour les participants, qui ont l'occasion de s'évaluer eux-mêmes.

Les démonstrations

Les démonstrations constituent un autre moyen d'apprentissage efficace. Elles peuvent avoir lieu au cours de séances portant sur les connaissances reliées aux produits et aux services ou encore sur les stratégies de vente. Les démonstrations permettent aux recrues d'apprécier le fonctionnement du produit dans une situation réelle ou simulée.

La formation sur le terrain

La formation sur le terrain ou en situation de travail est l'une des méthodes d'apprentissage les plus utilisées[22]. Certaines entreprises ont cependant tendance à recourir à cette seule méthode, surestimant par le fait même les capacités des recrues. Il importe donc de demeurer vigilant.

En vertu de cette méthode, la recrue est accompagnée de son directeur des ventes ou d'un représentant d'expérience, un mentor[23], dans son travail, sur le terrain, dans son territoire. Des études démontrent qu'il y a une différence dans le niveau de performance entre ceux qui ont bénéficié d'un mentor et ceux qui n'en ont pas eu[24]. L'accompagnement permet à la recrue de juger concrètement des activités de vente en les réalisant en direct, sur le champ de bataille! Ainsi, elle apprendra à organiser son travail et à effectuer ses présentations de vente, mais aussi à communiquer et à échanger de l'information. La rétroaction du mentor est très importante, car elle donne la chance à la recrue de s'ajuster et de s'améliorer. Il faut ajouter que le mentor représente aussi pour la recrue un modèle stimulant et inspirant.

10.2.8 L'évaluation du programme de formation

La dernière étape reliée à la gestion d'un programme de formation au sein de l'entreprise est son évaluation. Le programme de formation a-t-il tenu ses promesses? Correspond-il aux objectifs d'apprentissage? En a-t-on fait trop ou pas assez? Comment peut-on l'améliorer? Est-il possible de diminuer son coût tout en augmentant son efficacité? Voilà quelques questions que les directeurs des ventes sont susceptibles de se poser, étant donné les coûts que le programme implique.

L'évaluation sert essentiellement à s'assurer du bien-fondé du programme en tentant de mesurer ses effets sur la performance des représentants et des vendeurs. Mais il n'est pas facile de réaliser une évaluation du retour sur investissement (ROI)[25]. Il n'existe pas, en fait, de lien direct entre les capacités initiales de la recrue et sa performance une fois qu'elle est dans le feu de l'action, dans son territoire. Les comparaisons avec un groupe témoin ne sont d'ailleurs pas possibles étant donné que la plupart des nouveaux représentants ne suivent pas la même formation. Une foule de facteurs peuvent influer sur la performance d'un représentant et d'un vendeur. Alors, est-ce la formation qui améliore la performance ou est-ce les conditions du marché qui diffèrent d'un territoire à l'autre?

En tout état de cause, les tests et les examens servent couramment d'évaluation, car ils permettent de vérifier le niveau d'acquisition et de transfert des connaissances ainsi que le perfectionnement des habiletés et des compétences[26]. Par ailleurs, la comparaison des résultats peut en dire long sur l'efficacité du programme de formation[27]. Une autre façon de mesurer ce dernier consiste à analyser la performance des représentants régulièrement au cours de leur carrière.

Un dernier objectif de l'évaluation du programme de formation réside dans l'amélioration de son efficacité. Sur ce point, les commentaires des recrues et des formateurs permettront de modifier le contenu du programme, sa durée, ainsi que les divers outils d'apprentissage.

RÉSUMÉ

Dans un premier temps, la lecture de ce chapitre nous a fait comprendre l'importance de la formation des représentants dans le domaine de la gestion des ventes. À cet égard, nous avons abordé les grands objectifs de la formation des représentants, notamment sur les plans de l'efficacité et de la performance en matière de vente, et la façon dont elle influe sur le taux de roulement. Par la suite, nos propos ont porté sur le programme de formation et ses composantes, comme l'analyse des besoins et la détermination des objectifs, le choix des participants, la durée, le budget, le contenu, les lieux, les formateurs, les outils d'apprentissage et finalement l'évaluation.

QUESTIONS

1. Quels facteurs faut-il considérer lorsque l'on veut déterminer la durée de la formation ? Expliquez.
2. Selon vous, quel avantage y a-t-il pour une entreprise à offrir un programme de formation aux recrues ?
3. Quels éléments peuvent être traités dans un programme de formation ?
4. Pourquoi une recrue devrait-elle être informée sur les caractéristiques de la concurrence ?
5. Décrivez les deux types de formation, leurs avantages et leurs inconvénients respectifs.
6. Qu'entend-on par « formateur interne » et « formateur externe » ?
7. Quels critères devrait-on considérer lors du choix des outils d'apprentissage ?
8. Pourquoi doit-on évaluer le programme de formation ?

ATELIERS

1. Rencontrez deux directeurs des ventes, l'un dans le domaine du commerce de détail et l'autre dans celui du secteur de vente industriel. Demandez-leur de vous parler de leur programme de formation et de la façon dont il influe sur la performance de leur équipe. Faites par la suite vos recommandations personnelles.
2. Demandez à un vendeur (secteur du détail) et à un représentant (secteur industriel) de commenter la formation qu'ils ont reçue. Selon eux, quelles améliorations devrait-on apporter au programme de formation ?
3. Contactez quatre représentants et recueillez leur avis sur la manière dont la formation influe sur leur performance de vente. Formulez une opinion critique et vos recommandations personnelles.

NOTES

1. SANTOS-VIJANDE, M. *et al.* «Organizational learning and market orientation: interface and effects on performance». *Industrial Marketing Management*, vol. 34, n° 3 (avril 2005), p. 187-202.

   BIGNE, E. et A. BLESA. «Market orientation trust and satisfaction in dyadic relationships: a manufacturer-retailer analysis». *International Journal of Retail and Distribution Management*, vol. 31, n° 11/12, 2003, p. 574-591.

   SANZO, M.J., L.M. SANTOS, R. VAZQUEZ et L.I. ALVAREZ. «The effect of market orientation on buyer-seller relationship satisfaction». *Industrial Marketing Management*, vol. 32, n° 4 (mai 2003), p. 327-345.

   DONEY, P.M. et J.P. CANNON. «An examination of the nature of trust in buyer-seller relationships». *Journal of Marketing*, vol. 61, n° 2 (avril 1997), p. 35-52.

2. EDWARDS, C. «Death of a pushy salesman». *Business Week*, n° 3991 (juillet 2006), p. 108.

   COMER, L.B. et T. DROLLINGER. «Active empathetic listening and selling success: a conceptual framework». *Journal of Personal Selling and Sales Management*, vol. 19, n° 1 (hiver 1999), p. 15-29.

   ROY, J. «Empathie et performance: proposition d'un modèle EAP et d'une mesure par l'analyse conjointe», Thèse pour l'obtention du PH.D. ESSEC, présentée et soutenue publiquement à Cergy-Pontoise, France, 2007.

3. GRUNERT, K.G. *et al.* «Market orientation at industry and value chain levels: concepts, determinants and consequences». *Journal of Consumer Behavior*, vol. 1, n° 2, 2002, p. 167-194.

   ZHAO, Y. et T.S. CAVUSGIL. «The effect of supplier's market orientation on manufacturer's trust». *Industrial Marketing Management*, vol. 35, n° 4 (mai 2006), p. 405-414.

   BLESA, A. et E. BIGNÉ. «The effect of market orientation on dependence and satisfaction in dyadic relationships». *Marketing Intelligence & Planning*, vol. 23, n° 2/3, 2005, p. 249-266.

   WILSON, P.H. *et al.* «Investigating the perceptual aspect of sales training». *Journal of Personal Selling and Sales Management*, vol. 22, n° 2 (printemps 2002), p. 77-87.

4. PELHAM, A. «Do consulting-oriented sales management programs impact salesforce performance and profit». *Santa Barbara*, vol. 21, n° 3, 2006, p. 175-190.

5. LEACH, M.P. et A.H. LIU. «Investigating interrelationships among sales training evaluation methods». *Journal of Personal Selling and Sales Management*, vol. 23, n° 4 (automne 2002), p. 327-339.

6. JANTAN A.M. *et al.* «Managerial perceptions of sales training and performance». *Industrial Marketing Management*, vol. 33, n° 7 (octobre 2004), p. 667-673.

7. MONTEBELLO, A.R. et M. HAGA. «To justify training, test, test again», *Personnel Journal*, janvier 1994, p. 83-87.

8. HONEYCUTT, E.D. *et al.* «A utility-based framework for evaluating the financial impact of sales force training programs». *Journal of Personal Selling and Sales Management*, vol. 21, n° 3 (été 2001), p. 229-238.

9. NAVER, J.K. et S.F. SLATER. «The effect of a market orientation on business profitability». *Journal of Marketing*, vol. 54 (octobre 1990), p. 20-35.

10. DUBINSKY, A.J. «Some assumptions about the effectiveness of sales training». *Journal of Personal Selling and Sales Management*, vol. 16, n° 2 (été 1996), p. 66-76.

11. LOPEZ, T. et A. MCMILLAN-CAPEHART. «How outgroup salespeople fit on fail to fit in: a proposed acculturation effects framework». *Journal of Personal Selling and Sales Management*, vol. 22, n° 4 (automne 2003), p. 297-309.

12. BARKSDALE, H.C. *et al.* « The impact of realistic job previews and perceptions of training on sales force performance and continuance commitment : a longitudinal test ». *Journal of Personal Selling and Sales Management*, vol. 23, n° 2 (printemps 2003), p. 125-138.

13. RIDNOUR, R.E., F.G. LASSK et D.C. SHEPHERD. « An exploratory assessment of sales culture variables : strategic implications within the banking industry ». *Journal of Personal Selling and Sales Management*, vol. 21, n° 3 (été 2001), p. 247-255.

    BARNES, J.W. *et al.* « The role of culture strength in shaping sales force outcomes ». *Journal of Personal Selling and Sales Management*, vol. 26, n° 3 (été 2002), p. 255-270.

14. ANDERSON, R., R. MEHTA et J. STRONG. « An empirical investigation of sales management training programs for sales managers ». *Journal of Personal Selling and Sales Management*, vol. 17, n° 3 (été 1997), p. 53-77.

    DUBINSKY, A., R. MEHTA et R. ANDERSON. « Satisfaction with sales manager training : design and implementation issues ». *European Journal of Marketing*, vol. 35, n° 1/2, 2001, p. 27-50.

15. HEIDE, C. *Dartnell's 30th Sales force compensations survey*, Chicago, Dartnell Corp, 1999, 260 p.

16. ROCH, G. et G. COUTURIER. *Communication et représentation commerciale*, 3ᵉ éd., Montréal, Chenelière Éducation, 2007, p. 20-28 (pour de plus amples informations sur la typologie de représentation).

17. ROCH et COUTURIER. 2007. *Ibid.*, chapitres 6 à 9 (pour de plus amples renseignements sur le processus de vente).

18. PELHAM, A. « An exploratory model and initial test of the influence of firm level consulting-oriented sales force programs on sales force performance ». *Journal of Personal Selling and Sales Management*, vol. 22, n° 2 (printemps 2002), p. 97-110.

19. WEITZ, B.A. et K.D. BRADFORD. « Personal selling and sales management : a relationship marketing perspective ». *Journal of the Academy of Marketing Science*, vol. 27, n° 2, 1999, p. 241-254.

20. JONES, E. *et al.* « Key accounts and team selling : a review, framework, and research agenda ». *Journal of Personal Selling and Sales Management*, vol. 25 (printemps 2005), p. 181-198.

21. COMPAGNIES DE RECHERCHE PHARMACEUTIQUE DU CANADA RX&D. *Code de déontologie*, [en ligne], [http://www.canadapharma.org/index_f.html] (10 mars 2008).

22. HEIDE. 1999. *Ibid.*

23. RICH, G.A. « The constructs of sales coaching : supervisory, feedback, role modeling and trust ». *Journal of Personal Selling and Sales Management*, vol. 18, n° 1 (hiver 1998), p. 53-64.

    BREASHEAR, T.G. *et al.* « An exploratory study of the relative effectiveness of different types of sales force mentor ». *Journal of Personal Selling and Sales Management*, vol. 26, n° 1 (hiver 2006), p. 7-18.

24. RAGINS, B.J., J.L. COTTON et J.S. MILLER. « Marginal mentoring : the effects of the mentor, quality of relationship and program design on work and career attitudes ». *Academy of Management Journal*, vol. 43, n° 6, 2000, p. 1177-1194.

    PELUCHETTE, J.V.E. et S. JEANQUART. « Professionals' use of different mentor sources at various career stages : implications for career success ». *Journal of Social Psychology*, vol. 140, n° 2, 2000, p. 549-564.

25. STAPLES, S. « Canadian business », Toronto, 27 octobre - 9 novembre, vol. 76, n° 2, 2003.

26. ATTIA, A.M., E.D. HONEYCUTT Jr et M.P. LEACH. « A three-stage model for assessing and improving sales force training and development ». *Journal of Personal Selling and Sales Management*, vol. 25, n° 3 (été 2005), p. 253-268.

27. HONEYCUTT *et al.* 2001. *Ibid.*

CHAPITRE 11

La performance des représentants et des vendeurs

OBJECTIFS

Après l'étude de ce chapitre, vous devriez pouvoir :

- comprendre les comportements de gestion des ventes des directeurs des ventes ;
- comprendre les fondements des grandes théories de la motivation ;
- comprendre les facteurs motivationnels des représentants et des vendeurs ;
- comprendre les comportements individuels des représentants et des vendeurs ;
- comprendre la manière d'influer sur la motivation et la performance des représentants et des vendeurs.

INTRODUCTION

L'objectif de ce chapitre est de déterminer et de comprendre les éléments qui permettent aux directeurs des ventes d'influer sur la motivation et la performance des représentants (vente industrielle) et des vendeurs (vente au détail).

Les directeurs des ventes sont responsables de stimuler la motivation et d'augmenter l'efficacité des équipes de vente. C'est à eux qu'incombe le devoir de tirer le maximum des efforts des représentants et des ressources qui sont mises à leur disposition, c'est-à-dire de diriger de façon à améliorer la quantité et la qualité des visites faites auprès de la clientèle[1]. Il leur revient de mettre en place les activités de gestion efficaces stimulant le développement de l'équipe qu'ils dirigent. Ils sont aussi chargés d'établir et d'entretenir des liens entre les représentants, la direction de l'entreprise et tous les membres de la chaîne de valeur, en particulier les clients directs. Les directeurs des ventes jouent donc un rôle de gestionnaires devant allouer les ressources dont ils disposent de façon à atteindre le plus efficacement possible les objectifs du plan marketing par le plan de gestion des ventes. Tout un défi !

Les objectifs de vente sont rarement à la baisse. Cet état de fait représente tout un casse-tête pour le directeur des ventes. Imaginez qu'on lui demande d'accroître sa performance de vente de 5 % à 10 % par rapport aux ventes de l'année précédente, sans pouvoir compter pour autant sur la croissance de la demande, le lancement d'un nouveau produit ou l'ajout de nouveaux représentants ! Sa planche de salut est son équipe de représentants. Selon ce scénario, un directeur des ventes doit donc faire plus avec ce qu'il a, tout en gérant à distance, dans bien des cas, ses représentants, qui sont auprès des clients dans leurs territoires respectifs. Le seul outil dont il dispose est l'effort de travail des représentants et des vendeurs.

Sommairement, la stratégie à adopter est d'encourager les représentants à travailler plus fort et plus efficacement. C'est une tâche difficile car, en général, les individus ne sont pas très enclins à travailler plus d'heures, à augmenter leur nombre de clients ou à modifier leurs habitudes de travail. Il est difficile de motiver les gens contre leur gré, de leur imposer ou de leur dicter une règle de conduite. Le rôle des directeurs des ventes est de les stimuler à se motiver par eux-mêmes, à s'épanouir et à aimer leur travail.

L'une des solutions qui s'offrent aux directeurs des ventes consiste à motiver les représentants à travailler le plus efficacement possible. Compte tenu des objectifs, les représentants doivent composer avec les ressources dont ils disposent et le temps qu'ils ont à leur disposition. Dans ce cadre, ils peuvent envisager d'adapter leurs présentations de vente en fonction des types de clients, de cibler les clients les plus prometteurs et d'organiser une planification des visites chez les clients qui tiendra compte des coûts et des ventes, comme nous l'avons vu au chapitre 7.

Il faut dire que la vie quotidienne des représentants et des vendeurs n'est pas toujours rose. Ils passent une bonne partie de leur temps sur la route, la plupart du temps seuls, aux prises avec de multiples difficultés. Ils font aussi face à une forte pression, dans le domaine de la vente au détail, par exemple. De plus, leur rémunération est très variable, bonne ou mauvaise selon les ventes et les commissions qui s'y rattachent, mais les paiements obligatoires, eux, les attendent invariablement à la fin du mois.

Ils vivent donc des hauts et des bas. Ils passent de l'exaltation lorsqu'ils ont du succès à la déception lorsque ça va mal, et cela, même s'ils n'ont pas de contrôle sur la situation. Gagner un client, conclure une bonne vente, c'est passionnant; perdre un client, rater une vente parce que le concurrent a cassé les prix, ce n'est jamais agréable. Ajoutons à cela que certains clients ou consommateurs ne sont pas de tout repos. Bien sûr, il existe des personnes remarquables et respectueuses du travail des représentants et des vendeurs, mais ce n'est pas toujours le cas. Les représentants ont de plus en plus de difficulté à rencontrer certains clients, notamment dans le domaine pharmaceutique, où la prise de rendez-vous est un défi en soi. Pour ce qui est des vendeurs, bien des consommateurs supportent mal leur présence, mais formulent pourtant des plaintes lorsqu'ils ont besoin d'eux en exigeant plus de service. Souvent, les représentants et les vendeurs sont aux prises avec un choix difficile : faire plaisir au client, au consommateur ou à l'employeur ! Ils ont donc besoin d'être motivés et soutenus dans leur travail par leur directeur des ventes.

Dans les pages qui suivent, nous allons donc nous pencher sur les relations entre le directeur des ventes et les représentants, soit les **comportements de gestion des ventes**. La gestion des ventes a comme élément de base la relation individuelle entre les directeurs et les représentants, donc une relation de personne à personne. Elle est un élément fondamental de la gestion des individus. La gestion des ventes, c'est aussi la gestion d'un ensemble d'individus qui travaillent ensemble. Une équipe de vente est composée de représentants, mais aussi d'autres personnes qui soutiennent la gestion des représentants, en l'occurrence le Service de secrétariat, de livraison, le Service à la clientèle, etc. Les directeurs sont alors amenés à gérer des individus, mais aussi une collectivité, un groupe qui possède une culture, des sous-groupes et des sous-cultures. La compréhension des individus est fondamentale et la composition de l'équipe et du secrétariat l'est tout autant.

Ce chapitre est composé de trois parties. La première présente les fondements des grandes théories de la motivation. Nous y verrons la relation entre la motivation et les besoins et les désirs de même qu'entre la performance et le comportement. Puis, nous survolerons les grandes théories de la motivation, dont celles de Maslow, d'Herzberg, de McClelland et de Vroom. En deuxième partie, nous aborderons les facteurs motivationnels tels que la perception du rôle, le renforcement, l'équité et l'estime de soi, qui influent sur les comportements individuels des représentants. Finalement, la troisième partie traitera des comportements individuels des représentants comme la satisfaction, la motivation, l'engagement organisationnel, la tension au travail et l'intention de quitter ainsi que la performance de vente.

11.1 Les fondements des grandes théories de la motivation

Du latin *motivus*, le mot **motivation** signifie « qui fait mouvoir », c'est-à-dire ce qui pousse à agir. Elle pousse les représentants à vendre le plus efficacement possible. La motivation se définit comme le niveau d'effort qu'un représentant est prêt à fournir dans chacune des activités ou des tâches associées à sa fonction. Ainsi, la somme des efforts déployés par un représentant pour des activités de vente doit en principe correspondre aux résultats escomptés. À titre d'exemple, nous pouvons supposer qu'une réorganisation des itinéraires des visites de clients aura un effet positif sur le volume des ventes.

11.1.1 La relation entre la motivation, les besoins et les désirs

Les individus sont motivés parce qu'ils perçoivent et croient que les besoins (physiologiques et psychologiques) et les désirs peuvent être satisfaits s'ils agissent d'une façon ou d'une autre. Les êtres humains ont tous des besoins à combler, qui donnent naissance, à leur tour, à des désirs.

Prenons, par exemple, le cas suivant : le besoin de se loger et le désir d'acheter une maison plus prestigieuse que celle qu'on a déjà. La relation entre le besoin et le désir suscite inévitablement des tensions parce que le désir en question est insatisfait. Partant de ce fait, la tension se situe alors au niveau du prix fort élevé associé aux maisons luxueuses. Le représentant voulant assouvir ce désir mettra alors en marche les actions lui permettant de diminuer ses tensions. Ainsi, un représentant peut devenir plus motivé à augmenter ses gains par un plus grand effort au travail ; en conséquence, les primes ou les commissions qu'il obtiendra lui permettront d'obtenir ce qu'il convoite. Cet exemple illustrant la relation entre les besoins et les désirs peut sembler banal. Cependant, le rapport entre ces deux éléments n'est pas aussi simple qu'il y paraît.

L'environnement, en général, exerce lui aussi une influence prépondérante sur la perception des besoins et des désirs. À ce titre, examinons le cas d'un représentant constatant les effets positifs d'une promotion attribuée récemment à l'un de ses collègues. L'effet de cette promotion peut alors le stimuler à atteindre un niveau de performance supérieur à son niveau actuel, lui permettant lui aussi de gravir les échelons hiérarchiques.

Par ailleurs, les besoins engendrent d'autres besoins, ce qui ajoute encore une fois à la complexité de la relation besoin-désir et motivation. À cet effet, la satisfaction d'un besoin peut provoquer le désir d'assouvir un autre besoin. Ainsi, les besoins sont comblés par divers comportements ; or, le désir de combler une tension ne parvient pas d'un besoin, mais du résultat d'un comportement. Par exemple, le besoin d'estime de soi peut être renforcé chez un vendeur à la suite de l'obtention d'une première place lors d'un concours. À l'opposé, il peut être nettement refoulé et atténué s'il n'obtient que la quatrième position.

11.1.2 La motivation et la performance des représentants

Nous étudierons le lien entre la motivation et la performance sous deux angles, soit celui du représentant, en tentant de mieux comprendre ce qui le motive, et celui du gestionnaire de l'équipe de vente, en considérant les implications managériales.

L'hypothèse de base concernant la motivation des représentants et des vendeurs est la suivante : à compétences égales, une personne motivée réussira mieux qu'une personne qui n'a pas le cœur à l'ouvrage. La **motivation** vise notamment la réalisation de résultats après une période préétablie, tandis que la **satisfaction** implique le contentement à l'égard des résultats qui ont été obtenus. Le directeur des ventes joue donc un rôle qui peut influer sur le niveau de motivation, car sa capacité à combler les besoins et les désirs des représentants et du groupe peut exercer une influence sur le niveau de performance de vente.

L'un des principaux rôles du directeur des ventes consiste à créer un climat de travail favorisant une bonne performance[2, 3, 4, 5]. Les directeurs des ventes doivent donc faciliter la performance des vendeurs en utilisant adéquatement les facteurs motivationnels qui influeront sur les comportements individuels, ce qui amènera les représentants à accroître leurs efforts et leur performance (*voir la figure 11.1*).

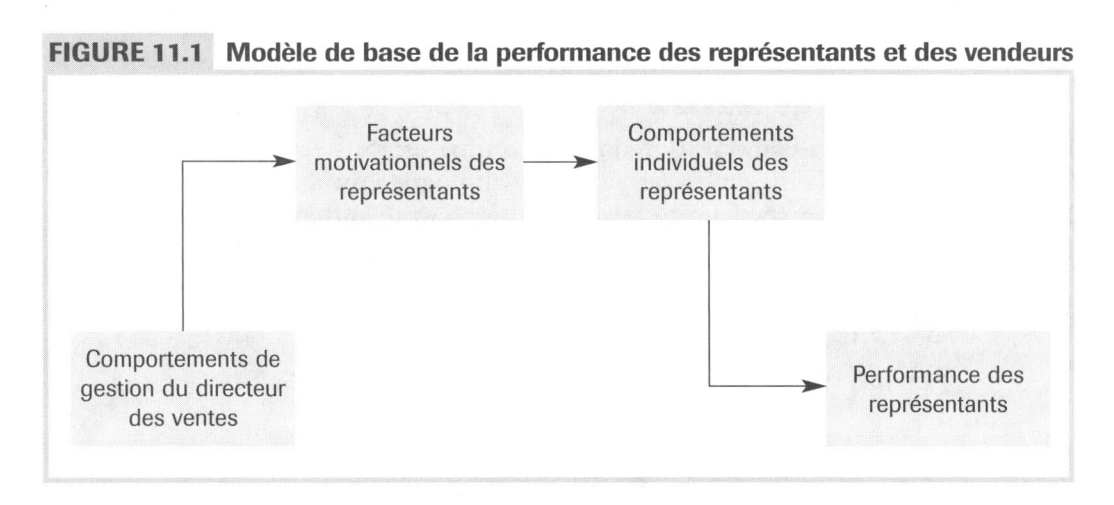

FIGURE 11.1 Modèle de base de la performance des représentants et des vendeurs

Comportements de gestion du directeur des ventes → Facteurs motivationnels des représentants → Comportements individuels des représentants → Performance des représentants

Les **facteurs motivationnels** sont donc des éléments qui influent sur les comportements individuels et, finalement, sur la performance des représentants. Cependant, les individus ne réagissent pas tous de la même façon aux éléments de motivation; ils sont tous différents. Il en va ainsi des représentants, qui ne sont pas tous motivés par les mêmes facteurs. C'est ici que la capacité des directeurs des ventes à motiver prend toute son importance. Il revient donc aux directeurs des ventes d'optimiser les facteurs motivationnels et les comportements individuels, selon les caractéristiques des représentants et la composition de l'équipe, de façon à influer positivement sur le niveau de performance des représentants.

Le terme « performance » englobe la performance de vente et l'efficacité de gestion des ventes. D'une part, la **performance de vente** corresponds en gros à la vente en dollars ou en unités. Selon le modèle de Parissier, Mathieu et Echchakoui (2005)[6], il y a quatre types de performance, compte tenu des résultats. D'autre part, l'**efficacité de gestion des ventes** se rapporte à la gestion des activités de vente (par exemple l'organisation de l'équipe de vente ou des territoires) et aux outils de travail qui peuvent contribuer à améliorer la gestion efficiente des clients (par exemple les supports informatiques, les logiciels, etc.).

11.1.3 La motivation et le comportement des représentants

Une question intrigue: pourquoi des représentants sont-ils toujours très motivés et d'autres moins? Effectivement, non seulement certains représentants perçoivent leur travail comme étant très enrichissant, fascinant même, et ils ne le quitteraient pour rien au monde, mais de plus, ils sont souvent ambitieux et veulent toujours pousser plus loin leur performance de vente. En tout état de cause, cependant, la majorité des vendeurs ont besoin d'encouragements et d'activités motivationnelles particuliers pour pouvoir faire leur travail au meilleur de leurs capacités.

La représentation n'est certainement pas une tâche facile. La nature de la tâche se conjugue à la nature humaine pour influer sur le moral des vendeurs. Signalons à ce propos que sans motivation particulière, une certaine proportion des représentants sont portés à ne faire que l'essentiel de ce qui leur est demandé. Ainsi, leur performance est dès lors moindre que leur capacité réelle de vente. Ils tendent à minimiser leurs efforts, à moins qu'ils ne soient stimulés par certains facteurs motivationnels répondant à leurs besoins.

11.1.4 La théorie de Maslow

Parmi les théories sur la motivation, la plus connue est sans contredit la théorie de la hiérarchie des besoins élaborée par le psychologue Abraham Maslow (1954)[7]. Elle repose sur un ensemble de besoins que chaque individu tend à combler (*voir la figure 11.2*).

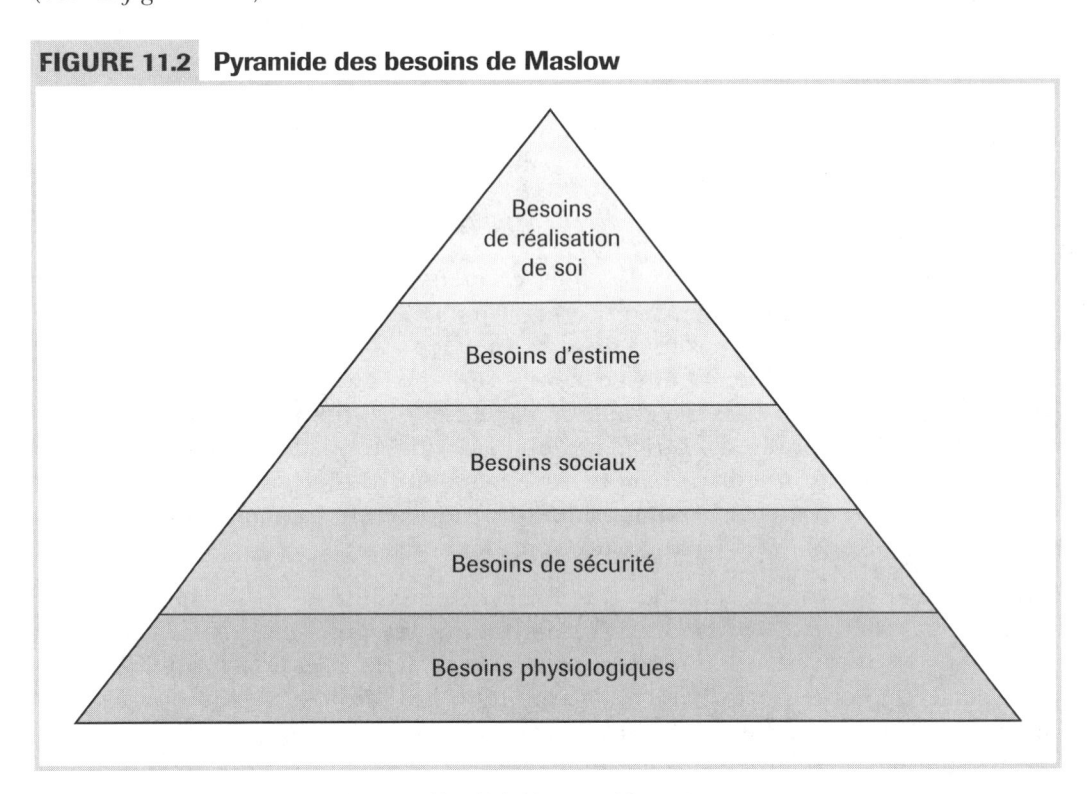

FIGURE 11.2 Pyramide des besoins de Maslow

De haut en bas :
- Besoins de réalisation de soi
- Besoins d'estime
- Besoins sociaux
- Besoins de sécurité
- Besoins physiologiques

Source : Maslow, A. *Motivation and Personality*. New York, Harper and Row, 1954.

La théorie de Maslow repose sur la prémisse qu'un individu comblera en premier lieu ses besoins de base, comme les besoins physiologiques, pour ensuite cheminer vers le sommet de la pyramide. La satisfaction des besoins inférieurs constitue, en fait, une source de motivation pour accéder à la satisfaction des besoins supérieurs. C'est d'ailleurs ce processus de passage d'un niveau à l'autre qui rend cette théorie intéressante. Ainsi, lorsqu'il sait quel besoin un représentant désire combler, le gestionnaire peut établir un plan de motivation adapté à cette personne, ce qui l'aide à améliorer sa performance ainsi que le climat de travail.

Les individus sont motivés par ce qu'ils perçoivent et ils croient que les besoins peuvent être satisfaits s'ils agissent d'une façon ou d'une autre. Les humains ont tous des besoins à combler, qui donnent naissance, à leur tour, à des désirs. Les **désirs** conduisent aux comportements que les individus adoptent dans le but de combler leurs besoins. C'est ici que le directeur des ventes peut intervenir auprès des représentants et leur donner les moyens de combler leurs désirs.

Dans un ordre croissant, les besoins déterminés par Maslow sont les besoins physiologiques, les besoins de sécurité, les besoins sociaux, les besoins d'estime de soi et enfin, au sommet de la pyramide, les besoins de réalisation de soi. Examinons brièvement chacun d'eux.

Les besoins physiologiques

Les besoins physiologiques sont des besoins fondamentaux à la survie d'un individu comme se nourrir, se vêtir, se loger et se soigner. Dans le domaine de la vente, il peut s'agir des conditions de travail et de rémunération.

Les besoins de sécurité

Les besoins de sécurité incluent la sécurité physique et psychologique. Pour les représentants, les besoins de sécurité peuvent être comblés par la sécurité d'emploi et la sécurité du revenu. À cet égard, la connaissance de l'évolution de l'atteinte des objectifs et des quotas contribue au besoin de sécurité. Les avantages sociaux sont aussi un élément important de la satisfaction de ce niveau de besoins.

Les besoins sociaux d'appartenance

Les besoins sociaux d'appartenance sont reliés à un besoin d'amitié. Les humains sont des êtres sociaux. Ils ont ainsi besoin d'être acceptés par les autres et d'appartenir à un ou à plusieurs groupes. Dans le cadre de leur travail, les représentants aiment aussi avoir des contacts amicaux et être acceptés par leurs pairs et leurs supérieurs. L'une des tâches du directeur des ventes relativement à ce besoin consiste à entretenir un climat favorable aux échanges interpersonnels. Des réunions, des lancements de nouveaux produits et d'autres formes de communication (courriels, appels et conférences téléphoniques) ou d'événements (commandites) sont des moyens efficaces qui permettent d'échanger avec les représentants et les vendeurs, et de briser leur isolement.

Les besoins d'estime de soi

Une fois qu'ils ont satisfait leur besoin d'appartenance, les individus tenteront alors d'assouvir leurs besoins d'estime de soi, principalement par la reconnaissance de leurs pairs, mais aussi de la communauté externe à l'entreprise. Les représentants combleront alors leurs besoins par leur participation à des activités de prestige et par l'obtention de promotions.

Quant aux directeurs des ventes, ils peuvent agir de diverses façons sur les besoins d'estime de soi des représentants, en leur laissant plus de responsabilités dans diverses tâches et activités, en favorisant les possibilités d'avancement de carrière et en leur offrant des marques de reconnaissance à la suite d'une performance remarquable.

Les besoins de réalisation de soi ou d'accomplissement

Au sommet de la pyramide se trouvent les besoins de réalisation de soi ou d'accomplissement. Ils sont associés au désir de créer, de se dépasser en utilisant son potentiel afin d'accomplir son travail. Pour aider les représentants à combler leurs besoins d'autoréalisation, les directeurs des ventes pourront leur laisser une plus grande liberté d'action en ce qui concerne les responsabilités et l'autorité, ce qui leur permettra de se dépasser. Il peut aussi encourager les défis ainsi que la réalisation de projets ou d'activités promotionnelles d'importance.

Finalement, le besoin d'accomplissement se traduit chez certains représentants par un fort désir de réussir. Les représentants en quête d'accomplissement sont souvent à la recherche de défis et ils sont ordinairement prêts à prendre des risques pour les atteindre. Les quotas de vente et les concours sont pour eux une source de motivation importante. Enfin, selon une recherche d'Amyx et Alford (2005)[8], le besoin d'accomplissement peut contribuer à de meilleures performances de vente.

11.1.5 La théorie des deux facteurs de Herzberg

La théorie des deux facteurs défendue par Herzberg et ses collaborateurs (1957)[9] suppose que les besoins se divisent en deux grandes catégories. Il s'agit tout d'abord des **facteurs d'hygiène**, qui regroupent les besoins de base de la pyramide de Maslow. On y trouve les éléments comme les conditions de travail, le climat de travail, les politiques de l'organisation, le style de supervision, les relations interpersonnelles, le salaire, le statut et la sécurité d'emploi, incluant la vie familiale. Ces facteurs ne sont pas nécessairement des facteurs motivationnels, mais plutôt des éléments minimisant l'insatisfaction. Ensuite, la deuxième catégorie regroupe les **facteurs de motivation**, associés aux besoins les plus au sommet de la pyramide de Maslow. Il s'agit des possibilités de promotion, de la croissance personnelle et de la reconnaissance. Ces facteurs entraînent de la satisfaction, qui elle-même engendre la motivation chez les individus. Ils sont directement reliés au travail et à la tâche.

Selon cette théorie, les directeurs des ventes ont tout intérêt à fournir les éléments nécessaires à l'accomplissement au travail en offrant aux représentants un contexte favorable. Les facteurs d'hygiène peuvent comprendre une rémunération compétitive, une automobile convenable, un téléphone cellulaire, un ordinateur portable et divers éléments facilitant le travail, comme un assistant numérique personnel (BlackBerry). Ils ne sont pas des éléments de motivation comme tels, mais agissent plutôt comme éléments limitant l'insatisfaction, sans influer sur le degré de motivation. Quant aux facteurs aptes à stimuler le degré de motivation, ils peuvent se traduire, à titre d'exemple, par des programmes de reconnaissance comme les concours ou l'accroissement des responsabilités par la réalisation de projets importants.

11.1.6 La théorie des besoins de McClelland

Toujours sur le phénomène complexe de la motivation, le chercheur McClelland et ses collaborateurs[10] ont déterminé trois types de besoins correspondant à trois types de groupes d'individus. Le premier groupe d'individus est relié au **besoin de pouvoir**, le deuxième, au **besoin d'affiliation** et le troisième, au **besoin d'accomplissement**.

Les études de McClelland démontrent, entre autres, que des individus sont particulièrement intéressés par le **besoin de pouvoir** et de contrôle. Ils cherchent à accéder à des postes où ils exerceront leur leadership. Ils aiment notamment diriger et influencer les autres. Les représentants qui font partie de ce groupe ressentent un réel besoin de monter dans la hiérarchie. Ils sont particulièrement à la recherche de responsabilités leur permettant de diriger un groupe de représentants.

Un autre groupe d'individus désire combler son **besoin d'affiliation**. Ils sont alors sensibles au fait de se sentir aimés et acceptés par les gens qui les entourent. Ils recherchent un climat de travail où les relations sont agréables, amicales et où règne la confiance mutuelle. Ils ne souhaitent pas de conflits et sont enclins à aider les autres. Ils sont considérés comme de bons coordonnateurs et sont particulièrement motivés s'ils sentent que leurs résultats serviront aux autres. Ils sont très habiles à créer une cohésion au sein de l'équipe de vente. Étant donné leur besoin d'affiliation, ils ont tendance à maintenir de très bonnes relations avec les gens qui les entourent.

Finalement, le **besoin d'accomplissement** fait naître chez certains individus un fort désir de réussir. Ils recherchent les défis et acceptent ordinairement de prendre des risques pour atteindre un but. Ils ont peur de l'échec, mais ils agissent de manière à l'éviter. Sans être méfiants, ils favorisent la réflexion et l'analyse; ils n'aiment pas la précipitation. Les représentants de ce groupe aiment les défis et les objectifs de vente, qui représentent pour eux une source de motivation importante. Ils sont prêts à faire des sacrifices et à consacrer beaucoup d'énergie pour être parmi les meilleurs représentants de l'équipe de vente.

11.1.7 La théorie des résultats escomptés de Vroom

La théorie des résultats escomptés de Vroom (1964), que l'on nomme aussi la théorie des attentes, repose sur la prémisse que les individus vivent d'espoir et se motivent à condition de recevoir une récompense en retour. Cette théorie comprend trois éléments: les **attentes**, l'**instrumentalité** et la **valence**.

La théorie de Vroom suppose que les efforts déployés par un représentant dépendent de ses **attentes**, c'est-à-dire de la probabilité que le résultat escompté soit atteint, ainsi que de la **valence**, soit le niveau de satisfaction anticipé par la personne (Porter et Lawler, 1968)[11]. Ainsi, les attentes, ou la relation entre les efforts et les résultats, résident dans la propension d'un individu à vouloir fournir des efforts avec l'espoir d'atteindre les résultats escomptés. Les attentes ou les résultats désirés impliquent la notion de récompense. En conséquence, le représentant doit être en mesure d'établir un lien entre les résultats escomptés, les attentes et les récompenses: il s'agit de l'**instrumentalité**. La **valence** traduit le degré de satisfaction ou d'insatisfaction à l'égard de la récompense. La théorie des résultats escomptés s'appuie sur les sources motivationnelles extrinsèques et intrinsèques pour expliquer les comportements observés au travail[12].

Les récompenses extrinsèque sont un élément de motivation lorsque les individus croient que les comportements qu'ils adoptent conduiront à des récompenses comme la rémunération, les promotions, etc. Dans ce cadre, la motivation est le résultat de probabilités calculées par les représentants conduisant à différents niveaux de comportements qu'ils adoptent selon la valence des récompenses associée à ce résultat. Il s'agit, en fait, d'une relation d'échange entre les individus qui investissent des efforts et les organisations qui investissent des récompenses en retour. La rémunération, les commissions et les primes en sont des exemples.

En contrepartie de la motivation **extrinsèque**, la motivation **intrinsèque** est dérivée des comportements et des conséquences des forces internes des individus chez qui le travail est perçu comme un plaisir et comme une source de motivation en soi. La motivation intrinsèque est définie comme la capacité d'un individu de se motiver lui-même pour accomplir une tâche efficacement et le sentiment positif qu'il en retire[13]. Les comportements liés à la motivation intrinsèque sont les comportements que les individus adoptent pour relever des défis. Ces défis représentent des incongruités (surmonter les défis) entre le stimulus et la comparaison aux normes. Ainsi, la motivation intrinsèque fait référence à un processus continuel par lequel les individus tentent de relever ou de surmonter des défis[14].

Les directeurs des ventes peuvent offrir des récompenses extrinsèques (la reconnaissance, les primes) aux représentants, mais ne peuvent accorder de récompenses intrinsèques. Elles proviennent des individus eux-mêmes de façon naturelle lorsque le travail est terminé. Les gens ressentent alors un sentiment d'accomplissement lorsqu'ils perçoivent que les résultats de leur performance sont satisfaisants[15]. S'ils n'ont pas de contrôle direct sur la motivation intrinsèque, les directeurs des ventes peuvent en augmenter les probabilités en favorisant la confiance en soi des représentants. Ils peuvent également éviter de la diminuer en fournissant les ressources nécessaires, telle la formation en entreprise, pour enrichir les compétences et établir des objectifs réalistes, qui ont un sens pour les individus et qui satisfont les deux parties en créant un climat de respect mutuel[16]. Ils ont aussi la possibilité de démontrer leur appréciation lorsque les résultats sont atteints ou dépassés et, en cas de problème, de corriger la situation en mettant l'accent sur la tâche et non sur l'individu afin de ne pas le culpabiliser inutilement.

Quatre états psychologiques auraient une influence positive sur la motivation intrinsèque : 1) la perception signifiante ; 2) la responsabilité perçue ; 3) la connaissance des résultats ; 4) l'habilitation psychologique au travail (*empowerment*)[17].

Les personnes peuvent acquérir une **perception signifiante** envers la tâche en travaillant à une tâche potentiellement motivante, offrant la possibilité d'utiliser un ensemble d'habiletés diversifiées. Une **tâche signifiante** est une tâche qui a un impact sur les autres personnes, à laquelle on peut s'identifier, qui permet de faire preuve d'autonomie et qui offre de la rétroaction (*feedback*) sur l'évolution et la qualité du travail accompli.

Des conditions de travail qui fournissent aux individus la possibilité de se faire valoir peuvent également augmenter le niveau de motivation intrinsèque de même que l'affirmation des efforts (coûts/bénéfices) et leur valorisation. La notion de **responsabilité perçue** fait référence au sentiment qu'éprouvent les individus à l'égard du sens de responsabilité envers l'organisation par rapport à la motivation intrinsèque. Selon des études[18], la rétroaction stimulerait l'engagement affectif et entraînerait un plus haut niveau de loyauté envers l'organisation. Enfin, l'**habilitation psychologique au travail** est considérée comme un processus par lequel les individus s'intègrent davantage à l'organisation en raison d'un intérêt accru envers les activités de l'organisation. La participation aux décisions stimulerait leur implication et contribuerait à la motivation intrinsèque par un plus grand attrait envers la tâche et l'organisation.

La motivation au travail se traduit par le niveau d'effort au travail. Dans le domaine de la vente, l'**effort** représente les énergies allouées aux visites chez les clients, en ce qui concerne leur quantité et leur qualité, c'est-à-dire aux activités reliées à la vente et à la gestion du territoire. L'effort se traduit de deux façons pour un représentant : travailler plus fort et plus intelligemment[19]. Travailler plus fort signifie, par exemple, augmenter le nombre d'heures passées à la prospection, le nombre de visites par semaine, etc. Travailler plus intelligemment fait référence à la planification et à l'organisation du temps conduisant à l'amélioration de la qualité du travail de vente et de la gestion de son territoire[20].

11.2 Les variables liées à la performance des représentants et des vendeurs

Cette partie vise à mieux comprendre ce qui influe sur la performance des représentants. Le modèle de performance illustré à la figure 11.3 est constitué de variables qui influent directement ou indirectement sur la performance des représentants.

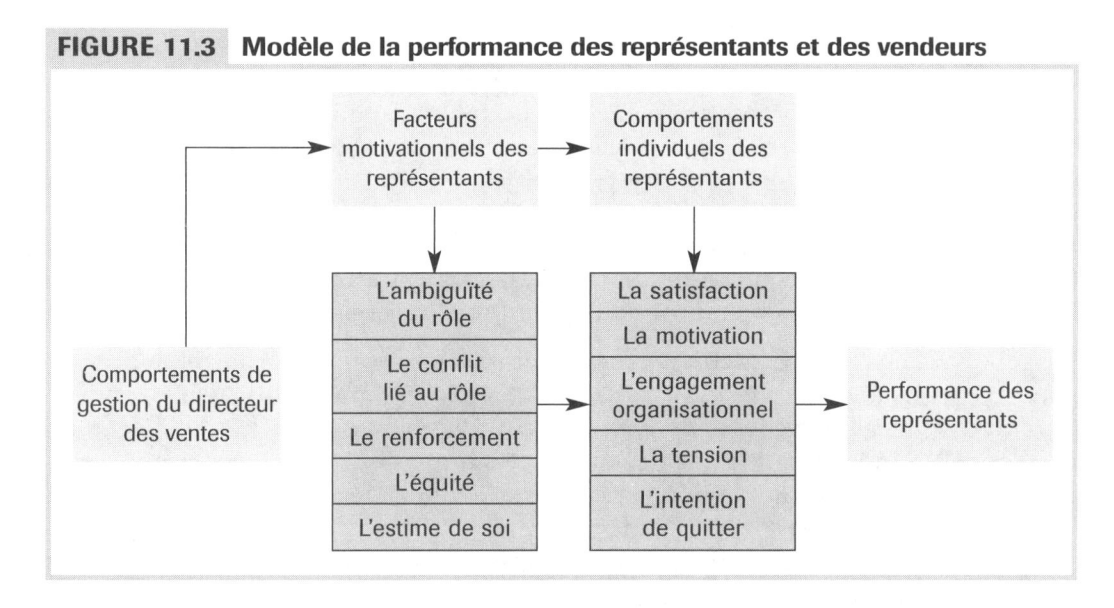

FIGURE 11.3 Modèle de la performance des représentants et des vendeurs

Ce modèle est composé de trois éléments. En premier lieu, nous trouvons les comportements de gestion du directeur des ventes. Ils représentent les actions qu'il entreprend pour gérer son équipe de vente. Ces actions se divisent en deux catégories : d'une part, les aspects relatifs aux activités de gestion comme le recrutement, la sélection des représentants et du personnel de secrétariat, la formation, la communication, la définition et le contrôle des activités de vente, des objectifs, des quotas, des dépenses, et les activités motivationnelles comme la gestion des concours. Ces notions ont déjà été vues dans les chapitres antérieurs. D'autre part, les actions du directeur des ventes se rapportent à la gestion des individus : il s'agit du leadership, que nous verrons au chapitre suivant.

En deuxième lieu, les facteurs motivationnels regroupent les variables à partir desquelles les directeurs des ventes peuvent exercer une certaine influence sur les représentants ; il s'agit de la perception du rôle, du renforcement, de l'équité et de l'estime de soi.

En troisième lieu, les comportements individuels des représentants sont la résultante des facteurs motivationnels. On trouve la satisfaction envers la tâche, la motivation, l'engagement organisationnel, la tension au travail et l'intention de quitter. Finalement, le modèle converge vers la performance de vente des représentants (*voir la figure 11.3*).

11.2.1 Les facteurs motivationnels des représentants et des vendeurs

Les facteurs motivationnels des représentants et des vendeurs regroupent les variables qui ont généralement une influence positive ou négative sur les comportements individuels des personnes, c'est-à-dire qui ont un effet sur d'autres variables comme la satisfaction, la motivation, l'engagement, la tension, l'intention de quitter et, ultimement, sur la performance de vente. Les facteurs motivationnels comprennent la perception du rôle, le renforcement, l'équité et l'estime de soi. Examinons maintenant chacun d'eux plus à fond.

La perception du rôle

Les représentants et les vendeurs sont appelés à jouer différents rôles dans leur fonction. En général, ils comprennent plus ou moins bien l'ensemble des activités et des comportements reliés à la fonction et les rôles qu'ils ont à assumer auprès des diverses personnes qui les entourent et qui influent sur leur travail. Les rôles sont assignés par des personnes faisant partie de l'entourage du représentant, qu'elles travaillent ou non dans l'entreprise : les directeurs des ventes, les collègues, les clients, les membres de la chaîne de valeur, mais aussi les autres gestionnaires de l'entreprise et même les membres de la famille et du cercle d'amis.

Les représentants et les vendeurs acquièrent ainsi la perception du rôle qu'ils doivent jouer et des tâches qu'ils doivent accomplir. Cette perception influe sur la définition du rôle dans l'entreprise, de même que sur la vision de la performance et sur la façon d'atteindre les objectifs de vente et les quotas qui y sont associés. Le rôle que les représentants sont appelés à assumer est donc déterminé par les attentes et les demandes exprimées par leur environnement[21]. Deux éléments ressortent de la perception du rôle : son **ambiguïté** ou sa **précision**, d'une part, et les **conflits** qu'elle génère, d'autre part.

L'ambiguïté et la précision du rôle

Il y a **ambiguïté** du rôle lorsque le représentant éprouve le sentiment de ne pas posséder toute l'information nécessaire pour accomplir adéquatement sa fonction. Il y aussi ambiguïté lorsqu'un représentant n'a pas de direction claire à propos du rôle qu'on lui demande de jouer dans son travail et dans son organisation[22]. L'ambiguïté du rôle peut être de source interne ou externe[23]. L'ambiguïté interne touche la flexibilité de l'organisation, la tâche à accomplir, le soutien des directeurs des ventes, les gestionnaires, les collègues et les questions d'éthique interne. L'ambiguïté externe concerne les interactions avec les clients, le traitement des objections avec les clients, les présentations de vente aux clients, les membres de la chaîne de valeur, la famille et les questions d'éthique externe.

La **précision** du rôle (l'inverse de l'ambiguïté) signifie le degré de justesse selon lequel un représentant perçoit les demandes des groupes de personnes à l'interne comme à l'externe. À cet effet, la précision du rôle perçu désigne la correspondance existant entre les demandes et les attentes des représentants et des vendeurs.

Les études empiriques révèlent que l'ambiguïté tend à diminuer le niveau de motivation[24, 25, 26]. Une équipe de vente qui vit un niveau d'ambiguïté élevé sera moins motivée à fournir des efforts qu'une équipe qui perçoit précisément ses rôles, et les représentants dont la tâche est précise travaillent plus d'heures que ceux qui ont une tâche moins bien définie[27].

Le directeur des ventes doit retenir que l'ambiguïté du rôle nuit à la satisfaction au travail[28] et à l'engagement[29, 30, 31] du représentant, ce qui influe sur son intention de quitter l'équipe de vente. Les recherches démontrent d'ailleurs que l'ambiguïté du rôle porte atteinte à la performance de vente[32, 33, 34, 35, 36, 37, 38] et que la précision du rôle influe positivement sur la performance de vente[39, 40, 41].

Il est donc important que le directeur des ventes estime la perception du niveau d'ambiguïté du rôle et y apporte des correctifs si nécessaire. Pour ce faire, il doit être au fait des sentiments des représentants. Ainsi, il lui revient de rencontrer les représentants pour discuter avec eux, les écouter, leur poser des questions et observer leurs comportements. Il peut aussi utiliser un outil d'enquête auprès des représentants. À cet effet, vous trouverez en annexe un questionnaire servant à mesurer le niveau d'ambiguïté du rôle.

Bien entendu, ces moyens ne servent pas seulement à déterminer le niveau et les sources d'ambiguïté, mais à les corriger. Les échanges entre le directeur et un représentant devraient conduire à clarifier et à préciser les rôles. Afin de diminuer le niveau d'ambiguïté, les directeurs des ventes ont tout intérêt à donner de l'information[42] et de la rétroaction[43, 44]. Cette dernière correspond à l'appréciation du directeur des ventes à la suite d'un résultat du représentant; il peut s'agir de rétroaction positive (« Félicitations! Tu as atteint ton quota! »), ou négative (« Tes ventes ne sont pas à la hauteur... »). S'ils se sentent appuyés[45] par leurs directeurs des ventes, les représentants percevront moins d'ambiguïté. La participation des représentants aux décisions diminue aussi leur niveau d'ambiguïté[46].

Le directeur des ventes a la responsabilité de diriger, de planifier, d'organiser et de contrôler adéquatement les activités de vente. À cet effet, il réduira l'ambiguïté du rôle s'il procède à la description claire et précise des tâches, des règles de gestion, des politiques institutionnelles, des lignes directrices, des objectifs, etc.

Le conflit lié au rôle
Le **conflit** lié au rôle se produit lorsque les représentants perçoivent des demandes qui semblent incompatibles entre elles. Il s'agit d'un conflit pouvant survenir entre les demandes des clients et celles de l'entreprise. Dans son travail, le représentant se retrouve souvent dans des situations où il se sent coincé entre les requêtes des clients et les objectifs de l'entreprise, sans compter les attentes familiales et celles des amis.

Prenons le cas suivant: un client important demande au représentant qu'on lui accorde une prolongation de la période de paiement, sans quoi il transférera une partie de ses achats chez le concurrent. L'organisation ne voulant pas accéder à cette demande, le représentant se trouve dans une position conflictuelle importante. Il est partagé, d'une part, entre son intérêt personnel et celui du client et, d'autre part, entre l'intérêt de l'entreprise et la perte d'une part de profit.

Dans un contexte de vente industrielle, les représentants sont particulièrement susceptibles de travailler dans des situations où les rôles sont imprécis, ambigus et conflictuels. D'où l'importance, pour les directeurs des ventes, de contrôler, par l'entremise de politiques et d'autres mesures pertinentes, les éléments ayant un impact sur la détermination et la perception du rôle, ou du moins d'influer sur eux. Le programme de formation (*voir le chapitre 10*) est un moyen privilégié pour faire comprendre clairement aux représentants les rôles qu'ils auront à jouer.

Le conflit lié au rôle entraîne des conséquences sur le comportements individuels des représentants. Selon la recherche de Babakus et de ses collaborateurs (1999)[47], le conflit lié au rôle influe négativement sur l'engagement organisationnel, la satisfaction et la performance des représentants, tout en accentuant l'intention de quitter l'équipe. L'étude de Boles, Wood et Johnson (2003)[48], quant à elle, démontre que le conflit lié au rôle influe négativement sur la satisfaction envers la tâche, les collègues et les directeurs des ventes.

Encore ici, il revient au directeur des ventes d'être à l'écoute de son équipe de vente, de cerner les sources d'un conflit lié au rôle et de trouver des solutions qui peuvent corriger la situation. Il est d'ailleurs démontré que la qualité des échanges entre le directeur et les représentants diminue le niveau de conflit lié au rôle[49].

Concrètement, pour diminuer la perception d'un conflit lié au rôle, les directeurs des ventes devraient communiquer clairement à leur équipe l'information nécessaire et les orientations à suivre, permettant ainsi aux représentants de faire des choix éclairés et de savoir quelle priorité donner à leurs tâches et à leurs activités de vente, selon le contexte et les circonstances. Vous trouverez en annexe un questionnaire qui évalue le niveau de conflit lié au rôle.

Le renforcement

Skinner (1952)[50], le célèbre auteur de la théorie de l'apprentissage béhavioriste, a démontré les comportements qu'on peut enseigner en récompensant les animaux comme les humains immédiatement après que le comportement désiré est atteint. Bandura (1977)[51], quant à lui, a élaboré la théorie du béhaviorisme social, qui tient compte des stimuli sociaux comme mode de renforcement efficace. Le domaine de la vente n'y échappe pas, car la motivation est un élément important de la performance de vente des représentants. Le renforcement est l'une des pierres angulaires des théories sur la motivation[52]. Des études[53] démontrent qu'il y a une relation positive entre les récompenses et la motivation et qu'elle est négative s'il s'agit de punitions.

Le **renforcement positif** est une conséquence agréable à la suite d'un résultat désiré par le représentant lui-même ou par son environnement. La récompense constitue l'action rattachée au renforcement positif. Il peut s'agir de petits gestes, comme une poignée de main, des félicitations formulées de vive voix ou par écrit, un signe approbateur, une invitation au restaurant, etc. Il peut s'agir aussi de récompenses plus planifiées et structurées telles que les primes, les concours et les promotions.

Les récompenses et les punitions peuvent être de deux types : intrinsèques ou extrinsèques. Les **renforcements extrinsèques** ne sont pas contrôlés ou attribués par le vendeur lui-même, mais plutôt par le directeur des ventes ou par l'environnement.

Ils sont rattachés à la satisfaction de besoins d'ordre inférieur de la pyramide de Maslow. Ils peuvent prendre la forme de salaire, de primes ou de promotions, par exemple. Les **renforcements intrinsèques**, quant à eux, sont davantage liés au besoin d'accomplissement des individus. Ce type de récompense vise la satisfaction des besoins des niveaux supérieurs de la pyramide, soit l'accomplissement et le dépassement de soi.

La sanction (ou la peur de la sanction) constitue aussi un facteur motivationnel. Il peut s'agir de la peur de perdre une prime convoitée, une rétrogradation, la perte de l'estime des collègues et des supérieurs ainsi que la perte de l'emploi. La sanction permet aussi de décourager les comportements indésirables et de les orienter vers des objectifs recherchés.

Les interventions des directeurs des ventes sur les causes d'un échec auprès des représentants ont un impact sur le type d'effort. Selon Sujan (1986)[54], un représentant à qui l'on attribue un échec parce qu'il a utilisé une stratégie de vente inappropriée sera plus enclin à changer de stratégie et à travailler plus intelligemment et plus fort que si l'échec est attribué à un manque d'efforts. Le sentiment, chez un représentant, de se sentir dans une situation d'échec modère son intention de faire des efforts, comme s'il croyait qu'il était trop tard pour transformer l'échec en succès[55]. La rétroaction donnée aux représentants est particulièrement importante lorsque les quotas ne sont pas atteints.

Les récompenses financières sont l'une des sources de motivation les plus importantes et les plus utilisées. Cependant, des nuances s'imposent. Considéré comme un facteur d'hygiène par Herzberg, l'argent constitue un élément qui limite l'insatisfaction de l'individu plus qu'il ne le motive. Dans la plupart des entreprises, la rémunération est basée sur une moyenne, de sorte que presque tous les employés qui effectuent une tâche semblable reçoivent le même salaire. Ainsi, les représentants seront satisfaits de leur rémunération, c'est-à-dire qu'ils la jugeront équitable, mais ils ne seront pas motivés pour autant à augmenter leurs efforts s'il est peu possible qu'ils obtiennent des gains supplémentaires.

La rémunération n'est pas seulement pour l'entreprise un facteur de motivation; elle constitue aussi un moyen qui lui permet d'attirer des candidats et de garder son personnel. Une rémunération insuffisante entraînera le recrutement de représentants qui n'ont d'autre choix que d'accepter un poste peu enviable; cela peut en dire long sur leurs capacités. Dans le même ordre d'idées, une faible rémunération suscitera tôt ou tard l'insatisfaction chez les vendeurs et deviendra l'une des causes du départ.

Il est important de souligner que l'argent est souvent perçu comme le reflet des différents systèmes de valeurs des individus. En effet, le poids de l'argent et l'usage qu'ils en font varient grandement selon les individus. Certains lui accordent une place de choix, tandis que pour d'autres il n'est qu'une façon de maintenir un niveau de vie confortable. La valeur de l'argent varie aussi selon plusieurs autres facteurs, comme les besoins engendrés par la famille ou par les dettes. Mais, comme le dit l'adage, l'argent ne fait pas le bonheur, tant il est vrai qu'un représentant très bien payé ne constitue pas nécessairement un représentant motivé et plus performant.

Si l'on veut que la rémunération constitue un facteur de motivation efficace, il faut qu'elle soit reliée au rendement. Ainsi, un vendeur sera porté à faire plus d'efforts s'il sait qu'il sera récompensé en fonction de ses performances. Une commission, un boni ou une prime représente alors un facteur de motivation qui illustre le rapport existant entre la réalisation de certains objectifs et les gains supplémentaires.

La rémunération sera un élément de motivation à condition qu'elle représente un montant substantiel. Dans le cas d'une commission, d'un boni ou d'une prime, la somme d'argent doit en principe compenser les efforts que le vendeur fournit pour atteindre un résultat donné, selon la théorie des résultats escomptés de Vroom. Si l'argent offert lui semble insuffisant, il ne sera pas motivé. Par contre, si l'augmentation de salaire, le boni ou la prime est alléchant, il sera plus disposé à augmenter ses efforts.

Les récompenses non financières sont un autre facteur de motivation. En effet, les concours jouent à peu près le même rôle que le renforcement. Ainsi, l'entreprise pourra remettre un prix au représentant qui a obtenu les résultats attendus. Ce peut être simplement une lettre de félicitations, mais certaines entreprises offrent un voyage, des billets de spectacle, des reconnaissances auprès des pairs, etc.

Les concours[56] ont pour but de motiver les membres de l'équipe de vente à atteindre un objectif de vente déterminé au cours d'une période relativement courte. Ils ne font cependant pas partie du plan de rémunération officiel. Les récompenses sont des prix en argent ou des voyages ; elles peuvent aussi consister en une forme de reconnaissance par les collègues à la suite d'une performance, comme la désignation de « vendeur du mois ».

Dans certains cas, les concours peuvent inciter les représentants à fournir un effort particulier. Il ne faut toutefois pas perdre de vue le fait que les concours risquent de créer des problèmes lorsqu'ils sont mal utilisés, mal gérés ou mal préparés. Ils génèrent parfois parmi les représentants une concurrence excessive ou encore de l'envie. Il faut aussi considérer que les représentants sont différents et qu'ils ont des préférences[57] à l'égard des récompenses, qu'il s'agisse de voyages ou de cadeaux d'ordre pécuniaire on non. Un programme de concours est une tâche délicate et importante pour les directeurs des ventes ; ces derniers doivent aussi prendre en compte les objectifs de vente, la durée du concours, les récompenses et l'ampleur des récompenses. À cet égard, la recherche de Lopez, Hopkins et Raymond (2006) nous apprend que de généreuses commissions de vente sont les récompenses préférées des représentants, suivies par les augmentations de salaire ; pour ce qui est des possibilités de promotion et des reconnaissances sociales, elles sont les moins appréciées.

En dernière analyse, ajoutons que si les concours sont mal organisés, l'insatisfaction des vendeurs pourra être dirigée vers l'entreprise et les responsables des concours. De plus, les concours ne conviennent pas à tous les tempéraments. Ainsi, certains représentants les perçoivent comme une façon détournée de mesurer leur compétence et d'afficher leur rendement à la vue de tous, ce qui les rebute. Enfin, lorsqu'on fait des gagnants, il y a forcément des perdants, et le moral de certains peut en être affecté.

Challagalla et Shervani (1996)[58] ont démontré dans leur étude que les récompenses et les punitions diminuent l'ambiguïté du rôle et agissent sur le niveau de satisfaction des représentants en l'augmentant (récompenses) ou en le diminuant (punitions). Schul, Remington et Berl (1990)[59] arrivent aux mêmes conclusions, soit que les récompenses ont un effet positif sur la satisfaction et la motivation des représentants et que les punitions ont un effet négatif sur le niveau de motivation.

Comme le précisent certaines recherches, le renforcement influe sur le niveau d'effort des individus. C'est donc un moyen concret que le directeur des ventes peut utiliser au jour le jour avec son équipe de vente, pour autant qu'il l'applique correctement. L'utilisation du renforcement fait appel au bon sens du directeur des ventes. Selon la théorie des résultats escomptés, le choix ou l'ampleur du renforcement doit être cohérent avec les **attentes** et le niveau d'effort que l'individu a investi pour réaliser un objectif, l'**instrumentalité**. Le renforcement devrait être équitable, car le sentiment d'iniquité des membres de l'équipe peut nuire au climat de travail et anéantir ce qu'ils voulaient construire. La récompense doit être attirante, susciter l'envie, ce qui réfère à la notion de **valence**. Tout compte fait, elle doit impérativement correspondre aux goûts et aux désirs des représentants, car chacun est différent. Lorsque c'est possible, le renforcement devrait être administré sur-le-champ ou dans des délais raisonnables.

L'équité

L'**équité** correspond à la perception d'un représentant lorsqu'il établit une relation entre sa contribution dans l'équipe de vente et les récompenses, les augmentations de salaire, les avantages sociaux, les promotions, le salaire, la reconnaissance qu'il obtient en retour de ses efforts en les comparant avec ses collègues de la même organisation et des autres entreprises. On parle alors d'équité interne et externe.

Il est important d'attirer l'attention des directeurs des ventes sur le fait que le sentiment d'équité peut être ressenti par les représentants dans de nombreuses situations. Dans le domaine de la vente, les situations sujettes à une évaluation comparative sont particulièrement fréquentes en raison de l'utilisation de quotas, de commissions, de bonis et de concours, et de l'établissement des territoires, cette dernière situation étant propice à éveiller un sentiment d'iniquité. Le comportement des représentants peut en être touché. Les directeurs des ventes doivent donc accorder toute l'attention voulue à ce sentiment d'autant plus que, la plupart du temps, ils sont considérés comme les principaux responsables des situations d'iniquité, ce qui est de nature à détruire la relation de confiance mutuelle entre les représentants et eux[60]. Il a été démontré que le sentiment d'équité ou d'iniquité peut influer sur le niveau d'effort et de satisfaction[61], et sur l'intention de quitter[62].

Un représentant ressent un sentiment d'iniquité lorsqu'il perçoit que ses récompenses sont insuffisantes. Il tentera alors d'abaisser sa tension en réduisant ses efforts, et donc sa performance, au niveau qu'il croit adéquat pour rétablir un équilibre entre l'effort fourni et la rétribution qu'il perçoit comme étant juste. Dans le cas inverse où il se croit surpayé, il rééquilibrera sa tension en augmentant ses efforts et sa contribution. La recherche de Parrack Livingstone et de ses collaborateurs (1995)[63] démontre que l'équité interne aussi bien que l'équité externe influent de façon importante sur la satisfaction des représentants.

L'estime de soi

L'**estime de soi** se traduit par le sentiment de confiance qu'un représentant éprouve en lui quant à sa capacité d'offrir une bonne performance[64]. Il s'agit en fait d'une représentation de la confiance en soi pour accomplir sa tâche.

Nous pouvons dès lors comprendre que l'ambiguïté du rôle et le sentiment de ne pas posséder toute l'information pour faire son travail nuisent à l'estime de soi[65, 66] et qu'au contraire la précision du rôle rehausse le niveau d'estime de soi[67].

En ce qui regarde la notion de performance, il est intéressant de noter qu'un niveau élevé de performance contribue à accroître le niveau d'estime de soi[68]. La performance joue ainsi un rôle de renforcement qui appuie un succès passé. D'ailleurs, le sentiment de succès ressenti par le représentant influe sur le niveau de satisfaction comme sur celui de l'estime de soi[69]. La motivation et la tension envers la tâche sont des déterminants de l'estime de soi.

La perte de confiance en soi peut être ressentie par un représentant qui a échoué dans l'atteinte d'un quota ou obtenu une position médiocre dans un concours. Le directeur des ventes peut contribuer à augmenter ou encore à rééquilibrer l'estime de soi d'un représentant par des mots d'encouragement, par le renforcement positif en gratifiant les petits et grands succès au jour le jour et par la valorisation, tout en minimisant les critiques superflues. Dans certains cas, la formation formelle ou informelle (*voir le chapitre 10*) est un très bon moyen pour redonner confiance aux représentants et, par conséquent, pour rehausser leur estime de soi. Comme pour les autres facteurs motivationnels, vous trouverez en annexe un questionnaire qui évalue le niveau d'estime de soi.

11.2.2 Les comportements individuels des représentants et des vendeurs

Les comportements individuels des représentants regroupent les variables qui résultent des facteurs motivationnels, comme l'illustre la figure 11.3 (*voir la page 303*). Elles sont les conséquences des comportements motivationnels. Il s'agit de la satisfaction, de la motivation, de l'engagement organisationnel, de la tension au travail et finalement de l'intention de quitter. Nous aborderons par la suite les effets de ces variables sur la performance des représentants.

La satisfaction au travail

La **satisfaction au travail** est un sentiment de contentement ressenti par les représentants dans leur environnement de travail en ce qui a trait à la tâche, aux collègues de travail, à la supervision, aux politiques et au soutien de l'organisation, à la rémunération, à la promotion et à l'avancement, et finalement aux clients. Churchill, Ford et Walker (1974) ainsi que Locke (1983)[70] décrivent la satisfaction comme un état émotionnel positif résultant de notre emploi et de nos expériences d'emploi.

Le niveau de satisfaction peut être défini comme la différence entre les attentes du représentant et ce qu'il obtient[71]. Lorsqu'elle évalue une situation avantageuse qui correspond à ses attentes, une personne ressentira une émotion agréable de satisfaction[72]. Dans le cas où la relation serait positive, le représentant est satisfait, c'est-à-dire que les résultats souhaités sont supérieurs à ce qu'il désirait. Dans le cas contraire, il éprouve un sentiment d'insatisfaction.

Nous avons déjà abordé le fait que le recours à des habiletés diversifiées, une tâche signifiante et l'identification envers la tâche influent sur la motivation intrinsèque ; il en est de même de la satisfaction au travail[73], où l'on observe une relation positive entre la motivation intrinsèque et la satisfaction au travail[74]. La recherche d'Eby et de ses collaborateurs (1999)[75] confirme la relation entre la variété de la tâche et la satisfaction au travail de même qu'entre la motivation intrinsèque et la satisfaction, alors qu'une autre étude démontre un lien significatif entre la satisfaction et la motivation au travail[76].

Selon la théorie des attentes ou des résultats escomptés de Vroom, la motivation au travail peut influer sur le niveau de satisfaction. Les personnes perçoivent deux types de retombées, inhérentes à la théorie, qui influent sur le niveau de performance des représentants. Le premier type de retombées représente le niveau de réussite rattachée à la performance au travail : elle est le résultat de comportements associés à la tâche. L'autre type de retombées est rattaché à un ensemble de récompenses désirées que l'on ne peut obtenir que par la réussite au travail. L'attente, sous cet angle, représente la somme d'efforts qu'un individu est prêt à fournir pour arriver à une performance brillante[77]. De plus, plusieurs études[78] révèlent une relation positive entre la motivation et la satisfaction au travail.

Pour les directeurs des ventes, la rétroaction et l'information qu'ils procurent à leur équipe contribuent à influer sur le niveau de satisfaction des représentants[79, 80, 81, 82]. La rétroaction améliorerait le sentiment de loyauté envers l'organisation[83]. Les représentants et les vendeurs qui ont un niveau de confiance élevé envers leur directeur ont un plus haut taux de satisfaction envers la tâche[84].

Pour plusieurs personnes, le niveau d'effort conduit à la satisfaction envers leurs tâches. Elles désirent se sentir productives, concernées, utiles et compétentes. Le travail est un moyen de combler leurs besoins. Il est donc souhaitable pour les directeurs des ventes de renforcer ce sentiment afin que les représentants comprennent l'importance de leur travail et atteignent ainsi les objectifs et les quotas de vente. La satisfaction des représentants dans l'accomplissement d'un travail signifiant élève le niveau de motivation[85]. De plus, des études[86] démontrent que la satisfaction des employés à l'égard de l'organisation a un effet positif sur la satisfaction des consommateurs.

Conformément à ce qui précède, nous pouvons observer que l'ambiguïté du rôle, le conflit lié au rôle de même que le renforcement influent sur la satisfaction. Vous trouverez, en annexe, l'instrument de mesure de la satisfaction. Ce questionnaire permet de mesurer le niveau global de satisfaction de l'équipe de vente, mais aussi de déterminer les sources précises d'insatisfaction. Le niveau de satisfaction de l'équipe de vente est un bon indicateur du climat de travail, d'où son importance.

La motivation au travail

En début de chapitre, nous avons abordé les grandes théories et les principes de la motivation (*revoir la section 11.1*). Les représentants qui perçoivent que leur tâche est ambiguë sont moins motivés à consacrer des efforts à leur travail[87, 88]. Par ailleurs, la satisfaction envers la tâche[89] produit un effet positif sur la motivation. L'étude de Sujan (1986)[90] et celle de Schul et ses collaborateurs (1990)[91] démontrent qu'il y a une relation positive entre les récompenses et la motivation et qu'elle est négative s'il s'agit de punitions.

Les recherches ont également démontré un lien positif entre l'effort de vente et la performance de vente[92]. Ce qui revient à dire que plus un représentant met d'efforts dans son travail, plus il est motivé et plus ses chances d'accomplir une bonne performance sont grandes.

Nous avons déjà vu que le renforcement est l'une des pierres angulaires des théories sur la motivation : les récompenses contribuent à rehausser le niveau de motivation alors que les punitions l'abaissent[93, 94]. La rétroaction des directeurs des ventes aux représentants ainsi que leur facilité à échanger semblent jouer un rôle sur la motivation des représentants[95, 96], en ce sens que cela les inciterait à travailler plus fort et plus intelligemment. Les programmes de formation influent aussi de manière positive sur le niveau de la motivation intrinsèque des représentants, selon Babakus et ses collaborateurs (1996)[97].

La recherche de Berry et Abrahamsen (1981)[98] présente la valeur relative des techniques de motivation auprès des représentants. Cette valeur peut se diviser en trois catégories, dont voici les points majeurs.

- Les représentants accordent une valeur peu élevée aux concours, à la reconnaissance d'une performance extraordinaire, aux quotas établis mutuellement et aux avertissements liés à l'amélioration de la performance.
- Une valeur moyenne est accordée aux rapports de performance périodiques, à la formation sur les techniques de vente, à la sollicitation des recommandations sur les produits, au marketing ou aux programmes de publicité, aux incitatifs financiers pour les nouveaux clients ou l'amélioration des ventes, au volume de commission progressive, aux visites non annoncées du gestionnaire, aux offres de promotion destinées aux clients.
- Finalement, les aspects qui revêtent la valeur la plus élevée aux yeux des représentants sont l'attitude du gestionnaire à former un esprit de corps, des programmes de promotion pour ses clients, une bonne image et une bonne réputation du gestionnaire dans le marché desservi, le soutien (aide spécialisée dans des situations de vente), la qualité et la fiabilité élevées des produits, l'introduction de nouveaux produits, un programme de formation sur les produits et le taux de commission.

Afin de motiver les représentants de manière qu'ils améliorent leur performance de vente, nous proposons les grands principes suivants :

- Les représentants ont des besoins différents ; il est alors important que les récompenses correspondent aux besoins de chacun. Il est fondamental de reconnaître que chaque vendeur est unique. Cet exercice permet au directeur des ventes d'orienter ses comportements de gestion qui lui semblent les plus efficaces selon les individus.
- Afin de stimuler et de maintenir un niveau de motivation élevé chez les représentants et les vendeurs, il est important de déterminer clairement les résultats escomptés et les récompenses qui y sont associées.
- Les directeurs des ventes doivent s'assurer que les résultats demandés sont adaptés à la situation de travail. En effet, les exigences ne doivent pas être trop grandes ou encore trop faciles à combler. Concrètement, des objectifs trop élevés décourageront le représentant et des objectifs trop simples ne le pousseront pas à se dépasser.

L'engagement organisationnel

L'**engagement organisationnel**[99] se définit comme le degré d'importance qu'un individu accorde à un emploi dans sa vie. Des représentants qui ont un niveau d'engagement organisationnel élevé sont des carriéristes. D'autres, par contre, ont un niveau d'engagement faible du fait que leurs champs d'intérêt sont ailleurs. Ils ne sont donc pas très touchés par leur travail; ils en sont détachés.

L'engagement organisationnel représente une attitude qui va au-delà de la loyauté envers les organisations[100]. Il nécessite une relation active avec l'organisation, dans le sens où les individus sont prêts à s'investir dans le but d'aider leur organisation à réussir. L'engagement reflète aussi la similarité entre les valeurs des individus et les valeurs de l'organisation. Il découle d'un sentiment de fierté envers l'organisation.

Rappelons que l'ambiguïté du rôle et le conflit lié au rôle nuisent au niveau d'engagement. Schul, Remington et Berl (1990)[101] avancent que les récompenses (renforcement positif) ont un effet positif sur l'engagement organisationnel et que les punitions (renforcement négatif) contribuent à diminuer le niveau de satisfaction envers la tâche et l'engagement. Par ailleurs, l'engagement organisationnel a un effet positif sur la satisfaction et l'inverse est également vrai[102, 103, 104, 105, 106]. De plus, on a établi un lien positif entre l'effort investi par les représentants et le niveau d'engagement envers la tâche[107], de même qu'entre la performance et l'engagement[108].

L'engagement organisationnel est un sentiment que les directeurs des ventes ont intérêt à favoriser chez leurs représentants. En principe, une équipe de vente qui possède un niveau d'engagement élevé devrait vendre plus et mieux qu'une équipe dont le niveau est faible. Toutefois, il est difficile pour un directeur des ventes de susciter l'engagement organisationnel. Le sentiment d'engagement s'acquiert avec le temps, la confiance et le soutien du directeur des ventes[109]. La recherche de Yilmaz et Hunt (2001) démontre que la confiance entre collègues influe aussi sur le niveau d'engagement. Vous trouverez en annexe l'instrument de mesure de l'engagement organisationnel.

La tension au travail

La **tension au travail** peut être définie comme la façon dont un représentant se sent sollicité par l'ensemble de sa tâche, que ce soit l'ampleur des responsabilités, les possibilités de promotion, la charge de travail, etc.[110]. On fait référence ici aux tensions et à la pression par rapport à des attentes. C'est en fait la première étape de l'épuisement professionnel. La tension au travail est un état psychologique perturbant ressenti par les individus concernant leur travail[111] ou encore la réponse psychologique du représentant à des activités de vente lorsqu'il perçoit que ses ressources personnelles, cognitives et émotionnelles sont altérées parce que les risques de conséquences négatives sont inconnus[112]. Behrman et Perreault (1984)[113] représentent le stress au travail comme le résultat d'une demande incompatible (conflit lié au rôle) et la difficulté pour un représentant d'établir des priorités entre la nécessité d'accomplir sa tâche et le besoin de combler les attentes de son directeur des ventes (ambiguïté du rôle). Bref, la tension au travail chez le représentant résulte de diverses pressions directement liées à son emploi, dont l'obligation de produire des résultats dans un temps limité, obligation imposée par le représentant lui-même ou par son directeur des ventes.

Nous distinguons trois sources de tension au travail: la tension causée par l'ampleur de la tâche, la tension associée à la peur de l'échec et de ses conséquences et, finalement, la tension associée à l'incompatibilité des demandes et à la nécessité de hiérarchiser les demandes.

Selon certaines études, la précision du rôle diminue la tension au travail[114] tandis que l'ambiguïté du rôle produit l'effet inverse[115, 116, 117, 118]. Il en va de même du conflit lié au rôle, qui favorise la tension au travail, comme le confirment de nombreuses recherches[119, 120, 121, 122, 123].

En ce qui concerne la relation entre la tension au travail et la satisfaction, les recherches[124, 125] démontrent qu'il existe un lien négatif entre la tension au travail et la satisfaction, et que la tension au travail diminue l'estime de soi[126]. Quant à l'effet de la tension sur la performance, des études[127, 128, 129] confirme qu'elle nuit à la performance de vente.

Pour ce qui est des implications managériales, il apparaît que la qualité des échanges entre le directeur des ventes et les représentants influe sur le niveau de tension[130, 131]. L'action des directeurs des ventes sur la tension sera efficace dans la mesure où ils pourront contrôler le niveau d'ambiguïté du rôle et de conflit lié au rôle. Le lecteur pourra revoir les recommandations à cet effet dans le présent chapitre. Il trouvera également en annexe l'instrument de mesure permettant aux directeurs des ventes d'estimer le niveau de tension au travail.

L'intention de quitter

L'**intention de quitter** correspond au désir du représentant de laisser l'organisation. La conséquence négative qui y est rattachée est son influence sur le taux de roulement[132, 133]. Le roulement des représentants entraîne des conséquences fâcheuses sur la performance de vente de l'équipe, car les coûts de recrutement, de sélection et de formation sont très élevés. On sait également que le taux de roulement dans un territoire influe sur le niveau de satisfaction des clients. Il est alors important pour un directeur des ventes de comprendre ce qui pousse les représentants à vouloir partir.

L'intention de quitter aboutit dans bien des cas à la démission des représentants[134, 135, 136]. Plus l'ambiguïté du rôle est élevée, plus l'intention de quitter tend à augmenter[137, 138]. Le conflit lié au rôle ne semble pas cependant influer sur l'intention de quitter tandis qu'un bas niveau d'engagement y conduit logiquement. Les études[139, 140, 141, 142, 143] démontrent que l'insatisfaction influe sur l'intention de quitter et qu'elle est considérée comme le meilleur indice pour prédire ce comportement[144].

Il va sans dire que le directeur des ventes a pour rôle de garder les bons représentants dans son équipe. Pour ce faire, il accordera toute l'attention nécessaire à l'ambiguïté du rôle, mais surtout à la satisfaction du représentant, ces deux facteurs étant des indices très révélateurs de l'intention de ce dernier de quitter l'équipe ou d'y demeurer.

Cependant, il est très difficile pour le directeur des ventes de distinguer parmi ses représentants ceux qui ont l'intention de s'en aller de ceux qui désirent rester dans l'entreprise. En effet, il est assez rare qu'un représentant fasse part de ses intentions à son directeur. Nous croyons encore une fois que le directeur des ventes doit être attentif aux signes qui se manifestent chez ses représentants. Il est toutefois établi que des conditions de travail satisfaisantes stabilisent le taux de roulement.

11.2.3 Les conditions favorisant la performance des représentants et des vendeurs

À la lumière de ce qui a précédé dans ce chapitre, nous comprenons maintenant que l'un des rôles principaux des directeurs des ventes consiste à créer un climat de travail favorisant une bonne performance[145]. Ils ont tout intérêt à faciliter la performance des commerciaux en utilisant un style de leadership qui les stimule dans le but d'accroître leur effort au travail (nous verrons cet aspect plus en profondeur au chapitre 13).

Selon la théorie des résultats escomptés (Vroom, 1964), la performance des représentants dépend de trois croyances envers leurs leaders, les directeurs des ventes[146] :

- Il s'agit d'abord de la confiance qu'a le représentant envers son directeur des ventes, à savoir que celui-ci réalisera ses promesses[147]. Les retombées qui suivent une bonne performance constituent un renforcement positif pour le représentant, en autant que ce qui a été promis par le directeur des ventes est réellement donné, ce dont ce dernier doit toujours s'assurer[148]. Dans le cas où le directeur des ventes ne tient pas ses promesses, le lien entre la performance et les retombées est considérablement affaibli, la confiance étant dès lors perdue[149].

- Le représentant doit également croire que son directeur des ventes lui offrira un traitement équitable[150]. Le traitement doit être perçu comme juste et équitable non seulement par le représentant, mais aussi par ses pairs.

- Enfin, le représentant doit percevoir le directeur des ventes comme une personne faisant preuve d'honnêteté, cet élément favorisant le lien entre les retombées et la performance. Les rétroactions doivent alors être justes et claires, exprimées avec tact pour ce qui ne va pas et exemptes de faux éloges.

La confiance envers les directeurs est liée à la satisfaction et à la performance au travail[151]. À cet égard, les directeurs des ventes doivent inspirer confiance et être perçus par les représentants comme étant intègres car, sans ces conditions, ils ne peuvent engendrer la loyauté. Les représentants risquent plutôt d'orienter leurs efforts dans la mauvaise direction. Ce concept est en lien avec la théorie sociale de Bandura, qui suggère que les personnes sont plus susceptibles d'imiter les comportements d'un leader s'il est crédible et digne de confiance que s'il ne l'est pas. L'étude de Rich (1997) démontre que la perception que les commerciaux ont du modèle (*role model*) de leur directeur des ventes est liée positivement à la confiance qu'ils éprouvent envers lui et, indirectement, à leur satisfaction au travail et à leur performance. Ainsi, selon cette étude, la confiance envers le leader serait la variable maîtresse de laquelle le rôle-modèle tirerait son efficacité. Ainsi, les directeurs des ventes qui inspirent confiance peuvent améliorer le niveau de satisfaction au travail et la performance des représentants.

Par ailleurs, maintes recherches[152] révèlent un lien positif entre l'effort de vente et la performance de vente. C'est donc dire que plus un vendeur met d'efforts dans son travail, plus ses chances de vendre sont grandes.

Conclusion

De l'étude de ce chapitre il ressort que la motivation reste avant tout pour les directeurs des ventes une question de gestion au jour le jour. Comme nous l'avons déjà souligné, le modèle de performance des représentants et des vendeurs ne répond pas à toutes les questions sur ce qui influe sur la performance, loin de là. Il en soulève même, et c'est très bien ainsi. Un tel constat mène inévitablement le directeur des ventes à une réflexion continue et aux remises en question de ses comportements de gestion.

Nous désirons attirer l'attention du lecteur sur le fait que les directeurs des ventes sont avant tout les maîtres d'œuvre de l'équipe de vente et que l'application rigoureuse de ce modèle, variable par variable, ne garantit en rien la performance et l'efficacité des ventes. Il faut plus que ça. L'attitude du directeur des ventes est fondamentale. L'élément de base pour motiver les représentants, c'est avant tout d'être motivé soi-même, de reconnaître et de respecter la différence de chacun, et de bâtir un climat de travail propice à la camaraderie et à la communication. La motivation est un concept abstrait et multifactoriel; c'est une question d'attention et de sensibilité envers les représentants.

Au chapitre 12, nous approfondirons nos connaissances sur le travail de gestion des directeurs des ventes et sur ce qui influe sur sa performance et sur celle de l'équipe de vente. Nous prêterons une attention particulière à la notion de leadership.

RÉSUMÉ

La lecture de ce chapitre nous a permis de comprendre l'importance que le directeur des ventes doit accorder à la motivation quant à la performance de vente des représentants et des vendeurs. Nous nous sommes d'abord penchés sur les fondements des grandes théories de la motivation. Il est maintenant établi que la motivation prend sa source dans les besoins et les désirs, qui conduisent à l'adoption de comportements susceptibles d'augmenter la performance. Les besoins, tels qu'ils ont été décrits par Maslow, représentent une pyramide dont les niveaux inférieurs sont constitués des besoins physiologiques, de sécurité et d'appartenance. Une fois ces besoins comblés, l'individu peut accéder aux niveaux supérieurs, qui sont les besoins d'estime de soi et d'accomplissement. D'autres théories viennent compléter celle de Maslow. Ce sont les théories de Hertberg, de McClelland et de Vroom.

Nous avons ensuite examiné les variables qui sont liées à la performance des représentants et des vendeurs. Il s'agit d'abord des facteurs motivationnels dont l'influence est démontrée par de multiples recherches : la perception du rôle, suivant qu'elle est ambiguë ou précise ou qu'elle occasionne un conflit ; le renforcement positif ou négatif selon les situation ; l'équité, alors que la personne se sent ou non traitée justement ; l'estime de soi reliée à la confiance en soi.

D'autres variables relèvent plutôt des comportements individuels des représentants et des vendeurs. Il s'agit de la satisfaction au travail, de la motivation au travail, de l'engagement organisationnel, de la tension engendrée par le travail et de l'intention de quitter l'organisation, lorsque les conditions de travail ne répondent pas aux besoins de la personne. Le directeur des ventes doit donc tenir compte de tous ces facteurs s'il veut assumer correctement l'un des principaux rôles qui lui sont dévolus, soit de former et de conserver une équipe de vente la plus performante possible.

QUESTIONS

1. Expliquez les principaux rôles des directeurs des ventes à l'égard de la motivation.
2. Quel est le point commun entre les grandes théories de la motivation ?
3. Expliquez la relation entre l'assouvissement des besoins et la motivation.
4. Pourquoi la motivation se transforme-t-elle en effort ?
5. D'après le modèle de la performance, quelle est la logique derrière la structure du modèle ?
6. Expliquez la différence entre les facteurs motivationnels et les comportements individuels des représentants.
7. Élaborez des solutions pratiques pour un directeur des ventes qui désire améliorer le niveau de précision du rôle de son équipe de représentants ou de vendeurs.
8. Quelles sont les différences entre l'ambiguïté du rôle et le conflit lié au rôle ?
9. Expliquez le lien entre l'ambiguïté du rôle et les quotas.

10. Expliquez le lien entre le conflit lié au rôle et la motivation.

11. Comment un directeur des ventes peut-il influer sur la motivation intrinsèque?

12. Pourquoi le renforcement est-il l'une des pierres angulaires des théories sur la motivation?

13. Quel est le rapport entre le renforcement et la motivation?

14. Afin de motiver un représentant, pourquoi est-il si important de déterminer clairement les récompenses?

15. Énumérez les impacts possibles d'un sentiment d'iniquité partagé dans une équipe de vente.

16. Comment un directeur peut-il contribuer à améliorer l'estime de soi d'un représentant qui vit une contre-performance?

17. Quels sont les rôles des comportements individuels des représentants et leur contribution pour un directeur des ventes?

18. Est-ce que la satisfaction influe sur la performance des représentants? Justifiez votre réponse.

19. Quels sont les effets de la rétroaction de la part des directeurs des ventes à l'égard des représentants?

20. Comment un directeur des ventes peut-il stimuler l'effort des représentants les moins performants?

21. Comment un directeur des ventes peut-il motiver les meilleurs vendeurs?

22. Un directeur des ventes doit-il consacrer plus de temps aux moins performants ou aux plus performants et pourquoi?

23. Comment peut-on stimuler l'engagement organisationnel dans une équipe de vente et, en contrepartie, y a-t-il des effets négatifs à un engagement trop poussé envers le directeur des ventes?

24. Les quotas sont-ils une source de motivation ou de tension dans le travail? Expliquez votre position.

25. Comment un directeur des ventes peut-il diminuer le niveau de tension au travail?

26. Comment un directeur des ventes peut-il réduire le désir de quitter des représentants?

27. Quels sont les moyens qu'un directeur des ventes peut utiliser pour augmenter la performance de son équipe?

28. Pourquoi les efforts influent-ils sur la performance de vente?

ATELIERS

1. Contactez deux directeurs des ventes, l'un dans le domaine de la vente au détail et l'autre dans celui de la vente industrielle, et demandez-leur quelles sont leurs stratégies motivationnelles. Formulez vos critiques et vos recommandations personnelles.

2. Rencontrez un représentant dans le domaine de la vente au détail et un autre dans le domaine industriel. Demandez-leur de vous expliquer ce qui les motive et ce qui, d'après eux, pourrait améliorer leur motivation et leur performance de vente. Commentez leurs propos et formulez vos recommandations personnelles.

3. Commentez les différences que vous avez pu observer entre les propos des directeurs des ventes et ceux des représentants.

4. Interrogez un directeur des ventes dans le but de découvrir quels sont les éléments qui, selon lui, influent le plus sur le niveau de motivation de ses vendeurs ou de ses représentants.

5. Passez une journée avec un directeur des ventes. Déterminez les activités de gestion qui influent le plus sur la performance de son équipe de vente.

NOTES

1. PORTER, H. «Manage your sales force as a system». *Harvard Business Review*, mars-avril 1975, p. 85-95.

2. BERRY, D. et K. ABRAHAMSEN. «Three types of salesmen to understand and motivate». *Industrial Marketing Management*, juillet 1981, p. 207-218.

3. CHURCHILL Jr, G.A., N.M. FORD et O. WALKER Jr. «Organizational climate and job satisfaction in the salesforce». *Journal of Marketing Research*, vol. 13 (novembre 1976), p. 323-332.

4. KOYS, D.J. et T.A. DECOTIIS. «Inductive measures of psychological climate». *Human Relations*, vol. 44, n° 3, 1991, p. 265-285.

5. STRUTTON, D., L.E. PELTON et J.R. LUMPKIN. «The relationship between psychological climate and salesperson-sales manager trust in sales organisations». *Journal of Personal Selling and Sales Management*, vol. 13, n° 4 (automne 1993), p. 1-14.

6. PARISSIER, C., A. MATHIEU et S. ECHCHAKOUI. «Comment définir et mesurer la performance du vendeur?». *Décisions Marketing*, Paris, n° 40 (octobre-décembre 2005), p. 63-74.

7. MASLOW, A. *Motivation and Personality*. New York, Harper and Row, 1954.

8. AMYX, D. et B.L. ALFORD. «The effect of salesperson need for achievement and sales manager leader reward behavior». *Journal of Personal Selling and Sales Management*, vol. 25, n° 4 (automne 2005), p. 345-359.

9. HERZBERG, F.B., M.R. PETERSON et D. CAPWELL. *Job Attitudes: Review of Research and Opinion*. Pittsburgh, Psychological Service of Pittsburgh, 1957.

10. McCLELLAND, D.C. *et al. The achievement motive*. New York, Appleton-Century-Crafts, 1953.

    McCLELLAND, D.C. «Achievement motivation can be developed». *Harvard Business Review*, novembre-décembre 1965, p. 6-54.

    McCLELLAND, D.C. et D.H. BURHAM. «Power is the great motivator». *Harvard Business Review*, janvier-février 1995, p. 126-139.

11. PORTER, L.W. et E. LAWLER III. *Managerial Attitudes and Performance*. Homewood (Ill.), Richard D. Irwin, 1968.

12. LEONARD, N.H., L.L. BEAUVAIS et R.R. SCHOLL. «Work motivation: the incorporation of self-concept-based process». *Human Relations*, vol. 52, n° 8, 1999, p. 969-998.

13. HACKMAN, R.J. et G.R. OLDMAN. «Development of the job diagnostic survey». *Journal of Applied Psychology*, vol. 60 (avril 1975), p.159-170.

14. DECI, E.L. 1975. *Intrinsic Motivation*. New York, Plenum, 1975.

15. BROWN, S.P. et R.A. PETERSON. «Antecedents and consequences of salesperson job satisfaction: meta-analysis and assessment of causal effects». *Journal of Marketing Research*, vol. 30 (février 1993), p. 63-77.

16. ISAAC, R.G., W.J. ZERBE et D.C. PITT. «Leadership and motivation: the effective application of expectancy theory». *Journal of Managerial Issues*, vol. 13, n° 2 (été 2001), p. 212-226.

17. EBY, L.T. *et al.* «Motivational bases of affective organizational commitment: a partial test on an integrative theoretical model». *Journal of Occupational and Organizational Psychology*, vol. 72, n° 4 (décembre 1999), p. 463-484.

18. EISENBERGER, R., P.R. FALASO et V. DAVIS-LAMASTRO. «Perceived organizational support and employee diligence, commitment, and innovation». *Journal of Applied Psychology*, vol. 75, 1990, p. 51-59.

19. SUJAN, H. «Smarter versus harder: an exploratory attributional analysis of salespeople's motivation». *Journal of Marketing Research*, vol. 23 (février 1986), p. 41-49.

20. BADOVICK, G.J. «Emotional reactions and salesperson motivation : an attributional approach following inadequate sales performance». *Journal of the Academy of Marketing Science*, vol. 18, n° 2 (printemps 1990), p. 123-130.

21. LAMONT, L.M. et W.J. LUNDSTROM. «Identifying successful industrial salesmen by personality and personal characteristics». *Journal of Marketing Research*, vol. 14 (novembre 1977), p. 517-529.

22. RIZZO, J.R., R.J. HOUSE et S. LITZMAN. «Role conflict and role ambiguity in organizations». *Administrative Science Quarterly*, vol. 15, 1970, p. 150-163.

23. RHOADS, G.K., J. SINGH et P.W. GOODELL. «The multiple dimensions of role ambiguity and their impact upon psychological and behavioral outcomes of industrial salespeople». *Journal of Personal Selling and Sales Management*, vol. 14, n° 3 (été 1994), p. 1-24.

24. HAMPTON, R., A.J. DUBINSKY et S.J. SKINNER. «A model of sales supervisor leadership behavior and retail salespeople's job-related outcomes». *Journal of the Academy of Marketing Science*, vol. 14 (automne 1986), p. 33-43.

25. LAMONT et LUNDSTROM. 1977. *Ibid.*

26. RHOADS, SINGH et GOODELL. 1994. *Ibid.*

27. DOYLE, S.X. et B.P. SHAPIRO. «What counts most in motivating your sales force?». *Harvard Business Review*, mai-juin 1980, p. 133-140.

28. BOLES, J.S., A.J. WOOD et J. JOHNSON. «Interrelationships of role conflict, role ambiguity, and work-family conflict with different facets of job satisfaction and the moderating effects of gender». *Journal of Personal Selling and Sales Management*, vol. 23, n° 2 (printemps 2003), p. 99-113.

BABAKUS, E. *et al.* «The role of emotional exhaustion in sales force attitude and behavior relationships». *Academy of Marketing Science Journal*, vol. 27, n° 1 (hiver 1999), p. 58-71.

SCHUL, P.L., S. REMINGTON et R.L. BERL. «Assessing gender differences in relationships between supervisory behaviors and job-related outcomes in the industrial sales force». *Journal of Personal Selling and Sales Management*, vol. 10 (été 1990), p. 1-16.

29. MICHAELS, R.E. *et al.* «Influence of formalization on the organizational commitment and work alienation of salespeople and industrial buyers». *Journal of Marketing Research*, vol. 25 (novembre 1988), p. 376-383.

30. JOHNSTON, M.W. *et al.* «A longitudinal assessment of the impact of selected organizational influences on salespeople's organizational commitment during early employment». *Journal of Marketing Research*, vol. 27 (août 1990), p. 333-344.

31. RHOADS, SINGH et GOODELL. 1994. *Ibid.*

32. BEHRMAN, D.N., W.J. BIGONESS et W.D. PERREAULT Jr. «Sources of job related ambiguity and their consequences upon salespersons' job satisfaction and performance». *Management Science*, vol. 27, n° 11 (novembre 1981), p. 1246-1260.

33. LYSONSKI, S. «A boundary theory investigation of product manager's role». *Journal of Marketing*, vol. 49 (hiver 1985), p. 26-40.

34. TANNER Jr, J.F., M.G. DUNN et L.B. CHONKO. «Vertical exchange and salesperson stress». *Journal of Personal Selling and Sales Management*, vol. 12 (printemps 1993), p. 27-36.

35. SINGH, J. «Boundary role ambiguity : facets, determinants, and impacts». *Journal of Marketing*, vol. 57 (avril 1993), p. 11-31.

36. BROWN et PETERSON. 1994. *Ibid.*

37. RHOADS, SINGH et GOODELL. 1994. *Ibid.*

38. CHALLAGALLA, G.N. et T.A. SHERVANI. «Dimensions and types of supervisory control: effects on salesperson performance and satisfaction». *Journal of Marketing*, vol. 60 (janvier 1996), p. 89-105.

39. BARTKUS, K.R., M.F. PETERSON et D.N. BELLENGER. «Type a behavior, experience and salesperson performance». *Journal of Personal Selling and Sales Management*, vol. 9, 1989, p. 11-18.

40. JAWORSKI, B.J. et A.K. KOHLI. «Supervisory feedback: alternative type and their impact on salespeople's performance and satisfaction». *Journal of Marketing Research*, vol. 28 (mai 1991), p. 120-121.

41. KOHLI, A.K. et B.J. JAWORSKI. «The influence of coworker feedback on salespeople». *Journal of Marketing*, vol. 58 (octobre 1994), p. 82-94.

42. CHALLAGALLA et SHERVANI. 1996. *Ibid.*

43. JAWORSKI et KOHLI. 1991. *Ibid.*

44. HARMON, H. *et al.* «Exploring the sales manager's feedback to a failed sales effort». *The Journal of Business and Industrial Marketing*, vol. 17, n° 1, 2002, p. 43-56.

45. RHOADS, SINGH et GOODELL. 1994. *Ibid.*

46. TEAS, K.R. «Supervisory behavior, role stress and the job satisfaction of industrial salespeople». *Journal of Marketing Research*, vol. 20 (février 1983), p. 84-91.

47. BABAKUS *et al.* 1999. *Ibid.*

48. BOLES, WOOD et JOHNSON. 2003. *Ibid.*

49. TANNER Jr, J.F. et S.B. CASTLEBERRY. «Vertical exchange quality and performance studying the role of the sales manager». *Journal of Personal Selling and Sales Management*, vol. 10 (printemps 1990), p. 17-27.

50. SKINNER, B.F. *Science and human behaviour.* New York, Macmillan, 1952.

51. BANDURA, A. *Social learning theory.* Englewood Cliffs (N.J.), Prentice-Hall, 1977.

52. SUJAN. 1986. *Ibid.*

53. SCHUL, REMINGTON et BERL. 1990. *Ibid.*

54. SUJAN. 1986. *Ibid.*

55. BADOVICK, G.J., F.J. HADAWAY et P.F. KAMINSKI. «Attributions and emotions: the effects on salesperson motivation after successful vs unsuccessful quota performance». *Journal of Personal Selling and Sales Management*, vol. 12, n° 3 (été 1992), p. 1-12.

56. MURPHY, W.H. et P.A. DACIN. «Sales contests: a research agenda». *Journal of Personal Selling and Sales Management*, vol. 18, n° 1 (hiver 1998), p. 1-16.

57. MURPHY, W.H, P.A. DACIN et N.F. FORD. «Sales contest effectiveness: an examination of sales contest design preferences of fields sales forces». *Academy of Marketing Science Journal*, vol. 32, n° 2 (printemps 2004), p. 127-144.

58. CHALLAGALLA et SHERVANI. 1996. *Ibid.*

59. SCHUL, REMINGTON et BERL. 1990. *Ibid.*

60. STRUTTON, PELTON et LUMPKIN. 1993. *Ibid.*

61. OLDHAM, G.R. *et al.* «Relations between job facet comparisons and employee reactions». *Organizational Behavior and Human Decision Processes*, vol. 38 (août 1986), p. 28-47.

62. BRASHEAR, T.G., C. MANOLIS et C.M. BROOKS. «The effects of control, trust and justice on salesperson turnover». *Journal of Business Research*, vol. 58, n° 3 (mars 2005), p. 241-249.

63. PARRACK LIVINGSTONE, L., J.A. ROBERTS et L.B. CHONKO. «Perceptions of internal and external equity as predictors of outside salespeoples' job satisfaction». *Journal of Personal Selling and Sales Management*, vol. 15, n° 2 (printemps 1995), p. 33-46.

64. BAGOZZI, R.P. «Salesforce performance and satisfaction as a function of individual difference, interpersonal, and situational factors». *Journal of Marketing Research*, vol. 15 (novembre 1978), p. 517-531.

65. BAGOZZI. 1978. *Ibid.*

66. BAGOZZI, R.P. «The nature and causes of self-esteem, performance, and satisfaction in the sales force: a structural equation approach». *Journal of Business*, vol. 53 (juillet 1980), p. 315-331.

67. KOHLI, A.K. «Some unexplored supervisory behaviors and their influence on salespeople's role clarity, specific self-esteem, job satisfaction and motivation». *Journal of Marketing Research*, vol. 22 (novembre 1985), p. 424-433.

68. BAGOZZI. 1980. *Ibid.*

69. BROWN, S.P., W.L. CRON et T.W. LEIGH. «Do feelings of success mediate sales performance-work attitude relationships?». *Journal of the Academy of Marketing Science*, vol. 21, n° 2 (printemps 1993), p. 91-100.

70. LOCKE, E.A. «The nature and causes of jobs satisfaction». Dans *Handbook of Industrial Psychology*, M.D. Dunnette (éd.), New York, John Wiley & Sons, 1983.

71. SMITH, P.C., L.M. KENDALL et C.L. HULIN. *Measurement of Satisfaction in Work and Retirement*, Chicago, Rand McNally, 1969.

72. SCHNEIDER, B. «Organizational behavior». *Annual Review of Psychology*, 1985, p. 573-611.

73. FRIED, Y. et G.R. FERRIS. «The validity of job charismatics model: a reviewed and meta-analysis». *Personal Psychology*, vol. 40, 1987, p. 287-322.

    LOHER, B.T. *et al.* «A meta-analysis on the relation of job characteristics to job satisfaction». *Journal of Applied Psychology*, vol. 70, 1985, p. 280-289.

74. HACKMAN, R.J. et G.R. OLDMAN. «The job diagnostic survey: an instrument for the diagnosis of jobs and the evaluation of job redesign projects». *Technical Report*, Yale University, Department of Administrative Sciences, n° 4, 1990.

    PIERCE, J.L., S.A. RUBENFELD et S. MORGAN. «Employee ownership: a conceptual model of process and effects». *Academy of Management Review*, vol. 6, 1991, p. 121-144.

    THOMAS, K.W. et B.A. VELTHOUSE. «Cognitive elements of empowerment: an "interpretative" model of intrinsic task motivation». *Academy of Management Review*, vol. 15, 1990, p. 666-681.

75. EBY *et al.* 1999. *Ibid.*

76. HAMPTON, DUBINSKY et SKINNER. 1986. *Ibid.*

77. POOL, S.W. «The relationship of job satisfaction with substitute of leadership behavior and work motivation». *The Journal of Psychology*, vol. 131, n° 3, 1997, p. 271-284.

78. BAGOZZI, 1990; BERRY, 1993; BROWN et PETERSON, 1994; KANIN-LOVERS et SPUNISH, 1992; KATZELL et THOMPSON, 1990; LOCKE et LATHAM, 1990; SUMMERS et HENDRIX, 1991.

79. FRIED et FERRIS, 1987; HACKMAN et OLDHAM, 1975, 1976; LOHER *et al.*, 1985.

80. BECHERER, R.C., F.W. MORGAN et L.M. RICHARD. « The job characteristics of industrial salespersons : relationship to motivation and satisfaction ». *Journal of Marketing*, vol. 46 (automne 1982), p. 125-135.

81. JAWORSKI et KOHLI. 1991. *Ibid*.

82. CHALLAGALLA et SHERVANI. 1996. *Ibid*.

83. EISENBERGER, FALASO et DAVIS-LAMASTRO. 1990. *Ibid*.

   VAN DYEN, L., J.W. GRAHAM et R.M. DIENESH. « Organizational citizenship behavior : construct redefinition, measurement and validation ». *Academy of Management Journal*, vol. 37, 1994, p. 765-803.

   LAGACE, R.R. « An exploratory study of reciprocal trust between sales managers and salespersons ». *Journal of Personal Selling and Sales Management*, vol. 2, n° 2 (printemps 1991), p. 49-58.

84. LAGACE. 1991. *Ibid*.

85. ISAAC, ZERBE et PITT. 2001. *Ibid*.

86. HOFFMAN, D.K. et T.N. INGRAM. « Service provider job satisfaction and customer oriented performance ». *The Journal of Service Marketing*, vol. 6, n° 2, 1992, p. 68-78.

   SCHMIT, M.J. et S.P. ALLSCHEID. « Employee attitude and customer satisfaction : making theoretical and empirical connections ». *Personal Psychology*, vol. 48, n° 3, 1995, p. 521-536.

   TESTA, M.R., J.M. WILLIAMS et D. PIETRZAK. « The development of the cruise line job satisfaction questionnaire (CLJSQ) ». *Journal of Travel Research*, vol. 36, 1998, p. 13-19.

87. HAMPTON, DUBINSKY et SKINNER. 1986. *Ibid*.

88. BROWN et PETERSON. 1994. *Ibid*.

89. HAMPTON, DUBINSKY et SKINNER. 1986. *Ibid*.

90. SUJAN. 1986. *Ibid*.

91. SCHUL, REMINGTON et BERL. 1990. *Ibid*.

92. OLIVER, R.L. « Expectancy theory predictions of salesmen's performance ». *Journal of Marketing Research*, vol. 11 (août 1974), p. 243-253.

   ADKINS, R.T. « Evaluating and comparing salesman's performance ». *Industrial Marketing Management*, vol. 8, 1979, p. 207-212.

   BAGOZZI, 1980 ; BEHRMAN et PERREAULT, 1984 ; TYAGI, 1985 ; INGRAM, LEE et SKINNER, 1989 ; BROWN et PETERSON, 1994 ; SUJAN, WEITZ et KUMAR, 1994.

   OLIVER, R.L. et E. ANDERSON. 1994. « An empirical test of the consequences of behavior and outcome based sales control systems ». *Journal of Marketing*, vol. 58 (octobre 1994), p. 53-67.

   BABAKUS *et al*. 1996. *Ibid*.

93. SUJAN. 1986. *Ibid*.

94. SCHUL, REMINGTON et BERL. 1990. *Ibid*.

95. TYAGI, P.K. « Relative importance of key job dimensions and leadership behaviors in motivating salesperson work performance ». *Journal of Marketing*, vol. 49 (été 1985), p. 76-86.

96. JAWORSKI et KOHLI. 1991. *Ibid*.

97. BABAKUS *et al*. 1996. *Ibid*.

98. BERRY et ABRAHAMSEN. 1981. *Ibid*.

99. LODAHL, T.M. et M.M. KEJNER. «The definition and measurement of job involvement». *Journal of Applied Psychology*, vol. 49, 1965, p. 24-33.

100. MOWDAY, R.T., M. STEERS et L.W. PORTER. «The measurement of organizational commitment». *Journal of Vocational Behavior*, vol. 14 (avril 1979), p. 224-247.

101. SCHUL, REMINGTON et BERL. 1990. *Ibid.*

102. HAMPTON, DUBINSKY et SKINNER. 1986. *Ibid.*

103. JOHNSTON et al. 1990. *Ibid.*

104. BROWN, CRON et LEIGH. 1993. *Ibid.*

105. BROWN et PETERSON. 1993. *Ibid.*

106. BABAKUS et al. 1996. *Ibid.*

107. INGRAM, T.N., K.S. LEE et S.J. SKINNER. «An empirical assessment of salesperson motivation, commitment, and job outcomes». *Journal of Personal Selling and Sales Management*, vol. 9 (automne 1989), p. 25-33.

108. BASHAW, E.R. et S.E. GRANT. «Exploring the distinctive nature of work commitments: their relationships with personal characteristics, job performance and propensity to leave». *Journal of Personal Selling and Sales Management*, vol. 14, n° 2 (printemps 1994), p. 41-56.

109. RHOADS, SINGH et GOODELL. 1994. *Ibid.*

110. BAGOZZI. 1980. *Ibid.*

111. LUSH, R. et R.Y. SERPKENCI. «Personal differences, job tension, job outcomes, and store performance: a study of retail store managers». *Journal of Marketing*, vol. 54 (janvier 1990), p. 123-130.

112. SAGER, J.K., J. YI et C.M. FUTRELL. «A model depicting salespeople's perceptions». *Journal or Personal Selling and Sales Management*, vol. 18, n° 3 (été 1998), p. 1-23.

113. BEHRMAN et PERREAULT. 1984. *Ibid.*

114. DONNELLY, J.H. et J.M. IVANCEVICH. «Role clarity and the salesman». *Journal of Marketing*, vol. 39 (janvier 1975), p. 71-74.

115. LYSONSKI. 1985. *Ibid.*

116. MICHAELS et al. 1988. *Ibid.*

117. RHOADS, SINGH et GOODELL. 1994. *Ibid.*

118. SAGER, YI et FUTRELL. 1998. *Ibid.*

119. LYSONSKI. 1985. *Ibid.*

120. FRY, L.W. et al. «An analysis of alternative causal models of salesperson role perceptions and work-related attitudes». *Journal of Marketing Research*, vol. 23 (mai 1986), p. 153-163.

121. BOLES, J.S., M.W. JOHNSTON et J.F. HAIR Jr. «Roles stress, work-family conflict and emotional exhaustion: inter-relationships and effects on some work-related consequences». *Journal of Personal Selling and Sales Management*, vol. 17, n° 1 (hiver 1997), p. 17-28.

122. JONES, E. et al. «Leader behavior, work-attitudes and turnover of salespeople: an integrative study». *Journal of Personal Selling and Sales Management*, vol. 16, n° 2 (printemps 1996), p. 13-23.

123. SAGER, YI et FUTRELL. 1998. *Ibid.*

124. BAGOZZI. 1980. *Ibid.*

125. LUSH et SERPKENCI. 1990. *Ibid.*

126. BAGOZZI. 1980. *Ibid.*

127. BAGOZZI. 1980. *Ibid.*

128. LUSH et SERPKENCI. 1990. *Ibid.*

129. SINGH. 1993. *Ibid.*

130. TANNER Jr et CASTLEBERRY. 1990. *Ibid.*

131. TANNER Jr, DUNN et CHONKO. 1993. *Ibid.*

132. SAGER, J.K. *et al.* « Understanding salesperson turnover : a partial evaluation on Mobley's turnover process model ». *Journal of Personal Selling and Sales Management*, vol. 8 (mai 1988), p. 20-35.

133. JONES *et al.* 1996. *Ibid.*

134. JOHNSTON, M.W. *et al.* « The relationship between organizational commitment, job satisfaction and turnover among new salepeople ». *Journal of Personal Selling and Sales Management*, vol. 7 (novembre 1987), p. 29-38.

135. JOHNSTON *et al.* 1990. *Ibid.*

136. JONES *et al.* 1996. *Ibid.*

137. BROWN et PETERSON. 1993. *Ibid.*

138. RHOADS, SINGH et GOODELL. 1994. *Ibid.*

139. LUCAS *et al.* « An empirical study of salesforce turnover ». *Journal of Marketing*, vol. 51 (juillet 1987), p. 34-59.

140. SAGER, VARADARAJAN et FUTRELL. 1988. *Ibid.*

141. BABAKUS *et al.* 1996. *Ibid.*

142. BOLES, JOHNSTON et HAIR. 1996. *Ibid.*

143. JONES *et al.* 1996. *Ibid.*

144. JOHNSTON *et al.* 1988. *Ibid.*

145. BERRY et ABRAHAMSEN. 1981. *Ibid.*

    CHURCHILL Jr, FORD et WALKER Jr. 1976. *Ibid.*

    KOYS et DECOTIIS. 1991. *Ibid.*

    HOWELL, J.P. et P.J. FROST. « A labotary study of charismatic leadership ». *Organizational Behavior and Human Decision Process*, vol. 43, 1989, p. 243-902.

    STRUTTON, PELTON et LUMPKIN. 1993. *Ibid.*

146. ISAAC, ZERBE et PITT. 2001. *Ibid.*

147. BUTLER JR, J.K., S. CANTRELL et R.J. FLICK. « Transformational leadership behaviors, upward trust, and satisfaction in self-management team ». *Organizational Development Journal*, vol. 17, n° 1, 1999, p. 13-29.

    PODSAKOFF, P.M., S.B. MACKENZIE et W.H. BOOMER. « Transformational leader behaviors and substitutes for leadership as determinants of employee satisfaction, contingent, trust and organizational citizenship behaviors ». *Journal of Management*, vol. 22, 1996, p. 259-298.

148. DALY, D. et B.H. KLEINER. « How to motivate problem employees ». *Organizational Behavior and Human Performance*, vol. 44, n° 2, 1995, p. 46-78.

149. KARATHANOS, P., M.D. PETTYPOLL et M.D. TROUTT. «Sudden lost meaning : a catastrophe». *Management Decision*, vol. 32, n° 1, 1994, p. 15-19.

150. TURPIN, S.C. «Promoting the best». *Warehouse Management*, vol. 6, n° 6, 1999, p. 64-66.

151. PODSAKOFF, P.M., R.H. MOORMAN et R. FETTER. «Transformational leader behaviors and their effects on followers trust in leader, satisfaction, and organizational citizenship behaviors». *The Leader Quaterly*, 1990, p. 107-142.

152. OLIVER, 1974 ; ADKINS, 1979 ; BAGOZZI, 1980 ; BEHRMAN et PERREAULT, 1984 ; TYAGI, 1985 ; INGRAM, LEE et SKINNER, 1989 ; BROWN et PETERSON, 1994 ; SUJAN, WEITZ et KUMAR, 1994 ; OLIVER et ANDERSON, 1995 ; BABAKUS *et al.*, 1996.

CHAPITRE 12

La performance des directeurs des ventes

OBJECTIFS

Après l'étude de ce chapitre, vous devriez pouvoir :

- comprendre les grandes théories du leadership ;
- établir la différence entre gérer et conduire une équipe de vente ;
- connaître la théorie du leadership de Bass ;
- comparer le leadership transactionnel et le leadership transformationnel ;
- comprendre les liens entre le leadership et la motivation, la satisfaction et la performance ;
- comprendre le soutien organisationnel ;
- reconnaître le rôle de la communication en gestion des ventes.

INTRODUCTION

Amorçons le propos de ce chapitre par quelques questions :
- Est-ce que les directeurs des ventes s'équivalent ? Sont-ils tous aussi performants les uns que les autres ?
- Qui est responsable de la performance de l'équipe : les représentants eux-mêmes ou le directeur des ventes ?
- Un changement de directeur des ventes dans un territoire a-t-il un impact sur les ventes ?
- Pourquoi certains directeurs des ventes sont-ils plus performants que d'autres ?
- Pourquoi certains directeurs des ventes dirigent-ils toujours la meilleure équipe ?
- Comment certains directeurs des ventes s'y prennent-ils pour bâtir les meilleures équipes de représentants ?

Voilà des questions qui démontrent bien l'importance et la complexité de la gestion des ventes. Cependant, nous ne pouvons pas continuer l'étude de ce chapitre sans répondre à cette question fondamentale : **est-ce que les directeurs des ventes influent sur la performance des équipes de représentants ?** La réponse est **OUI**. Les directeurs des ventes ont effectivement un rôle à jouer dans le niveau de succès des équipes de représentants et de vendeurs.

Notre affirmation repose sur l'étude de Dubinsky et al. (1995)[1] de même que sur nos observations personnelles et maints entretiens avec des directeurs des ventes de différents niveaux hiérarchiques. En fait, certains directeurs des ventes contribuent à la performance de vente des représentants alors que d'autres lui nuisent[2]. Dans certains cas, la marge est considérable !

L'un des facteurs explicatifs des différences dans les niveaux de performance est le leadership qu'exercent les directeurs des ventes auprès des représentants. Nous nous intéresserons donc à cette question dans ce chapitre et nous chercherons à comprendre les rôles des directeurs des ventes et la façon dont ils peuvent contribuer à améliorer la performance de leur équipe.

12.1 Le directeur des ventes et le leadership

Parmi les différents rôles que doivent jouer les directeurs des ventes, l'un des plus importants est celui-ci : veiller à ce que les représentants soient motivés. Par leur fonction, ils détiennent l'autorité et l'influence nécessaires pour créer un climat dans lequel les représentants travailleront avec enthousiasme.

Le rôle du directeur des ventes consiste à établir des objectifs et des quotas, à élaborer des stratégies et des tactiques, et à les communiquer. Le leadership efficace est avant tout celui qui permet de coordonner les différents aspects de la gestion des ressources humaines de façon à atteindre les objectifs de vente et les quotas.

Le concept de « leadership » implique les notions de « meneur » et de « suiveurs ». Le **leadership** est en réalité le consentement des subalternes (**suiveurs**) à subir l'influence d'un supérieur (**meneur**). Le leadership et la motivation sont étroitement liés. En effet, les personnes sont plus enclines à suivre la vision d'un leader s'il agit de façon à combler leurs besoins et leurs désirs.

L'ardeur des représentants au travail est donc attribuable à la capacité des directeurs des ventes à stimuler les représentants à vendre en les encourageant à mettre à contribution leurs capacités et leur potentiel le plus efficacement possible. En d'autres mots, le leadership se rapporte à l'aptitude du directeur des ventes à motiver les représentants à poursuivre des objectifs personnels et organisationnels.

L'aptitude au leadership repose sur deux principes essentiels afin de créer un environnement favorable au rendement. Le gestionnaire doit d'abord comprendre que les représentants ont leurs motivations propres et qu'ils évoluent différemment selon le contexte dans lequel ils travaillent. Il doit ensuite être capable d'amener les membres de son équipe à suivre des directives pour atteindre des objectifs et des quotas de vente.

Comment peut-on expliquer cette aptitude au leadership? En fait, il existe diverses réponses, comme nous le verrons dans la section qui suit portant sur quelques grandes théories du leadership. Par la suite, nous nous attarderons plus longuement sur celle que nous avons retenue : la théorie de Bass.

12.2 Quelques grandes théories du leadership

Il existe plusieurs façons d'expliquer le leadership. Diverses théories s'y emploient. Nous examinerons quelques-unes d'entre elles, soit l'approche des traits de caractère, celle par la situation, celle de Feidler, celle par les comportements des leaders et finalement les styles de leadership selon le continuum de Tannenbaum et Schmidt.

12.2.1 L'approche des traits de caractère

Selon l'approche des **traits de caractère**, les leaders possèdent des traits qui les différencient des non-leaders. Cette approche, qu'on appelle aussi la « théorie des grands hommes », n'a cependant pas donné de résultats convaincants sur le plan scientifique. En effet, les études n'ont pu faire ressortir empiriquement les caractéristiques permettant de déterminer si un individu est un leader ou non. Il n'existe pas de modèle associé aux leaders, si l'on se fie aux observations de Stagdill (1974)[3]. Il n'y a en effet aucune constante quant aux traits physiques, aux aptitudes, à l'intelligence, à la personnalité et aux caractéristiques pouvant se rapporter à la fonction pas plus qu'aux facteurs sociaux tels que l'entregent et la volonté de collaborer.

12.2.2 L'approche par la situation

Certaines études démontrent que le leadership est le fruit d'une **situation** où un leader peut émerger. Cette approche implique qu'un individu qui reconnaît que des personnes ont des besoins et des désirs prend des mesures pour les satisfaire. Les personnes en question obéissent ainsi à un leader qui leur permet de combler leurs besoins et leurs désirs. Parmi ces leaders, à titre d'exemple, se trouvent les politiciens ou les chefs d'État qui ont changé la face du monde.

12.2.3 L'approche de Fiedler

D'après la recherche de Fiedler et de ses collaborateurs publiée en 1967[4], le leadership d'un dirigeant dépend de la structure de l'emploi et de la reconnaissance, de la part d'un groupe, du fait que le style, la personnalité et les comportements du leader conviennent à ses aspirations. Selon les chercheurs, on devient leader en fonction non seulement de sa personnalité, mais aussi de la situation qui a cours.

Toujours d'après Fiedler et ses collaborateurs, il existe trois dimensions critiques, soit le pouvoir rattaché à un poste, la nature de la tâche dans la mesure où celle-ci est clairement définie et la relation entre les dirigeants et les membres, dans la mesure où ces derniers ont confiance en leur leader et selon leurs niveaux de soumission.

12.2.4 L'approche par les comportements des leaders

S'appuyant sur ses propres recherches et sur celles d'autres chercheurs, comme Vroom et Fiedler, House[5] affirme que le style de leadership le plus efficace est celui où le leader prend différentes mesures visant à engendrer une situation où les motivations latentes pourront être exprimées par les membres d'un groupe.

Pour l'essentiel, l'étude de House nous apprend que le comportement d'un leader comprend deux orientations: vers l'individu et vers la tâche. Ainsi, les leaders les plus efficaces sont ceux qui permettent à leurs membres de réaliser à la fois leurs buts personnels et les objectifs de l'organisation.

12.2.5 Les styles de leadership selon le continuum de Tannenbaum et Schmidt

Les chercheurs Tannenbaum et Schmidt[6] présentent une échelle de plusieurs styles de leadership. Aux extrêmes, on trouve un style de direction centré sur le leader et un style de direction centré sur les subordonnés. Les différents échelons sont formés par le degré d'autonomie qu'un dirigeant accorde à ses subalternes.

Selon le continuum, les facteurs qui déterminent le choix d'un style de gestion sont les suivants:

- les forces du directeur des ventes: sa personnalité et ses habiletés;
- les forces des subordonnés: les caractéristiques du groupe qui peuvent influer sur le comportement du cadre;
- les forces de la situation: les divers éléments d'une situation, comme les politiques et les règlements de l'organisation.

La figure 12.1, à la page suivante, présente la gamme de styles de leadership proposés par les chercheurs selon un nouveau modèle[7]. Ils ont en effet ajouté à leur premier modèle l'influence de l'environnement organisationnel et de l'environnement social. On peut constater que, dans l'approche du continuum, il n'existe pas de style de leadership idéal; en fait, aucun n'est meilleur qu'un autre. Le choix d'un style de leadership dépend alors des facteurs déterminants et des éléments de l'environnement.

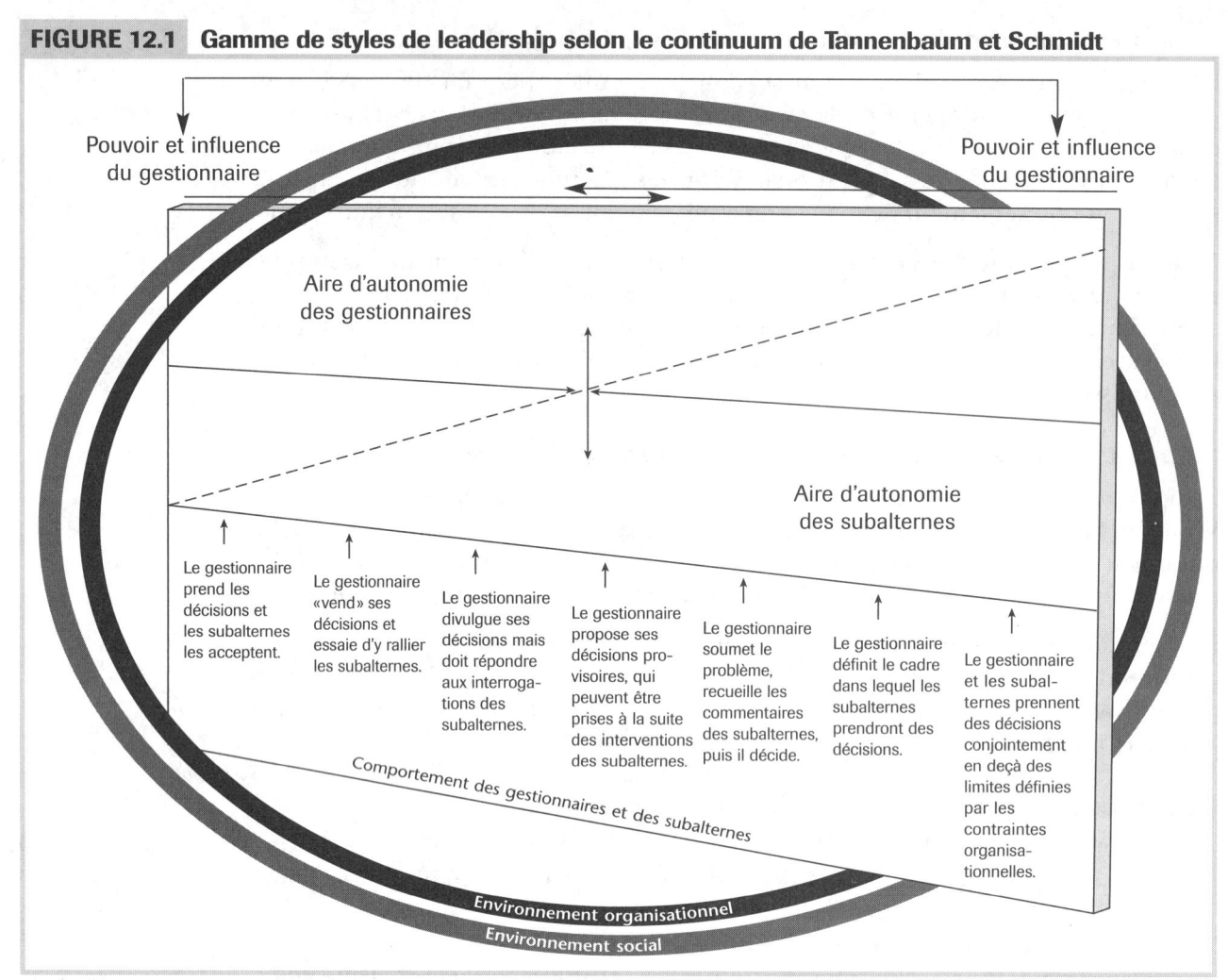

FIGURE 12.1 Gamme de styles de leadership selon le continuum de Tannenbaum et Schmidt

Pouvoir et influence du gestionnaire — Pouvoir et influence du gestionnaire

Aire d'autonomie des gestionnaires

Aire d'autonomie des subalternes

- Le gestionnaire prend les décisions et les subalternes les acceptent.
- Le gestionnaire «vend» ses décisions et essaie d'y rallier les subalternes.
- Le gestionnaire divulgue ses décisions mais doit répondre aux interrogations des subalternes.
- Le gestionnaire propose ses décisions provisoires, qui peuvent être prises à la suite des interventions des subalternes.
- Le gestionnaire soumet le problème, recueille les commentaires des subalternes, puis il décide.
- Le gestionnaire définit le cadre dans lequel les subalternes prendront des décisions.
- Le gestionnaire et les subalternes prennent des décisions conjointement en deçà des limites définies par les contraintes organisationnelles.

Comportement des gestionnaires et des subalternes

Environnement organisationnel
Environnement social

Source : Tannenbaum, R. et W.H. Schmidt. «How to choose a leadership pattern». *Harvard Business Review*, vol. 51, no 3, mai-juin 1973, p. 167.

12.3 Les fondements de la théorie du leadership de Bass

D'après Walker, Churchill et Ford (1976)[8], le rôle des directeurs des ventes est avant tout de veiller à ce que l'équipe de vente soit motivée. Leur fonction leur confère l'autorité et l'influence nécessaires pour créer un climat de travail dans lequel les individus travailleront avec enthousiasme et efficacité.

Nous pouvons cependant nous interroger sur le style des directeurs des ventes : sont-ils des gestionnaires ou des leaders ? Ce qui nous amène à établir une différence entre gérer (*managing*) et conduire (*leading*) une équipe de vente. Les considérations qui suivent nous permettront de comprendre le cheminement qui conduit vers la théorie du leadership de Bass.

12.3.1 Le gestionnaire versus le leader

La notion de **gestion** est plutôt associée à la création d'une organisation, à l'ordre et à la stabilité, tandis que le **leadership** s'apparente à l'effort, à la confiance et à l'engagement[9]. La gestion s'intéresse plutôt aux solutions éprouvées à des problèmes connus. Les gestionnaires sont avant tout des gens qui planifient, organisent, dirigent et contrôlent des opérations dans le cadre d'une fonction établie au sein d'une organisation. Selon Bennis (1989)[10], un gestionnaire administre, assure le maintien d'une organisation, s'intéresse aux structures, se fie au contrôle, planifie à court terme, fixe son attention sur les bénéfices, imite les autres, accepte le *statu quo*, obéit comme un soldat et fait bien les choses. Yulk (1989), à cet égard, soulève la différence entre gérer et conduire. Selon lui, une personne peut être un leader sans être un gestionnaire, et une personne peut être un gestionnaire sans être un leader. Bennis et Nanus (1985) affirment que les gestionnaires font bien les choses et que les leaders font les bonnes choses.

On présente les leaders comme des individus qui innovent, des originaux. Ils font progresser l'organisation, inspirent confiance, envisagent les choses dans une perspective à long terme. Ils s'interrogent, regardent vers l'avenir, sont créatifs, remettent le *statu quo* en question, prennent des initiatives et leurs propres décisions. Le gestionnaire, par sa position dans l'entreprise, exerce une autorité sur les gens qu'il dirige tandis que le leader suscite l'engagement des individus.

12.3.2 Le leadership selon les dimensions structure et considération

L'une des approches de recherche portant sur les gestionnaires et les leaders repose sur la question suivante: que font-ils dans leur travail?

Il s'agit de la théorie basée sur les comportements. La littérature reconnaît que Fleishman (1953)[11] a été l'un des innovateurs dans le domaine de l'étude du leadership. Il a tenté d'observer les comportements des leaders plutôt que leurs traits de caractère (*voir l'approche des traits de caractère à la section 12.2.1, page 330*). Les recherches empiriques de la Ohio State University ont conduit à la détermination de deux dimensions que l'on nomme la dimension structure (*initiating structure*) et la dimension considération (*consideration structure*).

La dimension structure

La **dimension structure** représente le degré auquel un leader définit et structure ses rôles et les rôles des subordonnés vers l'atteinte des objectifs formels du groupe. L'orientation envers la tâche correspond à l'organisation du travail, à l'établissement des règles et à l'élaboration des méthodes pour réaliser les tâches. Ce type de leader met l'accent sur le respect des délais et sur le maintien des normes de performance, demande aux subordonnés de suivre les procédures établies, offre de nouvelles approches aux problèmes, coordonne les activités et veille à ce que chacun travaille au meilleur de sa capacité.

La dimension considération

La **dimension considération** est le degré auquel un leader agit comme un ami. Il offre son soutien et il démontre de l'intérêt envers les subordonnés, tout en veillant à leur bien-être. Ses relations envers les subordonnés sont teintées de respect et de confiance mutuelle. Il prend le temps d'écouter et de communiquer, il consulte, il accepte des suggestions et traite les subordonnés comme des égaux.

12.3.3 Le leadership selon Blake et Mouton

La théorie comportementale de Blake et Mouton (1964)[12] introduit le concept de **grille de gestion** (*managerial grid*), qui présente différentes façons d'exercer un leadership. L'axe vertical représente celui que le leader porte aux aspects humains tandis que l'axe horizontal représente celui qu'il porte à la production. Un intérêt particulier à l'égard de la production conduit un leader à mettre l'accent sur les résultats, l'ordre, la rapidité et la qualité. Quant au leader qui s'intéresse à l'aspect humain, il se préoccupe des sentiments des individus et de leurs besoins.

12.3.4 Le leadership selon Fiedler

En adoptant une approche situationnelle, Fiedler (1967)[13] a conçu un modèle de contingence. Il ressort de sa théorie que l'efficacité d'un leader varie selon trois types de situations : 1) les relations entre le leader et les membres du groupe ; 2) la position de pouvoir organisationnel du leader ; 3) le niveau de structure relié à la tâche selon les traits du leader, à savoir s'il est centré sur la tâche, sur la réalisation du travail ou sur les relations humaines avec les subordonnés. Nous retrouvons ce lien entre l'orientation vers la tâche (la dimension structure) et vers les individus (la dimension considération), autrement dit le gestionnaire versus le leader.

12.3.5 Le leadership selon Hersey et Blanchard

Le modèle situationnel de Hersey et Blanchard (1969, 1977)[14], aussi appelé la théorie du cycle de vie, est basé sur les comportements des leaders. Les variables sont : 1) le comportement du leader envers la tâche ; 2) le comportement relatif aux relations humaines modérées par le niveau de maturité des subordonnés. Ainsi, selon les auteurs, les comportements envers la tâche et les relations humaines dépendent du niveau de maturité des subordonnés, qui comprend deux éléments, soit la maturité envers la tâche et la maturité psychologique. La **maturité envers la tâche** représente les habiletés et les connaissances reliées au travail tandis que la **maturité psychologique** représente la confiance en soi. Cette théorie ressemble beaucoup à celle de la Ohio State University, avec sa dimension structure et sa dimension considération.

On note, dans ces diverses façons de considérer le leadership, des points de convergence, qui nous conduisent maintenant vers la théorie de Bass.

12.4 La théorie du leadership de Bass

Burns (1978)[15], inspiré de la théorie du leadership charismatique de House (1977)[16], propose dans son ouvrage une typologie basée sur deux types de leadership : le **leadership transactionnel** et le **leadership transformationnel**. Burns établit alors la différence entre la gestion et le leadership, le transactionnel étant associé aux rôles de gestion et le transformationnel, aux rôles de leadership. Par la suite, Bass (1985)[17] a repris la théorie de House pour établir les bases d'un travail substantiel sur le leadership. Il a entre autres conçu un instrument, le Multifactor Leadership Questionnaire (MLQ), qui mesure les quatre dimensions du leadership transformationnel (les considérations individuelles, la stimulation intellectuelle, la motivation inspirante et l'influence idéalisée) et les composantes du leadership transactionnel (les récompenses contingentes, la gestion par exception et le « laisser-faire »).

Le leadership transformationnel amène les individus à aller plus loin que ce qu'ils avaient imaginé et même au-delà de ce qu'ils s'attendaient à accomplir, au-delà de leurs espérances. Il motive les individus par la satisfaction des besoins d'ordre supérieur de la pyramide de Maslow, une vision à long terme et un sens collectif de la mission, et l'admiration des suiveurs à l'égard des meneurs.

Le leadership transactionnel est considéré comme une relation contractuelle entre un gestionnaire et les suiveurs, conduisant ces derniers vers des performances attendues. La relation s'en tient à la remise de récompenses si les objectifs ont été atteints. Le leadership transformationnel implique la transformation ou le changement des valeurs, des croyances et des attitudes des suiveurs. Si les représentants réalisent des performances dans leur travail, c'est avant tout parce que leurs valeurs sont partagées et non parce que les efforts correspondent à des récompenses attendues. L'influence de la vision du leader transformationnel est plus significative lorsque ses valeurs sont cohérentes avec les besoins, les valeurs et les aspirations des suiveurs. Les comportements de leader transactionnel tendent à être réactifs tandis que ceux du leader transformationnel sont plutôt proactifs.

Bass considère que le leader peut exercer un leadership à la fois transactionnel et transformationnel. Le leadership transactionnel peut influer de façon positive sur les individus tandis que le leadership transformationnel peut produire encore plus de résultats. Le leadership transformationnel n'est pas un substitut au leadership transactionnel mais un complément. En effet, des recherches ont démontré que le leadership transformationnel augmente les effets du leadership transactionnel[18].

12.4.1 Le leadership transformationnel

Les leaders de type transformationnel adoptent leurs comportements de gestion en incitant les individus à assouvir leurs besoins supérieurs (Maslow, 1954)[19]. Ils suscitent les désirs latents en les transformant en besoins conscients. Ils sensibilisent les représentants à la valeur de leur travail et de leur contribution envers l'entreprise. Le résultat de ces comportements de gestion est de transformer la contribution des représentants par le dépassement de soi, l'épanouissement et l'atteinte des objectifs de l'équipe de vente et de l'entreprise. La perspective dans le temps est davantage tournée vers le moyen et le long terme que vers le court terme, comme c'est le cas pour le leadership de type transactionnel. La thèse centrale de la théorie de Bass est que le leadership transformationnel influe davantage sur la performance que celui de style transactionnel.

Selon le modèle de leadership transformationnel de Bass, les leaders réussissent à motiver les individus à réaliser des performances qui excèdent les attentes des personnes. Trois principes expliquent de telles performances :
- le leader éveille la conscience des suiveurs quant à l'importance des valeurs et des objectifs déterminés et aux moyens pour les atteindre ;
- le leader amène les suiveurs à transcender leurs propres intérêts pour viser le bien collectif de l'organisation ;
- le leader incite les individus à combler des besoins d'ordre supérieur et à atteindre un plus haut niveau de satisfaction par la réalisation de soi, en leur inculquant le sens de la mission.

Les leaders transformationnels proposent aux représentants une vision aussi bien individuelle que collective et leur montrent la position où ils devraient se trouver dans l'avenir. Caractérisés par une grande ouverture d'esprit, ils voient les changements comme des occasions favorables et non comme des menaces. De même, ils amènent les représentants à voir les problèmes sous un autre angle et à y apporter des solutions innovatrices. Ils perçoivent les personnes comme un bassin de potentiel de développement et de croissance personnelle. Ils croient au perfectionnement des représentants, donc à la formation, au transfert des connaissances, au partage des bonnes et des mauvaises expériences de vente. Le leadership transformationnel est notamment important pour une entreprise qui adopte une SOM, au cours de son processus de changement[20].

Le leadership transformationnel et la motivation

L'effort supplémentaire fourni par les représentants provient principalement de leur motivation intrinsèque, stimulée par le leader transformationnel, mais aussi de leur niveau d'engagement envers lui (*voir le chapitre 11*). Le leader transformationnel est perçu comme une source d'inspiration. Il inspire confiance aux membres de son équipe parce qu'il leur accorde son soutien et son aide[21]. Il agit pour les individus et pour le bien de l'équipe ; il règle les problèmes pour les personnes avant toute chose. Il s'engage personnellement et prend des positions fermes dans l'organisation. Il s'implique dans la résolution de problèmes entre le représentant et les clients et auprès de la haute direction. Il accorde sa priorité aux représentants ; par la suite, il compose avec les intérêts des clients et ceux de l'entreprise.

Le leadership transformationnel implique aussi un attachement émotionnel entre le leader et les suiveurs, caractérisé par une identification forte au leader : c'est ce qu'on appelle le **charisme**. Il constitue un modèle (*role model*) pour les suiveurs. D'après Bass, les leaders prêchent par l'exemple et suggèrent les voies à suivre aux individus. Selon la recherche de Conger et Kanungo (1998)[22], les leaders efficaces s'illustrent, d'une part, par des faits exemplaires que les suiveurs perçoivent comme étant associés à la prise de grands risques personnels et, d'autre part, par l'énergie qu'ils investissent dans l'organisation.

Un leader peut s'exprimer avec éloquence sur sa vision et ses valeurs, mais si ses comportements ne sont pas cohérents avec ses affirmations, les autres perdront tout respect envers lui. Pour être crédible, le leader doit présenter un message honnête sans exploiter la naïveté des gens. À cet égard, la crédibilité a plus de valeur si la communication est confirmée plutôt qu'infirmée. Selon Bass, les leaders projetteraient une image de compétence, suscitant ainsi la confiance des suiveurs à leur égard.

On attribue au leader transformationnel les traits suivants : l'empathie, le besoin de pouvoir, les habiletés rhétoriques à persuader, l'intelligence et la considération envers les autres[23]. Ces traits se refléteraient dans ses comportements et motiveraient les personnes à changer.

Les auteurs Bass et Avolio (1994) prétendent que les individus sont plus motivés, plus productifs et plus satisfaits lorsque le style du leader est plutôt de type transformationnel que transactionnel. Ils ont démontré (1990)[24] que, dans plusieurs domaines d'activité, les leaders transformationnels stimulent davantage l'effort au travail et la performance[25] que les leaders de type transactionnel (Bass, 1998)[26]. Selon certaines études[27], le leadership transformationnel améliore la satisfaction à l'égard de la tâche et des gestionnaires. De plus, il est lié à l'engagement organisationnel[28], au sentiment d'équité[29] et à la cohésion dans l'équipe[30] ainsi qu'à la confiance envers les gestionnaires[31].

Les leaders transformationnels se regroupent sous quatre types de leadership appelés les « 4 I » : les **considérations Individuelles**, la **stimulation Intellectuelle**, la **motivation Inspirante** et l'**influence Idéalisée**. Nous vous présentons une description de chacun d'eux.

Le leadership transformationnel de type considérations individuelles

Les considérations individuelles représentent le degré d'attention qu'un directeur des ventes accorde au fait que chaque individu est unique, qu'il a des désirs et des besoins différents, tout en demeurant juste et équitable envers chacun. Le groupe est perçu non pas comme un bloc monolithique, mais comme un ensemble de représentants uniques et différents les uns des autres, et possédant leurs forces et leurs faiblesses. Les étapes de carrière des représentants sont un élément différentiel important pour le directeur des ventes.

La gestion des étapes de carrière correspond aux différences de degré de motivation et d'engagement selon l'âge et le niveau d'expérience des individus à travers l'évolution de leur carrière. Il existe quatre étapes de carrière :
- l'étape d'exploration, qui représente la découverte et la connaissance de la profession ;
- l'étape d'établissement, qui correspond aux apprentissages et au développement de la situation de travail ;
- l'étape de maintien, où les représentants stabilisent leur position ;
- l'étape de désengagement, qui annonce la fin de la carrière et le retrait éventuel de la personne.

Chacune des étapes doit être considérée différemment par les directeurs des ventes et demande des stratégies de gestion particulières[32].

Par la personnalisation de sa gestion, le rôle du directeur des ventes se rapproche alors plus de celui d'un mentor et d'un *coach*. Il agit sur les actions individuelles qui, selon les spécificités de chacun, favorisent davantage le succès. Il guide et soutient alors les représentants en fonction des aptitudes, des habiletés et des compétences de chacun. Ces leaders vont davantage en profondeur dans leur relation avec les autres. Ils investissent temps et efforts pour maximiser les chances de succès de chacun. Ils personnalisent leurs comportements de gestion en fonction des représentants. Ils élaborent des plans communs pour toute l'équipe, reposant sur un ensemble de plans individualisés. Ils donnent aussi de la rétroaction et font le lien entre les besoins des suiveurs et les besoins de l'organisation (Bass, 1985 ; Bass et Avolio, 1990)[33].

Le leadership transformationnel de type stimulation intellectuelle

Les leaders transformationnels de type stimulation intellectuelle poussent les commerciaux à penser autrement, à aller de l'avant en abandonnant les vieilles solutions et en optant pour de nouvelles approches. Ils laissent la place à l'innovation. Ils encouragent les représentants à changer les méthodes qui fonctionnent bien par d'autres qui ont encore plus de succès. Ils préfèrent que les idées et les solutions proviennent des représentants plutôt que d'eux-mêmes (Bass, 1985 ; Bass et Avolio, 1990)[34].

Ils préfèrent susciter les discussions que rechercher l'approbation de leurs propres solutions. Ils ont plutôt tendance à guider les débats qu'à s'imposer. Leurs comportements de gestion s'appuient sur l'intelligence des individus qui collaborent avec eux. Ils tentent de favoriser avec eux une culture de développement d'idées en partageant des points de vue et en diversifiant les moyens et les solutions. Il est à noter, d'ailleurs, selon Teas, Wacker et Hughes (1979), que la participation des représentants au processus de décision contribue à améliorer le niveau de performance et que la participation à l'établissement des objectifs améliore la satisfaction au travail[35].

Le leadership transformationnel de type motivation inspirante

La motivation inspirante se manifeste, chez certains leaders, par le soutien qu'ils accordent à l'effort des commerciaux. Forts de la vision qui les guide, ils stimulent les représentants par leur propre motivation au travail, par leur entrain à la tâche et par leur dynamisme. Ils croient aux réunions de motivation et à la multiplication des mots d'encouragement. Ils communiquent une vision optimiste de l'avenir, avec les succès et les récompenses qui en découlent, et donnent des pistes aux individus sur la façon d'atteindre cette vision[36]. Ils utilisent également des symboles pour stimuler l'effort au travail.

Le leadership transformationnel de type influence idéalisée (charismatique)

L'influence idéalisée, qu'on appelle aussi leadership **charismatique**, correspond aux désirs des représentants de suivre les traces du directeur des ventes et de le considérer comme un modèle. Le charisme est un sentiment élevé, transcendant, qui tient du respect, de l'estime de soi, de l'admiration et de la confiance que les commerciaux portent à un directeur des ventes. Les directeurs des ventes de ce type stimulent la confiance et inspirent le respect des représentants par leurs démonstrations et par les objectifs et les quotas élevés qu'ils leur permettent d'atteindre. Ils encouragent les commerciaux à les suivre vers le succès et ils les assurent de leur entière collaboration[37]. L'effet Pygmalion engendrerait, selon Sarros et Santora (2001)[38], l'estime de soi et la confiance des représentants par un renforcement positif dans leurs comportements de travail et dans leurs capacités à bien faire les choses. Leary et Kowalski (1990)[39] ont démontré que maintenir l'estime de soi est le plus puissant de tous les besoins sociaux. Les leaders charismatiques démontrent leur détermination, leur optimisme, la confiance en eux et envers la collectivité pour accomplir une mission, pour réaliser une vision[40]. Ils ont une influence sur l'autodétermination des gens. Ils ont la conviction de pouvoir les transformer par la communication. L'exemple et les encouragements sont de bonnes stratégies pour atteindre les objectifs de vente de l'organisation.

La recherche de Hater et Bass (1988)[41] démontre que les meilleurs gestionnaires se démarquent par un plus haut niveau d'influence idéalisée (charismatique) et de considération individualisée que les autres gestionnaires. D'autres recherches[42] établissent également que le leadership charismatique influe sur la satisfaction au travail, l'effort et la performance. La méta-analyse de DeGroot, Kiker et Cross (2000)[43] confirme les liens entre le leadership charismatique et l'effort, la satisfaction et la performance des suiveurs.

On relève chez les leaders transformationnels les caractéristiques suivantes :
- leurs valeurs sont orientées vers l'accomplissement, l'implication dans le travail et l'enthousiasme ;
- ils ont une forte tendance vers la créativité, l'innovation, la vision et l'inspiration ;
- ils ont tendance à être confiants, à encourager les autres à aller plus loin ;
- ils présentent un grand désir de changement, ce qui les incite à prendre des risques ;
- ils ont confiance en eux ;
- ils manifestent un bon jugement social ;
- ils sont serviables ;
- ils ressentent un fort besoin de pouvoir associé à un haut niveau de préoccupation morale les incitant à ne pas exploiter les individus ;
- ils ont tendance à être pragmatiques ;
- ils cherchent à influencer par diverses tactiques, mais sans être dominants ou agressifs ;
- ils ont tendance à être stimulants intellectuellement ;
- ils démontrent une préoccupation pour le développement des autres et ont tendance à les materner (*nurturant*), à être sensibles à leurs besoins.

Selon Bass, le leadership transformationnel permettrait d'obtenir de meilleures performances en raison de l'influence du gestionnaire sur les personnes. Les individus feraient un effort supplémentaire en raison de leur niveau d'engagement envers leur leader, de leur motivation intrinsèque et de leur sens de la mission, qui les amèneraient à exceller au-delà des objectifs et des quotas imposés.

12.4.2 Le leadership transactionnel

Burns définit le leadership transactionnel comme celui où le suiveur reçoit une récompense, par exemple une prime, s'il agit selon les souhaits du leader, soit atteindre des objectifs précis. Bass, quant à lui, voit le leadership transactionnel comme un processus d'échanges de type coût-bénéfice entre un leader et un suiveur. Sa théorie est fondée sur le principe que la relation leader-suiveur suppose une série d'échanges implicites ou explicites entre les deux parties. Le leadership transactionnel serait le style de leadership le plus courant dans la réalité, selon Yammarino et Bass (1990)[44].

Le style de leadership transactionnel repose, entre autres, sur le fait que les leaders accorderont des récompenses aux commerciaux s'ils atteignent un résultat souhaité. Ils établissent clairement les critères de performance et les gratifications qui s'y rattachent[45]. Les leaders transactionnels tendent à garder leurs organisations sur le bon chemin en se référant aux actions passées. Ils préfèrent le conservatisme organisationnel et le conformisme des individus aux grands changements et aux divergences. Le leadership transactionnel comporte trois types : celui des **récompenses contingentes**, celui de la **gestion par exception** et celui du «**laisser-faire**».

Le leadership transactionnel de type récompenses contingentes

Le directeur des ventes de type transactionnel par récompenses contingentes définit les objectifs pour les commerciaux et met l'accent sur le système de récompenses pour combler leurs besoins. Dans le domaine de la vente, il s'agit de commissions, de primes, de bonis ou de programmes de reconnaissance.

C'est une forme de relation donnant, donnant, de renforcement mutuel, quasi contractuelle. Les leaders transactionnels travaillent dans une perspective à court terme. Ce qui compte pour eux, ce sont les résultats – les ventes – et ce qui compte pour le représentant, ce sont les gratifications, la récompense – le salaire, les commissions, les bonis et les primes ainsi que l'avancement professionnel. Pour ces leaders, l'important n'est pas de bâtir, mais de récolter les fruits de leur travail. Les directeurs des ventes de type transactionnel assouvissent davantage les besoins d'ordre inférieur de la pyramide de Maslow. Ils ont tendance à croire que la motivation principale des représentants n'est souvent reliée qu'à l'argent et ce que l'on peut en faire.

Des études[46] ont montré que le leadership transactionnel reposant sur les récompenses contingentes a un impact positif sur la satisfaction et la performance des individus. L'étude de Dubinsky *et al.* (1995) démontre que ce type de leadership influe aussi sur l'engagement organisationnel ainsi que sur la précision dans la perception des rôles.

Le leadership transactionnel de type gestion par exception

Le deuxième type de leadership transactionnel est la gestion par exception. Ce type de directeur n'intervient que pour corriger le tir s'il observe que les objectifs ne seront pas atteints. Plusieurs directeurs des ventes n'échangent pas beaucoup avec leurs représentants parce qu'ils croient qu'ils sont dans la bonne voie, c'est-à-dire que, pour eux, l'essentiel du travail des représentants se résume à une progression normale et à l'atteinte des objectifs de vente. Le principal danger du leadership de gestion par exception est qu'il est parfois trop tard pour entreprendre des actions correctrices, laissant ainsi les représentants faire face à leurs échecs.

La gestion par exception peut être active ou passive. La forme active se caractérise par le fait que le leader cherche activement les écarts entre les comportements et les normes et entreprend une action lorsque des irrégularités apparaissent. Les leaders passifs, quant à eux, vont agir seulement après que les écarts ont été produits. La différence entre les deux est que l'un cherche à détecter les problèmes tandis que l'autre attend qu'ils surviennent[47].

Les leaders de style gestion par exception ont confiance que leurs employés réaliseront le travail selon les normes et qu'ils contrôlent la situation; par contre, ils n'ont pas confiance en eux-mêmes et sont de mauvais communicateurs, selon Hater et Bass (1988)[48]. Le comportement de récompenses contingentes est analogue à la rétroaction positive faite par le gestionnaire tandis que la gestion par exception s'apparente à la rétroaction négative d'après Kohli (1985)[49].

Les leaders de style gestion par exception visent une performance modeste. Ils mettent beaucoup l'accent sur les erreurs et les difficultés qui sont reliées à un niveau de performance ne convenant pas aux objectifs fixés[50]. Ils communiquent avec les suiveurs pour leur faire comprendre qu'une faible performance est anticipée, mais ne font rien pour corriger la situation. Ce type de comportement transactionnel réduirait l'habilitation psychologique au travail (*empowerment*) ainsi que la motivation au travail, selon Eby *et al.* (1999)[51]. D'autres recherches avancent que la gestion par exception influerait négativement sur la satisfaction et la performance[52].

Le leadership transactionnel de type « laisser-faire »

Le style de leadership de type « laisser-faire » regroupe des gestionnaires qui fuient leurs responsabilités, dont celle de prendre des décisions. Ils se distinguent par leur manque d'implication et leur absence lorsque les représentants ont besoin d'eux. Ils évitent intentionnellement les engagements ou les confrontations et ils s'investissent de façon minimale dans la relation avec les employés. Ils n'ont pas de base de pouvoir et ignorent la réalité des gens avec qui ils travaillent.

Ce type de leader est inactif, en comparaison du leader réactif (de types transactionnel par récompenses contingentes et de gestion par exception) et du leader proactif (de type transformationnel). Il ne serait pas assez motivé ou ne posséderait pas les habiletés nécessaires pour accomplir sa tâche de gestionnaire. Par contre, selon la tâche à accomplir par les suiveurs et les caractéristiques de l'organisation, un niveau de leadership moins élevé peut être adapté s'il offre aux individus un plus grand degré d'habilitation psychologique au travail.

Selon Jolson *et al.* (1993)[53], le style « laisser-faire » serait le moins efficace de tous les styles de leadership. Quant à Dubinsky *et al.* (1995)[54], ils avancent aussi que ce style de leadership favoriserait un niveau plus élevé d'ambiguïté dans la perception des rôles des commerciaux et aurait tendance à nuire à leur satisfaction et à leur performance.

Howell et Avolio (1993)[55], quant à eux, démontrent que le leadership transactionnel de type « laisser-faire » et celui de type récompenses contingentes nuiraient davantage à la performance des individus que le leadership transformationnel de type influence idéalisée (charismatique); la stimulation intellectuelle et les considérations intellectuelles prédiraient positivement la performance des unités administratives. Selon Bass (1990)[56], le style « laisser-faire » est toujours inapproprié.

12.4.3 Le leadership selon Bass et la motivation

Selon la théorie du leadership transformationnel et transactionnel, le leader doit son influence à la motivation[57] et à l'attachement que les suiveurs ressentent à son égard. Cet attachement est une émotion qui agit comme un stimulant sur les personnes. Celles-ci seront prêtes à faire des efforts supplémentaires orientés vers les buts et la mission organisationnelle communiqués par le leader. Le nouveau leadership transformationnel s'appuie sur la symbolique des comportements des leaders, leurs habiletés de visionnaires et leur motivation inspirante, la communication verbale et non verbale, l'attirance vers des valeurs idéologiques, la stimulation intellectuelle et l'habilitation psychologique au travail des suiveurs, ce qui motive les personnes à se dépasser du fait d'un fort sentiment d'engagement envers l'organisation.

Selon le modèle de Bass, les efforts supplémentaires que les suiveurs sont prêts à faire s'expliquent par la théorie de la hiérarchie des besoins de Maslow (*revoir la section 11.1.4 du chapitre 11*). Selon Burns, le leadership transformationnel motive les gens à accéder au plus haut niveau de satisfaction, la réalisation de soi (ou le besoin d'accomplissement), ce qui représente le désir de créer, de se dépasser en utilisant le maximum de son potentiel pour accomplir une tâche.

Un autre aspect pouvant expliquer la motivation des suiveurs à l'égard d'un leader est le concept de modèle (*role model*). Le **modèle** est un comportement perçu par les individus comme étant un exemple approprié qui est cohérent avec les valeurs du directeur et de l'organisation[58]. Il a été associé aux comportements de leader charismatique. Selon les auteurs, les leaders qui ont du succès dans les organisations exercent une influence déterminante sur les suiveurs parce qu'ils s'expriment par leurs actions, d'une part, et, d'autre part, par les valeurs et les croyances pour lesquelles ils désirent que les individus s'engagent avec eux. Les leaders les plus efficaces sont ceux qui offrent un modèle cohérent avec les buts et les objectifs de l'organisation, dans la mesure où ils sont perçus positivement par les suiveurs[59]. La théorie du béhaviorisme social de Bandura[60] appuie le concept de modèle, car elle suggère que les individus acquièrent la plupart de leurs comportements par l'observation et l'imitation des autres personnes.

La recherche d'Antonioni (1999)[61] démontre que l'élément motivationnel le plus important pour une personne est de se sentir respectée par son supérieur hiérarchique, suivi de la confiance qu'elle éprouve envers lui. Les autres éléments motivationnels sont reliés à la participation aux décisions qui touchent l'équipe de représentants, le fait que les cadres supérieurs soulignent les résultats obtenus, l'équité en matière de récompenses et la rétroaction sur la performance au travail. Cette même recherche fait ressortir que la participation à l'établissement des objectifs est positivement liée à la motivation et à l'habilitation psychologique au travail. On constate que les employés désirent communiquer leur plan d'action à leur supérieur afin d'obtenir son soutien. Une approche transformationnelle semblerait alors mieux répondre aux désirs des représentants qu'une approche transactionnelle.

12.4.4 Le leadership selon Bass et la satisfaction

En ce qui concerne la relation entre la théorie du leadership transformationnel et la satisfaction, la théorie suggère que le leadership transformationnel agit positivement sur la satisfaction des suiveurs[62]. House (1977)[63] avance que les leaders transformationnels stimulent la motivation des suiveurs parce qu'ils influent sur la satisfaction intrinsèque des personnes par la participation à la mission, la détermination à poursuivre un but, l'engagement envers la vision du leader et le désir d'accomplir une mission. Les leaders stimuleraient les motivations des suiveurs de façon sélective, ce qui aurait pour effet d'augmenter le sentiment d'accomplissement de ces derniers et leur degré de satisfaction, d'améliorer leur performance et de faciliter l'atteinte des objectifs organisationnels. Selon Locke (1976)[64], plus les attentes sont rapprochées des retombées, plus grande sera la satisfaction éprouvée par les suiveurs. Et cette satisfaction sera dirigée vers les leaders s'ils sont perçus comme des éléments facilitateurs de l'atteinte des objectifs.

Les recherches qui se sont penchées sur la relation entre le leadership, la confiance et la satisfaction au travail[65] tendent à démontrer : 1) que le leadership transformationnel est lié directement à la satisfaction au travail des individus ; 2) que la confiance envers le leader est reliée à la satisfaction à l'égard du superviseur ; 3) que le leadership transformationnel améliore la confiance envers les leaders et en retour accroît la satisfaction des individus au travail, la confiance jouant alors un rôle modérateur. Par ailleurs, les recherches de Driscoll (1978)[66] ainsi que celles de Sgro *et al.* (1980)[67] démontrent que les suiveurs sont généralement plus satisfaits à l'égard de leur tâche lorsqu'ils perçoivent que le leader est honnête, compétent et fiable, et qu'ils peuvent avoir confiance en lui.

12.4.5 Le leadership selon Bass et la performance

L'un des principaux rôles des directeurs commerciaux consiste à créer un climat de travail favorisant la performance[68]. Ils auraient intérêt à faciliter la performance des commerciaux en utilisant un style de leadership transformationnel qui les incite à accroître leurs efforts au travail.

Selon la théorie du leadership transformationnel de Bass, la relation entre le leadership et la performance s'explique par le fait que le leadership transformationnel tend à faire prendre conscience aux suiveurs des enjeux et des conséquences. En élevant le niveau de conscience de la valeur de leur travail et de son importance pour l'organisation, les leaders transformationnels suscitent chez les individus des besoins d'ordre supérieur et encouragent la substitution des besoins de l'organisation par des besoins personnels. Le résultat, selon Bass, se traduit par des personnes plus engagées, plus motivées, plus satisfaites et plus performantes.

Le leadership transformationnel s'effectue donc par la modification des croyances, des besoins et des valeurs tandis que le leadership transactionnel se manifeste par des processus d'échanges comme les récompenses et les punitions. Les travaux de Howell et Frost (1989)[69] démontrent également que le leadership transformationnel influe davantage sur la performance que le leadership transactionnel.

12.5 Le soutien organisationnel

Les individus interagissent dans les organisations, que ce soit entre collègues ou entre supérieurs et subalternes. Ils établissent ce qu'on pourrait appeler des transactions, au cours desquelles ils donnent et reçoivent d'une façon ou d'une autre[70]. Ces transactions sont considérées comme des échanges économiques et sociaux. La théorie des échanges sociaux repose, selon Blau (1964)[71], sur les obligations qui s'appliquent lorsqu'une personne fait une faveur à une autre ; il y a alors attente d'un retour éventuel même si cette personne ne sait pas quand aura lieu le retour et quelle forme il prendra[72].

La théorie suppose que les individus font plus d'efforts au travail si la relation entre les efforts et les attentes de récompenses est plus grande et que leur attachement affectif dépend de la relation entre l'effort et les retombées matérielles (salaire, primes…) ou symboliques (reconnaissance, approbation…)[73]. Les échanges sociaux ont tendance à se faire sur une longue période, selon le principe de la **réciprocité** déterminé par la perception de la balance des échanges. Le principe de la norme de réciprocité[74] s'applique aussi aux autres individus et à une organisation. Ainsi, les employés récompensent l'organisation selon les traitements que l'entreprise leur a offerts[75]. Les échanges entre les personnes et l'organisation portent le nom de **soutien organisationnel perçu**[76] tandis que les échanges entre les employés et leurs superviseurs font référence aux **échanges leaders-subordonnés** (*leader-member exchange, MLX*) (Graen, Novak et Sommerkamp, 1982[77] ; Sparrowe et Liden, 1997)[78]. La relation entre les subordonnés et les superviseurs est considérée comme un échange social dans la mesure où elle est basée sur la confiance, l'équité et le soutien du leader exprimé notamment au niveau du leadership transformationnel de type considération individuelle[79].

Eisenberger *et al.* (1986)[80] proposent que les individus entretiennent des croyances selon lesquelles l'organisation valorise leur contribution et leur bien-être qui, à leur tour, contribuent à influer sur le niveau d'engagement organisationnel. La référence aux croyances générales est le **soutien organisationnel perçu** (POS), c'est-à-dire le niveau de perception d'engagement de l'organisation à leur égard. Le principe de la **norme de réciprocité**[81] et le soutien organisationnel perçu obligeraient les personnes à se sentir dans l'obligation de se préoccuper de la bonne marche de leur entreprise et d'aider l'organisation à atteindre ses objectifs. La perception du soutien organisationnel est influencée par la tendance des individus à associer des caractéristiques humaines à leur organisation[82]. Ils peuvent alors procéder au paiement de leur dette envers l'organisation par un plus grand engagement affectif envers elle et de plus grands efforts pour l'aider[83].

Un haut niveau de soutien organisationnel crée un sentiment d'obligation où les personnes ressentent non seulement un sentiment d'engagement envers l'organisation, mais également un sentiment d'obligation de redevance à l'engagement de l'organisation qui les soutient[84]. Les individus recherchent alors un équilibre des échanges, ce qui influe de façon positive sur la satisfaction au travail[85], l'effort au travail[86] et la performance[87].

12.6 La communication et la gestion des ventes

Parmi les activités de gestion, la communication influe sur la performance de l'équipe de vente. L'étude de Mark *et al.* (2000)[88] démontre que la fréquence des communications entre les directeurs des ventes influe de façon positive sur la précision du rôle, la satisfaction au travail, l'engagement et la performance de vente. Les réunions et l'assistance professionnelle sont les deux principaux moyens dont se sert le gestionnaire des ventes afin de communiquer avec l'équipe de vente. Elles sont l'occasion de motiver l'équipe et de l'amener à améliorer sa performance. Nous allons les examiner tour à tour, puis nous verrons quel soin le directeur des ventes doit apporter à leur préparation.

12.6.1 Les réunions en gestion des ventes

Les réunions de vente permettent au gestionnaire de motiver ses représentants tout en communiquant avec eux. La présentation de nouveaux produits, les changements aux politiques de promotion, de distribution et de prix, et le besoin de préciser les stratégies et les objectifs de vente sont souvent des raisons pour planifier des réunions de vente. Grâce aux réunions, les représentants pourront mieux comprendre les rôles qu'ils ont à jouer dans l'organisation. Elles aident en effet à déterminer les rôles et à réduire les conflits dans la perception des rôles (*revoir la section 11.2.1 du chapitre 11*).

Les réunions de vente, en outre, tendent à atténuer le sentiment de solitude souvent éprouvé par les vendeurs et à augmenter la cohésion de l'équipe de vente. Quant à la fréquence des réunions, elle varie grandement selon les organisations et les besoins, mais en général les réunions sont mensuelles ou trimestrielles. La durée des réunions diffère également selon les besoins. Pour ce qui est des types de réunions, elles peuvent être à l'échelle locale, régionale et nationale, voire mondiale.

Les réunions de vente représentent un coût parfois élevé, notamment en frais de transport et d'hébergement. Afin d'atténuer les coûts, les entreprises organisent des rencontres «virtuelles» en ligne ou des conférences téléphoniques, mais celles-ci ne remplacent pas le contact humain.

12.6.2 L'assistance professionnelle en gestion des ventes

Outre les réunions de vente, une technique souvent utilisée consiste pour un directeur des ventes à passer du temps avec les représentants dans leurs territoires. En compagnie des représentants, le gestionnaire visitera certains clients fidèles ou des clients qui requièrent une attention particulière.

L'assistance professionnelle favorise l'échange d'information entre les deux individus. Par ailleurs, la visite de clients constitue pour les directeurs des ventes un excellent moyen de connaître le marché. Lors des présentations, sa contribution, attribuable à son pouvoir décisionnel, peut effectivement déboucher sur la conclusion de ventes ou la résolution de problèmes. Auprès des représentants, les directeurs agissent entre autres à titre de formateurs, comme nous l'avons vu au chapitre 10 portant sur le programme de formation. À cet égard, l'assistance professionnelle ne devrait pas être considérée comme une occasion de rechercher les points faibles des représentants, mais de former et d'agir en mentor et en bon *coach*. En somme, l'assistance professionnelle doit plutôt constituer le cadre dans lequel les directeurs des ventes fournissent des moyens et des stratégies visant à encourager les représentants et à les soutenir dans le but d'améliorer leur performance.

RÉSUMÉ

Dans ce chapitre, nous avons vu que le leadership est le moyen par lequel les directeurs des ventes exercent une influence sur la performance de leur équipe de vente. Le leadership se rapporte à l'aptitude du directeur des ventes à motiver les représentants afin qu'ils poursuivent des objectifs personnels et organisationnels. Il suppose la présence d'un meneur, le leader, et de suiveurs, les subalternes. Il repose sur deux principes: la reconnaissance par le leader de l'unicité de chaque membre de son équipe de vente et sa capacité à entraîner cette équipe à suivre ses directives.

Par la suite, nous nous sommes penchés sur quelques grandes théories du leadership pour retenir celle qui nous semble la plus pertinente: la théorie de Bass. Plusieurs recherches ont conduit vers cette théorie en mettant en parallèle des styles de gestion, que ce soit le gestionnaire versus le leader ou la dimension structure versus la dimension considération. Bass, quant à lui, a traité le leadership selon deux aspects: le leadership transformationnel et le leadership transactionnel. Le leadership transformationnel est basé sur la motivation. Il peut revêtir différents aspects: considérations individuelles, stimulation intellectuelle, motivation inspirante et influence idéalisée. Ce type de leadership offre une vision à long terme et un sens collectif de la mission. Le leadership transactionnel vise plutôt le court terme. C'est une relation contractuelle basée sur le système de récompenses et le principe du donnant, donnant. Bass ne considère pas ces deux types de leadership comme incompatibles mais plutôt comme complémentaires. Il est également établi que le leadership influe sur la motivation, la satisfaction et ultimement sur la performance de l'équipe de vente.

En dernier lieu, nous avons examiné la notion de soutien organisationnel en lien avec le leadership et sa contribution à la performance des représentants par le biais des échanges sociaux. Nous avons vu également que la communication, en termes de fréquence et de qualité, est particulièrement importante pour les représentants et qu'elle relève de la responsabilité des directeurs des ventes. Les principaux moyens de communication dont ils disposent sont les réunions et les activités d'assistance professionnelle, qui nécessitent toutes deux une préparation soignée.

QUESTIONS

1. Quel est le principal rôle d'un directeur des ventes?
2. Expliquez l'approche par les comportements des leaders.
3. Selon la théorie de Herzberg, pourquoi estime-t-on que les facteurs d'hygiène et les facteurs de motivation limitent l'insatisfaction?
4. Devant des individus qui, selon McClelland, s'intéressent surtout au pouvoir, que peut faire le directeur des ventes?
5. Expliquez la différence entre gérer et conduire une équipe de représentants.
6. Quels sont les éléments qui favorisent le leadership du directeur des ventes?
7. Qu'est-ce qui caractérise le leadership transformationnel?

8. Qu'est-ce qui caractérise le leadership transactionnel ?
9. Comment le leadership transformationnel influe-t-il sur l'assouvissement des besoins d'ordre supérieur des représentants ?
10. Expliquez le style de leadership qui repose sur les considérations individuelles.
11. Comment le style de leadership par stimulation intellectuelle peut-il influer sur la motivation des représentants ?
12. Par quels moyens un directeur des ventes peut-il imposer une vision qui stimule les représentants ?
13. Comment un directeur des ventes peut-il devenir un leader charismatique ?
14. Comment agissent les récompenses sur la motivation des représentants si le leadership est de type récompenses contingentes ?
15. Quel est l'élément qui caractérise le leadership de gestion par exception ?
16. Décrivez le leadership de type « laisser-faire ».
17. Quelle est la relation entre le leadership et la motivation ?
18. Quelle est la relation entre le leadership et la satisfaction ?
19. Quelles sont les raisons qui portent à croire que le leadership transformationnel influe davantage sur la performance que le leadership transactionnel ?
20. Comment le soutien organisationnel peut-il contribuer à la performance des représentants ?

ATELIERS

1. Contactez deux directeurs des ventes, l'un dans le domaine de la vente au détail et l'autre dans celui de la vente industrielle, et recueillez leurs réflexions sur leur style de leadership au sein de leur équipe de vente. Formulez vos propres réflexions et vos recommandations.
2. Rencontrez un représentant dans le domaine de la vente au détail et un autre dans le domaine industriel. Demandez-leur leur avis sur le leadership de leur directeur des ventes. Formulez vos propres réflexions et vos recommandations.
3. À partir de vos démarches dans les ateliers n°s 1 et 2, comparez la vision des directeurs des ventes avec celle des représentants.
4. Passez une seconde journée d'observation avec le représentant que vous aviez contacté dans le cadre de l'atelier n° 4 du chapitre 1 (*voir la page 23*). Vous aviez alors noté ce qui semblait influer sur sa performance en matière de vente. Comparez vos opinions d'alors et vos opinions actuelles. En quoi sont-elles différentes ?
5. Assistez à une réunion de gestion des ventes dans une organisation. Résumez la réunion et formulez vos critiques et vos recommandations.

NOTES

1. DUBINSKY, A.J. *et al.* « Transformational leadership : an initial investigation in sales management ». *Journal of Personal Selling and Sales Management*, vol. 15, n° 2 (printemps 1995), p. 17-31.

2. ARMSTRONG, R.W., A. PECOTICH et B. MILLS. « Does the sales manager make a difference ? The impact of sales management succession uppon departmental performance ». *Journal of Personal Selling and Sales Management*, vol. 13, n° 4 (automne 1993), p. 15-25.

    BASS, B.M. *Bass and Stogdill's Handbook of Leadership : Theory, Research and Applications*. New York, Free Press, 1990.

    YULK, G.A. *Leadership in Organizations,* 2e éd. Englewood Cliffs (N.J.), Prentice Hall, 1989.

3. STAGDILI, R.M. *Handbook of Leadership*. New York, Free Press, 1974, p. 74-75.

4. FIEDLER, E.E. *A Theory of Leadership Effectiveness*. New York, McGraw-Hill Book Company, 1967.

5. HOUSE, R.J. « A path goal theory of leadership effectiveness ». *Administrative Science Quaterly*, vol. 16, n° 3 (septembre 1971), p. 321-338.

6. TANNENBAUM, R. et W.H. SCHMIDT. « How to choose a leadership pattern ». *Harvard Business Review*, vol. 36, n° 2 (mars-avril 1958), p. 321-338.

7. TANNENBAUM, R. et W.H. SCHMIDT. « How to choose a leadership pattern ». *Harvard Business Review*, vol. 51, n° 3 (mai-juin 1973), p. 167.

8. CHURCHILL Jr, G.A., N.M. FORD et O.C. WALKER Jr. « Organizational climate and job satisfaction in the salesforce ». *Journal of Marketing Research*, vol. 13 (novembre 1976), p. 323-332.

9. KOTTER, 1990 ; KOUZES et POSNER, 1987 ; VAN ERON, 1995.

    FLAHERTY, K.E. et J.M. PAPPAS. « The Role of trust in salesperson sales manager relationships ». *Journal of Personal Selling and Sales Management*, vol. 20 (automne 2000), p. 271-278.

10. BENNIS, W. *On Becoming a Leader*. Reading (Mass.), Addison-Wesley, 1989.

11. FLEISHMAN, E. « Leadership climate, human relation training, and supervisory behavior ». *Personnel Psychology*, vol. 6, 1953, p. 205-222.

12. BLAKE, R. et J.S. MOUTON. *The Managerial Grid.* Houston, Gulf Publishing Co, 1964.

13. FIEDLER. 1967. *Ibid.*

14. HERSEY, P. et K.H. BLANCHARD. « Life cycle theory of leadership ». *Training and Development Journal*, vol. 23, n° 2, 1969, p. 26-34.

    HERSEY, P. et K.H. BLANCHARD. *Management of Organizational Behavior : Utilizing Human Resources*, 3e éd. Englewood Cliffs (N.J.), Prentice Hall, 1977.

    Mesure de leadership situationnel, LEAD SLM. De l'article de BUTLER et REESE, 1991.

15. BURNS, J.M. *Leadership*. New York, Harper et Row, 1978.

16. HOUSE. 1971. *Ibid.*

17. BASS, B.M. *Leadership and Performance Beyond Expectations*. New York, Free press, 1985.

18. AVOLIO, WALDMAN et EINSTEIN, 1988 ; BASS, 1990 ; HATER et BASS, 1988 ; WALDMAN, BASS et YAMMARINO, 1990 ; YAMMARINO et BASS, 1990.

19. MASLOW, A. *Motivation and Personality*. New York, Harper and Row, 1954.

20. CARRILLAT, F.A., F. JARAMILLO et W.B. LOCANDER. «Market-driving organizations: a framework». *Academy of Marketing Science Review*, vol. 2004, p. 1-9.

21. PERRY, M.L., C.L. PEARCE et H.P. SIMS. «Empowered selling teams: how shared leadership can contribute to selling team outcomes». *Journal of Personal Selling and Sales Management*, vol. 19, n° 3 (été 1999), p. 35-52.

22. CONGER, J.A. et R. KANUNGO. *Charismatic Leadership in Organizations*. Thousand Oaks (CA), Sage Publications, 1988.

23. BURNS, 1978; BASS, 1985.

24. BASS, B.M. et B.J. AVOLIO. «The Implications of transactional and transformational leadership for individual, team and organizational development», dans *Research in Organisational Change and Development*. R.W. Woodman et R. Passman (éd.), Greenwich, JAI Press, n° 4, 1990, p. 231-272.

25. BASS, B.M. *et al*. «Predicting unit performance by assessing transformational and transactional leadership». *Journal of Applied Psychology*, vol. 88, n° 2, 2003, p. 207-218.

    HOWELL, J.P. et B.J. AVOLIO. «Transformational leadership, transactional leadership, locus of control, and support for innovation: key predictors of consolidated-business-unit performance». *Journal or Applied Psychology*, vol. 78, n° 6, 1993, p. 891-902.

    DEGROOT, T., D.S. KIKER et T.C. CROSS. «A meta-analysis to review organizational outcomes related to charismatic leadership». *Canadian Journal of Administrative Sciences*, vol. 17, n° 4, 2000, p. 356-371.

    LOWE, K., K.J. KORECK et N. SIVASUSBRANABIAM. «Effectiveness correlates of transformational leadership: a meta-analytic review». *Leadership Quarterly*, vol. 83, 1996, p. 385-425.

    BOERNER, S. *et al*. «Follower behavior and organizational performance: the impact of transformational leaders». *Journal of Leadership and Organizational Studies*, vol. 13, n° 3, 2007, p. 15-27.

    CHEN, L.Y. «Examining the effect of organization culture and leadership behaviors on organizational commitment, job satisfaction and middle-sized firms of Taiwan». *Journal of American Academy of Business*, vol. 5, n° 1/2 (septembre 2004), p. 432-439.

26. BASS, B.M. *Transformational Leadership: Industrial, Military, and Educational Impact*. Mahwah (N.J.), Lawrence Erlbaum Associates, 1998.

27. HATER, J.J. et B.M. BASS. «Superior's evaluations and subordinates' perceptions of transformational and transactional leadership». *Journal of Applied Psychology*, vol. 73, n° 4, 1988, p. 695-702.

    KOH, W.L., R.M. STEERS et J.R. TERBORG. «The effects of transformational leadership on teacher attitudes and student performance in Singapore». *Journal of Organizational Behavior*, vol. 110, n° 2, 1996, p. 245-284.

28. BARLING et KELLOWAY, 1996; BYCIO, HACKETT et ALLEN, 1993.

    LEE, J. «Effects of leadership and leader-member exchange on commitment». *Leadership and Organization Development*, vol. 26, n° 7/8, 2004, p. 22.

    PILLAI, R. et E.A. WILLIAMS. «Transformational leadership, self-efficacy, group cohesiveness, commitment, and performance». *Journal of Organizational Change Management*, vol. 17, n° 2, 2004, p. 144-162.

29. PILLAI, R., C.A. SCHREISHEIM et E.A. WILLIAMS. «Fairness perceptions and trust as mediators for transformational and transactional leadership: a two-sample study». *Journal of Management*, vol. 25, 1999, p. 897-933.

30. STASHEVSKY, S. et M. KOSLOWSKY. «Leadership team cohesiveness and team performance». *International Journal of Manpower*, vol. 27, n° 1, 2006, p. 63-78.

31. PILLAI, SCHREISHEIM et WILLIAMS. 1999. *Ibid.*

   PODSAKOFF, P.M., S.B. MACKENZIE et W.H. BOOMER. «Transformational leader behaviors and substitutes for leadership as determinants of employee satisfaction, contingent, trust and organizational citizenship behaviors». *Journal of Management*, vol. 22, 1996, p. 259-298.

   PILLAI et WILLIAMS. 2004. *Ibid.*

   CONNELL, J., N. FERRES et T. TRAVAGLIONE. «Engendering trust in manager-subordinate relationships : predictors and outcomes». *Personnel Review*, vol. 32, n° 5, 2003, p. 569-591.

32. CRON, W.L., E.F. JACKOFSKY et J.W. SLOCUM Jr. «Job performance and attitudes of disengagement stage salespeople who are about to retire». *Journal of Personal Selling and Sales Management*, vol. 13, n° 2, 1993, p. 1-11.

   CRON, W.L. et J.W. SLOCUM Jr. «The influence of career stages on salespeople's job attitudes, work perceptions and performance». *Journal of Marketing Research*, vol. 23 (mai 1986), p. 119-129.

   SLOCUM Jr., J.W., W.L. CRON et S. RAWLINGS. «Business strategy and the management of plateaued employees». *Academy of Management Journal*, vol. 28, 1985, n° 1, p. 133-154.

   FLAHERTY, K.E. et J.M. PAPPAS. «The influence of career stage on job attitudes : toward a contingency perspective». *Journal of Personal Selling and Sales Management*, vol. 22, n° 3 (été 2002), p. 135-143.

   DIXON, A.L., L.P. FORBES et S.M.B. SCHERTZER. «Early success : how attributions for sales success shape inexperienced salespersons' behavioral intentions». *Journal of Personal Selling and Sales Management*, vol. 25, n° 1 (hiver 2005), p. 67-77.

   YILMAZ, C. «Salesperson performance and job attitudes revisited : an extended model and effects of potential moderators». *European Journal of Marketing*, vol. 36, n° 11/12, 2002, p. 1389-1415.

33. BASS, 1985 ; BASS et AVOLIO, 1990.

34. BASS, 1985 ; BASS et AVOLIO, 1990.

35. CASSAR, V. «Can leader direction and employee participation co-exist ? Investigating interaction effects between participation and favourable work-related attitudes among Maltese middle-managers». *Journal of Managerial Psychology*, vol. 14, n° 1, 1999, p. 57-68.

36. EDEN, D. «Leadership and expectations : Pygmalion effects and other self-fulfilling prophecies in organizations». *Leadership Quarterly*, vol. 3, 1992, p. 271-335.

37. HOUSE, R.J. et B. SHAMIR. «Toward the integration of transformational, charismatic and visionary theories», dans *Leadership Theory and Research*. M.M. Chermers et R. Ayman (éd.), San Diego (CA), Academic Press, 1993.

38. SARROS, J.C. et J.C. SANTORA. «The transformational-transactional leadership model in practice». *Leadership and Organizational Development Journal*, vol. 22, n° 7/8, 2001, p. 383-396.

39. LEARY, M.R. et R.M KOWALSKI. «Impression management : a literature review and two components model». *Psychological Bulletin*, vol. 107 (mai 1990), p. 34-47.

40. HOUSE et SHAMIR. 1993. *Ibid.*

41. HATER et BASS. 1988. *Ibid.*

42. BRYMAN, A. *Charisma and Leadership*. London, Sage, 1992.

   HOWELL, J.P. et P.J. FROST. «A laboratory study of charismatic leadership». *Organizational Behavior and Human Decision Process*, vol. 43, 1989, p. 243-902.

43. DEGROOT, KIKER et CROSS. 2000. *Ibid.*

44. YAMMARINO, F.J. et B.M. BASS. « Long-term forecasting of transformational leadership and its effects among naval officers : some preliminary findings », dans *Measures of Leadership*. I.E. Clark & M.B. Clark (éd.), West Orange (N.J.), Leadership Library of America, 1990, p. 151-171.

45. HOUSE, R.J., J. WOYCKE et E.M. FODOR. « Charismatic and noncharismatic leaders : difference in behavior and effectiveness », dans *Charismatic Leadership : The Elusive Factor in Organizational Effectiveness*. J.A. Conger et R.N. Kanungo (éd.), San Francisco, Jossey-Bass, 1986.

46. HATER et BASS, 1988 ; HOUSE, 1971 ; HOWELL et AVOLIO, 1993 ; LYSONSKI, 1985 ; KLIMOSKI et HAYES, 1980 ; PODSAKOFF, TODOR et SKOV, 1982 ; PODSAKOFF et SCHRIESHEIM, 1985.

47. HATER et BASS. 1988. *Ibid.*

48. HATER et BASS. 1988. *Ibid.*

49. KOHLI, A.K. « Some unexplored supervisory behaviors and their influence on salespeople's role clarity, specific self-esteem, job satisfaction and motivation ». *Journal of Marketing Research*, vol. 22 (novembre 1985), p. 424-433.

50. EDEN, 1992. *Ibid.*

    OZ, S. et D. EDEN. « Retaining the golem : boosting performance by changing the interpretation of low scores ». *Journal of Applied Psychology*, vol. 79, 1994, p. 744-754.

51. EBY, L.T. *et al.* « Motivational bases of affective organizational commitment : a partial test on an integrative theoretical model ». *Journal of Occupational and Organizational Psychology*, vol. 72, n° 4 (décembre 1999), p. 463-484.

52. BASS, B.M. et F.J. YAMMARINO. « Congruence of self and others' leadership ratings of naval officers for understanding successful performance ». *Applied Psychology : An International Review*, vol. 40, 1991, p. 437-454.

    WALDMAN, D.A., B.M. BASS et F.J. YAMMARINO. « Adding to contingent reward behavior : the augmenting effect of charismatic leadership ». *Group and Organizational Studies*, vol. 15, n° 4, 1990, p. 381-394.

    YAMMARINO, F.J. et B.M. BASS. « Transformational leadership and multiple levels analysis ». *Human Relations*, vol. 43, n° 10, 1990, p. 975-995.

53. JOLSON, M. *et al.* « Transforming the salesforce with leadership ». *Sloan Management Review*, printemps 1993, p. 95-106.

54. DUBINSKY *et al.* 1995. *Ibid.*

55. HOWELL et AVOLIO. 1993. *Ibid.*

56. BASS. 1990. *Ibid.*

57. AVOLIO et BASS, 1988 ; BASS et AVOLIO, 1992 ; BASS et AVOLIO, 1990.

    BYCIO, P., R.D. HACKETT, et J.S. ALLEN. « Further assessments of Bass's (1985) conceptualization of transactional and transformational leadership ». *Journal of Applied Psychology*, vol. 80, n° 4, 1993, p. 468-478.

    DEGROOT, KIKER et CROSS, 2000 ; DEN HARTOG, MUIJEN et KOOPMAN, 1997 ; HATER et BASS, 1988 ; HOWELL et AVOLIO, 1993 ; HOWELL et FROST, 1989.

    KIRKPATRICK, S. et E. LOCKE. « Direct and indirect effects of three core charismatic leadership components on performance and attitudes ». *Journal of Applied Psychology*, vol. 81, 1996, p. 36-51.

LOWE, KORECK et SIVASUSBRANABIAM. 1996. *Ibid.*

MASI, R.J. et R.A. COOKE. 2000. « Effect of transformational leadership on subordinate motivation, empowering norms, and organizational productivity ». *International Journal of Organizational Analysis*, vol. 8, n° 1, 2000, p. 16-47.

PODSAKOFF *et al.*, 1990 ; SELTZER et BASS, 1990.

WALDMAN, BASS et YAMMARINO. 1990. *Ibid.*

YAMMARINO et BASS, 1990a ; YULK, 1989.

58. RICH, G.A. « The sales manager as a role model : effects on trust, job satisfaction and performance of salespeople ». *Academy of Marketing Science*, vol. 25, n° 4, 1997, p. 319-328.

59. KOUZES, J.M. et B.Z. POSNER. *The Leadership Challenge : How to Get Extraordinary Things Done in Organizations*. San Francisco, Jossey-Bass, 1987.

60. BANDURA, A. *Social Learning Theory*. Englewood Cliffs (N.J.), Prentice Hall, 1977.

BANDURA, A. *Social Fondations of Thought and Action. A Second Cognitive View*. Englewood Cliffs (N.J.), Prentice Hall, 1986.

61. ANTONIONI, D. « What motivates middle managers ». *Industrial Management*, vol. 41, n° 6, 1999, p. 27-30.

62. HOWELL et FROST. 1989. *Ibid.*

BASS, 1985 ; BRYMAN, 1992.

BUTLER Jr, J.K., S. CANTRELL et R.J. FLICK. « Transformational leadership behaviors, upward trust and satisfaction in self-management team ». *Organizational Development Journal*, vol. 17, n° 1, 1999, p. 13-29.

CHINDLER, T.C., A.J. DUBINSKY et S.J. SKINNER. « Leadership substitutes as moderators of sales supervisory behavior ». *Journal of Business Research*, vol. 21 (décembre 1990), p. 363-382.

DEGROOT, KIKER et CROSS, 2002 ; HATER et BASS, 1988.

HOWELL, J.P. *et al.* « Substitutes for leadership : effective alternatives to ineffective leadership ». *Organizational Dynamics*, vol. 19, 1990, p. 20-38.

HOWELL et FROST. 1989. *Ibid.*

PODSAKOFF, P.M. *et al.* « Do substitutes for leadership really substitute for leadership ? An empirical examination for Kerr and Jermier's situational leadership model ». *Organizational Behavior and Human Decision Process*, vol. 54, 1993, p. 1-44.

ROSS, S.M. et L.R. OFFERMAN. « Transformational leaders : measurement of personality attributes and work group performance ». *Personality and Social Psychology Bulletin*, vol. 23, 1997, p. 1078-1086.

SELTZER, J. et B.M. BASS. « Transformational and leadership : beyond initiation and consideration ». *Journal of Management*, vol. 16, 1990, p. 693-703.

63. HOUSE, R.J. « A theory of charismatic leadership », dans *Leadership : Cutting Edge*. James G. Hunt et Lars L. Larson (éd.), Carvondale (Ill.), Southern Illinois University Press, 1977, p. 189-204.

64. LOCKE, E.A. « The nature and cause of job satisfaction », dans DUNNETTE, M.D. *Handbook of Industrial and Organizational Psychology*, Chicago, Rand McNally, 1976, p. 1297-1349.

65. PODSAKOFF, MOORMAN et FETTER, 1990 ; BUTLER, CANTRELL et FLICK, 1999.

66. DRISCOLL, J.W. « Trust and participation in organizational decision making as predictors of satisfaction ». *Academy of Management Journal*, vol. 21, 1978, p. 44-56.

67. SGRO, J.A. *et al.* « Perceived leader behavior as a function of leader's interpersonal trust orientation ». *Academy of Management Journal,* vol. 23, n° 1, 1980, p. 161-165.

68. BERRY, D. et K. ABRAHANSEN. « Three types of salesmen to understand and motivate ». *Industrial Marketing Management*, juillet 1981, p. 207-218.

   CHURCHILL Jr, FORD et WALKER Jr. 1976. *Ibid.*

   KOYS, D.J. et T.A. DECOTIIS. « Inductive measures of psychological climate ». *Human Relations*, vol. 44, n° 3, 1991, p. 265-285.

   HOWELL et FROST. 1989. *Ibid.*

   STRUTTON, D., L.E. PELTON et J.R. LUMPKIN. « The relationship between psychological climate and salesperson-sales manager trust in sales organisations ». *Journal of Personal Selling and Sales Management*, vol. 13, n° 4 (automne 1993), p. 1-14.

69. HOWELL et FROST. 1989. *Ibid.*

70. ORGAN, D.W. *Organizational Citizenship Behavior: The Good Soldier Syndrome*. San Francisco, New Lexington Press, 1988.

71. BLAU, P. *Exchange and Power in Social Life*. New York, Wiley, 1964.

72. GOULDNER, A.W. « The Norm of reciprocity: a preliminary statement ». *American Sociological Review*, vol. 25, 1960, p. 161-178.

73. EISENBERGER, R. *et al.* « Perceived organizational support ». *Journal of Applied Psychology*, vol. 71, n° 3, 1986, p. 500-507.

   EISENBERGER, R., P.R. FALASO et V. DAVIS-LAMASTRO. « Perceived organizational support and employee diligence, commitment and innovation ». *Journal of Applied Psychology*, vol. 75, 1990, p. 51-59.

   MOWDAY, R.T., L.W. PORTER et M. STEERS. *Employee-Organization Linkages*. New York, Academic Press, 1982.

74. GOULDNER. 1960. *Ibid.*

75. WAYNE, J.W., L.M. SHORE et R.C. LINDEN. « Perceived organizational support and leader-member exchange: a social exchange perspective ». *Academy of Management Journal*, vol. 40, 1997, n° 1, p. 82-112.

76. EISENBERGER *et al.* 1986. *Ibid.*

77. GRAEN, G.B., M.A. NOVAK et P. SOMMERKAMP. « The effects of leader-member exchange and job design on productivity and satisfaction: testing a dual attachment model ». *Organizational Behavior and Human Performance*, vol. 30, 1982, p. 109-131.

78. SPARROWE, R.T. et R.C. LIDEN. « Process and structure in leader-member exchange ». *Academy of Management Review*, vol. 22, 1997, p. 522-552.

79. AVOLIO, 1999; BASS, 1990; MURRY, 1998.

   MURRY, W.D., N. SAVASUBRAMANIAM et P.H. JACQUES. « Supervisory support, social exchange relationships and sexual harassment consequences: a test of competing models ». *The Leadership Quarterly*, vol. 12, 2001, p. 1-29.

80. EISENBERGER *et al.* 1986. *Ibid.*

81. GOULDNER. 1960. *Ibid.*

82. EISENBERGER *et al.* 2001. *Ibid.*

83. EISENBERGER *et al.*, 1986; EISENBERGER *et al.*, 2001; GUZZO, NOOMAN et ELRON, 1994; MOWDAY, PORTER et STEERS, 1982; ROUSSEAU, 1989; SCHEIN, 1980; SETTON, BENNETT et LIDEN, 1996; WAYNE, SHORE, et LIDEN, 1997; SHORE et TETRICK, 1991.

84. EISENBERGER, FASOLO et DAVIS-LAMASTRO, 1990; WAYNE, SHORE et LINDEN, 1997.

   SHORE, L.M. et S.J. WAYNE. «Commitment and employee behavior: comparison of affective commitment and continuance commitment with perceived organizational support». *Journal of Applied Psychology*, vol. 78, 1993, p. 774-780.

85. SHORE, L.M. et L.E. TETRICK. «A construct validity study of the survey of perceived organizational support». *Journal of Applied Psychology*, vol. 76, 1991, p. 637-643.

   TANSKY, J.W. et D.J. COHEN. «The relationship between organizational support, employee development and organizational commitment: an empirical study». *Human Resource Development Quarterly*, vol. 12, n° 3 (automne 2001), p. 285-301.

86. EISENBERGER *et al.* 1990. *Ibid.*

   SHORE, L.M. et T.H. SHORE. «Perceived organizatioanl support and organizatioanal justice», dans *Organizational Politics, Justice and Support: Managing Social Climate at Work*. R. Cropanzano et K.M. Kacmar (éd.), Westport (Conn.), Quorum Press, 1995, p. 149-164.

87. EISENBERGER, FALOSO et DAVIS-LEMASTRO, 1990; EISENBERGER *et al.*, 1986.

   LYNCH, P.D, R. EISENBERGER et S. ARMALI. «Perceived organizational support: inferior versus superior performance by wary employees». *Journal of Applied Psychology*, vol. 84, 1999, p. 467-483.

88. JOHLKE, M.C. *et al.* «An integrated model of sales managers' communication practices». *Academy of Marketing Science Journal*, vol. 28, n° 2 (printemps 2000), p. 263-278.

CAS DE LA PARTIE 3

CHMF (cas sur la restructuration des territoires)

CHMF est une radio régionale de la Côte-Nord québécoise. Elle couvre un immense territoire de 400 kilomètres, qui s'étire de Tadoussac, en Haute-Côte-Nord, jusqu'à Sept-Îles. Elle se spécialise dans la musique rock, folk et country d'ici et d'ailleurs. Fondée en 1958 par des mélomanes, elle est passée sur la bande FM en 1995. Bien que sa programmation soit presque entièrement musicale, elle retient les services de deux journalistes locaux qui diffusent des nouvelles d'intérêt régional une fois l'heure. Les auditeurs ont également droit à un compte rendu des principales nouvelles nationales et internationales quatre fois par jour.

Quatre animateurs se partagent autant de plages horaires de six heures, la station étant en ondes en permanence. Une programmation exclusivement musicale a cours pendant la nuit tandis que les émissions de jour sont parsemées d'informations et d'animations diverses. CHMF est une radio qui se veut proche de la population qu'elle dessert. De ce fait, ses animateurs couvrent tous les événements qui surviennent dans la région. Elle compte aussi sur un bassin d'annonceurs locaux et nationaux qui utilisent largement ses services à des fins promotionnelles.

Deux représentantes se partagent ce vaste marché : Lucie Mallette s'occupe du territoire compris entre Tadoussac et Baie-Comeau tandis que Mariette Provencher sillonne celui qui est situé entre Baie-Comeau et Sept-Îles. Les deux territoires ont été déterminés d'après leur étendue géographique d'environ 200 kilomètres chacun. Les représentantes sollicitent les annonceurs potentiels, procèdent à une démonstration de vente afin de bien expliquer au client éventuel les produits et les services publicitaires de la station, la grille tarifaire de même que la couverture médiatique escomptée. Elles proposent aussi des idées de messages publicitaires construits selon les règles de l'art pour les annonces très courtes (15 ou 30 secondes) ne véhiculant qu'un seul message. Si le client potentiel a besoin de plus de services, par exemple la conception d'une campagne publicitaire, il sera dirigé vers une firme de communication de la région avec laquelle CHMF fait affaire. Le texte final est rédigé par l'équipe d'animateurs de la station, qui le soumet au client avant la première diffusion.

La direction de CHMF n'a jamais exercé de gestion des ventes au sens strict du terme ; la façon de faire est plutôt élastique, et on laisse à chacun le soin de s'acquitter de ses tâches le mieux possible. Toutefois, un malaise persiste dans le territoire de Lucie Mallette, où l'on enregistre des ventes publicitaires en décroissance depuis cinq ans et très inférieures à celles de l'autre territoire. Initialement, on considérait que les deux territoires disposaient du même potentiel de vente, ce qui fait qu'ils auraient dû obtenir les mêmes résultats. Cette allégation n'a toutefois pas été vérifiée de façon précise.

La direction décide donc de procéder à l'évaluation de la représentante de ce vaste territoire qui s'étend de Tadoussac à Baie-Comeau. Vous êtes retenu pour cette tâche, à titre d'expert-conseil en gestion des ventes.

Les gestionnaires de CHMF vous suggèrent fortement d'effectuer une entrevue directe avec madame Mallette afin d'évaluer l'ensemble de ses tâches, sa motivation

Ventes totales de publicité au cours des cinq dernières années (en $)		
Année	**Lucie Mallette**	**Mariette Provencher**
2003	86,400	128,400
2004	83,500	126,700
2005	81,900	134,300
2006	83,200	135,700
2007	80,300	141,600

et sa capacité à remplir son mandat. Pour la direction, il semble indéniable que les mauvais résultats du territoire sont directement imputables à la représentante.

Bien que vous ne rejetiez pas l'idée d'une évaluation individuelle, vous relevez plusieurs lacunes dans l'organisation même de la gestion des ventes de l'entreprise. Même si la direction est persuadée que les deux territoires, qui sont de taille géographique égale, offrent le même potentiel de vente, vous remarquez qu'il n'existe aucune donnée pour étayer cette thèse. Avant de procéder à l'évaluation de madame Mallette, vous désirez analyser chaque territoire en profondeur.

Questions

1. Évaluez le potentiel de vente de chacun de ces deux territoires.

    Nous vous suggérons de dénombrer les entreprises, les institutions et les organisations susceptibles de recourir à la publicité locale pour chacun des territoires; cela exclut les très grandes entreprises, qui utilisent les stations nationales. Ne considérez que les organisations locales. Il existe plusieurs banques de données sur Internet pour vous faciliter la tâche (icriq.com, les sites officiels des municipalités, les sites des CLD, les pages jaunes, 411.ca, etc.). Concentrez-vous sur les principales villes (Tadoussac, Baie-Comeau, Sept-Îles, Forestville, etc.). Estimez de façon approximative le nombre de clients potentiels en additionnant ceux des principales villes de chaque territoire. Évaluez par la suite un potentiel de vente moyen en dollars. Vous pouvez contacter une station de radio et obtenir sa tarification; cela vous permettra d'estimer ce qu'une entreprise locale peut dépenser en moyenne en publicité à la radio.

2. À partir de l'estimation du marché potentiel de chaque territoire, redessinez la carte en vous basant sur ces données plutôt que sur l'étendue géographique.

    La « coupure » doit-elle toujours se situer à Baie-Comeau ?

3. D'après vous, la représentante est-elle encore en cause ? Si c'est le cas, quels pourraient être les facteurs responsables de sa mauvaise performance ? Que suggérez-vous à la direction de CHMF ? Que doit-on examiner ?

4. Serait-il utile de créer un troisième territoire (et conséquemment, d'engager un nouveau représentant) ?

PARTIE 4

L'évaluation de l'équipe de vente

La quatrième et dernière partie de ce manuel s'intéresse à l'évaluation de l'équipe de vente. Pour vérifier l'efficacité de son programme de gestion des ventes, l'entreprise doit procéder à une analyse minutieuse des résultats que son équipe a obtenus. Il va sans dire que cette démarche va bien au-delà de la simple constatation de l'atteinte des objectifs.

Le chapitre 13 traite donc de l'analyse des ventes et suggère des méthodes permettant de déchiffrer correctement les données temporelles des ventes afin de déterminer les segments de l'organisation qui ont atteint les objectifs visés. Suit l'analyse du rendement du représentant. Pour ce faire, on doit s'attarder non seulement aux résultats qu'il a produits, mais aussi aux moyens qu'il a utilisés pour les atteindre. La notion de «comportement» devient fondamentale, car c'est par les actions du vendeur qu'on pourra l'aider à obtenir des performances supérieures. D'autres variables doivent entrer en ligne de compte pour compléter efficacement l'évaluation : le service, le développement de nouvelles affaires, la grosseur des commandes, etc. Le vendeur sera ainsi amené à faire coïncider ses intérêts avec ceux de l'entreprise.

Le chapitre 14, pour sa part, porte sur la rentabilité des différents segments de l'organisation et propose des techniques comptables qui permettront de les apprécier d'une façon adéquate. Nous traiterons de l'analyse de la rentabilité, une méthodologie solide grâce à laquelle le gestionnaire pourra comprendre à sa juste valeur l'apport de chaque segment aux profits de l'entreprise. Cette analyse complète lui servira par la suite de base managériale pour améliorer sa gestion.

CHAPITRE 13

L'analyse des ventes

OBJECTIFS

Après l'étude de ce chapitre, vous devriez pouvoir :

- interpréter correctement les résultats des ventes ;
- définir les mesures de part de marché et comparer les résultats des ventes de l'entreprise à ceux de l'industrie ;
- effectuer des analyses de ventes sectorielles ;
- comprendre la nécessité de disposer d'une information sectorielle afin d'exercer une meilleure gestion des ventes ;
- évaluer de façon pertinente le rendement d'un représentant.

INTRODUCTION

L'analyse de la performance couvre généralement trois grands thèmes qui sont l'analyse du volume des ventes, l'analyse des coûts et l'analyse de la performance individuelle du représentant. Ce chapitre s'attardera sur l'analyse du volume des ventes et de la performance individuelle. Ces deux thématiques s'englobent tout naturellement l'une dans l'autre pour constituer ce que l'on nommera simplement l'**analyse des ventes**. En effet, l'analyse des ventes débouche obligatoirement sur celle des territoires, des succursales et, conséquemment, de chaque représentant. Quant à l'analyse des coûts, elle fera l'objet du chapitre 14.

L'analyse des ventes constitue une des étapes majeures de la gestion des ventes, puisqu'elle indique de façon rationnelle dans quelle mesure le programme des ventes a fonctionné, tout en en déterminant les causes. La plupart des gestionnaires vérifieront, tout naturellement, si les objectifs de vente ont été atteints à la fin d'un exercice en les comparant aux résultats obtenus. Par contre, on doit dépasser ce simple constat et poursuivre l'analyse en profondeur afin de connaître les raisons de l'atteinte ou de la non-atteinte des objectifs. Le gestionnaire des ventes doit donc affiner son analyse en se concentrant sur les segments qui sont directement concernés par les performances générales des ventes. Ces derniers sont généralement les territoires, les produits, les succursales et les clientèles. L'analyse des ventes doit évidemment se conclure par celle des représentants sur une base individuelle. Il incombe à chaque organisation de déterminer les bases de sa propre analyse selon sa réalité et ses besoins (*voir la figure 13.1*).

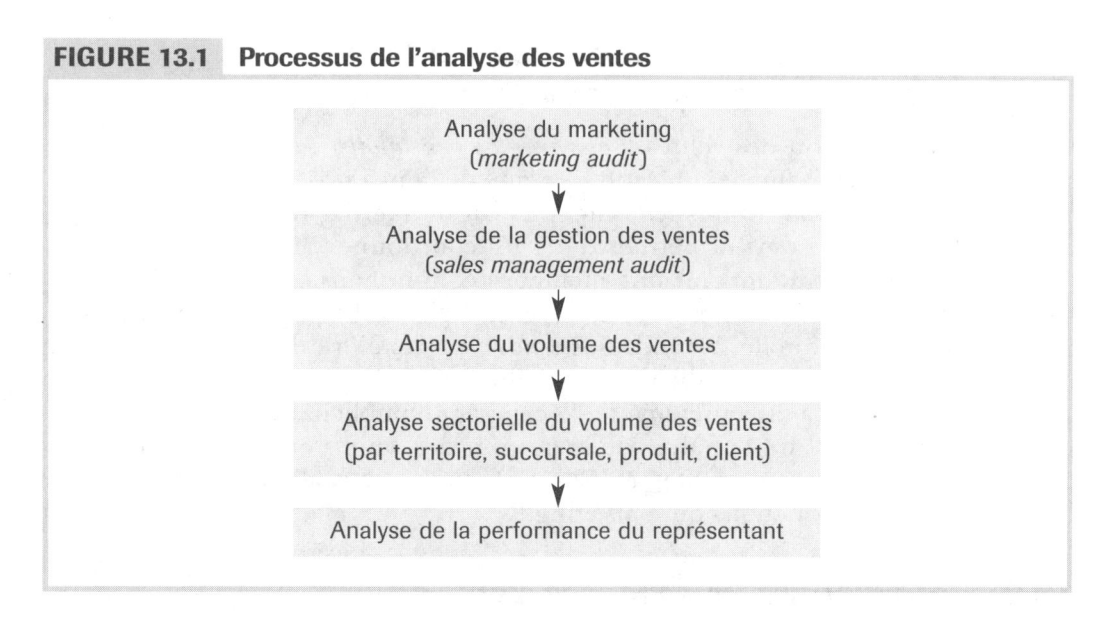

FIGURE 13.1 Processus de l'analyse des ventes

```
Analyse du marketing
(marketing audit)
        ↓
Analyse de la gestion des ventes
(sales management audit)
        ↓
Analyse du volume des ventes
        ↓
Analyse sectorielle du volume des ventes
(par territoire, succursale, produit, client)
        ↓
Analyse de la performance du représentant
```

L'analyse de la performance des ventes est un exercice obligatoire et indispensable. Elle répond à des questions capitales qui influent directement sur les décisions du gestionnaire des ventes:

- Avons-nous atteint nos objectifs de vente?
- Les territoires desservis ont-ils tous contribué à l'atteinte des objectifs?

- Quelles succursales affichent des résultats insatisfaisants?
- Devrions-nous réviser les objectifs de vente de certains produits en décroissance?
- Le potentiel de vente de chaque territoire est-il évalué de façon réaliste?
- Nos représentants ont-ils tous atteint leur quota? Contribuent-ils tous également à l'atteinte des objectifs?
- Etc.

L'analyse des ventes ne sert donc pas seulement à dresser des constats, mais aussi à apporter les correctifs nécessaires à la gestion du plan de vente. Elle permet une allocation optimale des ressources humaines et financières.

13.1 L'analyse du marketing (*marketing audit*)

L'analyse du marketing (*marketing audit*) est le cadre de référence de l'évaluation des ventes. Elle incite tous les gestionnaires du marketing à une remise en question de la fonction « marketing ». Philip Kotler[1] définit l'analyse du marketing comme suit: « Examen complet, systématique, indépendant et périodique de l'environnement d'une entreprise ou d'un comité d'activités. » Cette analyse est faite dans le but de déterminer les domaines problématiques et les opportunités en vue de recommander un plan d'action qui améliorera la performance du marketing de l'entreprise. Elle touche tout ce qui peut influer sur le marketing, que ce soit les menaces et les opportunités de l'environnement, la stratégie de *marketing mix* ou certaines fonctions spécifiques comme la vente. L'analyse de la gestion du marketing peut être revue en détail dans les ouvrages de base de marketing. Dans le cadre de ce manuel, nous nous attarderons à l'analyse de la gestion des ventes.

13.2 L'analyse de la gestion des ventes (*sales management audit*)

L'analyse de la gestion des ventes (*sales management audit*) ne s'intéresse qu'à la fonction « vente » et évalue les objectifs de vente de l'entreprise, ses stratégies et ses tactiques[2]. Par ailleurs, toutes les fonctions du marketing doivent faire l'objet d'une analyse, ce qui devrait permettre de les coordonner afin de favoriser une meilleure synergie et de fournir une meilleure compréhension des problèmes. Si l'analyse de la gestion des ventes, par exemple, révélait que l'équipe de vente éprouve des difficultés inhabituelles à vendre une ligne particulière de produits, il serait intéressant de dresser un parallèle avec l'analyse de la fonction « publicité » et de voir le travail qu'elle a effectué quant à la campagne publicitaire de cette ligne de produits. Autrement dit, l'analyse de la gestion des ventes employée seule peut passer à côté de plusieurs problèmes. Elle doit donc être réalisée parallèlement à l'analyse des autres fonctions du marketing.

13.3 L'analyse du volume des ventes

L'analyse du volume total des ventes constitue la première étape de l'analyse des ventes. Avant de les ventiler par segment d'activité, il est logique de constater leur évolution générale de même que celle de la part du marché. Même s'il s'agit de la partie de l'analyse des ventes la plus facile à effectuer, on doit y accorder le plus grand soin, car elle peut révéler des situations susceptibles de mettre la survie de l'entreprise en péril. Le gestionnaire aura besoin des résultats des ventes de l'entreprise des dernières années et de ceux de l'industrie pour la région dans laquelle elle poursuit ses activités.

Le tableau 13.1 indique la façon de procéder à une analyse du volume des ventes. Dans cet exemple, l'entreprise Contenants Récu-Pak inc., un fabricant québécois de contenants de plastique pour la récupération de matières résiduelles (papier, carton, verre, canettes, plastique), a choisi d'effectuer une analyse de son volume des ventes pour les 10 dernières années, soit de 1998 à 2007. La première colonne indique le volume des ventes de l'entreprise pour chacune de ces années. Comme on peut le constater, celui-ci s'est accru de 67 % au cours de cette période. Il était en effet de 6 000 000 $ en 1998 pour atteindre 10 000 000 $ en 2007.

TABLEAU 13.1
Analyse du volume des ventes de Contenants Récu-Pak inc.

Année	Volume des ventes de l'entreprise (en millions de dollars)	Volume des ventes de l'industrie (en millions de dollars)	Part de marché de l'entreprise (en pourcentage)
2007	10,0	130	7,6
2006	9,4	140	6,7
2005	8,8	130	6,7
2004	7,8	114	6,8
2003	8,0	110	7,2
2002	7,4	88	8,4
2001	7,6	90	8,4
2000	7,4	82	9,0
1999	7,0	70	10,0
1998	6,0	60	10,0

La courbe des ventes illustrée à la figure 13.2, à la page suivante, montre leur tendance fortement positive. Devant de tels résultats, la première réaction des dirigeants de l'entreprise est la satisfaction. Cependant, il convient de pousser l'analyse plus loin en comparant les chiffres de l'entreprise avec ceux de l'industrie, que l'on trouve dans la deuxième colonne du tableau 13.1, sous « Volume des ventes de l'industrie ».

Dans un premier temps, on constate que le volume des ventes a connu une progression presque constante au cours de ces 10 années. On observe par ailleurs une légère diminution en 2002, où les ventes sont passées de 7,6 M$ en 2001 à 7,4 M$ en 2002, ce qui constitue une perte de 2,63 %. Cependant, la deuxième colonne nous apprend que les ventes de l'industrie ont connu une diminution du même ordre (de 90,0 M$ à 88,0 M$, soit un recul d'environ 2 %). On doit donc attribuer cette situation à un ralentissement de l'industrie. L'entreprise a fait bonne figure cette année-là. Cependant, 2004 a été moins glorieuse. Les ventes de l'entreprise ont quelque

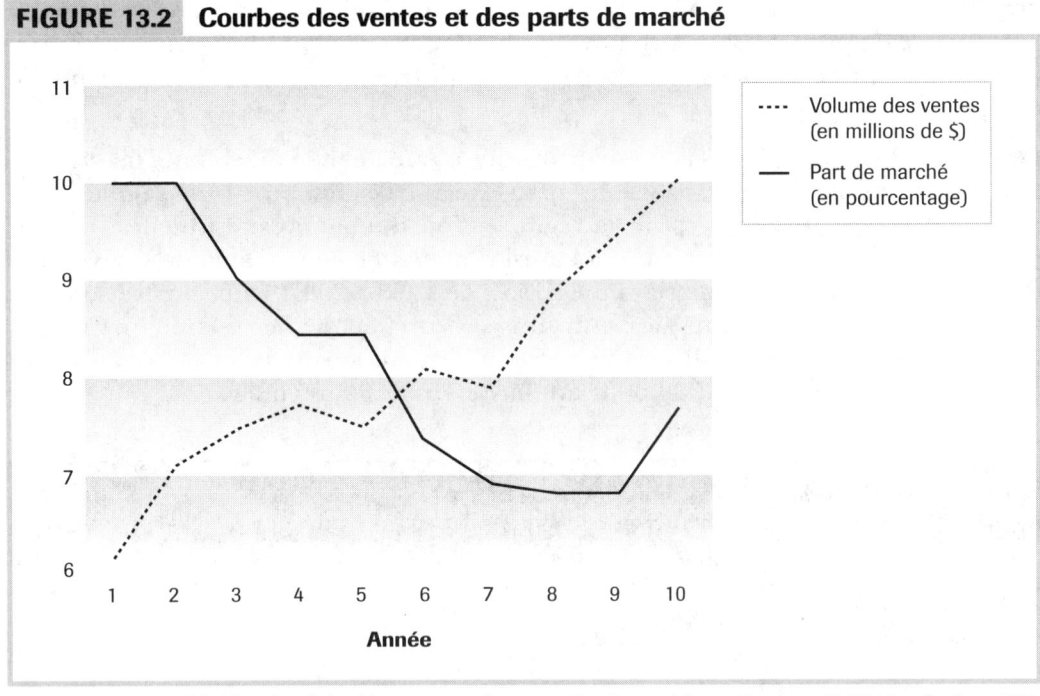

FIGURE 13.2 Courbes des ventes et des parts de marché

(Graphique : Volume des ventes en millions de $ (ligne pointillée) et Part de marché en pourcentage (ligne continue), en fonction de l'Année de 1 à 10.)

Source : Adapté de T. R. Wotruba. *Sales Management : Concepts, Practice and Cases.* Goodyear Publishing Co. Inc., 1981, p. 103.

peu diminué (de 8,0 M$ en 2003 à 7,8 M$ en 2004) tandis que celles de l'industrie ont augmenté (de 110,0 M$ à 114,0 M$) durant la même période. L'année 2004 a donc été relativement difficile sur le plan de la concurrence.

L'examen de la troisième colonne du tableau 13.1 s'avère extrêmement intéressant. Celle-ci présente en effet le ratio des ventes de l'entreprise sur les ventes de l'industrie, ce qui constitue l'évolution de la part de marché de l'entreprise au cours des 10 dernières années. On constate au premier coup d'oeil qu'elle a perdu environ 25 % de sa valeur : de 10,0 % qu'elle était en 1998, elle n'est plus que de 7,6 % en 2007. Comme l'illustre la figure 13.2, elle a accusé une décroissance constante de 1998 à 2006, passant de 10 % à 6,7 %, son niveau le plus bas. Ce n'est qu'au cours de la dernière année qu'il semble que l'on ait fait des efforts pour corriger cette situation. Le gain de près de 1 % de la part de marché indique bien que l'entreprise désire redevenir concurrentielle.

L'étude de l'évolution de la part de marché constitue la pierre angulaire de l'approche stratégique du marketing. Cette unité de mesure nous renseigne immédiatement sur la position concurrentielle de l'entreprise. Une réduction de la part de marché de l'entreprise montre que celle-ci perd du terrain et qu'elle éprouve de la difficulté à relever les défis que lui lancent les concurrents habituels ou les nouveaux venus. Une diminution de la part de marché peut donc signifier deux choses : ou bien le marché s'accroît et les concurrents décrochent plus rapidement de nouveaux clients, ou bien le marché est saturé et l'entreprise voit ses propres clients aller vers les concurrents. Cependant, un fait demeure : lorsqu'elle connaît une réduction de sa part de marché, l'entreprise a perdu une partie de sa capacité concurrentielle.

13.4 L'analyse sectorielle du volume des ventes

13.4.1 Le principe du « 80-20 »

Le principe du « 80-20[3] » rend l'analyse sectorielle nécessaire. Différentes études ont démontré que, dans la majorité des entreprises, c'est une petite proportion des commandes, des clients, des territoires ou des produits qui contribuent le plus aux profits. Autrement dit, cela impliquerait théoriquement que 80 % des clients n'effectueraient que 20 % des achats ou que 80 % des produits n'engendreraient que 20 % des profits[4]. On dira que, dans la plupart des programmes de marketing, certains efforts sont mal dirigés. On aurait donc tendance à investir beaucoup d'énergie dans des domaines ou des segments qui ne sont pas toujours les plus rentables. La principale raison de cette situation est que l'effort de marketing est réparti d'après le nombre de territoires, de succursales ou de clients plutôt que selon leur potentiel de vente respectif.

L'insuffisance de données sectorielles prive la direction de l'entreprise de l'information nécessaire à la réalisation d'analyses du volume des ventes et de la rentabilité, qui sont pourtant vitales. S'il n'a qu'une idée globale de la progression des résultats des ventes, le gestionnaire ne pourra diriger adéquatement le travail de marketing. Comment alors connaîtra-t-il la progression des ventes d'un territoire, sa compétitivité et sa rentabilité s'il ne dispose pas des données propres à ce dernier? La proportion « 80-20 » pourra être atténuée si le gestionnaire possède les outils de contrôle nécessaires, soit les données des ventes par territoires, par succursales, par vendeurs, par produits, par clients ou par groupes de clients.

13.4.2 L'analyse du volume des ventes par territoires

L'analyse du volume des ventes par territoires vise à déterminer si le principe du « 80-20 » intervient dans la répartition du travail de vente parmi les territoires. Autrement dit, on doit vérifier si le travail de marketing et de vente effectué dans chacun des territoires est proportionnel à leur potentiel des ventes. Idéalement, le potentiel des ventes devrait être semblable d'un territoire à l'autre lorsqu'ils ont été déterminés adéquatement. Dans les faits, cela s'avère très difficile, notamment à cause de la distribution géographique des clients. L'analyse du volume des ventes par territoires indique non seulement l'ordre d'importance de ces derniers quant aux ventes, mais aussi le rapport entre les résultats générés dans chacun et son potentiel des ventes, tel que l'indique le tableau 13.2 (*voir la page 365*).

Dans le cas qui nous occupe, Contenants Récu-Pak inc. désire effectuer une analyse des ventes par territoires pour la région de la Gaspésie. Cette dernière représente environ 10 % de ses ventes nationales et l'on désire s'attarder spécifiquement sur son cas, soupçonnant que les territoires de cette région sont plus ou moins bien répartis. La première étape consiste à déterminer un indice qui donne le pourcentage précis des ventes totales devant être obtenu dans chaque territoire. La somme de ces indices sera évidemment de 100 % pour l'ensemble de la région analysée. La manière d'obtenir cet indice est très variable. Dans le domaine du commerce de détail, il existe des statistiques fiables sur les dépenses de consommation (Statistique Canada, A.C. Nielsen, ministères, etc.) par secteurs (villes, provinces, etc.) qui peuvent nous éclairer. Dans le domaine industriel, on peut aussi obtenir des renseignements de plusieurs sources d'information (Strategis, associations de manufacturiers, etc.). Certains secteurs névralgiques, comme celui de l'agroalimentaire, disposent de leurs propres banques de données.

Par ailleurs, il est possible que l'on ne dispose pas de suffisamment d'information pour déterminer un indice potentiel des ventes fiable; c'est le cas notamment si le territoire est trop petit ou trop précis pour faire l'objet d'une collecte de données qui lui est propre de la part des grandes institutions. C'est aussi le cas si le secteur d'activité de l'entreprise est trop spécialisé pour retenir leur attention. Dans une telle situation, le gestionnaire des ventes n'aura d'autre choix que d'utiliser les services de la recherche marketing pour parvenir à ses fins. Il pourra, par exemple, se fier aux ventes passées dans chacun des territoires afin de bien apprécier l'importance relative de chacun d'eux. S'il s'agit de nouveaux territoires et qu'aucune donnée sur leur potentiel n'est disponible, il devra faire effectuer une étude de marché afin d'obtenir un indice fiable et relativement précis.

Cet indice sera par la suite multiplié par l'objectif des ventes pour la région visée. Ce dernier a été déterminé lui aussi à partir des ventes antérieures ou d'études de marché s'il s'agit de nouveaux territoires ou de nouveaux produits. Ce dernier chiffre est la prévision globale qui a été faite pour la période étudiée. En procédant de la sorte, on obtiendra l'objectif des ventes de chaque territoire. Cet objectif des ventes par territoires est donc comparé avec les ventes observées pour chacun des territoires de la région.

Le tableau 13.2 illustre ce processus. L'objectif des ventes de cette entreprise a été fixé à 1 000 000 $ et le résultat global s'élève effectivement à 1 000 000 $, ce qui est pleinement satisfaisant pour les dirigeants de la société et les porterait à croire que la région de la Gaspésie est complètement performante. Cependant, il faut savoir si cette performance est attribuable à tous les territoires. En appliquant le processus d'analyse du volume des ventes par territoires que nous venons de décrire, on s'aperçoit que ce n'est malheureusement pas le cas. Les territoires de Matane et de Sainte-Anne-des-Monts n'ont atteint qu'à 88,0 % et à 77,3 % respectivement l'objectif qui leur était fixé. Ceux de Gaspé et de New Richmond présentent des performances exceptionnelles, car ils ont dépassé leur objectif. Autrement dit, c'est à ces deux derniers territoires que l'on doit les performances satisfaisantes de l'entreprise pour cette région, tandis que ceux de Matane et de Sainte-Anne-des-Monts éprouvent des difficultés.

Le gestionnaire des ventes devra tenter de connaître les raisons de ces résultats. Le vendeur de Matane a-t-il subi des problèmes personnels ou son rendement insatisfaisant est-il dû à des circonstances incontrôlables, comme la venue d'un nouveau concurrent? Par ailleurs, que s'est-il passé à Gaspé et à New Richmond? Ces résultats sont-ils reliés à la faillite du principal concurrent ou à une conjoncture économique particulièrement favorable dans ces territoires? Au besoin, on pourra réviser l'indice de chaque territoire si l'on a de bonnes raisons de croire que le contexte propre à chacun a suffisamment changé pour justifier cette situation.

Cette analyse sectorielle peut être employée à différents niveaux. Outre son utilisation par territoires, qui a été illustrée précédemment, elle peut être appliquée par régions, par succursales et même par représentants. Les principes restent les mêmes.

TABLEAU 13.2
Analyse du volume des ventes par territoires de Contenants Récu-Pak inc. pour la région de la Gaspésie

Territoire	Indice (en %)	Objectif	Ventes observées	Performance (en %)	Variation (en %)
Matane	38,2	382 000	336 000	88,0	−46 000
Gaspé	32,4	324 000	362 000	111,7	38 000
New Richmond	11,8	118 000	166 000	140,7	48 000
Sainte-Anne-des-Monts	17,6	176 000	136 000	77,3	−40 000
Total	**100,0**	**1 000 000**	**1 000 000**		

13.4.3 L'analyse du volume des ventes par produits

L'évolution des ventes par produits constitue une variante de l'analyse du volume des ventes, mais que l'on décompose par produits. L'évolution des ventes et de la part de marché sera analysée de la manière vue à la section 13.4.2 (*voir la page 363*), mais pour chacun des produits. Le tableau 13.3 illustre ce processus. Ventilons les ventes totales annuelles de Contenants Récu-Pak inc. de même que celles de l'industrie par produits. Pour simplifier, supposons que cette entreprise fabrique deux produits, les bacs de récupération de 360 litres et ceux de 240 litres. En procédant de la même façon, on observe que la perte de la part de marché des cinq dernières années est imputable au bac de 360 litres : cette dernière est passée de 6,2 % en 2003 à 4,8 % en 2005. Notons que l'entreprise semble avoir fait des efforts pour devenir plus concurrentielle, ce qui explique l'augmentation de sa part de marché en 2007. Par ailleurs, le bac de 240 litres est probablement la vedette de la ligne de produits. Sa part de marché n'a cessé de s'accroître au cours des cinq dernières années, constituant un atout pour le succès de l'entreprise.

TABLEAU 13.3
Analyse du volume des ventes par produits de Contenants Récu-Pak inc. pour le territoire de la Gaspésie

	Bac de 360 litres			Bac de 240 litres			Total		
Année	Entreprise (000 $)	Industrie (000 $)	Part de marché (%)	Entreprise (000 $)	Industrie (000 $)	Part de marché (%)	Entreprise (000 $)	Industrie (000 $)	Part de marché (%)
2007	46	750	6,1	54	550	9,8	100	1 300	7,6
2006	38	800	4,8	56	600	9,3	94	1 400	6,7
2005	36	740	4,8	52	560	9,2	88	1 300	6,7
2004	32	630	5,0	46	510	9,0	78	1 140	6,8
2003	39	620	6,2	41	480	8,5	80	1 100	7,2

La ventilation par territoires représente une variable intéressante de l'analyse du volume des ventes par produits. Elle consiste à combiner cette méthode avec l'analyse des ventes par territoires décrite précédemment. Le tableau 13.4 en illustre le processus. On sait que le territoire de Matane éprouve certaines difficultés. Son déficit de 46 000 $ est réparti entre les deux produits. On constate que la plupart de ses problèmes sont causés par les ventes médiocres du bac de 240 litres. La recherche des raisons des mauvaises performances de ce produit à Matane pourrait être le point de départ de l'analyse des problèmes que connaît le territoire. Par ailleurs, dans le territoire de Gaspé, les deux produits se sont très bien vendus, se partageant le surplus de 38 000 $.

TABLEAU 13.4
Analyse du volume des ventes par produits de Contenants Récu-Pak inc., ventilation par succursales pour celles de Matane et de Gaspé

Produit	Succursale de Matane (indice : 38,2)			Succursale de Gaspé (indice : 32,4)		
	Objectif	Ventes observées	Variation	Objectif	Ventes observées	Variation
Bac de 360 litres	171 900	165 720	−6 180	145 800	164 000	18 200
Bac de 240 litres	210 100	170 280	−39 820	178 200	198 000	19 800
Total	**382 000**	**336 000**	**−46 000**	**324 000**	**362 000**	**38 000**

Objectif pour 2007 : Bac de 360 litres : 450 000 $
Bac de 240 litres : 550 000 $

13.4.4 L'analyse du volume des ventes par clients

L'analyse du volume des ventes par clients sera intéressante si elle est combinée avec l'analyse du volume des ventes par produits. Ainsi, le gestionnaire, qui saura exactement quel type de clients effectue la plupart des achats d'un produit en particulier, pourra ajuster sa stratégie de marketing en conséquence. Si on associe l'analyse du volume des ventes par clients à l'analyse du volume des ventes par territoires, on apprendra à quel type de clients est attribuable la majorité des ventes dans un territoire donné. On ne peut alors que conseiller au gestionnaire, à la lumière de ce qui précède, de mettre sur pied un système qui lui procurera l'information lui permettant de faire une analyse des ventes complète, c'est-à-dire un système comprenant le volume général des ventes, puis le volume des ventes par produits, par territoires et par types de clients.

13.4.5 L'utilisation de l'informatique en analyse des ventes

La question qui se pose maintenant est celle de la faisabilité de ces analyses. Les exemples que nous avons considérés concernent des entreprises qui ont une équipe de vente réduite, un nombre limité de territoires et de produits ainsi qu'une clientèle restreinte. Cependant, on sait qu'une entreprise offre généralement plusieurs produits proposés par plusieurs représentants et qu'elle sert de nombreux clients répartis dans un grand nombre de territoires. À ce moment-là, il est essentiel d'avoir recours à l'informatique pour pouvoir effectuer des analyses de vente multidimensionnelles. On comprend rapidement que l'on est en présence d'une incroyable quantité de données. Heureusement, la performance, la flexibilité et l'accessibilité des logiciels actuels rendent cette tâche réalisable moyennant un minimum d'expertise en la matière. Un traitement de données intéressant dans ce domaine pourrait être le tableau croisé à deux ou trois dimensions, qui permet de dégager des statistiques pertinentes sur les dimensions voulues.

Il existe cependant différents logiciels que l'on nomme « SFA », ou Sales Force Automation. Plusieurs concepteurs de logiciels proposent ce type de produits, les principaux étant Siebel Systems, Oracle, Epiphany, PeopleSoft, Kana Software, Webtone Technologies et Vignette[5]. Ces logiciels sont d'une grande utilité aux représentants qui veulent optimiser la qualité de leur service à la clientèle, ainsi qu'aux gestionnaires, qui compileront toutes les données des représentants afin d'analyser les ventes par territoires, par produits ou par clients. Il faudra cependant convaincre tous les représentants de recueillir soigneusement les données qui sont de leur ressort, sans lesquelles de tels outils ne peuvent être utilisés avec efficacité[6].

13.5 L'analyse du rendement du représentant

13.5.1 Les objectifs de l'évaluation du rendement

La dernière étape de l'évaluation de la performance est celle de l'analyse du rendement de chaque représentant. Elle découle directement des analyses précédentes puisqu'elle touche à la racine du problème. S'il s'avère, en effet, qu'un territoire affiche des résultats insatisfaisants, l'analyse des ventes indiquera en premier lieu s'il s'agit d'un problème relié directement à l'environnement interne du territoire en question tel que la venue d'un nouveau concurrent, les faiblesses de la gamme de produits, de nouvelles réglementations contraignantes, un changement majeur de technologie qui rend les produits désuets, etc.

Par contre, s'il n'y a pas de raisons techniques ou relatives au marché qui soient reliées à ces mauvais résultats, il faudra obligatoirement que ceux-ci découlent de la performance du représentant de ce territoire. Chaque représentant doit donc faire l'objet d'une évaluation périodique et rigoureuse, qui ira bien au-delà des simples résultats, puisqu'elle doit servir de façon prioritaire à corriger, si nécessaire, certains comportements du vendeur afin d'en améliorer les performances. Cela implique que le gestionnaire des ventes doit non seulement exiger des résultats du représentant, mais aussi des comportements efficaces susceptibles de générer de bons résultats. Les actions, les comportements et les activités sont donc aussi l'objet d'une évaluation. Tous les représentants de l'entreprise doivent se faire évaluer, quel que soit leur degré d'ancienneté. On comprendra toutefois que cette activité de gestion revêt toute son importance dans le cas des nouvelles recrues. Leur évaluation les guidera vers de bons comportements, qui auront une incidence directe sur leur carrière.

Le gestionnaire des ventes doit procéder à un contrôle rigoureux de chaque vendeur placé sous sa responsabilité. Il doit, plus précisément, s'intéresser à son comportement individuel. Dans l'entreprise, chaque vendeur est un maillon de la chaîne. Il est responsable du territoire qu'on lui a assigné, et la satisfaction des clients situés sur ce territoire sera étroitement liée à la façon dont il effectuera son travail. Un membre de l'équipe de vente qui travaillerait de façon inadéquate risquerait de mal exploiter son territoire tout en nuisant à l'image même de l'entreprise.

Nous avons vu précédemment que l'embauche, la formation et le maintien d'un vendeur coûtent très cher à l'entreprise. À cela il faut ajouter le manque à gagner qu'un représentant peut causer par des ventes ratées. Autrement dit, aucune organisation n'a les moyens de garder un vendeur inefficace. Il appartient au directeur des ventes d'exercer un suivi rigoureux de chacun de ses représentants afin de découvrir dans quelle mesure ceux-ci atteignent les objectifs qui leur sont fixés et de quelle façon ils sont parvenus à leurs fins.

Les objectifs de l'évaluation individuelle sont les suivants :
1. Offrir une rémunération juste à l'employé, d'après sa valeur réelle.
2. Utiliser la ressource d'une manière efficace.
3. Établir un système de récompenses juste.
4. Mettre sur pied un système de supervision permettant au vendeur d'atténuer ses points faibles et au gestionnaire des ventes de l'aider dans ce sens.
5. Vérifier avec objectivité la capacité de chaque vendeur à effectuer ses tâches, à atteindre les objectifs désignés et à véhiculer l'image souhaitée de l'organisation.

13.5.2 Les difficultés reliées à l'évaluation du rendement

L'évaluation correcte de chaque représentant implique un examen de ses résultats de même qu'une analyse complète de toutes ses tâches, de façon qu'il puisse s'améliorer. Il s'agit d'une des responsabilités les plus délicates du gestionnaire des ventes. Les principales difficultés éprouvées par ce dernier tout au long de ce processus sont les suivantes.

1. **Chaque individu est un cas particulier et son rendement est influencé par des facteurs qui lui sont propres.** Une foule de raisons peuvent expliquer un bon ou un mauvais rendement. L'évaluation du représentant doit dépasser les chiffres et s'intéresser d'abord à l'être humain.
2. **Le gestionnaire n'est pas en contact permanent avec le vendeur.** En général, le vendeur passe la plus grande partie de son temps à l'extérieur du bureau, loin des yeux du gestionnaire. Ce dernier devra donc mettre en branle des mécanismes suffisamment élaborés pour s'informer adéquatement sur les activités de son équipe de vente à l'extérieur du bureau.
3. **Le nombre de représentants à superviser rend la tâche plus ardue.** Le gestionnaire doit parfois superviser un nombre important de représentants en plus d'accomplir ses tâches individuelles. Il est donc nécessaire qu'il dispose d'une méthode d'évaluation complète, réaliste quant au temps alloué et, surtout, suffisamment objective pour permettre une certaine comparaison.
4. **Les résultats ne correspondent pas toujours aux efforts accomplis.** Un représentant qui a fait un travail de prospection particulier au cours du mois (négligeant quelque peu la vente) est-il moins performant qu'un collègue qui a conclu une grosse transaction ? L'évaluation du rendement est un exercice qui doit être réalisé dans la perspective du développement à long terme des affaires. Par ailleurs, certains résultats décevants peuvent être l'aboutissement d'un travail acharné. C'est le cas du représentant qui investit un temps considérable auprès d'un client très important et qui voit ce dernier lui préférer un concurrent à la dernière minute.
5. **L'évaluation des efforts accomplis n'est pas toujours facile.** S'il peut analyser aisément des chiffres, le gestionnaire sera toutefois aux prises avec un problème d'ordre qualitatif, telle l'évaluation de la présentation de vente. Certains gestionnaires pourraient s'en tenir aux résultats, ce qui rendrait l'évaluation beaucoup plus simple. Cependant, en vue d'améliorer constamment le travail de l'équipe

de vente, les gestionnaires devront mettre au point des méthodes d'évaluation subjective du comportement.

6. **Une évaluation correcte implique une bonne description des tâches.** Le vendeur doit être évalué sur des tâches précises ; cela implique que les tâches doivent être détaillées.

13.5.3 Le processus d'évaluation du rendement

L'évaluation du représentant doit s'inscrire dans un processus bien structuré. Nous en suggérons un, quoiqu'une certaine adaptation aux réalités de l'entreprise soit toujours souhaitable. De plus, un gestionnaire peut utiliser le programme en tout ou en partie selon le temps dont il dispose. Certaines étapes peuvent se dérouler moins régulièrement que d'autres. Ce processus est décrit à la figure 13.3.

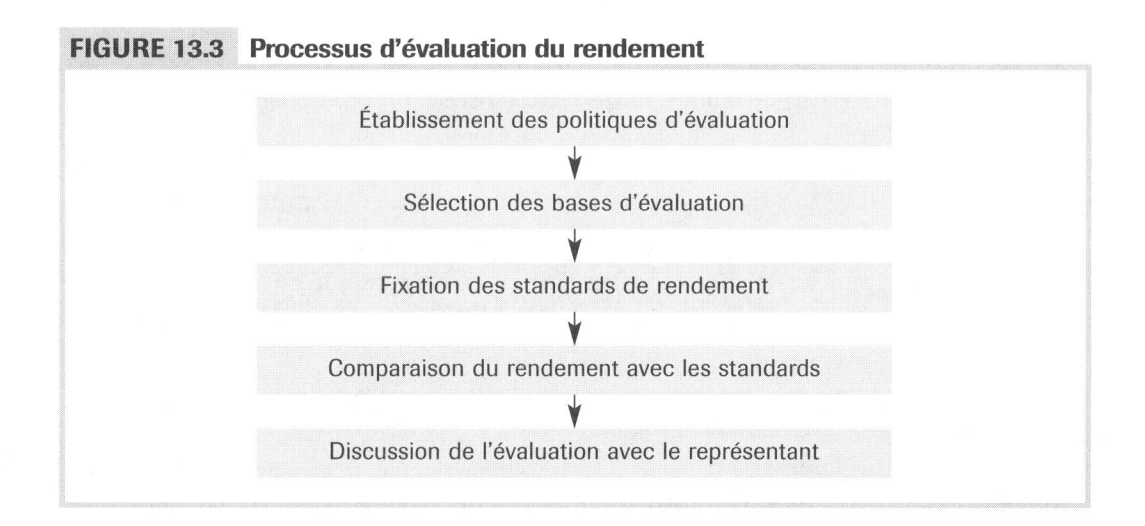

FIGURE 13.3 Processus d'évaluation du rendement

Établissement des politiques d'évaluation
↓
Sélection des bases d'évaluation
↓
Fixation des standards de rendement
↓
Comparaison du rendement avec les standards
↓
Discussion de l'évaluation avec le représentant

L'établissement des politiques d'évaluation

Cette première étape doit mener à deux grandes questions : qui effectuera l'évaluation (ou y participera) ? À quelle fréquence fera-t-on l'évaluation ? En ce qui concerne la première question, l'évaluation peut être réalisée par le directeur de l'unité, un cadre engagé à cette fin ou même une équipe de cadres ou de représentants d'expérience. Il est primordial que l'évaluateur ait la confiance des représentants, car il aura un rôle de conseiller à jouer. Certaines parties de l'évaluation peuvent être effectuées par des personnes différentes.

Au sujet de la fréquence de l'évaluation, il est possible qu'une recrue soit évaluée plus souvent qu'un représentant chevronné, particulièrement sur le plan de son comportement (par exemple, sa technique de vente). Généralement, une évaluation annuelle complète est de mise. L'évaluation sera le plus souvent suivie d'un ajustement de la rémunération (ajustement positif ou négatif, selon les résultats).

La sélection des bases d'évaluation

Un programme d'évaluation doit être complet afin de permettre une analyse appropriée de la ressource. Pour cela, il faut utiliser plusieurs bases d'évaluation si l'on veut déterminer tous les aspects comportementaux. Par exemple, un nombre élevé de commandes, ce qui d'emblée est souhaitable, pourrait toutefois signifier que ces dernières seraient trop petites, ce qui entraînerait un problème de rentabilité de l'effort de vente. Nous passerons en revue les bases d'évaluation les plus courantes.

Les bases quantitatives. Comme leur nom le suggère, les bases quantitatives font référence à des chiffres. On quantifiera les résultats obtenus et les efforts accomplis (les comportements). Voici les bases quantitatives axées sur les résultats obtenus qu'on utilise généralement :

1. Le volume des ventes :
    a) en dollars et en unités ;
    b) par produits et par clients ou groupes de clients ;
    c) par la poste, au téléphone et en personne.
2. Le volume des ventes en pourcentage :
    a) du quota ;
    b) du potentiel du marché (part de marché).
3. La marge brute par lignes de produits, par groupes de clients ou par la grosseur des commandes.
4. Les commandes :
    a) le nombre de commandes ;
    b) la grosseur moyenne de la commande (en dollars ou en unités) ;
    c) leur efficacité (commandes totales ÷ nombre de visites) ;
    d) le nombre de commandes annulées.
5. Les clients :
    a) le pourcentage des clients actuels qui ont fait un achat ;
    b) le nombre de nouveaux clients ;
    c) le nombre de clients perdus ;
    d) le nombre de clients ayant un solde débiteur.

Voici les bases quantitatives axées sur les efforts accomplis dont on se sert habituellement :

1. Le nombre de visites par jour (le taux de visite).
2. Le nombre de jours de travail.
3. Le temps réel consacré à la vente.
4. Les dépenses directes de vente :
    a) au total ;
    b) en pourcentage du volume des ventes ;
    c) en pourcentage du quota.
5. Les activités autres que la vente :
    a) les techniques marchandes (*merchandising*) (les étalages, la disposition des produits) ;
    b) les lettres envoyées aux clients potentiels (les vœux, l'information) ;
    c) le nombre d'appels téléphoniques aux clients potentiels ;
    d) le nombre de rencontres avec les détaillants ou les distributeurs ;
    e) le nombre de visites pour le service ;
    f) le nombre de soldes débiteurs acquittés ;
    g) le nombre de plaintes reçues.

Les bases qualitatives. Bien qu'il soit plus aisé de recueillir et d'interpréter des valeurs quantitatives au sujet du travail des représentants, le gestionnaire des ventes doit aussi être en mesure d'utiliser les bases qualitatives afin de déceler des problèmes qui ne pourraient être découverts par des facteurs d'évaluation quantitatifs. Voici ces bases :

1. Les efforts personnels :
    a) la part du temps accordée à la vente ;
    b) la qualité de la présentation de vente ;
    c) la préparation et la planification des visites aux clients ;
    d) l'habileté à répondre aux objections et à conclure la vente.
2. Le niveau de connaissances :
    a) du produit ;
    b) de l'entreprise et de ses politiques ;
    c) des stratégies des concurrents ;
    d) des clients.
3. Les relations avec la clientèle.
4. L'apparence et la santé.
5. La personnalité et les attitudes :
    a) le sens de la coopération ;
    b) la collaboration de la personne-ressource ;
    c) l'acceptation de responsabilités ;
    d) le raisonnement et la capacité de prendre des décisions.

La direction des ventes doit choisir ses bases d'évaluation non seulement selon les objectifs de l'entreprise et de la division, mais aussi selon l'accessibilité de l'information nécessaire. Les quatre principales sources d'information sont : 1) les dossiers de l'entreprise ; 2) les rapports et les fichiers des représentants ; 3) les rapports des superviseurs et des gestionnaires des ventes ; 4) les clients.

Les dossiers de l'entreprise. Ils comprennent notamment les factures, les bons de commande et les écritures comptables. Cette source d'information est la plus courante, car toute entreprise possède de tels registres. Il s'agit de renseignements de base qui seront particulièrement utiles lorsque l'on emploiera des bases quantitatives comme la marge brute ou la taille moyenne des commandes par vendeur.

Les rapports et les fichiers des représentants. Il s'agit d'un registre qu'ils tiennent généralement de leurs activités quotidiennes. Les rapports et les fichiers de représentants que l'on utilise habituellement sont les rapports de visite, le carnet téléphonique, les feuilles de route, le rapport des dépenses (très important) et tout autre type de renseignements que détient le représentant et qui est susceptible de servir lors de son évaluation. Depuis quelques années, l'utilisation de micro-ordinateurs portables, de logiciels de type « SFA », d'agendas électroniques et du courriel facilite grandement la gestion et la planification des activités quotidiennes, tout en constituant des outils fiables de collecte de données utiles, qui serviront éventuellement à diverses analyses des ventes.

Les rapports des superviseurs et des gestionnaires des ventes. Ils font référence à l'observation des représentants au travail (particulièrement les recrues) effetuée par ces cadres. Plusieurs superviseurs accompagnent sporadiquement les représentants chez les clients ou les observent d'une façon ou d'une autre pour se rendre compte sur-le-champ de la qualité de leur travail.

Les clients. Ils peuvent aussi renseigner le superviseur sur la qualité du travail du représentant. Dans bien des cas, ils ne se manifesteront que pour formuler des plaintes. Les gestionnaires auraient alors intérêt à s'adresser régulièrement aux clients afin d'obtenir une information objective et uniforme, notamment par des études de satisfaction de la clientèle.

La fixation des standards de rendement

On peut facilement établir un standard quantitatif en fixant, par exemple, un quota de rendez-vous pris quotidiennement au téléphone. Les standards de rendement qualitatifs sont beaucoup plus difficiles à déterminer. Ainsi, qu'entend-on par « attitude positive » ? Les standards doivent représenter un niveau idéal de rendement et non pas une cible qu'il faut atteindre. Chaque représentant a ses forces et ses faiblesses. Un standard non atteint peut donner l'occasion à un individu de relever un défi, soit celui de reconnaître ses faiblesses et de veiller à s'améliorer constamment. Par contre, le dépassement d'un standard peut être souligné de la part du gestionnaire par une récompense ou des félicitations, ce qui aura un bon effet sur la motivation du représentant. Nous avons vu au chapitre 7 de quelle façon on établit des quotas.

Les autres standards de rendement sont fixés sur les mêmes bases, soit sur les résultats (ou les comportements) des meilleurs représentants (ou des représentants idéaux), les normes de l'industrie, l'expérience dans l'organisation, certaines particularités du représentant, les objectifs à atteindre, etc. Il importera de déterminer des normes réalistes. Si celles-ci sont trop élevées, les représentants risqueront de se décourager. De la même manière, des normes trop basses sont susceptibles de réduire le rendement. L'importance de bien choisir les standards de rendement aurait d'ailleurs une incidence directe sur le niveau de satisfaction du représentant[7].

La comparaison du rendement avec les standards

Ici se pose le problème de la comparabilité des données. Un vendeur devrait idéalement être évalué sur des variables qu'il peut maîtriser. Si celui-ci n'atteint pas les objectifs fixés, cela peut être en raison de variables indépendantes de sa volonté (par exemple, l'arrivée d'un nouveau concurrent dans son territoire). Le même problème se pose dans le cas du représentant qui a obtenu des résultats hors de l'ordinaire. La question de la comparabilité des données doit mener à une révision fréquente des standards de rendement à la suite des manifestations de l'environnement auxquelles est soumis le vendeur.

La discussion de l'évaluation avec le représentant

La dernière étape du processus d'évaluation du rendement consiste à rencontrer le représentant afin de lui expliquer les résultats de son évaluation. Celui-ci devrait avoir été mis au courant des bases d'évaluation. Il sait donc sur quoi il a été évalué. Cependant, la transmission des conclusions établies par le superviseur peut s'avérer délicate. À ce sujet, on peut faire certaines recommandations utiles.

D'abord, le gestionnaire doit parler de l'évaluation de façon positive. Idéalement, il devrait souligner les points forts du représentant et aborder ses points faibles d'une manière nuancée et constructive en faisant des suggestions qui conduiront à une amélioration. Par ailleurs, le gestionnaire doit éviter d'adopter une position de force. Il est possible que le représentant soit sur la défensive. Après tout, il jouit d'une grande liberté. Une évaluation s'apparente à une remise en question de sa façon de gérer son travail. Aussi, le superviseur doit être perçu non pas comme un surveillant, mais comme une personne-ressource. Il peut être intéressant de demander au représentant de s'autoévaluer pour voir dans quelle mesure il constate ses faiblesses. À ce moment, une bonne partie du chemin sera faite et la communication en sera d'autant facilitée.

Enfin, le gestionnaire pourra recourir à la solution ultime qu'est le congédiement en cas de stricte nécessité. Tout le monde n'est pas destiné à devenir médecin ou politicien ; de même, tout le monde ne peut être représentant. Si un vendeur ne présente pas de possibilités réelles de succès (malgré le fait qu'il ait franchi les étapes du recrutement et de la formation), il est normal de lui demander de réorienter sa carrière pour son plus grand bien et pour celui de l'entreprise. Il existe des psychologues industriels spécialisés en réorientation de carrière, qui peuvent venir en aide aux représentants vivant cette situation difficile. Il va sans dire que l'annonce d'une telle décision doit être faite avec délicatesse. Le mieux serait d'amener le représentant à arriver par lui-même à ces conclusions en lui faisant prendre conscience de la réalité.

13.5.4 Les bases quantitatives d'évaluation du rendement

Il existe plusieurs bases quantitatives d'évaluation du rendement du représentant. Les sept bases quantitatives les plus courantes sont les suivantes : 1) le volume des ventes et la part de marché ; 2) le profit brut ; 3) la quantité et la taille des commandes ; 4) le nombre et la fréquence des visites ; 5) le taux de réussite ; 6) les dépenses de vente directes ; 7) l'efficacité de l'itinéraire.

Le volume des ventes et la part de marché. Ce sont les premiers indicateurs du rendement, car ils font directement référence aux résultats. Cependant, il faut faire certaines mises en garde. Ainsi, il n'est pas aisé de déterminer la part de marché imputable à un individu. Par ailleurs, le volume des ventes est un indicateur limité ; ce n'est pas parce qu'un vendeur génère un volume supérieur à celui d'un autre vendeur qu'il a nécessairement un meilleur rendement. En outre, le volume des ventes ne donne pas d'indications précises sur l'apport du vendeur au profit. Par exemple, celui-ci peut vendre de grandes quantités de produits, mais accorder des rabais trop importants et, conséquemment, générer peu de profits.

Le profit brut. Il renseigne sur l'habileté du représentant à vendre des produits ayant une marge de profit élevée, conséquemment les plus difficiles à vendre ; elle est alors intéressante pour la haute direction qui surveille de très près les bénéfices de l'entreprise. Pour plusieurs gestionnaires, il s'agit d'une mesure aussi décisive, sinon plus, que le volume des ventes. Il faut cependant considérer les coûts additionnels que le représentant ajoutera au produit. Ainsi, un représentant qui, pour vendre un produit ayant une marge de profit élevée, effectue des visites supplémentaires qui n'auraient pas été nécessaires autrement augmente le coût de ce produit. On doit donc s'assurer que le profit brut réel du produit vendu et livré est vraiment supérieur.

De plus, il faut préciser que le représentant n'est pas toujours au courant de la marge de profit de chacun de ses produits. Dans certains cas, il sera plus aisé pour lui de vendre d'abord les produits ayant une faible marge de profit (lesquels sont généralement plus faciles à vendre) ou de donner l'escompte le plus élevé au client. Bien que cette stratégie puisse être intéressante pour pénétrer un marché, il faut, dans une optique à long terme, inciter le représentant à promouvoir les produits ayant une marge élevée. Une façon de procéder pourrait être la mise en place d'un système de rémunération discriminatoire (des commissions plus fortes sur les produits ayant une marge élevée) ou l'établissement de quotas sur chaque type de produits.

La quantité et la taille des commandes. Cette base permet de savoir si le vendeur sert suffisamment de clients ou s'il se contente d'un nombre moins élevé de gros clients. Bien que ces derniers soient très intéressants pour l'entreprise, la perte de l'un d'eux peut être pénible pour le représentant. À l'opposé, un nombre trop élevé de petits clients (ou de petites commandes) entraîne des coûts de vente disproportionnés ; cela risque de compromettre la rentabilité des opérations. On s'intéresse généralement à la taille moyenne des commandes, soit les ventes divisées par le nombre de commandes.

Le nombre et la fréquence des visites. Les visites sont au coeur du travail du représentant, et c'est au cours de celles-ci que ses comportements auront le plus d'impact. Si le vendeur fait son travail correctement, le volume des ventes devra être directement proportionnel au nombre de visites. Un nombre trop restreint de visites est souvent la cause d'un rendement insatisfaisant, car les occasions de vente sont alors plus rares. Par contre, un nombre assez élevé de visites, combiné avec un volume des ventes trop faible, cache d'autres problèmes, telles une prospection inadéquate ou une technique de vente inappropriée. Notons qu'un vendeur expérimenté a besoin d'un nombre moins élevé de visites pour obtenir un volume des ventes satisfaisant, en raison de sa technique, qu'il a affinée au cours des années, et de la connaissance qu'il possède de ses clients.

Il faudra donc veiller à ce que le représentant de carrière ne profite pas de cette situation pour réduire son travail d'une façon significative. La fréquence des visites est un facteur représentatif du travail quotidien du représentant ; elle influe directement sur la qualité du service et la satisfaction de la clientèle. Certains vendeurs préfèrent travailler pendant plus de jours, quitte à faire moins de visites journalières.

Le taux de réussite. C'est un ratio qui révèle l'habileté du représentant (sa « moyenne au bâton ») à localiser les bons clients potentiels et à conclure une vente. Un ratio élevé indique que le représentant n'a pas besoin d'effectuer plusieurs visites pour régler une affaire. À l'inverse, un ratio trop faible traduit un problème de prospection ou de technique de vente, car il doit faire plusieurs visites pour « marquer des points ».

Il peut être intéressant de combiner le taux de réussite avec la fréquence des visites. Si ces deux ratios sont au-dessous de la normale, cela veut dire que le représentant a peut-être un problème de motivation. Si le taux de réussite est élevé et que la fréquence des visites est basse, le représentant compte vraisemblablement sur son talent pour réussir, mais il pourrait augmenter nettement son rendement en travaillant plus fort. Si le taux de réussite est bas, si la fréquence des visites est élevée et si les résultats sont moyens, le vendeur pourrait économiser ses pas en mettant au point une meilleure technique de vente. Par ailleurs, il est possible que ce dernier ne passe pas suffisamment de temps avec son client et préfère retourner le voir plusieurs fois avant de conclure la vente.

Les dépenses de vente directes. Ce sont la rémunération du vendeur, ses frais de déplacement et toutes les autres dépenses reliées aux ventes. Un ratio dépenses/ventes trop élevé peut signifier que le vendeur travaille d'une façon inefficace, qu'il est dans un mauvais territoire (ou que celui-ci est trop vaste) ou qu'il a occupé la majeure partie de son temps à développer et à entretenir son marché (prospection, visites de nombreux clients, visites de service). Si ce ratio est plus bas que la moyenne, cela signifie que le vendeur coûte relativement peu cher à l'entreprise et qu'il utilise mieux que les autres vendeurs son compte de frais.

L'efficacité de l'itinéraire. C'est un ratio qui permet de contrôler les déplacements (le temps et les dépenses). Si ce dernier est au-dessus de la moyenne, c'est parce que le vendeur utilise efficacement son temps de déplacement. Un ratio trop faible peut signifier que le territoire est vaste, que les clients sont éloignés les uns des autres ou que le représentant éprouve de la difficulté à bien gérer son itinéraire. Quand il se rend à l'autre bout du territoire (pour une raison ou une autre), en profite-t-il pour tenter de voir tous les clients situés dans ce secteur?

Comme on vient de le constater, il existe un nombre important de mesures du comportement ou des résultats et de ratios de rendement, lesquels constituent le coffre à outils de l'évaluateur. Ceux-ci sont d'un très grand secours pour le superviseur des ventes, qui peut les utiliser à sa guise, en tout, en partie ou alternativement. De plus, il est possible d'élaborer des mesures en fonction de la réalité de l'entreprise. Quoi qu'il en soit, les principales mesures utilisées nous aideront à bâtir un modèle d'évaluation du rendement.

13.5.5 Le modèle quantitatif d'évaluation du rendement

Le modèle auquel on recourt le plus souvent pour évaluer le rendement est le suivant :

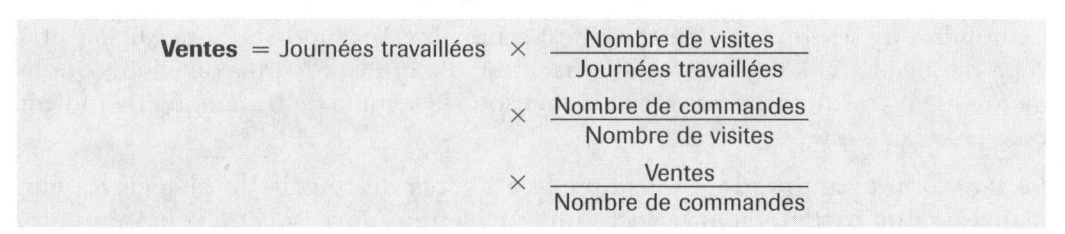

$$\text{Ventes} = \text{Journées travaillées} \times \frac{\text{Nombre de visites}}{\text{Journées travaillées}} \times \frac{\text{Nombre de commandes}}{\text{Nombre de visites}} \times \frac{\text{Ventes}}{\text{Nombre de commandes}}$$

Ou, si vous préférez :
VENTES = Journées travaillées × Fréquence des visites × Taux de réussite × Commande moyenne

Ce modèle, qui a le mérite d'être simple, comporte les ratios qui ont le plus d'impact sur la performance du représentant. Appliquons-le avec l'exemple suivant.

Une entreprise doit évaluer quantitativement quatre représentants : Sophie Auclair, Jocelyn Villeneuve, Anne Bouchard et Bernard Maltais. Les résultats de chacun pour l'année qui vient de s'écouler sont donnés dans le tableau 13.5, à la page suivante.

TABLEAU 13.5
Ratios utilisés pour quatre représentants

	Sophie Auclair	Jocelyn Villeneuve	Anne Bouchard	Bernard Maltais
Journées travaillées	220 (4e)[1]	240 (2e)	230 (3e)	340 (1er)
Nombre de visites	700 (4e)	900 (3e)	1 100 (2e)	1 550 (1er)
Nombre de commandes	500 (4e)	600 (3e)	850 (2e)	1 170 (1er)
Ventes ($)	240 000 (2e)	136 000 (3e)	104 000 (4e)	480 000 (1er)
Ratio 1 : Journées de travail	220 (4e)	240 (2e)	230 (3e)	340 (1er)
Ratio 2 : Fréquence des visites	3,18 (4e)	3,75 (3e)	4,78 (1er)	4,56 (2e)
Ratio 3 : Taux de réussite	0,71 (3e)	0,67 (4e)	0,77 (1er)	0,75 (2e)
Ratio 4 : Commande moyenne	4,8 (1er)	2,27 (3e)	1,22 (4e)	4,10 (2e)

1 : Le chiffre entre parenthèses indique le rang du rendement.

Bernard Maltais

C'est le représentant le plus performant (quant aux résultats des ventes). Il a été au travail 340 jours durant l'année, soit 50 % de plus que les trois autres représentants. Les résultats sont là pour le prouver, puisqu'il a enregistré des ventes de 480 000 $, soit deux fois plus que Sophie Auclair, sa plus proche collègue, et quatre fois plus qu'Anne Bouchard, celle qui a obtenu les ventes les plus faibles. La fréquence des visites de monsieur Maltais est très élevée (4,56, le deuxième meilleur rendement), ce qui prouve qu'il rencontre régulièrement ses clients. Son taux de réussite est excellent (0,75, deuxième place) de même que la taille moyenne de ses commandes (4,10, deuxième place). Bernard Maltais est sans doute le représentant idéal, la perle rare. C'est un bourreau de travail qui, en plus de faire de longues heures, investit sans compter dans la qualité de son travail. C'est un représentant de carrière, qui doit être encouragé et très bien traité.

Anne Bouchard

C'est la représentante dont le rendement est le plus bas quant aux ventes (104 000 $). Le nombre de ses journées de travail est semblable à celui de Sophie Auclair et à celui de Jocelyn Villeneuve. Par ailleurs, c'est elle qui voit le plus de clients quotidiennement (4,78). On peut donc affirmer que la somme de travail qu'elle fournit est très satisfaisante.

Le ratio 3 nous apprend de plus qu'elle a le taux de réussite le plus élevé ; elle maîtrise donc parfaitement la technique de vente. Alors, si cette représentante, en plus d'être une excellente vendeuse, est travailleuse, comment expliquer ses mauvais résultats de vente ? Il faudra regarder du côté de la taille moyenne de la commande. Le ratio 4 de 1,22 nous apprend que les commandes moyennes de madame Bouchard sont quatre fois moins élevées que celles de monsieur Maltais et de madame Auclair et deux fois moins élevées que celles de monsieur Villeneuve. Devant cette situation, il serait intéressant pour le superviseur de combiner ce ratio avec celui des dépenses (dépenses/ventes) qui, selon toute logique, devrait être trop élevé. Pour des questions de rentabilité, de rendement et d'équité (ces ventes trop basses ne font pas honneur à une représentante de la qualité d'Anne Bouchard et ne correspondent pas à son niveau de rémunération), il est impératif que le superviseur incite la vendeuse par tous les moyens à sa disposition à augmenter la taille de ses commandes. Hésite-t-elle à proposer aux clients des achats plus volumineux? S'en tient-elle aux petits clients? Sa prospection est-elle à revoir? Propose-t-elle seulement les produits bas de gamme? Voilà autant de questions auxquelles il faudra répondre. Ce problème réglé, l'entreprise disposera d'une représentante de tout premier ordre.

Jocelyn Villeneuve

Ce représentant enregistre un niveau de ventes insatisfaisant. Le nombre de journées de travail et la fréquence de ses visites sont satisfaisants. La taille moyenne de ses commandes est faible, sans être dangereusement basse comme c'est le cas d'Anne Bouchard. Le problème de monsieur Villeneuve réside dans la qualité de ses visites et de ses présentations de vente. Son taux de réussite, qui n'est que de 0,67, est le plus bas parmi les représentants. Il doit donc faire plus de visites que les autres pour arriver aux mêmes résultats. La première chose qu'il doit réviser est sa technique de vente. Est-il assez convaincant? Sa prospection est-elle déficiente (ce qui est possible si on considère la faible valeur de sa commande moyenne)? Quelles sont les lacunes de sa démonstration et de sa technique de conclusion de la vente? Si ce vendeur améliore sa technique de vente, les résultats se feront sentir. En outre, cela aura pour effet d'augmenter sa confiance en lui-même; il pourra ainsi proposer des commandes dont la valeur est plus élevée.

Sophie Auclair

Le cas de Sophie Auclair est facile à analyser. Elle génère deux fois plus de ventes que ses collègues Jocelyn Villeneuve et Anne Bouchard (mais deux fois moins que Bernard Maltais). Elle est la championne des grosses commandes (4,8) et son taux de réussite, sans être le meilleur, est acceptable. Pourrait-elle augmenter ses résultats? On constate qu'elle est la vendeuse qui a le moins de journées de travail à son actif (220) et que la fréquence de ses visites est plus basse que celle de ses trois collègues (3,18). On peut donc se demander si cette vendeuse travaille assez fort. Voit-elle assez de clients? Sûrement pas. Elle se fie à son expérience et ne visite que les gros clients. Cependant, la perte d'un seul d'entre eux peut signifier pour elle une baisse de revenus importante. Le superviseur pourra terminer l'évaluation de cette représentante en tâtant le pouls des clients de son territoire. Il est absolument nécessaire que Sophie Auclair accepte de passer des commandes plus petites, et surtout qu'elle accorde une importance accrue aux petits clients.

Cette illustration très simple fait ressortir les avantages du modèle quantitatif d'évaluation du rendement. Il est possible que, dans la réalité quotidienne, les chiffres ne soient pas aussi éloquents. En s'appuyant sur une bonne compréhension du modèle, le gestionnaire des ventes pourra se fier à son jugement afin d'utiliser correctement cet outil et faire les interprétations qui s'imposent. Enfin, on pourra refaire la même analyse, mais de façon sectorielle, notamment en séparant les ventes et les commandes des différents produits et les visites effectuées chez les différents types de clients.

13.5.6 Les bases qualitatives d'évaluation du rendement

Les mesures qualitatives, aussi appelées « mesures subjectives », complètent l'évaluation quantitative du rendement du représentant. L'évaluation qualitative repose sur des aspects particuliers du comportement qui ne sauraient être évalués adéquatement d'une autre façon. Ce type d'évaluation doit être effectué avec impartialité, ce qui n'est pas toujours le cas, car la subjectivité humaine entre en ligne de compte. L'évaluation quantitative est basée sur des résultats (comme les ventes ou le profit brut) et des efforts accomplis (comme le nombre de visites), lesquels sont des chiffres habituellement incontestables.

Notons qu'un système d'évaluation qui accorderait plus d'importance aux comportements qu'aux résultats générerait des effets positifs sur la performance générale du représentant, d'où la nécessité de s'intéresser aux mesures comportementales d'évaluation[8]. À l'opposé, l'évaluation subjective s'appuie sur le jugement du superviseur ou d'une équipe d'évaluateurs, qui se fient à l'information recueillie au cours de l'observation du travail du représentant ou dans divers rapports ou documents provenant de lui. L'évaluation qualitative doit tout de même être structurée si l'on veut que le processus soit uniforme et équitable.

Les caractéristiques utilisées lors de l'évaluation qualitative

Les caractéristiques les plus utilisées lors de l'évaluation qualitative (l'**échelle de mérite**) sont les suivantes.

- **Les résultats de ventes.** L'habileté générale à obtenir un gros volume des ventes, la capacité d'aller chercher de nouveaux clients et de vendre toute la ligne de produits.
- **Le degré de connaissance reliée à l'emploi.** Le degré de connaissance et de maîtrise des politiques de l'entreprise, de ses produits et de ses prix.
- **La gestion du territoire.** La compétence pour planifier les activités et les visites, pour contrôler ses dépenses et pour produire correctement les rapports nécessaires.
- **Les relations avec l'entreprise et les clients.** La qualité de la relation avec les clients (service à la clientèle), les collègues et l'entreprise en général.
- **Autres caractéristiques.** Le degré d'initiative, l'apparence, la personnalité, la coopération, etc.

Le gestionnaire des ventes déterminera les caractéristiques qui seront privilégiées lors de l'évaluation. Ainsi, l'accent pourrait être mis sur les résultats de vente si l'on prévoit réviser la rémunération du représentant. Si on l'évalue relativement à une éventuelle promotion, on choisira alors le degré de connaissance reliée à certains aspects de l'emploi et la qualité des relations avec l'entreprise et les clients.

Les problèmes reliés à l'utilisation des échelles de mérite

Par ailleurs, on doit souligner les principaux problèmes éprouvés lors de l'utilisation d'échelles de mérite[9].

- **La dispersion des résultats.** On ne doit évaluer que les caractéristiques qui permettront de déterminer les problèmes et de tirer des conclusions pratiques.
- **La mauvaise définition des traits de personnalité.** Il peut être opportun d'évaluer certains traits de personnalité importants dans le cadre de l'emploi. Cependant, on doit se garder de sauter à des conclusions hâtives, la relation entre le rendement d'un représentant et ses traits de personnalité n'ayant pas encore été bien définie[10].

- **L'effet de halo.** Il sous-entend que l'évaluation d'une caractéristique jugée importante par l'évaluateur aura un effet sur l'évaluation de toutes les autres caractéristiques[11]. S'il considère que le service à la clientèle est fondamental et qu'il juge mal le représentant sur ce critère, un superviseur sera porté à être sévère sur les autres caractéristiques, même si celles-ci sont secondaires dans son esprit.
- **La tolérance ou la sévérité extrêmes.** Certains évaluateurs ont tendance à faire preuve soit d'une grande tolérance, soit d'une extrême sévérité lors de l'évaluation. Cela est dû en général à leur propre personnalité ainsi qu'à leur perception de l'emploi et des caractéristiques du rendement.
- **La tendance centrale.** Certains évaluateurs sont portés à choisir les valeurs moyennes lors de l'évaluation, histoire de ne pas se compromettre.
- **Le biais interpersonnel.** Il survient lorsque les sentiments que l'évaluateur éprouve à l'égard de la personne évaluée altèrent son objectivité. Ainsi, un superviseur qui entretient un conflit de personnalités avec un de ses représentants pourrait être tenté de l'évaluer avec plus de sévérité.
- **L'influence des usages de l'évaluation.** L'évaluation du représentant peut être influencée par l'utilisation que l'entreprise compte en faire. Voici ce qu'en disent Cocanougher et Ivancevich :

> Si les promotions et les compensations pécuniaires sont influencées par les scores, on observera une tendance à la tolérance chez le gestionnaire qui voudra garder l'amitié et l'appui de ses subordonnés. Par contre, si les résultats de l'évaluation servent à promouvoir les meilleurs représentants à des postes de commande, alors le gestionnaire des ventes aura tendance à nuire à cette concurrence inattendue en évaluant les candidats potentiels de façon sévère sur les points importants touchant cette question[12].

Comme on peut le constater, le recours à des échelles de mérite n'est pas sans occasionner des soucis. Bien que les problèmes énumérés précédemment soient presque inévitables, on doit prodiguer les sept conseils suivants aux gestionnaires qui effectuent une évaluation qualitative à l'aide d'une échelle de mérite.

1. Lire attentivement les définitions de chaque caractéristique avant d'accorder un score.
2. S'efforcer d'être juste et se garder d'être trop généreux.
3. Faire preuve d'objectivité et laisser de côté ses sentiments à l'égard du vendeur qu'il faut évaluer.
4. Veiller à ce que l'évaluation d'une caractéristique n'influe pas sur les autres caractéristiques (les évaluer isolément).
5. Se borner à ce qu'on a observé chez le sujet ; ne pas faire appel à des suppositions.
6. Toujours considérer le rendement général de toute la période et non pas des faits isolés.
7. Justifier par des raisons objectives les scores donnés.

13.5.7 La méthode BARS

La méthode d'évaluation qualitative appelée « méthode BARS[13] » (Behaviorally Anchored Rating Scale ou échelle d'évaluation comportementale) se concentre sur des critères de comportement et de rendement que le représentant peut maîtriser. Par ailleurs, l'entreprise ne devra considérer que les caractéristiques qui contribuent au succès du représentant, soit les facteurs critiques du succès (*critical success factors*). La méthode BARS, qui se déroule en quatre étapes, se pratique généralement sur plusieurs critères d'évaluation. Afin d'illustrer son application de façon simple, considérons un seul critère, celui de la qualité du service au client.

Première étape

On demande à un échantillon de superviseurs sélectionnés dans diverses succursales ou divisions de l'entreprise (on doit respecter une certaine homogénéité quant aux types de vendeurs supervisés et aux types de produits vendus) de se conformer aux directives suivantes.

1. Déterminer les dimensions majeures du rendement du représentant (facteurs critiques du succès).
2. Définir ces dimensions du rendement.
3. Décrire ce qu'est un rendement élevé, moyen ou bas pour chacune de ces dimensions (standards de rendement).
4. Décrire les différents standards de comportements sur l'échelle qui sert à évaluer cette dimension. Ces standards de comportements sont aussi appelés « points d'ancrage » (*anchors*).

Le tableau 13.6 illustre les quatre activités qui doivent être effectuées lors de la première étape (directives). Dans ce cas-ci, il s'agit de la caractéristique du service

TABLEAU 13.6
Méthode d'évaluation BARS pour la caractéristique « qualité de service au client »

1re directive : déterminer les dimensions majeures du rendement	2e directive : définir les dimensions du rendement	3e directive : décrire les standards de rendement	4e directive : décrire les standards de comportements (points d'ancrage)
1. Service au client	Donne un service d'une qualité telle que cela entraînera une pénétration de marché.	ÉLEVÉ : Service impeccable pour tous les clients.	ÉLEVÉ : Service complet ; produits correspondant aux besoins ; livraison dans les délais.
		MOYEN : Service généralement bon mais inégal d'un client à l'autre.	MOYEN : Certains clients reçoivent un bon service, mais d'autres qui ont un potentiel égal sont mal servis.
		BAS : Le service ne constitue pas un facteur stratégique pour le représentant.	BAS : Service utilisé comme argument de vente ; pas de suivi à long terme et indifférence à l'égard du client.
2. Réalisation des prévisions des ventes	Atteint les standards de vente fixés.	ÉLEVÉ : Quotas facilement dépassés ; apport important aux objectifs de l'entreprise ; vision à long terme.	ÉLEVÉ : Dépassement annuel des quotas de 5 % et excellente pénétration chez les nouveaux clients.
		MOYEN : Quotas atteints, sans plus ; vision à long terme médiocre.	MOYEN : Quotas atteints à 85 % ; quelques nouveaux clients à l'horizon.
		BAS : Toujours très en deçà des quotas ; ne montre aucun signe de volonté de développement de nouvelles affaires.	BAS : Minimum de 25 % au-dessous des quotas annuellement ; perte massive de clients qui réduit sa part de marché.

au client qui sera la dimension à évaluer. Afin de simplifier notre exemple, nous nous en tiendrons à cette caractéristique.

Deuxième étape

Un deuxième échantillon de gestionnaires des ventes est choisi pour analyser et évaluer le travail fait à la première étape par l'équipe précédente. Ils devront déterminer notamment :

1. si les dimensions retenues sont significatives et importantes ;
2. s'il y a du dédoublement entre les dimensions, autrement dit si un point est évalué plusieurs fois ;
3. si les dimensions les plus importantes sont présentes ;
4. si les descripteurs (les définitions et les descriptions de comportements) sont suffisamment clairs et précis pour être compris de tous, sans équivoque et de la même façon par tout le monde.

Troisième étape

À cette étape, les deux équipes de gestionnaires unissent leurs efforts afin de bâtir l'échelle BARS. La figure 13.4 donne un exemple d'échelle de comportement pour l'évaluation de la caractéristique « qualité du service » élaborée à la première étape et illustrée au tableau 13.6.

FIGURE 13.4 Échelle de comportement BARS pour l'évaluation de la caractéristique « qualité du service au client »

	9,0	Service au client impeccable, respect des dates de livraison, traitement des plaintes efficace.
Visite régulièrement les clients majeurs et se préoccupe de leurs problèmes. Vente créative et très bon service.	8,0	
	7,0	
	6,0	
	5,0	Garde le contact avec le client, car il planifie toujours ses visites pour n'oublier personne. A des rapports privilégiés avec les clients majeurs. Utilise peu les services de l'entreprise.
	4,0	
Peu motivé à faire le suivi, a peu de contacts avec le client, perd des ventes, néglige le développement de nouvelles affaires.	3,0	
	2,0	
	1,0	Incapable de garder ses clients, perd des ventes et réduit la part de marché, ne fait aucun suivi et donne un mauvais service.
	0,0	

Après s'être mis d'accord sur les dimensions à utiliser, les gestionnaires tentent d'ordonner les descripteurs sur l'échelle BARS graduée de 0 à 9. Cette opération est des plus délicates, car non seulement on doit déterminer le nombre de descripteurs de comportements (nombre de points d'ancrage) et veiller à ce qu'ils soient explicites afin d'éviter toute ambiguïté, mais on devra les placer sur l'échelle en leur attribuant une valeur numérique.

La figure 13.4 illustre une échelle BARS, sur laquelle on trouve sept points d'ancrage, soit les sept descripteurs comportementaux, de même qu'à gauche les trois descripteurs (très haut, moyen, très bas) de standards de rendement, qui servent ni plus ni moins de points de repère sur l'échelle. Notons que les standards de rendement ne sont définis que de façon générale et servent de guide tandis que les standards de comportements sont définis en termes pratiques et renvoient à un ou à plusieurs comportements.

Quatrième étape

Cette étape s'avérera nécessaire si les gestionnaires ne se sont pas entendus à la troisième étape. Cela peut être possible, par exemple, si on éprouve de la difficulté à trouver des descripteurs raisonnablement étendus sur toute la longueur de l'échelle. Certaines dimensions peuvent favoriser l'élaboration de descripteurs situés aux extrêmes de l'échelle et défavoriser de ce fait les positions moyennes. À ce moment-là, on peut demander à certains gestionnaires des deux échantillons de recommencer le processus ou de sélectionner un troisième échantillon qui tranchera la question.

Comme on peut le constater, la méthode BARS constitue un outil très intéressant pour évaluer qualitativement l'équipe de vente d'une manière correcte, structurée et équitable. Elle est relativement facile à appliquer et elle minimise les risques d'erreur de jugement et la subjectivité.

13.6 Conclusion

L'analyse des ventes est le prélude à l'évaluation du rendement du système de vente, car elle s'intéresse exclusivement aux résultats. Le gestionnaire doit toutefois procéder à des analyses sectorielles afin d'obtenir l'information nécessaire à une saine gestion. En effet, si les ventes globales de l'entreprise intéressent les publics de cette dernière, elles ne révèlent pas à quels clients ou à quels secteurs d'activité elles sont attribuables (positivement ou négativement), ni si ces résultats se comparent avantageusement à ceux de l'industrie. Le gestionnaire des ventes doit donc se poser les deux questions suivantes : « Comment l'évolution de nos ventes se compare-t-elle avec celle de l'industrie (l'évolution de la part de marché) ? » « Quels sont les représentants, les territoires, les produits, les succursales, les régions et les clients qui ont façonné le plus et le moins ces résultats ? »

Par ailleurs, l'analyse des ventes se conclut obligatoirement par celle du segment le plus fin que le gestionnaire a à superviser : le représentant. L'emploi de représentant est si complexe et demande tant d'efforts qu'il est sans doute nécessaire pour un gestionnaire des ventes d'évaluer ses subordonnés sur plusieurs facteurs. Lorsqu'il produit des résultats insatisfaisants, un vendeur se pénalise lui-même, car sa rémunération s'en ressentira, et il pénalise l'entreprise par la suite, car elle connaîtra des pertes de revenus et peut-être une réduction de sa part du marché. Par contre, si ce vendeur a adopté un comportement constructif, cela fera toute la différence quant à ses résultats ; l'emploi de gestionnaire des ventes revêtira alors toute son importance et ce sera à ce dernier de déceler le problème et d'y remédier. Si c'est le comportement du représentant qui est en cause, le gestionnaire devra trouver les incitatifs qui permettront à ce dernier de se ressaisir et de repartir du bon pied. L'évaluation des ventes et du représentant est donc une activité majeure du gestionnaire des ventes, car la qualité de sa démarche aura non seulement des conséquences directes sur la performance du système de vente, mais aussi des incidences importantes sur sa propre évaluation.

RÉSUMÉ

L'analyse des ventes est une étape primordiale de la gestion des ventes, puisqu'elle révèle les causes d'une bonne ou d'une mauvaise gestion. Elle comprend l'analyse du volume des ventes et l'analyse de la performance du représentant. Le volume des ventes doit être considéré de façon globale, mais également par secteurs. C'est cette analyse plus détaillée qui indiquera au gestionnaire où doit porter l'effort de marketing, que ce soit au niveau du territoire, du produit ou du client. Plusieurs logiciels peuvent le seconder dans cette analyse multidimensionnelle des ventes.

Par la suite, l'analyse du rendement du représentant touche à la racine du problème lorsque les problèmes techniques ont été éliminés. Le gestionnaire doit donc procéder à l'évaluation du rendement individuel non sans être sensibilisé aux difficultés qu'elle comporte. Le processus d'évaluation du rendement compte cinq étapes : l'établissement des politiques d'évaluation, la sélection des bases d'évaluation, la fixation des standards de rendement, la comparaison du rendement du représentant avec les standards et la discussion avec celui-ci de son évaluation.

Les bases d'évaluation du rendement sont de nature quantitative et qualitative. Les premières touchent le volume des ventes et la part de marché, le profit brut, les caractéristiques des commandes et des visites, le taux de réussite, les dépenses de vente directes et l'efficacité des itinéraires. Quant aux bases qualitatives, elles regroupent surtout les résultats des ventes, le degré de connaissance reliée à l'emploi, la gestion du territoire et les relations avec l'entreprise et les clients. On les analyse au moyen d'échelles de mérite. Cependant, elles demeurent sujettes à la subjectivité de l'évaluateur. Le gestionnaire peut aussi faire appel à la méthode BARS pour évaluer les aspects comportementaux qui contribuent au succès du représentant. Cette méthode facile à appliquer l'aidera à réduire les risques d'erreur de jugement.

QUESTIONS

1. Le propriétaire d'une entreprise observe d'un air satisfait l'évolution de ses ventes depuis cinq ans. En effet, elles ont augmenté de 25 % presque régulièrement. Toutefois, vous êtes moins enthousiaste que lui après avoir fait une visite à Statistique Canada pour obtenir les données de l'industrie.

Année	Volume des ventes de l'entreprise (en millions de dollars)	Volume des ventes de l'industrie (en millions de dollars)
2007	125	1 560
2006	108	1 140
2005	113	1 280
2004	110	1 200
2003	100	1 000

À la lumière de ces données, tâchez d'analyser la situation d'une façon complète.

2. La part de marché de votre entreprise connaît une croissance exponentielle. Toutefois, une revue spécialisée vous indique que le taux de croissance du marché est de 2 % supérieur à celui de l'augmentation de votre part de marché pour l'année qui vient de se terminer. Que pensez-vous de cette situation ?

3. Comment expliqueriez-vous le principe du « 80-20 » ? Pourquoi constate-t-on si fréquemment cette situation ?

4. Au cours d'un repas en compagnie du comptable de votre entreprise, celui-ci vous annonce fièrement que les ventes pour l'exercice qui vient de se terminer sont de 11 000 000 $, soit 1 000 000 $ de plus que prévu. Toutefois, en bon gestionnaire des ventes que vous êtes, vous décidez d'examiner la situation en profondeur avant de vous réjouir. Vous soupçonnez que la contribution des différents territoires n'est pas égale. Selon une étude de marché que vous avez fait faire, vous savez que le potentiel des ventes de même que les ventes réelles par territoires se répartissent ainsi :

Territoire	Potentiel des ventes	Ventes réelles
Territoire A	25 %	2 000 000 $
Territoire B	20 %	2 000 000 $
Territoire C	15 %	2 000 000 $
Territoire D	20 %	2 000 000 $
Territoire E	15 %	2 000 000 $
Territoire F	5 %	1 000 000 $
TOTAL	**100 %**	**11 000 000 $**

Analysez brièvement la situation dans chaque territoire.

5. Quels sont les principaux facteurs qu'on doit prendre en considération lors de l'évaluation du représentant ?

6. Un gestionnaire des ventes déclare : « Ce qui compte, ce sont les résultats. La façon dont le représentant s'y est pris pour les obtenir ne me concerne pas ! » Commentez son affirmation.

7. Le volume des ventes reste la base d'évaluation la plus utilisée. Cependant, elle peut comporter certaines faiblesses. Expliquez.

8. Vous désirez avoir une meilleure idée du rendement de vos trois vendeurs pour la période qui vient de se terminer. Vous décidez de procéder à une analyse quantitative sur une base individuelle. Vous disposez des données présentées à la page suivante.

	Vendeur		
	P. Simard	A. Lavoie	H. Lapointe
Ventes du produit A	100 000	80 000	100 500
Ventes du produit B	200 000	100 000	70 000
Nombre de journées de travail dans l'année	360	180	210
Nombre de visites	1 200	410	1 300
Nombre de commandes	800	520	820

Faites une analyse complète du comportement de chacun des vendeurs à la lumière de l'information précédente et expliquez comment vous traiterez chaque cas. (Utilisez le modèle quantitatif d'évaluation du rendement.)

9. Pourquoi fait-on appel à la méthode BARS pour évaluer qualitativement le représentant ?

10. On vous demande de construire un outil d'évaluation des représentants sur la caractéristique suivante : la qualité des activités de prospection. Vous décidez d'utiliser la méthode BARS. Indiquez de quelle façon vous vous y prendrez, en prenant soin de respecter la méthodologie prescrite (avec les quatre directives), et esquissez une échelle d'évaluation de comportements plausible.

NOTES

1. KOTLER, P., H.G. MACDOUGALL et J.L. PICARD. *Principes de marketing*, 2e éd. Boucherville, Gaëtan Morin Éditeur, 1985, p. 115.

2. SPIRO, R.L., W.J. STANTON et G.A. RICH. *Management of a Sales Force*, 11e éd. Boston, McGraw-Hill Irwin, 2003, p. 404.

3. SPIRO, STANTON et RICH. *2003. Op. cit.*, p. 40.

4. WOLFE, H.D. et G. ALBAUM. «Inequality in products, orders, customers, salesmen and sales territories». *Journal of Business*, vol. 35 (juillet 1962), p. 298-301.

5. FROOK, J.E. «Selling skeptical sales forces on automation». *B to B*, octobre 2001, p. 20.

6. MORGAN, A.J. et S.A. INKS. «Technology and the sales force : increasing acceptance of sales force automation». *Industrial Marketing Management*, juillet 2001, p. 463-472.

7. PETTIJOHN, C.E., L.S. PETTIJOHN et M. D'AMICO. «Characteristics of performance appraisals and their impact on sales force satisfaction». *Human Resources Development Quaterly*, été 2001, p. 127-146.

8. OLIVER, R.L. et E. ANDERSON. «Behavior and outcome-based sales control systems : evidence and consequences of pure-form and hybrid governance». *Journal of Personal Selling & Sales Management*, automne 1995, p. 1-16.

9. COCANOUGHER, B.A. et J.M. IVANCEVICH. «BARS performance rating for sales force personnel». *Journal of Marketing*, vol. 42 (juillet 1978), p. 87-95.

10. LAMOUNT, L.M. et W.J. LUNDSTROM. «Identifying successful industrial salesmen by personality and personal characteristics». *Journal of Marketing Research*, vol. 14 (novembre 1977), p. 517-529.

11. PEREAULT, W.D. et F.A. RUSSELL. «Comparing multi attribute evaluation process models». *Behaviorial Science*, vol. 22 (novembre 1977), p. 423-431.

12. COCANOUGHER, IVANCEVICH. 1978. *Ibid.*

13. LOCANDER, W.B. et W.A. STAPLES. «Evaluating and motivating salesmen with the BARS method». *Industrial Marketing Management*, vol. 7, p. 43-48.

Ouvrages de référence

1. SPIRO, R.L., W.J. STANTON et G.A. RICH. *Management of a Sales Force*, 11e éd. Boston, McGraw-Hill Irwin, 2003.

2. JOHNSTON, M.W. et G.W. MARSHALL. *Churchill/Ford/Walker's Sales Force Management*, 8e éd. Boston, McGraw-Hill Irwin, 2006.

CHAPITRE 14

L'analyse des coûts et de la rentabilité

OBJECTIFS

Après l'étude de ce chapitre, vous devriez pouvoir :

- connaître la différence entre les coûts comptables et les coûts de marketing ;
- comprendre l'analyse de la rentabilité et l'intégrer au processus d'évaluation du système des ventes ;
- reconnaître la nécessité pour l'entreprise de disposer de données comptables sectorielles ;
- éviter les pièges de l'analyse comptable traditionnelle ;
- maîtriser le concept de rendement des investissements.

INTRODUCTION

Au chapitre précédent, nous avons vu que l'analyse des ventes porte sur les résultats, que ce soit ceux générés par l'entreprise, un territoire, un client, un produit ou même un représentant. L'analyse des coûts qui y fait suite poursuit des objectifs analytiques différents, car elle se penche sur les coûts générés pour produire ces résultats. Ce type d'analyse est d'une très grande pertinence pour le gestionnaire du marketing et des ventes. Elle lui permettra notamment de déterminer avec exactitude la rentabilité de chaque activité ou de chaque segment qui engendre des coûts.

Les entreprises traitent avec plusieurs clients de différents marchés. Elles offrent dans bien des cas une vaste gamme de produits par l'entremise d'un nombre souvent important de succursales et de vendeurs. Grâce à l'analyse des coûts, le gestionnaire des ventes peut rattacher à chaque segment, que ce soit un territoire, un vendeur, un client, une succursale ou un représentant, les coûts générés directement par celui-ci et constater son degré de rentabilité. Si cet état de fait semble logique, sa mise en application peut occasionner de nombreux problèmes. Il n'est pas toujours aisé, en effet, d'attribuer aux différents segments les coûts appropriés dans les bonnes proportions. Plusieurs activités de l'entreprise se comptabilisent globalement et sont affectées à l'état des profits et pertes à titre de dépenses. Ainsi, l'analyse des coûts implique en premier lieu une révision du système de prix de revient de l'entreprise, ce qui, on en conviendra, ne se fait pas toujours sans heurts, particulièrement pour une petite ou une moyenne organisation. Malgré tout, l'analyse des coûts par segment, qui deviendra incidemment l'analyse de la rentabilité, est un outil trop important pour que l'on puisse s'en passer et ainsi se priver d'une source de renseignements stratégiques pour la prise de décision. Comment peut-on affirmer qu'une succursale doit être fermée pour cause de non-rentabilité ou qu'un représentant doit être congédié si on ne dispose pas de toute l'information permettant de connaître avec exactitude ce que cette succursale ou ce représentant a effectivement coûté (par rapport à ce qu'il a rapporté) ?

Selon différentes études concernant la fréquence d'utilisation de l'analyse de la rentabilité, la plupart des entreprises semblent employer cette technique pour leurs produits. Par contre, il en va tout autrement dans le cas de l'analyse par territoire, par représentant ou par client (parfois nommée « analyse des coûts de distribution » ou « analyse des coûts de marketing »). Selon des études datant de 1972 et de 1982, seulement la moitié des entreprises y recourt pour un segment mentionné ou plus, tandis que moins du tiers a adopté complètement l'étude de la rentabilité, soit par produit, par territoire, par vendeur et par client[1]. D'une certaine manière, cette situation est compréhensible si on conçoit que les systèmes comptables sont d'abord perçus comme étant générateurs d'une information destinée aux différents partenaires de l'entreprise. Au niveau interne, par exemple, on accepte de détourner une partie des données comptables afin de garder une meilleure gestion de la gamme de produits. De cette façon, on peut, par exemple, éliminer ceux qui ne seraient pas assez rentables (compte tenu de leur position dans le cycle de vie). Bien qu'elle ne soit pas toujours aisée et puisse souffrir d'une certaine imprécision, la détermination des coûts exacts imputables à chaque territoire, représentant ou client reste nécessaire à toute gestion efficace de l'équipe de vente.

14.1 Les coûts comptables et les coûts de marketing

Cette attitude par rapport aux données comptables nous amène à considérer les notions de « coûts comptables » et de « coûts de marketing ». C'est en saisissant bien l'importance de ce dernier type de coûts que le gestionnaire des ventes pourra enfin se doter des outils nécessaires à une saine gestion. Les coûts comptables servent à tenir un registre des opérations de l'entreprise au fil des années. Ils permettent de décrire la situation financière présente de l'entreprise à la lumière de sa gestion passée. Les partenaires de l'organisation, tels les actionnaires et les gouvernements, exigent de pouvoir consulter les états financiers pour des raisons d'investissement, de subventions ou de fiscalité. Les coûts de marketing, quant à eux, sont plutôt orientés vers l'avenir et servent à réaliser des analyses de la rentabilité des opérations de distribution de l'entreprise afin d'effectuer la planification et le contrôle. Ainsi, le fait de savoir qu'un client en particulier a coûté plus cher que ce qu'il a rapporté est une information purement interne qui ne sert qu'au gestionnaire des ventes. Celui-ci s'efforcera alors de trouver une façon de rentabiliser ce client (par l'augmentation de la taille des commandes, par la diminution du nombre de visites, etc.). Si cela s'avère impossible, il décidera sans doute de l'abandonner. Ainsi, les coûts de marketing donnent au gestionnaire une idée exacte et détaillée de la rentabilité de chaque segment d'activité placé sous sa responsabilité. Conséquemment, il pourra orienter ses efforts vers les bonnes cibles et contribuer à optimiser le bénéfice net de l'entreprise.

Ce dernier deviendra alors une donnée purement comptable et intéressera les partenaires de l'organisation en ce sens qu'il reflétera dans une certaine mesure les résultats passés. L'analyse de la rentabilité ne fait pas partie intégrante des analyses comptables de l'entreprise. Elle peut être appliquée systématiquement à chaque segment, à l'occasion par échantillonnage ou lors de la découverte d'un problème localisé (ou devant l'être). Comme nous l'avons souligné, l'analyse de la rentabilité devrait idéalement être beaucoup plus répandue qu'elle ne l'est actuellement. Il faut toutefois accepter le fait qu'elle nécessite plus d'opérations et de moyens ainsi qu'un plus grand contrôle, ce qui explique que l'on n'y ait recours que de façon sporadique. Le système comptable, pour sa part, doit fonctionner constamment afin d'enregistrer toute transaction que l'entreprise effectue.

La dernière clarification au sujet de l'analyse de la rentabilité consiste à distinguer les coûts de production des coûts de marketing. Les coûts de production permettent de réaliser des analyses de la rentabilité sur les différents produits de l'entreprise et renvoient à la comptabilité de prix de revient. Ces coûts sont fonction du volume. Le coût unitaire devrait donc être inversement proportionnel au volume de production selon la théorie de la courbe d'expérience. Quant aux coûts totaux, ils sont directement proportionnels à ce volume. Pour ce qui est des coûts de marketing, ils influent sur le volume de production. Plus on investit en marketing (par exemple en augmentant le nombre de vendeurs), plus le volume des ventes grimpe (jusqu'à un certain point et compte tenu de certaines restrictions).

On constatera évidemment qu'il est plus difficile de déterminer les coûts de marketing à cause de la relation qu'ils entretiennent avec les résultats. Ces coûts jouent en effet un rôle essentiel dans l'obtention de ces derniers. Cependant, ils comportent souvent une certaine imprécision étant donné que le contrôle total des activités de distribution est difficile. Les coûts de production peuvent être déterminés sans peine ; il s'agit des machines, des matières premières quantifiables ou de main-d'œuvre qu'il est possible de superviser. Par contre, un représentant peut échapper à certains mécanismes de contrôle. Des dépenses comme la publicité ou la recherche en marketing peuvent occasionner des problèmes lors de leur répartition dans les différents segments de la distribution et du système de vente. L'aspect managérial des coûts de marketing rend justement leur utilisation délicate, notamment lors de la décision d'augmenter une dépense parce qu'il est difficile d'évaluer ses effets sur les résultats. Bref, comme l'indique le tableau 14.1, « en production, les coûts sont une fonction du volume. En marketing, le volume est une fonction des coûts[2] ».

TABLEAU 14.1

Comparaison entre l'analyse des coûts de marketing et la comptabilité des coûts de production

Facteurs de comparaison	Analyse des coûts de marketing	Comptabilité des coûts de production
Bases de compilation des coûts	Unité de marketing (segment) : territoire, groupe de clients, grosseur des commandes, produit	Unité de production
Source du coût généré	Représentants en service	Machines et main-d'œuvre directe étroitement supervisée
Relation coût-volume	Le volume est une fonction du coût (si on vend plus, ça coûte plus cher).	Le coût est une fonction du volume (si ça coûte plus cher, c'est parce que l'on produit plus).

Source : Spiro, R.L., W.J. Stanton et G.A. Rich. *Management of a Sales Force*, 11e éd. Boston, McGraw-Hill Irwin, 2003, p. 420.

14.2 Les coûts et les dépenses

L'analyse des coûts de marketing (l'analyse de la rentabilité des activités de marketing ou de distribution) peut être réalisée selon deux approches, qui elles aussi s'affrontent et suscitent de vives discussions[3] : l'approche des coûts complets et celle de la contribution marginale. Commençons par éclaircir certains concepts.

Coûts : Frais de fabrication d'un produit, soit les matières premières, la main-d'œuvre et les frais généraux de fabrication.

Dépenses : Autres coûts servant à l'exploitation de l'entreprise, telles les dépenses administratives et de vente. L'état des résultats affecte aux ventes les coûts des marchandises vendues, ce qui donne la marge brute, et les dépenses sont déduites directement de cette dernière, comme l'indique d'ailleurs le tableau 14.3.

Coûts directs : Coûts clairement reliés à un produit ou à une fonction. Si le produit ou la fonction disparaît, les coûts disparaissent aussi (par exemple, la matière première d'un produit).

Coûts indirects : Coûts reliés à plusieurs produits ou fonctions. Ils se maintiendront en dépit de l'élimination d'un de ces produits ou fonctions (par exemple, l'électricité nécessaire pour faire fonctionner une machine qui fabrique plusieurs types de produits).

Dépenses spécifiques : Dépenses directement associées à un produit ou à une fonction (par exemple, le salaire du directeur du produit A ; si le produit A est éliminé, on n'aura plus besoin de ce dernier).

Dépenses générales : Dépenses indirectes partagées par plusieurs produits ou fonctions (par exemple, le salaire du directeur des ventes ; si on élimine un produit, son salaire ne s'en trouvera pas touché).

Le tableau 14.2 illustre les concepts de « coûts directs » et de « coûts indirects » associés aux dépenses.

TABLEAU 14.2
Coûts directs et indirects

Coûts	Base de mesure — Par produit	Base de mesure — Par territoire
Étalage promotionnel	Directs	Directs
Rémunération du représentant	Indirects	Directs
Salaire du directeur de produit	Directs	Indirects
Salaire du président-directeur général	Indirects	Indirects

Source : Johnston, M.W. et G.W. Marshall. *Churchill/Ford/Walker's Sales Force Management*, 8e éd. Boston, McGraw-Hill Irwin, 2006, p. 384.

14.3 La méthode des coûts complets et celle de la contribution marginale

Le tableau 14.3 indique la différence entre la méthode des coûts complets et celle de la contribution marginale. Bien que ces deux méthodes de comptabilisation des profits

TABLEAU 14.3
Fonctionnement de la méthode des coûts complets et de celle de la contribution marginale

Approche des coûts complets	Approche de la contribution marginale
Ventes Moins : Coût des marchandises vendues	Ventes Moins : Coûts variables de fabrication Moins : Autres coûts variables directement reliés au segment
Égale : Marge brute	**Égale : Contribution marginale**
Moins : Dépenses d'exploitation (incluant les segments alloués à l'administration de la compagnie et aux dépenses générales)	Moins : Coûts fixes directement reliés aux produits ou coûts directement reliés au segment (territoire, vendeur, client ou produit)
Égale : Revenu net du segment	**Égale : Revenu net du segment**

Source : Johnston, M.W. et G.W. Marshall. *Churchill/Ford/Walker's Sales Force Management*, 8e éd. Boston, McGraw-Hill Irwin, 2006, p. 385.

et des pertes soulèvent un débat chez les experts en la matière, nous nous contenterons, compte tenu des objectifs de cet ouvrage, de souligner que la méthode de la contribution marginale sera privilégiée lors de l'analyse de la rentabilité. Les tableaux 14.4 à 14.6 présentent une application de ces deux méthodes.

La méthode des coûts complets : Elle consiste à allouer tous les coûts (fixes et variables) aux différents segments au prorata des ventes réalisées.

La méthode de la contribution marginale : Elle ne comprend que les coûts variables engendrés par chaque segment. Par ailleurs, les coûts fixes ne seront déduits que des résultats totaux de l'entreprise. Autrement dit, le segment ne sera responsable que des coûts qu'il aura générés. Si celui-ci est éliminé, tous ses coûts le seront par le fait même.

Les tableaux 14.4 et 14.5 illustrent la méthode des coûts complets au moyen d'un exemple très simple. Une entreprise qui a effectué des ventes de 500 000 $ a obtenu un bénéfice net de 25 000 $. Si l'on considère chaque service, on voit que le service 1, auquel on a attribué la moitié des dépenses fixes d'administration (au prorata de ses ventes, qui comptent pour la moitié des ventes totales), est nettement déficitaire. La méthode des coûts complets pourrait alors inciter le gestionnaire à supprimer ce service, ce qui impliquerait que les mêmes coûts fixes de 50 000 $ seraient répartis entre les deux autres segments. Il se priverait alors de ventes de 250 000 $ et d'un profit net de 12 500 $, et le service 2 ne serait même plus capable de payer sa part des coûts fixes.

Le tableau 14.6 montre l'application de la méthode de la contribution marginale à la même entreprise. Les coûts fixes de 50 000 $ ne seront reportés qu'aux résultats généraux, car ceux-ci resteront les mêmes, quoi que l'on fasse des services qui n'ont rien à voir avec la réalisation de ces coûts. On ne leur affecte que les coûts dont ils sont responsables, soit le coût des marchandises qu'ils ont vendues et les dépenses de vente qui leur sont attribuées. Cette méthode amène donc le gestionnaire à conserver les trois services, lesquels s'avèrent rentables.

Cet exemple très simple illustre un principe fondamental en analyse de la rentabilité : **pour avoir une idée juste de la rentabilité effective d'un segment, on ne doit lui attribuer que les coûts qu'il a générés**[4].

TABLEAU 14.4
État des profits et des pertes par service selon la méthode des coûts complets (en dollars)

	Total	Service 1	Service 2	Service 3
Ventes	500 000	250 000	150 000	100 000
Coût des marchandises vendues	400 000	225 000	125 000	50 000
Marge brute	100 000	25 000	25 000	50 000
Autres dépenses				
Dépenses de vente	25 000	12 500	7 500	5 000
Dépenses d'administration	50 000	25 000	15 000	10 000
Total des autres dépenses	75 000	37 500	22 500	15 000
Profit net (perte nette)	**25 000**	**(12 500)**	**2 500**	**35 000**

Source : Johnston, M.W. et G.W. Marshall. *Churchill/Ford/Walker's Sales Force Management*, 8e éd. Boston, McGraw-Hill Irwin, 2006, p. 385.

TABLEAU 14.5
État des profits et des pertes, le service 1 étant supprimé (en dollars)

	Total	Service 2	Service 3
Ventes	250 000	150 000	100 000
Coût des marchandises vendues	175 000	125 000	50 000
Marge brute	75 000	25 000	50 000
Autres dépenses			
Dépenses de vente	12 500	7 500	5 000
Dépenses d'administration	50 000	30 000	20 000
Total des autres dépenses	62 500	37 500	25 000
Profit net (perte nette)	**12 500**	**(12 500)**	**25 000**

Source: Johnston, M.W. et G.W. Marshall. *Churchill/Ford/Walker's Sales Force Management*, 8e éd. Boston, McGraw-Hill Irwin, 2006, p. 385.

TABLEAU 14.6
Contribution marginale par service (en dollars)

	Total	Service 1	Service 2	Service 3
Ventes	500 000	250 000	150 000	100 000
Coûts des marchandises vendues	400 000	225 000	125 000	50 000
Dépenses de vente	25 000	12 500	7 500	5 000
Total des coûts variables	425 000	237 000	135 000	55 000
Contribution marginale	75 000	12 500	17 500	45 000
Coûts fixes				
Dépenses d'administration	50 000			
Profit net	**25 000**			

Source: Johnston, M.W. et G.W. Marshall. *Churchill/Ford/Walker's Sales Force Management*, 8e éd. Boston, McGraw-Hill Irwin, 2006, p. 386.

La comptabilité ABC. La façon de considérer les coûts par les comptables et les gestionnaires a considérablement évolué depuis 10 ans. Plutôt que de s'attarder uniquement à ce qui génère des coûts (par exemple, le nombre d'heures de main-d'œuvre), cette nouvelle approche détermine les relations de cause à effet entre les coûts et leurs retombées souhaitées[5]. Il en résulte que les gestionnaires du marketing peuvent maintenant répondre à des questions telles que les suivantes: « Quelle rentabilité peut-on espérer en faisant affaire avec ce client?» « Jusqu'où pouvons-nous donner du service à ce client avant que cela devienne non rentable?»

La comptabilité ABC (*Activity-Based Costing* ou comptabilité basée sur les activités) repose sur la prémisse que la plupart des activités de l'entreprise soutiennent la production, le marketing ainsi que le transport des marchandises et des services à la clientèle. Comme il est démontré à la figure 14.1, un système de comptabilité ABC comprend trois composantes d'information de base reliées à l'entreprise: les ressources, les activités et le coût des marchandises. Le coût des marchandises est associé aux produits, aux circuits de distribution et aux clients, qui sont tous des facteurs qui préoccupent le gestionnaire du marketing. Le point culminant de l'analyse est la compréhension que les ressources de l'entreprise (ressources humaines, financières et organisationnelles) sont mises à contribution pour générer les activités nécessaires pour développer, produire, mettre en marché et entretenir des produits destinés au client final.

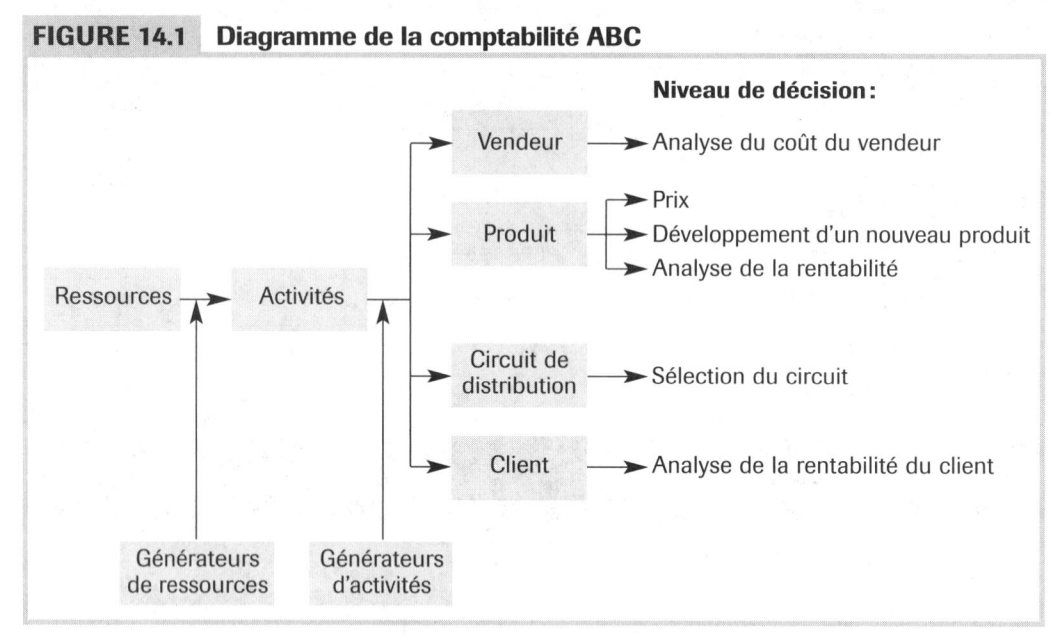

FIGURE 14.1 Diagramme de la comptabilité ABC

Niveau de décision :

Ressources → Activités →
- Vendeur → Analyse du coût du vendeur
- Produit → Prix ; Développement d'un nouveau produit ; Analyse de la rentabilité
- Circuit de distribution → Sélection du circuit
- Client → Analyse de la rentabilité du client

Générateurs de ressources ; Générateurs d'activités

Source : Adapté de Reeve, J.M. « Activity-based cost systems for functional integration and customer value », dans *Competing Globally through Customer Value : The Management of Strategic Supra-Systems.* New York, Quorum Books, 1991, p. 501.

À titre d'exemple, pour générer une visite chez un client, plusieurs ressources de l'entreprise sont mises à contribution, telles que le temps consacré par le représentant et les actifs de l'organisation (auto, téléphone portable, ordinateur, secrétariat, etc.). Dès qu'elles ont été déterminées, les ressources de l'organisation nécessaires à cette activité sont assignées à cette activité à des fins de comptabilisation. Considérons le nombre de visites de service qu'une entreprise consent à un client. De façon intuitive, on se doute bien qu'un client qui a besoin d'un nombre élevé de visites de service coûte plus cher à l'entreprise que celui qui est visité plus rarement. Malheureusement, il n'est pas possible pour un système comptable traditionnel de percevoir ces différences.

Illustrons le processus à l'aide du cas démontré au tableau 14.7. Supposons qu'une succursale est responsable de vendre deux produits et n'a qu'une équipe de vente pour les deux produits. Chaque produit représente 50 % des ventes de la succursale. L'activité importante dans cette situation serait le nombre de visites par produit. S'il faut faire trois visites pour vendre un manomètre et deux pour vendre un tribomètre, alors il faudra en effectuer cinq pour conclure une vente de chacun des produits. Si on utilise la comptabilité ABC, le manomètre numérique représente 60 % des coûts de bureau parce qu'il est plus difficile à vendre que le tribomètre qui, lui, en représente 40 %. La méthode des coûts complets, cependant, allouerait 50 % des coûts fixes sur la base du volume des ventes. On remarque donc que c'est le tribomètre, contrairement à ce que l'on aurait pu croire, qui génère le profit le plus élevé, car il occasionne des coûts de vente moins élevés, ne nécessitant que deux visites plutôt que trois.

TABLEAU 14.7

Comparaison des méthodes des coûts complets et ABC (en dollars)

	Manomètre numérique			Tribomètre
Ventes	545			545
Moins coûts variables	320			335
Contribution marginale	225			210
	Méthode des coûts complets			
Moins coûts fixes de fabrication	85	50	50	15
Moins coûts fixes de vente	30	25	25	20
Profit en utilisant la méthode ABC	110			185
Profit en utilisant la méthode de la contribution marginale		150	135	

Source : Dwyer, R.A. et J.F. Tanner Jr. *Business Marketing Connecting Strategy Relationships and Learning.* New York, McGraw Hill, 1999.

14.4 Le processus d'analyse de la rentabilité

Le processus d'analyse de la rentabilité est schématisé à la figure 14.2. Passons en revue les cinq étapes qu'il comporte.

FIGURE 14.2 Étapes du processus de l'analyse de la rentabilité

Première étape	Détermination des objectifs de l'analyse de la rentabilité
Deuxième étape	Détermination des comptes sectoriels
Troisième étape	Répartition des coûts des comptes naturels dans les comptes sectoriels
Quatrième étape	Allocation des coûts sectoriels aux segments appropriés
Cinquième étape	Sommation des coûts affectés à l'activité

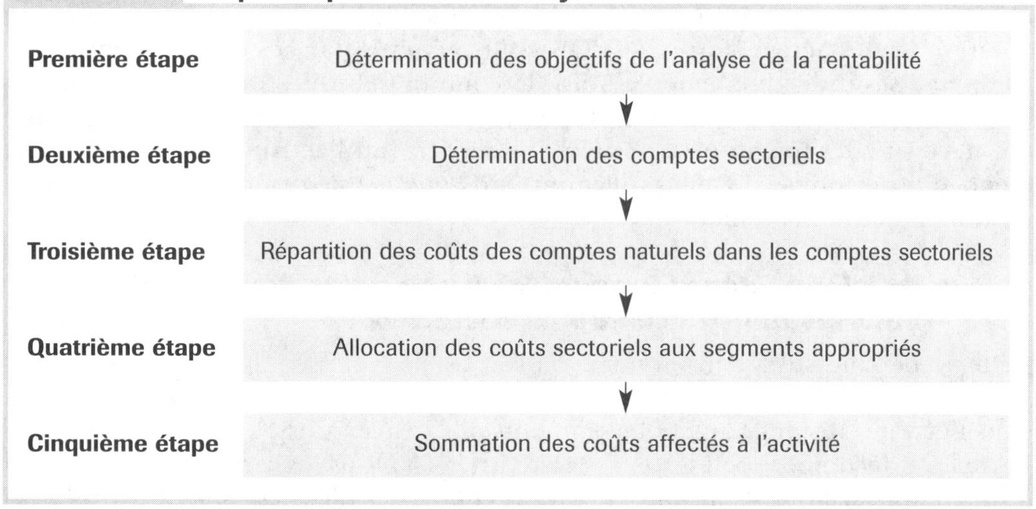

Source : Johnston, M.W. et G.W. Marshall. *Churchill/Ford/Walker's Sales Force Management*, 8e éd. Boston, McGraw-Hill Irwin, 2006, p. 389.

14.4.1 Première étape : la détermination des objectifs de l'analyse de la rentabilité

L'analyse de la rentabilité est un outil qui sert à la prise de décision en marketing. Quels sont les produits les moins rentables? Peut-on fusionner deux succursales dont la rentabilité est médiocre? Le cas échéant, quel résultat obtiendrait-on? Doit-on réduire les allocations de voyage des représentants? Si oui, dans quelle mesure? Doit-on abandonner un client spécifique?

C'est en s'appuyant sur de telles questions que le processus se mettra en branle. Comme nous le constatons, il s'agit d'utiliser une technique qui aidera à prendre des décisions ; cette analyse est donc du seul ressort de la gestion interne de l'entreprise. Le gestionnaire des ventes sera évidemment intéressé davantage par la rentabilité des territoires, de chacun des vendeurs sous sa responsabilité et des clients servis par sa succursale. Ainsi, il devra, dans un premier temps, non seulement choisir les segments qui seront analysés, mais en obtenir les résultats comptables (l'état des profits et des pertes, etc.) pour l'unité placée sous son autorité (par exemple, sa succursale).

14.4.2 Deuxième étape: la détermination des comptes sectoriels

Après avoir déterminé les objectifs de l'analyse de la rentabilité qu'il s'apprête à effectuer, le gestionnaire doit choisir les comptes sectoriels qu'il entend utiliser. Le tableau 14.8 dresse une liste des principaux comptes sectoriels. Il importe ici de bien distinguer les notions de « comptes naturels » et de « comptes sectoriels ».

Les comptes naturels. Ce sont les coûts reliés aux sommes déboursées en tant que telles. C'est un type de compte utilisé en comptabilité traditionnelle et que l'on trouve dans l'état des résultats. Les salaires, les fournitures postales, les frais de transport, de location ou d'électricité constituent des comptes naturels. Ils représentent les débours généraux qu'il a fallu faire pour que l'entreprise puisse fonctionner normalement.

Les comptes sectoriels. Ce sont les coûts reliés aux activités. L'entreprise possède plusieurs services (ou succursales), qui sont en soi de petites entreprises ayant une fonction et des activités précises. Les coûts générés par ces unités seront donc comptabilisés individuellement. Ainsi, le compte naturel « fournitures postales » qui apparaît à l'état des résultats implique que plusieurs activités de l'entreprise ont nécessité des fournitures postales. Le service (ou l'activité) d'entreposage et d'expédition a utilisé de telles fournitures, de même que celui des ventes ou celui du traitement des commandes.

14.4.3 Troisième étape : la répartition des coûts des comptes naturels dans les comptes sectoriels

Cette étape consiste à déterminer l'endroit exact où les comptes naturels seront ventilés. Le gestionnaire devra affecter les comptes naturels tels qu'ils se trouvent dans l'état des résultats aux bons segments d'activités. Ainsi, le compte « salaires » devra être décomposé selon toutes les activités (ou tous les services faisant l'objet d'un compte sectoriel) qui ont généré des dépenses de salaires. Le Service de la publicité est responsable des salaires de son personnel et des honoraires des consultants externes en publicité. Alors, la portion des salaires versés par ce service sera affectée au compte sectoriel « publicité ».

14.4.4 Quatrième étape : l'allocation des coûts sectoriels aux segments appropriés

Cette étape est très délicate, car il s'agit de choisir la meilleure base d'allocation (*voir le tableau 14.8*) susceptible d'affecter la portion réelle des coûts du compte naturel à l'activité responsable (compte sectoriel). Le compte « salaires » est relativement

TABLEAU 14.8
Groupe de coûts sectoriels et bases d'allocation de chacun (en dollars)

Groupe de coûts sectoriels	Aux groupes de produits	Aux classes de taille de compte	Aux territoires de vente
1. Ventes – coûts directs: Visites personnelles des vendeurs et des superviseurs chez les clients actuels et potentiels, dépenses des salaires pour la vente, mesures d'encouragement, frais de déplacement et autres dépenses.	Temps moyen par visite relatif au nombre de visites de vente démontré par les rapports spéciaux des visites de vente et les autres études spéciales	Temps consacré à la vente pour chaque produit, démontré par les rapports spéciaux des visites de vente et les autres études spéciales	Directement
2. Ventes – coûts indirects: Supervision des ventes, dépenses du bureau de vente du territoire, dépenses de l'administration des ventes, recherche de marchés, développement de nouveaux produits, service de traitement de données, comptabilité des ventes.	En proportion du temps consacré à la vente directe ou du temps calculé par projet	En proportion du temps consacré à la vente directe ou du temps calculé par projet	Charge uniformément répartie entre les vendeurs
3. Publicité: Coûts des médias tels que la télévision, la radio, les palmarès, les journaux ou les magazines; coûts de production de la publicité, salaires du Service de la publicité.	Directement ou par l'analyse de l'espace et du temps accordés par chaque média, les autres coûts en proportion de ceux reliés à chaque média	Même charge pour chaque compte, ou nombre de consommateurs privilégiés ou de clients potentiels pour chaque secteur de la clientèle active	Directement ou selon l'analyse qui découle des dossiers de pénétration des médias
4. Promotion des ventes: Promotion au consommateur, tels les coupons et les primes; promotion commerciale, tels les allocations de prix, les présentoirs aux points d'achat et la publicité coopérative.	Directement ou par l'analyse des origines et des causes à partir des dossiers	Directe ou par l'analyse des origines et des causes à partir des dossiers	Directement ou par l'analyse des origines et des causes à partir des dossiers
5. Transport: Rail, camionnage, voie maritime, etc.; paiements aux transporteurs pour la livraison des produits finis depuis les usines jusqu'aux entrepôts et depuis les entrepôts jusqu'aux consommateurs; coût du service du transport dans l'entreprise.	Applicable selon les tarifs reliés au temps ou à la charge (tonnage)	Analyse sur la base d'un échantillonnage des certificats d'expédition	Applicable selon les tarifs reliés au temps ou à la charge
6. Entreposage et expédition: Entreposage des stocks de produits finis dans les entrepôts; coûts de location (ou l'équivalent), charges d'entreposage public, assurance incendie et taxes sur les stocks de produits finis; manutention, assemblage et chargement de wagons, de camions et de navires pour l'expédition de produits finis depuis les entrepôts et les usines jusqu'aux consommateurs; coût de la main-d'œuvre, du matériel et de l'espace.	Espace d'entrepôt occupé par les stocks selon la moyenne de ceux-ci	Nombre d'unités expédiées	Nombre d'unités expédiées
7. Traitement des commandes: Vérification et traitement des commandes depuis les consommateurs jusqu'aux usines par les prix, le poids et l'accumulation des chargements, les dates d'expédition, la coordination avec la production et les communications avec les usines, etc.; service de fixation des prix; préparation de la facturation aux consommateurs; comptabilité des expéditions; crédit et perception; traitement des reçus sur paiement; provisions pour mauvaises créances; coût des salaires, des fournitures et du matériel.	Nombre de commandes	Nombre de commandes	Nombre de commandes

Source: Johnston, M.W. et G.W. Marshall. *Churchill/Ford/Walker's Sales Force Management*, 8ᵉ éd. Boston, McGraw-Hill Irwin, 2006, p. 391-392.

facile à répartir (on connaît le nombre d'employés qui travaillent au Service de la publicité); par contre, certaines dépenses nécessiteront une base d'allocation particulière. Ainsi, le compte «location» sera décomposé d'après la surface utilisée par l'activité. La promotion des ventes utilisée par les succursales (ou par les vendeurs) pourrait être répartie d'après le nombre d'unités vendues multiplié par le coût unitaire. Cela implique qu'il faudra faire un certain nombre de calculs afin d'obtenir une répartition juste et équitable.

14.4.5 Cinquième étape : la sommation des coûts affectés à l'activité

Cette sommation des coûts affectés à l'activité détermine ce que celle-ci a coûté à l'entreprise et, par surcroît, sa rentabilité exacte. L'exemple présenté à la section 14.5 devrait permettre de bien comprendre ce processus.

14.5 Une application de l'analyse de la rentabilité

Planches Harfang inc.[6] est une entreprise de la région de Sherbrooke qui fabrique des planches à neige. Fondée il y a quelques années par des étudiants en génie mécanique (et planchistes chevronnés) afin de profiter de l'engouement pour ce sport (au détriment du ski alpin), elle distribue trois modèles de planches à neige haut de gamme au Québec, en Ontario et dans le nord-est des États-Unis. Son circuit de distribution est assez simple : les produits sont emballés à l'usine d'Orford et livrés directement aux bureaux régionaux (15 en tout), où ils sont entreposés. Le directeur régional gère une équipe de vente chargée de promouvoir et de vendre le produit aux différents détaillants d'articles de sport de son territoire. Il est aussi responsable de la publicité et de la promotion. Il dispose en outre d'un budget permettant de faire des études de marketing afin de mieux cerner les attentes de la clientèle de sa région. En général, ce sont ses représentants, tous des diplômés universitaires, qui lui commandent les études de marketing lorsque c'est nécessaire. La direction de l'entreprise demande à chaque bureau régional de procéder à une analyse de la rentabilité de ses représentants et de ses clients. Cet exercice a pour but d'évaluer la pertinence de la répartition du travail de marketing actuel et d'apporter des ajustements le cas échéant. Cette demande n'a pas manqué d'attirer l'attention du directeur de la succursale de l'est du Québec, dont le bureau est situé dans l'arrondissement de Sillery-Sainte-Foy, à Québec. Cette unité a été déficitaire durant l'année qui vient de se terminer, comme l'indique l'état des profits et des pertes du tableau 14.9.

14.5.1 Le choix des comptes sectoriels et la ventilation des comptes naturels

Comme nous l'avons vu précédemment, la première étape à franchir dans le processus de l'analyse de la rentabilité (si ses objectifs sont déterminés) est le choix des comptes sectoriels, c'est-à-dire celui des activités majeures de l'entreprise qui nécessitent une partie substantielle des budgets. Dans ce cas-ci, les activités de la succursale de l'est du Québec sont la vente directe, la publicité, la promotion, la recherche en marketing, la réception et l'entreposage de la marchandise, la facturation et le traitement des commandes, et la livraison de la marchandise. Chaque dépense devra être ventilée parmi ces activités au prorata de la partie utilisée, comme l'indique le tableau 14.10, à la page 400.

TABLEAU 14.9
Planches Harfang inc. État des profits et des pertes (en dollars)

Ventes		2 743 835
Coût des marchandises vendues		2 066 100
Marge brute		677 735
Dépenses de vente et d'administration		
Salaires	193 500	
Commissions	27 440	
Publicité	120 000	
Activités de promotion	34 000	
Fournitures postales et de bureau	925	
Livraison de la marchandise	93 240	
Déplacements de l'équipe de vente	68 000	
Recherche en marketing	25 295	
Location de l'immeuble	58 500	
Électricité, chauffage et téléphone	25 000	
Assurances tous risques	30 000	
Dépenses diverses d'administration	24 000	
Total des dépenses de vente et d'administration		699 900
Profit net (perte nette)		**(22 165)**

Les salaires. La répartition des salaires a été la suivante : le directeur du bureau régional a obtenu 55 000 $, salaire inscrit dans l'activité de la vente directe, puisqu'il passe la plus grande partie de son temps à gérer l'équipe de vente ; les quatre représentants ont gagné 85 000 $ en tout (activité saisonnière, ils ont aussi d'autres occupations), montant affecté à la vente directe ; la réceptionniste a reçu 15 000 $, qu'on comptabilise aussi dans la vente directe car, durant la plus grande partie de son temps, elle prend les appels des clients et les messages des vendeurs ; enfin, un commis comptable et un manutentionnaire ont eu des salaires de 18 000 $ et de 20 500 $. Ces derniers salaires sont associés respectivement aux activités du traitement des commandes et de la facturation, et à l'activité de l'entreposage.

Les commissions. Les commissions, qui sont versées aux représentants seulement, s'élèvent à 1 % des ventes totales.

La publicité. Cette dépense de 120 000 $ constitue une activité qui est reportée telle quelle dans le compte sectoriel du même nom. La société fait déjà de la publicité à l'échelle nationale. Le montant qu'on trouve ici porte sur la publicité régionale commandée par le directeur de la succursale aux chaînes de télévision et aux journaux locaux.

Les activités de promotion. Il s'agit des concours et des commandites payés par la succursale. Le montant est inscrit tel quel dans l'activité du même nom.

Les fournitures postales et de bureau. Ces fournitures sont utilisées presque exclusivement dans les activités du traitement des commandes et de la facturation. Les fournitures dont se servent les représentants et le directeur font partie des dépenses diverses.

TABLEAU 14.10
Planches Harfang inc. Ventilation des comptes naturels vers les comptes sectoriels (en dollars)

Comptes naturels	Ventes	Publicité	Promotion	Recherche marketing	Entreposage	Traitement facturation	Transport
Salaires	193 500	15 000			18 000	20 500	
Commissions	27 440	27 440					
Publicité	120 000		120 000				
Activités de promotion	34 000			34 000			
Fournitures postales et de bureau	925					925	
Livraison de la marchandise	93 240						93 240
Déplacements de l'équipe de vente	68 000	68 000					
Recherche en marketing	25 295				25 295		
Location de l'immeuble	58 500	15 000			38 500	5 000	
Électricité, chauffage et téléphone	25 000	4 000			20 000	1 000	
Assurances tous risques	30 000	3 750			20 000	1 250	5 000
Dépenses diverses d'administration	24 000	10 000			10 000	2 000	
	699 900	**283 190**	**120 000**	**36 000**	**25 295**	**106 500**	**30 675**	**98 240**

La livraison de la marchandise. La livraison de la marchandise est transférée au complet dans le compte sectoriel du même nom. Cela inclut toutes les dépenses (y compris l'amortissement pour dépréciation du camion) associées à la livraison de la marchandise. Notons que la succursale doit payer la livraison de l'usine à l'entrepôt et de l'entrepôt aux clients. Ce compte comprend également le salaire et les dépenses du chauffeur de camion.

Les déplacements de l'équipe de vente. Ces déplacements sont évidemment associés à la vente directe.

La recherche en marketing. Les directeurs des succursales peuvent utiliser des fonds pour commander des études de marché à des consultants afin de mieux cerner les attentes de la clientèle régionale, la notoriété du produit, la perception de celui-ci, etc.

La location de l'immeuble. L'espace, qui est loué, a une superficie totale de 400 mètres carrés. De ce nombre, 50 mètres carrés servent aux bureaux tandis que l'entrepôt occupe le reste. La surface d'entreposage, qui comprend 350 mètres carrés, revient à 110 $ le mètre carré, tandis que les bureaux coûtent 400 $ le mètre carré, soit 20 000 $. Le quart de cette superficie est utilisé par les activités du traitement et de la facturation des commandes. La vente directe occupe les trois quarts des bureaux.

L'électricité, le chauffage et le téléphone. Ces frais sont répartis de la façon suivante : l'entreposage coûte 20 000 $, la vente directe, 4 000 $, et le traitement et la facturation, 1 000 $.

Les assurances tous risques. Les stocks constituent le principal coût d'assurances, soit 20 000 $ alloués à l'entreposage. Les assurances sur la marchandise durant le transport et sur la livraison représentent 5 000 $. Les 5 000 $ restants peuvent être répartis selon la superficie occupée par le Service des ventes et celui du traitement et de la facturation des commandes.

Les dépenses diverses d'administration. Une foule d'éléments sont compris dans ce compte. Il inclut les dons de charité, le déneigement, le matériel fourni aux vendeurs et toute autre dépense inhabituelle ou de moindre importance. Après un examen des comptes et des factures de chaque service, on arrive à la ventilation suivante : la vente directe coûte 10 000 $, les activités de promotion, 2 000 $ (incluant les dons de charité et toute dépense servant à entretenir l'image de l'entreprise), l'entreposage, 10 000 $, le traitement et la facturation des commandes, 2 000 $.

14.5.2 L'analyse de la rentabilité par représentant

Cette succursale compte quatre représentants qui doivent sillonner une vaste région à la recherche de détaillants susceptibles d'offrir les planches à neige Harfang. Non seulement doivent-ils effectuer les activités normales de vente, mais ils sont responsables de la majeure partie des activités de promotion sur leur territoire. Ils se rendent fréquemment dans les différents centres de ski qui leur sont assignés afin de permettre aux planchistes de faire l'essai des planches Harfang et d'en apprécier les nombreuses qualités.

Dans le but d'analyser adéquatement la rentabilité de chacun des représentants, il convient de leur imputer la partie des coûts des différentes activités (comptes sectoriels) dont ils sont directement responsables. Le tableau 14.11 présente l'essentiel des données de base obtenues du Service des ventes. Ces données sont absolument nécessaires pour effectuer l'analyse de la rentabilité par vendeur.

TABLEAU 14.11
Planches Harfang inc. Données de base du Service des ventes

Produits	Prix de vente unitaire	Coût unitaire	Marge brute	Quantité de planches vendues	Ventes	Publicité
Albertville	165 $	130 $	35 $	8 342	1 376 430 $	85 770 $
Tignes	215 $	160 $	55 $	3 834	824 310 $	23 430 $
Chamonix	295 $	200 $	95 $	1 841	543 095 $	10 800 $
				14 017	2 743 835 $	120 000 $

Vendeurs	Nombre de visites	Nombre de commandes	Nombre de planches vendues			
			Albertville	Tignes	Chamonix	Total
Claude Brassard	175	80	1 928	931	451	**3 310**
Jacqueline Lemelin	225	165	2 124	964	460	**3 548**
Paule Vaillancourt	280	150	2 025	947	438	**3 410**
André Couture	260	128	2 265	992	492	**3 749**
	940	**523**	**8 342**	**3 834**	**1 841**	**14 017**

14.5.3 L'allocation des coûts sectoriels aux vendeurs

La vente directe. Les salaires annuels de Claude Brassard, de Jacqueline Lemelin, de Paule Vaillancourt et d'André Couture sont respectivement de 20 000 $, de 22 000 $, de 20 000 $ et de 23 000 $, pour un total de 85 000 $. Les commissions sont établies à 1 % des ventes. Les frais de déplacement sont ventilés d'après le nombre de visites. On a calculé qu'une visite revient à 72,34 $ (68 000 $ ÷ 940 visites). Les autres dépenses imputées à la vente constituent des coûts fixes; elles ne seront donc pas ventilées dans le compte de chaque représentant. Enfin, le salaire du directeur de la succursale pourrait être réparti théoriquement d'après le temps qu'il passe avec chaque représentant. Cependant, en raison de l'inaccessibilité des données et du caractère indirect de la dépense en question (si un représentant quitte l'entreprise, le directeur continuera à recevoir son salaire), on ne se souciera guère de cela. Nous considérerons uniquement les dépenses directement associées à chaque vendeur, soit son salaire, ses commissions et ses frais de déplacement. N'oublions pas, cependant, qu'il est possible que ce dernier coûte légèrement plus cher, car il profite des services que lui offre l'entreprise (l'assistance, le soutien administratif, les bureaux, les installations, etc.). Il n'est toutefois pas souhaitable dans le cadre de cet ouvrage de compliquer davantage notre exemple.

La publicité. On peut calculer aisément le coût unitaire en publicité pour chaque produit en se référant aux données contenues dans le tableau 14.11 :

$$\text{Coût unitaire en publicité} = \text{Dépenses totales en publicité pour le produit} \div \text{Quantité vendue}$$

Planche Albertville = 85 770 $ ÷ 8 342 = 10,28 $/planche
Planche Tignes = 23 430 $ ÷ 3 834 = 6,11 $/planche
Planche Chamonix = 10 800 $ ÷ 1 841 = 5,86 $/planche

Nous obtiendrons le coût en publicité par représentant en multipliant le coût unitaire en publicité par le nombre d'unités qu'il a vendues. Bien que le coût unitaire en publicité soit le même pour tous les représentants et que, par conséquent, il ne tienne pas compte de la productivité de chacun dans la vente d'un produit avec des dépenses publicitaires inférieures à celles d'un collègue, cette base d'allocation est la plus recommandée dans les publications.

La promotion. Le montant de 36 000 $ dépensé en promotion peut être facilement réparti, car chaque représentant tient un registre détaillé de ses activités de promotion, lesquelles sont constituées des éléments suivants : les planches données (lors de concours ou de commandites), le budget consacré aux commandites et les autres activités de promotion (*voir le tableau 14.12*).

TABLEAU 14.12
Planches Harfang inc. Activités de promotion des représentants (en dollars)

	Valeur des marchandises données	Commandites	Autres activités	Total
Claude Brassard	2 840	4 630	1 110	8 580
Jacqueline Lemelin	3 250	4 840	1 530	9 620
Paule Vaillancourt	2 410	2 800	1 160	6 370
André Couture	3 450	4 400	2 580	10 430

La recherche en marketing. Jacqueline Lemelin, la représentante de Trois-Rivières, s'est rendu compte que les planches à neige Harfang étaient mal perçues par la clientèle de son territoire. Elle a donc fait réaliser une étude de notoriété et de perception de l'image de marque, qui a coûté 6 800 $. Quant à Claude Brassard, il a commandé un test de marché pour les trois modèles de planches dans différentes stations de ski de la région de Québec afin de recueillir les commentaires de planchistes après l'essai des produits. Ce test, qui a duré plusieurs semaines, a coûté 8 400 $. Devant l'hésitation des marchands du Lac-Saint-Jean à adopter ses produits, Paule Vaillancourt a fait faire une étude de marché au coût de 6 295 $. Enfin, André Couture a dépensé 3 800 $ pour obtenir une étude de notoriété auprès des clients des magasins d'articles de sport de la Beauce.

L'entreposage. Étant donné que les produits sont emballés à l'usine, les seules dépenses d'entreposage de la succursale sont indirectes ; elles ne sont donc pas effectuées par l'équipe de vente.

Le traitement et la facturation des commandes. La seule dépense liée à l'équipe de vente est le montant affecté aux fournitures postales et de bureau par commande. Il est de 1,77 $ la commande (925 $ ÷ 523 commandes).

Le transport. Les frais de transport sont de 6,65 $ par planche à neige (93 240 $ ÷ 14 017 planches) et sont entièrement imputés au compte des représentants, car il s'agit de coûts directs par produit.

Comme on peut le constater au tableau 14.13, les quatre représentants sont rentables ; autrement dit, ils rapportent plus que ce qu'ils coûtent. On peut en outre

TABLEAU 14.13
Planches Harfang inc. Analyse de la rentabilité par représentant (en dollars)

	Total	Claude Brassard	Jacqueline Lemelin	Paule Vaillancourt	André Couture
Ventes					
Albertville	1 376 430	318 120	350 460	334 125	373 725
Tignes	824 310	200 165	207 260	203 605	213 280
Chamonix	543 095	133 045	135 700	129 210	145 140
Ventes totales	**2 743 835**	**651 330**	**693 420**	**666 940**	**732 145**
Coût des ventes					
Albertville	1 084 460	250 640	276 120	263 250	294 450
Tignes	613 440	148 960	154 240	151 520	158 720
Chamonix	368 200	90 200	92 000	87 600	98 400
	2 066 100	489 800	522 360	502 370	551 570
Marge brute	677 735	161 530	171 060	164 570	180 575
Dépenses					
Ventes directes					
Salaires	85 000	20 000	22 000	20 000	23 000
Commissions	27 440	6 513	6 934	6 669	7 321
Déplacements	68 000	12 660	16 277	20 255	18 808
Publicité					
Albertville	85 770	19 823	21 838	20 819	23 288
Tignes	23 430	5 689	5 891	5 788	6 062
Chamonix	10 800	2 647	2 700	2 571	2 888
Promotion	34 000	8 580	9 620	6 370	9 430
Recherche en marketing	25 295	8 400	6 800	6 295	3 800
Traitement et facturation des commandes	925	142	292	265	226
Transport	93 240	23 170	24 836	23 820	26 243
Total des dépenses	**453 900**	**107 624**	**117 188**	**112 852**	**121 066**
Profit net (perte nette)	**223 835**	**53 906**	**53 872**	**51 718**	**59 509**

Note : Il est possible de constater une légère imprécision dans la sommation des colonnes. Cela est dû à l'arrondissement des nombres obtenus à partir d'une multiplication avec un ratio. Cette situation concerne aussi les tableaux suivants.

saisir davantage l'importance de la notion de « coûts directs » ; seuls ces derniers ont été considérés. Si un des représentants était congédié, tous les coûts qui lui sont imputés disparaîtraient alors. Le problème du directeur de notre exemple reste cependant entier. Sa succursale n'est pas rentable même si, théoriquement, tous ses représentants le sont. C'est peut-être parce qu'ils ne génèrent pas assez de ventes et, par conséquent, de profits. Une comparaison avec le rendement des vendeurs des autres succursales serait sans doute de mise. Le nombre de quatre représentants est-il justifié ?

14.5.4 L'analyse de la rentabilité par client

Pour reprendre notre exemple, supposons que le directeur décide malgré tout de garder ses quatre représentants en raison de leur rentabilité individuelle. Toutefois, en l'augmentant, on pourrait peut-être améliorer la situation de toute la succursale. La dernière question à se poser concerne les clients. Sont-ils tous rentables ? Y a-t-il des clients qui demandent à l'entreprise trop de travail de marketing pour ce qu'ils rapportent en ventes ? Considérons la situation de Paule Vaillancourt, la vendeuse la moins rentable. Cette rentabilité inférieure à celle des autres vendeurs serait-elle attribuable à un client ? Paule Vaillancourt a trois clients représentant chacun un ou plusieurs commerces d'articles de sport (cette situation est simplifiée à l'extrême). Le tableau 14.14 indique les nombres de visites, de commandes et d'unités de chaque produit associés à chaque client de Paule Vaillancourt.

TABLEAU 14.14

Planches Harfang inc. Opérations de Paule Vaillancourt par client

Clients de Paule Vaillancourt	Nombre de visites	Nombre de commandes	Nombre de planches achetées			
			Albertville	Tignes	Chamonix	Total
Sag Sport inc.	140	50	960	420	210	1 590
Jonquière Sport inc.	70	45	815	337	158	1 310
Lac Expert inc.	70	55	250	190	70	510
	280	150	2 025	947	438	3 410

Comme on peut le constater au tableau 14.15, à la page suivante, même si tous les clients de Paule Vaillancourt sont rentables, Lac Expert inc. l'est beaucoup moins que les deux autres (près de cinq fois moins). Nul doute que cette représentante pourrait améliorer son rendement en rationalisant davantage son travail auprès du client en question, notamment en diminuant le nombre de ses visites. Autrement, elle devra tout tenter pour augmenter la valeur des achats de Lac Expert inc.

Cet exemple très simple démontre que l'analyse de la rentabilité permet au gestionnaire des ventes de mieux déceler les sources d'inefficacité. Un fait demeure, cependant : cet exercice demande des données comptables régulières, irréprochables et standardisées. Si l'analyse de la rentabilité est un processus reconnu et accessible, la disponibilité des données nécessaires à son accomplissement reste un facteur capital ; on doit donc disposer d'une comptabilité séparée pour chaque segment (vendeur, succursale, client, produit, etc.). En outre, il faut obtenir des chiffres précis sur les activités des représentants pour mener l'opération à terme.

TABLEAU 14.15

Planches Harfang inc. Analyse de la rentabilité par client de Paule Vaillancourt (en dollars)

	Total	Sag Sport inc.	Jonquière Sport inc	Lac Expert inc.
Ventes				
Albertville	334 125	158 400	134 475	41 250
Tignes	203 605	90 300	72 455	40 850
Chamonix	129 210	61 950	46 610	20 650
Ventes totales	**666 940**	**310 650**	**253 540**	**102 750**
Coût des ventes				
Albertville	263 250	124 800	105 950	32 500
Tignes	151 520	67 200	53 920	30 400
Chamonix	87 600	42 000	31 600	14 000
Total du coût des ventes	**502 370**	**234 000**	**191 470**	**76 900**
Marge brute	164 570	76 650	72 070	25 850
Dépenses				
Ventes directes				
Salaires	20 000	10 000	5 000	5 000
Commissions	6 669	3 107	2 535	1 027
Déplacements	20 255	10 128	5 364	5 064
Publicité				
Albertville	20 819	9 869	8 378	2 570
Tignes	5 788	2 566	2 059	1 161
Chamonix	2 571	1 233	927	411
Promotion	6 370	2 970	2 447	953
Recherche en marketing	6 295	2 935	2 118	942
Traitement et facturation des commandes	265	89	80	97
Transport	23 870	11 130	9 170	3 570
Total des dépenses	**112 902**	**54 027**	**38 078**	**20 795**
Profit net (perte nette)	**51 668**	**22 623**	**23 992**	**5 055**

Pour certaines entreprises, cela peut se traduire par une transformation en profondeur du système de comptabilité de prix de revient. Dans la plupart des cas, on comprendra que le jeu en vaut la chandelle[7], pour autant que l'information comptable circule librement vers le Service de marketing. Enfin, on constate que les bases d'allocation peuvent influer grandement sur la rentabilité du segment (par exemple, le coût unitaire en publicité). Il importe de les choisir adéquatement et de les conserver afin de maintenir une certaine continuité dans ces analyses.

14.6 L'analyse du rendement de l'actif

L'analyse du rendement de l'actif est un autre type d'analyse à la disposition du gestionnaire des ventes. Elle peut compléter l'analyse des coûts. Considérons l'équation suivante[8] :

$$\text{Rendement de l'actif (ROI)} = \frac{\text{Profit net}}{\text{Ventes}} \times \frac{\text{Ventes}}{\text{Investissement}}$$

$$= \text{Apport en pourcentage des ventes} \times \text{Taux de rotation de l'actif}$$

Le terme « investissement » peut être considéré du point de vue des actionnaires ou du point de vue des gestionnaires de l'entreprise. Du point de vue des actionnaires, on effectuera le calcul du rendement de l'actif en ne tenant compte que de ce que les actionnaires ont investi et récolté, soit le capital-actions et les bénéfices non répartis. Ces deux éléments, qui constituent l'avoir des actionnaires, sont donc le champ d'intérêt de ces derniers. Quant aux gestionnaires, ils s'intéresseront aux investissements totaux, soit à la valeur de l'actif. Cela comprend l'avoir des actionnaires et la dette de l'entreprise (le passif).

Illustrons cela par un exemple très simple. Supposons qu'une entreprise présente les états financiers suivants (en dollars) :

Bilan (en dollars)			
Actif	600 000	Passif	200 000
		Capital-actions	300 000
		Bénéfices non répartis	100 000
			600 000
État des revenus et des pertes (en dollars)			
Ventes			1 000 000
Coût des marchandises vendues et dépenses			950 000
Profit net			**50 000**

Alors, le rendement de l'actif pourra être de :

$$\frac{50\,000\,\$}{1\,000\,000\,\$} \times \frac{1\,000\,000\,\$}{400\,000\,\$} = 12{,}5\,\% \quad \text{si l'on s'adresse aux actionnaires,}$$

ou de :

$$\frac{50\,000\,\$}{1\,000\,000\,\$} \times \frac{1\,000\,000\,\$}{600\,000\,\$} = 8{,}3\,\% \quad \text{si l'on s'adresse aux gestionnaires.}$$

Précisons qu'il est possible d'éliminer le montant des ventes au dénominateur de la première fraction et au numérateur de la deuxième fraction, de manière à obtenir un seul ratio, ce qui simplifierait les choses. Nous aurions ainsi :

$$\frac{\text{Profit net}}{\text{Investissement}}$$

On recourt à une multiplication de deux ratios parce que la valeur de chacun d'eux est utile au gestionnaire, autant que celle du rendement de l'actif (*voir la figure 14.3*). Si l'on considère le premier ratio (profit net ÷ ventes), on obtient la capacité de la direction à générer des profits selon un volume des ventes déterminé. Plus le ratio est élevé, plus les activités de gestion sont rentables. Cela peut renseigner le gestionnaire du Service du marketing sur l'efficacité des politiques qui le concernent (la détermination des prix, la gestion de produits, la gestion publicitaire, etc.).

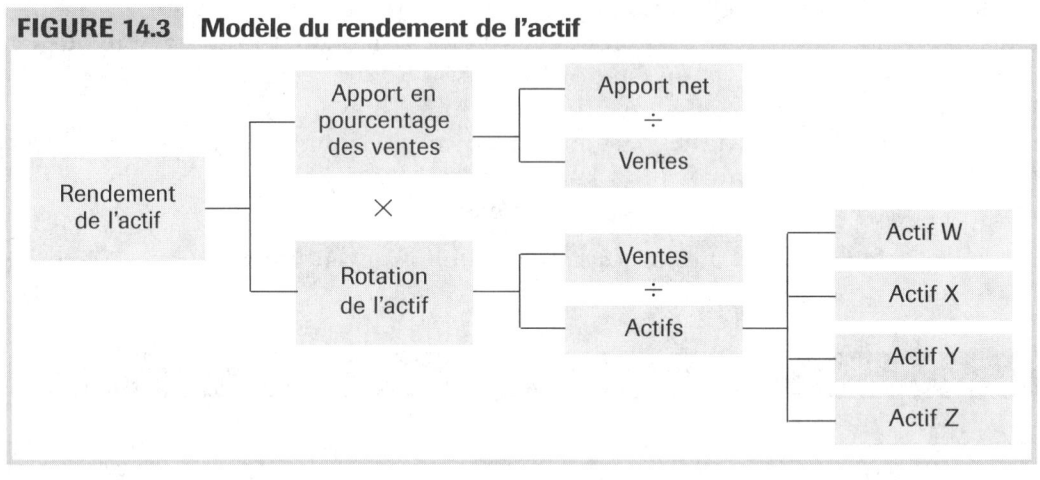

FIGURE 14.3 Modèle du rendement de l'actif

Source: Churchill Jr, J.A., N.M. Ford et O.C. Walker Jr. *Sales Force Management*, 3ᵉ éd. Homewood (Ill.), R.D. Irwin, 1990, p. 720.

Ainsi, supposons que la gestion du marketing de la dernière année de la société Planches Harfang inc. ait été particulièrement efficace et que les profits se soient chiffrés à 100 000 $ (plutôt qu'à 50 000 $); dans ce cas, le rendement de l'actif doublera. Il sera de :

$$\frac{1\,000\,000\,\$ \text{ (profits nets)}}{1\,000\,000\,\$ \text{ (ventes)}} \times \frac{1\,000\,000\,\$ \text{ (ventes)}}{600\,000\,\$ \text{ (investissement)}} = 0{,}10 \times 1{,}67 = 16\,2/3\,\%$$

On pourra aussi obtenir un accroissement du rendement de l'actif en générant un profit semblable avec un investissement moindre, ce qui traduit une bonne gestion du marketing, par exemple le fait d'atteindre le même volume des ventes avec moins de succursales et de vendeurs. Si l'investissement est de 500 000 $ (plutôt que de 600 000 $), le ratio ventes/investissement passera de 1,67 à 2,0 et le rendement de l'actif sera donc de 10 % (50 000 $/1 000 000 $ × 1 000 000 $/500 000 $ = 0,05 × 2,0 = 10 %). Si, enfin, le volume des ventes change, le rendement de l'actif restera le même, celui-ci n'étant influencé que par les profits et le niveau d'investissement. Cependant, chacun des ratios sera transformé.

Supposons que les ventes doublent (de 1 000 000 $ à 2 000 000 $), le ratio profit/ventes équivaudra à 50 000 $/2 000 000 $, soit 0,025; cela indique une gestion du marketing beaucoup moins efficace, puisque les ventes qui ont doublé n'ont pas réussi à engendrer un meilleur profit. Par ailleurs, le deuxième ratio doublera (de 1,67 à 3,3), car le même investissement entraînera des ventes deux fois plus élevées. Autrement dit, le rendement de l'actif peut montrer des dépenses trop élevées et une gestion déficiente à l'aide du premier ratio de son équation. Dans le domaine de la gestion des ventes, le rendement de l'actif permet de comparer le rendement de différentes succursales. Le tableau 14.16 illustre la situation de deux d'entre elles. Il semble que la succursale B soit plus efficace que la succursale A. Bien que le premier ratio de la succursale B (bénéfices ÷ ventes) soit inférieur à celui de la succursale A, le taux de rotation de l'actif est sensiblement meilleur. Le problème de la succursale A est davantage relié à ce dernier ratio qu'à la gestion du marketing proprement dite.

TABLEAU 14.16
Planches Harfang inc. Analyse du rendement de l'actif (en dollars)

	Succursale A	Succursale B
Ventes	2 600 000	1 750 000
Coût des marchandises vendues	2 000 000	1 400 000
Marge brute	600 000	350 000
Moins dépenses variables des succursales		
Salaires	165 000	65 000
Commissions	40 000	15 000
Dépenses de bureau	35 000	25 000
Déplacements et relations publiques	20 000	26 000
	260 000	131 000
Apport de la succursale aux profits	340 000	220 000
Investissements de la succursale		
Comptes clients	350 000	175 000
Stocks	950 000	315 000
	1 300 000	490 000
Bénéfices en pourcentage des ventes	13,0 %	12,5 %
Taux de rotation de l'actif	2,0 %	3,5 %
Rendement de l'actif de la succursale	26,0 %	43,8 %

14.7 Conclusion

Le tableau 14.17, à la page suivante, indique les résultats d'une enquête effectuée en 1982 auprès de 146 entreprises, dont le but était de mieux connaître la nature de leurs méthodes comptables. Comme on peut le constater, environ 60 % des participants font des analyses des ventes par segment (par produit, client, représentant et région) et un nombre plus ou moins important pratiquent une ou plusieurs formes d'analyse des coûts. Après la lecture de ce chapitre, où l'on a vu l'importance de l'analyse de la rentabilité par segment, on aurait pu croire qu'un plus grand nombre d'entreprises seraient adeptes de ce type d'analyse.

Malheureusement, l'analyse du rendement de l'actif ne semble pas très populaire malgré les services énormes qu'elle peut rendre. L'analyse des coûts, quant à elle, paraît davantage reliée aux produits qu'aux autres segments. La rentabilité par client n'est pas une mesure qui suscite l'enthousiasme. Bref, on constate que l'analyse de la rentabilité complète (par segment) que nous avons examinée dans ce chapitre est encore fort mal comprise.

La comptabilité des coûts complets s'avérera toujours nécessaire. On a cependant constaté très vite ses limites dans la gestion du marketing et des ventes. Tout comme pour l'analyse des ventes abordée au chapitre précédent, on ne pourra faire efficacement l'analyse des coûts qu'en utilisant des données sectorielles conduisant à l'examen de la rentabilité de chaque produit, de chaque représentant, de chaque client important et de chaque unité administrative ou région. Enfin, la méthode de la contribution marginale doit être privilégiée dans ces types d'application, car elle favorise une attribution exclusive des coûts dont la responsabilité est directement reliée au segment étudié.

TABLEAU 14.17
Nombre d'entreprises recourant à des analyses des ventes, des coûts et du rendement de l'actif par segment

Description	Par produit	Par client	Par représentant	Par région
Analyse des ventes				
Volume des ventes (en unités ou en dollars)	92	91	87	92
Volume des ventes (selon des quotas ou des objectifs)	54	48	75	70
Analyse des coûts				
Dépenses	40	18	53	38
Apport aux profits (ventes moins coûts directs)	75	41	32	26
Profit net (ventes moins coûts directs moins coûts indirects)	57	24	19	12
Rendement de l'actif	29	10	10	7

Source: Adapté de Jackson Jr, D.W., L.L. Ostrom et K.R. Evans. «Measures used to evaluate industrial marketing activities». *Industrial Marketing Management*, n° 11 (octobre 1982), p. 269-274.

RÉSUMÉ

L'analyse des coûts se penche sur les coûts générés pour produire les résultats obtenus par une entreprise. Elle permet au gestionnaire des ventes de rattacher à chaque segment, que ce soit un territoire, un vendeur, un client, une succursale ou un représentant, les coûts occasionnés directement par celui-ci et constater son degré de rentabilité. Cette opération doit considérer les coûts comptables et les coûts de marketing. Les coûts comptables servent à tenir un registre des opérations de l'entreprise au fil des années. Les coûts de marketing, quant à eux, servent à réaliser des analyses de la rentabilité des opérations de distribution de l'entreprise afin d'effectuer la planification et le contrôle. Dans l'analyse de la rentabilité, on doit aussi distinguer les coûts de production, où le coût est fonction du volume, des coûts de marketing, où le volume est fonction du coût.

L'analyse des coûts de marketing peut être réalisée selon deux approches : la méthode des coûts complets et la méthode de la contribution marginale. Cette seconde méthode, utilisée dans ce chapitre, ne tient compte que des coûts engendrés par chaque segment. Pour procéder à cette analyse, le gestionnaire pourra avoir recours à la comptabilité ABC, une nouvelle approche qui s'intéresse aux relations de cause à effet entre les coûts et leurs retombées souhaitées.

L'analyse de la rentabilité est un processus en cinq étapes : 1) la détermination des objectifs de l'analyse de la rentabilité ; 2) la détermination des comptes sectoriels ; 3) la répartition des coûts des comptes naturels dans les comptes sectoriels ; 4) l'allocation des coûts sectoriels aux segments appropriés ; 5) la sommation des coûts affectés à l'activité. Ce processus est mis en application dans un cas concret, celui d'une entreprise fictive de fabrication de planches à neige. Ce cas illustre donc l'état des profits et des pertes de l'entreprise, la ventilation des comptes naturels vers les comptes sectoriels, la rentabilité par représentant, l'allocation des coûts sectoriels aux vendeurs et la rentabilité par client.

Enfin, le chapitre se termine par l'analyse du rendement de l'actif, analyse servant à compléter celle des coûts. Ce rendement est obtenu par la multiplication de deux ratios : l'apport du pourcentage des ventes (apport net/ventes) multiplié par la rotation de l'actif (ventes/actifs). Dans le domaine de la gestion des ventes, le rendement de l'actif permet de comparer le rendement de différentes succursales.

QUESTIONS

1. Un gestionnaire décide de ventiler les postes de l'état des résultats de l'entreprise entre ses cinq succursales au prorata de leur chiffre d'affaires respectif. « De cette façon, se dit-il, je saurai immédiatement si l'une d'elles est déficitaire. »

Après avoir achevé l'exercice, il constate que la succursale de l'Estrie enregistre une perte. Il croit alors qu'en éliminant cette succursale (et donc la perte) les profits de l'entreprise devraient augmenter. Cependant, après avoir recommencé l'exercice, il s'aperçoit qu'une deuxième succursale est déficitaire. Désemparé, il vous demande conseil. Que lui répondrez-vous ?

2. Un représentant vient vous consulter: «Mon superviseur affirme que je ne suis pas efficace et il songe à me congédier!» Vous décidez de vérifier le bien-fondé de ces conclusions.

a) Quels éléments doivent faire partie de votre analyse?

Puis le représentant ajoute: «Il m'a même attribué les coûts de publicité et de recherche en marketing des produits que j'ai vendus!»

b) Que lui répondrez-vous?

3. L'information suivante concernant deux représentants vous est livrée:

Représentant	Nombre de visites	Nombre de commandes	Unités vendues	Ventes totales	Coût total des ventes
A	300	350	25 000	950 000 $	800 000 $
B	395	330	28 000	1 100 000 $	920 000 $

Le salaire du représentant A est de 32 000 $ et celui du représentant B est de 33 000 $. Les commissions des deux représentants sont établies à 2 %. Le coût de la publicité est de 3,50 $ l'unité. Les coûts de la livraison et du traitement des commandes sont respectivement de 2 $ et de 1 $ l'unité et les frais de déplacement s'élèvent à 1 $ la visite. Quel serait l'apport au profit (ou à la perte) de chacun de ces deux représentants?

4. Un grossiste important a besoin de votre aide afin d'améliorer l'efficacité de son équipe de vente. Il vous remet l'état des profits et des pertes de sa division de décapant industriel en précisant que même si les clients contribuent à la rentabilité de l'entreprise il aimerait qu'ils achètent davantage. De plus, il voudrait savoir si tous ces clients méritent qu'on s'occupe d'eux de la façon actuelle.

État des profits et des pertes (en dollars)		
Ventes		558 000
Coût des marchandises vendues		392 000
Marge brute		166 000
Dépenses		
Salaires	52 000	
Loyer et téléphone	21 000	
Fournitures	16 000	89 000
Profit net		**77 000**

De plus, il vous dit que les quatre activités suivantes se partagent les comptes de frais:

- la vente, qui permet de verser les salaires aux vendeurs et qui requiert une partie des fournitures (les vendeurs n'ont pas de bureau dans l'édifice de l'entreprise et ils ont leur propre téléphone);

- la publicité, à laquelle est attribuable une partie des dépenses des trois autres activités;

- l'empaquetage et la livraison, qui nécessitent un étudiant à temps partiel dans un entrepôt;

- la facturation et l'encaissement.

Il n'y a qu'un produit, lequel est vendu à un seul prix : le contenant de décapant de 20 litres à 50 $ l'unité. Après avoir relevé les factures nécessaires, vous arrivez à la ventilation suivante (en dollars) :

Comptes naturels		Comptes sectoriels			
	Total	Ventes	Publicité	Empaquetage (mise en barils)	Facturation, encaissement et livraison des commandes
Salaires	52 000	44 000	2 000	2 000	4 000
Loyer et téléphone	21 000		2 000	16 000	3 000
Fournitures	16 000	2 000	6 000	6 000	2 000
Total	**89 000**	**46 000**	**10 000**	**24 000**	**9 000**

En outre, vous recueillez grâce à des rapports personnels de l'équipe de vente et de l'entreprise ces renseignements supplémentaires :

- cette division n'a que trois clients : les quincailliers Martel, Pagé et Larouche ;
- l'équipe de vente a effectué 115 visites à la quincaillerie Martel, l'entreprise a préparé 60 messages publicitaires en son nom et elle a obtenu 40 commandes. Il y a eu 45 visites à la quincaillerie Pagé, 40 messages ont été faits en son nom et 68 commandes ont été passées. Enfin, les représentants ont visité 25 fois la quincaillerie Larouche, l'entreprise a conçu 30 messages et le client a passé 40 commandes. Les ventes de la quincaillerie Martel totalisent 300 000 $, celles de la quincaillerie Pagé, 108 000 $, et celles de la quincaillerie Larouche, 150 000 $.

a) Faites une analyse de la rentabilité pour chacun de ces trois clients.
b) À la suite de cette analyse, tirez les conclusions qui s'imposent en ayant soin de faire ressortir les avantages et les inconvénients d'une décision possible.
c) En ce qui a trait à l'équipe de vente, déterminez les problèmes et trouvez les solutions pour accroître les ventes chez certains clients.

5. Une entreprise présente les états financiers (simplifiés) suivants :

États financiers (en dollars)			
Bilan			
Actif	800 000	Passif	300 000
		Capital-actions	300 000
		Bénéfices non répartis	200 000
			800 000
État des revenus et des pertes			
Ventes	1 400 000		
Coût des marchandises vendues	800 000		
Marge brute	600 000		
Dépenses	400 000		
Profit net	200 000		

Quel sera le rendement de l'actif susceptible d'intéresser les actionnaires de l'entreprise ?

a) De quelle façon les gestionnaires risquent-ils de voir la situation ?

b) Comment pourrait-on améliorer le rendement de l'actif ?

c) Pourquoi utiliserait-on deux ratios dans le calcul du rendement de l'actif alors qu'un seul suffirait ?

6. À titre de gestionnaire des ventes de la société Montérégie Sportive, vous désirez évaluer le rendement de vos deux succursales. Vous décidez d'examiner de quelle manière chaque succursale gère les actifs qu'elle emploie dans la vente. Déterminez le rendement de l'actif de chaque succursale. (Les données sont en dollars.)

	Succursale 1	**Succursale 2**
Ventes	800 000	500 000
Coût des marchandises vendues	624 000	390 000
Marge brute	176 000	110 000
Dépenses		
Salaires	49 600	31 000
Commissions	8 000	5 000
Dépenses de bureau	9 600	6 000
Déplacements	12 800	8 000
Total	80 000	50 000
Profit net	96 000	60 000
Investissement en actifs		
Comptes clients	120 000	45 000
Stocks	200 000	80 000

7. Un gestionnaire des ventes qui vient de découvrir l'analyse de la rentabilité décide d'appliquer cette méthode à chacun des clients de l'entreprise. Il constate qu'un d'eux ne rapporte pas assez et ordonne au représentant de le laisser tomber.

a) Que recommanderiez-vous à ce gestionnaire avant qu'il ne prenne les grands moyens ?

b) Quelles pourraient être les conséquences de son geste ?

8. Vous venez d'être promu directeur des ventes d'une entreprise. Vous constatez que le Service du marketing et celui des ventes disposent de peu de données comptables. Le contrôleur de l'entreprise, quant à lui, hésite à transmettre de l'information à votre service.

a) Comment pouvez-vous tenter de le convaincre ?

b) Quelles solutions accommodantes suggérerez-vous ?

9. Qu'est-ce que la comptabilité ABC ?

Pourquoi est-elle si intéressante pour le gestionnaire des ventes ?

NOTES

1. HISE, R.T. «Have manufacturing firms adopted the marketing concept?». *Journal of Marketing*, nº 29 (juillet 1975), p. 9-12.

   «Report of the committee on cost and profitability analysis for marketing». *The Accounting Review, supplément*, vol. 47, 1972, p. 575-615.

   RAYBURN, G.L. «Accounting tools in the analysis and control of marketing performance». *Industrial Marketing Management*, nº 6, 1977, p. 175-182.

   DUBINSKY, A.J. et T.E. BARRY. «A survey of sales management practice». *Industrial Marketing Management*, nº 11 (avril 1982), p. 133-141.

2. SPIRO, R.L., W.J. STANTON et G.A. RICH. *Management of a Sales Force*, 11e éd. Boston, McGraw-Hill Irwin, 2003, p. 420.

3. WHEATLEY, J.J. «The allocation controversy in marketing cost analysis». *University of Washington Business Review*, été 1971, p. 61-70.

4. DWYER, R. et J.F. TANNER. *Business Marketing : Connecting Strategy, Relationships and Learning*. New York, McGraw-Hill, 2002.

5. GOEBEL, D.J., G.W. MARSHALL et W.B. LOCANDER. «Activity-based costing: accounting for a market orientation». *Industrial Marketing Management*, vol. 27, nº 6 (novembre 1998), p. 497-510.

6. Ce cas fictif a été préparé par les auteurs.

7. SEIK, L.L. et S.L. BUZBY. «Profitability analysis by market segments». *Journal of Marketing*, nº 37 (juillet 1973), p. 48-53.

   HIRPALANI, V.H. «Financial dimension of marketing management». *Journal of Marketing*, nº 37 (juillet 1973), p. 40-42.

   MORGAN, D.S. et F.W. MORGAN. «Marketing cost controls: a survey of industry practices». *Industrial Marketing Management*, nº 9 (juillet 1980), p. 217-221.

8. SCHIFF, J.S. et M. SCHIFF. «New sales management tool: ROAM». *Harvard Business Review*, nº 45 (juillet-août 1967), p. 59-66.

Information supplémentaire

HORNGREN, C. et al. *Comptabilité de gestion*, 3e éd. Paris, Pearson Éducation, 2006, 466 p.

DWYER, R. et J.F. TANNER. *Business Marketing : Connecting Strategy, Relationships and Learning*. New York, McGraw Hill, 2002.

RAYBURN, G.L. *Principles of Cost Accounting and Managerial Implications*. Homewood (Ill.), Irwin, 1979.

SIMON, S.T. *Managing Marketing Profitability*. New York, American Management Association, 1960.

Lectures recommandées

JOHNSTON, M.W. et G.W. MARSHALL. *Churchill/Ford/Walker's Sales Force Management*, 8e éd. Boston, McGraw-Hill Irwin, 2006, chapitre 12.

SPIRO, R.L., W.J. STANTON et G.A. RICH. *Management of a Sales Force*, 11e éd. Boston, McGraw-Hill Irwin, 2003, chapitre 15.

CAS DE LA PARTIE 4

Cas 1   La société Mac Bull inc.

Mac Bull inc. est une entreprise de vente au détail de machinerie légère. Située en face de Québec, elle a été fondée en 1978, puis vendue en 1982 à son actuel propriétaire, M. Alain Desbiens. Cette entreprise a connu son heure de gloire : immédiatement après la récession du début des années 1980, elle a enregistré une croissance de ses ventes et des profits importants. Malheureusement, le ralentissement de la fin de la décennie a ramené M. Desbiens à une triste réalité : les années de vaches grasses et d'argent facilement gagné étaient chose du passé. Dorénavant, il faudrait se battre pour survivre. Ce constat a poussé M. Desbiens à s'interroger sur la condition de son entreprise et sur les mesures à adopter pour corriger la situation et affronter solidement les années 1990. Sa réflexion a porté sur toutes les opérations et sur toutes les ressources humaines de l'entreprise, y compris lui-même. Au cours de l'hiver 1992, devant l'ampleur du problème, M. Desbiens a fait appel à une firme de consultants en administration de Québec. Il a alors déclaré que la principale cause de la situation de son entreprise était sa propre incompétence dans la gestion d'une société en période de crise. Ce serait sa faute si une vingtaine de personnes se retrouvaient sur le pavé... Cela illustre à quel point la situation était dramatique.

L'industrie de la machinerie

Le domaine de la construction est un de ceux qui souffrent le plus d'une récession. L'industrie de la machinerie subit donc le contrecoup de cette situation. Le début des années 1990 est une période cruciale pour plusieurs entreprises qui œuvrent dans ce secteur d'activité. Certaines d'entre elles, telles que Case et Massey Ferguson, doivent se remettre en question. Les distributeurs font les frais de ces perturbations. Non seulement doivent-ils supporter les pressions des fabricants qui se lancent souvent dans des guerres de prix qui leur font un tort considérable, mais ils doivent de plus affronter un marché d'utilisateurs de moins en moins solvables et qui ont tendance à opter pour une machinerie d'occasion abondante vu le ralentissement de la construction et la faillite de nombreux entrepreneurs.

Plusieurs détaillants qui se retrouvent avec des stocks encombrants et coûteux et des frais fixes rigides ne sont tout simplement plus capables de faire face à cette réalité et se voient contraints de fermer leurs portes. Quelques-uns cependant se tirent très bien d'affaire ; c'est le cas notamment de ceux qui consacrent une grande partie de leurs activités au domaine agricole, lequel est moins touché par le ralentissement économique, et de ceux qui ont réussi à garder des stocks limités et à limiter les dépenses à un niveau raisonnable.

La machinerie industrielle légère (petites pelles mécaniques, convoyeurs de chantier, petits bulldozers, etc.) représente environ 75 % des recettes des produits de Mac Bull. Le matériel d'entretien de terrains de golf (le secteur récréatif est lui aussi fortement éprouvé par la récession) génère 15 % des ventes. Quant à la machinerie agricole, elle ne produit que 5 % de ces dernières. Le reste (5 %) est partagé entre une multitude d'accessoires. Mac Bull dispose aussi d'un service de pièces pour l'entretien et la réparation du matériel vendu. On trouve une vingtaine d'employés répartis dans les différents services de l'entreprise. L'organigramme suivant montre l'affectation des ressources humaines de Mac Bull :

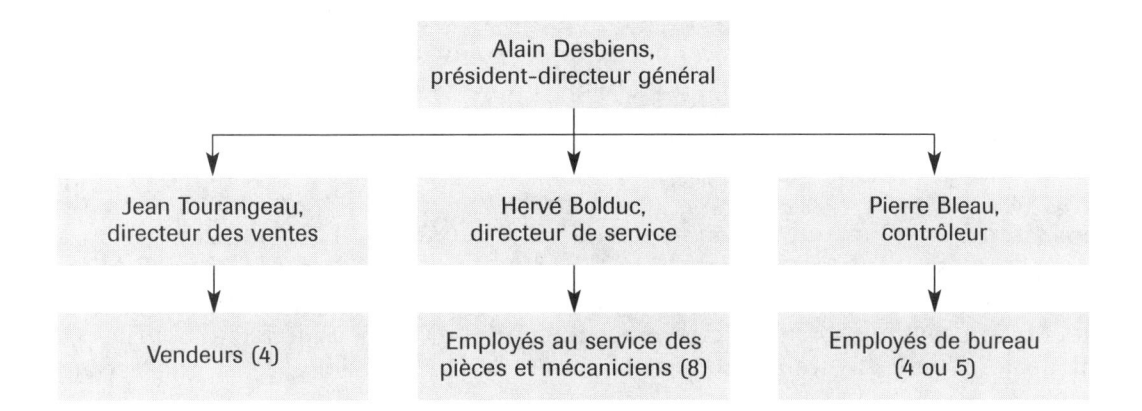

```
                    Alain Desbiens,
                président-directeur général
                /          |          \
   Jean Tourangeau,   Hervé Bolduc,    Pierre Bleau,
   directeur des ventes  directeur de service   contrôleur
          |                  |                |
      Vendeurs (4)    Employés au service des    Employés de bureau
                      pièces et mécaniciens (8)      (4 ou 5)
```

La situation de Mac Bull

La situation de la société Mac Bull est on ne peut plus classique. Après avoir souvent enregistré un chiffre d'affaires avoisinant les 8 millions de dollars par année, elle prévoit pour 1992 un chiffre d'affaires d'environ 4 millions de dollars. Notons que la situation, qu'on croyait passagère, se détériore depuis trois ans. C'est toutefois la première année que l'entreprise se trouve dans une situation aussi précaire. M. Desbiens doit même éponger le déficit de la société avec son argent personnel. Ce dernier, qui est un bon père de famille, hésite à licencier du personnel ou à procéder à des compressions importantes. On observe même un désordre significatif dans les relations de travail, où chacun fait à sa tête et tente de tirer la couverture de son côté. Personne n'accepte une part de responsabilité dans la situation de l'entreprise (c'est toujours la faute des autres) et, la tolérance excessive de M. Desbiens aidant, chacun y va de ses propres initiatives – quand initiative il y a. Cet état de choses est peut-être dû au fait que tout le monde a joui d'une vie facile au cours des dernières années.

L'équipe de vente

L'équipe de vente de la société Mac Bull n'échappe pas à ce laisser-aller. En fait, les consultants imputent à cette équipe une part importante des difficultés que connaît actuellement l'entreprise. On y compte quatre vendeurs. Chacun a sa petite histoire.

Jean Tourangeau (14 ans d'ancienneté)

À 58 ans, c'est le représentant le plus âgé de l'entreprise. Il en a d'ailleurs été l'un des fondateurs en 1978. Toutefois, il a dû laisser la direction à M. Desbiens quand celui-ci est devenu propriétaire de l'entreprise en 1982. Bon an, mal an, M. Tourangeau atteint un chiffre d'affaires de près de 1 000 000 $. Cette année cependant, il a enregistré des ventes d'environ 700 000 $. Cela s'explique par une conjoncture particulièrement difficile et par le cheminement de carrière de M. Tourangeau qui, préparant sa retraite, diminue graduellement ses heures de travail. Ce représentant d'expérience

(35 ans de métier) constitue un pilier de l'organisation. Il connaît bien ses clients et il est fortement associé au monde de la machinerie légère. C'est lui qui a introduit au Québec, il y a quelques années, la marque d'avenir Kubota, dont Mac Bull est le plus gros concessionnaire en Amérique du Nord. Il sillonne la province et n'hésite pas à se rendre dans les régions les plus éloignées pour servir un client ; c'est d'ailleurs sa spécialité, car il est le seul représentant qui accepte de faire de longues heures de route.

Malheureusement, M. Tourangeau conserve son savoir-faire pour lui seul. Solitaire et peu communicatif, il refuse toute autorité, toute direction, et ne craint pas de manifester son mécontentement lorsqu'on le contrarie. L'an dernier, on lui a retiré le poste de directeur des ventes, car il manquait d'intérêt et de motivation dans ses fonctions. Cela a engendré un conflit avec tous ses collègues, si bien qu'on lui a conservé son titre de « vice-président » (pour des considérations humaines). Il ne jouit plus de toute façon d'aucune autorité officielle (et n'en accepte aucune, d'ailleurs)…

Claude Bergeron (8 ans d'ancienneté)

Officiellement, c'est le directeur des ventes. Dans les faits, il n'a ni formation ni aptitude dans ce domaine. On lui a attribué ce poste pour des raisons personnelles. M. Bergeron a connu de graves difficultés dans sa vie privée. Sa femme a été gravement malade et le couple a été durement éprouvé. À cela se sont ajoutés des problèmes financiers après que M. Bergeron eut été victime d'un fraudeur. Compatissant, M. Desbiens a offert le poste au vendeur infortuné afin de lui éviter des déplacements trop fréquents. M. Bergeron avait en effet exprimé le souhait à M. Desbiens de ne plus avoir à se déplacer pour solliciter des clients. Portant le titre « officiel » de « directeur des ventes », il exerce actuellement les fonctions suivantes : agir en tant qu'intermédiaire entre la direction et l'équipe de vente ; s'occuper des ventes auprès des clients qui se rendent au magasin ; s'occuper du service de location de machinerie.

Notons que M. Bergeron ne jouit d'aucune autorité morale ni effective auprès des autres représentants. Simplement, il occupe un poste qui lui permet de rester en permanence dans l'entreprise, mais ses collègues lui accordent plus ou moins leur estime…

Marcel Vallée (5 ans d'ancienneté)

Ayant enregistré des ventes de 800 000 $, Marcel Vallée est un vendeur stable et compétent. Toutefois, le niveau de motivation de ce dernier est moyen et il pourrait obtenir de bien meilleurs résultats s'il fournissait un effort supplémentaire. De plus, il accomplit son travail dans la région immédiate de Québec et dans la Beauce, où on trouve une forte densité de clients intéressants. Spécialiste des pelles mécaniques, il ne s'intéresse pas outre mesure aux autres produits de l'entreprise et se fait tirer l'oreille pour aller rencontrer les acheteurs potentiels de ces derniers. Très individualiste, il n'aime pas qu'on lui dise quoi faire et considère que son travail ne doit pas être critiqué.

Benoît Labbé (4 ans d'ancienneté)

L'année 1991 aura été pénible pour Benoît Labbé : ses ventes se sont élevées à 400 000 $ seulement. Celui-ci a connu des problèmes sérieux. En raison d'une dépression nerveuse, il a dû cesser de travailler pendant quatre mois. Maintenant, il se concentre presque exclusivement sur les machines d'entretien de terrains de golf. Principal instigateur de cette classe de produits, il a obtenu de M. Desbiens qu'il adopte la prestigieuse marque Bunton. Peu après, son intérêt s'est émoussé et il a informé son patron, une fois que ce dernier eut acheté une demi-douzaine de ces machines, qu'il était trop difficile de vendre celles-ci et qu'il vaudrait mieux tenter de liquider le tout...

M. Labbé poursuit une carrière peu fructueuse, où il passe le plus clair de son temps à tenter d'arracher une vente ici et là à un propriétaire de terrain de golf. Son rendement pour n'importe quel type de produit est médiocre et son mécontentement et sa hargne se font sentir de plus en plus. Il n'hésite pas à rendre ses collègues ou d'autres employés responsables des mauvais résultats de l'entreprise et il a déclaré à des consultants que s'il était congédié, ce serait un mal pour un bien... Par contre, on dénote chez lui une très grande fidélité à l'entreprise et son attitude actuelle est davantage reliée à son insatisfaction qu'à un problème d'aptitudes. Il déplore le fait que chaque représentant adopte une attitude individualiste et se montre peu préoccupé par le bien-être de l'organisation. Il apprécierait être davantage supervisé et dirigé.

Le constat

À la lumière de l'information recueillie, les consultants en sont venus à la conclusion que les problèmes de supervision du personnel minaient cette entreprise. Le leadership est tellement faible que chacun perçoit son propre rôle comme pouvant être ajusté selon ses volontés et ses désirs. Bien que chaque service de l'organisation éprouve des problèmes avec son personnel, celui des ventes mérite une attention particulière. Voici donc l'essentiel de ce qui a été relevé par les consultants.

Il n'y a aucun objectif général de vente chez Mac Bull, que ce soit pour l'entreprise, les représentants ou l'équipe de vente. Quant aux objectifs par produits ou par territoires, inutile d'y penser !

Les vendeurs ne sont soumis à aucune évaluation systématique et régulière. On examine de temps à autre leur rendement sur des bases plus ou moins aléatoires et en l'absence de critères définis.

Un seul représentant (Jean Tourangeau) accepte de solliciter des clients potentiels, y compris ceux qui pourraient s'intéresser à un produit qui ne fait pas partie de la spécialité du représentant. Les autres représentants préfèrent attendre que les acheteurs se rendent au magasin (comme dans le bon vieux temps) et ils n'acceptent de prendre la route qu'en cas de nécessité.

Les représentants organisent leurs activités et leur horaire comme bon leur semble. La répartition du territoire (est du Québec, à partir de Trois-Rivières et de

Drummondville) est aléatoire, répondant à des critères plus ou moins clairs. Il n'est pas rare de constater la visite de deux représentants chez des clients voisins et pour des motifs différents.

M. Pierre Bleau s'occupe officieusement de marketing, au détriment de ses fonctions de contrôleur. Il passe une grande partie de son temps à concevoir et à promouvoir du matériel de débroussaillement pour le compte d'importantes sociétés d'électricité (Hydro-Ontario) ou de compagnies forestières. Il admet que le développement de ce matériel coûte cher et rapporte peu, mais, toujours selon lui, cela pourrait être intéressant à long terme. M. Desbiens a une grande confiance en lui et accepte qu'il prenne des décisions lourdes de conséquences, comme le fait d'abandonner ou d'adopter une marque ou une gamme de produits, ou de procéder impulsivement à l'achat d'un nouveau matériel. Par ailleurs, M. Bleau n'hésite pas à s'improviser directeur des ventes de temps à autre ; il donne des conseils aux représentants et leur fait des reproches. Ces derniers ne lui accordent guère de crédibilité et attribuent son maintien dans l'entreprise à ses relations privilégiées avec le président. Notons que M. Bleau n'aime pas beaucoup son emploi de contrôleur ; la qualité de son travail s'en ressent donc.

Les consultants ont également décelé un problème en ce qui concerne la marge de profit générée par l'équipe de vente. Les représentants préfèrent vendre à rabais, parfois à perte, afin de préserver leur volume des ventes.

Les représentants sont rétribués à salaire fixe, peu importent les résultats (aussi aberrant que cela puisse paraître). M. Desbiens tient ainsi à s'assurer la fidélité de son équipe de vente.

Conclusion

À la lumière de l'information qui précède, il est évident que la société Mac Bull doit entreprendre une réorganisation complète de son équipe de vente. Le problème majeur est de savoir par où commencer étant donné l'inexistence d'une quelconque structure fiable. Les consultants suggèrent qu'une structure de vente soit mise en place et qu'un directeur des ventes (un vrai) soit embauché. L'entreprise pourrait se fixer comme objectif de réaliser des ventes de 10 millions de dollars l'an prochain pour les quatre représentants. L'objectif déterminé pour chaque représentant serait ensuite réparti par produits. Notons que les pelles mécaniques, qui constituent le matériel dont le prix de vente est le plus élevé (de 50 000 $ à 250 000 $ pièce), mais qui est aussi le plus rentable, devraient compter pour 50 % des ventes totales. À l'exception des convoyeurs de chantier, qui seraient éliminés à cause de la vigueur du marché de la machinerie d'occasion, on garderait tous les produits (la machinerie d'entretien de terrains de golf, les tracteurs et le matériel complémentaire). Le problème de la répartition des territoires devra aussi être soulevé. Toutefois, on s'entend pour dire que l'aspect le plus délicat qui devrait être abordé sera la supervision et l'évaluation de tous les représentants. M. Desbiens tient à ce que chaque membre de l'équipe de vente ait sa chance (il n'y aura aucun congédiement pour le moment), qu'on le soumette à une évaluation et qu'on établisse par la suite des objectifs en tenant compte de ses forces et de ses faiblesses.

On vous demande de venir en aide aux consultants en ce qui concerne la réorganisation de l'équipe de vente et de son système de supervision et d'évaluation.

Cas 2   Cuisinet inc.

La société Cuisinet inc., qui est installée à Saint-Joseph-de-Beauce, fabrique principalement des armoires de cuisine et des comptoirs de salle de bains. Les armoires de cuisine constituent environ 80 % du chiffre d'affaires de l'entreprise, qui s'élevait à 700 000 $ en 1991. Le marché traditionnel visé par Cuisinet est l'acheteur moyen, disposé à débourser entre 2 000 $ et 6 000 $ pour un ensemble d'armoires de cuisine devant être installé dans une maison préfabriquée ou un bungalow (grande majorité de la population). La gamme de produits est assez étendue ; on y trouve des armoires modestes en « mélolite » aussi bien que des produits un peu plus coûteux en « mélamine » ou en chêne (aucun produit haut de gamme). L'entreprise offre un service d'estimation et de design, et installe la marchandise chez les particuliers. Ses deux plus gros clients, Domicibec (maisons préfabriquées populaires) et U.M.B. (Unités mobiles de Beauce), s'approvisionnent exclusivement chez Cuisinet et achètent des produits standardisés. Ces derniers ont une allure traditionnelle agréable. Leur design ne les distingue pas de la concurrence. La clientèle, qui achète des produits de qualité à bon prix, est satisfaite de leur fabrication et de leur installation.

L'histoire de Cuisinet se confond avec celle de la Beauce et de ses habitants. L'entrepreneurship de cette région est notoire et constitue un exemple pour les autres régions du Québec. La naissance de Cuisinet n'a donc rien de particulier pour quiconque comprend la mentalité beauceronne. Au début des années 1980, le propriétaire et président actuel, M. Hervé Champagne, s'est porté acquéreur d'une entreprise de construction de maisons préfabriquées de l'endroit qu'il a rebaptisée « Domicibec ». Parallèlement, il a utilisé l'expertise générée par cette dernière pour créer une filiale dans le secteur des maisons mobiles, qui est devenue U.M.B. Ces deux firmes ont connu un succès immédiat. M. Champagne se procurait ses armoires de cuisine et ses comptoirs de salle de bains chez un fabricant local, Cuisines Beauceronnes. Son propriétaire, M. Lafortune, était aussi le voisin de M. Champagne. Malheureusement, une dispute entre les deux hommes a mis fin à leur amitié et a compromis leurs relations d'affaires. M. Champagne a alors décidé de fabriquer les armoires et les comptoirs devant être installés dans ses habitations et a fondé Cuisinet. M. Lafortune a répliqué en mettant sur pied sa propre entreprise de maisons préfabriquées, R.C. inc. (Résidences Chaudières inc.). Toutes ces PME se trouvent maintenant face à face et se concurrencent tant bien que mal ; leur développement bute contre de nombreux obstacles.

La situation actuelle de Cuisinet

La situation de Cuisinet devrait, à l'instar de celle de ses concurrents, être reliée directement aux fluctuations de l'activité de la construction de résidences neuves et à celles de l'activité de la rénovation. On sait que ces deux dernières ont connu une baisse marquée à la fin des années 1980 et au début des années 1990.

Le secteur des produits du bois à valeur ajoutée (armoires de cuisine, maisons mobiles, palettes et caisses, bâtiments usinés en bois, portes et fenêtres) a évidemment été touché par cette baisse, étant donné que la conjoncture difficile incite le consommateur à remettre à plus tard l'achat d'une maison neuve ou ses projets de rénovation. Plusieurs fabricants d'armoires de cuisine ont dû fermer leurs portes, dont M.K.S. de Laval, le troisième en importance au Canada.

Bien qu'elle ait vu ses activités chuter dramatiquement (il y a quelques années, sa production quotidienne était de cinq à sept ensembles de meubles contre une demi-douzaine par semaine actuellement), Cuisinet est passée relativement bien à travers la récession (si on compare sa situation avec le reste de l'industrie). Cela s'explique par le fait que 80 % de son chiffre d'affaires est réalisé auprès de deux autres entreprises de M. Champagne, soit Domicibec et U.M.B. Les résidences préfabriquées et les maisons mobiles ont mieux résisté à la récession que les autres produits de bois à valeur ajoutée, vu la valeur économique plus faible de ces produits de remplacement, qui sont les produits de substitution aux maisons neuves (récession ou pas, les consommateurs doivent se loger). De plus, grâce à cette clientèle captive, Cuisinet n'a pas eu à subir la concurrence féroce qu'on observe habituellement durant de telles périodes.

La structure de l'entreprise

La structure de l'entreprise est fort simple. Un directeur général, Gilbert Guérard, préside aux destinées et supervise une dizaine d'employés œuvrant dans les divers services, soit l'estimation et la vente (un estimateur-vendeur et une préposée à la salle de montre), le design de produits (une designer de meubles), la fabrication en usine et l'installation (nombre variable d'employés), la comptabilité et la facturation (un commis-comptable) et le Service de secrétariat (une secrétaire-réceptionniste). M. Guérard se sent mal à l'aise dans la situation actuelle. Travailleur infatigable, il est dérouté par les événements et attribue une grande partie des performances insatisfaisantes de l'entreprise à sa propre gestion. M. Champagne commence d'ailleurs à se demander si M. Guérard ne peut être avantageusement remplacé. Il ne comprend pas la baisse constante des ventes de Cuisinet et doute de plus en plus que le directeur général actuel puisse relever le défi qui se pose à son entreprise. Parfois, il s'interroge même sur la pertinence de garder Cuisinet en vie : pourquoi ne pas retourner aux sources et se concentrer uniquement sur la fabrication en usine de résidences unifamiliales, quitte à acheter ailleurs les armoires de cuisine et les comptoirs de salle de bains ?

On ne prévoit pas d'accroissement de la demande de maisons préfabriquées ou mobiles dans les prochaines années. Une reprise économique pourrait même inciter les consommateurs qui disposeront de meilleurs revenus et d'emplois plus stables à se tourner vers la construction de maisons neuves au détriment de maisons économiquement plus accessibles.

L'avenir de Cuisinet

Tous s'accordent pour affirmer que la meilleure chance de survie et de prospérité de Cuisinet passe obligatoirement par le développement intensif des marchés de la construction résidentielle et de la rénovation. L'avenir de fournisseur exclusif de Domicibec et d'U.M.B. n'est pas assez prometteur pour les raisons évoquées plus haut. Ce marché ne représente que 20 % des ventes de Cuisinet et les efforts fournis en ce moment pour améliorer la situation sont nettement insuffisants.

On a aménagé une salle d'exposition dans une des maisons préfabriquées de Domicibec : on y a installé avec goût une demi-douzaine d'ensembles de cuisine et de salle de bains parmi les plus beaux. Un représentant, M. Guy Jourdain, s'y trouve à certains moments de la semaine pour recevoir et servir les clients et, au besoin, se rendre chez eux afin de faire une estimation. Une préposée, Mme Lise Légaré, est présente le reste du temps. Bien qu'elle ne fasse ni estimation ni vente, elle sollicite par téléphone des rencontres avec des clients potentiels pour le représentant. Cette salle de montre, aussi invitante qu'elle puisse être, est située dans un endroit retiré.

La présence de l'entreprise dans le marché est trop discrète ; on ne la voit pas en dehors de la Beauce. Rappelons par ailleurs que ses produits ne se distinguent pas nettement et s'avèrent conventionnels si on les compare avec ceux des concurrents, tels que Cuisines A.C. inc., dont le style est nettement plus moderne (couleurs actuelles, coins de comptoirs arrondis, etc.). Le seul matériel de promotion qui a été prévu consiste en un dépliant publicitaire fort joli, mais d'une sobriété ennuyeuse. Le système de vente, outre sa modestie, déborde très peu le marché de la rénovation (ménages). Celui de la construction domiciliaire, qui est représenté surtout par les entreprises, ne fait l'objet d'aucun travail de promotion particulier.

Mentionnons enfin que le système d'information de marketing est des plus rudimentaires. On déplore notamment l'absence de ventilation des ventes par produits et activités ou de quelque forme que ce soit de données primaires et secondaires sur le marché, les concurrents et les consommateurs. À l'instar de nombreuses PME, Cuisinet est à la remorque du marché et ne prend jamais les devants.

Le constat

M. Champagne poursuit une difficile réflexion sur le sort de son entreprise de fabrication d'armoires de cuisine et de comptoirs de salle de bains. Le *statu quo* est absolument impossible : ne rien faire signifie reculer et perdre de l'argent à plus ou moins brève échéance. Par contre, garder l'entreprise en vie implique des investissements importants en recherche et développement, en marketing et en travail de vente.

Pour tenter d'y voir plus clair, M. Champagne a dressé une liste des forces et des faiblesses de son entreprise.

Les forces de son entreprise :
- des produits de bonne qualité (matériaux et fabrication) ;
- un design et une esthétique agréables (sans audace, toutefois) ;
- une gamme de produits atteignant la majorité des consommateurs ;
- un dépliant publicitaire de bon goût ;
- un service après-vente de qualité ;

- un personnel fidèle et dévoué ;
- une salle d'exposition invitante ;
- une clientèle captive ;
- une très bonne réputation ;
- des services d'estimation et d'installation efficaces ;
- la compétence du personnel (le représentant, la designer, etc.) ;
- une machinerie moderne ;
- une capacité de production intéressante.

Les faiblesses de son entreprise :

- une équipe de vente non organisée ;
- un travail de vente incertain et dispersé ;
- une structure peu propice au développement ;
- le manque d'information sur l'environnement ;
- un directeur général peu préoccupé par le développement.

Visiblement tourmenté par la situation, M. Champagne doit procéder à une analyse rigoureuse pour tenter de trouver les éléments de réponse à trois grandes questions :

- Quelle est la situation réelle de Cuisinet ?
- Que doit-on faire de cette entreprise ?
- Si on continue d'exploiter l'entreprise, que faire pour améliorer la situation ?

TABLEAU 1
Taille des entreprises de fabrication d'armoires de cuisine et nombre d'entreprises de chaque taille selon l'année

Nombre d'employés	1979	1983	1986	1990
De 1 à 4	64 (40%)	89 (53%)	130 (43%)	170 (41%)
De 5 à 9	59 (37%)	38 (23%)	92 (31%)	143 (34%)
De 10 à 19	16 (10%)	22 (13%)	47 (16%)	64 (15%)
De 20 à 49	16 (10%)	14 (8%)	22 (7%)	34 (8%)
50 et plus	5 (3%)	4 (3%)	11 (3%)	10 (2%)
Total (100%)	**160**	**167**	**302**	**421**

TABLEAU 2
Expéditions du secteur des armoires de cuisine et valeur des livraisons (en millions de dollars)

Année	Québec	Ontario	Canada
1975	20 (16%)[a]	54 (46%)	124
1976	25 (18%)	63 (45%)	140

TABLEAU 2 (suite)

Année	Québec	Ontario	Canada
1977	29 (19%)	66 (43%)	152
1978	42 (21%)	80 (40%)	201
1979	59 (23%)	94 (37%)	257
1980	65 (23%)	96 (33%)	288
1981	85 (25%)	103 (30%)	346
1982	77 (23%)	115 (35%)	333
1983	110 (26%)	151 (36%)	421
1984	136 (30%)	170 (38%)	449
1985	151 (30%)	206 (41%)	502
1986	189 (30%)	270 (43%)	624
1987	238 (31%)	328 (43%)	757
1988	251 (30%)	357 (43%)	823
1989	226,3		
1990	206,7		
1991	160,6		

a. Les chiffres entre parenthèses indiquent le pourcentage du marché canadien.
Source : Statistique Canada.

TABLEAU 3
Ventes totales de Cuisinet (en milliers de dollars)

Année	Ventes
1982	139
1983	264
1984	340
1985	390
1986	549
1987	666
1988	800
1989	791
1990	760
1991	701

TABLEAU 4
Nombre de permis de construction domiciliaire au Québec

Type de construction	1987	1988	1989	1990	1991 (estimation)
Maisons simples et chalets	29 451	26 479	24 703	21 462	22 300
Maisons doubles en rangées et appartements	41 128	25 597	24 295	19 985	17 200
Total	**70 579**	**56 076**	**48 998**	**41 447**	**39 500**

TABLEAU 5
Ventes totales des maisons fabriquées en usine

Année	Ventes
1989	201 840 000 $
1990	209 570 000 $

Cas 3 Durovitre inc.

Un petit manufacturier de portes et de fenêtres de la région de Québec, Durovitre inc., a besoin de votre aide afin d'améliorer la rentabilité de son entreprise. Les propriétaires, Jean Drolet et Jocelyne Auclair, trouvent que le pourcentage de profits diminue constamment, d'année en année, malgré une augmentation des ventes. L'année 1998 a été particulièrement difficile, car c'est la première fois, depuis la fondation il y a huit ans, qu'une perte est enregistrée.

L'entreprise de 11 employés, située à Québec, dans le parc technologique Jean-Talon, se spécialise dans la fabrication et la vente de portes et de fenêtres extérieures haut de gamme. L'année 1998 a été moins bonne que les autres, et les dirigeants tentent de connaître les raisons de cette situation pour apporter les correctifs nécessaires. On se demande si les ressources investies dans la vente sont suffisamment profitables. L'état des profits et des pertes de l'année 1998 de Durovitre est le suivant :

Ventes		2 834 000 $
Coût des marchandises vendues		2 182 000 $
Marge brute		652 000 $
Dépenses de vente et d'administration		
Salaires	384 000 $	
Publicité et promotion	124 000 $	
Loyer	90 000 $	
Téléphone	35 000 $	
Assurances	24 000 $	
Électricité, chauffage	15 000 $	
Autres dépenses d'administration	16 000 $	
Total des dépenses de vente et d'administration		688 000 $
Profit net (perte nette)		(36 000 $)

Durovitre emploie trois représentants. Dany Plourde et Claude Fortin reçoivent les consommateurs dans la salle de montre, située dans l'usine même. Dany Plourde est celui qui est en permanence dans la salle de montre les soirs et les fins de semaine. Son salaire s'élève à 25 000 $. Claude Fortin est en place le reste du temps, soit les jours de la semaine. Son salaire, quant à lui, est de 35 000 $. Gilles Frenette a son poste de travail à la réception et reçoit les demandes téléphoniques, auxquelles il répond sur-le-champ ou, comme c'est habituellement le cas, par l'envoi d'une soumission détaillée. Il s'occupe des comptes commerciaux. À cause de ses responsabilités et de son ancienneté, il est rétribué à raison de 42 000 $ par année. Les autres salaires payés par l'entreprise sont destinés aux employés de l'usine de même qu'aux deux dirigeants.

La facturation et la comptabilité sont effectuées par Jocelyne Auclair. Les représentants n'ont aucun plan de commissions. On estime que l'équipe de vente occupe environ 20 % de la superficie de l'entreprise. Le secteur commercial, dont s'occupe Gilles Frenette, rapporte une marge brute moyenne de 20 % sur les produits, tandis que le secteur domestique, desservi par les deux autres représentants, rapporte en moyenne 28 %. Les trois représentants profitent de manière égale de toutes les dépenses attribuées à la fonction de la vente.

Les représentants du secteur domestique proposent à leur clientèle des produits haut de gamme réguliers (fenêtres en PVC blanc, portes extérieures en acier ou en PVC de couleur, portes-fenêtres françaises oscillo-battantes, portes extérieures arrondies ou avec recouvrement de chêne). M. Frenette, quant à lui, ne propose que les produits réguliers à la clientèle commerciale. Cette dernière, composée majoritairement d'entrepreneurs, est très sensible au coût. Il n'y a pas beaucoup de discrimination des marges brutes au sein de la gamme de produits ; les articles de luxe sont vendus avec des marges de profit comparables à celles des articles les plus populaires.

Les comptes naturels ont été ventilés en comptes fonctionnels de la manière suivante :

Comptes naturels		Comptes sectoriels			
	Total	Ventes	Publicité	Fabrication	Administration
Salaires	384 000	102 000	—	160 000	122 000
Publicité et promotion	124 000	—	124 000	—	—
Loyer	90 000	30 000	—	40 000	20 000
Téléphone	35 000	20 000	—	6 000	9 000
Assurances	24 000	5 000	—	14 000	5 000
Électricité, chauffage	15 000	5 000	—	7 000	3 000
Autres dépenses d'administration	16 000	3 000	—	10 000	3 000

Le sommaire des activités des trois représentants pour 1998 est le suivant :

Représentant	Ventes totales	Nombre de clients	Type de clientèle
Dany Plourde	863 000	92	Domestique
Claude Fortin	1 298 000	114	Domestique
Gilles Frenette	673 000	32	Domestique
Total	**2 834 000**	**238**	**Domestique**

Votre expertise de gestionnaire des ventes est retenue afin d'éclairer la direction de cette PME sur les sources de ses pertes. Mme Auclair a une vision comptable du problème. Elle croit que les représentants ne sont pas assez performants et doute des qualités de M. Frenette à développer la clientèle commerciale et industrielle. Elle en vient même à se demander si ce dernier ne coûte pas plus cher qu'il ne rapporte à l'entreprise. De plus, elle considère que le coût de fabrication des produits est trop élevé, que l'on dépense trop en publicité et que des coupes doivent être effectuées dans les divers postes de l'entreprise.

M. Drolet, par contre, a une vision marketing du problème. Il favorise un système de rémunération mixte (salaire et commissions) des représentants, une révision des marges de profit en fonction de la demande de chaque type de produit et l'embauche de nouveaux représentants afin de développer de nouveaux marchés, comme celui des détaillants en rénovation de l'extérieur de la région de Québec, de même que celui de la Nouvelle-Angleterre. Il croit que l'entreprise doit investir en recherche et développement afin de proposer de nouveaux produits à ses acheteurs. Notons qu'une étude de satisfaction de la clientèle révèle que la gamme actuelle est concurrentielle et fait bonne figure sur le marché.

À titre de consultant en gestion des ventes, vous devez faire la part des choses, tout en respectant et en intégrant les visions des deux dirigeants de l'entreprise. Vous devez proposer des solutions afin que l'organisation reprenne la route du succès. Votre démarche doit reposer sur les éléments suivants :
- une analyse de la rentabilité de chaque représentant ;
- une analyse critique de l'efficacité du Services des ventes ;
- une analyse de la rentabilité par clients pour les deux marchés (domestique et commercial) ;
- des propositions en ce qui concerne chaque représentant ;
- des propositions en ce qui concerne chaque marché ;
- une analyse critique du point de vue des deux dirigeants ;
- une analyse critique des raisons invoquées par les deux dirigeants pour expliquer les pertes ;

- les causes probables, selon vous, des profits décroissants (pertes pour 1998) malgré des hausses annuelles des ventes ;
- des propositions touchant les éléments de la stratégie de marketing, qui touche notamment l'équipe de vente, la gamme de produits, la stratégie de prix et la promotion.

Cas 4   CHMF (cas sur l'évaluation des représentants)

CHMF est une radio régionale qui dessert la Côte-Nord, de Tadoussac à Sept-Îles, et qui se spécialise dans la musique rock, folk et country d'ici et d'ailleurs. (**Avant d'aller plus loin, il serait absolument nécessaire que vous relisiez la première partie de ce cas à la section précédente** [*voir la page 355*] **afin de vous remettre dans le contexte**.)

Rappelons que la direction de CHMF vous avait demandé d'évaluer la représentante Lucie Mallette en raison de ses résultats décevants de vente de publicité. Toutefois, vous avez d'abord procédé à l'évaluation du potentiel de vente des deux territoires afin de vérifier si les caractéristiques du territoire de madame Mallette ne pouvaient pas expliquer partiellement ou totalement ses mauvaises performances.

La direction de CHMF décide, malgré tout, d'aller de l'avant dans le projet initial d'évaluation de ses deux représentantes, dans le but de s'assurer qu'elles sont toutes les deux bien à leur place dans ce travail. Elle vous confie ce mandat. Il s'agira pour vous d'un exercice complémentaire à votre évaluation des territoires. Afin de sauver temps et argent, le directeur de la station, qui a déjà suivi des cours de marketing à l'université, décide de préparer lui-même la grille d'entrevue. On sait qu'il n'existe pas encore de tels outils dans cette organisation, où la gestion des ventes est déficiente.

1. Compte tenu de votre évaluation du potentiel de vente des territoires effectuée précédemment (*voir la page 356*), quelles recommandations et mises en garde feriez-vous à la direction de CHMF avant de procéder à l'évaluation de ses représentantes ?
2. De quels facteurs doit-on tenir compte avant de procéder à l'évaluation des représentantes ?
3. Quelle est votre appréciation de la grille d'entrevue préparée par le directeur de la station (*voir plus loin*) ? Quelles sont ses faiblesses majeures ? Comporte-t-elle des questions inutiles ou plus ou moins pertinentes ? En manque-t-il ? Construisez une nouvelle grille plus efficace, qui tiendra compte des facteurs d'évaluation jugés les plus importants dans ce contexte.
4. Suggérez au directeur une méthode plus systématique et plus structurée pour évaluer ses représentantes sur une base régulière. Proposez-lui un système d'évaluation de la performance.

1. Parlez-moi de vous. Où demeurez-vous ? Quelle est votre scolarité ? Quelles sont vos expériences de travail ? Quels sont vos goûts ? vos activités sociales, culturelles et sportives ?
2. Depuis combien d'années êtes-vous au service de CHMF ?
3. Quelles sont vos tâches ?
4. Quel est votre mode de rémunération ? Êtes-vous satisfaite de ce mode de rémunération ?
5. Quels services publicitaires offrez-vous ? Veuillez me les décrire.
6. Quel est votre territoire de vente ?
7. Qui sont vos clients ?
8. Qui sont vos concurrents ? Quelles sont leurs forces et leurs faiblesses ?
9. Quels sont les objectifs de vente mensuels ? Quels sont vos résultats de vente mensuels ?
10. Combien de clients actuels et potentiels rencontrez-vous par jour ? par semaine ?
11. Quelles sont vos activités hebdomadaires ?
12. Qu'est-ce que vous aimez dans votre travail ?
13. Qu'est-ce que vous aimez le moins dans votre travail ?
14. Avez-vous déjà suivi une formation en vente ? Si oui, quel type de formation ? Qui était le formateur ?
15. Quelles sont vos forces ?
16. Quels points devez-vous améliorer ?
17. Quelles sont les difficultés éprouvées dans le cadre de votre travail ?
18. Comment analysez-vous les besoins du client ?
19. Comment gérez-vous les objections ?
20. Comment concluez-vous vos ventes ?
21. Croyez-vous aux services publicitaires que vous offrez ?
22. Croyez-vous en l'entreprise ?
23. Comment sollicitez-vous ?
24. Que voulez-vous améliorer concernant le processus de vente ?
25. Quelle est la durée de vos entrevues de vente ?
26. Quelle est votre motivation à l'égard de votre travail ? Veuillez l'évaluer sur une échelle de 1 à 10.
27. Quelles connaissances aimeriez-vous acquérir ?
28. Comment êtes-vous soutenue, encadrée dans votre travail ?
29. Quelles sont vos relations avec votre collègue représentante ? Y a-t-il de la compétition (saine ou malsaine) entre vous ?

30. De quoi auriez-vous besoin pour devenir plus efficace, plus performante ?

31. Êtes-vous capable de travailler sous pression (pression pure et dure) ?

32. De quelle façon peut-on obtenir votre collaboration dans une équipe de travail ?

33. Comment doit-on vous récompenser en tant que membre d'une équipe ?

34. Êtes-vous introvertie ou extravertie ?

35. Quelle est votre perception à l'égard de la vente ?

ANNEXE 1

Instrument de mesure de l'ambiguïté du rôle des représentants

Instrument de mesure élaboré par Ford, Walker et Churchill (1975)[1].

Méthodologie : on demande aux représentants de noter leur niveau d'accord avec les énoncés. Une échelle de mesure de 1 à 7 peut servir : 1 = tout à fait en désaccord et 7 = tout à fait en accord.

Les énoncés

À propos des politiques de la compagnie et de l'évaluation :
- Je suis absolument certain des limites de mon autorité.
- Je suis absolument certain du niveau auquel je peux négocier les prix.
- Je suis absolument certain de la fréquence à laquelle je devrais visiter mes clients.
- Je suis absolument certain du niveau auquel je peux modifier mon calendrier de livraison.

À propos des attentes et de l'évaluation du directeur des ventes :
- Je suis absolument certain des attentes de mon directeur des ventes en ce qui concerne le partage de mon temps entre mes clients.
- Je suis absolument certain de la façon dont je peux satisfaire mon directeur des ventes en ce qui a trait à ma performance.
- Je suis absolument certain des activités les plus importantes dans mon travail.

À propos des attentes des clients :
- Je suis absolument certain des attentes des clients dans mon travail.
- Je suis absolument certain de la fréquence des visites désirée par mes clients.
- Je suis absolument certain de la satisfaction de mes clients envers mon travail.

À propos des attentes de la famille :
- Je suis absolument certain du temps que ma famille s'attend à me voir consacrer à mon travail.
- Je suis absolument certain des attentes de ma famille en ce qui concerne mon travail.

ANNEXE 2

Instrument de mesure du conflit lié aux rôles

Instrument de mesure élaboré par Ford, Walker et Churchill (1975)[2].

Méthodologie : on demande aux représentants de noter leur niveau d'accord avec les énoncés. Une échelle de mesure de 1 à 7 peut servir : 1 = tout à fait en désaccord et 7 = tout à fait en accord.

Les énoncés

- Ma compagnie s'attend à ce que je prenne les commandes de mes clients de façon expéditive.
- Ma compagnie s'attend à ce que je suive une approche de vente de type sous pression.
- Ma compagnie s'attend à ce que conçoive un système de travail pour mes clients.
- Ma compagnie s'attend à ce que je démontre aux clients comment nos produits peuvent être coordonnés avec ceux de nos concurrents.
- Mon directeur des ventes s'attend à ce que je suive une approche de vente de type sous pression.
- Mon directeur des ventes s'attend à ce que je puisse être disponible en tout temps pour mes clients.
- Mon directeur des ventes s'attend à ce que je prenne les commandes de mes clients de façon expéditive.
- Mon directeur des ventes s'attend à ce que je passe peu ou pas de temps à socialiser avec mes clients.
- Mes clients s'attendent à ce que j'accélère le processus des commandes pour eux.
- Mes clients s'attendent à ce que je suive une approche de vente de type sous pression.
- Mes clients s'attendent à ce que je m'occupe des ajustements pour eux.
- Mes clients s'attendent à ce que je puisse être toujours disponible pour eux.
- Ma famille s'attend à ce que je puisse être toujours disponible pour mes clients.
- Ma famille s'attend à ce que je travaille le soir.
- Ma famille s'attend à ce que je passe peu ou pas de temps à socialiser avec les clients.

ANNEXE 3

Instrument de mesure de l'estime de soi

Instrument de mesure de l'estime de soi de Bagozzi (1978)[3].

Méthodologie : on demande aux représentants de se comparer aux autres membres de l'équipe de vente et de noter leur position : 1 = niveau le plus bas par rapport aux autres et 7 = niveau le plus élevé par rapport aux autres.

Les énoncés

- Votre performance de vente.
- Votre habileté à atteindre des quotas.
- Votre potentiel à vous classer parmi les 10 meilleurs vendeurs de l'entreprise.
- La qualité de vos rapports avec vos clients.
- L'habileté en matière de gestion de votre temps et de votre territoire.
- La connaissance de vos produits, de la concurrence et des besoins de vos clients.

ANNEXE 4

Instrument de mesure de la satisfaction

INDSALES de Churchill, Ford et Walker (1974)[4].

La mesure de satisfaction est divisée en sept composantes : la tâche, les collègues de travail, la supervision, les politiques et le soutien de la compagnie, la rémunération, la promotion et l'avancement et, finalement, les clients.

Méthodologie : on demande aux représentants de noter leur niveau d'accord avec les énoncés. Une échelle de mesure de 1 à 7 peut servir : 1 = tout à fait en désaccord et 7 = tout à fait en accord.

Les énoncés

Dimension : supervision
- Mon directeur des ventes essaie vraiment de connaître nos idées.
- Mon directeur des ventes a toujours été juste dans ses relations d'affaires avec moi.
- Mon directeur des ventes nous accorde le crédit du travail bien fait et nous fait des éloges.
- Mon directeur des ventes tient ses promesses.

Dimension : tâche
- Mon travail me donne un sens de l'accomplissement.
- Mon travail est excitant.
- Mon travail est satisfaisant.
- Je fais vraiment quelque chose qui en vaut la peine dans mon travail.

Dimension : les politiques de la compagnie
- La gestion est moderne.
- La haute direction connaît vraiment son travail.
- Cette compagnie agit efficacement et sans trop de difficulté.
- Les agents des ventes dans la compagnie reçoivent un bon soutien du siège social.

Dimension : promotion
- La compagnie a une politique de promotion injuste.*
- Mes possibilités d'avancement sont limitées.*
- Il y a beaucoup de bons postes ici pour ceux qui veulent aller de l'avant.
- J'ai de bonnes possibilités d'avancement.

Dimension : rémunération
- Mon salaire est bas si on le compare avec celui des autres qui font un travail similaire au mien dans d'autres compagnies.*
- Selon mon opinion, le salaire ici est plus bas que dans les autres compagnies.*
- Je suis payé équitablement en comparaison des autres employés dans cette compagnie.
- Mon revenu est adéquat pour mes dépenses normales.

Dimension : collègues
- Mes collègues sont égoïstes.*
- Mes collègues sont plaisants.
- Les gens avec qui je travaille sont très amicaux.
- Les gens avec qui je travaille vont s'entraider lorsque quelqu'un reste en arrière ou est dans une mauvaise posture.

Dimension : clients
- Mes clients tiennent leurs promesses.
- Mes clients sont dignes de confiance.
- Mes clients sont loyaux.
- Mes clients sont compréhensifs.

* Signifie les mesures inversées.

ANNEXE 5

Instrument de mesure de l'engagement organisationnel

Instrument de mesure de Mowday, Steers et Porter (1979)[5]. OCQ: Organizational Commitment Questionnaire.

Méthodologie: on demande aux représentants de noter leur niveau d'accord avec les énoncés. Une échelle de mesure de 1 à 7 peut servir: 1 = tout à fait en désaccord et 7 = tout à fait en accord.

Les énoncés

- Je suis prêt à faire beaucoup d'efforts, plus que la normale, dans le but d'aider mon organisation à réussir.
- Lorsque je parle de mon organisation à mes amis, je leur dis que c'est une organisation exceptionnelle pour laquelle travailler.
- Je ressens très peu de loyauté envers cette organisation.*
- J'accepterais n'importe quelle tâche pourvu que je travaille pour cette organisation.
- Je trouve que mes valeurs et celles de l'organisation sont très similaires.
- Je suis fier de dire aux autres que je travaille pour cette organisation.
- Je pourrais très bien travailler pour une autre organisation, pourvu que le type de travail soit similaire.*
- Cette organisation me prédispose à donner vraiment le meilleur de moi-même.
- Cela prendrait très peu de changement à la situation présente pour que je quitte cette organisation.*
- Je suis extrêmement heureux d'avoir choisi cette organisation plutôt qu'une autre.
- Il y a très peu à retirer à rester au sein de cette organisation indéfiniment.*
- Souvent, je trouve ça difficile d'être d'accord avec les politiques de l'organisation sur des points importants reliés aux employés.*
- Je me soucie vraiment du destin de cette organisation.
- Pour moi, c'est la meilleure de toutes les organisations pour laquelle travailler.
- Décider de travailler pour cette organisation était une grave erreur de ma part.*

* Signifie les mesures inversées.

NOTES

1. FORD, N.M., O.C. WALKER Jr et G.A. CHURCHILL Jr. «Expectation-specific measures of the inter-sender conflict and role ambiguity experienced by industrial salesman». *Journal of Business Research*, vol. 3 (avril 1975), p. 95-112.

2. FORD, WALKER et CHURCHILL. 1975. *Ibid.*

3. BAGOZZI, R.P. «Salesforce performance and satisfaction as a function of individual difference, interpersonal, and situational factors». *Journal of Marketing Research*, vol. 15, novembre 1978, p. 517-531.

4. CHURCHILL Jr, G.A., N.M. FORD et O. WALKER. «Measuring the job satisfaction of industrial salesmen». *Journal of Marketing Research*, vol. 11, août 1974, p. 254-260.

5. MOWDAY, R.T., M. STEERS et L.W. PORTER. «The measurement of organizational commitment». *Journal of Vocational Behavior*, vol. 14, avril 1979, p. 224-247.

INDEX

A

Absentéisme, 260
Accompagnateur, 127
Accompagnement, formation par _, 289
Achat
  complexe stratégique, 37
  critères d'_, 15
  de type
    nouvelle tâche de jugement, 36-37
    nouvelle tâche stratégique, 36-37
    rachat modifié, 36-37, 44
    rachat simple, 44
  groupe décisionnel d'_, voir Groupe décisionnel d'achat
  importance de l'_, 34
  incertitude entourant l'_, 34
  indice du pouvoir d'_, 66-68
  occasionnel, 35-36
  processus d'_, 282-283
  routinier, 36, 38
  situation d'_, 35-38
Acheteur(s), 40
  études auprès des _, 8
  pouvoir de l'_, 35
Acquisition, décision d'_, 46
Actif, analyse du rendement de l'_, 406-409
Activité(s)
  autres que la vente, 370
  coordination des _, 284-285
  coûts affectés à l'_, 398
  de divertissement, 246
  de vente, 98, 206, 278
    coordination des _, 99
    équilibre des _, 99
  des représentants, analyse des _, 57-58
  liste des _, 267-269, 276
  motivationnelles, 297
  non productives, 203
  non reliées à la vente, 206
  quotas par _, 223-224, 226-227
  ratios d'_, 59-60
Adaptation de l'équipe de vente au marché, 100
Affectation des représentants aux territoires, 218
Agence
  de placement, 135, 141
  de vente, 114-117, 203
    contrôle de gestion d'une _, 119-120
    coûts d'une _, 116-119
    sélection d'une _, 117
    supervision d'une _, 117

Agents d'influence sur le groupe décisionnel d'achat, 41-42
Alignement du processus d'achat, 47-49
Ambiguïté du rôle, 262-266, 304-305, 310-311, 313-314, 341
  externe, 304
  interne, 304
Analyse
  de l'avantage concurrentiel, 61
  de l'environnement
    externe, 60-64
    interne, 55-60
    selon la matrice McKinsey, 61
  de la concurrence, 18, 20
    matrice d'_, 63-64
  de la gestion des ventes, 360
  de la rentabilité, 388-390
    exemple d'_, 398-406
    objectifs de l'_, 395-396
    par client, 405-406
    par représentant, 401-402
    processus d'_, 395-398
  de la situation, 18-19
  de régression simple, 81-83, 86-88
  des activités et de la productivité des représentants, 57-58
  des besoins, 279-280
  des coûts, 388-395
  des réponses à l'entrevue, 160-162
  des ventes, 359-360
    informatique et _, 366-367
    par domaine d'activité, 56
    par ligne de produits, 55
    par type de marchés, 56
    processus d'_, 359
  du marché, 8, 19
  du marketing, 360
  du rendement
    de l'actif, 406-409
    du représentant, 367-382
  du volume des ventes, 360-362
    de façon sectorielle, 363-367
    par clients, 366
    par produits, 365-366
    par territoires, 363-366
  externe, 18, 20
  interne, 18, 20

Annonce
  diffusion d'une _, 135, 139-142
  modalités de réponse à une _, 139
  qualités d'une _, 139
  rédaction d'une _, 135-139
Appels, ratios d'_, 59
Apprentissage, voir aussi Formation
  outils d'_, 287-289
  par Internet, 288
Approche(s)
  d'une stratégie orientée vers les marchés (SOM), 3-10
    communications marketing intégrées et _, 15-19
    compétences distinctives et _, 11-15
  d'une stratégie orientée vers les produits, 5-6
  de la contribution marginale, 390-394
  de leadership
    de Fiedler, 331
    des traits de caractère, 330
    par la situation, 330
    par les comportements des leaders, 331
  de spécialisation, 102
  de vente, maîtrise des _, 278
  des coûts complets, 390-395
  généraliste, 102
  par clients clés, 106-108
Aptitudes
  à la vente, tests d'_, 164-165
  au leadership, 330
  cognitives, 163
  du candidat, 152-153
  tests d'_, 149, 153, 162-165
Arbre décisionnel, 177, 182
Articles scientifiques, 8
Assistance professionnelle, 345
Associations professionnelles, 140
Assurance
  collective, 245
  qualité, programme d'_, 13
  voyage, 245
Attentes
  communes du rôle, 262
  de l'entreprise, 263
  différentes entre hommes et femmes, 251-252
  du candidat, 160
  du client, 131, 263
  du superviseur, 263
  récompenses et _, 343

selon la théorie des résultats escomptés de Vroom, 301, 309
tension et _, 313
Attitude
de fidélité, 13
du représentant, 371
Attractivité d'un marché, 61
Autoévaluation, 373
Autonomie des représentants, 278
Autorité, 33
délégation de l'_, 98, 107
Avancement professionnel, 340
Avantage(s)
concurrentiel, analyse de l'_, 61
distinctifs, 245-247
indirects, 246
liés à la formation, 246
sociaux, 245-246, 299

B

Bases d'évaluation
qualitatives, 371, 377-379
quantitatives, 370, 373-375
Benchmarking, 14
Bénéfices, 7
recherchés par les consommateurs, 4
Besoin(s)
analyse des _, 279-280
d'accomplissement, 300-301, 307
d'affiliation, 300-301
d'estime, 298-299
de pouvoir, 300-301
de réalisation de soi, 298, 300
de sécurité, 298-299
des clients, 4-7
des consommateurs, 4-7
motivation et _, 296
physiologiques, 298-299
prise de conscience d'un _, 45
satisfaction des _, 298
sociaux, 298-299
théorie des _ de Maslow, 298-300
Biais interpersonnel, 379
Bilan individuel, 57
Boni, 15, 339-340
Budget de recrutement, 142-144
Buts
de l'entreprise, 7, 17, 19, 98
des quotas, 221-223

C

Cadre juridique, 30
Calendrier de visites, 219
Candidat(s)
aptitudes du _, 152-153
attentes et objectifs du _, 160
capacités du _, 152-153, 156
critères de sélection des _, 149-151
empathie du _, 176
expérience professionnelle du _, 159
formation générale du _, 158-159
habiletés du _, 152
motivation du _, 138, 176
offre au _, 185
personnalité du _, 159-160, 170-171
potentiels
classement des _, 184
évaluation des _, 184
présentation du _, 155
profil du _, 130-132, 149
responsabilités de sélection des _, 133-135
sélection du _, 185
techniques de sélection des _, 149-151
valeurs du _, 136, 176
vérification des données fournies par le _, 183-185
Candidatures
ordonnancement des _, 176-183
spontanées, 141
Capacité(s)
concurrentielle, 362
du candidat, 152-153, 156
Caractère
agréable, 166
consciencieux, 167
Carrière, possibilité de _, 247
Centralisation
de la formation, 285
degré de _, 33
du groupe décisionnel d'achat, 38-39
élevée, 38
faible, 38
du pouvoir décisionnel et des responsabilités, 33
Centres de tests, 149
Chaîne de valeur, 5, 10-11, 277
Charge de travail, méthode de la _, 206-207, 211-212
Charisme, 336, 338
Charte canadienne des droits et libertés, 138

Chasseur de tête, 135
Ciblage, stratégie de _, 19
Circulation de l'information, 8
Classement des candidats potentiels, 184
Client(s), 6, voir aussi Consommateur(s)
analyse de la rentabilité par _, 405-406
analyse du volume des ventes par _, 366
attentes du _, 131, 263
besoins des _, 4-7
clés, approche par _, 106-108
comme source d'information, 372
évaluation basée sur les _, 370
fidélisation du _, 48-49
fidélité du _, 108
industriels, opinion des _, 77
loyauté du _, 108
objectifs du _, 263
potentiel des _, 205
potentiels, 47-48, 212
rétention du _, 13
satisfaction des _, 249-250, 280, 372
segmentation des _, 205, 213-214, 219
sondage auprès des _, 86-87
types de _, 205-206
Climat de travail, 315, 343
Code de déontologie, 285
Codes
postaux, 212
SIC, 213
Collecte de l'information commerciale stratégique, 7-8
Collègues comme formateurs, 287
Comité de sélection des candidats, 133
Commandes
coûts de traitement des _, 397
évaluation basée sur les _, 370, 374
quantité des _, 374
taille des _, 374
Commandites, 16
Commission, 240-242, 249, 251-253, 301, 307-308, 339-340, 374
plan de rémunération salaire et _, 248
Communication(s)

au sein du mix marketing, 17
de l'offre, 48
entre superviseur et représentant, 266-267
gestion des ventes et _, 344-345
marketing
  intégrées, 15-19
    plan de _, 16-17
    rôle de la _, 15
non verbal, 288
performance et _, 341
personne à personne, 16
satisfaction et _, 344
stratégies de _, 16
Compétences
  des ressources humaines, 33
  distinctives, 11-15
  du représentant, 107, 276
Complexité, degré de _, 33, 35
Comportements
  de gestion, 303
  individuels motivationnels, 303, 310-315
Compréhension des marchés, 28-29
Comptabilité ABC, 393-394
Comptes
  naturels, 396, 398-401
  sectoriels, 396-405
Concept marketing, 6-7
Concours, 116, 244-245, 300, 306
  plan de rémunération salaire et _, 248-249
Concurrence
  analyse de la _, 18, 20
  matrice d'_, 63-64
  anticipation de la _, 14
  description de la _, 284
  évaluation de la _, 61-63
  rémunération de la _, 238
Conditions
  de travail, 314
  légales, 30-31
  physiques, 30
  politiques, 29-30
  sociales et culturelles, 31
  technologiques, 28-29
Confiance
  envers le leader, 342
  envers son directeur, 315
Conflit
  entre les rôles, 262-263, 265
  famille-travail, 263
  lié au rôle, 262-265, 305-306, 311, 313-314
  travail-famille, 263

Congédiement, 373
Congés payés, 245
Connaissance, 276
  de l'emploi, 378
  de l'entreprise, 281
  des produits et des services, 282-283
  des résultats, 302
  niveau de _, 371
  sur la gestion des territoires, 277-278
Considérations individuelles, 337
Consommateur(s), 6, voir aussi Client(s)
  besoins des _, 4-7
  fidélité des _, 15
  fidélité envers le _, 13
  rencontres avec les _, 8
  risques perçus par les _, 15
  satisfaction des _, 280
  sondage auprès des _, 87
Consommation
  habitudes de _, 66-68
  marché de la _, 211-212
Consultant
  en recrutement, 135, 141
  formateur, 286-287
Contraintes linguistiques, 205
Contrat, renouvellement de _, 237
Contribution marginale, méthode de la _, 390-394
Contrôle
  d'une agence de vente, 119-120
  de l'activité de vente, 278
  du travail par les quotas, 222
Coordination
  des activités, 284-285
  de vente, 99
  du marketing, 7, 284
Coordonnées de l'entreprise, 139
Corrélation
  coefficient de _, 71
  méthode de _, 71-73
  taux de _, 73
Couple produit-marché, 110-111
Courriel, vente par _, 120
Cours, 288
Coût(s), 4, 390
  affectés à l'activité, 398
  analyse des _, 388-395
  associés à la baisse de rendement, 264
  associés à la perte d'un représentant, 264

complets, méthode des _, 390-395
comptables, 389
d'entreposage et d'expédition, 397
d'une agence de vente, 116-119
de changement de représentant par territoire, 220
de déplacement, 200, 203, 219, 375
de formation, 277, 281, 286
  centralisée, 285
  décentralisée, 286
de marchandise, 393
de marketing, 389-390
de production, 389-390
de promotion, 397
de publicité, 397
de transport, 397
des comptes naturels, 396
des réunions, 345
des ventes, 397
directs, 390-391, 397
du plan de rémunération, 253
du roulement du personnel, 175, 314
du télémarketing, 120
du traitement des commandes, 397
indirects, 390-391, 397
liés au recrutement, 133, 142, 259
psychologique rattaché à l'achat, 4
sectoriels, allocation des _, 396-397, 402-405
Création de la valeur, 10-11, 15, 277
Critère(s)
  d'achat, 15
  d'embauche, 130-132
  d'une entrevue efficace, 154-155
  de la structure d'une équipe de vente, 98-100
  de sélection des candidats, 149-151
  de valeur, 9
  pour établir le montant de la prime de rendement, 243-244
Croissance, 63
  relative, 62
  matrice de la _, 61-63
  taux de _, 62
Culture organisationnelle, 4, 6, 15, 177, 279
Curriculum vitæ, 149
  évaluation du _, 151-152

D

Décentralisation
  de la formation, 286
  du groupe décisionnel d'achat, 39
Décideur, 40
Décision(s)
  d'achat, groupe décisionnel, voir Groupe décisionnel d'achat
  d'acquisition, 46
  politiques, 30-31
Définition
  d'un poste, 128
  des tâches, 263
Degré
  d'attractivité d'un marché, 61
  d'importance accordé à l'achat, 35
  de centralisation, 33, 38
  de complexité, 33, 35
  de connaissance reliée à l'emploi, 378
  de formalisation, 32-33, 38
  de nouveauté, 35
Délégation
  de l'autorité, 98, 107
  des responsabilités, 98, 107
Demande(s), 42-43
  estimation de la _, 19
Démonstrations, 288
Déontologie, code de _, 285
Dépenses, 390
  de vente directes, 375
  directes, 370
  générales, 391
  ratios des _, 59-60
  spécifiques, 391
Déplacement, 206
  coûts de _, 200, 203, 219, 375
  temps de _, 200, 375
Dépression, 264
Description
  de la concurrence, 284
  de poste, 128, 237
  des caractéristiques du territoire, 284
  des politiques de l'organisation, 282
  des tâches, 263, 281
  du marché, 283-284
Désirs, 299
  motivation et _, 296
Développement
  de la structure de vente par étapes, 109-113
  durable, 30

Développeur d'affaires, 126
Diffusion d'une annonce, 135, 139-142
Dimension
  considération, 333
  structure, 333
Directeur de ventes
  comme formateur, 287
  formation du _, 280
  leadership et _, 329-330
  performance et _, 329
  responsabilités du _, 19
  rôles du _, 19, 297
Direction, opinion de la _, 74, 86-88
Discrimination, 138-139
Discussion
  en groupe, 288
  groupe de _, 6
Distributeurs, études auprès des _, 8
Distribution au sein du mix marketing, 17
Diversité
  culturelle, 31
  des tâches, 265-267
Données biographiques du candidat, 149
  vérification des _, 183-185
Dossiers de l'entreprise, 371
Durée
  de la formation, 281
  des visites, 207
Dysfonctions liées au rôle, 264

E

Échange(s)
  d'information, 42-43
  leaders-subordonnés, 343
Échelle
  d'évaluation des jugements des activités, 178
  de comportement BARS, 381
  de Likert, 165, 171
  de mérite, 378-379
Effet(s)
  de halo, 379
  de saisonnalité, 241
  Pygmalion, 338
Efficacité, 19-20
  de gestion des ventes, 297
  de l'itinéraire, 375
  du représentant, 19-20
  formation et _, 277
Effort, 302-303, 309
  de communication, 240
  des représentants, 240
  personnel, 371
  récompenses et _, 343

Embauche, voir aussi Recrutement
  critères d'_, 130-132
Empathie, 166
  du candidat, 176
  du directeur des ventes, 276
  du leader, 336
Emploi, description de l'_, 237
Emploi-Québec, 140
Employés, voir aussi Ressources humaines
  engagement des _, 14-15
  fidélité des _, 14
  satisfaction des _, 14
Encadrement, 265
Engagement
  des employés, 14-15
  organisationnel, 304, 306, 312-313, 340, 344
Enquête auprès des groupes cibles, 77
Entreposage et expédition, coûts d'_, 397
Entreprise, voir aussi Organisation
  attentes de l'_, 263
  buts de l'_, 7, 17, 19, 98
  centralisation de l'_, 33
  complexité de l'_, 33
  connaissance de l'_, 281
  coordonnées de l'_, 139
  culture d'_, 177
  décentralisée, 9
  formalisation des _, 32-33
  mission de l'_, 5-7, 17, 19, 98
  objectifs de l'_, 7, 17, 19, 98, 249, 263
  présentation de l'_, 136, 155
  ressources de l'_, voir Ressource(s)
  structure de l'_, 32-33
  taille de l'_, 32
  valeurs de l'_, 136, 176, 251
Entrevue, 6, 149
  à deux interviewers, 157
  à distance, 152-153
  analyse des réponses à l'_, 160-162
  collective, 156
  dans le processus de sélection, 153-154
  de groupe, 156
  efficace, critères d'une _, 154-155
  électronique, 153
  étapes d'une _, 155
  informelle, 157
  mise en situation lors de l'_, 156

Index 443

multiple, 157
situationnelle, 156-157
stressante, 156
structurée, 157-158
téléphonique, 153
thèmes abordés en _,
158-160
Environnement
économique, 31
externe, 45-46
analyse de l'_, 60-64
géographique, climatique et
écologique, 30
interne, 45
analyse de l'_, 55-60
légal, 30-31
physique, 30
politique, 29-30
social et culturel, 31
technologique, 28-29
Épuisement
personnel, 264-265
professionel, 313
Équipe de vente
adaptation de l'_, 100
choix d'une _, 117-120
flexibilité de l'_, 99
incitatif pour l'_, 251
motivation de l'_, 222
rémunération de l'_, 251
stabilité de l'_, 99
structure d'une _, 98-113
bases de la _, 100-109
critères de la _, 98-100
structurée
par clients et par marchés,
105-108
par combinaisons, 108
par fonctions de vente,
108-109
par produits, 103-104
par territoires
géographiques, 100-103
taille de l'_, 240
taille de la supervision de
l'_, 99
Équipe, vente en _, 113-114
Équité, 303, 309, 315, 342
externe, 309
interne, 309
Erreur(s)
de recrutement, 135
de sélection, 153
Estimation
de la demande, 19
du marché potentiel, 55, 64-72
Estime de soi, 303, 309-310, 338

besoin d'_, 298-299
Étendue des options, 35
Étude
auprès des acheteurs, 8
auprès des distributeurs, 8
de l'évolution de la part de
marché, 362, 365
Évaluation
de la concurrence, 61-63
de la fonction, 128-130
de la lettre de motivation,
152
de la performance, 240
des candidats potentiels, 184
des habiletés
de gestion, 172-173
interpersonnelles,
171-172
des propositions, 46
du curriculum vitæ, 151-152
du marché potentiel
de nouveaux produits,
69-72
de produits existants,
65-69
du programme de formation, 289
du rendement
bases d'_, 369-375,
377-379
difficultés de l'_, 368-369
discussion de l'_, 372-373
modèle quantitatif d'_,
375-377
objectifs de l'_, 367-368
par les quotas, 222
politiques d'_, 369
processus d'_, 369-373
programme d'_, 369
qualitative, 371, 377-379
quantitative, 370, 373-375
selon la méthode BARS,
379-382
du retour sur investissement,
289
fréquence de l'évaluation,
369
sources d'information pour
l'_, 371
Évolution des ventes, 365
Expérience(s)
commerciale, 12
de l'agence de vente, 116
des représentants, 218, 241
ouverture à l'_, 167
professionnelle du candidat,
159
supérieures, 12-13
Expert, 40

opinion d'_, 75-76
pouvoir d'_, 41, 43
Expertise
de l'agence de vente, 116
de recrutement, 133, 135
Extraversion, 166

F

Facteurs
d'hygiène, 300
du processus décisionnel
environnementaux, 28-32
individuels, 44-45
liés au groupe décisionnel
d'achat, 38-44
organisationnels, 32-33
situationnels, 34-38
motivationnels, 297-298,
300, 303-310
Femmes
ambiguïté du rôle pour les _,
264, 266-267
conflits entre les rôles pour
les _, 265
Fichiers des représentants, 371
Fidélisation du client, 48-49
Fidélité
attitude de _, 13
des consommateurs, 15
des employés, 14
des représentants, 238, 247
du client, 108
envers le consommateur, 13
taux de _, 13
Filtre, 41
Fluctuations cycliques, 84
Focus
group, 8
proactif, 46
Foires, 141
Fonction
évaluation de la _, 128-130
marketing interne, 16
sommaire de la _, 128-129
Formalisation
degré de _, 32-33
des entreprises, 32-33
du groupe décisionnel
d'achat, 38-39
style adhocratique, 38-39
style bureaucratique,
38-39
style entrepreneur, 38-39
style professionnel, 38-39
Formateur, 286
externe, 286-287
interne, 286-287
Formation, voir aussi
Apprentissage

444   Index

centralisée, 285
choix des participants à la _, 280
contenu de la _, 281
coûts de la _, 277, 281, 285-286
d'un nouveau représentant, 277
décentralisée, 286
des directeurs de vente, 280
des territoires de vente, 200-203
durée de la _, 281
efficacité et _, 277
en ligne, 288
en milieu de travail, 286
formelle, 310
informelle, 310
lieux de _, 285-286
objectifs de _, 277-279
outils de _, 287-289
par accompagnement, 289
performance et _, 277
programme de _, 245, 279-289, 312
évaluation du _, 289
roulement de personnel et _, 278-279
satisfaction et _, 278
scolaire, 138
sur le terrain, 289
Formulation de recommandations, 43
Frais
de déplacement, 200, 203, 219, 375
de l'agence de vente, 118-119
Fréquence
de l'évaluation, 369
des visites, 205-207, 218-219, 374-375
Frontières des territoires, 211-213
changement des _, 220

G

Gain, 7
Générateurs de demande, 125
Gestion
de la formation, 276
des communications marketing intégrées, 16
des territoires de vente, 200-202, 284
ajustements à la _, 220-221
processus de _, 204-221
des ventes, 276, 295

analyse de la _, 360
communication et _, 344-345
programme de _, 16-17
quotas et _, 221-227
du contrôle d'une agence de vente, 119-120
du temps, 267-269, 276, 284
grille de _, 334
par exception, 340
par objectifs (GPO), 221
Gestionnaire, 332-333
Graphologie, 149, 173-174
Gratification, 340
extrinsèque, 252-253
intrinsèque, 252-253
Grille de gestion, 334
Groupe
cible, enquête auprès du _, 77
de discussion, 6
de vente, 114
décisionnel d'achat, 114
agents d'influence sur le _, 41-42
motivation des membres du _, 44
personnalité des membres du _, 44
rôles au sein du _, 40-41
stratégies du _, 42-44
structure du _, 38-40
discussion en _, 288
entrevue de _, 156

H

Habiletés
de gestion, évaluation des _, 172-173
des représentants, 218
du candidat, 152
interpersonnelles, évaluation des _, 171-172
tests d'_, 153
Habilitation psychologique au travail, 302, 340-341
Habitudes de consommation, 66-68
Hommes
ambiguïté du rôle pour les _, 264
conflits entre les rôles pour les _, 265
Horaires flexibles, 246

I

Identification de la valeur, 9

Image de marque, 5, 15
Imitateurs, 85
Implication
latérale, 38
verbale, 38
Importance de l'achat, 34-35
Incertitude
du représentant, 241
entourant l'achat, 34
liée à la tâche, 35
quant à la transaction, 35
quant aux caractéristiques du produit, 34
quant aux options offertes, 35
quant aux rôles, 264
Incitatifs, 15, 241-245, 249, 251-252
pour l'équipe de vente, 251
Indice
de satisfaction de la clientèle, 58
du pouvoir d'achat, 66-68
potentiel des ventes, 364
saisonnier, 83-85
Influence idéalisée, 338-339
Influenceur, 40
Information
circulation de l'_, 8
commerciale stratégique, 6, 11, 15, 284
collecte de l'_, 7-8
dissémination de l'_, 8
réponse à l'_, 9
d'un poste à combler, 137
échange d'_, 42-43
partage d'_, 8, 43
recherche d'_, 45-46
sur l'utilisation potentielle, 69
Informatique et analyse des ventes, 366-367
Innovateurs, 85
Instrumentalité, 301, 309
Intégration d'un nouveau représentant, 278
Intelligence
émotionnelle, 163
pratique, 163
tests d'_, 162
Intention de quitter, 304, 314-315
Intérêt du secteur, 61
Internet
annonces sur _, 142
présentation d'un poste sur _, 137
vente par _, 120
Inventaire de négociation, 165

Index 445

Investissement, retour sur _, 7, 14, 280, 289
Itinéraires des visites, 219

J

Jeux de rôles, 288
Journaux, annonces dans les _, 142
Jugements d'opinion, 74-77, 86-88

L

Leadership, 303
  actif, 340
  approche
    de Fiedler, 331
    des traits de caractère, 330
    par la situation, 330
    par les comportements des leaders, 331
  charismatique, 338
  directeur des ventes et _, 329-330
  gestionnaire et _, 332-333
  motivation et _, 330, 335-336, 340-342
  passif, 340
  performance et _, 338, 340-341, 343
  satisfaction et _, 338, 340-343
  selon le continuum de Tannenbaum et Schmidt, 331-332
  selon les dimensions structure et considération, 333
  théories du _, 330-343
  transactionnel, 334-335, 339
    de type gestion par exception, 340
    de type laisser-faire, 341
    de type récompenses contingentes, 339-341
  transformationnel, 334-339
    de type considérations individuelles, 337
    de type influence idéalisée, 338-339
    de type motivation inspirante, 338
    de type stimulation intellectuelle, 337-338
Lettre
  de motivation, 151-152
  de recommandation, 149
Lien virtuel, 16
Lieux de formation, 285-286
Lissage exponentiel, 80-81, 86-88

Liste des activités et priorité, 267-269, 276
Livreurs, 125, 127
Logiciels d'analyse des ventes, 366-367, 371
Loyauté
  du client, 108
  du représentant, 264-265, 311, 315

M

Marché
  adaptation au _, 100
  analyse de _, 8, 19
  attractivité d'un _, 61
  compréhension du _, 28-29
  de la consommation, 211-212
  description du _, 283-284
  hétérogène, 109-110
  homogène, 108-110
  industriel, 211
  part de _, 362, 365, 373
  pénétration du _, 209-210
  potentiel
    de nouveaux produits, évaluation du _, 69-72
    de produits existants, évaluation du _, 65-69
    estimation du _, 55, 64-72
    maximal actuel, 64
  stratégie orientée vers les _, 3-10
    communications marketing intégrées et _, 15-19
    compétences distinctives et _, 11-15
  tests de _, 8
Marge
  brute, 224, 226, 370
  de profit, 373-374
Market sensing, 11, 15
Marketing
  analyse du _, 360
  concept _, 6-7
  coordination du _, 7
  coûts de _, 389-390
  direct, 16
  mix, 282
  plan _, 17-18
  planification _, 16
  stratégie _, 5-6, 14
Marque, image de _, 5, 15
Matrice
  d'analyse de la concurrence, 63-64
  de couverture, 110-112
  de la croissance relative, 61-63

  de la profitabilité, 61-63
  McKinsey, 61
  urgence/importance, 268-269
Maturité
  envers la tâche, 334
  psychologique, 334
Médias de masse, 47
Menaces, 42-43
Mentor, 289, 337, 345
Méthode(s)
  basée sur les moyennes mobiles, 79-80, 86-88
  d'évaluation BARS, 379-382
  d'utilisation potentielle, 69
  de corrélation, 70-72
  de décomposition, 83, 86
  de la charge de travail, 206-207, 211-212
  de la contribution marginale, 390-394
  de la valeur ajoutée, 210-211
  de Mayer, 78-79
  de sélection
    multiples, 175
    validité des _, 174-175
  de substitution, 70
  Delphi, 75-76
  des angles obtus, 219-220
  des coûts complets, 390-395
  des ratios successifs, 68-69
  des ventes potentielles, 209-210
  du lissage exponentiel, 80-81, 86-88
  du point mort, 208
  du potentiel des ventes, 211-212
  du taux d'utilisation, 69-70
  prévisionnelle(s)
    associée à la capacité de production, 73
    des ventes, 72-89
    liée à la contrainte économique, 73-74
Minorités culturelles, 31
Mise en situation lors de l'entrevue, 156
Mission de l'entreprise, 5-7, 17, 19, 98
Mix
  marketing, 17
  promotionnel, 16
Modalités de réponse à une annonce, 139
Modèle(s)
  CALLPLAN, 219
  de Bass, 85
  de compréhension du processus d'achat, 29

de contingence, 334
de la performance, 297, 303
de régression, 82
économétriques, 85-86, 88
GEOLINE, 213
mixte de Darmon, 213-218
quantitatif d'évaluation du rendement, 375-377
situationnel de Hersey et Blanchard, 334
Modes de recrutement, 132-135
Motivation, 303, 311-312
ambiguïté du rôle et _, 305
besoins et _, 296
de l'équipe de vente, 222
des membres du groupe décisionnel d'achat, 44
des représentants, 20, 236, 243, 249, 252, 294, 297-298
des ressources, 14
désirs et _, 296
du candidat, 138, 176
extrinsèque, 301
fondements des théories de la _, 295-303
inspirante, 338
intrinsèque, 176, 301, 336
leadership et _, 330, 335-336, 340-342
lettre de _, 151-152
performance et _, 296-297, 311
récompenses et _, 306-308, 311
satisfaction et _, 311
techniques de _, 312
Moyennes mobiles, méthode basée sur les _, 79-80, 86-88
Multifactor Leadership Questionnaire (MLQ), 334

N

Niveau(x)
de connaissance, 371
de quotas, 226-227
Normes communes de l'équipe de vente, 262
Nouveauté, degré de _, 35
Nouveaux
produits, 15
évaluation potentiel du marché de _, 69-72
modèles économétriques et _, 85
représentants, 277-278, 280-284, 287, 289

Nouvelle tâche
de jugement, 36-37
stratégique, 36-37
Nouvelles technologies, 28-29

O

Objectifs
de formation, 277-280
de l'analyse de la rentabilité, 395-396
de l'entreprise, 7, 17, 19, 98, 249, 263
de l'évaluation du rendement, 367-368
de la rémunération, 236-237
de perfectionnement professionnel, 223-225, 227
de vente, 19, 208, 282
par territoires, 364
du candidat, 160
du client, 263
du plan de rémunération, 238
ratio de réalisation des _, 58
Observations, 6
Offre
au candidat, 185
communication de l'_, 48
d'emploi, voir Annonce, voir Embauche, voir Recrutement
de solutions, 12-13
disparate, 109
limitée, 108
Opinion
d'experts, 75-76
de la direction, 74, 86-88
des clients industriels, 77
des représentants, 74-75, 87-88
des responsables, 74
sondage _, 6
Optimisme, 166
Options
étendue des _, 35
incertitude quant aux _ offertes, 35
Ordonnancement des candidatures, 176-183
Organisation, voir aussi Entreprise
culture de l'_, 4, 6, 15, 177, 279
politiques de l'_, 282
Orientation
client, 10-13, 15, 105, 283
de marché, 3-9
de produit, 5-6
Outils d'apprentissage, 287-289

Ouverture à l'expérience, 167

P

Part de marché, 362, 365, 373
Partage d'information, 8, 43
Pénétration du marché, 209-210
Perception
de rôle, 261, 303-306, 341
problèmes de _, 262-264, 266
signifiante, 302
Perfectionnement
professionnel, objectifs de _, 223-225, 227
programme de _, 245
Performance
communication et _, 344
conflit lié au rôle et _, 306
de vente, 297
des représentants, 294
directeur des ventes et _, 329
estime de soi et _, 310
évaluation de la _, 240
formation et _, 277
leadership et _, 338, 340-341, 343
modèle de la _, 297, 303
motivation et _, 296-297, 311
perte de _, 264
variables liées à la _, 303-315
Personnalité
des membres du groupe décisionnel d'achat, 45
du candidat, 159-160, 170-171
du représentant, 371
tests de _, 149, 153, 166-171
Peur de la sanction, 307
Plaintes
évaluation du rendement à partir des _, 372
légales, 43-44
mécanismes de résolution des _, 13
Plan
de communication marketing intégrée, 16-17
de rémunération, 237-253
à commission, 240-242, 249, 251-253
à salaire fixe, 239-241, 248-249, 251-253
implantation du _, 253
mixte, 247-250
objectifs du _, 238
salaire et commission, 248

salaire et concours, 248-249
structurer le _, 238-249
marketing, 17-18
Planification marketing, 16
Plus-value, 14, 48
Point
    central, 205
    mort, méthode du _, 208
Politique(s), 32
    d'évaluation du rendement, 369
    de développement durable, 30
    de l'organisation, 282
    facteurs liés aux _, 29-30
Positionnement concurrentiel, 61, 63, 362
    stratégie de _, 19
Possibilités
    de carrière, 247
    de promotion, 246-247
Poste
    définition d'un _, 128
    présentation du _, 137
    réévaluation de _, 237
    responsabilités d'un _, 129
    révision du _, 237
Potentiel
    des clients, 205
    des ventes, 209-210, 363-364
        méthode du _, 211-212
        régional, 212
Poursuites judiciaires, 42-43
Pouvoir, 41-42
    besoin de _, 300-301
    coercitif, 41
    d'achat, indice du _, 66-68
    d'expertise, 41, 43
    de gratification, 41
    de l'acheteur, 35
    de référencement, 41, 43
    décisionnel, 33
    définition du _, 41
    informationnel, 41
    légitime, 41
    sources de _, 41
Précision du rôle, 304-305, 314
Premier
    contact
        électronique, 152
        téléphonique, 152
    tri, 151
Preneurs de commandes, 125, 127
Présélection du candidat, 152
Présentation
    de l'entreprise, 136, 155
    du candidat, 155

du poste, 137
du profil recherché, 138
Prévision des ventes, 55, 72-89
    à partir de jugements, 74-77, 86-88
    en faisant des projections, 78-80
    en tenant compte des contraintes, 72
    méthodes de _, 72-89
Prime, 15, 251, 301, 306-308, 339-340
    de rendement, 242-243, 249
        critères pour établir le montant de la _, 243-244
    versement de la _, 243
Principe
    de la réciprocité, 343-344
    du 80-20, 363
Priorité des tâches, 267-269, 276
Prise de conscience d'un besoin, 45
Prix, 4
    associé au concours, 244-245, 249
    au sein du mix marketing, 17
Problèmes
    de perception du rôle, 262-264
    vécus par les représentants, 260-264
        conséquences des _, 264-265
        solutions aux _, 265-267
Procédures, 32
Processus
    d'achat, 282-283
        alignement du _, 47-49
    d'analyse
        de la rentabilité, 395-398
        des ventes, 359
    d'évaluation du rendement, 369-373
    de fixation des quotas, 223-227
    de gestion
        des territoires de vente, 204-221
        par objectifs (GPO), 221
    de recrutement, 132-142
    de sélection, 153-154
    de vente, 282-283
        décisionnel, 28, 45-47
        facteurs liés au _, 28-45
    hiérarchique analytique, 176-177

Productivité des représentants, analyse de la _, 57-58
Produit(s)
    analyse du volume des ventes par _, 365-366
    au sein du mix marketing, 17
    connaissance des _, 282-283
    incertitude quant aux caractéristiques du _, 34
    nouveaux, 15
        évaluation potentiel de _, 69-72
    quotas sur les _, 374
    stratégie orientée vers le _, 5-6
    type de _, 34
    utilisation du _, 46
Profil du candidat, 130-132
Profit brut, 373-374
Profitabilité, 7, 63
    matrice de la _, 61-63
    moyenne, 62
    relative, 62
Programme
    d'achats préférentiels, 246
    d'assurance qualité, 13
    d'évaluation, 369
    de formation, 279-289, 312
        des représentants, 141
        et de perfectionnement, 245
        évaluation du _, 289
    de gestion des ventes, 16-17
    de reconnaissance, 245-246, 339
    de régime de retraite, 245
    de satisfaction, 13
    de service qualité, 13
Projections prévisionnelles, 78-80
Promesses, 42-43
Promotion
    des ventes, 16
        coûts de _, 397
        valorisation de la _, 16
    pour les employés, 116, 246, 251-252, 306-307
    possibilités de _, 246-247
Propositions, évaluation des _, 46
Prospecteur, 203
Provinces, 212
Publicité, 16
    coûts de _, 397
Publics
    externes, 74
    internes, 74
Punitions, 308, 313

Pyramide des besoins de Maslow, 298

Q

Qualité
de communication, 266
programme d'assurance _, 13
Quota(s), 282
buts des _, 221-223
d'activités, 223-224, 226-227
de volume de vente, 223-224, 226-227
en unités monétaires, 224
en unités physiques, 224
financiers, 223-224, 227
fixation des _, 221
généraux, 226, 251
individuel, 260
niveaux de _, 226-227
par objectifs de perfectionnement professionnel, 223-225, 227
processus de fixation des _, 223-227
rémunération selon les _, 243, 249
sélection des types de _, 223-226
sur les produits, 374
Quotient intellectuel (QI), 162

R

Rachat, 46-47
modifié, 35-37, 44
complexe, 36
simple, 36, 44
Rapport
des gestionnaires, 371-372
des représentants, 371
des superviseurs, 371-372
Ratio(s)
d'activité, 59-60
d'appels, 59
de réalisation des objectifs, 58
dépenses/ventes, 375
des dépenses, 59-60
liés au développement des affaires, 59-60
profit/ventes, 408
successifs, méthode des _, 68-69
ventes/investissement, 408
Récession économique, 31
Recherche
commanditée, 8
d'information, 45-46

Réciprocité, principe de la _, 343-344
Recommandation(s), 42-43, 372
lettres de _, 149
Récompense(s), 306-308, 313, 340, 342
attentes et _, 343
contingentes, 339-341
efforts et _, 343
extrinsèque, 301-302
financières, 307-308
intrinsèque, 302
motivation et _, 306-308, 311
non financières, 308
Reconnaissance, 15, 252, 300
programme de _, 245-246, 339
sociale, 251
Recrutement, voir aussi Embauche
budget de _, 142-144
consultant en _, 135, 141
coûts liés au _, 133, 142, 259
erreurs de _, 135
externe, 132-133
interne, 132-133
modes de _, 132-135
processus de _, 132-142
Rédaction d'une annonce, 135-139
Réévaluation de poste, 237
Référence géographique, 204-205
Références du candidat, 149
Régime
d'achat d'actions, 245
de retraite, 245
Régions, 212
métropolitaines, 212
Règles, 32
Régression simple, 81-83, 86-88
Relation(s)
à distance, 120
avec l'entreprise, 378
avec les clients, 4, 371, 378
avec les universités, 140-141
d'entreprises à entreprises, 11
publiques, 16
Rémunération, 301, 375, voir aussi Salaire
de la concurrence, 238
discriminatoire, 374
établir les montants de _, 238
objectifs de la _, 236-237
plan de _, voir Plan de rémunération

Rencontres
avec les clients, 6
avec les consommateurs, 8
Rendement
analyse du _, 367-382
de l'actif, analyse du _, 406-409
décroissant, 210-211
évaluation du _
bases d'_, 369-375, 377-379
difficultés de l'_, 368-369
discussion de l'_, 372-373
objectifs de l'_, 367-368
par les quotas, 222
politiques d'_, 369
processus d'_, 369-373
qualitative, 371, 377-379
quantitative, 370, 373-375
selon la méthode BARS, 379-382
prime au _, 242-244, 249
standards de _, 372
Renforcement, 303, 306-309, 311-312, 340
extrinsèque, 306-307
intrinsèque, 307
négatif, 313
positif, 306, 310, 313, 315, 338
Renouvellement de contrat, 237
Rentabilité, analyse de la _, 388-390
exemple d'_, 398-406
par client, 405-406
par représentant, 401-402
processus d'_, 395-398
Répartition
du temps des représentants, 116
géographique, 100-103
par fonctions de vente, 108-109
selon les marchés, 105-106
selon les produits, 103-104
Représentant(s)
affectation des _ aux territoires, 218
âge des _, 252
analyse de la rentabilité par _, 401-402
analyse des activitités et de la productivité des _, 57-58
analyse du rendement du _, 367-382
autonomie des _, 278
caractère du _, 166-167
compétences du _, 107, 276

connaissances du _, 276
conséquences des problèmes vécus par les _, 264-265
consultatifs, 126
de comptes majeurs, 126-127
de service, 125, 203
détermination du nombre de _, 213-218
efficacité du _, 19-20
efforts des _, 240
empathique, 166
expérience des _, 218, 241
extraverti, 166
fidélité du _, 238, 247
fonction du _, voir Fonction
fournissant du soutien aux ventes, 126-128
habiletés des _, 218
incertitude et risque du _, 241
inexpérience du _, 241
institutionnels, 126
livreurs, 125, 127
loyauté du _, 264-265, 311, 315
missionnaire, 47, 125-127, 203, 240
motivation des _, 20, 236, 243, 249, 252, 294, 297-298
opinion des _, 74-75, 87-88
optimiste, 166
performance des _, 294
personnalité du _, 371
problèmes vécus par les _, 260-264
recrues, voir Nouveaux représentants
répartition du temps des _, 116
rôles du _, 47-49, 107, 261-264
salaire des _, 127
satisfaction du _, 252, 261, 264-265
solutions aux problèmes vécus par les _, 265-267
spécialisation du _, 103
stabilité émotionnelle du _, 166
techniques, 125, 127-128
types de _, 125-128
valeurs des _, 251
Requêtes légales, 43
Résolution des plaintes, mécanismes de _, 13
Responsabilité(s), 33

d'un poste, répertorier les _, 129
délégation des _, 98, 107
du directeur des ventes, 19-20
perçue, 302
Responsables, opinion des _, 74
Ressource(s), 33
 financières, 394
 humaines, 33, 394, voir aussi Employés
  compétences des _, 33
  engagement des _, 15
  externes, 132
  internes, 132
  motivation des _, 14
 organisationnelles, 394
 temps, gestion de la _, 267-269, 276
Résultats de ventes, 378
Rétention du client, 13
Retour sur investissement, 7, 14, 280, 289
Rétributions pécuniaires, 252
 extrinsèque, 252
 intrinsèque, 252
Rétroaction, 265, 267, 289, 302, 305, 307, 311-312, 315, 342
 négative, 340
 positive, 340
Rétrogradation, 307
Réunions, 344-345
Révision du poste, 237
Revues spécialisées, 140
Risque(s)
 du représentant, 241
 perçus par les consommateurs, 15
Rôle(s)
 ambiguïté du _, 262-266, 304-305, 310-311, 313-314, 341
 attentes communes du _, 262
 au sein du groupe décisionnel d'achat, 40-41
 conflit entre les _, 262-263, 265
 conflit lié au _, 262-265, 305-306, 311, 313-314
 de la communication marketing, 15
 du directeur des ventes, 19-20, 297
 du représentant, 47-49, 107, 261-264
 jeux de _, 288

perception de _, 261, 303-306, 341
 problèmes de _, 262-264, 266
 précision du _, 304-305, 314
 privés, 262
 publics, 262
 surcharge liée au _, 262, 264-266
 variabilité du _, 262
Roulement du personnel, 238, 259-260, 314
 contrer le _, 175-176
 formation et _, 278-279
 taux de _, 14

S

Saisonnalité, 241
Salaire, 127, 307, 340, voir aussi Rémunération
 fixe, 239-241, 248-249, 251-253
 plan de rémunération commission et _, 248
 plan de rémunération concours et _, 248-249
 variable, 241-245
Salons, 141
Sanction, 307
Satisfaction, 296
 ambiguïté et _, 305
 au travail, 310-311
 communication et _, 344
 conflit lié au rôle et _, 306
 des besoins, 298
 des clients, 249-250, 280, 372
 des consommateurs, 280
 des employés, 14
 des représentants, 252, 261, 264-265
 envers la tâche, 303
 équité et _, 309
 extrinsèque, 261
 formation et _, 278
 globale, 261
 intrinsèque, 261, 342
 leadership et _, 338, 340-343
 motivation et _, 311
 par facettes, 261
 programme de _, 13
 tension au travail et _, 314
Se faire connaître, 47-48
Second tri, 152-153
Sécurité
 besoin de _, 298-299
 d'emploi, 251-252
Segmentation
 de marchés potentiels, 69-70

des clients, 205, 213-214, 219
stratégie de _, 19
Sélection
   d'une agence de vente, 117
   des bases d'évaluation du rendement, 369
   des candidats, 185
      critères de _, 149-151
      erreur de _, 153
      premier tri lors de la _, 151-152
      processus de _, 153-154
      responsabilités de _, 133-135
      second tri et entrevue lors de la _, 152-162
      techniques de _, 149-151
      tests de _, 162-176
   des types de quotas, 223-226
Séminaires, 288
Sentiment
   d'accomplissement, 342
   d'appartenance, 14
   d'engagement, 14, 344
   d'équité, 309
   d'iniquité, 309
   de confiance, 309
   de loyauté, 311
Service(s)
   connaissance des _, 282-283
   de placement d'Emploi-Québec, 140
   représentants de _, 125
Site Web de l'entreprise, 140
Situation
   analyse de la _, 18-19
   d'achat, 35-38
Sociabilité, 166
Socialisation d'un nouveau représentant, 278
Solutions, offre de _, 12-13
Sondage, 6, 69
   auprès des clients, 86-87
   auprès des consommateurs, 86
   industriel, 86
Soumissions, 46
Sources d'information pour l'évaluation, 371
Souteneur, 127
Soutien organisationnel, 343-344
   perçu, 343-344
Spécialisation
   approche de _, 102
   du représentant, 103
Spécialistes comme formateurs, 286

Stabilité émotionnelle, 166
Standards de rendement, 372
Stimulation intellectuelle, 337-338
Stratégie(s)
   cœrcitives, 42-43
   de ciblage, 19
   de communication, 16-17
   de distribution, 17
   de prix, 17
   de produits, 17
   de segmentation et de positionnement, 19
   du groupe décisionnel d'achat, 42-44
   marketing, 5-6, 14
   non cœrcitives, 42-43
   orientée vers les marchés (SOM), 3-10
      communications marketing intégrées et _, 15-19
      compétences distinctives et _, 11-15
   orientée vers les produits, 5-6
Stress, 263, 279, 313
Structure
   cognitive, 44-45
   d'une équipe de vente, 98-113
      évolutive, 108-109
   de vente, développement de la _, 109-113
   du groupe décisionnel d'achat, 38-40
   organisationnelle, 15, 32-33
      décentralisée, 9
Superviseur, attentes du _, 263
Supervision
   d'une agence de vente, 117
   taille de la _ de l'équipe de vente, 99
Surcharge liée au rôle, 262, 264-266
Système
   d'information marketing (SIM), 8
   de classification des industries de l'Amérique du Nord (SCIAN), 65-66
   de comptabilité ABC, 393-394
   de rémunération discriminatoire, 374

T

Tâche(s)
   d'un poste, 129-130
   de jugement, 36-37
   de rachat modifié, 35
   définition des _, 263
   description des _, 281
   maturité envers la _, 334
   nouvelle, 35
   priorité des _, 267-269, 276
   routinière, 35
   stratégique, 36-37
   variété des _, 265-267
Taille
   de l'entreprise, 32
   de l'équipe de vente, 240
   de la supervision de l'équipe de vente, 99
   des commandes, 374
   des territoires de vente, 200, 204
   du groupe décisionnel d'achat, 38
Taux
   d'absentéisme, 260
   de commission, 241-242, 249, 252
      fixe, 242
      progressif, 242
      régressif, 242
      variable, 242
   de corrélation, 73
   de croissance, 62
   de fidélité, 13
   de pénétration du marché, 209-210
   de réalisation des objectifs, 58
   de réussite, 374-375
   de roulement du personnel, 14, 238, 259, 314
      formation et _, 278-279
   de visite, 370
Techniques
   de motivation, 312
   de sélection des candidats, 149-151
   de vente, 278, 282
Technologies, nouvelles _, 28-29
Télémarketing, 120
Téléphone, vente par _, 120
Téléreprésentants, 120
Temps
   de déplacement, 200, 375
   de transport, 219
   des visites, 206-207
   gestion du _, 267-269, 276, 284

Tendance, 84
  centrale, 379
Tension au travail, 279, 304, 313-314
Territoire(s) de vente, 200-201, 378
  affectation des représentants aux _, 218
  analyse du volume des ventes par _, 363-366
  couverture des _, 218-219
  définition du _, 201
  description des caractéristiques du _, 284
  détermination du nombre de _, 206-211
  emplacement et frontières des _, 211-213
  formation des _, 200-203
  gestion des _, 200-202, 284
    ajustements à la _, 220-221
    processus de _, 204-221
  linguistiques, 212
  objectif des ventes par _, 364
  taille des _, 200, 204
  ventilation par _, 365-366
Test(s), 149
  alter ego, 167
  Big Five, 166-167
  centres de _, 149
  d'aptitudes, 149, 153, 162-165
    à la vente, 164-165
  d'habiletés, 153
  d'honnêteté, 171
  d'intelligence, 162
  D5D, 167-168
  de langue, 173
  de marché, 8
  de personnalité, 149, 153, 166-171
  de raisonnement numérique, 163
    verbal, 164
  in-basket, 173
  Myers-Briggs Type Indicator (MBTI), 168-170
  Perception and Preference Inventory (PAPI), 171
  spécifiques de la personnalité, 170-171
  SPQ*GOLD, 165
  TOEFL, 173
  TOIEC, 173
Théorie(s)
  de la motivation, fondements des _, 295-303

des besoins
  de Maslow, 298-300
  de McClelland, 300-301
des deux facteurs de Herzberg, 300
des échanges sociaux, 343
des résultats escomptés de Vroom, 301-303, 309, 315
du béhaviorisme social de Bandura, 315, 342
du leadership, 330-343
Transport, coûts de _, 397
Travail
  climat de _, 315, 343
  conditions de _, 314
  en équipe, 284
  tension au _, 279, 304, 313-314

U

Unité administrative géographique, 100
Universités
  formation et formation à l'externe dans les _, 287
  relations avec les _, 140-141
Utilisateur, 40
Utilisation du produit, 46

V

Valence, 301, 309
Valeur(s), 9-10
  ajoutée, méthode de la _, 210-211
  chaîne de _, 5, 10-11, 277
  création de _, 10-11, 15, 277
  critères de _, 9
  de l'entreprise, 136, 176, 251
  du candidat, 136, 176
  du représentant, 251
  identification de la _, 9
  supérieure, 4, 6, 8-10, 13
Validité des méthodes de sélection, 174-175
Valorisation du travail d'équipe, 251
Variations
  aléatoires, 84
  cycliques, 84
  saisonnières, 84
Variété des tâches, 265-267
Vendeurs résidants, 203
Vente(s)
  activités de _, 98, 278
  agence de _, 114-117, 203
  analyse des _, voir Analyse des ventes

consultative, 283
coûts des _, 397
de type consultatif, 10
directe, 16
en équipe, 113-114
équipe de _, voir Équipe de vente
évolution des _, 365
gestion, voir Gestion des ventes
groupe de _, 114
objectifs de _, 19, 208, 282
par courriel, 120
par Internet, 120
par téléphone, 120
par territoires, voir territoire(s) de vente
par webcaméra, 120
personnelle, 16-17
potentiel des _, 363-364
  méthode du _, 211-212
  régionaux, 212
potentielles, méthode des _, 209-210
prévision des _, voir Prévision des ventes
processus de _, 282-283
résultats de _, 378
techniques de _, 278, 282
territoires de _, voir Territoire(s) de vente
volume de _, voir Volume de ventes
Ventilation
  des comptes naturels, 398-401
  par territoires, 365-366
Vérification des données du candidat, 183-185
Visite(s)
  de l'entreprise, 281
  fréquence des_, 205-207, 218-219, 374-375
  nombre des _, 374
  taux de _, 370
Volume de ventes, 208, 242, 249-250, 370
  analyse du _, 360-367
  en pourcentage, 370
  évaluation du _, 373
  quotas par _, 223-224, 226-227

W

Webcaméra
  entrevue par _, 152-153
  vente par _, 120